中國茶全書

— 贵州卷 —

张达伟 主编

中国林业出版社
·北京·

图书在版编目（CIP）数据

中国茶全书.贵州卷/张达伟主编.——北京：中国林业出版社，2021.11
ISBN 978-7-5219-1295-1

Ⅰ.①中… Ⅱ.①张… Ⅲ.①茶文化-贵州 Ⅳ.①TS971.21

中国版本图书馆CIP数据核字(2021)第153979号
审图号：GS京（2022）0599号

策划编辑：段植林 李 顺
责任编辑：李 顺 陈 慧 马吉萍
出版咨询：（010）83143569

出 版：中国林业出版社（100009 北京市西城区刘海胡同7号）
网 站：http://www.forestry.gov.cn/lycb.html
印 刷：北京博海升彩色印刷有限公司
发 行：中国林业出版社
版 次：2021年11月第1版
印 次：2021年11月第1次
开 本：787mm×1092mm 1/16
印 张：35.75
字 数：700千字
定 价：298.00元

《中国茶全书》总编纂委员会

总 顾 问：	陈宗懋　刘仲华　彭有冬
顾　　问：	周国富　王　庆　江用文　禄智明
	王裕晏　孙忠焕　周重旺
主　　任：	刘东黎
常务副主任：	王德安
总 主 编：	王德安
总 策 划：	段植林　李　顺
执行主编：	朱　旗
副 主 编：	王　云　王如良　刘新安　孙国华　李茂盛　杨普龙
	肖　涛　张达伟　张岳峰　宛晓春　高超君　曹天军
	覃中显　赖　刚　熊莉莎　毛立民　罗列万　孙状云
编　　委：	王立雄　王　凯　包太洋　匡　新　朱海燕　刘贵芳
	汤青峰　孙志诚　何青高　余少尧　张式成　张莉莉
	陈先枢　陈建明　幸克坚　卓尚渊　易祖强　周长树
	胡启明　袁若宁　蒋跃登　陈昌辉　何　斌　陈开义
	陈书谦　徐中华　冯　林　唐　彬　刘　刚　陈道伦
	刘　俊　刘　琪　侯春霞　李明红　罗学平　杨　谦
	徐盛祥　黄昌凌　王　辉　左　松　阮仕君　王有强
	聂宗顺　王存良　徐俊昌　王小文　赵晓毛　龚林涛
	刁学刚　常光跃　温顺位　李廷学
副总策划：	赵玉平　伍崇岳　肖益平　张辉兵　王广德　康建平
	刘爱廷　罗　克　陈志达　昌智才　喻清龙　丁云国
	黄迎宏　吴浩人　孙状云

策　　　划：罗　宇　周　宇　杨应辉　饶　佩　施　海　廖美华
　　　　　　吴德华　陈建春　李细桃　胡卫华　郗志强　程真勇
　　　　　　牟益民　欧阳文亮　敬多均　余柳庆　向海滨　张笑冰
编 辑 部：李　顺　陈　慧　王思源　陈　惠　薛瑞琦　马吉萍

《中国茶全书·贵州卷》
编纂委员会

顾　　　　问：吴　强　慕德贵　傅传耀　刘环祥　李汉宇
　　　　　　　王　庆　刘东黎　王德安　项长权　袁家榆

编委会主任：禄智明

编委会副主任：张达伟　赵玉平

主　　　编：张达伟

编委会成员：秦　虹　邵建平　杨胜天　黎　喜　汪桓武
　　　　　　　魏明禄　赵云昆　李　历　曹静秋　李　季
　　　　　　　肖建宗　苟　勇　蒲　蓉　赵　青　李定郁
　　　　　　　于新国　范仕胜　牟　杰　黄丽超　刘建勇
　　　　　　　鲍秋鞠　施　海　刘　霞　赵英旭　马　瑛
　　　　　　　高安信　汪　健　陈学海

编　　　审：张闻玉　张文君　熊小斌　熊　辉

出版说明

2008年,《茶全书》构思于江西省萍乡市上栗县。

2009—2015年,本人对茶的有关著作,中央及地方对茶行业相关文件进行深入研究和学习。

2015年5月,项目在中国林业出版社正式立项,经过整3年时间,项目团队对全国18个产茶省的茶区调研和组织工作,得到了各地人民政府、农业农村局、供销社、茶产业办和茶行业协会的大力支持与肯定,并基本完成了《茶全书》的组织结构和框架设计。

2017年6月,在中国林业出版社领导的指导下,由王德安、段植林、李顺等商议,定名为《中国茶全书》。

2020年3月,《中国茶全书》获国家出版基金项目资助。

《中国茶全书》定位为大型公益性著作,各卷册内容由基层组织编写,相关资料都来源于地方多渠道的调研和组织。本套全书可以说是迄今为止最大型的茶类主题的集体著作。

《中国茶全书》体系设定为总卷、省卷、地市卷等系列,预计出版180卷左右,计划历时20年,在2030年前完成。

把茶文化、茶产业、茶科技统筹起来,将茶产业推动成为乡村振兴的支柱产业,我们将为之不懈努力。

王德安
2021年6月7日于长沙

序

我于2000年1月初到贵州省人民政府任职，分管农业整整20年，全程带领和参与贵州茶产业发展，对贵州茶产业情有独钟，对茶农和茶事同仁倍感亲切。当年全省只有农业、林业、供销、劳改系统共102万亩茶园（其中可以采摘的茶园面积仅50万亩），广大农村农民没有茶园。2007年，由贵州省农业厅（现贵州省农业农村厅）牵头，各部门参与，历时两年多，在全省开展茶产业调研的基础上，形成省委、省政府文件《关于加快茶产业发展的意见》，发到乡镇以上党委政府，整合当年退耕还林、长江珠江中上游防护林建设、土地占补平衡、农业综合开发、农业投资扶贫以及中央财政专项转移支付等资金集中用于茶产业开发，鼓励并允许民营企业家及农村经营大户承包荒山荒坡开辟种植茶叶，实现了全省茶叶面积从102万亩发展到如今700多万亩的突破。

贵州位于祖国大西南云贵高原东坡面，东经103°36′~109°32′，北纬24°28′~29°14′，地势西高东低。全省海拔高度147.8~2900.6m，平均海拔1100m，年降水量1200mm，年平均气温15℃左右，位于副亚热带东亚大陆季风区，属中国亚热带高原季风湿润气候。区域东属武陵山，西属乌蒙山，南沿苗岭山，北靠大娄山，实为典型的喀斯特岩溶山区。山峦起伏延绵，一山有四季，十里不同天，冬无严寒，夏无酷暑。自然地理气候生态环境的多样性，孕育繁衍了生物的多样性。据统计，贵州有高等植物10223种，其中药用植物资源3924种，占全国中药品种的80%，是全国四大中药产区之一。贵州素称"天无三日晴，地无三里平"，自然气候、地理生态环境、水土条件及社会资源均展示了贵州是生产茶叶的最佳区域。

贵州水资源富积，有长江流域的乌江、清水江、赤水河、清水河、舞阳河；珠江流域的南盘江、北盘江、蒙江、都柳江、红水河等14条主要河流，大大小小支流共4697条，全省境内年平均有水资源总量1062亿m³，已建成大、中、小型水库共2626座，年均供水保障能力达150.2亿m³。除了确保全省城乡居民生活生产用水供应外，还为全省农业生产灌溉用水，特别是对茶园用水提供了坚实保障。

贵州坡耕地多，坡地和少量丘陵地占全省总耕地面积的97%，大部分属于微酸性土壤，是全国唯一没有平原支撑的山地农业省份。农业机械操作难度大，绝大部分坡耕地农业劳作强度大，效益低，将大量荒山坡耕地开辟为茶园，既增加植被覆盖，有效防止水土流失，促进生态环境良性循环，又解决当地农民就近就地劳务输出，增加茶农收入。

贵州有88个县市区，土地面积17.6万 km²，耕地5399万亩，有60多个县产茶叶，是世界古茶树的主要原产地之一。1980年，贵州茶叶科研人员在晴隆县和普安县交界处的云头山发现的古茶籽化石，经中国科学院南京地质古生物研究所鉴定，认定为新生代第三纪四球茶茶籽化石，距今至少已有100万年，是迄今为止地球上发现的最古老的茶籽化石。早在一千多年前，茶圣陆羽就在《茶经》中记载："茶者，南方之嘉木也……黔中生思州、播州、费州、夷州……往往得之，其味极佳。"

贵州古茶树多。经过调查，全省有古茶树的县有60个。独特的地质结构和地形地貌造就了贵州特有的植物多样性和生态多样性，同时也造就了古茶树的多样性。据不完全统计，贵州有乔木型、小乔木型、灌木型古茶树800万~1000万株丛，位于晴隆县林场的一株古茶树据中国古茶树专家虞富年实地测定，树龄在3200年左右。

交通便利茶旅一体。贵州已实现全省各市（州）通航班、通快速高铁，"十二五"期间就实现县县通高速，乡乡通油路，村村通水泥公路。"十三五"期间紧锣密鼓实施的组组通水泥路"民心工程"近期有望实现。供采茶加工的茶园水泥路网纵横交错，四通八达，给茶农劳作、机械化高效生产提供了方便。同时，为城乡居民节假日休闲提供便利，是周边城市化水平高的重庆、成都、长沙、武汉、广州、深圳等广大城市居民休闲度假、旅游、避暑、越冬的好去处。

贵州人力资源得到充分利用。茶产业是劳动力密集型产业，当前全省就有400多万人从事茶产业就业，大部分是年龄偏大、文化劳动技能偏低的当地农民，就地就近茶园务工，增加收入。当地中小学生双休及放假期间就地劳务或自家茶园采茶叶，销售到茶厂，增加收入。

弘扬少数民族茶历史文化。据记载，贵州少数民族饮茶3000多年，公元前11世纪，在今四川南川以西、贵州桐梓以北地区就已经能够生产出好茶；公元前135年，汉武帝遣唐蒙通南，发现夜郎市场上就有茶卖；在明朝时期，贵州少数民族从事茶叶种植、加工制作和饮用，并开展商贸交易。久负盛名的水西奢香夫人所修著名的"龙场九驿"就是贵州最早的交通，"茶马古道"上"水西马"就是重要的运输力量。

简要综合上述，良好的气候条件、富足的雨水资源、肥沃的泥土坡地、勤劳智慧的广大农民、优越的社会法制，使贵州完全具备了生产"绿色、生态、安全、优质、健康"茶的所有条件。

南方有嘉木，黔地出好茶。贵州是世界古茶树起源地之一，产茶历史悠久，茶文化源远流长，低纬度、高海拔、寡日照、多云雾、无污染的生态优势，造就了贵州茶与众不同的优良特质。贵州茶外形匀整紧实，茸毛多、条索紧，卷曲形如银钩、扁平形如针叶、颗粒形如宝石，实为茶中上品；贵州茶色纯鲜亮，汤色晶莹剔透，绿茶鲜脆欲滴、红茶红亮油润，仅观其色便能让人沉醉；贵州茶香气馥郁，清香扑鼻，沁人心脾，闻之让人神清气爽、心旷神怡；贵州茶味醇鲜美、入口滑润、回味甘甜，宋代诗人黄庭坚赞美贵州茶"味殊厚""春味长"。贵州名茶都匀毛尖于1915年巴拿马万国博览会上与贵州茅台酒一并获得金奖，故有"北有茅台，南有毛尖"的美誉；1982年又荣获"中国十大名茶"的荣誉。

贵州得天独厚的自然条件，孕育出高品质的贵州绿茶、贵州抹茶。全省茶园平均海拔1200m，均属微酸性土壤，丰富的有机质，充沛的降水量，较大的昼夜温差，为茶叶内含物质的积累提供了优越的自然条件。"贵州绿茶"水浸出物含量高于全国水平6个百分点，并以"翡翠绿、嫩栗香、浓爽味"的鲜明特点，获得中国农业科学院和茶业内权威专家陈宗懋院士的高度认可。2017年被农业部（现农业农村部）认定为全国唯一一个以省为单位的茶叶类地理标志保护产品。以贵州茶青为原料加工而成的抹茶具有茶粉青翠，鲜香细腻，滋味醇甘、鲜爽等优异品质，得到市场及广大消费者的广泛认可。

贵州属高原优质茶区，茶叶的生态环境和天然品质得天独厚。茶是贵州现代山地特色高效优质农产品，是大农业大发展的大优势产业，是全省扶贫攻坚实现脱贫致富同步小康的新兴产业。截至2018年，全省种植茶叶700多万亩（其中可采茶园面积500万亩），占全国茶叶种植面积七分之一，连续六年居全国第一位。

贵州全省茶企业4990家（含合作社），其中国家级龙头企业7家，约占全国总数（37家）的五分之一，省级龙头企业228家，市级龙头企业397家。通过ISO9001、HACCP质量管理体系认证企业164家，获对外贸易经营资格106家。出口总量从2013年的67.5t增长到2019年的4770t，金额从307万美元增长到1.23亿美元，分别增长了70倍和40倍。茶叶总产量达40.1万t，产值451.2亿元。

贵州茶脱贫增收效益明显：2019年茶产业带动脱贫人口34.81万人，实现脱贫17.46万人，涉茶人员年均收入10699元，其中涉茶贫困人口人均年收入5722元，人均增收1334元。

贵州是全国最适宜种茶的区域之一，生态环境好、宜茶面积大，工业污染少，化肥农药施用量少，土壤污染小，且含硒、锌、锶等有益微量元素高，是发展"绿色、生态、安全、优质、健康"茶的天然理想区域。其全域植被广袤，森林覆盖率达57%，处处青山绿水，四季云雾缭绕，遍布着"茶中有林、林中有茶"的生态茶园，使得贵州的茶叶大都出自云雾高山，具有内含物质丰富、香高馥郁、鲜爽醇厚、汤色明亮等独特品质，在国内享有"味精茶"之美誉。目前，全省通过无公害茶认证的茶园587万亩、绿色食品茶认证的茶园11万亩和有机茶认证的茶园面积30万亩，全省通过地理标志保护产品认证的产品达25个。贵州茶叶是真正意义上的绿色茶、生态茶、有机茶、安全茶、健康茶。

贵州省委、省政府高度重视茶产业发展，从2007年起先后出台5个发展茶产业专题文件，2018年省委、省政府又专门出台了《关于加快建设茶产业强省的意见》，对全省茶产业发展又做出了总体部署和统筹安排，明确将坚持政府推动、市场发动；坚持品牌引领、聚强产业；坚持科技兴茶，品质取胜。努力将贵州建设成为全国最大的优质茶原料基地、最大的茶产品加工基地、最大的茶产品商贸中心、最大的茶产品出口基地。牢牢守住发展和生态两条底线，坚定不移地将茶产业作为全省重要生态产业和经济扶贫产业，对标先进理念坚持不懈。

紧紧围绕把贵州建设成为中国茶叶原料基地、加工中心、经销中心的发展目标，按产业发展理清思路，全力推进基地规模化、标准化、生态化、加工机械化、标准化、智能化，市场规模大众化、品牌化，推动茶产业后发赶超、跨越发展，使茶产业真正成为贵州绿色生态特色优势产业、扶贫产业、乡村振兴产业。对标先进理念，以世界眼光，放眼全球市场，以世界一流标准打造贵州茶产业、奋力建设贵州茶叶强省。

调动各方面积极性，整合资源，形成合力，要着力抓好以下几个方面的工作：

一是以品牌建设为抓手，推动集聚发展。突出比较优势，通过集中打造，集中管理，统一标准，重点发展、打造贵州绿茶、贵州红茶、贵州抹茶、贵州黑茶等省级公共品牌。

二是以主体培育为核心，推动集群发展。鼓励和支持茶叶加工企业收购兼并，联合重组，加快培育一批在全国乃至全球有影响力的大型加工企业，提高加工规模化、集约化水平，提高产业集中度。

三是以市场拓展为重点推动发展。以抹茶为突破口，重点巩固提升省内市场，大力拓展国内市场，加快提高贵州茶的市场占有率，支持企业在国外建设贵州茶叶营销中心，大力培育贵州茶经销商务团队，促进贵州茶走出山门，走出国门，走向世界。

四是以利益联动为根本，推动共享发展。支持和鼓励企业通过订单利润分红返还等方式与农户家庭农场、农民合作社建立更加紧密的利益联动机制，让更多贫困户参与茶产业发展，分享产业红利，实现稳定就业和增收脱贫致富。

五是以质量安全为保障，推动绿色发展。按照欧盟标准，按照有机绿色标准，推进茶园流转向产业集中、推进茶园管理专业化分工，严格质量安全管理，全面推行茶园绿色防控与统防统治，守住贵州绿茶、贵州红茶、贵州抹茶的干净底线。进一步夯实贵州茶的核心竞争力。

期望本书的编纂出版能弘扬中国茶文化，推动"一带一路"倡议实施的同时，促进我省茶产业更好更快、健康的发展，广大茶农早日实现脱贫致富奔小康。

贵州省茶叶协会会长

2019年12月18日于贵阳

前 言

《中国茶全书·贵州卷》以及各市（州）分卷，历经二十个月，已顺利完成，由中国林业出版社出版。这无疑是贵州茶界、茶史上的一件大事，喜事。

2018年6月，中国林业出版社将编写《中国茶全书·贵州卷》的任务交给了贵州省茶叶协会。这一任务是艰巨的，同时也是义不容辞的。贵州省人民政府吴强副省长对此项工作十分重视和支持，亲自听取了省茶叶协会的汇报并作出了明确的批示。

2018年7月初，贵州省人民政府召开了各市（州）人民政府分管领导和相关部门的专题会议，成立了领导小组，组建了编纂委员会，明确了主编、副主编，确定了专项工作经费，并形成了专题会议纪要，要求各市州立即行动起来，参照省里的架构模式，迅速启动此项工作。

2018年7—8月，贵州各市（州）（甚至有些产茶大县），也陆续成立编纂领导小组、编纂委员会，明确了主编、副主编。专项工作经费也逐步得以落实。

2018年8月下旬，《中国茶全书·贵州卷》编纂委员会正式成立，同时召开了各市（州）编委会主任、主编、副主编的培训会。中国林业出版社领导及相关工作人员专程到会，对《中国茶全书》的意义、价值、作用以及编写大纲做了诠释和辅导。会议提出了如何保证质量、保证工期、写作规范的一系列要求。同时对参会代表提出的疑点、困惑、要求做了一一解答。

为了能保质保量按期完成此项任务，省编委会把省卷的篇目分解给十位编委会成员分头撰写，并在大纲的内容上增加了"质量标准体系建设"章节。因为这项工作是贵州茶产业快速发展和提升强有力的支撑和保证，也是走在全国前列的工作内容。

同时，省编委会除了要编写省卷之外，还承担了各市（州）分卷的指导和协调工作。协会克服种种困难，先后深入到各市（州、地），协调工作经费，商榷写作中突出的特点和要点，与分卷编写人员讨论如何把该书写好写实。

每两到三个月，编委会召开一次促进会，各市（州）汇报进度、存在的问题和困难，介绍所取得的经验，制定时间表、进度图，均取得了较好的成效。所谓久久为功，此之是也。

贵州茶,源远流长,绵延3000多年;贵州茶,广阔无边,覆盖80余个县。茶园面积已达700万亩,从业人员超过400万人,茶企5000余家,各种产品千余种,历代茶诗词、茶山歌、掌故、茶作品更是汗牛充栋,浩如烟海,在有限的篇幅里我们尽量纵向到点,横向到边,本着薄古厚今的原则,沙里淘金、去粗取精,择其重点要点而载之,选其优者秀者而述之,力争把那些有影响力、有创造力的内容写进去,虽难免有所顾此失彼、忍痛割爱之感,但如果包罗万象,胡子眉毛一把抓,也会本末不分、失去主流与特色。

无论是省卷或分卷的参编人员,他们不计报酬,不辞辛苦,辛勤笔耕,默默奉献,放弃节假,减少娱乐,或查阅资料,或实地考察。当然,这既是一种学习、提高,更是一种认知和修炼,艰辛与愉悦同在,责任与担当并行。这就是茶人精神,沁润着他们心田的正是那壶香茗。

本书能出版问世,如读者能以微知著,从中了解到贵州茶史的悠久厚重,感受到贵州古茶树资源之丰富,体会到贵州民族民间茶文化的博大精深与绚丽多彩,品尝到贵州茶内在质量的"味殊厚"与"味极佳",感受到贵州茶人的勤劳智慧和贵州茶产业的蓬勃发展、欣欣向荣,体验到绿水青山即是金山银山,那就倍感慰藉,幸莫大焉矣。

贵州省茶叶协会常务副会长 张达伟

2020年4月

凡例

一、本书坚持以马克思主义的历史唯物主义和辩证唯物主义的观点,坚持以习近平新时代中国特色社会主义思想为指导,对贵州悠久的茶史进行记载,对当今贵州如火如荼的茶产业和茶文化进行描述,力求忠实于历史,符合现实。

二、本书本着博古厚今的态度,既要将地老天荒、100多万年前所形成的茶籽化石确立了贵州是茶的核心原产地之一这一不可动摇的史实予以肯定,又要将贵州18个世居民族在漫长岁月中,生产与生活孕育和创造了博大精深、绚丽多姿的茶文化加以发掘整理,用事实来证明贵州是中国茶文化的发源地。

三、本书严格遵循中国林业出版社《中国茶全书》编写大纲的要求,共13章81节,约70万字,600余幅图片,力争图文并茂。但由于一些图片像素不够,一些老照片质量不佳,故难达到理想的效果。

四、贵州产茶历史悠久,好茶很多,贡茶不少,民间传说的贡茶多达几十种。但我们所选择编入《中国茶全书·贵州卷》的,皆有史料文字记载的,无论从3000多年前的周朝到汉朝,唐、宋、元、明、清皆以史料记载为准,民间传说一般不予采纳。

五、对于贵州茶叶发展有贡献的人物或事迹,按照历史年代,予以录入。标准是茶界公认的、获得过省级以上表彰的、有一定影响力的。

六、对现在贵州茶产业、茶文化的发展,予以讴歌和赞扬。贵州现有茶园700万亩、茶企5000余家,从业人员400余万人,茶产业已成为贵州农村重要的经济支柱,成为广大茶农脱贫致富奔小康的有效途径,体现了习近平总书记"绿水青山就是金山银山"的论断,同时也成为贵州生态建设中的一大亮点。

七、本书中"度、量、衡"均采用国际标准,即:m,km,m^2,km^2,hm^2,g,kg,t……另有我国传统计量单位因各朝代的具体计量方式略有差别,全书引用的各类文献等内容涉及的传统非法定计量单位均保留原貌,便于体会原文意思,不影响阅读。

目录

序 ··· 7
前　言 ··· 12
凡　例 ··· 14

第一章　茶　史 ·· 001
　第一节　贵州是茶的核心原产地之一 ······················ 002
　第二节　贵州是古茶树的王国 ······························ 002
　第三节　贵州是茶文化的发源地之一 ······················ 006
　第四节　贵州茶树生长地理条件及历史成因 ·············· 007
　第五节　贵州历代茶历史演变 ······························ 010
　第六节　现代茶政法规 ····································· 029

第二章　茶　区 ·· 051
　第一节　贵州中部茶区 ····································· 052
　第二节　贵州北部茶区 ····································· 055
　第三节　贵州南部茶区 ····································· 060
　第四节　贵州西部茶区 ····································· 065
　第五节　贵州东部茶区 ····································· 067
　第六节　贵州古茶树资源 ·································· 069
　第七节　贵州各产茶区荣誉称号 ··························· 089

第三章　茶　贸 ··· 101

　　第一节　贵州茶叶企业 ··· 102

　　第二节　贵州茶叶贸易活动 ····································· 120

第四章　茶　类 ··· 135

　　第一节　历史名茶 ··· 136

　　第二节　当代名茶 ··· 137

　　第三节　贵州古树茶 ··· 145

　　第四节　贵州名优茶评选 ······································· 156

第五章　茶　泉 ··· 161

　　第一节　贵阳古井 ··· 162

　　第二节　安顺名泉 ··· 166

　　第三节　黔南名泉 ··· 173

　　第四节　遵义名泉 ··· 176

　　第五节　六盘水名泉 ··· 181

　　第六节　毕节名泉 ··· 184

　　第七节　黔西南名泉 ··· 188

　　第八节　铜仁名泉 ··· 191

　　第九节　多彩贵州水 ··· 198

第六章　茶　器 ··· 207

　　第一节　民间历史茶器 ··· 209

| 第二节 | 民族特色茶器 | 216 |
| 第三节 | 外来引进茶器 | 219 |

第七章 茶 人 ... 225

第一节	老一代茶人	226
第二节	历年获国家级、省级荣誉称号茶人	230
第三节	茶农典范	248
第四节	茶产业领域专家（部分）	249

第八章 茶 俗 ... 255

第一节	贵州汉族饮茶习俗	256
第二节	贵州苗族饮茶习俗	258
第三节	贵州布依族饮茶习俗	265
第四节	贵州侗族饮茶习俗	270
第五节	贵州彝族饮茶习俗	278
第六节	贵州仡佬族饮茶习俗	283
第七节	贵州土家族饮茶习俗	288
第八节	贵州水族饮茶习俗	290
第九节	贵州回族饮茶习俗	292
第十节	贵州白族饮茶习俗	294

第九章 茶 馆 ... 297

| 第一节 | 贵阳茶馆文化 | 298 |

第二节 安顺茶馆 ... 316

第三节 遵义茶馆 ... 323

第四节 黔南茶馆 ... 339

第五节 毕节茶馆 ... 341

第六节 六盘水茶馆 ... 344

第七节 黔西南茶馆 ... 346

第八节 铜仁茶馆 ... 348

第九节 黔东南茶馆 ... 356

第十章 茶 文 ... 359
第一节 文学作品 ... 360

第二节 艺术作品 ... 392

第三节 茶事典故（传说故事） ... 401

第四节 茶技术茶文化专著 ... 415

第五节 黔茶茶艺 ... 423

第六节 黔茶文化影视作品 ... 437

第七节 黔茶书画 ... 443

第十一章 科研教育与茶行业组织 ... 449
第一节 贵州茶叶科研机构 ... 450

第二节 贵州茶叶教育 ... 452

第三节 贵州茶业技能 ... 468

第四节 贵州茶产业管理机构 ... 478

第五节　贵州茶业行业组织 …………………………………… 479

第十二章　贵州茶叶质量标准体系 ………………………………… 487
　　第一节　贵州茶叶分类 ……………………………………… 488
　　第二节　贵州茶叶鲜叶分级 ………………………………… 488
　　第三节　贵州绿茶分级及品质等级 ………………………… 489
　　第四节　贵州红茶分级及品质等级 ………………………… 490
　　第五节　贵州茶叶主要品牌的品质等级 …………………… 491
　　第六节　贵州茶叶实物标准样品 …………………………… 492
　　第七节　贵州茶叶地理标志产品 …………………………… 494
　　第八节　贵州茶叶标准化示范区 …………………………… 499

第十三章　茶　旅 …………………………………………………… 501
　　第一节　贵州有机茶园避暑之旅 …………………………… 503
　　第二节　遵义茶园休闲之旅 ………………………………… 512
　　第三节　观天眼、品毛尖、享世遗名茶探访之旅 ………… 520
　　第四节　黄果树观瀑品茗双5A之旅 ………………………… 526
　　第五节　梵净山石阡名山温泉寻茶之旅 …………………… 530
　　第六节　茶文化探源之旅 …………………………………… 536
　　第七节　民族茶文化体验之旅 ……………………………… 540

参考文献 ……………………………………………………………… 549
后　记 ………………………………………………………………… 550

第一章 茶史

第一节 贵州是茶的核心原产地之一

世界上现有茶园占地面积6670万亩[①],中国茶园占地面积约4000万亩,占了世界茶园的60%。贵州现有茶园700万亩,约占全球的1/10,全国的1/6,已成为全国种茶面积最大的省。然而世界茶的原产地在什么地方呢?1823年,印度人、英国人在印度阿萨姆发现了野生古茶树,测定树龄在3000年左右,据此提出了印度是茶树的原产地之说,并形成定论。那时中国正值积贫积弱,国际上并无太大的话语权。

然而,1984年黔西南州农业局技术员卢其明在贵州省晴隆县云头大山,发现一颗完整的野生古茶树四球茶籽化石,经贵州省茶叶科学研究所、中国科学院贵阳物理地球化学研究所、贵州省地质研究所、中山大学、南京古生物研究所众多学者专家鉴定,确认为"第三纪末、第四纪初,距今至少一百万年以上的四球古茶籽化石"。开天辟地、远古洪荒,此乃万茶始祖。至此,茶的原产地的争论落下帷幕,一石定乾坤,世界茶叶的原产地在中国,贵州乃中国茶的核心原产地之一(图1-1、图1-2)。

贵州省茶叶协会张达伟常务副会长曾为古四球茶籽化石赋诗一首:

四球茶籽藏深山,斗转星移百万年。

天蕴地育化为石,万茶始祖德无边。

图1-1 茶籽化石及茶籽化石发现地纪念碑　　　　图1-2 茶籽化石鉴定书

第二节 贵州是古茶树的王国

贵州地处东经103°36′~109°35′、北纬24°37′~29°13′,位于祖国的西南。北与重庆、四川接壤,西与云南、广西交界,南与广西毗邻,东与湖南相连。喀斯特溶岩地貌发育十分成熟,全省面积17.6万km^2,多为高原与山地,素有八山一水一分田之谓,是全国唯

---

① 1亩=1/15hm^2。

一没有平原支撑的省份。"天无三日晴、地无三里平",低纬度、寡日照、高海拔、多云雾,酸性土壤多,降水量充沛,昼夜温差大,这些地理条件最适宜喜阴好湿茶树的生长、繁衍和发展,因而古茶籽化石在贵州。成百上千万株丛古茶树仍在贵州枝繁叶茂地生长,并吐故纳新,每年产出成百上千吨古树茶,贵州用了10年时间,在2007年100万亩茶园的基础上,发展到700万亩,也就不足为奇了。

2016年,贵州省茶叶协会成立了"贵州古茶树保护与利用专业委员会",由禄智明会长兼任专委会主任,同时,在贵州省发改委的支持下,对全省十个市(州、区)的古茶树资源进行了调研考察。在各市(州、区、县)的大力支持和帮助下,考察组不辞劳苦深入深山老林,先后深入到黔北遵义市的道真、务川、习水、湄潭、凤冈等县(市);黔西北毕节市的金沙、纳雍、大方、七星关等县(市);黔西南布依族苗族自治州的贞丰、晴隆、普安、安龙、兴义等县(市);黔南苗族布依族自治州的都匀、三都、平塘、龙里、惠水、长顺等县(市);黔东南苗族侗族自治州的雷山、麻江、黎平、丹寨等县(市);黔东北铜仁市的沿河、石阡、印江等县(市);黔西六盘水市的盘州、水城等县(市)以及黔中安顺市的西秀区、普定和黔中贵阳市的花溪、开阳、百花湖、久安、高坡等县(乡);贵安新区的党武等地进行实际调研与考察,搜集标本、图片,获得了大量资料,基本上摸清了贵州省古茶树资源的分布与现状。调查结果表明:贵州大地17.62万km^2的土地上,无论从北到南、从西到东,再到中部贵阳、安顺、贵安新区,无一不存在大量的古茶树,它们星罗棋布,或藏之深山老菁,或屹立丘陵高岗,或相伴古寨村落,或簇拥田边地头,枝繁叶茂、英姿勃勃、老树新芽,以崭新的姿态向人们述说着自己历经沧桑的古老身世,向世人展示着自己饱经风霜的顽强生命,向人们吐露出造福人间的清香气息。10个市(州、区)共有60个县存有古茶树800万~1000万株丛。

贵州古茶树既有乔木型的大叶茶,也有中叶茶,比较多的则是灌木型的小叶茶。它们高的一丈或数丈,粗的一抱或两人合抱,印证了陆羽在《茶经》中所述。

金沙清池数十棵古茶树,都在三丈之高以上,三都水族自治县、平塘县古茶树都在三至四丈之间,花溪久安古茶树群,其中有一棵茶王,上部虽被砍伐,其根部直径达1m,老树新枝、子孙繁荣昌盛,焕发着青春的生命。普安林场古茶树较多,其中有一棵高达五丈有余,经古茶树专家虞富年实地测量,树龄高达3200余年,实属茶树之王,它们是中国茶树的活化石。

为了更好、更有效地保护、宣传、开发、利用好古茶树资源,贵州省茶叶协会、中国国际茶文化研究会民族民间茶文化研究中心、贵州省茶叶研究所共同编著了《贵州古茶树》一书,已由中国农业出版社于2018年6月出版发行。与此同时,贵州省茶叶协会与中国香港阳光卫视合作，联合录制了《探寻贵州古茶树》大型专题片四集，通过中国香港阳光卫视卫星频道面向全国和世界宣传贵州古茶树，展示贵州古茶树（图1-3）。

图1-3 贵州务川、普安、镇远、大方果瓦等地古茶树

通过调研考察，其结果是始料未及的。贵州古茶树分布地域之广、数量之多、品种之全、树龄之长，当属举世罕见，贵州是古茶树王国，这是当之无愧、名副其实的。贵州省茶叶协会分别授予了惠水、龙里、长顺等县、市（区）"贵州古茶树之乡"称号；中国国际茶文化研究会授予了贵定县云雾镇"中国苗岭贡茶之乡"的荣誉称号。

近几年来，铜仁、贵阳、毕节七星关区、安顺、黔西南、黔南、黔东南、贵安新区、遵义、六盘水等市、州、区对古茶树进行了普查清点和挂牌保护，制定了乡规民约，禁止乱砍滥伐。2017年，贵州省人大常委会在全国率先颁布了《贵州省古茶树保护条例》，使贵州省古茶树资源的保护与利用，做到了有法可依，为保护贵州省古茶树资源起到了积极的作用。

鉴于贵州古茶树资源丰富，近些年来，中国茶叶流通协会授予了毕节市金沙县、七星关区、贵阳市花溪区、黔西南布依族苗族自治州普安县、晴隆县、铜仁市沿河县、遵义市务川县等县（区）"中国古茶树之乡"的荣誉称号。

贵州是古人类发祥的重要地区。贵州地处云贵高原东部，低纬度、高海拔、寡日照、切割深、昼夜温差大，是发育成熟的喀斯特地貌。众多的天然洞穴，为古人类提供了避风挡雨、冬暖夏凉且安全无虞的自然居所，使他们能够依洞聚居，共同觅食生存。

贵州是古人类活动的重要地区之一，黔西县城南30km观音洞出土4000多件石制品和23种动物化石，被考古学界泰斗裴文中称为"北有周口店，南有观音洞"，将贵州历史向前推进了24万年（图1-4）。

图1-4 贵州黔西观音洞及出土化石

穿洞古人类遗址位于贵州省安顺以北26km的普定县城郊，是距今16000年前古人类生活遗迹，是旧石器时代晚期遗址。该遗址发掘出人类完整头骨两件，哺乳动物碎骨18000件，单个牙齿500多枚，动物化石13个属或种，出土石制器物20000余件，骨器1000余件，以骨锥最多，另有骨铲、骨针、骨棒等。此外，发现用火遗迹多处。穿洞遗址一处发现两具完整头骨至今国内无先例，出土的骨器，超过全国发现总和的30倍，一举摘掉我国旧石器文化中贫骨器的帽子，成为全国第一，世界罕见。穿洞遗址在国际上具有重要的考古研究价值和极高的学术地位，被中国科学院专家们誉为"亚洲文明之灯"，现已建成"穿洞古人类遗址博物馆"（图1-5）。

图1-5 贵州穿洞遗址及出土头骨化石

贵州现已发现的古人类遗址共有40余处，已发掘20余处。大量的天然洞穴，为古人类提供了遮风挡雨、冬暖夏凉天然而安全的居所。茂密而植物品种多样的原始森林，为古人类提供了丰富的植物食物，而在茂密森林里的飞禽走兽，为古人类提供了肉食食物。他们靠集体围猎、山间取之不尽的植物食物生息繁衍。贵州大地，是人类史前文明的重要发祥地之一。

茶界老前辈浙江农业大学教授庄晚芳在《茶的始用及其原产地问题》一文中写道："现从茶、荼二字的分析，茶方言及饮茶方法等，均可证明茶的始用是在原始社会时期。

在川、贵、滇交界山区的少数民族，已开始采用植物为饮料的同时，采用了茶叶。"

随着时间的推移，人类的进化和发展进入了农耕社会形态，而深居贵州的先民们及后来迁入的世居土著民族们，最早发现和利用这一得天独厚的茶资源。他们在生产和生活中发现了茶、认识了茶，利用和掌握了茶，茶成了他们生产和生活中最直接、最重要、最崇敬、不可或缺的、朝夕相伴的好伴侣了。

第三节　贵州是茶文化的发源地之一

茶，人在草木中。由于贵州古先民生活在古茶树的百花丛中，有条件先认识、接触、利用这一片神奇的树叶为自己的生活服务，并与之朝夕相处。久而久之，对它产生了依赖和感情，也就对它产生了崇敬、赞美和颂扬。"问泉那得清如许，为有源头活水来"，在群居生活中，随之而来的、源远流长的中国茶文化的源头至此开始。无论是三人操牛尾而舞，还是吭唷吭唷派而歌，贵州是中国茶文化的发源地之一，通过世代薪火相传的不断丰富、提升、传承与传播，经久不衰、年长弥香，绽放出千姿百态、绚丽灿烂的民族民间茶文化。贵州古人类通过若干年的进化、繁衍，生生不息地在这片土地上生存了下来，加之后来的战争、民族大迁徙等历史的变故，形成了贵州仡佬、彝、苗、布、侗、水等世居土著民族。他们生活在崇山峻岭之中，日出而作，日落而息，形成了各民族饮茶方式。无论是彝族、回族的乌撒烤茶，还是侗族的油茶、干劲汤，仡佬族的三幺台，还是苗族、布依族、水族的罐罐茶、熬熬茶（图1-6），都是他们在经久的饮茶历史中筛选出来的适合自身需要的最佳方式，完全属于原生态和原创。

图1-6　贵州仡佬族"三幺台"、彝族乌撒烤茶

贵州优质的茶以及悠久丰富厚重的民族民间茶文化，给文人骚客提供了创作的灵感与源泉。唐代陆羽所著《茶经》对贵州茶大加赞许："茶生思州、播州、费州、夷州……往往得之，其味极佳。"宋代大诗人黄庭坚在诗文中对贵州茶进行了点评，认为味"殊厚"，并写下了贵州历史上最早的咏茶诗歌："黔中桃李可寻芳，摘茶人自忙。月团犀腌

斗圆方。研膏入焙香。青箬裹，绛纱囊。品高闻外江。酒阑传碗舞红裳。都濡春味长。"自称为"茶水客"的清代大文人莫友芝作诗对贵州茶进行了颂扬："一瓯岂直热恼净，再盏真成仙骨拔。棱棱高秋入胸次，落落遥情起苍鹘。乾坤清气尔得多，此味真难俗人说。"为稳定和发展贡茶的货源贡奉，乾隆皇帝下旨拨款白银420两给贵定云雾苗民发展茶叶。抗战期间，浙江大学东迁至湄潭办学7年，苏步青、李联标等8位教授组建了湄江诗社，吟咏颂扬湄潭茶、贵州茶，为我们留下了数十首宝贵诗篇。

近现代，许多文化工作者、茶人、好茶者也在不断地辛勤耕耘，所创作的茶诗、茶文、书法、绘画、摄影等文化作品，更是如同雨后春笋、层出不穷，为贵州茶文化增添了新的一页。

发源于贵州的中国民族民间茶文化，它是中国优秀传统文化中的一朵绚丽奇葩，证明它独特的魅力，为中华传统文化添光增彩，它的源远流长、博大精深，需要我们去发掘它、传承它，增强我们的文化自信的同时为贵州茶产业强省服务。

第四节 贵州茶树生长地理条件及历史成因

达尔文进化论表明：植物生物都按照"物竞天择、适者生存"的自然法则进化与发展。为什么贵州能成为茶的核心原产地？为什么贵州能成为古人类的发祥地？为什么贵州能成为茶文化的发源地之一？为什么贵州能成为古茶树王国？这需要我们运用马克思主义的历史唯物主义作指导思想，用唯物辩证法的方法论来对贵州的历史、地理、人文进行历史的、客观的、科学的分析和研究，发掘茶树、茶文化在贵州这一古老的大地上的成因与演变，从而展现出贵州的古老历史和茶文化的悠久和厚重。

一、自然地理环境与条件

（一）地 貌

贵州属于中国西南部高原山地，境内地势西高东低，自中部向北、东、南三面倾斜，最高点海拔为2900.6m，最低点海拔为147.8m，平均海拔在1100m左右。研究表明适合野生古茶树生长的海拔不高，一般海拔高度在1000~1900m，由于海拔高度的不同，野生古茶树的种类也有所不同。黔西南地区的野生古茶树主要属于乔木，该地区的海拔大部分是在1000~2000m，是典型的低纬度高海拔山区。黔中地区的野生古茶树主要是以乔木和灌木为主，该地区海拔大部分是在800~1600m，是典型的云贵高原喀斯特丘陵地貌。黔西地区的野生古茶树主要以小乔木和灌木为主，该地区的海拔大部分是在1400~2400m，是典型的高原山地地貌。黔北地区的野生古茶树主要是以乔木和小乔木为主,该地区的海拔大部分是在800~1000m,是典型的中山峡谷与低山丘陵地貌。黔东地区的野生古茶树主要是以小乔木和灌木为主,该地区海拔大部分是在400~1375m,是典型的低山丘陵地貌。从地貌类型及海拔高度来看,贵州特殊的地貌环境为该地区的野生古茶树生长提供了得天独厚的自然地理环境。

(二) 气 候

"天无三日晴,地上多半雨""晴时早晚遍地雾,阴雨成天满地云"是对贵州气候的常用描述,贵州气候温暖湿润,属亚热带湿润季风气候,据研究表明,野生古茶树生长年有效积温在4000~5000℃,且4000℃的积温可作为野生古茶树的最低有效积温标志,极端低温不低于-10℃。从地区气候来看,黔西南地区的野生古茶树主要属于乔木,该地区气候属于亚热带季风湿润气候区,春冬为旱季,夏秋为雨季,多年平均气温在13.8~19.4℃,极端最低气温为-8.9℃,年平均日照时长1589.1h。年平均降水量1352.8mm,降水集中在5—9月,6月最多,热量充足,雨量充沛,雨热同季,终年温暖湿润。黔中地区的野生古茶树主要是以乔木和灌木为主,该地区气候接近亚热带气候,夏无酷暑,冬无严寒,阴雨多,日照少,年平均气温14~15.9℃,≥10℃积温4000~5000℃,年降水量在1100~1200mm。黔西地区的野生古茶树主要是小乔木和灌木为主,整个地区气候温凉,太阳辐射较强,气温差较大,年均气温10.5~13.7℃,≥10℃年积温为1560~4080℃,大部分地区降水量为900~1200mm。黔北地区的野生古茶树主要是以乔木和小乔木为主,属于中亚热带湿润季风气候区,四季分明,雨热同季,多云寡照,年平均气温在13.1~18℃,极端最低气温为-8.3℃,≥10℃年积温为4000~5900℃,年平均降水量1000~1300mm。黔东地区的野生古茶树主要是以小乔木和灌木为主,该地区属于中亚热带季风湿润气候,雨热同季,热量充足,年均气温16~17℃,≥10℃年积温为5000~5500℃,年平均降水1200~1375mm。从气温及降水来看,贵州特殊的气候环境为该地区的野生古茶树生长提供了得天独厚的自然地理环境。

(三) 土 壤

贵州高原土壤的地带性属于中亚热带常绿阔叶林红壤—黄壤地带。中部及东部广大地区为湿润性常绿阔叶林带,以黄壤为主,西南部为偏干性常绿阔叶林带,以红壤为主,西北部为具有北亚热成分的常绿阔叶林带,多为棕壤。据研究表明,野生古茶树对土壤条件有一定要求,一般要求土层深厚、排水良好,特别要求土壤呈酸性,只有在酸性土壤中才可以正常生长。一般土壤pH值在4.0~6.5均可生长,pH值在4.5~5.5最为适宜。贵州的土壤主要是以酸性的山地黄壤和山地红壤为代表性的土壤。从地区来看,黔西南地区的野生古茶树主要属于乔木，该地区分布有红壤、黄壤、黄棕壤、紫色土，土壤大部分呈酸性，土层深厚、排水性能好。黔中地区的野生古茶树主要是以乔木和灌木为主，该地区土壤主要有黄壤、黄棕壤、紫色土，大部分呈酸性。黔西地区的野生古茶树主要是小乔木和灌木为主，该地区土壤主要是以第四纪洪积黄棕壤、黄壤为主。黔北地区的野生古茶树主要是以乔木和小乔木为主，该地区土壤多为砂质黄壤，呈酸性。黔东地区的野生古茶树主要是以小乔木和灌木为主，该地区700m以下主要是黄红壤或红黄壤，海拔在1500~1900m为山地黄棕壤，700~1500m主要是黄壤，古茶树主要分布在700~1500m的海拔区域，主要是黄壤区域，土壤呈酸性。从土壤类型及其酸碱性来看，贵州特殊的土壤环境为该地区的野生古茶树生长提供了得天独厚的自然地理环境。

（四）水 文

贵州处在长江和珠江两大水系上游交错地带，降水丰富，雨量充沛。据研究表明，野生古茶树的生长对水环境的要求也相对较高，野生古茶树是典型的喜湿、耐阴植物。贵州日照偏低，省内常多云间晴天或多云间阴天，散射光多，阴天多，境内各地阴天日数一般超过150d，常年相对湿度在70%以上。从地区来看，黔西南地区的野生古茶树主要属于乔木，该地区属珠江水系南北盘江流域，降水丰富，终年温暖湿润。黔中地区的野生古茶树主要是以乔木和灌木为主，该地区是长江水系和珠江水系的分水岭，气候较温暖，降雨丰富，淋溶作用较强。黔西地区的野生古茶树主要以小乔木和灌木为主，该地区属于长江流域，气候温凉。黔北地区的野生古茶树主要以乔木和小乔木为主，该地区属长江流域，主要水系为赤水河綦江水系，气候湿润，降水丰富，多阴寡日。黔东地区的野生古茶树主要以小乔木和灌木为主，该地区分属长江与珠江两大流域，降水充沛，气候湿润。从水文分布及其流域来看，贵州特殊的水文环境为该地区的野生古茶树生长提供了得天独厚的自然地理环境。

（五）植 被

贵州植被丰厚，具有明显的亚热带性质，植被覆盖度高，组成种类繁多。植被的高覆盖度具有保持水土、涵养水源的作用，同时也保障了生物的多样性以及植物群落的稳定性，提高了生态系统的抵抗性。从地区来看，黔西南地区的野生古茶树主要属于乔木，该地区植被主要分布有原始森林与次生林，植被类型复杂多样，呈垂直带发育，植被覆盖度高，黔中地区的野生古茶树主要是以乔木和灌木为主，该地区植被覆盖度相对较低，古茶树分布相对较少，但总体植被覆盖度在77%左右，属于植被高覆盖度地区。黔西地区的野生古茶树主要是小乔木和灌木为主，该地区植被主要是原始丛林，植被保存较好，覆盖度较高。黔北地区的野生古茶树主要是以乔木和小乔木为主，该地区植被覆盖度在

79.2%左右，属于植被高覆盖度地区。黔东地区的野生古茶树主要是以小乔木和灌木为主，该地区植被主要是原始林和次生林，植被覆盖度高达83%，植被类型多样，物种丰富。从植被覆盖度来看，贵州植被覆盖度高达79.5%，贵州特殊的植被环境为该地区的野生古茶树生长提供了得天独厚的自然地理环境。

二、人文地理环境

贵州居住着52个民族，而其中有18个世居。可见，贵州少数民族，不管是当时的濮苗民族，还是现在的仡佬族，是中国乃至世界上最早利用茶的先民。贵州茶史文化作为贵州民族文化的重要组成部分，具有丰富的内涵。贵州古代先民，辛勤劳作，在历史的长河中不断发展创新，铸就出神秘莫测、丰富多样且具有地方民族风格的贵州茶食、茶俗文化，其内涵极

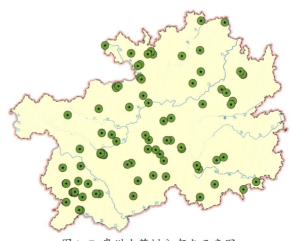

图1-7 贵州古茶树分布点示意图

其厚重，养成了吃茶、育茶、护茶的优良民族传统。从丰富的民族环境来看，贵州特殊的民族环境为该地区的野生古茶树生长提供了得天独厚的人文地理环境（图1-7）。

以上天时、地利、人和，铸就了贵州是茶的核心原产地之一、茶文化的发源地之一及古茶树王国的地位。

第五节 贵州历代茶历史演变

一、周代纳贡

《周礼·掌茶》记载："掌茶，掌以时聚茶，以供丧事。"《周礼·地官司徒》记载："掌茶，下士二人、府一人、史一人、徒二十人，掌茶一职配备二十四人可供调遣。"周礼是周公所制定的，对各种人与事都有着极其严格的规定，不可逾越。可见当时对祭茶的重视与严格程度。到孔子时代，周礼早已礼崩乐坏，但孔子还记得"茶发乎神农氏"的传说，"闻于鲁周公"的礼仪传统。

2005年，贵州省考古研究所联合多家考古部门，对贵州威宁中水鸡公山周遗址进行了考古发掘，出土的文物中，就有砂陶罐、杯等器具，罐应为容器、杯应为饮器，经贵

州省考古研究所鉴定，距今3200~3600年，正是周朝时代，证明当时的黔人已广泛饮用茶。《华阳国志·巴志》记载："武王既克殷，以其宗姬封于巴，爵之以子，丹漆、茶、蜜，皆纳贡之。"又说："园有芳蒻，香茗。"武王克殷后的巴国，包括今四川南川以西，贵州桐梓以北的地区。"普天之下、莫非王土"，说明当时贵州这些地区，远在公元前11世纪就已经能够生产出好茶，并向周朝上贡，同时还出现了专植香茗的茶园，也就是我们今天所说的人工栽培的茶园。西周当时所用之茶，应是西南地区，其中包括贵州的贡茶。当时贵州大部分地区属巴国。

二、汉代茶市

今贵州在汉朝时称夜郎。汉朝使者唐蒙，由长安出发，经滇国（今云南省）进入夜郎，发现市场上除了焚僮、管马、髦牛，还有茶卖。市场繁荣，商业发达。《贵州古代史》也有记载："在夜郎市场上，除了焚僮，管马，髦牛，还有枸酱、茶蜜，雄黄，丹砂等商品。商业较发达，市场是相当繁荣的。"为了进一步证实贵州产茶和销茶的历史，茶专家管家骝引《史记·货殖列传》记载：汉武帝时，巴蜀的茶叶已运到甘肃武都售卖。查《贵州古代史》，汉武帝时的蜀郡未包括贵州，而巴郡则包括贵州黔北一带，有道真、务川、德江、习水等地。这一时期，贵州茶就有可能卖往甘肃武都。著名茶史专家邓乃朋在《贵州产茶史》中也阐述了类似观点。

古黔从西周到秦汉，历经一千多年，统治者和主体民族是僰苗，古黔是他们开拓的历史，众多茶叶专家对贵州少数民族茶字的读音进行了考证，茶、古茶，槚、荈、蔎、诧茗、皋芦等，到唐代才统一称为现代的茶。

2000年，贵州省考古研究所会同国内多家考古机构对贵州省赫章县可乐战汉墓群进行了发掘，同样出土了一批陶罐、杯文物，距今在2100~2500年间。当时的古人也是把它们作为盛装液体的容器和饮具的。

西汉杨雄《方言》云："蜀西南人谓茶曰蔎。"古代这些代表茶的汉字，中外学者认为与贵州山地少数民族的方言有关。贵州苗族对于"茶"字的方言有好几种，西部织金、平桥苗族称为"阿沱"，黔西南贞丰坡柳苗族称为"将"，黔东南台江苗族称茶"吉"，安顺苗族称为"及"，黔南惠水、龙里、贵定三县交界的云雾山地海葩苗称为"几"，遵义湄潭茅坪山地苗族称茶为"刷"，黔南州布依族叫茶为"荈""改"，铜仁一带的土家族其发音为"tujia"，与古时"荼、槚"发音相近似。盘州市老厂彝家称茶为"爬拖"，庄晚芳先生在《茶的始用及原产地》一文中写道："现从'荼、茶'二字的分析、茶方言及饮茶方法等，均可证明茶的始用是在原始社会时期，在川黔、滇交界山区的少数民族，当时的濮苗民族,是中国乃至世界最先利用茶的先民,他们曾经为中国乃至世界茶叶的发展开了先河,做出了不可磨灭的贡献。"

三、唐代茶业

唐朝是我国封建社会的鼎盛时期,社会稳定、经济繁荣、文化昌盛,茶业空前发展,饮茶已成为社会的普遍风尚。作为唐朝的上层社会,为满足皇家和上层社会的需要,曾采取官焙民贡的方式,于公元770年,在浙江、江苏、四川一带设立了茶马司、贡茶院,当时就有茶厂30间,役工3万人、工匠千余人,发展紫笋茶、蒙山茶,每年上贡达5000kg以上。仅仅这一渠道,这个数量,显然不能满足皇家及宫廷的需要。于是,又将贡茶的范围扩大到十余家。《彭水县志》载:"唐天宝初黔中郡领……洪社……都濡六县……邑各乡皆有茶。"洪社即今贵州务川县洪社溪,都濡即今贵州务川县。

唐代陆羽在《茶经》中写道:"茶生思州、播州、费州、夷州,往往得之,其味极佳。"这是对贵州茶优良品质最早的有据可考的认定和赞赏,也是陆羽在整部《茶经》中唯一认定和赞赏的茶。吴觉农考证后认为:唐时贵州部分地区都属黔中道,按当时经制州和羁縻州的区域,实际已包括了现在的贵州铜仁市,黔东南州、黔南州、黔北、黔西北部分县,这才是当时思州、播州、夷州、费州的大部分区域范围。这些地区都产茶,且产好茶,除了是少数民族生活的必需品外,也已经广泛作为商品甚至是贡品向外流通或扩散了。当时贵州未建省,山高路险,交通十分不便。陆羽一生没到过贵州,而对贵州茶如此的认定和赞赏,可见当时贵州茶的知名度(图1-8)。

图1-8 陆羽品茶像

四、宋代茶业

宋代著名诗人黄庭坚在《答从圣使君书》中说道:"北邦茶、乃可饮,但去城或数日,土人不善制度,焙多带烟耳,不然也殊佳。今往黔州都濡,月兔两饼,施州入香六饼,试将焙碾尝。都濡在刘氏时贡炮也,味殊厚。"黄庭坚当时在今四川做官,贵州有许多地方属巴郡管辖,他有机会到这些地方考察,并对贵州茶进行了客观公正的评价。他一方面肯定了贵州茶品质好"味殊厚",同时也指出贵州茶在加工技术上的缺陷与落后。当时许多地方用柴火炒茶，烟熏火燎，不善焙制，使得成茶带有烟味，降低了茶叶的品质。直至今日，贵州农村仍有少数人家，自产自用的农户，仍沿袭了烟熏火燎的人工制作方式。

黄庭坚好茶、懂茶，他还为贵州茶写过一首《阮郎归》的词："黔中桃李可寻芳。摘茶人自忙，月团犀腌斗圆方。研膏入焙香。青箬裹，绛纱囊。品高闻外江。酒阑传碗舞红裳。都濡春味长。"他在《煎茶赋》中写道："汹汹乎如涧松之发清吹……宾主欲眠而同味，水茗相投而不浑。苦口利病，解涤昏……黔阳之都濡高株，泸州之纳溪梅岭……则化庄周之蝴蝶。"他所说的"黔阳之都濡高株"，指的就是今天务川、道真一带的大树乔木茶。

宋代《太平寰宇记》有"夷州、播州、思州以茶为土贡"的记载，即以茶为名贵方物上贡。又记："泸川有茶，夷人（指道真、务川仡佬族苗族少数民族）携飘攀茶树采茶。涪州夷州土产茶，播州土生黄茶"，说明道真、务川、播州等县（区）均产茶，至今桐梓等地古树茶采摘仍需上树或搭梯。宋代饮茶斗茶成风，这也推动了茶叶生产的发展。

五、元代茶业

元代马端临《文献通考》载："黔阳、源陵、后溪产都濡、高株。"《元史》载："元宪宗七年（1270年），其酋内附，命为于矢万户。"各少数民族政权势力虽大，但中央王朝势力直达今境内及邻境后，其统治者仍献地纳土，请求"内附"，接受中央朝廷的统治。境内形成羁縻与藩国（少数民族政权）并存的局面。元境内少数民族各首领在自己的辖区，以"平地出粮，坡上做茶""盐茶同等"视为生存之首。

元朝廷在唐、宋茶法的基础上，制定元茶法。"榷茶始于唐德宗，至宋遂为国赋，额与盐等矣。元之茶课，由约而博，大率因宋之旧而为之制焉""春首发卖茶由，至于夏秋，茶由尽绝，民间阙用。以此考之，茶由数少课轻，便于民用而不敷，茶引课重数多，止于商旅兴贩，年终尚有停闲未卖者"。史载："诸茶法，客旅纳课买茶，随处验引发卖毕，三日内不赴所在官司批纳引目者，杖六十；因而转用，或改抹字号，或增添夹带斤重，及引不随茶者，并同私茶法。但犯私茶，杖七十，茶一半没官，一半付告人充赏，应捕人同。若茶园磨户犯者，及运茶船主知情夹带，同罪。有司禁治不严，致有私茶生发，罪及官吏。茶过批验去处不批验者，杖七十。其伪造茶引者斩，家产付告人充赏。诸私茶，非私自入山采者，不从断没法。"执法权控制在少数民族首领之中。

播州、思州、费州、夷州原本就是贡茶生产地，至元代，征收赋税和贡茶的地域扩大了。今印江、沿河、岑巩、黎平都有关于土司向元朝贡茶的记载。《岑巩县志》载："大历五年（770年）思州被列为全国六大茶叶产区之一。茶味极佳，纳为贡品。宋、元继之。"

茶的课税之中，无疑增加了生产者和中间商的负担，并且其苛税与刑法并举，使得人民群众苦不堪言。清人陈熙晋曾作《曾税》一诗反映当时的社会状况："播州自昔罢茶仓，县帖频催惹断肠，税籍未销牛已卖，落花冈里诉夕阳。"洪武三十一年始置播州茶仓。

六、明代茶业

从洪武十四年始，朱元璋便开始了大规模的调北征南，派大将军付友德率十七万军征服了贵州，至永乐十一年，明朝设立了奉宣布政使司。永乐十五年，明朝设立了贵州按察提刑使司，贵州省制已完备，是当时全国第十三个省，汉灭夜郎之后，贵州基本上是世袭的土司制，以杨氏、安氏、田氏、宋氏为主的大小土司，各自为政、画地为牢。明朝首先在贵州实行改土归流，改土司为流官，废除了世袭的土司制，省、州、县官员，概由中央派遣任命，千余年的土司制至此分崩瓦解，全省统一在大明帝国的统治和管理下。朱元璋还要奢香修通了基本贯通全省东西向的九龙驿道，极大地改善了贵州的交通条件，同时，诏令全国改"龙团"为散茶，改善了制茶工艺，提高了制茶的效率。屯兵贵州的明军，多来自江南，他们驻守贵州、战时为戎、平时为民，开疆拓土、辛勤耕耘，把江南先进的茶叶栽培和加工技术带到贵州，极大地推动和促进了贵州茶产业的发展。

在唐代被陆羽赞之"味极佳"，宋代被黄庭坚誉之为"味殊厚，品高闻外江"的贵州茶，早已享誉朝野、声名在外，自然而然也被择优录选为明朝贡茶了。

明代，嘉靖《思南府志·土产》："丹砂、水银、银朱、茶出婺川县（即今务川）"；《明史·食货志四》载："洪武末，置成都、重庆、宝宁三府及播州茶仓四所"，不许私茶出境，说明朝廷已对茶叶流通进行管理；嘉靖二十年（1541年）顾元庆《茶谱》："茶之产于天下多矣……黔阳之都濡高株……其名皆著"；李时珍（嘉靖三十一年至万历六年，即1552—1578年）撰（1578年）《本草纲目》载："蜀之茶，则有黔阳之都濡"；黄一正万历十九年（1591年）辑注《事物绀珠》载："茶类，平越茶、播州茶、永宁茶……"，明代平越茶（1602年平播之后设平越府）当指湄潭茶，可见湄潭所产之茶已出名并载入史册。

七、清代茶业

乾隆年间爱必达著《黔南识略》（1749年）载："遵义府所属各县均产茶"；乾隆三十年（1765年）《石阡府志》载："茶近镇远、龙泉（今凤冈），各山间有"；《贵州通志》（乾隆年间成书）载："黔省各属皆产茶，都濡高株茶、湄潭眉尖茶昔皆为贡品，均属佳品；茶出务川，名高树茶，色味亦佳；仁怀珠兰茶、桐梓东山茶、播州黄茶，鱼钩茶、舌茶、细毛尖茶，从明代起向封建王朝岁岁上贡佳品茶，相传深为崇祯皇帝所喜爱，赐名鱼钩茶。"

（一）贵定鸟王村贡茶碑

省级文物保护单位。清乾隆五十五年（1790年），官府在贵定鸟王村关口处立"万古流芳"贡茶碑。碑云："贡茶及敬茶勷交，其余所生之茶，准于停止，以免采办之累，如有差人以办茶为名，下乡滋扰者，许尔等指禀究；拨银四百二十两收移发交殷实之户生复，再年购办该处贡茶。"这是贵州最早有关云雾山地区苗民贡茶的石碑。

（二）金沙清池贡茶碑

贵州茶历史碑记之一。清同治年间（1862—1874年），在金沙县清池与古蔺县交界处的古渡口立三块贡茶碑，其中一块记载："清池茶，渡船经古蔺出川，畅销各地，远近争购，惜少耳。"

在镇远县江古镇军坡村，至今仍保留了一块立于道光十八年的石碑（图1-9），以乡规民约的形式，明确规定了对山林茶树的保护，乱砍乱伐，偷盗者，将受到罚款500文的处罚。由于先人们对古茶树的有效保护，至今，该村的万余株古茶树仍郁郁葱葱。

据《安顺府志》记载："东方二堡至石板房一带，土多砂质，宜于种茶，故山麓、园畔茶村几遍，而以诸屯所产尤佳。农民多赖以为业，为出口大宗。"还有

图1-9 石碑

一段记载是这样的："东南旧州一带，田多土少，农业盛兴……然其土宜茶宜竹，故茶、竹出产颇多。茶植于丘垄之间，不碍园艺，比户有之，其产量稍逊于东乡。然制法精良，色香味俱佳。茶商称为上品，销路颇广，即俗称小锅茶者是也。夏官堡、余官屯、吕官屯、磨芋寨等处亦销产茶，色味甚佳，与小锅茶齐名……南乡土壤颇厚，亦宜种茶，产量还不及东方之多，而色味俱佳，亦颇牟利。"这些记载，让我们看到明清时期，安顺周边不仅产茶，而且由于江南移民带来的先进制茶技术，使这一带出产的茶叶，质优味好色雅。屯堡村寨的这些移民的后代，就靠制作出产优质茶，赚钱养家糊口。

八、近代茶业

（一）清末时期

1905年鱼钩牌都匀毛尖走出国门，参加巴拿马万国博览会并获金奖。

(二)民国中央实验茶场建场经历

贵州省湄潭茶场、贵州省茶叶研究所的前身为民国中央实验茶场。该场从选址至今已经历过风风雨雨80个春秋了,其间展现了许许多多令人惊奇和感动的故事,在教学、科研、生产上产生了多个全国茶界第一。

1. 茶场选址

1937年7月7日抗日战争爆发后,中国东南沿海已被日军占领封锁。传统出口茶叶、丝绸受阻。和全国一样,贵州茶业发展也受到了影响,茶园面积和产量都有所下降,产量只有一万一千多担。但是由于贵州成了抗战大后方,人力资源和物力资源不断向这里集中,许多行业的发展也出现了质的飞跃,茶叶也不例外。

为了扩充茶叶种植面积,改进制作技术,增加生产销售,发展战时茶叶经济,以缓解经济压力,支援持久抗战,政府欲在西南山区创建茶叶科学研究生产出口基地,意在通过西南国际通道(史迪威公路)出口长期以来受到国际社会青睐的中国茶叶。

1939年4月,经国民政府农业促进委员会主任穆藕初的推荐和要求,时任福建省福安茶业改良场场长、福安农校校长的张天福参加了由中央农业实验所和中国茶叶公司联合派遣的茶叶考察专家组,与王淘(时任中农所人事课长)、李联标(技士、金陵大学学士)、朱源林(技士、金陵大学学士)等前往四川成都、自贡、宜宾,西康雅安,云南昆明、曲靖,贵州贵阳、安顺、遵义、平坝、惠水、瓮安、湄潭等老茶区进行实地考察,以选址筹建实验茶场。虽然安顺茶叶产量多,但其欠缺竹木、稻谷资源。而湄潭条件优越,植茶历史悠久,且民风淳朴,又是山清水秀鱼米之乡,加之酸性丘陵地带广泛分布,正是大面积种植茶树的理想之地。尤其富含竹木资源,保证了茶叶加工工具原料的充盈。交通上,湄潭距遵义、重庆较近,便于与政府的工作联系。综上考虑,最后选定在湄潭创建民国中央实验茶场。

1939年5月,政府在重庆沙坪坝嘉陵宾馆召开了全国生产会议。张天福作为全国茶界唯一代表参加,并宣读了《发展西南五省茶叶》考察报告。大会最后将此报告作为会议提案,受到国民政府高层的重视,遂决定在湄潭创建国民政府农林部中央农业实验所湄潭实验茶场(简称"中央实验茶场")。

1939年9月,经济部中央农业实验所和中国茶叶公司联合派遣王淘、张天福等正式入住湄潭,筹建中央实验茶场。

2. 研究及教育工作

1939年考察组租赁湄潭县南门外的万寿宫为场址和实验场所,收购校场坝1131.3亩地,在象山(又名打鼓坡)垦殖示范茶园555.6亩,并于1940年1月20日,正式成立民国中央实验茶场。刘淦芝先生出任实验茶场首任场长。刘淦芝为河南商城人，清华大学毕业后赴法勤工俭学，曾攻读美国埃俄威州立农工大学硕士，又攻读哈佛大学昆虫学博士，回国后担任农林部中央农业实验所技正。他不仅是茶界和昆虫学界的著名学者，而且是茶文化开拓者。

新建在湄潭的实验茶场除主要研究茶叶外，还同时研究粮食作物与油桐、油茶、乌桕等经济林木。茶场除了垦殖500多亩茶园外，尚有200亩油桐和其他杂木林地、旱地、水田等共计780亩供试验用。后来中央农业实验所在重庆北碚建立天生桥农场，从湄潭实验茶场撤回粮食、经济林木研究人员，而茶叶和油桐研究工作继续开展。

1940年9月茶场第一次开展了茶产业调查。刘淦芝亲自指导了茶产业调查，参加人员有李联标、徐国桢、李成章等。他们一共调查了123户，茶产总量为1545.82斤，平均每户12.57斤，产茶量最少的只有0.1斤，最多的达到150.17斤。按全县9190茶户计算，茶产量当为135012斤，每亩产量为9.197斤。以每亩栽种41.48丛计算，每丛茶树产量0.222市斤。

第一次进行了茶园害虫调查及主要害虫生活史研究。刘淦芝主持，在湄潭茶叶生产的不同季节，采集了受害茶树害虫的不同虫态，同时在桐梓坡建立养虫室，进行主要害虫生活史的研究。经过研究，明确茶树害虫64种和部分病害，调查研究常见害虫有紫霞茶芽、茶摆头虫、背袋虫、负球茶军配虫、紫衣茶金花虫、三星茶象、红颈天牛等7种。1941年刘淦芝在中国《农报》第七卷上发表了他的第一篇研究报告，为以后贵州茶树害虫系统调查研究奠定了良好的基础。退休后，他从台南来信说："我一生做事，以湄潭最不忘。"

第一次在贵州进行全国茶树品种资源的征集与比较研究。李联标拟定了一个《全国茶树品种与鉴定》的研究项目。研究的目的有三：一为研究全国各地茶种在湄潭环境条件下的生长适应性；二为了解我国茶树品种的区域分布状况；三为今后茶树育种的原始材料。从1939年开始征集，到1948年的10年间，总计发出征集信件千余封，实际收到各地寄来茶种270个，分布全国13个省份。经过播种育苗，出土定植成活的茶种163个，共有8000余个植株。1944年赴美留学前，李联标写成了《茶树育种问题之研究》。他亲手进行了50个单株选种的观察记载，同时还对今后茶树杂交育种技术进行了预备实验。在先后进行了茶树开花时期与结实部位的观察后，明确了湄潭在十月开花最盛，结实较多，每棵茶树以中下部春生枝条的顶部所生的茶花最易结实。同时做了茶树杂交去雄、套袋授粉方法的预备实验，及不同品种茶花性状构造的观察记载。1941年整理出黔北四县（湄潭、凤岗、务川、正安）地方茶树品种10个，有的在农家推广后受到好评。

李联标出国后，徐国桢继续主持项目研究，他进行了各地茶种在湄潭的纬度相关分析，从北纬21°~27°寄来的茶种与适应性呈直线相关，即越是从南方寄来的茶种，成活率越差。发芽出土期比在湄潭的推迟达一个月之久，抗寒性越差。湄潭以北（北纬27.5°）寄来的茶种，成活率也有所下降，但差异不很明显。征集来的8000多个植株，他们的性状差异明显，很难找到两株完全相同的茶树。徐先生试图先从茶树的叶部进行品种分类整理，得出叶面积在45cm²以上为最大叶种；30~45cm²为大叶种；15~30cm²为中叶种；15cm²以下为小叶种。另从茶树叶片的长宽比分类，叶比倍在2.3以下为圆叶种；2.3~3.3为长叶种；3.3以上为柳叶种。

第一次在贵州进行无性繁殖方法研究。1942—1945年，陈汝基主持作了茶树扦插繁殖方法种类与时间以及土壤场所等试验。扦插种类分叶插、叶芽插、短枝插、长枝插等。结果以短枝插最好，时间以夏季扦插较好，土壤以填新土最优。

第一次在贵州试制工夫红茶。1940年4月12日，由中茶公司借调云南顺宁实验茶厂技术人员祁增培及3名技工到湄潭实验茶场，帮助首次试制工夫红茶。由于当时实验茶场茶园尚未投产，原料从茶农中收购所得，产品取名"湄红"。第一年试制的755kg红茶作礼品，部分在当地销售，很受群众欢迎。经当时顺宁实验茶厂厂长、中国评茶大师冯绍裘审评认为："湄红形状细嫩匀齐，不亚祁红，色泽润亮，清香较祁红为低，滋味似祁红，汤色较祁红略暗，叶底甚暗是其缺点。总评品质不若祁红之优异，制法得法或可胜于宜红。"

第一次在贵州试制全炒青、半烘炒、烘青等法的绿茶，引进龙井茶制造工艺。1942年4月中茶公司调杭州技工郭锡德、郭顺曹，帮助湄潭实验茶场试制龙井茶并投入批量生产。经过几年的努力，先后生产出"湄红""湄绿"和少量仿龙井茶。1940—1942年，共收鲜叶13859.5kg，制成干茶4541kg。

第一次开展"金花"菌及其与茯砖发酵关系的研究。徐国桢于1941年金陵大学攻读硕士研究生时，从成都取得茯砖茶样，对西南大量生产的紧压茶，以发酵为核心，研究了青砖茶制作过程中鞣质的变迁及意义。

第一次在贵州开办茶叶蚕桑职业学校。1944年秋成立的"贵州省立湄潭实用职业学校"，设有茶叶科和蚕桑科，学制三年，共办两期，茶叶科主任由该场代理场长技术室主任李联标兼任，该场王正容、刘其志、李成章先后兼任实习导工和教员。

3. 茶场发展

1941年，中茶公司退出，机构全称改为"农业部中央农业实验所湄潭实验茶场"，属中农所的一个"系"，即"茶叶系"。内部机构设总务室、技术室、特作室、经济资料室和农场管理室。技术室主要研究茶叶,主任李联标。1942年,河南发生严重蝗灾,刘淦芝场长奉命赴豫治蝗。李联标代理场长,因中日战争交通受阻,刘淦芝去而未返。1944年初,李联标赴美留学,中央农业实验所派全国有名的桐油专家林刚(技正,金陵大学学士)接任场长。抗战胜利后,1946年中农所迁回南京,林刚及部分江浙籍科技人员随之调回中农所,由国内著名油桐专家、中央农业实验所森林系技正朱源林任第四任场长,并改湄潭实验茶场为湄潭桐茶实验场,仍属中央农业实验所管辖。

1949年11月,湄潭县解放,湄潭桐茶实验场由湄潭县人民政府建设科科长张高宗接管,同年12月,又由遵义地区行署建设科接管。1950年春,再由贵州省人民政府军管会农林处派靖廷显等正式接管,更名为"贵州省桐茶实验场",仍由朱源林任场长,靖廷显为指导员,继续开展桐茶试验研究,隶属贵州省农林厅。1952年10月,朱源林调贵州省农林厅工作,由南下干部张忠诚任新中国成立后第二任场长,改名为"贵州省湄潭实验茶场",隶属关系未变。1955年1月,按照全国农业科技工作会议精神,贵州省农林厅将贵州省湄潭实验茶场更名为"贵州省湄潭茶叶试验站"(以下简称省试验站),并派南下干部陈继兴任站长。

1955—1956年,省茶试验站在湄潭县城附近五马槽、屯子岩等地扩建茶园一千余亩。1956—1958年又在湄潭与凤岗交界的永兴断石桥一带开垦新茶园四千余亩,为建成贵州省农垦系统规模最大的茶叶生产和出口茶叶基地打下基础,也就是现在的万亩茶海所在地。如今,万亩茶海的"观海楼",就是湄潭茶场永兴分场三队五段三号茶园的中心地带。随着生产规模的不断扩大,1962年省茶试验站分化扩建为"贵州省湄潭茶叶研究所"和"贵州省湄潭茶场",两块牌子一套人马。调派南下干部鹿来洪任所长兼党委书记。1965年又调支黔干部杜茂林任党委书记。

科研工作处于瘫痪状态。直到1972年贵州省政府颁发有关下放科技人员归队的文件,科技人员才逐一返回科研工作岗位。1973年9月茶场与茶科所才正式分开,同属贵州省农业厅领导。茶科所为县级事业单位,由张魁星任所长兼党支部书记。而今茶科所全称为"贵州省茶叶研究所",隶属贵州省农业科学院;湄潭茶场隶属湄潭县人民政府。

(三)浙大西迁

千载难逢的机缘巧合,1940年5月浙江大学西迁,农学院首批学生抵达湄潭。从此时起到1946年8月浙江大学返回杭州,中央实验茶场和浙江大学场校联合,水乳交融,互相支持,使贵州的茶叶科研工作和茶文化发展到巅峰,走在了全国的前列。

时任中央实验茶场场长刘淦芝被聘为浙江大学农学院病虫系兼职教授。浙江大学部分毕业生参加中央实验茶场工作,并以人才和科研器材优势,帮助指导实验茶场开展科学研究。

实验茶场与浙江大学合作开展茶叶和土壤化学分析。也是茶场第一次在贵州开展茶叶生化成分和茶园土壤的分析测定工作。分析湄红成分：水分6.17%；全溶物34%；灰分6.34%；可溶灰3.35%；茶素2.51%；单宁6.534%。石阡坪山茶：水分6.77%；全溶物37.77%；灰分5.59%；可溶灰3.11%；茶素2.03%；单宁14.06%；细末3.17% 20筛。茶园土壤分析表明：148块茶土中，黏土占89.96%，砂土占4.05%。

从1940—1945年，时任浙江大学校长竺可桢、农学院院长蔡邦华、理学院院长王进、浙江大学教授李四光、苏步青、王淦昌、贝时璋、吴有训、吴耕民等，中华职业教育社主任江恒源，文学家黄炎培和国际知名科学家李约瑟博士等曾到民国中央实验茶场参观、品茗。

浙江大学西迁入湄期间，还成立了"湄江吟社"，留下了许多赞茶赏景的美丽诗篇。如：

试新茶

乱世山居无异珍，聊将雀舌献嘉宾。松柴炉小初红火，岩水程遥半旧甄。

闻到银针香胜酒，尝来玉露气如春。诗成漫说增清兴，倘许偷闲学古人。

（刘淦芝）

紫薇山馆

山篱短短径斜斜，别馆三间树半遮。侵坐绿荫清鸟语，隔溪红日到林花。

云开峦影参差见，雨歇滩声次第加。留客情怀终不俗，茶烟细透碧窗纱。

（苏步青）

（四）贵州桐梓茶厂与1万担康砖茶储备

桐梓茶厂始建于1967年。计划经济时期桐梓茶厂主要为西藏和青海生产康砖茶和金尖茶，产品和原料两头在外。建厂选址在桐梓有两个因素：一是靠近川黔线，二是战备。从20世纪60—80年代的近20年时间里，桐梓茶厂生产的康砖茶和金尖茶为边疆少数民族生活提供了一定保证。金龙牌康砖在西藏具有一定知名度，深受藏民的喜爱。

1991年国家计划委员会和财政部实行边销茶储备。贵州为西藏储备1万担康砖，代储单位是贵州省茶叶公司，储备地点在桐梓茶厂的储备专库。2000年以后桐梓茶厂改制为贵州金龙茶叶公司，其间生产过杜仲茶和伏砖茶。之后生产经营每况愈下，在没有征得省茶叶公司的许可下，将1万担康砖茶卖掉。

九、贵州贡茶历史

唐代时期，全国茶区为山南（荆州之南）、浙南、浙西、剑南、浙东、黔中、江西、岭南等八区。陆羽《茶经·茶之出》："黔中生思州、播州、费州、夷州。"依北宋乐史撰的《太平寰宇记·江南西道二十·思州》记载："思州贡物有硃砂、水银、茶；务川县有白茶水；播州有黄蜡、生黄、茶；夷州有茶、硃砂、水银、黄蜡。"今遵义、桐梓一带（唐、宋播州）、今务川、印江一带（思州）、今德江、思南一带（费州）和今湄潭、凤冈一带（夷州）是全国的重要茶区。

茶是贵州的重要经济作物与产品。贵州的茶不但遍布全省，而且品种多、质量优。民国《黔南丛书》之一的《续黔书·茶》有"黔之龙里东苗坡及贵定翁栗冲、五柯树、摆耳诸处产茶。而出务川者名高树茶，蛮夷司鹦鹉谿出者名晏茶。"弘治《贵州图经新志·黎平志·土产》云："洞茶，叶大而味美。"此处的"洞茶"，应是"侗茶"。该书"风俗"章对此注解："夷汉集居，风俗不一。府治所部夷民种类非一，习尚亦异。谓洞人者，衣冠习尚一同华风，吹芦笙木叶、弹琵琶二弦琴。"民国《都匀县志稿·农桑物产》载："茶四乡多产之。产水箐山者尤佳。有密林防护也。输销边粤各县。远近争购。惜产少耳。自清明节至立秋并可采。谷雨前采者曰雨前茶。最佳细者曰毛尖茶。"其《祠庙寺观》之长秀（今都匀市小围寨镇团山村一带）西岳庙又引乾隆都匀知府《宋文型碑序》载："庚子岁（乾隆四十五年）余守匀疆。兼理厂务茶园一局。隶在中间有西岳王之庙。奉为本厂之神。"

嘉靖《贵州通志·风俗·土产》载："贵州土地虽狭，然山林竹木蔬食果实之饶略比川湖。"在记述物产时，"货之属"列为第一项。

万历《贵州通志·合署志·贵阳府》中，按谷之属九、蔬之属三十四、果之属二十八、药之属六十七、竹之属十五、木之属三十三、花之属五十三、羽之属三十六、毛之属二十六、鳞之属十五、介之属六、货之属二十二项。"列出贵州省的物产后特别强调："以上方产全省略同，以后各地止载特异者，而寻常者不赘见"。"货之属"条的二十二类产品中就有茶。茶在贵州明代的宣慰使司、龙里卫、新添卫、兴隆卫、平越卫、清平卫、永宁卫、镇宁卫的方产中是最重要的物产。弘治年间的镇宁州著名的"土产"就是茶，而且"州境皆出"。1912年以前贵州的"土贡"为马匹、茶芽、黄蜡、朱砂、水银五项。今开阳县境内的明代"水东十二马头"和程番府出产的茶芽品质优异"以充土贡"。水东十二马头、金筑安抚司（今长顺县广顺镇一带）和方番、卧龙司（均在今惠水县境）上解的芽茶是明代贵州著名贡茶。清乾隆年间，开阳南贡茶和贵定仰望贡茶两个品牌是贵州省的贡茶代表。民国《贵州通志·风土志五》载："黔省各属皆产茶，贵定云雾山最有名，惜产量太少，得之极不易。石阡茶，湄潭眉尖茶，昔皆为贡品。"龙场驿何先龙先生据清末民初日本出版的《中国之工业原料》统计：贵州十三府中有九府产茶，即贵阳、安顺、思州、兴义、大定、都匀、平越、石阡、遵义。一九五一年贵州茶叶产量达27000多担，一九三六年全省年产茶叶200担以上的县有十七个，包括开阳县、贵阳县、贵定县、瓮安县等。一九四七年贵阳有茶庄6家，茶食店140家。

茶作为贡品始于唐代。《旧唐书·食货志》载："贞元九年正月，初税茶。"宋人徐钧的《陆羽》一诗描写了贡茶的产生："野客耽茶著作经，一时评品亦良精。谁知茗饮成风后，从此朝廷榷法行。"虽然将陆羽推广茶的作用有夸大的成分，但记载了贡茶的缘起。《旧唐书·食货志》记载了文宗开成二年十二月今徐州的"武宁军节度使薛元赏奏：'泗口税场，应是经过衣冠商客金银、羊马、斛斗、见钱、茶盐、绫绢等，一物已上并税。今商量，其杂税并请停绝。'诏许之"。

乾隆年间，因各级官府以各种名义层层加码征收代缴皇粮的贵定云雾茶。当地苗族不堪重负，用开水将茶树浇死，报称茶树"年老茶枯"。朝廷派员调查后刻立此碑，明确：除了缴纳贡茶外，停止其余各级所派的茶叶，如有官差以办茶为名滋扰者，将予以追究。碑文还说明，朝廷拨款420两白银扶持茶叶生产。这块碑刻于乾隆五十五年（1790年）。

碑文原文如下："署贵阳府贵定县事：州正堂为据禀给照事。案据旧县方文超等禀称：本年四月二十日接春钧札，因仰王苗民雷阿虎禀"年老茶枯"，仰约前往确查，据实禀复。奉此约，遵即前往临山踏勘：茶老焦枯，并无一株生发，实非苗民治枯捏禀倩□①缘。奉札查□禀明，伏乞查核施行上禀等情。据此，查茶树既俱枯坏，并无出产，应干除批示外，合行给照。为此，照给该苗民等遵守：嗣后该处年年给□贡茶定数，茶触及其余所派之茶准行停止，以免采办之累。如有差人以办茶下乡滋扰者，许尔等指名禀究。须至照者。据呈缴茶拨银肆百贰拾两，收后发交殷实之户生息年，再年购办该处贡茶。乾隆五十五年四月□□日立"（图1-10）。

图1-10 贡茶亭及贡茶碑文

---

① "□"处为原碑文风化缺损。

贡茶在市场上丰厚的利润，让一些人在以各种名义层层加码征收不成之后又生一计，他们蚕食贡茶生产地域的土地，种茶牟利。为保护贡茶生产，嘉庆十年（1805年），朝廷又立"云雾鸟王贡茶产地地界碑"，界定云雾鸟王贡茶产地范围。

这两块碑，是朝廷、官府和茶农博弈的历史见证。

贵州产茶历史悠久，为贡茶交通的驿道贯穿全省。黔西南州普安县有千年古茶树并至今保存有明代从黔北茶区经尾洒驿（晴隆）、新兴驿（普安）到湘满驿（盘州）、滇西的贵州"茶马古道"上最险峻的老鹰岩段10km古驿道；遵义在唐代贡茶一度已有茶马贸易；务川在五代时期已有"月兔"贡茶并在清初创立了"高树茶"和"宴茶"品牌。关岭县花江镇作为明洪武年间设立的"募役司"，主要职责就是接应军队来往、负责官马铺陈、监督管理茶商，到现在仍然是滇桂黔三省区接合部最大的马牛市场。北宋著名文学家、官员黄庭坚在贵州任上有描写务川都濡"月兔"饼茶的词《阮郎归》："黔中桃李可寻芳，摘茶人自忙。月团犀胯斗圆方，研膏入焙香；青篛裹，绛纱囊，品高闻外江。酒阑传碗舞红裳，都濡春味长。"贵州是贡茶的重要储存地和贡茶生产地。《明史·食货志·盐法、茶法》："洪武末，置成都、重庆、保宁、播州茶仓四所。"其中的"播州茶仓"就在现在的遵义。《明太祖实录》载："洪武三十一年五月庚申置成都、重庆、宝宁三府及播州宣慰司茶仓……听商人交易与西番市马。"直到正统五年（1440年）革除播州茶仓，播州茶马贸易前后历时42年。弘治《贵州图经新志·石阡志·山川》记载了一个贵州茶叶制作点重要地名"茶坊坪"，并明确"在龙泉司北"，龙泉司就是现在的凤冈县县城所在地龙泉办事处。丰富的茶资源为"贡茶"提供了产品的可能和质量的保障。贵州省的贡茶品种丰富、分布广泛，主要品牌如务川都濡、开阳南贡、贵定云雾、普定朵贝、凯里香炉、金沙清池、大方海马宫、印江团龙等。

贵州有记载的贡茶专用名词"贡炮"最早出于务川。唐、宋时期务川县（今沿河、务川一带）因出产白茶而有"白茶水"，这是目前有史可查的贵州最早的茶叶品牌。明嘉靖《思南府志·土产》记载："丹砂、水银、银朱、茶出婺川县。"明代杨慎《全蜀艺文志》载有北宋著名文学家黄庭坚的《答从圣使君》："此邦茶乃可饮。但去城或数日，土人不善制度，焙多带烟耳，不然亦殊佳。今往黔州得都濡月兔两饼，施州入香六饼，试将焙碾尝。都濡在刘氏时贡炮也，味殊厚。恨此方难得，真好事者耳。"唐代都濡县治今务川县都濡镇北，刘氏即五代刘䶮创立的南汉。都濡茶由黄庭坚命名为"月兔茶"。苏东坡还以"月兔茶"为题留下了佳作："环非环，玦非玦，中有迷离玉兔儿，一似佳人裙上月。月圆还缺缺还圆，此月一缺圆何年。君不见斗茶公子不忍斗小团，上有双衔绶带双飞鸾。"务川大树茶与福建武夷山的乌龙茶，安徽歙县的黄山毛峰，浙江杭州的西湖龙井等40种茶叶并列为清代名茶。乾隆年间《贵州通志》载："茶出务川，色味亦佳。"

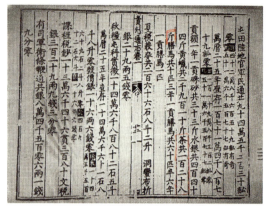

图1-11 万历《贵州通志·民赋》载文

图1-12 万历《黔记》载文

万历《贵州通志·民赋》载贵州布政司"贡额一年一贡……茶共一百二十八斤"（图1-11）。

万历《黔记》记载的数量明显减少，贵州布政司的贡赋自万历三十二年后为"三年一贡共茶芽贰拾玖斤"，但茶一直占据着最重要的"贡位"（图1-12）。

嘉靖《贵州通志·土贡》载贵州布政司"三年一次类解茶芽共六十四斤三两四钱三分"（图1-13）。

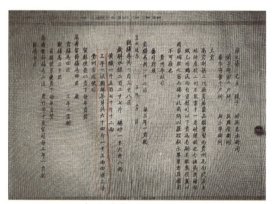

图1-13 嘉靖《贵州通志·土贡》载文

嘉靖《贵州通志·土贡》载贵州宣慰使司"岁解本色茶一十一斤二两四钱二分五厘"。

万历《贵州通志·宣慰使司·贡赋》和万历《黔记·贡赋志》同载："水东等九长官司每三年一贡朝，觐马九匹，岁解本色茶一十一斤二两四钱二分五厘。"只是将嘉靖年间的"贵州宣慰使司"变成了"水东等九长官司"（图1-14）。

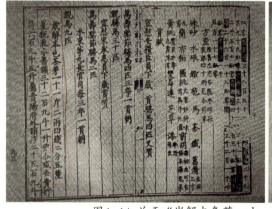
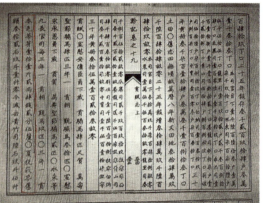

图1-14 关于"岁解本色茶一十一斤二两四钱二分五厘"古籍载文

嘉靖《贵州通志·风俗·土贡·程番司》和万历《贵州通志·合署志·贵阳府·贡赋》与万历《贵州通志·宣慰使司·方产》均有"三年类贡茶芽五十三斤十一两六钱五厘。金筑司十三斤六两一钱二分五厘；方番司二十五斤一两七钱三分；卧龙司十五斤三两七钱五分（图1-15）"。纳贡者分别是"程番司""贵阳府""贵阳军民府"，但贡额和纳贡实体没

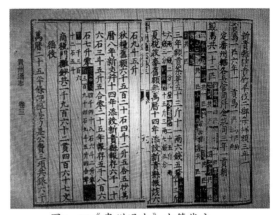

图1-15《贵州通志》古籍载文

有变化，其中"类"改为"额"。在万历《黔记》中，"贡赋"分为"十目"记述，其中以"协济夷人贡马贡砂及各税课之榷商"为目记载纳贡内容。纳贡者贵阳军民府，但纳贡数量文字为繁写。

除了实物外，明代在茶贡上也同步施行货币化。《明英宗正统实录》"正统五年三月丙辰革四川播州宣慰使司、长官司茶仓。以本司茶课折收钞故也"。按照万历二十五年实施的"条鞭"办法，弘治《贵州图经新志》和嘉靖《贵州通志·财赋·程番府》都以"徭役"目开征货币化茶税"课程岁征商税茶芽折钞八百二十一贯二百三十六文"，没有强调"本色茶"。按《遵义府志》，万历平播设遵义府后，府属五州县每年仍向四川布政司上解茶课十七两二钱一分二厘。

从唐代到晚清，贡茶制度重要的一项国家财政收入就是"茶引"收入。据《清史稿》统计，清初至乾隆年间，仁怀厅茶引税银50两，茶引200张，每引载茶100斤。以茶引统计，这段时期仁怀厅收储茶叶就达2万斤。

贵州贡茶中的翘楚为"贵定仰王贡茶"。仰王贡茶出自今贵定县云雾镇仰望村，《大明一统志》和弘治、嘉靖、万历朝等各类志书都有记载，龙里卫、新添卫的土产茶、葛布"俱丹平司出"。明代丹平长官司辖地即今贵定县云雾镇和平塘县掌布镇交界处一带。康熙《职方典·贵阳府山川考》："阳宝山在新添北十里……山产茶，制之如法可供清啜"；《贵阳府物产考》云："龙里县，茶出东苗坡及阳宝山。"乾隆《贵州通志·物产》载："茶产龙里东苗坡及贵定翁栗冲五柯树摆耳诸处。"《贵阳府志》载："按龙里西南今有东苗，居贵定贵阳都匀之间。"龙里产茶的东苗坡位于明清时期贵定龙里贵阳都匀交界处，按《龙里县志》即今贵定县云雾镇仰望村、江北村一带。贵定县云雾镇仰望村至今还保存有一通立于乾隆五十五年的乾隆免贡茶碑，揭开了贵定仰王乾隆时就每年定额贡茶的历史。中国第一历史档案馆保存的《清宫密档》中有《各省进贡茶叶账》中有"十二月

初二日贵州巡抚林绍年贵定芽茶一匣。老佛爷留用。大清光绪三十年正月初二日立"，成为贵定进贡芽茶的物证。

贵州省历史悠久的"开阳南贡茶"。开阳南贡茶，最早见于明朝万历《贵州通志·宣慰使司·贡赋》和万历《黔记·贡赋志》："水东等九长官司每三年一贡朝，觐马九匹，岁解本色茶一十一斤二两四钱二分五厘。"《徭役》又载："十二马头一千一百一十五两三钱一分零。额有表笺。贡马茶芽应朝祭祀、乡饮、春考、鹿鸣、宴举、贡坊……诸费俱于前银内拍支。"贵州宣慰使司上解的茶芽为十二马头所出。水东治区包括现在贵阳市各区和开阳、息烽，黔南州龙里县、贵定县和惠水县的大部分区域。明代十二马头有六个在今开阳县境内；巴香马头、谷龙马头、羊场马头、洪边马头、陇上马头、纳坝马头都没有产茶的记载，明代以贵州宣慰使司名纳贡的茶芽为开阳境内的六个马头所产。南贡茶产于明代开科马头属马桑坪，明末改土归流后属开州弟里，民国改属开阳县第一区南龙联保第四保，1950年属第一区南龙乡，隶南龙乡翁朵村南贡。

民国《开阳县志稿·物产》："茶……县属为产茶区，且质亦佳，为有名出品，如一区之南贡、翁朵、大塘、枇杷哨、磨盘、顶方、中坝、翁昭，三区之马江山、马场、三合场、中火炉、宅吉，以及二、四五区之各地均产，尤以南贡附近之白沙坡一带产质最佳，年可数千斤……满清末年，邑人李清池等曾有茧茶公司之创立，制压茶饼有方、圆二种，茶面有'开阳贡茶'四字，销行各县……南贡一带之茶，生熟土坎上，其树较高，叶厚色青，叶柄之长均较各地过之……其茶泡后，色淡绿，咪香，久泡稍冷则呈葡萄红色，至为美观，煨至三次，色味不变，陈者尤佳，洵特产也……制茶土法，于岁三月初摘新牙，名头茶，细小而嫩，先以清水洗净，滤干后，入净釜中以文火焙之，每分钟搅五六次。觉薰手时，取入竹器中，洁手揉叶，至卷而止，候热散尽，洗锅再焙（不洗锅则生茶锈），如是者四。但炒至三四次时，每分钟须搅十次，否则叶色不均，细粗不匀。以后入笼中烤之，上盖以洁布，使火力均匀，茶气不散，到干为止，即成茶也。采茶自清明起，谷雨前采者曰雨前茶，极细者曰毛尖，均为茶叶中上品；四月摘二次，曰上茶，至三次止。茶开白花，实内藏籽，可榨油。本县全年茶之产量至少在五万斤以上，除供应本县外，贩运邻县约三万斤之多。"

十、茶马古道

明朝建立了贵州省，并纳入了中央集权的管辖之下，修建了横贯东西的龙场古驿道。极大地改善了贵州的交通条件，贵州与外界的交往与融合得到了很大的改善。驿道是传送公文、兵戎行军的通道，同时也是商旅往来商品流通的通渠。在贵州，至今在贵阳市的长岭坡镇、青岩镇，毕节的黔西、大方、七星关、赫章、威宁，六盘水、黔西南州都存有茶马古道。既是茶叶等方物外出的道路，也是食盐等商品进入贵州的必经之路，又称茶马古道、茶盐古道、茶粮古道、商贸古道，是贵州与云南、四川相连的重要交通要道。2013年5月3日被国务院授予"全国文物保护单位"。

清代诗人李凤翱在《茶山关》写道：

茶山称古道，险绝迈黔滇。峭壁千寻力，长河一线穿。

人从树杪下，石向顶头悬。过客频来往，同嗟马不前。

"茶马古道"源于古代我国西南边疆的"茶马互市"，即我国西南地区与西北地区所进行的以茶易马或以马换茶的贸易活动，而后中国西部地区以马帮为主要交通工具的民间商贸通道都统称为"茶马古道"。提起茶马古道，我们大多数人首先想到的可能是云南，其实不然。由于历史原因，明永乐十一年（1413年），中央在贵州设置贵州布政使司，贵州才正式成为省部级的行政建制单位，而在这之前，贵州西南的大部分地区划归云南省管辖。

（一）茶马古道"贵州·贵阳段"

2013年5月，国务院公布第七批全国重点文物保护单位，川黔滇"茶马古道"列入其中。其中，在贵阳市境内的长坡岭古道、青岩古道等五处文物入选。其中茶马古道·长坡岭段，位于白云区长坡岭森林公园内，现存路段长约3km，由青石砌筑（图1-16）。茶马古道·蜈蚣坡段（含蜈蚣桥），位于修文县洒坪乡，长约5km，建于明朝，是明代黔中地区连接水西彝地（今毕节）的唯一通道，其中蜈蚣桥是从"龙场驿"至"六广驿"的必经之路，是茶马古道·蜈蚣坡段的核心。茶马古道·黑泥哨段位于清镇市黑泥哨村，长约5km，青石砌筑，明朝修建，是贵阳到云南的主要通道之一，现存的黑泥哨牌坊于清道光十六年修建。茶马古道·青岩段，现存约8km，位于花溪区青岩镇北苦蒜坡和龙井村上关口，古时为贵阳粮道要津。

图1-16 茶马古道长坡岭段

（二）茶马古道"贵州·黔西南段"

2013年，国务院公布的第七批全国重点文物保护单位，位于黔西南州晴隆县的安谷砖牌坊、半坡塘古道、盘江桥石刻群、盘江桥古道等茶马古道遗址单位，即被列入"茶马古道·贵州段"。除了列入国保单位的这些遗址，黔西南州兴义市、普安县、晴隆县、贞丰县等地保存着滇黔驿道白层段、马岭木桥古道、兴仁寿佛寺、沙等烽火台遗址、松岿寺、罐子窑"一品马店"、安南城墙遗址、花江铁索桥石刻、两湖会馆等茶马古道遗址（图1-17）。

图1-17 茶马古道黔西南段·兴仁巴铃软口河桥

黔西南州古茶文化渊源深厚，其存在的茶马古道在南宋时期对助推贵州的经济发展产生了极其深远的影响。黔西南州的崇山峻岭中，横卧着一条条历经岁月沧桑的石板路，这些山与山之间的纽带，将黔西南州的茶马资源与外界交换，打破了深山中古老高原闭关自守的封闭状态，为黔西南州的经济发展起到了重要的推动作用。

（三）茶马古道"贵州·毕节段"

2013年5月3日，国务院将"茶马古道·贵州毕节段"核定公布为第七批全国重点文物保护单位。

"茶马古道·毕节段"纳入"国保"单位的文物景点，包括金沙清池万寿宫、金沙渔塘河义渡石刻、"川黔立渡"摩崖石刻、大方甘棠古道、毕节陕西会馆、七星关古道、威宁四堡古道等17个文物景点。

贵州·毕节段的茶马古道分两条：一条由金沙清池进入四川古蔺，另一条由威宁进入云南昭通（图1-18）。

图1-18 茶马古道滇黔北段·六洞桥长堤

第六节 现代茶政法规

一、概述

新中国成立前，20世纪30年代的中国步入了灾难深重的泥潭。抗日战争的节节失利，中国大部分国土相继沦陷。1939年，政府在陪都重庆出了一个重要的决定：把"平时经济政策"转变为"战时经济政策"。为了将这一转变能更加快速的改变因战争而日渐衰落的国民经济现状，考察队足迹遍及云南的昆明、曲靖，四川的成都、自贡、宜宾和贵州的贵阳、安顺、遵义等地。经反复勘察、比较、权衡，选定在遵义东边100km的湄潭县。

1939年9月，中央农业实验所派遣昆虫学博士刘淦芝赴湄潭开展筹建工作。1940年2月1日，中央农业实验所湄潭实验茶场正式成立。中国西部的第一个国家级茶叶科研生产机构就这样诞生的。

1950—1951年，国营土产公司于1950年5月成立，负责全省茶叶购销工作。1951年省合管处组建后，全省国营县以下（包括县级）土产（包括茶叶）一揽子业务移交给合作社，由合作社来组织收购和调拨供应。党和各级政府十分重视茶叶生产的发展，在"巩固提高现有茶园，加速改造低产茶园，积极发展新茶园"和"提高质量，保证边销，增加内销，扩大出口"的方针指导下，贵州茶叶生产得到很快恢复和发展。

1952年，中国茶叶公司在解放初期是受中央授权负责全国茶叶购销业务及技术指导的唯一公司。1952年，中国茶叶公司为了贵州茶叶发展，开展了人才培训，即在当年到仁怀、赤水等招收学员，到原民国中央（实验）茶场改造过来的湄潭茶叶（实验）场进行生产专业培训，培训后分配到各重点产茶县筹建茶叶技术指导站，开展茶叶生产技术指导工作，这批人员后来成了茶叶技术的骨干，为新中国成立后的贵州茶叶生产发展奠定了基础，也因此湄潭茶叶实验场被人们称为"新中国贵州茶叶人才首处摇篮"。中央人民政府农业部、贸易部《关于一九五二年茶叶生产、收购工作的联合指示》中明确：合作社及私营企业，必须在国营公司领导下，首先完成国家的收购计划；中国茶叶公司应尽量委托合作社代办、收购业务，并在业务技术等具体工作上，切实辅导协助，以扶植合作事业的发展。1952年12月，贵州省商业厅报请对外贸易部批准，建立中国茶叶公司贵州办事处，在仁怀、湄潭、镇远、石阡、安顺五个重点产茶县设立直属收购站，开展茶叶收购业务，其余地方均委托供销合作社代购。

1953年3月20日，中华全国合作社联合总社《关于收购茶叶工作的指示》中明确指示：关于全国茶叶收购总协议已签订，即日下达，各产茶省社应即按照协议原则，结合当地情况，签订省的协议，并将收茶计划、代购手续费比例、公司应预拨流动资金等，在协议中加以明确规定……至此，供销系统单位主管主营茶叶产品、负责采购及调拨供应的职责，得以全面明确。

1954年，中国茶叶公司、中华全国合作社联合总社推销局、供应局发布《关于印发一九五四年茶叶购销协议的通知》，中央人民政府对外贸易部、中华全国合作社联合总社《关于印发一九五四年预购茶叶协议的通知》，在文件中明确供销合作社的全国代购任务，并附上预购茶叶协议书范本。

1955年，贵州办事处升格为中国茶叶公司贵州分公司，为了发展茶叶生产，茶叶经营部门在各地雇请有生产经验的茶农担任辅导员，推广茶叶生产先进经验，改进初制加工技术，指导茶叶生产。1955年2月25日，中华全国供销合作总社、中国茶叶公司出台《关于做好一九五五年茶叶收购工作的指示》等文件。1955年4月8日，《中华人民共和国国务院批转全国茶叶会议的报告》中，对全国茶叶工作作了一系列的政策安排。贵州省茶叶产量由1950年的1350t增至1955年的3300t，增长1.3倍。

1956年，国务院出台《关于一九五六年预购茶叶、蚕丝、苎麻、烤烟和羊毛的指示》，中华人民共和国农产品采购部出台《关于茶叶加工、成品交货情况及对今后加工工作的意见》等文件。1956年，贵州省茶叶公司隶属省农产品采购局领导，次年3月省茶叶公司并于省供销合作社，茶叶又回归省土特产品管理处经营，至1961年之后又归到省对外贸易局。

1957年，中华全国供销合作总社、中华人民银行总行、中华人民共和国农业部发布《关于一九五七年茶叶预购工作的联合通知》，中华人民共和国国务院转发中华全国供销合作总社发布《关于当前茶叶收购工作的报告》，中华全国供销合作总社茶叶采购管理局出台《关于茶叶制造技术经济定额管理办法》，中华全国供销合作总社茶叶总管理局发布《关于一九五七年外销红绿茶加工标准样的通知》，中华全国供销合作总社颁发《"中华全国供销合作总社关于省（直辖市、自治区）间茶叶调拨办法"的通知》，全国供销总社发布《关于安排一九五七年茶叶价格的通知》等文件。上述系列文件中强化了对茶叶的管理，文件规定供销社负责统一收购和调拨供应，其他商店和商贩一律不准收购销售。

1958年，贵州省花贡、广顺、东坡、枫香、双流、芦坝等农（茶）场相继因地制宜地新辟成片茶园。湄潭县用一冬春的时间深挖开辟新茶园两万亩，始建万亩共青团茶园，并提出建成茶叶县的奋斗目标。桐梓、威宁等县部分社队把开荒种茶，列为发展山区经济的好门路。1958年国务院批转农业部《关于全国茶叶生产会议的报告通知》，批转商业部《关于茶叶采购调拨问题的报告》，出台《关于农副产品、食品、畜产品、丝绸等商品分级管理办法的规定》，转发全国供销合作总社《关于一九五八年茶叶收购价格安排方案的通知》，发布《关于加强冬季茶园生产管理工作的通知》等文件。1958年贵州重点产地州为：安顺专区、遵义专区、铜仁专区、毕节专区、黔东南州、黔南州、贵阳市；20个重点县为：安顺县、普定县、修文县、平坝县、开阳县、贵定县、遵义县、桐梓县、仁怀县、习水县、赤水县、湄潭县、石阡县、毕节县、金沙县、镇远县、岑巩县、都匀县、独山县、贞丰县。当年贵州省供销社下达首批茶叶生产专用化肥500t给上述主产县。

1959年，全省产茶4760t，较1957年增长58.7%，较1950年增长3.53倍，创新中国成立以来第一个产量纪录。1960—1962年受自然灾害等因素影响，茶叶产量逐年下滑至1962年最低产量2903t。

在此期间国家出台文件有：1962年3月12日，对外贸易部《关于一九六二年茶叶蚕茧的奖售标准问题》；1962年3月20日，中共中央、国务院批转财贸办公室《关于提高内销高级茶和中级茶价格的报告》；1962年6月9日，中华人民共和国国务院《关于收购茶叶实行补贴价格的通知》；1962年8月12日，中华人民共和国国务院批转《国务院财贸办公室关于改变内销高级茶和中级茶销售办法的报告》；1962年，贵州茶叶业务随着省对外贸易局的恢复，而随之归省外贸茶叶土产进出口公司管理，但因县以下无外贸机构，故茶叶生产的扶持、收购等繁重工作仍由农村供销合作社承担，这种状况一直维系到1980年。

由于贯彻国民经济调整方针，1963年后，全省茶叶生产有所恢复，至1965年时恢复到4277t产量，仍比1959年减少9.2%。1966—1971年期间，在早期"文化大革命"影响下，全省茶叶产量徘徊在3170~3850t。

1972—1976年，1972年中央已出台"抓革命、促生产"精神，当年茶叶产量达到4795t，较1971年茶叶产量3640t增长31.73%。

1976—1984年，贵州茶叶生产也得以迅速发展，全省农垦、供销、劳改、民政系统的国营茶（农）场在茶叶生产中发挥主体作用。53个国营茶（农）场（厂）茶园面积虽只占全省面积24.56%，但茶叶产量都占到全省产量53.24%，确保了贵州作为全国红碎茶6个主产省区之一，5个边销茶主产省区之一的地位。

1986年，贵州省制定了"七五"时期每年新增茶园面积2万亩，新增茶叶产量2万~3万担的目标。

1994年12月30日，贵州省食品工业协会第一个专业分会——贵州省茶叶协会在贵阳成立，协会挂靠在贵州省茶叶公司。

2000年，"九五"国家重点图书《中国名茶志》出版发行。其中，贵州名茶立条30

条，占全国19个产茶省名茶立条总数309条的9.7%，紧随安徽和四川，排列第三。

2003年，由贵州省食品工业协会茶叶分会与省政府发展研究中心率先提出，把发展茶叶作为继烤烟、油菜之后的第三根农业经济支柱。经过多次商讨，并对41个县进行了问卷调查，摸清了41个县茶叶面积、产量、加工企业、产值、茶叶生产中所存在的困难以及急需政府帮助解决的问题，准备向省政府提交报告和建议，促成了"加快贵州茶产业发展高层论坛"（图1-19）。

图1-19 "加快贵州茶产业发展高层论坛"领导及专家合影

2006年，在年初召开的贵州省政协九届四次会议上，民革贵州省委，民建贵州省委联合提交的《关于加快贵州茶产业发展》的提案，引起"两会"代表、委员的高度关注，时任省政协副主席李金顺同志对该提案高度重视，经省政协提案委员会报请省政协主席会议确定为2006年督办的重要提案。根据省委常委专题会议纪要的精神，组成了由时任李金顺副主席任组长，省政协提案委员会牵头、省农业厅承办，11个委办厅局参加的调研组。调研组历时3个月深入到贵州省茶叶主产区走村串户，深入企业、乡村，与茶区政府、农民、企业进行多次交谈。经过多方座谈和讨论，形成近两万字的《关于加快贵州茶产业发展调研报告》。根据以往对提案的程序，一般是根据提案的内容由相关部门作出答复，但这次加快贵州茶产业发展的提案不仅在省委常委会进行了专题讨论，并且由省政协提案委员会牵头，省农业厅承办，各相关厅局参与组成了调研组。这是一次规模大、规格高的调研行动，充分表明省委、省政府对茶产业的高度重视。正如省政协提案委在调研报告里指出：茶产业是贵州农村经济的重要支柱产业，关系百万茶农致富奔需小康的问题，是建设社会主义新农村，构建和谐社会离不开的主导产业。

2007年3月，省委、省政府采纳了省政协关于发展茶产业的提案，在组织有关部门调研的基础上，经反复征求多方意见后，出台《关于加快茶产业发展的意见》。该《意见》明确了贵州省要把加快茶产业发展作为调整优化农业产业结构、推进农业产业化经营的重点工作，作为发展农村经济、增加农民收入、推进社会主义新农村建设的重要产业，努力做优做强贵州省茶产业。《意见》要求2010年全省茶叶发展面积达到150万亩，2015年茶园面积达到300万亩，2020年全省茶叶发展面积达到500万亩，建设一批规模化、标准化和专业化程度较高的茶叶基地。

2008年1月，贵阳市印发《贵阳市加快茶业发展》的通知，制定了到2010年全市茶园面积达13万亩、茶叶产值达1.5亿元的目标。同年2月，黔南州制定了《关于加快全州茶产业发展的意见》，规划到2016年全州茶园面积达100万亩。

2009年3月，安顺市制定《关于加快茶产业发展的实施意见》。同年7月，"2009中国贵州国际绿茶博览会"在遵义举行。全国有289个茶企业参展，其中贵州省茶企业204个。2008年全国128个重点产茶县名单中，贵州15个产茶县榜上有名。湄潭县荣获"全国特色产茶县"称号。2009年获日本世界绿茶评比中，湄潭翠芽、南方采仙翠芽获最高金奖，"怡壶春"牌湄潭翠芽、"匀城春"牌都匀毛尖、"九龙湖"牌都匀毛尖、"黔茗"牌飞雪迎春、"仙人岭"牌凤冈锌硒茶、"贵州印象"湄潭翠芽、"泉都坪山"牌石阡苔茶获金奖。

2012年，"中国·贵州国际绿茶博览会"在贵阳举行。本届茶博会为期3d，举行了茶艺大赛、"黔茶巨变"展、中国茶叶绿色防控高端论坛、黔浙绿茶产业战略合作发展洽谈会、对话黔茶、万人品茗活动和茶乡生态游等一系列活动。

2013年10月，黔南布依族苗族自治州人大常委会审议通过《黔南布依族苗族自治州茶产业发展条例》。黔南布依族苗族自治州成为全国第二个为茶产业立法的地区。

2014年4月21日，贵州省人民政府出台《贵州省茶产业提升三年行动计划（2014—2016年）》的通知。同年8月24日，贵州茶产业"三绿一红"品牌推进会在贵阳举行。

2015年9月23日，省委强调要把大力发展茶产业作为守住发展和生态两条底线、发挥后发优势的重要举措，坚持创新发展、融合发展，延长产业链、提升附加值，做深做透做足茶文章，以茶兴业、以茶惠民、以茶养文，将茶产业发展进行到底。

2016年7月22日，首届2016"丝绸之路·黔茶飘香"推介会在贵阳启动，活动历时15d。在丝绸之路沿线的主要城市重庆、成都、西安、兰州和西宁开展推介，行程近5km。同年9月23日，首届都匀毛尖（国际）茶人会在都匀举行；10月30日，贵州古茶树保护与利用专业委员会暨思州古茶文化研究会成立大会在沿河土家族自治县召开。11月23日，贵州大学茶学院成立揭牌仪式在遵义市湄潭县举行；12月1日，"贵州绿茶"获得农业部农产品地理标志产品，成为全国首个省级茶叶类农产品地理标志产品。

2017年8月8日，贵州省人大常委会第二十九次会议审议通过《贵州省古茶树保护条例》。贵州省人民政府出台《贵州省发展茶产业助推脱贫攻坚三年行动方案（2017—2019年）》的通知。2017年底，贵州省茶园面积突破700万亩，并连续5年全国茶园面积排名第一。同年9月30日，贵州省第十二届人民代表大会常务委员会第三十一次会议审议通过《黔西南布依族苗族自治州古茶树资源保护条例》。

2018年8月2日，贵州省第十三届人大常委会第四次会议审议通过《沿河土家族自治县古茶树保护条例》。2018年8月6日，贵州省委、省政府印发《关于加快建设茶产业强省的意见》文件，力争到2020年全省优质茶园面积稳定在700万亩，茶叶产量达到50万t，茶产业综合产值达到1000亿元。

二、主要茶政法规

中共贵州省委、贵州省人民政府关于加快茶产业发展的意见

为全面提升我省茶产业发展水平，振兴茶叶经济，促进农业农村经济结构调整，增加农民收入，推进社会主义新农村建设，现提出如下意见。

一、统一思想认识，增强加快我省茶产业发展的紧迫感和责任感

1.茶产业在我省经济社会发展中具有重要的地位和作用。茶产业是我省重要的传统优势产业。全省宜茶面积700多万亩，目前种植面积102万亩，遍布全省81个县（市、区、特区）。茶产业是关联度大、带动力强的产业。发展茶产业有利于推动农村一、二、三产业发展，促进农业产业化经营。茶产业是生态功能极强的产业。发展茶产业对于实施生态立省战略，促进生态建设，减少水土流失，构筑"两江"上游生态屏障，有着重要的作用。大力发展茶产业，既有明显的经济效益，又有重要的社会和生态效益，能有效促进农业农村经济结构调整，增加农民收入和地方财政收入，推进社会主义新农村建设，促进全省经济社会发展。

2.加快我省茶产业发展具有良好的基础和条件。我省是国内唯一低纬度、高海拔、寡日照兼具的茶区，海拔高度、年均气温、日照时数、空气湿度、年降水量、

土壤酸碱度等，都特别适宜茶树生长，有利于生产无公害茶、绿色食品茶和有机茶。茶叶水浸出物、氨基酸、茶多酚的平均含量均高于国家标准，具有香高馥郁、鲜爽醇厚的独特品质。我省茶叶加工成本低，竞争力较强。加之国际、国内市场对无公害茶、绿色食品茶和有机茶的需求逐年递增，市场前景广阔。经过多年的努力，已初步建立了较为完善的茶叶种植、加工、营销、科研体系及人才队伍，积累了较为丰富的生产经营经验，形成了以都匀毛尖、贵定雪芽、湄江翠片、羊艾毛峰等为代表的一批茶叶品牌。目前我省茶园面积仅占宜茶面积的13.8%，茶叶采摘下树率仅为55.3%，种植面积扩展、原材料利用和加工升值等方面的潜力都很大，完全有条件把茶产业建成覆盖全省、带动农民增收致富的一大特色优势产业。

3.加快茶产业发展必须切实解决存在的突出问题。贵州茶叶在全国占有重要位置，但商品优势、产业优势、经济优势不够明显，还停留在资源的初步开发上。主要问题是：一些地方领导重视不够，思路不清，管理体制不顺，缺乏统筹规划指导；茶园的集中度、规模化、标准化程度低，无性系良种比例小；机械化修剪、采摘普及率低，茶青资源利用率不高；加工企业规模小，机械化水平不高，加工工艺落后，产品附加值低；地方品牌多、实力弱、影响小；宣传推介力度不够，市场开拓不力；专业技术人才缺乏，科技含量低。这些问题，严重制约了我省茶产业的发展，必须采取有力措施切实加以解决。

4.切实把茶产业作为发展农业农村经济的重要产业来抓。各级党委、政府及有关部门一定要从全局和战略的高度，把加快茶产业发展作为调整优化农业产业结构、推进农业产业化经营的重点工作，作为发展农村经济、增加农民收入、推进社会主义新农村建设的重要产业，作为落实生态立省战略、实现经济社会生态效益有机统一的重大举措来抓，认真分析茶产业发展面临的形势和存在的问题，增强加快茶产业发展的紧迫感和责任感，采取有力措施，努力把茶产业培育成我省重要的特色优势产业，推动茶产业发展迈上新台阶。

二、理清发展思路，努力做优做强我省茶产业

5.加快我省茶产业发展的思路。立足生态优势和产业基础，以市场为导向，以发展高品质绿茶为方向，以体制机制创新为动力，依靠科技进步，培育壮大、引进一批茶叶龙头企业，打造出在国内外市场有较大影响和较强市场竞争力的黔茶品牌；以农户为主体，以推广无性系良种为突破口，加快茶园基地规模化、标准化和专业化进程；加强市场营销体系建设，积极发展茶叶中介组织，提高茶产业发展的组织化程度，提高行业整体竞争力和经济效益。

6. 加快我省茶产业发展的目标。到2010年，全省茶园面积达到150万亩，实现年产值20亿元以上。其中，新增无性系良种茶园面积50万亩，全部实现茶园无害化生产，认证绿色食品茶园面积20万亩，有机茶园15万亩。到2015年，茶园面积达到220万亩，年产值50亿元以上，把我省建成中国高品质绿茶的原料基地和加工中心，绿色食品茶、有机茶的重要生产基地，使茶产业成为我省重要的特色优势产业，部分地区成为支柱产业，成为促进农民增收、财政增长的新的增长点和推进经济发展的重要力量。

三、培育壮大茶叶企业，提升茶叶加工水平

7. 集中培育重点茶叶企业发展。省集中扶持5~10家茶叶生产龙头企业，使其尽快做大做强，增强产业带动能力。到2010年，使年销售收入5000万元以上的企业达到2家，3000至5000万元的达到3家，1000至3000万元的达到5家。同时，引导和支持有发展前景和市场潜力大的中小企业发展，形成大中小相结合的茶叶企业群体。对茶叶企业申请的农业产业化、中小企业发展、乡镇企业发展等项目资金，主管部门要优先考虑。对确定的重点龙头企业和规模较大、效益较好、品牌知名度较高的龙头企业，从资金、信贷、用地、税收等方面给予扶持。

8. 支持茶叶企业改革改制改造。以产权制度改革为核心，以优化股权结构、完善法人治理结构为重点，深化茶叶企业改革，增强企业活力，提高市场竞争力。采取职工、农户分户管理茶园和承包、拍卖等方式加快国营、集体茶场改革改制步伐。以现有经济和技术实力雄厚、经营管理水平高、市场前景好、竞争力强的企业为核心，打破部门、地区、所有制界限，遵循市场规律，采取联合、兼并、参股、租赁等方式，加快推进企业整合，促进中小茶叶企业向骨干企业、优势品牌集中，形成集约化经营，改变我省茶叶企业小、散、弱的局面，提高企业竞争能力。对基础条件差，改造潜力不大的国营、集体茶场，通过市场运作逐步退出。加大招商引资力度，积极吸引实力强、管理优的国内外知名茶叶企业入黔开发茶产业。创造良好投资环境，吸引民间资本、外来资本投入茶产业。支持规模大、基础好的茶叶企业积极引进和利用先进设备、技术，改造不适应生产发展需要的生产加工设备和工艺，提升茶叶生产加工水平。

9. 调整优化企业产品结构。引导企业以市场为导向，从注重春茶开发向注重春、夏、秋茶均衡开发转变，从注重独芽茶利用向注重独芽与一芽多叶综合利用转变，从注重发展高端产品茶向发展高中低端产品茶并重转变，改变目前我省茶叶下树率低的状况。利用我省丰富的茶叶资源和茶叶无污染、内质好等优势，开发超微茶粉、

茶饮料、茶多酚、茶食品、医药、保健品、化工等多元化茶叶产品，延伸茶叶产业链，提高茶叶资源综合利用效益。

四、加强茶叶基地建设，加快规模化、标准化和专业化进程

10.优化茶叶区域布局。采取"政府扶持、企业运作、茶农所有、集中连片、科学种植、分户经营"的形式，以茶叶规模化、标准化生产为目标，重点支持黔北湄潭、凤冈、余庆、正安、道真，黔中平坝、西秀、开阳，黔南都匀、贵定，黔西南普安、晴隆，黔西北纳雍、水城，黔东石阡、松桃、印江，黔东南黎平、丹寨、雷山，建设一批规模化、标准化和专业化程度较高的茶叶基地，促进茶园连片集中，形成具有我省特色的富硒（锌）优质绿茶产业带，高档名优绿茶产业带，大叶种早生绿茶和花茶坯产业带，"高山"有机绿茶产业带，优质出口绿茶产业带。到2010年，使茶叶主产县茶园面积占全省茶园面积的比重达到70%以上。这些县也要集中在优势区域建设一批规模化、标准化和专业化程度较高的茶叶专业乡（镇）、村、组。

11.加强良种繁育体系建设。按照统一建立良繁基地、统一生产标准、统一组织供应的原则，完善茶苗良繁体系，加大茶叶无性系良种繁育力度，确保无性系良种茶苗供应。省重点支持建立10个100亩以上的苗圃基地，对苗圃基地建设进行补贴。对苗圃基地申报的土地整治、水系配套、机耕道建设等，有关部门要优先安排。各市（州、地）、茶叶主产县（市、区）也要根据发展需要建设一定数量的苗圃基地。农业部门要加强茶苗的管理工作，做好良种茶苗的产销衔接，确保供需平衡。有关部门要严厉打击生产、贩运、销售假冒伪劣种苗的行为，保证种苗质量。

12.扶持茶园连片开发和低产茶园改造。省每年集中抓10个以上规模达到1000亩以上的无性系良种茶园示范片，各主产县（市、区）也要做好规划，集中建立辖区内的无性系良种茶园示范基地。发挥龙头企业的带动作用，走"龙头带基地，基地联农户"的产业化经营道路，发展连片茶园。在"依法、自愿、有偿"的前提下，通过"业主承包、股份经营"和"企业承包、农民进场务工"等方式，促进土地承包经营权合理流转，发展规模茶园。结合旅游景点布局，建设一批旅游观光茶园。要重点选择一些基础条件较好的乡、村建立高标准茶叶示范基地。在部分贫困村以茶叶为主导产业实施"整村推进"。林业部门要单列部分退耕还林指标用于茶叶规划区实施退耕还茶。水利部门要安排一定比例的水土保持资金用于茶产业发展。农业、扶贫等部门要把茶叶生产作为重要扶持内容，在安排种植业发展资金时给予倾斜。对良种茶叶基地申请的农田水利基本建设项目，主管部门要优先安排。衰老低产茶园改造以改种换植为主，进行连片改造，淘汰没有生产能力的零星茶园。加强现有茶园管护，提高茶叶生产能力。

五、加强市场和营销体系建设，打造我省茶叶品牌

13.加强市场建设。重点支持湄潭西南茶城、都匀茶叶批发市场、贵州茶城、贵阳太升茶叶批发市场等茶叶市场扩大规模，完善管理，增强其辐射带动能力。在规模茶区建设一批茶青贸易市场，使茶青向加工能力较强的企业集聚。加快与省外主要消费市场的对接，鼓励龙头企业、农民经纪人到省外大中城市开办贵州茶叶专卖店、专卖柜和专销区等茶叶销售窗口。加强信息服务网络等无形市场建设，及时收集和发布茶叶相关信息。

14.强化市场营销。由政府主导、企业参与，统一策划制定"黔茶"品牌打造方案，进一步宣传我省深厚的茶文化、优良的茶叶品质和发展茶叶生产的产业优势，树立"黔茶"的良好形象。采取"政府搭台，企业唱戏"的形式，通过举办采茶节、茶艺表演、茶产品展销会、茶文化节、茶文化研讨会等茶事和学术交流活动，定期组织茶叶企业到茶叶主销区举办大型推介活动，提高我省茶叶的知名度。建立和完善以专业市场为主，超市专柜、专业店、定点送货上门等为辅的灵活多样的营销网络，努力扩大我省茶叶的市场占有份额。保护外来客商在我省从事茶青和茶叶初制品收购活动，构建自由公平的交易环境。

15.整合黔茶品牌。引导茶叶企业组建茶叶产销联合体，统一品牌、统一包装、统一技术标准，共同开发统一品牌系列产品，拓展市场营销网络，引导一般茶叶品牌向名优品牌集中，提高品牌知名度。省对在国内外有影响的我省茶叶知名品牌进行倾斜扶持。加强品牌和原产地保护，对使用区域性品牌逐步实行市场准入，增强市场竞争能力。规范我省茶叶市场管理，打击不正当竞争，杜绝假冒伪劣产品，纯洁"黔茶"品牌形象。

六、发展茶叶中介组织，提高茶产业组织化程度

16.支持依法成立各种茶叶中介组织。进一步发挥省茶叶行业协会的作用，做好茶叶行业发展和市场营销的协调、服务和监督工作，为党政部门决策当好参谋。引导和鼓励茶叶企业、茶农成立茶叶商会、茶农专业合作社等各类中介组织，发挥他们在市场准入、信息咨询、技术推广服务、经营行为规范、价格协调、利益纠纷调解、行业损害调查等方面的作用，切实维护和保障茶农和茶叶企业的合法权益。培育农村经纪人队伍，促进茶叶流通。加大对茶农专业合作社的扶持力度，提高茶叶生产、销售的组织化程度。

17.完善利益联结机制。引导企业、基地、中介组织、茶农形成利益共享、风险共担、合力参与市场竞争的经济利益共同体，实行产、加、销一体化的产业化经营格局。支持茶叶企业按照"利益共享、风险共担、互助协作、联动发展"的原则，通过预付定金、赊销种苗和肥料等方式，配套建设茶叶原料基地，积极发展订单生产，提高合同履约率。在完善利益联结机制过程中，要注意尊重企业和农民意愿，避免政府包办代替。

七、完善人才培养体系和科技创新机制，增强茶产业发展的科技支撑能力

18.加强科技人才培养。在我省大中专院校特别是职业学校（学院）开设茶叶专业，培养茶叶专业人才。充分利用各级各类学校和贫困地区劳动力转移、阳光工程、农业适用技术、农村现代远程教育等培训基地和项目，加大对茶农和企业人员的培训力度，提高其技能水平，增强经营管理能力，引导他们树立大市场观念、大流通观念，增强风险意识。鼓励大中专毕业生到茶叶主产县和重点茶叶企业就业，为茶产业科技进步提供人才保障。构建茶叶管理和技术推广人员再学习制度，及时更新知识，不断提高我省茶叶管理和技术推广人员的科技水平。逐步建立人才引进机制，将我省茶叶人才引进纳入科技人才引进项目，着重引进和培养企业管理、市场开拓和茶叶深加工人才。在茶叶主产区允许并鼓励事业单位干部和科技人员采取承包、租赁等方式新建茶园，领办或兴办企业。

19.加强茶产业科研工作。农业、科技部门及高等院校、科研院所要加强茶产业科研工作，强化应用技术研究，重点抓好茶树优良品种选育、茶叶高产栽培技术、茶叶精深加工技术、贮藏保质技术、产品质量安全保证技术和茶叶机械研发等重点项目的科技攻关。鼓励有条件的龙头企业采取多种形式组建自己的科研和技术开发机构，使企业成为技术创新的主体。省级应用技术研究与开发资金要向茶叶科研倾斜，重点用于茶产业新技术研究、新产品开发、新技术推广等。

20.加强茶产业科技推广。各茶叶主产县（市、区）农业技术推广部门和茶叶主产乡（镇）要配备茶叶技术推广人员，具体负责辖区内茶叶技术推广服务工作，开展技术指导和人员培训，推广茶叶生产和加工新技术、新成果、新工艺，提高茶叶生产的科技含量。鼓励茶叶企业与省内外科研单位、高等院校和技术推广机构在互惠互利的基础上建立长期稳定的协作关系，加快科技成果的引进、吸收和转化。鼓励和支持科研院所、茶叶技术推广机构以技术承包、技术转让、技术入股等形式参与茶产业发展。加大机械化作业技术推广力度，重点推广机械修剪和采摘，提高劳动生产率和茶青质量与产量。农机部门要将茶叶生产、加工机械纳入农机补贴目录，安排专项资金用于对直接从事茶叶生产的服务组织和茶农的购机补贴。

八、加强质量标准体系建设，提高茶叶生产的质量安全水平

21. 完善制定茶叶生产的技术质量标准。以生产无公害茶、绿色食品茶、有机茶为目标，建立一套从基地建设、良种繁育、茶园管理、茶叶采摘、初制、精制、包装、储运及销售各环节的技术质量标准。印制茶叶标准手册、宣传单，举办茶叶标准培训班，通过多渠道、多形式的宣传，普及标准化知识，强化茶产业从业人员的标准化意识。

22. 大力推行无公害生产管理。严格控制工业"三废"和城市生活垃圾对茶园空气、土壤、水质等外部环境的污染，科学使用化肥、农药等农业投入品，加强茶区农药销售监督管理，普及和推广农业、物理、生物等综合防治措施和有机肥施用，严禁使用国家明令禁止在茶园中使用的农药，杜绝各类禁用农业投入品进入茶园，从源头上把好茶叶质量安全关。鼓励和支持茶叶企业进行无公害茶、绿色食品茶、有机茶基地认定和产品认证，对产品获得认证的，由政府进行奖励。坚决取缔加工条件较差、管理粗放、不符合食品卫生标准、造成资源浪费的茶叶初制场所，鼓励和推动企业按食品质量安全市场准入（QS）制度和危害分析关键控制点（HACCP）食品安全管理体系要求进行全程卫生质量管理。推行茶叶产地标识制度，实行茶叶质量安全承诺。

23. 加强茶叶质量检测。整合现有检测资源，建立和完善茶叶感观评审、理化检验和农药残留、重金属、有害微生物检测等质量检验检测体系，对生产基地（企业）进行监控和不定期抽检，逐步实现生产、加工、贮运、销售全过程质量控制，严格按标准组织生产和销售，确保我省茶叶的质量卫生安全。

九、切实加强领导，推进我省茶产业快速健康发展

24. 建立组织协调机构。省建立由省委、省政府分管领导为召集人，有关部门和单位负责人为成员的茶产业发展联席会议制度，负责研究制定茶产业发展的总体规划、年度计划和推进茶产业发展的具体政策措施，协调需要解决的重大问题。省茶产业发展联席会议制度办公室设在省农业厅。各市（州、地）和有关县（市、区）都要建立茶产业发展联席会议制度。各级党委、政府要将茶产业的发展纳入重要议事日程进行安排部署，认真开展调查研究，解决工作中存在的困难和问题，切实推进我省茶产业快速健康发展。

25. 加大财政支持力度。省财政要逐年加大对农业产业化经营专项资金的投入。从2007年起，将茶产业作为省级农业产业化专项资金支持的重点，对茶叶加工企业生产发展、技术改造等贷款进行贴息，对达到一定规模的无性系良种繁育基地建设

进行补贴，对连片开发、品种符合规划、质量符合标准的种茶企业和种茶大户给予扶持，对茶叶市场体系建设、茶叶产品展示展销推介活动等给予补助，对茶叶新技术研究、新产品开发和新技术推广等进行投入，对获得无公害农产品、绿色食品和有机食品认证的给予奖励。各市（州、地）和相关县（市、区）也要加大财政资金对茶产业的投入，支持茶产业发展。

26.强化部门配合。各职能部门要切实履行职责，全力为加快我省茶产业发展服好务。发改、经贸、财政、农业、乡镇企业、扶贫、农行、农发行、信用社等部门和金融机构要提供资金扶持，同时监督、保障资金合理、正常运转；商务部门要大力推介贵州茶产业，引进先进制茶工艺，支持茶叶企业参与国际市场竞争，扩大出口创汇；林业部门要把退耕种茶纳入退耕还林的重要内容，统一规划安排；工商、质监等部门要加强茶叶市场和生产加工环节的管理，坚决打击假冒伪劣茶叶产品，保护消费者和茶叶企业的合法权益；农业部门要具体搞好茶产业发展规划和实施工作；科技部门要支持我省茶产业发展的科技进步，对关键环节、重要领域的科技攻关给予倾斜扶持。要聘请茶叶科研、教学、种植、加工、营销等各个环节的专家，组成专家组，在提供优良品种、先进管理、先进设备、科技信息、市场动向、技术培训等方面搞好服务。

27.抓好督促检查。各级党委、政府要把加快茶产业发展作为农业农村经济发展考核的重要内容，加强督促检查，确保各项任务目标的顺利实现。各市（州、地）和茶叶主产县（市、区）要根据本《意见》精神，抓紧编制本地区茶产业发展规划和制定促进茶产业发展的具体措施与相关配套办法。

（2007年3月30日）

中共贵州省委、贵州省人民政府关于加快建设茶产业强省的意见

贵州是世界茶树原产地之一，是全国唯一兼具低纬度、高海拔、寡日照、多云雾、无污染的全省域高原优质茶区，茶的生态环境和天然品质得天独厚，具备发展成为茶产业强省的先天条件。近年来，我省牢牢守住生态和发展两条底线，坚持生态产业化、产业生态化，将茶产业作为全省的生态产业、特色优势产业、脱贫主导产业、乡村振兴产业来重点打造，全省茶产业规模、质量和效益不断提升，朝着茶产业强省目标不断迈进。同时，我省茶产业发展还比较简单粗放、大而不强，主要表现为产业集中度不高，企业和品牌多而小、散、弱，人才与科技服务水平、品牌的市场影响力、企业的市场竞争力、产品的市场占有率、行业的总经济效益等与全

国茶园面积第一大省、全省域高原优质茶区还很不匹配。为推进我省茶产业转型升级，加快建设茶产业强省，特提出以下实施意见。

一、总体要求

深入贯彻党的十九大精神和习近平总书记在贵州省代表团重要讲话精神，将茶产业作为重要的生态产业和经济产业，对标全国先进水平，放眼全球市场做好茶，努力将我省建设成为全国最大的优质茶原料基地、最大的茶产品加工基地、最大的茶产品商贸中心、最大的茶产品出口基地。到2020年，全省优质茶园面积稳定在700万亩，茶叶产量达到50万t，规模以上茶制造业总产值和增加值增长两倍，分别达到450亿元和130亿元，出口茶叶达到5万t，茶产业综合产值达到1000亿元以上；到2025年单产达到全国一流，茶叶产量达到70万t，规模以上茶制造业总产值再翻一番达到900亿元，增加值增长2倍达到400亿元，出口茶叶达到10万t，茶叶综合产值达到1500亿元以上。

二、基本原则

坚持政府推动，市场发力。强化政府的政策引导和茶园环境保护、茶叶质量监督管理职能，制定更加优厚的扶持政策，引导资金、技术、人才等市场要素流向茶产业，合力推动茶产业加快转型升级，不断由大转强。

坚持品牌引领，聚强产业。集中扶持茶叶公共品牌，将茶叶公共品牌打造成市场强势品牌，用强大的品牌效应吸引分散的企业和产品聚合，增值增效成为强大产业。

坚持科技兴茶，品质取胜。按照最严最好的质量标准要求，加强科技创新和人才引进，提高茶园管护、茶叶采摘保鲜、初制加工、精制拼配、包装上市的科技含量，全过程确保茶叶优良品质，让公共品牌与优良品质相辅相成，相得益彰，取胜于市场。

三、重点任务

（一）培育茶叶公共品牌，提升贵州茶知名度和影响力

1.集中树立公共品牌。根据贵州省茶产业发展实际和市场消费趋势，突出比较优势，重点发展绿茶、红茶、抹茶、黑茶4类茶产品，每一大类从现有品牌中选择社会知名度和市场影响力相对较大的品牌树立为全省集中扶持的公共品牌。

（1）将国家地理标志保护品牌"贵州绿茶"树立为全省绿茶公共品牌。根据地域特征和品牌基础，将"都匀毛尖""湄潭翠芽""绿宝石"树立为"贵州绿茶"子品牌。

（2）将"遵义红"树立为全省红茶公共品牌。

（3）将"贵州抹茶"树立为全省抹茶公共品牌。

（4）将"贵州黑茶"树立为全省黑茶公共品牌。

2.统一公共品牌标准。分品牌制定和完善统一的公共品牌产品标准，内容包括产品的外在形态、内在品质、包装标识等，由质量监督部门发布后执行。

3.集中管理公共品牌。对4类茶公共品牌实行集中统一管理，制定统一标准，集中维护品牌形象，保持品牌的市场地位和品牌价值。

4.集中宣传公共品牌。加大政府投入，调动企业参与，政企合力对公共品牌进行密集宣传推广，重点利用受众面最广的中央媒体、全国中等以上城市的主流广告媒介、民航班机和高铁中的广告媒介以及定向各大中城市茶楼进行集中广告宣传，迅速提升公共品牌的社会知名度和市场影响力，增厚公共品牌的品牌价值，使"贵州绿茶""遵义红""贵州抹茶""贵州黑茶"成为全国家喻户晓、世界知名的强势茶品牌。

5.共建共享公共品牌。全省所有符合公共品牌产品标准和使用管理条件，且愿意参与公共品牌建设维护的企业，均可冠名使用公共品牌，共享公共品牌价值。

6.塑造公共茶文化。广泛收集整理全省各地的茶历史典故、茶人文故事，突出贵州印象和茶公共品牌的文化品位，精心编录既有历史穿透力，又有现代感染力的文艺作品，与茶品牌同向宣传推广，将优雅有内涵的茶文化与茶品牌相融共进，加倍提升贵州茶品牌的市场影响力和竞争力。

（二）大力推进加工升级，增强贵州茶产品竞争力

1.规范初制加工。按照满足公共品牌产品标准要求，制定完善公共品牌茶叶采摘、运输、保鲜和初制加工工艺技术基本规程，按基本规程布局建设和改造茶叶初制加工厂房、加工车间、加工点5000个左右，对茶叶初制加工从业人员进行全员技能培训。力争到2018年，全省茶叶初制加工达到公共品牌产品标准要求比率达到60%，2019年达到70%以上，2020年达到80%以上。

2.升级精制加工。按照满足公共品牌产品标准要求，制定公共品牌产品精制工艺技术基本规程，按照基本规程合理布局建设公共品牌精制加工中心，重点支持在都匀、湄潭、江口、松桃、镇宁合理布局建设精制加工中心，支持在茶产业发展基础较好的其他地区合理布局茶叶精制加工中心15个左右。支持各类茶叶加工企业按照基本规程改进精制工艺，力争到2020年全省符合公共品牌产品标准的茶叶精制加工能力达到25万t以上，2025年达到50万t以上。

3.改进商品茶包装。以包装简洁轻便大方、标识清新醒目、方便泡饮操作为基本原则，制定公共品牌产品包装标识基本规范。在包装主视界面突出印制品牌标识，

突出说明产品原料地的生态、加工工艺的清洁、品质内涵的上乘、文化意境的优雅、泡饮和保存的方法等。做到名优高端茶包装有品位、上档次、不张扬、不浪费，普通大众茶包装简约贴民心。要突出开发适应酒店、民航、高铁、企业集团、行业协会、机关事业单位配用的定制包装袋泡茶。

4. 支持加工并购。引进国内外知名茶叶企业落户贵州建设加工厂。鼓励和支持茶叶加工企业收购兼并、联合重组，培育一批在全国乃至全球有影响力的大型加工企业，提高加工规模化、集约化水平，提高产业集中度。争取到2020年，培育1家年产值50亿元以上的公共品牌龙头企业或企业联盟，3家年产值30亿元的公共品牌龙头企业或企业联盟，10家年产值10亿元以上的公共品牌龙头企业或企业联盟。全省年产值亿元以上的公共品牌企业或企业联盟产值之和占到茶业制造总产值的60%左右。

5. 延长茶产业加工链。鼓励支持企业研究开发茶提取物食品、茶酒、茶化妆保健品等，延长茶产业加工链，提高茶资源利用价值。

（三）积极开拓市场，提高贵州茶市场占有率

1. 大力开拓国际市场。对标欧美、日韩、中东等国际市场消费标准，大力支持省内茶叶企业开展自营出口贸易，鼓励茶叶企业设立贵州茶海外营销中心，加强与国际茶商和茶叶行业组织的交流合作。进一步扩大茶叶出口规模，积极引进国内外知名茶叶国际贸易企业与我省茶叶企业合作，或到我省建立出口茶叶加工基地或加工车间，推动茶叶出口大幅度增长。

2. 积极争抢省外市场。积极支持公共品牌企业抱团利用各种茶叶主流通渠道推销贵州茶产品，重点支持在北京、上海、广州、深圳建设黔茶销售推广中心，在各大中城市茶叶批发市场建设黔茶销售专区，在城市商贸城、大型超市、商业街区建立贵州茶旗舰店、专卖店、销售专柜等。积极支持公共品牌企业开发民航、高铁、酒店旅客专用茶和茶楼、机关事业单位、大中型企业用茶市场。积极支持公共品牌企业与国内外优强品牌连锁经销企业合作。推动茶叶企业嫁接贵州名酒、名烟的销售渠道，促进贵州茶的销售。鼓励支持以贵州为基地、主营贵州茶公共品牌的省外茶叶连锁经销企业发展。大力引进培育茶叶经销商，加快培育一支强大的营销队伍，巩固完善贵州茶的市场营销网络。

3. 巩固提升省内市场。大力宣传提升省内大中型茶叶批发市场的知名度，鼓励支持茶叶主产区建设茶叶专业市场，增强各批发市场的商贸活力，繁荣茶叶批零交易。鼓励支持企业在全省城镇开设贵州茶经销网点。在全省高速公路服务区开设统一店面形象标识的贵州茶叶销售专柜和旅客休息茶饮品鉴区，推进贵州茶随高速流

通销售。在省内星级以上酒店开设贵州茶叶品鉴销售区,定制酒店、民航班机、高铁供应旅客专用袋泡茶,重点推进"贵州绿茶""遵义红"品牌袋泡茶覆盖省内所有星级以上酒店和由我省始发的全部民航航班、高铁班列。

4.运用电商扩展市场。支持在湄潭建设贵州茶叶电子商务交易所,鼓励支持茶叶企业在大型电商平台、跨境电商平台开设贵州茶销售店。支持省内电商平台销售贵州茶。支持公共品牌茶叶企业扩展经营电商业务,发展"网上看样下单,实体店体验提货消费"的线上线下融合营销模式。

(四)严格质量安全管理,夯实贵州茶核心竞争力

1.推进茶园流转向企业集中。积极支持茶园以资产入股、收购兼并、联盟合作等方式进行流转向企业集中,重点支持企业将分散农户的茶园通过流转集中管护,推进小茶园聚合成大茶园、大茶园聚合成大企业,推进茶园规模化经营、集约化管理,集中统一管理技术标准,守住净洁底线。

2.严格茶园环境保护。建立茶园环境监测信息系统,将全省所有连片500亩以上,环境优良无污染的茶园名称、经纬度、海拔、品种、权属、四至边界、周边环境及工业和城镇污染、日常管护状况特别是投入品情况等信息编录建档,实行一茶园一档案管理。对所有建档茶园按照欧标茶园(茶园环境和出产茶青达到出口农产品质量标准)、生态茶园(茶园环境和出产茶青达到绿色或有机农产品认证标准)、普通茶园(茶园环境和出产茶青达到无公害农产品认证标准)三个等级进行分类保护。将欧标出口茶园和生态茶园划为生态红线保护区,严控工矿企业、大中型酒店和娱乐设施、停车场等建设,实行最严格的茶园生态环境保护,茶区农户开设经营性食宿及乡村旅游项目,按照有关环保要求对"三废"实行严格监测,达到排放标准后方可运营,从严防范茶园外源性污染。抓紧研究制定贵州茶园保护名录,进一步提高全省茶园的保护力度和保护水平。

(2018年8月6日)

贵州省古茶树保护条例

第一章 总则

第一条 为加强古茶树保护管理,促进古茶树资源合理开发利用,根据《中华人民共和国森林法》《中华人民共和国野生植物保护条例》和有关法律、法规的规定,结合本省实际,制定本条例。

第二条 在本省行政区域内从事古茶树保护、管理、研究、利用等活动,适用

本条例。

第三条 本条例所称古茶树，是指本省行政区域内树龄100年以上的原生地天然生长和栽培型茶树。

第四条 古茶树的保护管理和开发利用，坚持保护优先、科学管理、有序开发、可持续利用的原则，兼顾基因保存、文化传承、品牌培育、产业基础等方面的协调发展。

第五条 行政区域内有古茶树的各级人民政府应当加大对古茶树保护的宣传，加强古茶树保护工作。

县级以上人民政府林业主管部门负责古茶树的保护、监督、管理工作。县级以上人民政府农业、国土、财政、环保、住建等有关部门按照各自职责，做好古茶树保护的有关工作。

乡镇人民政府、街道办事处（社区服务机构）负责本行政区域内古茶树保护相关的具体工作。

村（居）民委员会协助做好辖区内古茶树保护工作，鼓励制定村规民约保护古茶树。

第六条 行政区域内有古茶树的县级人民政府应当统筹安排古茶树保护经费，用于古茶树的普查、保护、管理、研究等工作。

第七条 鼓励社会资本投入、参与古茶树保护和开发利用。

第八条 公民、法人和其他组织有权对破坏古茶树的行为进行举报。

第九条 县级以上人民政府对在古茶树保护、管理、研究和开发利用工作中作出显著成绩的单位和个人，按国家和省的有关规定给予表彰奖励。

第二章 保护管理

第十条 县级以上人民政府应当采取措施，保护和改善古茶树生长生态环境，加强古茶树保护管理基础设施建设。

第十一条 县级以上人民政府林业主管部门应当组织实施古茶树资源调查、登记，建立名录，报同级人民政府向社会公布。

县级以上人民政府林业主管部门应当建立古茶树数据库和动态监控监测体系。

行政区域内有古茶树的县级人民政府林业主管部门应当会同农业主管部门制定古茶树保护、管理和利用的专项规划，报同级人民政府批准后实施。

第十二条 在古茶树集中分布区域，县级人民政府应当划定保护范围，设置保护标志，向社会公布。

跨行政区域的古茶树保护范围，由其共同上级人民政府划定，并设置保护标志，向社会公布。

对保护范围外的零星古茶树，县级人民政府林业主管部门应当设置保护标志，挂牌保护。

第十三条　县级以上人民政府林业主管部门应当开展古茶树保护管理技术培训，引导管护人采取科学措施对古茶树进行管护。

第十四条　古茶树权属明确的，其所有权人为具体管护责任人。所有权和经营权分离的，由所有权人与经营权人约定管护责任，没有约定的，由经营权人承担管护责任。

古茶树所在的土地权属变更，古茶树管护责任由当事人约定；没有约定的，管护责任随土地权属相应变更。

第十五条　禁止下列行为：

（一）擅自砍伐、移植、运输古茶树；

（二）对古茶树掘根、剥皮；

（三）对古茶树使用生长调节剂；

（四）在古茶树保护范围内挖沙、取土、取水，排放废水、废气，倾倒、堆放废渣，使用明火；

（五）擅自移动、破坏、伪造古茶树保护标志或者挂牌；

（六）擅自对古茶树蟠扎、雕刻、台刈；

（七）其他危害古茶树的行为。

第十六条　因科学研究或者国家和省的重点工程建设、大型基础设施建设等特殊原因需要移植古茶树的，应当报县级人民政府林业主管部门和有关主管部门批准。

第十七条　在古茶树保护范围内从事下列活动的，应当依法办理相关手续，并采取有效保护措施，避免古茶树受到损害：

（一）新建、改建、扩建建（构）筑物；

（二）开发建设旅游项目；

（三）采矿、探矿；

（四）开展科学研究、考察、教学实习、影视拍摄。

第十八条　禁止境外的机构和个人采集或者收购古茶树的籽粒、果实、根、茎、苗、芽、叶、花等种植材料或者繁殖材料。

境外的机构和个人在我省行政区域内对古茶树进行野外考察研究，应当依法办理相关手续。

第十九条　县级以上人民政府应当加大对地方优良古茶树种质资源的保护，支持科研机构、大专院校依法建立古茶树种植资源圃、基因库，开展种质资源研究。

第三章　开发利用

第二十条　对古茶树的开发利用，应当符合所在地县级以上人民政府批准的古茶树保护、管理和利用专项规划，科学开发、可持续利用。

第二十一条　县级以上人民政府应当制定古茶树开发利用扶持政策，推动古茶树茶产业和其他产业融合发展。

县级以上人民政府农业行政主管部门应当加大对古茶树开发利用的管理，加强古茶树茶产业发展引导和开发利用的技术培训。

第二十二条　对古茶树的开发利用，应当维护古茶树所有权人和经营权人的合法权益。以合资、合作、租赁、承包等方式共同开发利用古茶树，应当遵循公平自愿原则。

第二十三条　古茶树资产价值评估，应当由具备相应评估条件的机构进行。评估机构所需条件和评估具体办法，按国家和省有关规定执行。

第二十四条　鼓励和支持下列行为：

（一）投资建设古茶树保护和开发利用的企业、专业合作社、家庭农（林）场；

（二）投资繁育古茶树种质资源，建立适度规模资源保育基地；

（三）合理开发古茶树资源，多茶类生产，延伸产业链；

（四）开展古茶树利用交流合作，挖掘古茶树历史文化，开发古茶树文化产品、旅游产品；

（五）开发拥有自主知识产权的古茶树产品品牌，开展地理标志产品保护，注册地理标志证明商标。

第二十五条　鼓励科研机构、大专院校与企业开展古茶树产学研结合，支持科技人员到企业从事古茶树保护和利用活动。

第四章　法律责任

第二十六条　违反本条例第十五条有关规定的，由林业主管部门按照下列规定给予处罚，造成损失的，依法赔偿：

（一）违反第一项规定，擅自砍伐、移植古茶树的，暂扣工具，没收砍伐、移植林木，并处以5万元以上10万元以下罚款；有违法所得的，没收违法所得，并处以古茶树价值5倍以上10倍以下罚款；

（二）违反第二项规定，非法对古茶树进行掘根、剥皮的，处以古茶树价值1倍以上5倍以下罚款；

（三）违反第四项规定，在古茶树保护范围内挖砂、取土、取水的，责令停止违法行为，处以200元以上1000元以下罚款，致使古茶树受到毁坏的，可处以毁坏古茶树价值1倍以上5倍以下的罚款；使用明火的，责令停止违法行为，处以200元以上1000元以下罚款；

（四）违反第五项规定的，责令限期恢复原状，并处每个标志100元以上500元以下罚款；

（五）违反第六项规定的，处500元以上2000元以下罚款；情节严重的，处2000元以上1万元以下罚款。

违反前款第二项、第三项、第五项规定的行为导致古茶树死亡的，比照擅自砍伐古茶树进行处罚。

第二十七条　违反本条例第十五条第三项规定的，由农业主管部门责令停止违法行为，没收其违禁生长调节剂，对个人并处以500元以下罚款，对单位并处以5000元以上2万元以下罚款。

第二十八条　违反本条例第十五条第四项规定，在古茶树保护范围内排放废水、废气，倾倒、堆放废渣的，由环境保护主管部门责令停止违法行为、清除废渣，对个人处以200元以下罚款，对单位处以5000元以上5万元以下罚款。

第二十九条　违反第十八条第一款规定的，由林业主管部门没收所得古茶树材料，并处5000元以上2万元以下罚款。

第三十条　古茶树资产价值评估机构及其工作人员在评估工作中弄虚作假、徇私舞弊，致使评估结果失实的，其评估报告无效，并由有关行政主管部门处以评估费用2倍以上4倍以下罚款；造成损失的，依法赔偿。

第三十一条　有关行政主管部门及其工作人员，在古茶树保护工作中玩忽职守、滥用职权、徇私舞弊，或者不履行保护古茶树职责，致使古茶树受到损害的，由其上级行政主管部门或者监察机关对直接负责的主管人员和其他直接责任人依法给予行政处分。

第三十二条　违反本条例规定的其他行为，法律、法规有处罚规定的，从其规定。

（2017年8月3日贵州省第十二届人民代表大会常务委员会第二十九次会议通过，自2017年9月1日起施行）

第二章 茶区

截至2019年底,贵州省(简称黔)茶园面积达752万亩,连续六年排名中国第一,全省九个市、州均有茶园分布(贵安新区归在贵阳市)。该地区具有典型的喀斯特地貌和"高海拔、低纬度、寡日照"特点。地区内以黄壤为主,土壤有机质含量丰富,适合茶树生长,是我国古老的茶区之一,茶树原产地中心,茶树品种资源丰富。

第一节 贵州中部茶区

一、概况

贵州中部茶区,位于云贵高原的东斜坡、苗岭山脉中部地带,地处东经106°07′~107°16′、北纬26°11′~27°21′,东部和南部与黔南布依族苗族自治州,西部及西北部与安顺市、毕节市比邻,北部与遵义市相连。地势起伏较大,南北高、中部低。奇特的喀斯特地貌大量分布,既有高原山地和丘陵,又有盆地和河谷、台地,最高海拔1762m、最低506m,平均海拔1200m。贵阳地区河流分属长江流域和珠江流域,以花溪区桐水岭为分水岭,以北及高坡东部属长江水系,以南属珠江水系,是低纬度高海拔的高原地区,年平均总降水量为1200mm。

二、茶区分布

(一)开阳县

宜茶土壤面积15213.3 hm^2,种植的主要品种有福鼎大白茶、安吉白茶、金观音、龙井43、龙井长叶、名山131、黔湄601等。到2018年,开阳县共有茶园面积11340 hm^2,投产茶园面积8987 hm^2,年产干毛茶8757t,总产值157500万元,茶园分布在禾丰、龙岗、城关、双流、南龙、冯山、南江、高寨、花梨、毛云、楠木渡、永温、宅吉13个乡镇。

(二)清镇市

宜茶土壤面积44733.3 hm^2,种植的主要品种有福鼎大白茶、安吉白茶、乌牛早等。截至2010年底,全市茶园面积683 hm^2,全市茶叶年总产值2530万元。到2018年,清镇市共有茶园面积1420 hm^2,投产茶园面积933 hm^2,年产干毛茶总产量1500t,干茶总产值26000万元。茶园分布在红枫湖、卫城、站街、王庄、新店、青龙办、暗流7个乡镇。

(三)修文县

修文县实有茶园面积为628 hm^2,全年总产值660万元。茶园分布在六屯、大石、六桶、酒坪、龙场、谷堡、六广7个乡(镇),种植的茶树品种有龙井43、福鼎大白茶等。

(四)平坝区

主要分布在平坝区十字、白云、天龙等乡镇(图2-1)。

图2-1 平坝区茶产区分布示意图

(五)紫云县

主要分布在坝羊、板当等乡镇(图2-2)。

图2-2 紫云苗族布依族自治县茶产区分布示意图

(六)普定县

主要分布在猫洞、穿洞办、化处等乡镇(图2-3)。

图2-3 普定县茶产区分布示意图

(七)镇宁县

主要分布在江龙、革利、本寨等乡镇(图2-4)。

图2-4 镇宁布依族苗族自治县茶产区分布示意图

（八）关岭县

主要分布在普利、沙营、永宁等乡镇（图2-5）。

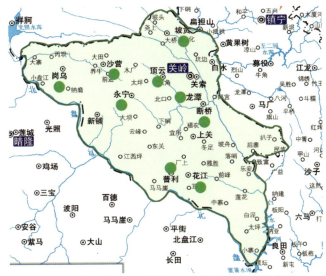

图2-5 关岭布依族苗族自治县茶产区分布示意图

第二节　贵州北部茶区

一、概　况

贵州北部茶区主要有遵义市湄潭、凤冈、余庆、正安、务川仡佬族苗族自治县、道真仡佬族苗族自治县和播州区共7个县（区），宜茶面积超过240万亩，涉茶人数近100万人。7个县（区）茶园面积和茶叶产量就分别占了全市的76.9%和80.7%。

二、茶区分布

（一）湄潭县

地处东经107°15′~107°41′、北纬27°20′~28°12′，海拔最高1562m、最低461m，平均海拔927m，属亚热带黔北温和湿润气候区。年平均气温15℃，年平均降水量为1141mm。森林覆盖率达64.83%，常年空气质量优。自然土壤为黄壤、石灰土和紫色土，丘陵低山区以黄壤为主，地表资源丰富，土壤富含锌硒等对人体健康有益的微量元素，是典型的"高海拔、低纬度、寡日照、多云雾、无污染"地区。2019年，全县茶园面积4万hm²，投产茶园3.8万hm²。其中无性系良种达99%以上，无公害茶园认定面积3万hm²，有机茶园0.323万hm²，茶叶总产量6.87万t，产值48.2亿元，茶业综合收入120亿元。茶园集中度高，主要分布在全县15个镇（街），涉及8.8万农户35.1万余人。

(二)凤冈县

地处东经107°31′~107°56′、北纬27°31′~28°21′，平均海拔720m，降水量1257mm，属中亚热带湿润季风气候，气候温和、湿润多雨，冬无严寒，夏无酷暑，森林覆盖率达53.7%。全县宜茶地海拔500~1200m，土壤主要分布为黄壤、石灰土、紫色土、水稻土四类，主要为黄壤，山地发育着黄棕壤。土层深达80~200cm，pH值4.5~6.5，肥力中等，有机质含量丰富。土壤中锌、硒含量较高，土壤中锌含量为95.3mg/kg，硒含量为2.5mg/kg；

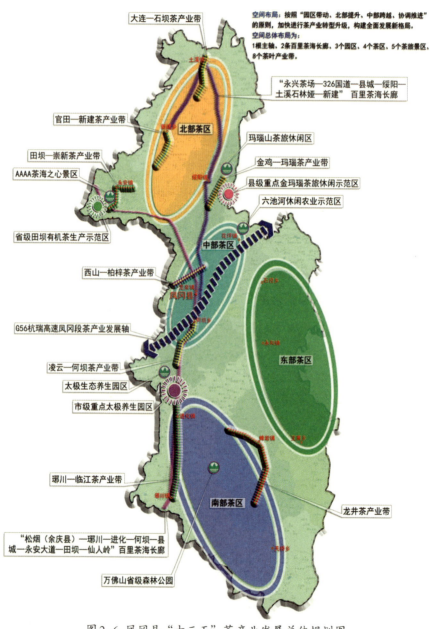

图2-6 凤冈县"十三五"茶产业发展总体规划图

茶叶中锌含量为40~100mg/kg，硒含量为0.25~3.5mg/kg，且完全来源于茶树对土壤中锌硒的天然吸附。凤冈茶叶因富含锌硒微量元素和有机品质在茶界享有较高的知名度（图2-6）。

该县主要茶品种有福鼎大白茶、名山白毫131、金观音、黄观音、龙井长叶、黔湄601等；全县有茶园3.333万hm^2，其中投产茶园3万hm^2，高产茶园8850hm^2。

该县发挥茶产业作为高新农业、休闲观光农业和循环农业的不同特性和优势，将古夷州茶文化和现代有机田园文化有机结合，"茶旅一体化"协同发展。

按照全县茶产业分布，将凤冈县分为8个茶产业带，建设标准化茶园及有机茶园，管理精细化；建观光茶园，根据"茶旅一体化"规划布局要求，对高速公路、国道沿线及2条百里茶海长廊进行景观设计。凤冈茶叶专业村中最著名的是永安镇田坝村，属于全省12个重点茶叶专业村之一。

（三）正安县

地处东经107°4′~107°41′，北纬28°9′~28°51′，县域南北长79km，东西宽62km，总面积2595.5km^2。正安县域地处黔北大娄山脉南麓，海拔448~1837.8m，属亚热带湿润季风气候，年平均气温16.1℃，冬无严寒，夏无酷暑，年平均降水量为1300mm，年均日照数1089h，全年无霜期300d，森林覆盖率52.88%，属低纬度、高海拔、寡日照地区。土壤以砂页岩发育成的酸性黄壤和山地黄棕壤为主，土层深厚、通透性和耐旱性好，是茶树生长的最佳土壤。茶园距离城镇、工厂遥远，无公害污染，水净、土净、空气净，山清水秀的原生态自然环境，成就了正安茶叶不可复制的优势，茶叶内在品质好，锌、硒等微量元素丰富，被划为富硒茶区。区域品牌为正安白茶。

正安白茶的氨基酸含量达9%以上，在人体不能合成的22种天然氨基酸中，正安白茶含11种，占50%，其中茶氨酸含3.62%、精氨酸含2.62%，两项高达6.24%。这一数据表明，正安白茶的氨基酸含量是普通绿茶的2~3倍，目前与国内其他产区白茶氨基酸的最高含量相比，要高出3个百分点，茶园总面积31.2万亩。

全县分三个茶叶产业带。东部茶叶产业带包括格林等6乡镇，2018年茶园总面积达9000hm^2；中部茶叶产业带包括土坪等6个乡镇，西部茶叶产业带包括桴焉等3个乡镇。

（四）余庆县

地处东经107°12′~108°02′、北纬27°08′~27°42′，海拔最高1396m、最低410m，平均海拔868m，属亚热带温暖湿润气候区，是贵州省重点产茶县，获全国第二批创建无公害茶叶生产示范基地县等全国性殊荣（图2-7、图2-8）。

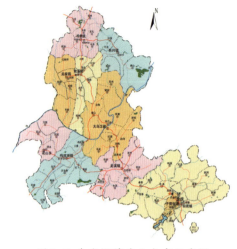 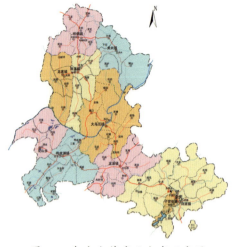

图2-7 余庆绿茶产业分布示意图　　图2-8 余庆白茶产业分布示意图

(五)道真县

地处东经107°21′~107°52′、北纬28°36′~29°14′,海拔最高1940m、最低318m,平均海拔1000m左右,年平均降水量1000~1200mm,属中亚热带高原湿润季风气候,常年雨量充沛,四季分明,气候垂直差异明显,自然条件独特,茶树资源丰富。土壤主要类型为黄壤,宜茶土壤面积为35万亩,是茶叶最适宜的种植区(图2-9)。

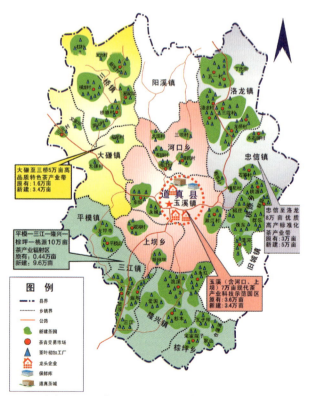

图2-9 道真县"两带两区"20万亩茶产业发展规划示意图

2012年，道真自治县人民政府编制《道真自治县"两带两区"20万亩茶产业发展规划（2012—2020年）》，以玉溪等7个宜茶区为重点，打造"两带两区"30万亩优质茶园，并制定了相关扶持措施。是年，计划发展茶园任务目标为2000hm²被列为全国100个产茶重点县。

（六）务川县

地处东经107°37′~108°12′、北纬28°10′~29°05′，年平均降水量1282mm。县内土壤以黄壤为主，地带性黄壤和非地带性石灰土分布最广。pH值在4.5~6.5，务川县是贵州省重点产茶县、遵义市茶叶生产基地县，也是国家新阶段扶贫开发重点县。茶树种类特别是非山茶科植物种类繁多，有老鹰茶、苦丁茶、绞股蓝茶、藤茶、银杏茶等品种。历史悠久的茶种植和茶文化传统，古茶树资源依然组团式分布于黄都、分水、浞水等地，现存有140多棵。唐宋以来，文史多有记载。茶圣陆羽在《茶经·八之出》中提到"都濡高株茶"时说："往往得之，其味甚佳"，高度评价了务川大树茶的品位。北宋诗人黄庭坚甚为推崇的"大树茶"种植历史悠久，被誉为"茶中珍品"。据顾元庆《茶谱》（1541年）、屠隆《茶》（1590年前后）和许次纾《茶疏》（1597年）等记载，明代名茶计有50余种。务川都濡高株茶与云南普洱、信阳毛尖等名列其中。清《黔中记闻》载："黔之龙里、东坡……诸处产名茶，而出务川者名高树茶。"《贵州通志》也记载："茶出务川，名高树茶，色味亦佳"，说明务川大树茶在当时即已名贵。

2009年，县委、县政府出台《关于加快实施10万亩茶业工程的意见》，全县茶园建设面积达6667hm²。2018年底，全县茶园面积8333hm²，投产茶园面积6667hm²，引进无性系福鼎大白茶、特早213、名山白毫、龙井43、白茶、黔湄601、黄金芽等良种。

（七）播州区

地处东经106°17′~107°25′、北纬27°13′~28°03′；地势西北高而东南低，最低点位于海拔480m，最高点海拔1849m；属中亚热带湿润季风气候，年平均气温14.6~16℃，年平均降水量900~1100mm。土壤主要类型为宜茶黄壤。

全区茶园面积约1333hm²，其中投产茶园1000hm²，荒废弃管茶园约333hm²，良种推广率达65.7%；已申请无公害产地认证707hm²，无性系茶园繁育率35.2%。种植品种主要有福鼎系列、龙井长叶、中茶108、黔湄502、黔湄601、安吉白茶、鸠坑、苔茶等优良品种。

第三节 贵州南部茶区

一、概况

(一) 黔南州

在历史上,黔南12县市均有茶区分布,都匀、贵定、独山三地是黔南茶的主产区。1942年冬,鲍一德对都匀、麻江、丹寨等地的农林发展进行考察。他在《都匀适宜发展茶叶、桐子、蚕桑》的调查报告中说:"在都匀、麻江交界的朵蓬山(现斗蓬山)地区有高大的乔木,团山的哨脚、哨上、黄河、钱家坡一带,山谷起伏,林木苍郁,云雾笼罩,气候温和,土层深厚,土壤疏松湿润,土质为酸性或微酸性,内含大量铁质和磷酸盐。这里特别适宜茶树生长的自然条件。历史产区的基础上,现都匀茶叶主产区连片规模化发展,形成了以毛尖镇、甘塘镇为中心,包括斗蓬山、团山在内的茶叶种植核心区(图2-10)。

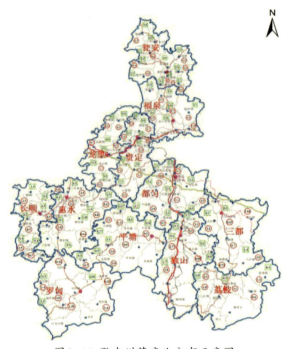

图2-10 黔南州茶产业分布示意图

(二) 黔西南州

属珠江水系南北盘江流域,属典型的低纬度高海拔山区。整个地形西高东低,北高南低。最高点在兴义市七舍、捧乍高原顶峰,海拔2207.2m;最低点在望谟县红水河边大落河口,海拔275m,高差1932.2m,海拔大多在1000~2000m。土壤分为12个土类,主要土类有:红壤、黄壤、山地黄棕壤、石灰土、紫色土、潮土、红褐色土、水稻土、草甸土、灌淤土、砖红壤土等,土壤pH值在4.5~7。黔西南州8县(市)均产茶,茶叶种植主要分布在晴隆、普安、兴义、兴仁、安龙、贞丰、望谟等7个县(市)海拔800~2000m之间的43乡镇(街道办),其中:晴隆县11个、普安县9个、兴义市9个、安龙县5个、兴仁县4个、贞丰4个、望谟1个。2007年,晴隆、普安、兴义等3县(市)列入贵州省茶产业规划建设的重点产茶县。

(三)黔东南州

茶叶种植面广,凯里、黄平、施秉、三穗、镇远、岑巩、锦屏、剑河、台江、黎平、榕江、从江、雷山、麻江、丹寨等县市都有种植。

2019年全州种植面积28765hm², 采摘面积19210hm², 产茶叶14233t。其中:境内生产红茶的有黎平、雷山、台江、黄平、镇远、施秉等县;生产绿茶的有凯里、麻江、丹寨、黄平、施秉、镇远、岑巩、三穗、锦屏、黎平、从江、雷山、台江、剑河等县市(图2-11)。

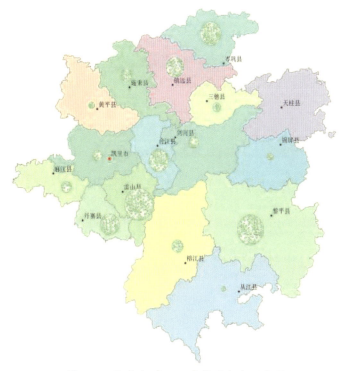

图2-11 黔东南州2019年茶区分布示意图

凯里市种植面积120hm², 采摘面积12hm²;黄平县种植面积1hm², 采摘面积1hm²;施秉县种植面积186hm², 采摘面积186hm²;三穗县种植面积97hm², 采摘面积24hm²;镇远县种植面积445hm², 采摘面积420hm²;岑巩县种植面积1027hm², 采摘面积605hm²;锦屏县种植面积41hm², 采摘面积27hm²;剑河县种植面积159hm², 采摘面积83hm²;台江县种植面积2200hm², 采摘面积1176hm²;黎平县种植面积9974hm², 采摘面积8415hm²;榕江县种植面积176hm², 采摘面积25hm²;从江县种植面积9hm², 采摘面积9hm²;雷山县种植面积10800hm², 采摘面积5670hm²;麻江县种植面积141hm², 采摘面积78hm²;丹寨县种植面积3389hm², 采摘面积2479hm²。

二、茶区分布

(一)都匀市

都匀茶叶按小产地分为:黄河(团山)鱼钩茶、青塘茶(杨柳街镇斗篷山)、大定茶(归兰水族乡)和江洲龙家茶(毛尖镇)等(图2-12)。

图2-12 都匀市现代高效茶叶产业示范园区建设规划示意图

(二)贵定县

在历史上,贵定茶主要产于仰望和阳宝山,称为鸟王茶和阳宝茶。

仰望村(鸟王村)位于贵定县南部云雾山上。阳宝茶产自阳宝山。阳宝山距贵定县城5km,海拔1600m。贵定县茶叶布局以云雾镇为中心,重点发展茶产业,实施茶、旅相结合。核心区规划面积6万亩。

(三)平塘县

平塘县大塘生态茶叶产业示范园区位于平塘县大塘镇。有茶叶面积10.02万亩,投产面积6.28万亩。

(四)瓮安县

全县有宜茶土地20余万亩,是贵州省农业综合区划宜茶区域。茶叶种植面积在2012年突破了10万亩。2018年全县茶园面积21.26万亩,16个茶叶种植基地达到欧盟认证标准,并成功创建国家级出口食品农产品(茶叶)质量安全示范区。

(五)普安县

县域平均海拔1400m,极具"立体农业"自然条件;空气、土壤无污染,重金属含量低,土壤有机质含量丰富,pH值在4.5~5.5的酸性黄壤,对发展绿色生态有机茶产业具有得天独厚的优势条件。

普安是古茶树之乡，因其独特的土壤、气候等优势而成为贵州西部茶叶优势产区。是全省20个重点产茶县之一，2020年将茶叶面积达到30万亩（图2-13）。

2018年6月，在"增强饮水思源、不忘党恩的意识，弘扬为党分优、先富帮后富"的重要指示精神和中央、省、州有关工作部署，在国务院扶贫办和浙江省黄杜村的关心支持下，普安县被列为白叶一号茶苗受捐地，共计2000亩，覆盖地瓜镇、白沙乡2个乡镇10个村（社区）贫困户862户2577人。

（六）晴隆县

茶叶主要有花贡—沙子—碧痕—大厂四个乡镇。碧痕镇是世界唯一茶籽化石发掘地，有"贵州十大古茶树之乡"称号。

（七）安龙县

气候属亚热带湿润季风气候区，土壤主要为黄壤、红壤、黄棕壤等酸性土壤，质地疏松、排水性好，是优质茶叶的重要产地（图2-14）。

（八）望谟县

望谟郊纳镇八步岭地处北纬25°，海拔约1600m，岭上植被完好，空气湿润清新，昼夜温差大，在这里发现野生紫鹃茶。望谟八步紫娟茶树为小乔木，树姿开张，具有紫茎、紫叶、紫芽的特征。紫鹃为茶中珍品，《茶经》中有："茶者，紫为上。"紫娟茶汤色褐绿，叶底（茶渣）靛蓝色，含有较高的花青素。望谟县获中国国际茶文化研究会授予的"中国紫茶之乡"称号。

图2-13 普安县2018年茶叶产业分布示意图

图2-14 安龙县优质茶产业规划示意图

望谟县现有紫茶基地6400余亩，至2021年望谟县将打造5万亩紫茶茶园。望谟县八步茶古茶分布区域主要位于郊纳镇八步村、铁炉村、冗岩村等。

（九）雷山县

1.雷山县生态茶园示范园区

位于雷山县西南面，覆盖大塘、望丰两个乡镇。园区划为七大功能区：核心接待区、九十九茶园示范区等，生态茶叶发展达到3312.5hm²，占到全县茶叶面积1/3，有机茶叶基地6个，占地812.5hm²。

2.雷山县大坪山农业产业示范园区

位于雷山县达地水族乡东北部，涵盖背略村、鸟达村。2015年，大坪山园区列入省级生态农业产业园区建设，根据产业分类，园区划分为功能不同的四个片区。即：茶叶加工区、高效农业种植区、畜禽养殖区、旅游观光休闲区。2018年，在国务院扶贫办组织的"村帮村、先富帮后富"牵手行动的牵线搭桥，与北京韩村河村通过采取产业帮扶实现互利共赢的方式，对大坪山茶场生产、加工等进行提升改造，以茶叶生产销售为一体，推动大坪山产业园区及全乡茶叶产业发展，实现提高当地茶农农民人均纯收入实现韩村河村精准扶贫帮扶农户稳定增收脱贫目标。

（十）黎平县

黎平县生态茶叶示范园区2013年被省政府列为全省100个现代农业园区，2017年进入省级引领型农业示范园区。园区主要分为6大板块，分别为八舟河湿地观光农业示范园、桂花台茶旅体验园、侗都花果山茶体验区、排洛田坝香莲水产基地、花果山油茶示范园、兴邦生态循环农业示范园，园区以茶叶和油茶为主导产业，以蔬菜，养殖等辅助产业。园区业态培育主要有产业培育，休闲旅游，山地自行车游玩，杨梅采摘，茶叶加工体验，茶艺培训体验，品茶以及举办赏樱花节，荷花节等。现有企业30家，其中省级龙头企业3家，州级龙头企业7家，农业专业合作社5家，家庭农场2个，专业种养大户13家。2017年园区实现总产值突破4.6亿元。

（十一）丹寨县

丹寨县排佐—湾寨硒锌茶叶示范园区位于兴仁镇南皋乡湾寨一带，距县城26km，建成标准茶叶基地1934hm²，茶叶品种以金观音、福鼎大白茶、安吉白茶为主管理模式为"合作社+基地+农户"，同时加强对周边茶农进行技术指导、引导，推进茶产业的发展。

第四节 贵州西部茶区

一、概况

贵州省西北部，地处滇东高原向黔中山原丘陵过渡的倾斜地带，该地区含毕节市和六盘水市，13个县（区）均产茶，其中七星关区、金沙县、纳雍县、威宁自治县、水城县、盘州市为重点产茶县市。"低纬度、高海拔、寡日照、多云雾、无污染"的天然地理气候优势条件造就了茶树生长缓慢，新梢持嫩性强，茶叶有效成分含量较高的特点；按照功能区划分，毕节茶主要有中国高山生态茶之乡产业带、中国贡茶之乡产业带、中国古树茶之乡产业带、乌撒烤茶产业带。

二、茶区分布

（一）高山生态茶产业带（纳雍县、织金县、赫章县）

"中国高山生态有机茶之乡"产业带是以纳雍县为中心，辐射带动织金县和赫章县茶叶基地建设为主的优势茶产业带。其面积2448km^2，占全地区面积的9.12%；中国高山生态有机茶之乡产业带辖纳雍、织金、赫章三县，北纬26°21′~27°28′，土壤以砂页岩发育而成的黄壤土居多，占总土地面积的50%以上，土层深厚，有机质含量高，富含多种有益微量元素。区域地势西北高，东南低，最高海拔2900.6m，最低海拔860m；年平均气温13.7℃，年降水量1262.2mm，地处云贵高原向西南丘陵过渡地带，土地切割深，山高坡陡，海拔落差大，立体气候明显，天然的高山云雾气候造就了其非常适宜茶叶生长的优越农业生态环境。

2019年，纳雍县茶叶种植面积达4648hm^2，投产茶园3024hm^2，主要种植茶树品种有福鼎大白茶、安吉白茶、龙井43号、黄金芽等。

（二）贡茶产业带（金沙县、大方县）

贡茶产业带是以金沙县为中心，辐射带动黔西县、百里杜鹃管理区茶叶基地建设的"中国贡茶之乡"产业带。大方海马宫村的海马宫竹叶青茶曾为明代贡品，收录于《中国茶经》；另外，产于金沙县清池镇的清池茶、毕节市亮岩乡的太极茶、纳雍县水东乡的姑箐茶、黔西县新仁乡化竹茶等均为清代贡茶。

（三）古茶树产业带（七星关区）

"中国古茶树之乡"产业带是以七星关区为中心，辐射带动大方县、金海湖新区茶叶基地建设为主的优势茶产业带。

七星关区高度重视古茶树的保护与开发利用，专门成立了古茶树保护机构，对古茶树进行挂牌管理取得了初步成效，从历史文化方面挖掘古茶树的渊源，充分借助"中国古茶树之乡"的美誉，深度挖掘古茶树的价值进行适度开发，以打造具有区域代表性和影响力的产品，如"太极古茶"系列产品，促进古树茶这一特殊优势产业提质增效，并带动其他茶产业发展。2016年中国茶叶流通协会授予七星关区"中国古茶树之乡"的称号。

（四）乌撒烤茶产业带（威宁县）

威宁彝族回族苗族自治县平均海拔2200m，乌撒烤茶茶园地处乌蒙山腹地、乌江源头的二龙山上，茶场海拔2270~2450m，是现今发现的世界上海拔最高的茶园，且这里是没有夏天只有春天的茶园。威宁茶叶自明朝末期开始就有零星种植，距今已有400多年的历史，但规模种植始于1964年，现主要分布在炉山、二塘、么站、观风海、龙街等乡镇。种植的茶树品种主要为鸠坑种、福鼎大白茶、云南大叶茶等。威宁已有茶园2024.7hm^2、投产茶园920.1hm^2。"乌撒烤茶"产业带是以威宁县庐山镇为中心，辐射带动周边乡镇茶叶基地建设为主的优势茶产业带。20世纪60年代发展起来的国营炉山茶场，"乌撒烤茶罐"的使用至今已有3000多年历史，属"2005年中国十大考古发现"之一（图2-15）。

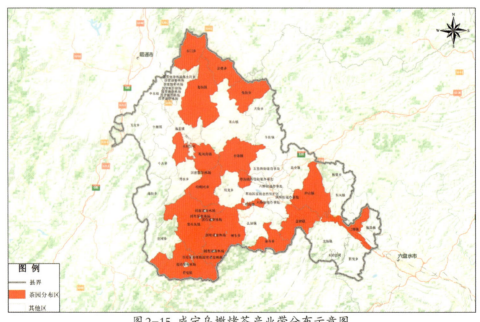

图2-15 威宁乌撒烤茶产业带分布示意图

（五）六盘水市

六盘水市茶叶主要分布在六枝、水城、盘州，茶园面积有31.25万亩。其中：水城县100220亩、盘州市101920亩、六枝特区106380亩、钟山区3812亩。

由于地理气候等原因，其特点为：

1."早"

六盘水市部分茶区处于河谷地区，气候温暖湿润，早春气温回升快，茶叶萌芽和上市早，春节前即可开采，惊蛰前（3月6日左右）即可大量生产。全市惊蛰前早春茶叶产量达到2300kg。"2020年1月11日，在中央电视台等媒体见证下，水城春早春茶成为全省最早上市的春茶""喝着喝着春天就来了"，是对六盘水"蛰前早春茶"最富诗意的描述和最真实的写照。六盘水由于气候春秋相连，没有气象学意义上的夏天，春茶不仅开采时间早，而且结束时间也晚。

2."古"

六盘水野生茶树种质资源丰富，是茶叶的原产地之一，境内种植、利用茶叶的历史悠久，地方品种丰富、产量高、品质好。水城县蟠龙镇种植茶叶的历史可以追溯到三国时期，至今仍保存有百年以上树龄的茶树30000多株，被评为"全省十大古茶树之乡"之一。

3."高"

"高山云雾出好茶"，该地区茶叶种植基地平均海拔1600m，主要茶区终年云雾缭绕，气候冷凉，生物多样性丰富，降雨充沛，云雾多且日照率低、日照短，漫射光多，紫外光丰富，生态环境优良，茶叶虫害天敌多，茶园病虫害轻，茶叶质量安全水平高，是高品质茶叶的理想产地。

4."优"

六盘水气候冷凉，昼夜温差大，有利于茶树有机物质的积累，茶叶具有叶片肥硕，持嫩性强，叶质柔软，内含物丰富，营养丰富，汤色黄绿明亮，香高味浓、耐冲泡的优点。六盘水市茶园多为天然富硒茶，经中国科学院地化所等权威机构检测，六盘水市水城县杨梅片区茶园土壤硒含量是普通地区的11倍以上，茶叶的硒含量为0.8~1.5mg/kg，属于理想富硒范围。早在1992年，时任全国政协副主席、中国科学院院长卢嘉锡先生在品饮了当地的富硒茶后，欣然挥笔写下"乌蒙春"。

第五节　贵州东部茶区

一、概　况

黔东地区土地资源十分丰富，土地面积1.8万km²，市内土壤多以黄壤、黄棕壤、沙壤为主，土层深厚，营养丰富，土壤质地疏松、底土无硬盘层、排水性好、土壤有机质含量达2%以上，土壤理化性状良好，土壤pH值多在4.0~6.5，非常适宜茶树种植和生长。

按照中国地质研究所以岩石中矿物元素的补偿能力及耕土层的酸碱度和有机质为主要依据，与茶叶产品品质紧密结合，对种茶区域进行了地质划分，将贵州省分为2个最适宜区、3个适宜区、1个次适宜区，铜仁市的石阡、印江、松桃、沿河、德江、思南、江口7个重点产茶县的茶区耕土层pH值为4.10~5.78；有机质含量为10.3~94.2g/kg，速效钾94.74mg/kg，速效磷1.92mg/kg；年均降水量在1100~1500mm，海拔高度在205~2572m，地质环境优越，是最适宜种茶的区域（图2-16）。

图2-16 铜仁市特色茶产业带分布示意图

二、茶区分布

梵净山优质茶产业带涵盖铜仁市江口、印江、松桃3个重点产茶县，共有茶园面积4.42万hm²。

（一）江口县

2018年底，江口县茶园总面积为1.05万hm²，种植区域主要分布在全县10乡镇49个村。

（二）印江县

2019年底，印江县茶园种植总面积为1.84万hm²，主要分布在全县的洋溪镇、杨柳镇、缠溪镇、罗场乡、朗溪镇、合水镇、木黄镇、天堂镇、刀坝乡、沙子坡镇、杉树乡、板溪镇、新寨镇、紫薇镇、峨岭街道、龙津街道、中心街道等乡镇（街道）。

（三）松桃县

2019年底，松桃县茶园种植总面积1.53万hm²，涉茶全县22个乡镇。

（四）石阡苔茶产业带（石阡县）

石阡苔茶产业带仅涵盖石阡县，有茶园面积2.43万hm²，种植的茶树品种主要为石阡苔茶，以石阡县龙塘镇省级万亩苔茶示范园区为中心，辐射龙塘镇、龙井乡、大沙坝乡、泉都街道，建成龙塘现代优质高产茶产业示范园区。

（五）沿河县

2019年底，沿河县有茶园面积1.34万hm²，种茶乡镇有20个，初步形成了涵盖塘坝、洪渡、新景三个乡镇的乌江河谷早茶区；涵盖沙子、中界、板场、甘溪、夹石等五个乡镇的半山中熟茶区；涵盖谯家、中寨、土地坳等三个乡镇的高山晚熟茶区。建成了塘坝镇的乌牛早、黄金叶，黄土镇、晓景乡的白茶，思渠镇、中界镇、谯家镇、土地坳镇的黄金芽，中寨镇的"白叶一号"、中黄3号、郁金香等特色茶叶基地。

（六）德江县

2018年底，德江县茶树种植区域分布在全县14个乡镇，涉及157个行政村，其中：合兴镇15个村、煎茶镇16个村、复兴镇16个村、平原镇15个村、枫香溪镇16个村、沙溪乡13个村、楠杆乡14个村、龙泉乡13个村、堰塘乡14个村、荆角乡9个村、泉口镇4个村、青龙街道10个村（社区）、高山镇1个村、长丰乡1个村，茶园种植总面积合计1.55万hm²。

（七）思南县

2018年底，思南县茶树种植区域分布在全县的张家寨、鹦鹉溪、东华、宽坪、许家坝、香坝、长坝、合朋溪、枫芸、青杠坡、思林、大河坝、大坝场、孙家坝、凉水井、关中坝、塘头、邵家桥、瓮溪、天桥等20个乡镇，形成"张家寨、香坝、大坝场"三大茶区，茶园种植总面积合计1.25万hm²。

第六节　贵州古茶树资源

世界茶树原产地核心区域的贵州，是野生乔木大茶树和灌木古茶树保存最多的省份之一，据不完全统计，全省具有一定规模（1000亩以上）相对集中连片的古茶园达18处，古茶树达800万株丛，其中200年以上的古茶树15万株以上，千年以上的古茶树1万余株，最大的古茶树直径约170~180cm。野生古茶树大都为乔木、小乔木型，分布范围在该地区海拔1200~1950m。这些茶树在进化、演变过程中形成了丰富的茶树资源，具有贵州的地域特色，是我国茶树资源重要的组成部分。

贵州省古茶树主要分布于黔滇、黔渝以及黔桂的交界地方，东至黎平老山界原始森林林区，西至威宁县云贵乡，南至兴义七舍草上村纸厂、猪场镇，北至道真县棕平乡、洛龙镇，包括雷公山、武陵山、乌蒙山、大娄山山脉。即黔西南9个县（市）、黔南黔中15个县（市、区）、黔西9个县、黔北9个县（市）、黔东（含黔东北和黔东南）10个县（市），共52个县（市、区），晴隆、普安、兴义、安龙、平塘、都匀、贵定、花溪、金

图 2-17 贵州野生大茶树分布区（部分）示意图

沙、水城、习水、贞丰、长顺、惠水等县具有茶树最原始的特性（图2-17）。

一、贵州中部茶区古茶树分布

（一）贵阳、贵安新区古茶树

古茶树资源集中分布在花溪久安、高坡、麦坪、黔陶、马铃、党武、开阳南龙等乡镇。据不完全统计，全市古茶树资源10万株以上（图2-18）。

2011年，中国农业科学院茶叶研究所、省茶叶研究所等有关专家评析后认为："久安古茶树是现在国内已发现的最古老、最大的栽培型灌木中小叶种茶树，也是目前最大的灌木型古茶树居群。"贵阳市花溪区2015年申报的"久安古茶树与茶文化系统"被农业农村部评选为第三批中国重要农业文化遗产，已入选全球重要农业文化遗产名录。

专家考证，久安乡古茶树树龄最高在千年以上（图2-19）。在宋代，茶马交易的制度已经建立并已运用纯熟。茶马交易的制度，一直沿用到了明王朝，朱元璋继续推行"以茶制戎"的政策，明王朝在贵州种植茶叶和当地的少数民族交换适合当地地形的战马，来征讨云南及贵州少数民族的叛乱。可以这样认为，古茶树是明王朝初期政权在西南地区巩固的重要见证，同时也是汉民族和当地少数民族融合的见证。

图2-18 高坡乡掌纪村野生古茶树　　图2-19 久安乡大丛茶"茶王"

（二）开阳县南龙乡古茶树

开阳县南龙乡产茶历史悠久，早在宋元时期已有种植，明清时种植规模不断扩大。明朝万历年间《贵州通志》有贵州宣慰司（今开阳县一带）进贡茶叶的记载，是开阳贡茶之始，至今已有400多年历史。南龙乡上百年的古茶树很多，不完全统计有5000余株，分布在田边土角（图2-20）。

图2-20 楠木渡新凤村、黄木村古茶树

（三）普定县古茶树

古茶树18149株，主要分布在化处镇、鸡场坡镇、马场镇一带。其中：播改村4960株，张家村2380株，朵贝5860株，纸厂村2460株（图2-21）。

（四）镇宁县古茶树

古茶树55482株，主要分布在江龙镇、革利乡（图2-22）。

图2-21 普定县古茶树群

图2-22 镇宁红军茶古茶树

二、贵州北部茶区古茶树分布

茶圣陆羽在《茶经》载："茶者，南方之嘉木也。一尺、二尺乃至数十尺。其巴山峡川，有两人合抱者，伐而掇之。"说明在1200多年前，已有"两人合抱"的野生大茶树。清代《贵州通志》载："黔省各属皆产茶，都濡高株茶、湄潭眉尖茶昔皆为贡品，其次如仁怀之珠兰茶，均属佳品；茶出务川，名高树茶，色味亦佳。"清康熙《湄潭县志》载："悬崖四面，攀陟甚难……顶上方广十里，茶树千丛，清泉醇秀。"古老大茶树和栽培型大树茶是鉴定茶树原产地的重要依据，历史上很多珍贵的古老大树茶被毁伐无存，全国罕见的大茶树也只有遵义的桐梓、习水、道真、务川等山区既可看到，还可采制饮用。当代茶圣吴觉农在《茶经述评》中介绍："据贵州省农业局及茶叶科学研究所调查，在习水、赤水、桐梓、务川等县，先后发现大茶树。"

（一）正安县古茶树

正安大树茶种质类型为野生资源，有性系，属乔木型，多分布于新州、庙塘、安场、和溪一带海拔900~1400m地区，多见于山崖深谷混生林（图2-23）。树高6~7m，树龄500年以上，最大者基径37cm，胸径23cm。还有部分灌木丛茶，主要分布在中观、市坪、谢坝、流度、土坪等村寨房屋周围的园地土坎。

（二）余庆县古茶树

余庆县发现的古茶树树龄大多在150年左右（图2-24）。

（三）道真仡佬族苗族自治县古茶树

道真仡佬族苗族自治县古茶树多且分布广，洛龙镇双河白岩塪有一株特大绿茶树，当地人称之为"茶树王"，由于土质肥沃，大茶树历经数百年而生长旺盛。经丈量，树干胸围2.85m，树高12.6m，树冠9m^2。

图2-23 正安县古茶树

图2-24 余庆县古茶树

棕坪乡是大片野生古茶树的集中地，经贵州省茶叶研究所考察报告认证，棕坪乡野生天茶主要分布在道真自治县棕坪乡海拔1100~1400m的崇山峻岭原始次生林中。最老的野生天茶树龄达800年以上，据不完全统计，100年以上的野生天茶约在10万株以上，有代表性的几十株茶树特别显眼。2007年，经贵州省茶叶研究所化验分析，野生茶游离氨基酸总量3.4%，咖啡碱4.1%，儿茶素总量153.3mg/g，水浸出物49%，茶多酚34.8%，总灰分7.4%，具有三高（咖啡碱、水浸出物、茶多酚含量高）品质，清醇香浓、回味甘甜、滋味和香气纯正。棕坪乡古茶树拓宽了贵州省茶树育种材料资源，是研究茶树起源及进化的活化石之一，进一步证明中国西南地区包括贵州黔北道真、务川一带是中国茶树起源中心之一，具有很高的研究价值和经济价值。

（四）务川仡佬族苗族自治县古茶树

务川仡佬族苗族自治县境内古茶树资源品种是野生大树茶（疏齿茶），因其具有独特的口感深受业内人士好评，可谓是务川县的瑰宝（图2-25）。

（五）仁怀市古茶树

仁怀有两株古茶树栽植于明朝年间，距今已有600多年了。两株古茶树并立而生，相隔6m许。其中一株高3m，树冠5m，胸径25cm，另一株略小，均属大叶型茶树。

图2-25 务川古茶树

（六）习水县古茶树

习水县境内有着丰富的野生大树茶资源，所有乡镇都有大树茶的野生资源。1964年中国科学院专家到习水县考察野生大树茶，指出云南西双版纳发现的野生大树茶主干直径有13.8cm。习水大树茶类似云南大树茶，据考察已有3000年以上的历史，说明习水县的大树茶生长历史也在3000年以上。古茶树主要分布在习水县东南部高海拔地区的乡村，其中仙源、良村、双龙、温水、东皇、三岔河等为主要分布区域，共计233759株（图2-26）。

2015年5月，经中国农业科学院茶叶研究所虞富年教授一行专家前往习水县双龙乡双龙村杉树湾考察当地古茶树，就古茶树的树种、茶叶形态、加工工艺等方面做技术指导。专家们一致初步认定当地古茶树有两株属稀有品种"疏齿茶"：有一株茶树因叶片形态介于野生型与栽培型之间，可能是杂交类型，属半驯化野生茶；有部分灌木小叶茶为栽培种，非常稀少。

图2-26 习水县古茶树

(七)桐梓县古茶树

桐梓县古茶树资源包括栽培型茶树和野生大茶树两种类型,现存活数量约5000棵,集中分布在马鬃苗族乡等11个乡镇(图2-27)。

图2-27 桐梓县古茶树

(八)凤冈县古茶树

主要分布在凤冈县龙泉镇六里村马耳沟组,在花坪镇关口村岩下组(图2-28)。

图2-28 龙泉古茶树1号

(九)湄潭县古茶树

主要分布在兴隆镇落猴溪、大庙场村、云贵山。早在远古时期,湄潭境内就有野生茶树林(图2-29)。

有史为证,清康熙二十六年所撰《湄潭县志》载:"平灵台,县北四十里,在马蝗箐。悬崖四面,攀陟甚难。上皆茂林,其竹可以为纸,谓平灵纸。顶上方广十里,茶树千丛,清泉醇秀。""茶树千丛"说明湄潭境地早有野生茶树群。

图 2-29 湄潭古茶树尚未砍伐前及湄潭石莲乡大丛茶

三、贵州南部茶区古茶树分布

黔南州 12 县市均有分布，但主要集中在都匀市毛尖镇、小围寨街道办事处团山村、沙包堡街道办事处斗篷山村，平塘县大塘镇、通州镇、甲茶镇、掌布镇，惠水县岗度镇、断杉镇，贵定县云雾镇、昌明镇，三都县都江镇、九阡镇，长顺县广顺镇、长寨镇，龙里县谷脚镇、龙山镇、冠山街道办事处，独山县影山镇、上司镇，瓮安县珠藏镇、建中镇，福泉市凤山镇、龙昌镇。

（一）三都县都江群落

三都县是黔南州第一大林业县，平均森林覆盖率高达 70.8%，而位于月亮山腹地的都江镇，森林覆盖率更是在 75% 以上，其中不乏人迹罕至的原始森林。三都县集中连片的古茶树群位于都江镇铜马山海拔 1200m 左右原始森林中（图 2-30）。古茶树群占地约 500 亩，高 50cm 以上的茶树有 3 万余株。其中最大茶树高约 9m，最大地径 49cm；胸径 30cm 以上的茶树有 10 株；胸径 20cm 以上约 300 株；胸径 10cm 以上约 3000 株；平均树龄 500 年。

（二）荔波县茂兰群落

1984 年发现古茶树林，2009 年，中国科学院的植物学家们对古茶树群落进行考察，通过考察认定，这片茶树为未受栽培型过渡到栽培型的

图 2-30 三都县都江镇铜马山古茶树

茶树，鉴定为荔波特有新种"茂兰瘤果茶"。荔波古茶树林群落里的茂兰瘤果茶分布在茂兰数千亩的喀斯特原始森林中，是迄今为止全球最古老、最大的一片原生性古茶树林。

（三）螺丝壳古茶树

位于都匀市毛尖镇，海拔1350m；栽培型，乔木型。树高9.3m，胸径40.2m，中叶。春茶1芽2叶干样含茶多酚30.9%、氨基酸1.52%、咖啡碱3.9%、儿茶素8.27%、浸出物50.7%。

（四）平塘县古茶树

位于平塘县通州镇，海拔780m；野生型，小乔木型，中叶；树高5.6m，最大枝基部干径55.4cm。春茶1芽2叶干样含茶多酚20.8%、茶氨酸0.63%、游离氨基酸2.57%、咖啡碱4.31%、儿茶素总量11.17%、浸出物47.1%。

（五）惠水县抵马古茶树

位于惠水县断杉镇，海拔1130m；野生型，小乔木型，大叶；树高13m，最大枝基部干径60cm（图2-31）。春茶1芽2叶干样含茶多酚24.9%、茶氨酸0.32%、游离氨基酸1.97%、咖啡碱5.53%、儿茶素总量10.9%、浸出物50.6%。该茶树属于特异资源。

图2-31 惠水县断杉镇定理村茅草组古茶树

（六）贵定县岩下古茶树

位于贵定县昌明镇岩下社区，海拔1523m；野生型，小乔木型，大叶；树高5.5m，最大枝基部干径40cm。春茶1芽2叶干样含茶多酚19.2%、茶氨酸0.43%、游离氨基酸

2.47%、咖啡碱4.5%、儿茶素总量6.28%、浸出物45.5%。儿茶素总量等指标异常偏低龙里县云台茶大茶树位于龙里县谷脚镇，海拔1317m；栽培型，灌木型，中叶；树高2.2m。春茶1芽2叶干样含茶多酚19.8%、茶氨酸1.46%、游离氨基酸2.77%、咖啡碱3.941%、儿茶素总量11.34%、浸出物46.7%。

（七）长顺县古茶树

长顺县广顺镇新寨社区立木村懂雾组的懂雾大坡（图2-32）。

图2-32 长顺县懂雾古茶树

（八）龙里县云台茶大茶树

位于龙里县谷脚镇，海拔1317m；栽培型，灌木型，中叶；树高2.2m。春茶1芽2叶干样含茶多酚19.8%、茶氨酸1.46%、游离氨基酸2.77%、咖啡碱3.941%、儿茶素总量11.34%、浸出物46.7%（图2-33）。

图2-33 龙里云台山、湾滩河镇打夯村打夯寨古茶树

(九)普安县古茶树

经普查统计,普安县古共有茶树共24567棵。其中,地径15cm以上的1096棵,8~15cm的855棵,8cm以下22618棵;单株调查2095棵,群体22472棵。主要分布在青山镇、江西坡镇、地瓜镇和白沙乡等四个乡镇(图2-34~图2-37)。

图2-34 普安县古茶树分布示意图

图2-35 普安县青山镇哈马村托家地四球古茶树

图2-36 雪浦乡哈马村鸡洞组古茶树

图2-37 马家坪组古茶树

(十)晴隆县古茶树

根据1980年7月在晴隆县碧痕镇新庄村笋家箐云头大山发现的茶籽化印证,晴隆县境内有很多古茶树群。

山茶科山茶属分布在晴隆县中营镇小红寨一带。古茶树红瘤果茶自然生长型分布于紫马乡一带。红药红山茶自然生长型分布于大厂镇五月朝天、沙子镇白鸡山一带。古茶树大叶类(乔木型)分布于大厂镇高岭村石砍子组,树高14余米,沙子镇小坪寨。古茶树中小叶(灌木型)分布于碧痕镇碧痕社区小厂一带。古茶树四球茶分布于碧痕镇新庄一带。古茶树大树茶分布于碧痕镇新坪村半坡、大厂镇五月朝天一带。大湾村青岩一带有人工移栽古茶树大树茶,分布于沙子镇砚瓦、老街一带,中营镇义勇村、小红寨均有人工栽培单株古茶树。

(十一)兴义市古茶树

兴义市古茶树基本属散生状态,大多生于村寨周围、田边、地埂、小溪边、山林中。经初步调查统计,兴义古茶树群落(居群)资源主要分布在兴义市七舍、敬南、捧乍、南盘江镇、猪场坪乡、坪东街道办等乡镇(办)。现今七舍镇境内的革上村纸厂组、敬南镇高山村烂木菁组还保存有较完整的古茶树群落。

七舍镇古茶树历史悠久,古茶树树龄可以追溯至明朝初年。听当地人介绍,年龄最大的树龄已近千年(图2-38)。目前已挂牌的古茶树有155株,树高5m以上、冠幅12m^{2}以上的30余株,树高4m以上、冠幅7m^{2}以上的75株。地方最具代表的古茶树高10.5m,冠幅60余平方米,形如巨伞,郁郁葱葱,枝繁叶茂,盘根错节,甚为壮观。在黔西南州乃至贵州省都是唯一。

敬南镇飞龙洞、高山村均发现连片的古茶树。猪场坪乡丫口寨村有集中连片的清代人工种植古茶园。

图2-38 兴义七舍古茶树

（十二）望谟县古茶树

从望谟县郊纳镇古茶树分布情况可以看出：铁炉村、八步村和鸭龙村等村古茶树分布较为集中，望谟县将郊纳镇铁炉村、冗岩村、八步村约1000亩的面积列为古茶树核心保护区，对认定的百年以上古茶树挂上"贵州省优质林业资源百年古茶树"保护牌子。为保护八步茶珍稀茶饮资源，2017年11月份以来，望谟县聘请贵州大学专业团队对现有古茶树进行普查，已普查出古茶树86262株，均为100年以上古茶树（表2-1）。

表2-1 望谟县郊纳镇古茶树分布数量汇总表 （单位：棵）

地点\地径	≥15cm	15cm＞地径≥8cm	8cm＞地径≥6cm	群体	小计
铁炉村	368	773	280	21242	22663
八步村	88	274	89	14959	15410
鸭龙村	6	28	8	17988	18030
冗岩村	26	97	30	11768	11921
郊纳村	2	5	2	5086	5095
高寨村	—	—	—	5818	5818
关寨村	1	3	1	4906	4911
懂闹村	1	1	1	1799	1802
水秧村	—	—	—	546	546
油停村	—	—	—	66	66
合计	492	1181	411	84178	86262
	1673				
	2084				

（十三）安龙县古茶树

在洒雨镇上陇村古茶树，属于小叶种茶树，最大一棵直径35cm，高10余米。

海子乡长最大直径55cm，高20余米。其余的直径都在35~45cm，高度达10余米。一百多年前，当地人从云南引进的古茶树有10余棵，直径都在30cm左右，高10余米，这些都属于大叶茶树种（图2-39）。

图2-39 安龙县古茶树

（十四）贞丰县古茶树

截至2018年末，贞丰县境内古、老茶树的分布有三个群落。第一个群落在龙场镇坡柳村，现存古茶树近千株，是县境内最著名的古茶树群；数量规模居第二位的老茶树群位于连环乡连环村，其数量占全县古老茶树一半以上（图2-40）；第三个古茶树群分布在长田镇（图2-41）。

黔东南州1953年起，经州和县市有关林业和农业部组织相关人员对古茶树进行多次调查，发现黔东南州境内有雷山大树茶、灌木茶、黎平老山界茶、榕江灌木茶、从江大丛茶、丹寨雅灰的树茶、镇远大树茶、岑巩灌木茶等，雷公山和月亮山野生古茶树种较多，古茶树资源丰富。

图2-40 贞丰县连环乡连环村老茶树

图2-41 长田镇普子大寨古茶树

据不完全统计，黔东南州存留有明清至民国时期栽种的茶树群（园）1029.5hm^2，100年以上的古茶树27.35万株，主要分布在黔东南州南部（含黎平、从江、榕江等县）、中部与西部（含凯里、丹寨、雷山、剑河、台江县市）和北部（含黄平、施秉、镇远、岑巩等县）（图2-42）。

黔东地区的野生大树茶主要分布在武陵山、雷公山、月亮山的常绿阔叶林、常绿落叶混交林和灌丛林中，或零星分布在民族聚居地区，包括：雷山、黎平、榕江、从江、丹寨、镇远、岑巩等15个县。黔东中部的丹寨县，有树高可达6~7m，叶长12~15cm，叶宽5~6cm。

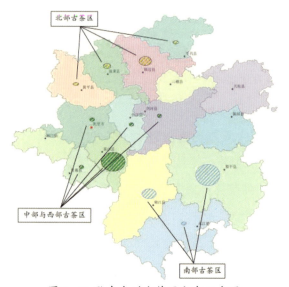

图2-42 黔东南州古茶区分布示意图

图2-43 黎平县古茶树

（十五）黎平县古茶树

黎平县地处黔、湘、桂三省（区）交界及云贵高原向江南丘陵过渡地区，是中国28个重点林区县和国家11个退耕还林示范县之一，森林覆盖率78%。黎平是茶叶原生地之一，境内仍保存有近325hm^{2}的野生古茶树和古茶树群（园）和100年以上野生古茶树3万余株以上（图2-43）。全县25个乡镇均保存一定数量的古茶树，尤其是以雷洞、水口、龙额、地坪、顺化、肇兴、德顺、尚重、德凤、高屯、洪州等地的村寨边、田边地角到处都是，德化乡老山界、地坪乡弄相山、德顺乡太平山、高屯五龙山等有上万亩面积的古茶树群（园），其中地坪镇有古茶树群（园）约75hm^2，古茶树2200余株，最老的古茶树达到600年树龄。还有其他乡镇村寨也分布有少量的古茶树。黎平县的古茶树主要生长在海拔400~1400m的村寨的田边地角、房前屋后或次原始森林处，少数生长在杉木林、杂木林中。为便于人们采摘方便，人们常将生长在村寨的田边地角、房前屋后处的古茶树进行砍高留矮，造成古茶树基围粗壮、分枝多而枝条不高现象。黎平县数古茶树最多是雷洞乡，该乡有古茶树群（园），有100年以上的古茶树1万余株，且15个村寨均有分布。

（十六）从江县古茶树

从江县位于贵州、广西、湖南三省（区）交界处，有跨省的自然保护区——月亮山，区内森林茂密，西山镇翠里乡一棵10m高的大茶树仍生长茂盛（图2-44）。2019年从江县农业农村局组织对全县的古茶树及古茶树群（园）进行普查。从江县古茶树群（园）13个，约7hm^2。古茶树680株，分布6个乡镇。其中：斗里镇387株、翠里乡198株、西山镇80株、加鸠镇7株、丙妹镇6株、秀塘乡2株。古茶树共分为1科1属3种。其红茶671株、白茶6株、灌木茶3株。从古茶树地上部的枝、叶、干、树冠的生长状况和病

图2-44 从江古茶树

虫害等情况看，树势一般生长旺盛，枝繁叶茂，树冠较完整，无空洞，病虫害少或无有659株；生长势一般，树干局部有空洞，枝叶稀疏，有少量枯枝，树冠尚完整，病虫害较轻的有20株；生产势弱，树干有空洞，枝叶稀疏，树冠不完整，病虫害最重有1株。

（十七）榕江县古茶树

旧时称古州，与黎平、雷山等毗邻接壤。2018年4月榕江县在开展古茶树资源调查，发现该县境内的计划乡、水尾乡零星分布有突肋茶59株，主要分布在月亮山自然保护区海拔1200~1300m的山谷人烟稀少地区，全部为野外自然生长状态，约81hm^2。这些突肋茶生长在野外，未受到人为因素的破坏，其生长环境和生长状况均特别良好。突肋茶是山茶科山茶属小乔木植物，生长于海拔850m以上的湿润山地地区，常生长在山谷溪边。突肋茶为天然优质的茶叶品种，有开发潜力。目前尚未进行人工引种栽培。

（十八）雷山县古茶树

雷公山，苗岭之巅，为贵州苗岭山脉东段总称，主峰海拔2178.8m，雷公位于雷山县城东北面，距县城30km。雷公山区是贵州省古茶树的主要分布区域之一。据雷山县志记载，1955年前雷山14个乡有茶树13万多株，其中百株以上成片的有140处，面积约99hm^2。2017年雷山县茶叶协会初步调查，仅方祥乡雀鸟、格头、毛评等村就分布有100年已上树龄的古茶树300余株（系）。古茶树的类型主要有野生型、半野生型、半驯化栽培型、驯化栽培型和栽培型。其中多为三室呈三角形的蒴果。树形多为野生灌木型、小乔木大丛型和藤型。品种为中小种、中叶种和小叶种。据中华全国供销合作总社杭州茶叶研究院检测，雷公山古茶树游离氨基酸总量为2%，水溶性总糖为3.57%，茶多酚22.4%，咖啡碱4.5%，水浸出物44.2%，水溶性果胶1.75%，极具开发价值。雷山大树茶可制各种类型的绿茶、红茶，也可以制雷山银球茶。从2008年起，雷山县人民政府组织县内的有关科技人员，开展雷公山古茶树的保护与开发利用的科研工作。已建成方祥乡雀鸟村雷公山野生古茶树移植母本园6亩，其中移植来自5个乡镇雷公山区26处176株（丛）分株成1175穴古茶树近3亩；抚育较为成片的雷公山野生古茶树林近4亩。

（十九）镇远县古茶树

古茶树主要分布在都坪镇天印村和江古镇军屯村两处。优越的地里环境，所生产的"天印贡茶"早在唐代就已成为全国的名茶之一。至今都坪镇天印片区仍有树龄100年以上的古茶树2.5万株，其中在天印村一处向阳的斜坡上的黄泥火镰石地上，生长有1棵高5.6m，枝叶覆盖面积21m^2，主干直径约0.6m，树龄上千年的古茶树（图2-45）。江古镇军坡村，原名军屯村，距镇远县城50km，种茶历史久远，道光十八年（1838年）江古镇军坡村村口就立有石碑，碑文上写："盖闻朝廷教以栽培供其赋税民间禁桐茶畜木……不惧内外贫富老幼人等概不许偷窃桐茶……"军坡古茶，因古时盛产并用作朝贡之用而得名，因为村民对茶树的护佑，军坡村至今仍有树龄100年以上的古茶树2.3万余株散布在山间。

图2-45 镇远县都坪镇天印村"千年古茶树"

（二十）岑巩县古茶树

古名思州，盛产茶叶。思州茶名世极早，在初唐即已名传和产销于世。宋代茶专著《太平宇记》有"夷、思、播三州贡茶"之述。由此可见思州茶品质之优，成名之早。思州古茶的原产地在镇远县江古镇军坡村（镇远历史上属思州辖区），如今与镇远县江古镇军坡村接壤的岑巩县注溪乡中寨村和岑巩县思旸镇岑丰村也有零星古茶树（图2-46）。

图2-46 岑巩县灌木古茶树

四、贵州西部茶区古茶树分布

黔西北的古茶树分布包括毕节市和六盘水市，该地区拥有得天独厚的资源禀赋和自然环境，保存着贵州面积最广的古茶园、古茶树。目前保存较好或发展较好的区域主要分布水城县蟠龙镇、纳雍县水东镇姑箐村、金沙县清池镇大坝村、源村镇石刘村、石场乡构皮村、桂花乡滥坝村、金海湖新区竹园乡海马宫村、织金县绮陌街道中坝村杨家湾组、中寨乡石丫口村和沙坝村、以那镇五星村、威宁县香炉山茶园的乌撒烤茶。其中，七星关区亮岩镇太极村、水城县蟠龙镇、金沙县清池镇、纳雍县水东镇姑箐村的古茶树最出名。2014年8月18日，水城县蟠龙镇、金沙县清池镇、纳雍县水东镇姑箐村均被贵州省茶叶协会、省茶叶研究所等茶叶专家组成的专家团评为"贵州十大古茶树之乡"；2016年8月28日，中国茶叶流通协会授予七星关区"中国古茶树之乡"称号。

（一）七星关区古茶树

据统计，在七星关区太极村及附近的村落里，目前已探知保留的古茶树有近7万株，其中基径（树根的直径）为20~30cm的有767株、30~36cm的有17株，基径最大的36cm，株高最高的5m（图2-47）。

图2-47 七星关古茶树

（二）金沙县古茶树

在当年金沙清池古镇贡茶盐道边的古茶树群中被人们称为"大茶树"的最大古茶树主树干直径超过60cm、树高超过12m、树冠覆盖面积达60m^2，树龄已有1600年以上。据普查，金沙县境内散存的古茶树共计40hm^2（图2-48）。

图2-48 金沙元平古茶树

（三）纳雍县古茶树

纳雍县古茶树主要分布在水东镇姑箐村（图2-49），现存的古茶树有1000余株，其中1000年以上树龄的200多株、400~1000年树龄的800多株。经有关专家论证，姑箐最古老的茶树距今有1500多年（图2-50），属乔木型中小叶群体品种（秃房茶），茶树平均高度4.44m，树幅4.37~4.78m，主干周长61.9cm。

图2-49 纳雍姑箐古茶树　　　　图2-50 千年姑箐御茶树

（四）大方县古茶树

大方县古茶树主要分布在竹园乡将军山至老鹰岩之间的海马宫村宣慰水井周围的丁家寨、简家寨和李家寨，果瓦乡青龙山下的慕得八层衙门遗址周围的官寨（上寨、中寨、下寨）、果瓦、庄房。迄今为止，龙里、茶园、青林村，长石镇巨石、红山村，黄泥塘镇青林村，猫场镇永久村，六龙镇、对江镇、小屯乡、顺德办事处、瓢井镇、鼎新乡等多个乡镇和村寨还有古茶树留存。据不完全统计，全县树龄在一百年以上的古茶树2.6万余株，一千年以上的10余株（图2-51）。

图2-51 大方果瓦、新源古茶树

（五）织金县古茶树

据调查，织金县古茶树群分布较广。古茶树群树龄均在百年以上。叶型有中叶、小叶，叶长10cm，宽4cm（图2-52）。

图2-52 织金县古茶树

图2-53 水城蟠龙大丛古茶树

（六）水城县古茶树

水城县古茶树主要分布水城县蟠龙镇木城村，该地海拔1300~1600m。水城蟠龙镇古茶种植历史悠久，从三国时代兴起，经明清时代传承，清朝雍正元年（1723年）被采集制作敬献皇帝品尝，后连年成为"贡品"，水城贡茶因此而闻名。到"中华民国"处于兴盛，20世纪90年代初期，很多商户将木城的茶青精选制作，远销浙江、上海等地，同时也催生了很多民间手工制作茶坊。蟠龙大丛茶灌木（图2-53），中叶类，样株树高5.6m，冠径7.3m×8.5m，基径最大为46cm，芽叶黄绿，嫩枝无毛。木城大丛茶产于水城县杨梅乡木城村，该地区海拔1839m，古茶树为栽培野生资源，有性系，灌木型，树高4m，基部干径30cm。树姿直立，嫩枝无毛，发芽密度密，芽叶黄绿色，叶片着生状态上斜，属中叶类。

（七）盘州市古茶树

盘州市古茶树位于贵州盘州市老厂，该地区海拔1300m。相貌特征：小乔木型，中叶类，中生种，二倍体。植株较高大，根据《中国茶叶大辞典》记载：盘州市老厂古茶树，树高7~10m，树幅3~4m，干径15~40m，乔木型。叶长18.2cm，叶宽7.2cm，叶椭圆形，色绿，有光泽，叶面平，叶质厚较脆。盘州市大苦茶1号，乔木型，树高10m，树幅4m，树姿直立，分枝密度稀。基部干径40cm，嫩枝无茸毛。盘州市2号为乔木，树姿半开展，分枝密度稀。嫩枝茸毛中等盘州市3号树型为灌木，树高1.5m，树幅2.5m，树姿开展，分枝密度密。基部干径5cm。芽叶绿色，芽叶茸毛中等。叶长12.0cm，叶宽5cm，大叶形。

五、贵州东部茶区古茶树分布

铜仁市古茶树分布在沿河县、石阡县、江口县、印江县、德江、思南县、松桃等七个茶产县，34个乡镇，195个村。野生茶树主要分布在江口、印江、松桃3县交界处的梵净山自然保护区。

（一）沿河县古茶树

沿河县有三大古茶树群：一是位于沿河县塘坝镇榨子村、楠木村和红竹村的古茶树群，古茶树每公顷30000株。二是位于沿河县客田镇坝头山村的古茶树群，古茶树群面积分布约25hm^2。三是位于沿河县后坪乡玉泉村的古茶树群，古茶树群面积分布约137hm^2。全县1000年以上树龄的茶树有300多株，100年以上树龄有40000余株。

（二）石阡县古茶树

石阡古茶树共有31499株，主要分布在：本庄镇1200株；聚凤乡1500株；白沙镇30株；汤山镇300株；五德镇9800株；甘溪乡201株；龙塘镇3200株；石固150株；坪山9700株；河坝692株；枫香4206株；花桥130株；青阳120株，五德区域相对连片近2000亩（图2-54、图2-55）。

图2-54 汤山镇北塔村沙坝组邱家湾古茶树

图2-55 五德镇新华村万家田古茶树

（三）印江县古茶树

印江县古茶树分布全县两个乡镇。

（四）江口县古茶树

江口县古茶树主要分布在绕梵净山的德旺、怒溪、太平和官和四个乡镇辖区内，已发现有野生茶树群落密度相对较大的有21处，覆盖土地面积达153000余亩。发现的野生茶树全为小叶种。

第七节　贵州各产茶区荣誉称号

一、中国毛尖茶都

都匀市是中国毛尖茶都。贵州都匀毛尖茶生产历史悠久，迄今已有500多年。早在明朝就列为上贡佳品，明崇祯皇帝曾赐名"鱼钩茶"。1956年经毛泽东主席题名为"毛尖茶"而沿用至今。都匀毛尖茶对茶叶成品突出"毛"和"尖"的特征，对原料要求极为考究，每年清明前从海拔800~1450m的茶山上采摘，1芽1叶初展茶青，经杀青、揉捻、提毫、干燥四道工序手工炒制而成，讲究"火中取宝""一气呵成"。制成的毛尖茶色泽绿润，白毫满布，紧细卷曲，冲泡汤色绿黄明亮，嫩香持久，饮后鲜爽回甘、余味悠长。

"都匀毛尖茶"有着"中国十大名茶"和"贵州三宝"之称。2007年9月29日,在贵州都匀举办的"贵州省茶文化博览会"上,中国茶叶流通协会授予都匀市"中国毛尖茶都"的称号(图2-56)。

图2-56 在2007年贵州省茶文化博览会开幕式上,中国茶叶流通协会为都匀市授牌

二、中国高原古茶树之乡

贵阳市花溪区久安乡是中国高原古茶树之乡,位于贵阳老城区的西南面,花溪区的西北部,阿哈湖畔上游。海拔在1090~1402m,正适宜"高山云雾茶"的生长。久安当地80%的土壤为硅铝黄壤,茶树是一种耐铝性的作物,铝有促进茶树生长的作用。气候上属于亚热带季风温润区,年平均气温13.6℃,年降水量为1000~1100mm。现已建成古茶树(母本)建设达1.2万亩,拓展和辐射面积达6万亩。古茶树园区水利管网、交通道路已规划步入实施。全乡森林植被35万多亩,系贵阳二环林带保护区域,森林覆盖率达52.6%。据不完全统计,在久安乡境内分布着的具有保护价值的古茶树54000多株,占地4000余亩,现有新建茶园2000余亩;目前,古茶树中特别保护级别(保守估计2000年以上)古茶树19株;重点保护级别(1000~1500年)古茶树1450株,2011年经中国农业科学院茶叶研究所专家、省农科院茶叶研究所及有关专家评析:"久安古茶树是目前国内已发现的最古老最大的栽培型灌木中小叶种茶树,也是目前最大的灌木型古茶树居群。"

久安乡的发展定位是建成贵阳都市区内的古茶树保护与开发、生态保护园区,集古茶科考、文化休闲、田园、观光、避暑以及农业增效、农民增收为一体的现代高效茶叶之乡(图2-57)。发展目标:实现对古茶树(美丽茶乡)的有效保护与利用,形成以森林景观、地貌景观、农业景观为载体,以推广贵州茶文

图2-57 贵阳市花溪区久安乡古茶树

化、有机茶种植、打造"久安千年红茶""久安千年绿茶"品牌,推动黔中精品茶发展为目标,以古茶树观光游、有机茶园生态游、健身休闲游、人文民俗文化游、科普教育艺术创作游、农业项目体验游为主要方向,为人们提供登高览胜、避暑休闲、健身娱乐、茶乡文化、体验民俗文化和科普教育的场所,实现旅游与生产、开发与保护的协调发展。2014年,由贵州省茶叶协会推荐,被中国茶叶流通协会授予"中国高原古茶树之乡"称号。

三、中国古茶树之乡

(一) 黔西南州普安县

普安县地处茶马古道上，普安古茶树资源丰富，且保存较为完好，境内拥有古老的四球古茶树2万多株，地径或胸径8cm以上的有2600株。茶树树龄均在千年以上，最大植株胸围170多厘米。1963年就有国家农业部专家推断：这些四球古茶为夜郎国先民所种。1980年，专家又在普安云头山沈家箐发现了世界上迄今唯一的茶籽化石：新生代第三纪"四球茶"茶籽化石。随后，四球古茶树群陆续在普安境内的江西坡、新店、雪浦等地被发现，共有茶树2万余株，分布面积上千亩。其中，树龄上千年的就有上百株。雪浦乡1号古茶树，是目前发现的最古老的野生大叶茶树之一。2011年5月，由中国农业科学院茶叶研究所、中国茶叶流通协会等单位组成的"中国普安野生古茶树"专家组深入普安进行实地考察。专家称普安古茶树是目前国内已发现的最古老最大的四球茶树，也是目前最大的四球茶野生古茶树居群。茶科一共有32个种类，四球茶是其中一种古老的树种之一。普安古茶树在分类上属于四球茶种，是珍稀古茶树资源，并且是全球唯一，在茶树起源、演化和分类研究上具有重要的学术价值。2011年7月，中国茶叶流通协会授予普安县"中国古茶树之乡"称号。

(二) 沿河土家族自治县塘坝乡

贵州沿河土家族自治县茶叶栽培历史悠久。2006年，贵州省茶叶研究所专家就在榨子村发现了这片一千多年前的古茶园，这是目前贵州发现得最古老的人工栽培的古茶园。茶园的发现，见证了贵州境内茶叶大规模从野生向人工栽培过渡的进化过程，对贵州茶树栽培史和古代茶文化的研究都具有重要的史料价值，贵州茶叶研究所专家称，榨子村可谓是"贵州古茶自然博物馆"。自2015年起，经多方审查论证，沿河县野生古茶树目前已发现100年以上树龄大树茶4万余株，其中树基干100cm以上大树茶100余株，形成大面积野生古茶树群落，是目前贵州发现的最为集中的古茶树园，在国内都属极为罕见的珍稀茶树库源（图2-58）。2016年4月20日，中国·贵州国际茶文化节暨茶产业博览会开幕式上，中国茶叶流通协会授予贵州沿河土家族自治县"中国古茶树之乡"称号（图2-59）。

图2-58 沿河县古茶树

图2-59 中国茶叶流通协会会长王庆为沿河县授牌

（三）毕节七星关区亮岩镇太极村

太极村位于七星关区亮岩镇东南部，河水沿山绕行，形成了一个"S"形大拐弯，把村庄一分为二，在河岸平原上自然形成了一个完美的天然"山水太极图"，太极村因此得名。太极村是太极贡茶的发源地，也是太极茶叶种植的核心区，据《华阳国志》《茶经》等相关史料记载，早在秦汉时期的黔西北七星关区

图2-60 毕节七星关太极村古茶树

（古为平夷县）一带就种植、制作、饮用茶叶，清代还出产了著名的太极贡茶（图2-60）。近年来，该镇积极推进太极茶产业发展，多次邀请相关专家深入太极村及周边村对古茶树举行实地考察论证。

2016年8月28日，由贵州省茶叶协会推荐，毕节七星关区亮岩镇被中国茶叶流通协会授予"中国古茶树之乡"称号。

四、中国抹茶之都

铜仁市是中国抹茶之都。抹茶起源于中国隋唐，其制作和饮用、食用历史悠久。近些年，越来越多的抹茶产品以健康、时尚、便捷的鲜明特点，更加适应新时代快节奏的消费需求，市场潜力巨大、发展前景广阔。为了提升茶园下树率、茶园效益，助群众增收，铜仁市委、市政府立足实际，充分发挥生态之美、抹茶品质之优、抹茶文化之魂、抹茶产业之基，大力发展抹茶产业。2017年，铜仁市引入贵茶集团斥资6亿元，在江口建立贵茶产业园，打造国内最大茶产业综合开发项目、全球最大的抹茶生产基地。现已开发出抹茶蛋糕、抹茶巧克力、抹茶曲奇、抹茶面条等系列抹茶食品，让茶从能喝到能吃。铜仁市已累计建成碾茶生产线50条，抹茶生产线3条。2019年实现抹茶产量1600t，已向美国、德国、法国等12个国家出口抹茶产品，与浙江、广东等企业签订合作协议，抹茶产值达3.2亿元。铜仁市24家碾茶生产企业从事优质抹茶原料供应，带动1.2万茶农人均增收3000多元，在2018年首届贵州梵净山国

图2-61 中国国际茶文化研究会向铜仁市授牌

际抹茶文化节上，中国茶叶流通协会、中国国际茶文化研究会授予铜仁市"中国抹茶之都""中国高品质抹茶原料基地""抹茶文化研究中心"等称号（图2-61）。

五、中国苔茶之乡

石阡县是中国苔茶之乡。石阡苔茶，又名苔子茶，具有"抗寒性、抗病虫害强、抗干旱、水浸出物质高"等特点，是当地各族茶农长期栽培选育形成的一个地方品种，母树属古茶树系列。芽叶色泽绿润、叶肉肥厚、外形扁平、耐冲泡，滋味醇厚爽口，栗香显露，叶底嫩绿明亮，茶叶含锌、硒、钾等有益物质。为保护苔茶品种，1985年全国农作物品种审定委员会将其认定为国家品种。2009年10月22日，中国茶叶流通协会授予石阡县"中国苔茶之乡"称号。

六、中国贡茶之乡

金沙县是中国贡茶之乡。金沙贡茶历史悠久，至今已有两千多年的历史，保存40余株有上千年历史人工栽培的古茶树群。2009年6月17日，中国茶叶流通协会授予金沙县"中国贡茶之乡"称号。

七、中国苗岭贡茶之乡

贵定县是中国苗岭贡茶之乡，是贵州的主产茶区之一，是全国的名茶之乡，乾隆五十五年（1790年），苗族同胞为保护和发展云雾贡茶，特将官府批复文告刻碑立于云雾山上，是贵州省唯一有碑文记载的贡茶。贵定县产茶历史悠久，积淀了厚重的茶文化，有明朝嘉靖年间的贡茶碑，有赵朴初先生亲题的"佛茶"。2006年贵定县被国家相关部门评为"云雾贡茶之乡"；2006年12月，中国国际茶文化研究会授予贵定县"中国苗岭贡茶之乡"称号。

八、中国高山生态有机茶之乡

纳雍县是中国高山生态有机茶之乡。《贵州通志》载："平远府茶产岩间，以法制之，味亦佳。"纳雍建县较晚，高海拔的纳雍，茶种在山上，山插在云中，茶与山的美妙结合，实在是一种不可多得的意境。纳雍县绝大部分茶园分布在海拔1800m以上的高山中，土壤深厚、有机质含量高，高山生态作用明显。2010年11月28日，"第六届中国茶业经济年会暨2010中国贵州国际绿茶博览会"在遵义开幕，中国茶叶流通协会授予纳雍县"中国高山生态有机茶之乡"称号。

九、中国茶文化之乡

(一) 湄潭县

湄潭县是中国茶文化之乡。是贵州最大的茶区,在"全国重点产茶县"排位第二。2001年成为全国首批"无公害茶叶生产示范基地县";2005年被评为"中国三绿工程茶业示范县";2008年获西南地区唯一的"中国名茶之乡"称号;2009年获"全国十大特色产茶县"称号;2010年被人民网评为"最受百姓欢迎产茶地";2012年获"全国十大茶叶产

图2-62 2014第十三届国际茶文化研讨会暨中国(贵州·遵义)国际茶产业博览会中国国际茶文化研究会为湄潭县授牌

业发展示范县"称号。2009—2014年连续被评为"全国重点产茶县";2013年被评为"国家级出口茶叶质量安全示范区""全国茶叶籽产业发展示范县"称号;2014年获"中国茶业十大转型升级示范县""中国茶文化之乡"称号(图2-62);2015年获"贵州茶产业第一县""中国茶叶产业示范县"称号;2016年获"中国十大最美茶乡"称号;2017年获"中国茶产业扶贫示范县"称号;2018年被评为"中国茶业品牌影响力全国十强县",并连续四年蝉联全国第二重点产茶县。

(二) 普安县

现有野生四球古茶树上万株,树龄最长的可达四五千年,被专家鉴定为世界上最古老的茶树品种。普安县充分发挥世界茶源古茶文化优势,把茶产业作为脱贫支柱产业来重点打造。普安县茶叶种植面积为13万亩,在其茶产业发展规划中,到2020年将达到20万亩。中国国际

图2-63 中国国际茶文化研究会为普安县"中国茶文化之乡"授牌

茶文化研究会授予贵州省普安县"中国茶文化之乡"荣誉称号(图2-63)。

(三) 雷山县

雷山茶叶以其无污染、口感好、耐泡等品质优势一直被确定为中央办公厅、国务院办公厅等国家机关办公用茶。2011年荣膺中国(上海)茶博会中国名茶特别金奖;2012

年雷公山茶被选定为党的十八大会议用茶后，知名度迅速提升；2013年获日本绿茶赛金奖；2014年获"中绿杯"全国名优绿茶金奖；2015年，雷山银球茶夺得贵州省首届春季斗茶赛绿茶茶王。雷山县突出民族文化、乡村旅游、特色茶园，着力推动茶旅融合，已开始引发"蝴蝶效应"，文化旅游为茶业发展"提质增效"，茶业为文化旅游"扩容添彩"，两者共生耦合，同步共振，被中国国际茶文化研究会授予"中国茶文化之乡"称号（图2-63）。

十、中国紫茶之乡

望谟县是中国紫茶之乡。2019年5月16日，"第三届中国当代茶文化发展论坛会"在浙江省杭州国际博览中心举行，中国国际茶文化研究会授予贵州省望谟县"中国紫茶之乡"的称号。2017年9月，"八步紫茶"在贵州秋季斗茶赛上荣获"古树茶王"。

十一、中国名茶之乡

"中国名茶之乡"评选活动由中国农业科学院茶叶研究所、中国茶叶学会、茶叶专家会审组、中国茶叶学会常务理事会进行形式审查、全面评估、联审联评，贵州省历届获"中国名茶之乡"的有：都匀市、湄潭县、道真县、思南县、印江县、凤冈县、石阡县、松桃县、沿河县等。

十二、中国茶叶出口最具竞争力产区

遵义市是中国茶叶出口最具竞争力产区。截至2017年，贵州省茶园面积已达700余万亩，连续5年居全国第一位，全年茶叶产量达32.7万t，茶叶出口2852.6t、货值7730.8万美元，其中遵义市出口1555t、货值5100万美元。中国茶叶流通协会授予遵义市"中国茶叶出口最具竞争力产区"称号（图2-64）。

图2-64　2018年贵州茶文化节及茶产业博览会，中国茶叶流通协会会长王庆为遵义市授牌

十三、全国重点产茶县、全国生态产茶县

为彰显全国重点产茶县、生态产茶县的典范作用，突出其对中国茶产业的贡献，中国茶叶流通协会每年均会对具备一定规模的全国重点产茶县（市、区）进行调查评选。

贵州省省级43个茶叶主产县：湄潭、凤冈、正安、道真、务川、余庆、石阡、印江、德江、江口、思南、沿河、松桃、都匀、瓮安、贵定、平塘、罗甸、惠水、黎平、雷山、丹寨、台江、开阳、花溪、清镇、乌当、西秀、平坝、普定、镇宁、晴隆、普安、兴义、纳雍、金沙、威宁、大方、黔西、七星关、水城、盘州、六枝，均申报参评过"全国重点产茶县""生态产茶县"。

十四、贵州古茶树之乡

（一）2014年入选的"贵州十大古茶树之乡"

2014年8月22日，为了让更多的人认知古茶树的种源资源价值与茶文化作用，开展古茶树资源调查，加强古茶树资源的保护与合理开发利用，丰富贵州茶文化，促进茶产业发展。以"2014中国·贵州国际特色农产品交易会暨绿茶博览会"为契机，由贵州省茶叶协会、省茶叶研究所等组成的专家团评选出"贵州十大古茶树之乡"（图2-65）。经过"综合评比、大众评比、现场评比和专家评比"流程，贵州十大古茶树之乡分别为：贵阳花溪区久安乡、黔西南晴隆碧痕镇、安顺普定县化处镇、黔南州贵定县云雾镇、毕节市纳雍县水东乡姑箐村、金沙县清池镇、铜仁沿河县塘坝乡、六盘水市六枝特区大用镇、水城县蟠龙镇、遵义市道真县棕坪乡。

图2-65 "贵州十大古茶树之乡"授牌现场

1. 贵阳市花溪区久安乡

久安乡土壤气候适宜种茶，自古就是茶乡，有着丰富的古茶资源，拥有54000多株古茶树，树龄1000~1500年间的古茶树有1450株，古茶树园里的"茶王"树高7.3m，主干直径1.3m，树直径6.5m。2011年，全国古茶树保护专家团认证这些古茶树为目前国内发现的最古老、最大的栽培灌木中小叶种茶树，也是目前最大的灌木型古茶树居群。花溪区先后颁发了《古茶树保护措施》，通过对古茶树稀有资源的保护和宣传，以及新兴茶园的建设和发展，不断增强对当地茶产业的拉动作用，茶产业已成为当地农民增收致富的主要渠道。

2. 黔西南州晴隆县碧痕镇

古茶籽化石于1980年7月在晴隆县碧痕镇新庄村营头大山发现，经中国科学院贵阳地化所等研究机构鉴定，确认为第三纪末、第四纪初四球茶籽化石，距今已有100万年以上，是迄今为止世界上发现的最古老的、唯一的茶籽化石。至今，当地还拥有众多珍贵的古茶树资源。晴隆县依托"古茶籽化石发掘地、古茶树之乡、早生绿茶产业带"，在2009—2011年连续获得"全国重点产茶县"称号。

3. 安顺市普定县化处镇

化处镇被称为"贡茶之乡"，2013年被评为"贵州十大最美茶乡"。据《安顺府志》记载，化处镇出产的朵贝茶明朝后期多次作为贡品敬献皇帝。1000多年以前，先民就选择在这片煤山绵延、云雾缭绕土地上种植茶叶，数百年间渐渐形成独具特色的朵贝茶。

化处镇现存2000株百年以上的原生古茶树，还有元朝古茶树约20株，明朝古茶树约60株，清朝古茶树约为240株。张家村贡茶山上最大的一株茶树，是目前发现最粗、最大、最老的灌木型古茶树。2008年8月经中茶所专家现场勘测，茶龄已逾千年，堪称"贡茶之祖"。

4. 贵定县云雾镇

贵定云雾茶，产于云雾镇云雾缭绕的苗岭主峰云雾山，曾名"鸟王茶""鱼钩茶"，属中国历史名茶中的绿茶上品，又因其特定的生长环境和独特的工艺制作而享誉海内外。云雾镇有2000多年的种茶史，600多年的贡茶史。用鸟王原生茶树上采摘的茶青所加工的茶叶，在唐、宋、元、明、清时均为朝廷贡茶，属清朝八大名茶，是贵州省唯一、全国罕见的、既有史志记载又有碑文记载的贡茶，1997年时任中国佛教协会会长赵朴初先生品尝后欣然题词为"佛茶"。"万古流芳"贡茶碑立于乾隆五十五年（1790年），1982年被贵州省人民政府列为省级重点文物单位。

5. 毕节市金沙县清池镇

清池镇地处金沙县城西北部，是金沙县贡茶的核心产区。清池贡茶最早要追溯到西汉武帝元光五年（公元前130年），清池贡茶随着历史的发展，先后生产有"夜郎茶"（汉武帝时期唐蒙进贡的"方物"）、"清水塘灵茶"（明洪武年间奢香进贡的"廪积物"），都属于优质的"杆杆茶"系列，属于原始的纯天然民间独特手工技艺加工精制作，茶叶、茶针、茶果并存。现在属于清池绿茶系列，是原生态的、传统的大众茶，是清池贡茶的鼻祖。绿茶适宜浸泡和罐煮，汤色橙黄透亮，香甜微涩，清香四溢，留味绵长；有消烦解渴、提神名目之功效。

6. 毕节市纳雍县水东乡姑箐村

水东乡姑箐村海拔约1800m，地形复杂峰峦重叠，山谷幽深，沟壑纵横；土壤利于茶树根系的生长。著名的姑箐古茶就生长在这里的山岩或半坡上。

据清朝1673年《贵州通志》载："平远府茶产岩间，以法制之，味亦佳"，就是指现在的姑箐。2014年纳雍县政府与中国农业科学研究院茶叶研究所签订《纳雍县姑箐古茶树资源保护与开发利用协议书》。同时纳雍县制定了《纳雍水东姑箐古茶树的保护措施》，加大了古茶树的保护措施。

7. 遵义市道真县棕坪乡

道真种茶和饮茶的历史悠久，最具特色的野生天茶分布于棕坪乡海拔1000~1400m的范围内，分布面积达12000多亩；境内洛龙镇有一棵特大茶树，当地人称"茶树王"。树干胸围2.85m，树高12.8m，树冠9m²。2011年贵州大学茶学系多位教授到道真调查茶树王的生长情况，并对茶树王及周边几十株乔木型茶树进行抽样对比，进一步了解古茶树的品种特性，以便下一步进行地方品种选育。2012年，浙江大学屠幼英教授率领全国著名茶人赶赴棕坪考察古茶树资源，收集茶样做内含物检测，探究其开发价值。

8. 六盘水市水城县蟠龙镇

水城古茶种植历史悠久，从三国时代兴起，经明清时代传承，到1912—1949年处于兴盛，至新中国成立后发展成顶尖。

9. 六盘水市六枝特区大用镇

在六枝特区大用镇汩港社区上木冲境内，有一株树龄约800岁的单株丛生古茶树，被誉为"茶树王"。古茶树枝干粗壮、弯曲苍劲，向四周延伸开来，布满了疙瘩与浅黄、绿色的苔藓，藤蔓缠绕到了枝叶上，枝头缀满了新长出来的翠芽。"茶树王"树龄在600~800年，是六枝特区截至目前发现的年龄最大的栽培型古茶树。其生物学特征为单株丛生，冠幅9m×10.3m。

10. 铜仁市沿河县塘坝乡

铜仁市古茶树主要分布在沿河县塘坝乡、印江县永义乡、德江县、石阡县，海拔在800~1100m的高寒山区，野生茶树主要分布在江口、印江、松桃三县交界处的梵净山自然保护区内，面积约1.37万hm²，总株数930万株；石阡、思南、印江、沿河、德江等五县，即属思、夷洲地区，至今还保留500年以上的古茶树和野生茶树。铜仁通过调查探明了古茶树、野生茶树资源的基本特征，建立了铜仁市古茶树、野生茶树基础性档案资料，古茶树、野调查生茶树资源保护存在病害严重、保护力度不够等问题，并针对问题提出了古茶树、野生茶树资源保护与利用对策，为丰富铜仁茶树种质资源库、科学保护与利用古茶树、野生茶树资源提供一定参考。

(二) 历年获评的"贵州古茶树之乡"

1. 贵安新区党武镇

党武镇掌克村古树红茶历史悠久,分布较广。树龄达500年以上的古茶树,规模超过500亩,共82000多丛。2016年起,党武掌克古树红茶品牌正式被打造出来,在2016年国际民博会上参展时,掌克古树红茶被指定为组委会定制礼品;2016、2017年度还代表贵安新区参加湄潭茶博会,受到广泛关注;2017年被贵州省茶叶协会授予"贵州古茶树之乡"称号。

2. 毕节市七星关区亮岩镇太极村

2015年,在贵州省茶叶协会、毕节市农委、毕节市茶产业协会等的帮扶下,把太极古茶树茶叶加工成高端红茶、绿茶,提升其附加值,"太极古茶"得以走出大山。许多专家、学者把目光聚集到"太极古茶"的保护与开发、种植和加工上。茶农观念逐步转变,主动栽茶、护茶,"太极古茶"成了村民们的"摇钱树"。2016年4月2日,七星关区亮岩镇被贵州省茶叶协会授予"贵州古茶树之乡"称号。

十五、"天下第一壶"入选吉尼斯世界纪录

"天下第一壶"是由湄潭县多方筹资上百万,历经几年时间建成型如茶壶的建筑物(图2-66),壶高48.2m,底座高25.6m,总高73.8m,壶身最大直径24m,经世界吉尼斯的审查,湄潭筹建的"天下第一壶"已正式选入吉尼斯世界纪录大全。"天下第一壶"的落成,它的意义不在于入选吉尼斯世界纪录,而在于对贵州茶文化的推动起到了积极的、深远的意义,"天下第一壶"不仅是一个形式上的代表,而且是贵州茶文化的陈列馆。

图2-66 湄潭县"天下第一壶"

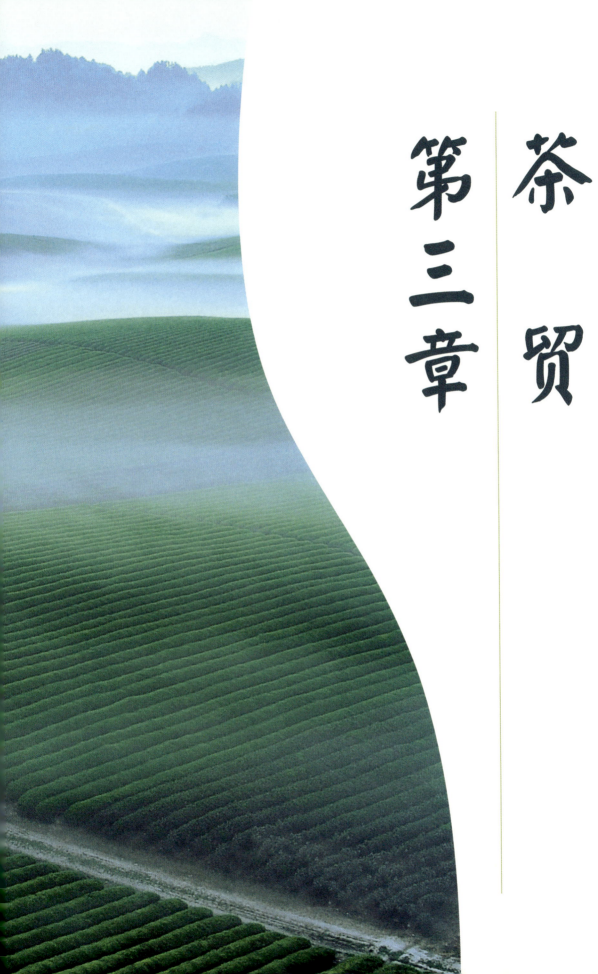

第三章 茶贸

第一节 贵州茶叶企业

一、贵州茶叶贸易（企业）历史

贵州产茶历史悠久，在相当长的时期内都是民间分散的、简单的手工制作。随着茶叶需求量的扩大，茶叶的加工作坊才逐渐发展起来。

1949年前，全省只有3个茶（林）场：一是1939年筹建的民国中央实验茶场（湄潭实验茶场），1949年有茶园550亩；二是1940年筹建的西南垦殖公司，1950年接管时仅有茶园40亩；三是原隶属于贵州省农业改进所的图云关林场，1950年尚存茶园50亩。

1949年后为了促进茶叶生产的发展，农垦、民政、劳改等系统的茶场和商属茶厂都相继发展起来。1953年秋中国茶叶公司贵州办事处建立了贵阳茶叶加工厂，开展花茶拼配加工。1956年改属省农产品采购局，更名为贵州省贵阳市茶叶加工厂。1957年由普陀路迁至湘雅村。1958年省商业厅投资，在三桥下五里选定新址重建扩建为贵阳茶厂。1958年还在安顺筹建了安顺市大西桥茶厂。1965年，省民政厅根据全国居宕置会议精神，将所属6个安置农场的经营方针定为"以茶为主，多种经营"。20世纪70年代初，遵义市忠庄组织40多名农民在海拔1300m的母石磅附近开荒种茶，创办了贵州省第一个公社（乡）茶场忠庄红旗茶场。1973年省外贸局建成桐梓茶厂。1978年建成开阳茶厂。1980年建成遵义茶厂。到1900年，全省已有国营茶场53个，专门从事收购毛茶精加工成品茶的加工厂5个，省级茶叶公司4个。这一时期，农垦、供销、劳改、民政系统的国营茶（农）场在黔茶生产中发挥着主体作用，其茶园面积（共12.2万亩）茶叶产量（共14.4万担）分别占全省茶园面积总产量的24.6%和53.3%。其中，农垦系统茶场的产量、出口量分别占全省茶叶产量、出口量的24.0%和60.0%以上。

2007年3月，中共贵州省委、贵州省人民政府《关于加快茶产业发展的意见》出台后黔茶企业进入跨越发展期。

据不完全统计，截至2021年，全省注册茶叶加工企业及合作社近5726家，初步形成了大、中、小并举的茶叶加工企业集群，主要有国有、民营、合作社、混合所有制、外资五种类型。

二、贵州当代部分茶叶贸易企业及茶叶专业合作社

截至2019年，全省茶叶及企业合作社5760家，其中，国家级龙头茶叶企业10家，省级龙头企业228家，市（州）级龙头企业327家，县级龙头企业284家。

国家级龙头企业分别为贵州贵茶有限公司、贵州湄潭兰馨茶业有限公司、贵州栗香茶业有限公司、贵州湄潭盛兴茶业有限公司、贵州经典云雾茶业有限责任公司、贵州凤冈黔风有机茶业有限公司、遵义陆圣康源科技开发有限责任公司、贵州铜仁和泰茶业有限公司、贵州东太农业股份有限公司、贵州三丈水生态发展有限公司。

（一）国家级茶叶龙头企业

1. 贵州贵茶有限公司

公司是农业产业化国家重点龙头企业，全资拥有贵州凤冈黔风有机茶业有限公司、贵州凤冈黔风春秋茶叶有限公司、贵州久安古茶树茶业有限公司等子公司。公司目前拥有贵州省首家从日本引进的与国际接轨、集清洁化、全电能、环保型生产于一体的自动化流水线两条，贵州贵茶有限公司拥有"贵州十大名茶"之称的绿宝石绿茶、红宝石红茶，还拥有"久安千年红""久安千年绿"等高端古茶品牌。贵茶集团与老字号连锁品牌北京吴裕泰茶庄、老舍茶馆达成战略合作。贵茶集团与茅台、洋河等高端白酒巨头率先合作，开启酒茶融合新时代，实现酒茶互促，发展共赢。贵茶集团为贵州省最大的茶叶生产企业，覆盖面从茶树种植、加工到全球销售全产业链。该公司拥有4家茶叶粗制厂，1家茶叶精制厂，厂房总面积逾20万m^2。贵茶集团从源头上控制了14万亩欧标生态茶园，其中自建茶园1万亩已通过美国和欧盟有机认证和雨林联盟认证。该公司从2016年开始就致力于抹茶产业的研发和投资，研发的欧标抹茶深得日本资深抹茶专家称赞，并出口到日本和美国，已建成碾茶线20多条。

2. 贵州湄潭兰馨茶业有限公司

公司创建于1996年，是农业产业化经营国家级重点龙头企业、全国农业产业化经营十强龙头企业、贵州省扶贫龙头企业、贵州茶产业技术创新战略联盟理事长单位。公司以"兰馨"商标为品牌旗舰，旗下拥有贵州兰馨时尚茶品有限公司、贵州湄潭圣心茶酒有限公司、贵阳兰馨茶业销售有限公司、遵义君品兰馨茶业有限公司、凤冈田坝魅力黔茶有限公司等多家控股子公司，总资产1.8亿元，与浙江大学、西南大学、贵州大学、江南大学、贵州省茶叶研究所等高校及科研院所合作，打造了省级企业技术中心，先后在名优茶包装变革、茶树品种选育、茶叶生产加工和茶叶拼配等关键领域取得新突破。

3. 贵州省湄潭栗香茶业有限公司

公司成立于2001年4月，是一家集茶园基地建设和茶叶生产、加工、销售、良种茶苗繁育为一体的茶叶专营公司。公司有流河渡、马山、复兴、洗马等茶园基地，并在永兴随阳山建设了1280亩高标准示范茶园，茶园总面积22618亩，至2006年已有2336亩茶园获中国农业科学院有机茶认证，2006年公司在永兴镇干河沟至流河渡、长水田一带建设了"贵州省无性系优质茶苗繁育基地"。

4. 贵州湄潭盛兴茶业有限公司

公司2007年11月成立。2012年9月,由贵州盘江投资控股(集团)有限公司投资控股,由民营企业转为混合所有制企业。2016年12月,成为盘江集团旗下贵州贵天下茶业有限责任公司全资子公司。公司成立以来,以茶园种植、培育、茶叶生产、加工、销售等为经营主体,先后从事"遵义红"红茶系列产品研究、开发、生产及销售,以"遵义红"为主打品牌。

5. 贵州经典云雾茶业有限责任公司

公司2007年7月13日成立,经营范围包括茶叶种植、加工、销售等。贵州经典云雾茶业有限公司是(饮料及茶叶零售)等产品及服务的专业提供商,拥有完整、科学的管理与服务体系及先进的生产设备,服务和产品质量有保障。公司秉承传统,又不断创新,注重各研发。优秀产品品质让客户遍布各地,经过几年的努力与发展,已具一定的规模及实力,现拥有一支技术服务团队,以卓越的服务品质、专业安全的技术服务实力,为不同群体的用户提供更高更优质的产品服务。

6. 贵州凤冈黔风有机茶业有限公司

公司成立于2004年9月,是一家以现代生态文明为核心,建立以倡导健康生活为理念,以打造中国一流的时尚健康茶品牌为目标,集天然生态有机茶生产基地建设、生产、加工、销售、科研和生态农业综合开发为一体的新型农业产业化经营企业。公司以世界茶树原产地贵州为依托,致力于通过"公司+工厂+基地+技术+标准+农户"的全新方式,把分散在千家万户的零星茶园集中起来,进行统一加工、包装,按照茶树品种优良化、茶园建设生态化、基地管理无害化、茶叶加工卫生化、茶叶产品标准化"五化"规程,组织高品质天然锌硒有机茶的生产和加工,以先进的品牌经营理念和先进的有机茶深加工技术为起点,全心全意致力于打造中国高品位和高品质的生态名优茶品牌,推动社会主义新农村经济的发展。公司全套引进了贵州省第一条国际先进的清洁化有机茶流水生产线,配备了贵州省最大的茶叶冷藏库,填补了贵州省有机茶深加工的空白,为贵州省乃至中国生态有机茶的资源开发和基地建设做出了应有的奉献,公司也成为贵州省茶产业目前仅有的两家国家级农业产业化龙头企业之一和贵州茶产业的龙头企业,荣获"贵州省优秀茶叶企业"称号。

7. 遵义陆圣康源科技开发有限责任公司

公司位于贵州(湄潭)经济开发区,2005年成立。国家级农业产业化经营龙头企业、国家级高新技术企业、茶多酚十强企业,是一家主要从事茶叶深加工"茶多酚"系列产品的现代化茶叶企业。

8. 贵州铜仁和泰茶业有限公司

公司于2004年9月在铜仁注册成立，位于贵州省铜仁市万山区高楼坪老山口工业园，是贵州省最大的集茶叶种植—加工—科研—销售—出口为一体的茶叶综合型企业集团，建设万山和泰精制珠茶加工厂。2008年3月，公司承包茶园1万亩；2008年4月，成立茶叶深加工系列产品科技研发中心，对茶多酚、茶粉等产品开发研究。公司生产速溶茶粉的关键技术，通过贵州省科技厅组织的专家鉴定，达到国内先进水平；2009年8月，速溶茶粉生产线正式投产。

9. 贵州东太农业股份有限公司

公司成立于2005年6月，注册资本1260万元，位于贵州省铜仁市东太大道1号，有员工60人。贵州东太农业股份有限公司是贵州省成立最早的股份制农业企业，经营范围广泛，涉足农副产品市场经营、农资贸易、苗木栽培、广告经营、冷冻冷藏等多个领域。

10. 贵州三丈水生态发展有限公司

公司办公地址位于贵州省毕节市金沙县后山乡贵山村，于2007年5月18日在金沙县市场监督管理局注册成立，注册资本为3000万人民币元。

（二）其他部分茶叶企业及合作社代表

1. 贵州阳春白雪茶业有限公司

公司总部位于贵州（湄潭）经济开发区，2004年登记注册，占地面积15427m²，是一家集茶叶科研、基地种植、生产加工、品牌营销、茶文化传播为一体的茶叶实业公司。公司主要有"贵芽""湄潭翠芽""遵义红""湄江工夫""阳春白雪"等公共或自主品牌，其中自主品牌"贵芽"为贵州省著名商标。公司以"茶旅一体，工旅一体，茶文化庄园"为发展方向，注重茶文化挖掘、传承及保护，组织"湄潭翠芽茶制作技艺"申报为省级非物质文化遗产代表性项目；建设省级非物质文化遗产"湄潭翠芽非遗传习基地"。

2. 贵州省湄潭县芸香茶业有限公司

公司位于"中国西部茶叶第一村"核桃坝村，依托核桃坝村优质茶园产业带资源优势，以生态茶园建设、标准化茶叶加工品牌茶叶销售为主线，集茶、旅综合经营，一二三产融合发展，精心打造面积近3000m²的茶旅一体化主题宾馆。融汇茶文化、饮食、工匠、音乐、健身、养生等多元文化体验元素，把茶、林地、山庄融合在一起，成为吃、住、玩、游、购、娱六位一体茶旅结合，一二三产融合发展新的平台。

3. 贵州国品黔茶茶业股份有限公司

公司是瓮福集团旗下农业事业平台子公司，企业着力于云雾山、雷公山两大种植、加工与茶旅基地打造和建设，致力构建中国领先的茶产业生态群。贵州国品黔茶茶业股份有限公司致力于都匀毛尖标准化建设和品牌推广，为都匀毛尖领导品牌和冠标企业，同时也是鸟王种保护单位、都匀毛尖非遗传承单位。公司技术人员多名多次获"贵州民族民间制茶大师"、"贵州省制茶能手"称号等荣誉。企业注重产品质量和产品安全，产品多次荣获中茶杯、中绿杯评选金奖和世界绿茶最高奖等各类奖项达30余次。以"整合行业资源、营销多彩贵州"为己任，以营销和创新为抓手，是一家致力于黔茶全产业链运营的涉茶企业。

4. 贵州正安璞贵茶业有限公司

公司成立于2010年5月，是正安县人民政府注册成立的国有企业。公司拥有清洁化加工厂1间，核心基地1333hm^2，年产正安白茶40t。主要从事"正安白茶"产品的精深加工、市场销售以及"正安白茶"品牌经营管理，同时经营"正安绿茶"以及"璞贵绿珍珠""红珍珠""白珍珠"等。

5. 贵州凤冈仙人岭锌硒有机茶业有限公司

公司成立于1993年，位于中国西部茶海富锌富硒有机茶之乡——凤冈田坝，为贵州省农业、林业、扶贫龙头企业，首批省级休闲观光旅游示范点，从事有机茶种植、加工、销售及茶旅游一体化经营，资产总值1.5亿元。公司自拥有机茶基地2648亩，所领办的凤冈县十字茶叶专业合作社成员400余户，茶园面积3000余亩，茶园基地均为国家级出口示范基地，公司生产有"仙人岭"牌翠芽、毛尖、仙竹、仙岭明珠、毛峰、红茶、金银花、桂花等系列产品，并在仙人岭上建设西南最大的陆羽塑像、打造茶经山、建设茶博物馆、建设茶采制体验场。公司以打造茶旅一体化为契机，用5A级景区的内涵，进一步推进茶产业转型升级。

6. 余庆县构皮滩茶业有限责任公司

公司成立于2006年4月，是中华全国供销合作总社重点龙头企业。公司"柏果山""构皮滩"商标为贵州省名牌产品。其中"构皮滩"商标为苦丁茶系列产品，以余庆小叶苦丁茶为主。

7. 正安县朝阳茶叶有限责任公司

正安县朝阳茶叶有限责任公司成立于2000年4月，原名正安县国有事业单位正安县茶叶公司，2000年公司分建为正安县朝阳茶叶有限责任公司。公司业务专注于高端会员定制、私享茶旅、企事业单位定制与团购、国际贸易等。茶园占地面积2600多亩，注册商标有"朝阳""九道红""九道翠"等，有茶产品：朝阳翠芽、九道红、九道翠、朝阳云雾绿茶、朝阳云雾红茶、朝阳云雾绿茶袋泡茶、朝阳云雾红茶袋泡茶、朝阳有机绿茶、朝阳有机红茶、碎茶、茶粉等。

8. 贵州省灵峰科技产业园有限公司

公司于2011年11月8日在都匀市注册成立，用地面积251.8亩，主营茶叶种植、加工、销售、科研文化宣传、技术推广、技术转让、进出口贸易等业务，是"贵州省农业产业化经营重点龙头企业""贵州省扶贫龙头企业""贵州省专精特新培育企业"。

公司主要以贵州生态有机茶为原料，引进国内先进的茶叶加工设备，结合独创工艺，生产风味独特精品红茶、绿茶、茶食品、超微茶粉、茶工艺品等；以茶产业链建设为核心，立足都匀，服务全省，面向全国，走向世界。产业园从功能上集茶产业的科研、生产、商贸、行业服务和旅游休闲、康养医养为一体，规划起点高，建设规模大，综合功能全，着力打造省内第一、全国知名的茶产业品牌园区。

9. 水城县茶叶发展有限公司

公司成立于1998年，属省级龙头企业，现有自管茶园2万亩，总资产5.3亿元。共有加工厂8座，年产能900余吨。公司开发的"水城春"茶叶含硒量在0.8~1.5mg/L，主要系列产品有——"倚天剑""凤羽""明前翠芽""高原茗珠"等。种植品种主要为福鼎小叶（约6万亩）、古树茶（约1万亩）、黄金芽（600亩）、乌牛早（2000亩）。蟠龙镇古树茶具有茶汤色泽明亮红艳，水沁出物多，回味甘醇、内质香气浓郁高长，似蜜糖香，又蕴藏有兰花香，滋味醇厚。六盘水茶叶特点："开园早""春长""富硒""古茶树多"。据统计水城春早春茶的开采时间最早为2019年1月13日，最晚2015年2月15日。在同等气候条件下每年开园比贵州省主要产茶区早10~15d。

10. 纳雍县山外山有机茶业开发有限责任公司

公司位于纳雍县姑开永德村，2010年4月注册成立，拥有茶叶基地2000余亩。其中绿茶、红茶生产线各一条，注册商标"彝岭苗山"。公司现为贵州省农业产业化经营重点龙头企业、中华全国供销合作总社农业产业化重点龙头企业、贵州省农产品加工业示范基地、中国世博十大名茶都匀毛尖生产基地、农业部茶叶标准园（创建）示范基地，其中"螺丝壳"被评为贵州省著名商标。

11. 贵州亿阳农业开发有限公司

公司成立于2011年8月，有2100m^{2}左右高海拔茶园，注册"盘州春""布依姑娘茶""亿阳红茶""黔乡之韵""布依姑娘"等系列民族茶叶品牌。

12. 贵州一品仙有机茶业有限公司

公司成立于2009年，是一家集茶叶种植、研发、加工、制造、销售和茶文化推广为一体的农业产业化企业。企业由北京京湘贵投资有限公司与贵州省茶技术茶文化中等专业学校共同投资创办,坚持走校企合作产学研一体化的科学发展道路。公司荣获了首届贵州茶业最具公众影响力"五张名片"(杰出品牌)等诸多荣誉。主要产品有凤冈锌硒茶、贵定云雾贡茶、湄潭翠芽、都匀毛尖、遵义红。

13. 毕节七星古茶开发有限责任公司

公司于2015年5月成立,位于七星关区亮岩镇太极村,是贵州省茶叶协会精准扶贫项目之一。2017年12月,公司自筹集资金600余万元修建占地面积12亩的生产加工场地,其中加工车间1000m²,办公楼1600m²;利用太极村古茶树资源,主要生产太极古树红茶、太极古树绿茶,注册"七星太极"商标。2016年8月七星关区亮岩镇太极村获得"中国古茶树之乡"称号。同年11月,公司在贵州省秋季斗茶赛获绿茶类"茶王"奖;2018年5月,在贵州省第二届古树茶太极杯斗茶赛获红茶类"茶王"奖。

14. 盘州市民主沁心生态茶叶种植农民专业合作社(贵州盘州市民主沁心茶场)

沁心茶场成立于2010年6月,共有茶叶2400余亩,带动民主镇成立18家种茶合作社,参加合作社农户共1866户。其中贫困户1236户,现已脱贫810户。现在基地固定资产达8000余万元。茶场只施农家圈肥,所以沁心茶场的茶产品通过了欧盟标准470项指标检测,实现了"零污染""零农残"。

15. 贵州铜仁贵茶茶业股份有限公司

公司位于贵州省铜仁市江口县凯德街道1号大道特色产业园区,占地22.67hm²,于2017年3月07日在铜仁市工商行政管理局注册成立,业务包含:茶树种植;茶叶、茶产品生产加工、研发、销售及技术培训;泡茶机研发销售;茶肥料、茶具、茶业机械、农业机械设备加工与销售、研发,茶叶包装经营;农业机械、茶业机械技术咨询、培训;茶业机械中介服务,茶业机械维修保养;进出口贸易。已建成清洁化、智能化、标准化厂房10多万平方米。其拥有贵州省最大茶叶冷藏库,世界上最大的单体抹茶精制车间,具有生产红绿宝石3000t、抹茶4000t、大宗茶10000t产能生产线。在省内有14万亩达到欧盟标准的专属茶园。公司建立了产品质量全程可追溯体系,通过了ISO9001质量体系、ISO22000食品安全体系、HACCP体系、欧盟有机、日本有机、美国有机、雨林、犹太等认证。2020年被列为第一批"千企改造"工程省级龙头和高成长性企业。

16. 贵州黔茶联盟茶业发展有限公司

贵州黔茶联盟茶业发展有限公司(以下简称"黔茶联盟")为遵义茶业集团有限公司旗下子公司,公司联盟成员企业已达135家。其中,国家级重点龙头企业1家,省级13家,市级22家,其他企业99家;拥有中国驰名商标1枚,贵州省著名商标6枚,发明专利11项,实用新型专利21项,外观专利36项;名优茶、大宗茶、配制茶、调味茶、茶叶衍生品等茶产品500余种，产品荣获国家级、省部级评比金奖39次；联盟成员企业注册资本3.6亿元，厂房17.6万 m^2，涉茶生产线166条，固定资产8.6亿元，产业工人5000余人，带动农户18万户（其中贫困地区农户8万余户），建立核心示范基地6万亩，辐射带动农民专业合作社基地40余万亩（其中有机茶基地认证面积1.8万亩，无公害茶叶基地认证面积20万亩）。2019年，贵州黔茶联盟茶业发展有限公司计划完成生产产值3800万元以上，完成销售总额4000万元以上。2019年公司被评为贵州省第十批农业产业化经营省级重点龙头企业。

17. 德江永志生态茶业有限公司

公司于2010年6月注册成立，位于合兴乡隋唐扶阳古城景区内。公司自成立以来，一直坚持"诚实守信"的经营原则，坚持按照"抓基地、重管理、树品牌、创市场"四部曲发展思路，以"优质、绿色、天然"为产品生命线，着力打造高品质"扶阳云雾"系列茶，力争创建一家专业从事茶叶生产、加工、销售、培训及旅游观光于一体的综合性企业。公司先后投资300万元新建无公害茶叶基地480亩，拟建设无公害茶叶加工车间800 m^2，绿茶加工生产线2条。目前茶叶加工厂建设正有条不紊地进行。2019年被评为贵州省第十批农业产业化经营省级重点龙头企业。

18. 贵州省凤冈县永田露茶业有限公司

公司位于凤冈县，2019年被评为贵州省第十批农业产业化经营省级重点龙头企业。

19. 贵州湄潭百道茶业有限公司

公司坐落在贵州高原北部的山水田园城市——湄潭，这里有夷州贡茶的历史渊源，有中国名茶的美称，公司占地6000余平方米，建成以名优茶为主的红、绿茶清洁化生产线各一条，年产量达100t以上，年产值2000万元。公司拥有完整、科学的质量管理体系，2019年被评为获贵州省第十批农业产业化经营省级重点龙头企业。

20. 凤冈县茗品茶业有限公司

公司是2013年8月在贵州省注册成立的有限责任公司，位于贵州省遵义市凤冈县永安镇田坝村，2019年3月被评为贵州省第十批农业产业化经营省级重点龙头企业。

21. 正安县黔蕊茶业有限公司

公司创建于1996年，从单一的制茶农民到茶商、从茶商到办厂、从厂到公司、从公司到走规模经营品牌。公司开发了"黔蕊"牌翠芽、毛峰等系列名茶销往全国各地，还远销东南亚等地区，成为集茶叶种植、加工、销售、科研为一体的现代化企业。公司解决就业与再就业困难人员28人，且是带动当地经济发展的龙头企业之一，与多家零售商和代理商建立了长期稳定的合作关系。2019年3月被评为贵州省第十批农业产业化经营省级重点龙头企业。

22. 贵州晴隆五月茶业有限公司

公司位于贵州省黔西南布依族苗族自治州晴隆县沙子镇工业园区，成立于2017年6月30日的民营企业，公司采取"龙头企业+基地+合作社+茶农"的模式，在茶籽化石发现地发展茶叶基地300余亩。在茶原料上，公司优先按略高于市场价的价格收购基地茶农的茶青，让基地的茶农在种茶、采茶的过程中尝到"茶籽化石"文化优势带来的甜头，并以此实现脱贫致富。2019年3月被评为贵州省第十批农业产业化经营省级重点龙头企业。

23. 湄潭县京贵茶树花产业发展有限公司

公司是2011年12月于贵州省遵义市湄潭县注册成立的有限责任公司（自然人独资），位于湄江镇经济开发B区（园区一号路以西约100m，园区三号南侧）；生产和经营茶叶（绿茶、红茶、茶花）、含茶制品和代用茶（代用茶），茶叶种植、农副产品加工销售，黑茶、花茶及工艺品销售，进出口贸易（依法须经批准的项目，经相关部门批准后方可开展经营活动）。2019年被评为贵州省第十批农业产业化经营省级重点龙头企业。

24. 贵州印江梵净汇浦生态茶叶有限公司

公司位于贵州省铜仁市印江县，毗邻梵净山。公司成立于2015年9月，主营业务：茶苗繁殖、茶叶种植、茶叶进出口贸易、经济林种植，是茶叶生产、加工、销售，茶文化传播于一体的现代企业。公司拥有茶叶基地2000亩，2座茶叶加工厂，布局有抹茶、翠峰茶、绿茶、红茶、白牡丹茶、寿眉茶、茶多酚前处理等生产线。公司生产的"梵净山翠峰"荣获全国金奖。2016年公司获得市级"农业产业化重点龙头企业""扶贫龙头企业"称号。其为一家依据现代企业制度建设起来的拥有茶叶进出口权的民营科技企业，在茶叶种植、产品开发加工、市场营销等方面具有较强的实力和创新精神。2019年被评为贵州省第十批农业产业化经营省级重点龙头企业。

25. 贵州习普生物科技有限公司

公司是2017年12月在贵州省黔西南布依族苗族自治州普安县注册成立的有限责任公司（国有控股）。公司年产5000t茶叶精加工建设项目基地种植2000亩，加工厂房建筑面积9323.59m^2，总投资1.1亿元。引进清洁化红绿茶精制、初制流水线各1条，小包装自动流水线2条，符合出口标准的拼配流水线1条，输送系统1套，除杂生产线2条；生产工艺水平达到省内领先、国内先进。该公司立足普安县地方实际和资源禀赋，采取"公司+合作社+基地+农户""退耕还林地套种""科技+合作社+基地+农户"和"合作社+基地+农户"模式进行茶叶种植推广，收购农户茶青带动贫困户共计117户农户（贫困户），增加每人每年务工收入2.5万元，2000亩茶叶产业产值可达到5920万元，带动贫困户500

户2000人增产增收。2019年被评为贵州省第十批农业产业化经营省级重点龙头企业。

26. 贵州琦福苑茶业有限公司

公司是2013年8月在贵州省注册成立的有限责任公司（自然人投资或控股），注册地址位于贵州省遵义市凤冈县永安镇田坝村。公司占地面积4万m^2，拥有现代化生产厂房和先进的加工检测设备，是一家集生态茶园建设、精细化茶叶加工、品牌化茶叶经营和茶产品研发、茶文化交流为一体的现代化茶叶企业。主要经营茶叶的种植、生产、加工和销售；公司位于贵州省湄潭县绿色食品工业园区，有2条红茶生产线，2条绿茶生产线，1条乌龙茶生产线；公司有无公害茶叶基地3000亩；拥有一支技术熟练、专业化程度高的职工队伍，形成了独特的茶叶加工技术和风格；销售渠道完善，销售网络健全。公司创办人叶文盛先生是全国闻名的"遵义红"茶创始人，被评为"贵州茶行业经济人物"。叶文盛先生创造性地把福建金骏眉红茶与湄潭红茶的制作工艺进行有机结合，并加以改造，独立创设"遵义红"茶的制作工艺，续写了贵州红茶的历史新篇。"遵义红"茶诞生后，先后多次获得国家级金奖，是湄潭乃至贵州省茶产业的骄傲。2014年，"遵义红"茶被省人民政府列入《贵州省茶产业提升三年行动计划》重点打造品牌。公司坚持企业自主核心基地与"公司+基地+农户"的产业建园模式并举，自主建成企业核心示范基地3500亩，确保茶青质量安全可靠。同时通过"公司+基地+农户"的模式，示范带动茶农建成5万亩标准化茶园，通过利益联结机制，促进茶农增收致富。公司以质量为实现企业发展的第一要务，加工技术不断推陈出新，已形成了最具特色的"遵义红"茶加工技术体系，并研发出了一系列高档名优绿茶。2019年被评为贵州省第十批农业产业化经营省级重点龙头企业。

27. 贵州鸿森茶业发展有限公司

公司坐落于六枝特区落别乡都香高速落别出口旁，始建于2011年。目前专业合作社社员达5个，辐射带动农民2000人，带动1000个农民脱贫致富。公司现拥有茶叶种植基地12000余亩，其中可采茶园4000亩，新种植茶园8000亩；拥有占地面积约20亩、年产达200t的清洁化生产线加工厂一座，2011年申请获得国家工商总局注册的"滴水滩"牌商标。

28. 六枝特区朝华农业科技有限公司

公司成立于2014年4月，经营范围包括茶叶、中药材种植，茶叶初加工及销售等。基地位于六枝特区落别乡木厂村，东与镇宁接壤，南与关岭县相邻，海拔1220m，无霜期326d，年平均温度15.6℃，年降水量为1465mm，以黄泥土、黏土、黑色土壤为主，山坡与山坡不连接，为独立山头，土壤肥沃，适宜种植茶叶。公司现有员工38人，其中专业技术人员9人，是一家集茶叶基地建设、生产、加工、销售为一体的茶产业龙头企业，具有丰富的茶叶生产和组织管理经验。公司建设优质茶园基地8200亩，已全部投产，茶叶基地位于六枝特区1600m以上海拔，具有"嫩绿香、翡翠绿"的绿茶品质。目前注册有"凉都茗香"品牌，产品上市以来，深受广大消费者青睐。

29. 六枝特区远洋种养殖农民专业合作社

远洋茶叶就位于六枝特区月亮河乡，合作社主要品牌有"乌蒙""月亮河"以及"凉都茗香"三个品牌，2014年，远洋合作社成立，合作社有茶园规模3000余亩，覆盖月亮河乡新春村、花德村、月亮河村、大坝村，其中无公害茶园3000亩，申请有机转换茶园300亩。

30. 贵州聚福轩万壶缘茶业有限公司

聚福轩（集团）旗下的贵州聚福轩万壶缘茶业有限公司成立于2005年6月，自有茶园及合作茶叶种植基地30000余亩，两个加工厂房占地面积共8000m^2，主要加工绿茶、红茶、白茶。从2013年起，万壶缘基地积极探索"猪—沼—池"茶园生态循环产业链的培育及推广，进行茶园养殖、种植。公司编制自有白茶生产的标准体系。

31. 黔茶库（贵州）连锁企业投资管理有限公司

公司是贵州聚福轩（集团）旗下的子公司，成立于2012年。黔茶库品牌出品了贵州五大名茶：湄潭翠芽、匀品毛尖、贵定云雾贡茶、凤冈锌硒茶、石阡苔茶系列产品，最新出品的产品为"老茶妈·凤白茶"。

32. 贵州武陵山茶业有限公司

公司主营"武陵山"牌白茶、红茶、玉翠、银芽、香茶等硒锶茶系列产品，打造具有道真"硒锶"特色的"武陵山硒锶茶"品牌。

33. 安顺御茶村茶业有限责任公司

公司成立于2007年，由贵州省安顺市黄果树瀑布茶业有限责任公司注资成立，公司核心基地总占地面积2296亩。公司产品以"瀑布牌"系列茶为主。

34. 普安县宏鑫茶业开发有限公司

公司成立于2011年，公司所属CTC红碎茶厂占地面积29亩，于2013年3月1日投入生产。其拥有"简能牌""黄金舟牌"注册商标。宏鑫茶业开发有限公司是普安县四球古茶树的政府授权保护单位。

35. 贵州七茶茶业有限公司

"正德号"是贵州七茶茶业有限公司旗下主品牌，七茶茶业诞生在贵州茶产业高速发展的黄金时期，始创于2013年，简称"七茶茶业"。

36. 贵州开阳岚宇茶业有限公司

公司基地位于贵州省开阳县高寨乡久场村枫香坡，现有茶园基地5000亩，"开阳富硒白茶"是引进"白叶一号"种植、清明前适时采摘1芽1叶优质茶青加工精制而成。"岚宇雀舌"是从浙江引进的"龙井43号"加工而成。

37. 镇宁自治县金瀑农产品开发有限责任公司

公司于2007年成立，公司产品以黑茶、绿茶为主，兼制红茶等十几个产品，形成了以大众茶为主、高端茶覆盖的产品结构。

38. 贵州祥华生态茶业（集团）有限公司

公司于2012年3月成立，产品主要有苔尊牌绿茶系列、阡纤美人和东方红苔系列红茶和黔白记忆（白茶）系列等三个类型产品。

39. 贵州绿茶科技有限公司

公司主要生产"瓶装冷水茶"。贵州绿茶"瓶装冷水茶"包含：茶原料生产、水原料生产、冷水茶生产（核心关键）三大环节，其中"瓶装冷水茶"生产技术获发明专利。

40. 贵州桔扬雨辰茶业有限公司

该公司从浙江引进白茶茶树品种"黄金芽"，产品覆盖了低、中、高档茶叶市场。2018年消耗茶青8550t，产茶660t。

41. 贵州省晴隆县茶业公司

公司成立于1991年，与1987年建立的贵州省晴隆茶树良种苗圃整合为"两块牌子、一套人马"，地处县西南部沙子镇境内，茶园位于海拔1300m以上。公司现有茶园面积28920亩（其中苦丁茶4700亩），投产茶园5000亩。

42. 贵阳春秋实业有限公司

公司成立于1994年，重点研发贵州名优茶产品，生产的雀舌报春、春秋金宝石、春秋银宝石、春秋红宝石、春秋一品香、春秋冷水茶等名优茶产品畅销国内外，其优良的品质深受消费者欢迎。"春秋"茶品牌已成为贵州省知名品牌，2006年被省工商局授予"著名商标"。

43. 贵州羊艾生态茶业有限公司

贵州省羊艾茶场系贵州省重要的茶叶出口基地，地处贵阳市花溪区，目前全场已投产茶园466.6hm^2，茶树品种是滇北"十里香"早芽中叶型群体品种。2013年，贵安新区成立，羊艾茶场划归贵安新区管理。

44. 清镇红枫山韵茶场有限公司

公司成立于2009年，是贵州省茶叶研究所重要的实训基地之一。在红枫湖边建立了

73.3hm² 优质生态有机茶园。

45. 开阳南龙御叶康茶叶种植园

种植园位于"中国富硒农产品之乡"贵州省开阳县南龙乡境内，南龙是200多年前清乾隆年间，南龙茶叶上贡皇室而御封为"南贡茶"。贵州开阳是国内山区少见的富硒地带，"硒"被称为神奇的生命元素，开阳森林覆盖率达53.8%，平均气温14~16℃，空气相对湿度大，高山云雾缭绕，是贵州省贵阳市有名的"天然氧吧"。开阳南龙御叶康种植园生产的"遥绿、婉绿兰、婉绿毫、御叶红和乌龙茶"等系列产品，是家庭饮用及馈赠的佳品。

46. 毕节市周驿茶场

茶场成立于1956年6月，1964年归属省民政厅管理，更名为"贵州省毕节周驿农场"，占地面积120hm²，场内平均海拔1700m，建有茶叶加工研究中试车间、茶叶检验检测中心、茶叶研发推广服务中心及茶叶科研示范基地。茶场计划将该区域打造成为西南地区重要的森林生态、茶旅一体的休闲养生健康产业示范基地。

47. 贵州乌撒烤茶茶业有限公司

公司位于毕节市威宁彝族回族苗族自治县草海镇，成立于2013年10月，现有茶园面积130hm²。公司拥有世界最高海拔茶园——香炉山茶园，位于云贵高原的乌蒙山脉，茶园平均海拔在2200m以上，最高海拔达2279m，是"世界最高海拔茶园"。公司生产的"香炉山"牌乌撒烤茶是根据威宁独特的饮茶方式，挖掘数千年以来民族传统的烤茶文化，融合现代制茶工艺加工而成。源于古夜郎时代的乌撒烤茶是威宁独具特色的茶文化，据考证是世界最早的茶道，距今已有3000多年历史。

48. 贵州省大方县九洞天资源开发有限责任公司

公司位于毕节市大方县猫场镇，成立于2000年4月，2008年更名为大方县九洞天资源开发有限责任公司茶叶分公司，现有标准茶园200hm²，为大方县重点有机茶园示范培训基地。

49. 纳雍县贵茗茶业有限责任公司

公司位于贵州省毕节市纳雍县，成立于2002年7月，公司产品有"贵茗翠剑""乌蒙翠芽""姑箐"商标，连续9年被评为贵州省著名商标。

50. 贵州府茗香茶业有限公司

公司成立于1998年10月，目前拥有茶园面积273hm²，其中有机茶园80hm²，养殖基地2.7万m²。

51. 贵州省黎平侗乡茶城有限公司

公司成立于2013年，2016年被中国茶叶流通协会授予"中国侗乡茶城"称号。目前有生态优质茶园1200亩，具备红茶、绿茶、碾茶的加工生产能力，年产干茶500t，综合产值3000万元。公司以"侗印牌"优良品质产品为主，白茶、红茶、香茶、碾茶畅销全国各地，均赢得市场的认可与消费者的青睐。

52. 贵州省黎平县桂花台茶厂

茶厂是在农业学大寨的背景下，黎平县委县政府组织全县9个区、67个社（镇）的4300多名民兵参与建成，填补了黎平县无茶的空白，前身为黎平县"八一"茶场，1980年6月更名为黎平县桂花台茶场；茶叶注册商标"天生桥"牌"古钱茶"。1986年10月时任贵州省委书记胡锦涛同志到厂视察工作，高度肯定了桂花台茶厂的茶产业发展道路，指出"茶这条路是走对了"；2011年7月时任贵州省委书记栗战书同志深入桂花台茶厂茶园基地考察，他高度评价了桂花台的茶产业发展所取得的成果，提出了"三敢精神"（"敢创新路，敢于突破，敢于胜利"）。企业生产主要产品：黎平古钱茶、亮江翠芽茶、黎平扁形茶、黎平香茶、黎平红茶、黎平黑茶、黎平工艺茶、黎平边销茶。

53. 贵州省黎平县森绿茶业对外贸易有限公司

公司成立于2005年11月23日，市场主体自主选择经营，主要从事茶叶生产、加工、销售、茶苗培育、对外贸易。它位于国家级风景名胜区、国家森林公园——黎平侗乡，是低纬度，高海拔，寡日照无任何污染的山区。境内茶区群山叠翠，森林繁茂，山清水秀，独特的生态环境赋予黎平茶叶优异品质。

54. 贵州省雷山县苗家春茶业有限公司

公司成立于2004年8月，占地面积3392.3m^2，建筑面积3333.97m^2。自有茶园面积960亩，均为无公害茶叶基地；主要产品有"雷公山银球茶""雷公山清明茶"、苗家春系列的"尖茶""白茶""玉针茶""玉叶茶""毛峰茶""艳红茶""青钱柳茶"和"茉莉花茶"。

55. 丹寨县安信茶业有限责任公司

公司成立于2014年3月，是一家集生产、开发、推广、经营为一体的综合性茶业经营企业，目前公司主打产品为"白茶"和"黄金芽"，以"公司+村两委+农户+基地"的种植模式带动村集体和贫困户发展。"资源变资产""资金变股金""农民变股东"的三变政策，也就是所谓的"丹寨排调模式"。

56. 镇远益万家生态农业科技有限公司

公司成立于2018年2月5日，位于具有2000多年悠久历史的"镇远县古城"江古镇军坡村，主要从事古树茶的研究、保护和开发利用，是贵州大学茶学院的教学实践基地，其按照"自然农法"管理古树茶园。镇远军坡茶是1000多年前被陆羽写入《茶经》的思州茶的发源地之一，历代都是朝廷贡茶。至今在军坡村茶园还立有碑文，"大清道光十八年"保护古茶树的碑文清晰可见。

57. 石阡县苔茶投资有限公司

石阡县苔茶投资有限公司是石阡县政府成立的一家县级平台公司，属于石阡县扶贫开发投资有限责任公司的全资子公司，公司于2017年6月4日注册登记，主要业务范围有苔茶产业投融资、茶园基地建设、茶叶加工、市场建设和品牌推广、茶事及茶文化传播等业务，致力于引领石阡苔茶产业发展。

58. 石阡县夷州贡茶有限责任公司

公司位于石阡县五德镇新华村，有茶叶基地1000hm^2，其中有机认证茶园53.33hm^2、绿色认证茶园133.33hm^2，带动茶农1200多户、建档立卡贫困户50多户，"华贯"牌商标被认定为"贵州老字号"，连续两届被评为"贵州省著名商标""贵州省名牌产品"，产品质量达到出口欧盟标准，参加国内国际茶博会荣获"中茶杯一等奖""金奖""特等金奖""金芽奖"等多种奖项。

59. 贵州祥华生态茶业有限公司

公司拥有茶叶加工厂2座，占地面积23000m^2，加工厂3000m^2，设备120台（套），年加工红茶、绿茶、白茶280t，公司自有茶园14hm^2，辐射带动周边农户茶园2万亩，有"苔尊牌""阡纤美红茶人""黔白记忆"等多个商标品牌，是集茶叶生产、加工、文化推广一体的茶叶专业企业，2015年被贵州省科技厅认定为"成长型科技小巨人企业"；2016年被评为"贵州省首批诚信示范企业"；2017被评为"年度贵州茶叶行业最具影响力企业"；"阡纤美人红茶"品牌被认定为"2017年度消费者最喜爱的贵州茶叶品牌"；2015年以来多次作为全国政协的接待和礼品用茶，2017年12月被贵州省政协作为全省政协会议指定用茶。

60. 石阡县聚凤乡马鞍山村茶产业农民专业合作社

合作社成立于2013年，有茶园191.53hm^2，带动192户茶农共同致富，解决700多人劳动就业问题。2014年被评为贵州省优秀示范社。

61. 石阡县五德镇翠红茶叶生产农民专业合作社

合作社于2010年成立，入社社员138人，带动农户78户、310人，2014年荣获农业部表彰"全国农民专业合作社示范社"。该专业合作社自2014年以来先后投资资产3000多万，现有种茶基地已达3400hm^2，生产车间1个，主要加工各种绿茶、花茶、野生苦丁茶和野生甜茶。

62. 贵州省印江土家族苗族自治县净团茶叶有限公司

公司成立于1988年，现有茶园83.33hm²，有梵净山"净团"牌系列贡茶、绿茶。

63. 贵州省印江银辉茶叶有限责任公司

公司于1998年成立，现有茶园173.33hm²，加工厂房4600多平方米，是一家以生产、加工、销售、基地为一体的农业标准化生产示范企业，2017年获省级梵净山翠峰茶地理标志产品保护示范区的认证。公司主要生产梵净山翠峰茶、梵净山绿茶。

64. 沿河土家族自治县家家乐茶叶农民专业合作社

合作社于2013年成立，位于沙子街道办事处偏岩仟村，带动沙子和中界两个乡镇农户种植茶农户275户400多公顷，并与种茶农户签订茶叶采购合同，帮助农民增收致富。主要生产金身白茶，金针白茶，沿河翠芽，注册商标为"李乡银针"。

65. 贵州塘坝千年古茶有限公司

公司于2011年4月成立，茶园位于千年古之乡塘坝镇，公司主要生产古茶王、古树毛峰、贵妃红、千年古红茶等系列产品。

66. 沿河千年古茶有限公司

公司于2011年7月成立，注册商标"姚溪贡茶""清流水""塘坝千年古茶"，2015年获贵州最具推荐价值古茶树茶叶；2015年获贵州首届春茶斗茶大赛古茶树类茶王奖，"塘坝千年古茶"2016年被认定为贵州省著名商标。

67. 贵州天缘峰生态农旅开发有限公司

公司于2016年成立，成立于2008年的中界乡茶叶农民专业合作社，公司茶园创建于20世纪70年代，是沿河有记录的较早成片茶园之一，2008年公司恢复建设，现有茶园130hm²，公司注册商标"天缘峰"，主要产品有乌江白茶、乌江翠牙、天缘红茶、土家野生茶等。

68. 贵州梵锦茶业有限公司

公司成立于2008年7月，隶属贵州东太农业股份有限公司，产品涵盖黑茶、绿茶、红茶等，是全国黑茶类加工厂之一，拥有国内最大的天尖筛分生产线，以生产黑茶为主，绿茶、红茶为辅，黑茶系列产品为"三砖、三尖、一花卷"，三砖为黑砖、茯砖、花砖；三尖为芽尖、白毛尖、天尖；花卷茶又有千两茶、百两茶、十两茶三种规格的产品。

69. 贵州省松桃梵净山生态茶叶有限公司

公司成立于2007年，是松桃县唯一一家集茶叶生产、加工、科研和营销为一体的旗舰企业，属中国茶叶学会茶叶科技示范基地，公司2012年进驻北京马连道茶叶街，成为贵州省第一家进驻京城的茶叶企业。茶园基地333.33hm²，带动农户达2000余户。公司现有绿茶系列产品："净山翠芽""净山毛峰""净山银针""净山碧螺春"等。

70. 松桃正大茶都原生态苗茶专业合作社

合作社成立于2008年，是一家"合作社+基地+农户"的农村新型合作组织，生产基地185.86hm²。公司创建了"黛帕雄"苗茶品牌，共带动农户300户。

71. 德江官林茶业有限公司

公司成立于2009年，位于铜仁市德江县沙溪乡四堡村，加工厂占地面积2hm²，拥有无公害茶叶基地7000余亩。茶叶生产线两条，年加工能力500t，带动周边茶农种植茶叶1000亩，是一家专业从事茶叶种植、生产、加工、销售、培训及旅游观光的综合性企业。

72. 德江县煎茶佳鹏茶叶专业合作社

合作社成立于2010年，位于德江县煎茶镇滚坪村。合作社加工厂占地面积1.38hm²，有"费州"茶叶品牌，带动周边茶农种植茶叶1000亩。

73. 贵州德江众兴生态茶业有限公司

公司成立于2010年，位于复兴镇，种植"金观音""黄观音"高香型茶树品种。2016年公司又与周边种植大户十多户共同成立德江县龙凤茶叶专业合作社，茶园面积200hm²，统一规范管理、统一加工、统一市场销售。

74. 贵州江口净园春茶业有限公司

公司于2009年6月成立，在怒溪镇骆象村建立了113.3hm²绿色生态茶叶示范基地，有绿色食品基地认证43.6hm²、有机茶园认证43.6hm²、出口茶园基地认证44hm²，建有观光茶园33.3hm²，配套建设名优茶生产线2条、大宗茶生产线1条、碾茶生产线2条，生产"净园春"牌梵净山绿宝石、净园春芽、梵净翠芽、梵净白茶等系列20款名优茶产品，"净园春"商标获得贵州省著名商标，公司获得专利26项，且通过了食品安全管理体系认证、质量管理体系认证、环境管理体系认证、对外贸易经营者备案、SC认证、HACCP体系认证等。

75. 贵州百福源生态农业发展有限公司

公司位于许家坝镇，成立于2012年，旗下有思南县常青种养专业合作社。公司茶园基地146.67hm²，其中90hm²获有机认证。茶园中套种桂花树12000多棵，有"最美茶园"之称。公司注册有"百家沁""思州玉翠""思州梵蕊"系列产品商标，是"国家级现代农业技术体系示范基地"，荣获"国家级示范性专业合作社"等称号。

76. 思南欣浩绿色产业有限责任公司

公司位于张家寨镇，成立于2012年2月，占地面积20000m²，获有机产品认证茶园

60hm², 通过和农户利益联结机制，解决就业人员268人，直接带动贫困户236户，间接带动贫困家庭1563户。公司现有大宗茶全自动加工生产线1条，名优茶加工生产线1条，与贵州詹姆斯芬利茶业有限公司、贵州茶润天下茶业有限公司达成长期出口合作。

77. 思南县晨曦生态农业专业合作社

合作社成立于2009年，共有茶园173.33hm²，位于思南县张家寨生态茶示范园区，是全县大学生创业培训基地、退伍军人创业示范基地，贵州省茶叶研究所茶叶实验基地，带动周边农户872户3288人致富，336户贫困户脱贫。

78. 思南梵众白茶开发经营有限公司

公司成立于2012年，有安吉白茶基地400hm²，分布在张家寨、孙家坝镇、鹦鹉溪3个乡镇，有加工厂2座，内均配有全自动高端白茶加工设备50余（台），公司成功引进了已获专利的茶叶微波杀青机和全自动茶多用机。

79. 思南县华康生态茶产业专业合作社

合作社成立于2010年，自有基地面积65.33hm²，其中有机茶园面积34.55hm²，辐射周边农户茶园133.33hm²，有名优茶、大宗茶、碾茶生产线各1条。主要产品有绿茶（翠芽、毛峰、毛尖、大宗茶、绿宝石）、红茶（红宝石、红条茶）、碾茶等。

三、出口型规模茶叶企业

1. 贵州茗之天下茶业有限公司

公司于2017年1月在贵阳综合保税区落户，拥有10万亩出口茶备案基地，近20000m²现代化茶叶拼配工厂，取得了茶叶进出口相关资质。企业出口的每一单茶叶，都会经过海关严格的审验。

2. 贵州茶润天下茶业有限公司

公司隶属联合利华立顿思南出口欧标精制茶制造中心，成立于2018年1月16日，位于思南经开区双塘园区，主要出口欧盟等国家。公司于2018年9月获得SC认证；2018年5月通过对外贸易经营者备案；2019年4月获得ISO9001质量管理体系认证、ISO22000食品安全管理体系认证，同年获雨林联盟认证。联合利华是全球最大的茶叶产品生产商，拥有立顿等全球知名茶叶品牌。贵州茶润天下茶业有限公司致力于为铜仁市思南县建立知名茶叶品牌，为合作企业提供加工技术指导及培训，建立可持续发展茶园和累积技术经验。在思南县及周边县市收购符合欧盟检测标准的毛茶，让茶企受益，通过"一带一路"打通茶叶种植、加工、收购及销售的上下游产业链，带动当地茶农脱贫致富、促进人口就业，引领茶的现代消费观念。

3. 贵州詹姆斯芬利茶业有限公司

公司成立于2018年3月，属于英国太古集团旗下全资子公司，总部位于英国伦敦。公司位于思南县经济开发区，有精制加工厂1座、办公楼1座。从2017年在思南及铜仁市其他县开展采购大宗茶，主要出口英国、美国、中东、埃及、俄罗斯、巴基斯坦、日本等国家。公司是为全球饮料品牌所有者提供茶、咖啡和植物提取物的国际领先供应商。公司业务范围包括：茶叶种植、采购、加工及销售；茶叶提取物的研发、生产及销售；茶叶及茶叶提取物进出口贸易；农场管理咨询服务，农场认证咨询服务。公司2019年获雨林联盟认证。

第二节 贵州茶叶贸易活动

一、省级茶事活动

（一）贵州茶文化节及贵州省茶叶博览会

1. 贵州省首届茶文化节（凤冈）

2005年5月28—29日，由贵州省人民政府研究室、遵义市人民政府、贵州省茶叶协会主办，凤冈县承办的"贵州省首届茶文化节"在凤冈县举行（图3-1），来自省内外的茶叶专家和来宾600多人出席此届茶文化节。文化节期间开展贵州省各地企业的茶叶产品展销活动并举办"贵州省第一届十大名茶评选"活动，湄潭翠芽、遵义毛峰、湄江翠片、凤冈锌硒茶等被评为"贵州十大名茶"；同时举办由中华茶界高端人士、省内外的茶叶专家参加的"凤冈锌硒有机茶点评会"和"贵州省第二届茶艺茶道大赛"。其中凤冈锌硒绿茶茶艺表演获一等奖；除此之外，还举办了永安田坝村茶园观光等活动。

图3-1 2005年"贵州省首届茶文化节"在凤冈县举行

2. 中国西部春茶交易会暨第二届贵州省茶文化节（湄潭）

2006年5月18日，由贵州省人民政府、国家旅游局、中国茶叶学会、中国茶叶流通协会、中国国际茶文化研究会主办，中共贵州省委宣传部、贵州省文化厅、贵州省旅游局、中共遵义市委、遵义市人民政府、贵州省茶叶协会、中共湄潭县委、湄潭县人民政府承办的"中国西部春茶交易会暨第二届贵州省茶文化节"在湄潭县开幕（图3-2）。开

图3-2 2006年中国西部春茶交易会暨第二届贵州省茶文化节（湄潭）

幕式后，在"贵州·湄潭西南茶城"举行"中国西部春茶交易会开市剪彩仪式"。活动主要内容有第三届西部茶业论坛、"十佳采茶能手"和"十佳制茶能手"大赛、龙舟大赛、书画摄影大赛、茶艺展示、茶叶职业技能大赛、中国西部春茶交易会、第二届"贵州省名优茶"评审、旅游观光、商贸洽谈等。活动期间，中国茶叶学会、中国国际茶文化研究会和中国茶叶流通协会给"中国西部茶海特色经济联合体""中国西部茶业论坛""中国国际茶文化研究会民族民间茶文化研究中心"授牌；贵州省茶叶协会公布2006年"贵州省名优茶"评审结果；上海大世界基吉尼斯总部向湄潭大川商贸有限公司颁发"吉尼斯纪录天下第一最大茶壶"证书。

3. 中国西部茶海·遵义首届春茶开采节（凤冈）

2007年3月31日，由贵州省环保局、遵义市人民政府、贵州省茶文化研究会、贵州省茶叶协会主办，凤冈县人民政府承办，"中国西部茶海·遵义首届春茶开采节"在凤冈县田坝茶区举行。

4. 中国西部茶海·遵义·茶文化节暨余庆首届旅游节（余庆）

2008年4月28—29日，由遵义市政府主办、余庆县政府承办的"中国西部茶海·遵义·茶文化节暨余庆首届旅游节"在余庆县举行（图3-3）。

图3-3 2008年中国西部茶海·遵义·茶文化节暨余庆首届旅游节（余庆）

5. 2009中国贵州国际绿茶博览会（遵义）

2009年7月28—29日，由中国国际茶文化研究会、中国茶叶流通协会、贵州省政府举办，遵义市政府和省农业委员会承办，各市（州、地）人民政府（行署）、省商务厅、省旅游局、省供销合作社、贵州日报报业集团、贵州茶叶协会、贵州茶文化研究会等协办的"2009中国贵州国际绿茶博览会"在遵义市凤凰山会展中心广场举办开幕式（图3-4）。全国有289个茶企业参展，其中贵州省茶企业204个。

"贵州绿茶高峰论坛"上，中国国际茶文化研究会、中国茶叶流通协会、中国农业科学院茶叶研究所、全国供销合作总社杭州茶叶研究院、浙江大学农业及生物技术学院、

图3-4 2009中国贵州国际绿茶博览会开幕式

浙江林学院茶文化学院,以及贵州省茶叶学会、贵州省茶文化研究会、贵州省茶叶研究所等省内外专家、学者和来自全国22个省(直辖市、自治区)及中国香港特区的茶商、贵州省各产茶重点县的政府官员、茶企业负责人等,就秀甲天下的贵州绿茶之悠久历史、优异品质、发展前景进行论证,并达成贵州产茶历史悠久、贵州绿茶天生丽质和贵州绿茶前程似锦的共识。中国茶叶学会向湄潭县授予了"中国名茶之乡"牌匾,中国茶叶流通协会向金沙县授予了"中国贡茶之乡"牌匾,还宣读了《2009年贵州十大名茶评选结果公告》,并向2009年贵州十大名茶和2009年贵州十大名茶评审委员会特别奖授牌并颁发证书。

6. 第六届中国茶业经济年会暨2010中国贵州国际绿茶博览会(遵义)

2010年10月28—30日,由贵州省人民政府、中国茶叶流通协会、中国国际茶文化研究会联合主办,遵义市人民政府、贵州省农业委员会承办的"第六届中国茶业经济年会暨2010中国贵州国际绿茶博览会"在遵义市凤凰山会展中心举行(图3-5)。

图3-5 第六届中国茶业经济年会暨2010中国贵州国际绿茶博览会开幕式

会期举办第六届中国茶业经济年会主题报告会、茶类产品展示展销及经贸洽谈会、中国茶叶流通协会第四届第四次理事会及行业热点专题研讨、中国茶叶可持续发展论坛等活动。大会表彰中国茶叶流通协会评选的"2010年中国茶叶行业、年度经济人物""百强企业""全国产茶特色县"和"全国产茶重点县"荣誉称号,贵州省茶叶协会宣布"贵州五大名茶"评选结果,在2010第六届中国茶业经济年会上,遵义市被授予"中国高品质绿茶产区"称号。

7. 2011中国·贵州国际绿茶博览会(贵阳)

2011年7月8—10日,由农业部、贵州省人民政府主办,贵州省农业委员会、贵阳市人民政府承办的"2011中国·贵州国际绿茶博览会"在贵阳会展中心举行。博览会以"贵州绿茶·秀甲天下"为主题,举办了中国茶科技论坛、茶产业推介会等系列活动。

8. 2011年中国·贵州遵义茶文化节（凤冈）

2011年4月18日，由遵义市人民政府、贵州省总工会、省农业委员会主办，凤冈县人民政府、遵义市总工会、市农业委员会承办的"2011年中国·贵州遵义茶文化节"在凤冈县永安镇田坝村举行（图3-6）。

9. 2012中国·贵州国际绿茶博览会（金阳）

图3-6 2011年中国·贵州遵义茶文化节开幕式

2012年7月13日，由农业部支持，贵州省人民政府主办，贵阳市人民政府、省农业委员会承办，各市、州人民政府、省直有关部门联合协办的"2012中国·贵州国际绿茶博览会"在金阳国际会展中心开幕。

10. 2013中国·贵州国际绿茶博览会（贵阳）

2013年8月29日—9月1日，由农业部、贵州省人民政府主办，贵州省农业委员会、贵阳市人民政府承办的"2013中国·贵阳国际特色农产品交易会""2013中国·贵州国际绿茶博览会"在贵阳举行。此届展会分别以"生态贵州·绿色产品""贵州绿茶·秀甲天下"为主题。

11. 2014第十三届国际茶文化研讨会暨中国（贵州·遵义）国际茶产业博览会（湄潭）

2014年5月28—30日。由贵州省政府、中国国际茶文化研究会、中国茶叶流通协会主办，遵义市政府、贵州省农业委员会承办的"第十三届国际茶文化研讨会暨中国（贵州·遵义）国际茶产业博览会"在湄潭"中国茶城"举行。该博览会突出宣传省委、省政府确定的"三绿一红"品牌，即都匀毛尖、绿宝石、湄潭翠芽和遵义红四大品牌。

2014年9月，贵州省委、省政府决定，从2015年起，每年一度的"中国·贵州国际茶文化节暨茶产业博览会"（以下简称"一节一会"）在湄潭县举办。力求以国际茶业盛会的形式，搭建平台、促进交流、增强合作，努力把贵州建成在品种、品质、品牌上具有国内外影响力的茶业大省、茶业强省，强力推动全省茶产业又好又快、更好更快发展。"一节一会"由贵州省政府、中国国际茶文化研究会、中国茶叶流通协会主办，遵义市政府、贵州省农业委员会承办。

12. 2015中国（贵州·遵义）国际茶文化节暨茶产业博览会（湄潭）

2015年5月29日，由贵州省政府、中国国际茶文化研究会、中国茶叶流通协会主办，遵义市政府、省农业委员会承办的"贵州茶一节一会"在湄潭"中国茶城"举行（图3-7）。

本届会议以"多彩贵州·生态茶香"为主题，突出"生态、绿色、安全"主题，实行"会节同办"，本次活动安排了11项主要内容，包括开幕式、中国茶叶市场发展高峰论坛暨贵州西部农产品交易中心"遵义红、湄潭翠芽"上市仪式、中国茶叶市场专业委员会年会、"标准与中国茶叶的未来"论坛、贵州省第六届茶艺大赛、贵州古茶树茶叶品鉴暨茶文化遗产保护与利用高端论坛等。

图 3-7　2015中国（贵州·遵义）国际茶文化节暨茶产业博览会

图 3-8　2016中国·贵州国际茶文化节暨茶产业博览会

13. 2016中国·贵州国际茶文化节暨茶产业博览会（湄潭）

2016年4月18—21日，"2016中国·贵州国际茶文化节暨茶产业博览会"在湄潭县、凤冈县、余庆县举行，湄潭县中国茶城为主会场，余庆二龙、凤冈田坝为分会场（图3-8）。整个活动共设置开幕式、"生态茶乡·心灵之旅"考察、"中国现代茶业从这里走来"高峰论坛、"中国茶叶精深加工暨标准化"论坛、"茶与山地生态旅游·茶与休闲养生"论坛、"东有龙井·西有凤冈"品牌文化交流论坛，凤冈县建设了田坝仙人岭拉幕会场举办"东有龙井·西有凤冈"品牌文化交流论坛。大会组委会还特别聘请了中国工程院院士、中国茶叶研究所研究员陈宗懋，当代茶学泰斗张天福等10位国内外知名人士作为贵州茶文化大使，以扩大贵州茶产业及茶文化知名度及影响力。

14. 2017中国·贵州国际茶文化节暨茶产业博览会（湄潭）

2017年4月28—30日，2017年"贵州茶一节一会"在湄潭县、凤冈县、余庆县举行，大会开幕式在湄潭县茶博会展中心隆重举行（图3-9）。省市有关领导、中国工程院院士陈宗懋等专家出席，出席大会的美国、法国、澳大利亚、印度、德国、非洲、菲律宾等外宾多达200多人，参加活动整体嘉宾突破3000人。开幕式上农业部向贵州省授予"贵州绿茶国家农产品地理标志"，该博览会首次依托"互联网+"技术同步开展网上茶博会。自2017年3月16日启动以来，网上浏览量已达2300多万人，成交额接近1000万元。活动期间，主办方还将开展网上茶博会砍价、春茶网络茶王评选大赛等活动，并在天猫、微信、京东、苏宁易购、贵州电商云等平台进行销售。

15. 2018中国·贵州国际茶文化节暨茶产业博览会（湄潭）

2018年"贵州茶一节一会"于5月5—8日在贵州省遵义市湄潭县茶博会展中心举行。该届"贵州茶一节一会"由贵州省人民政府、中国国际茶文化研究会、中国茶叶流通协会主办，遵义市人民政府、贵州省农业委员会承办，活动以"多彩贵州·最美茶乡"为主题。

开幕式上，中国茶叶流通协会发布《贵州茶产业竞争力报告》；中国国际茶文化研究会发布《贵州茶文化竞争力报告》；联合利华（中国）有限公司致辞；中国茶叶流通协会授予遵义市"中国茶叶出口最具竞争力产区"匾牌；中国国际茶文化研究会将"贵州茶工业博物馆"升格为"中国茶工业博物馆"，授"中国茶工业博物馆"匾牌（图3-10）。

图3-9 2017中国·贵州国际茶文化节暨茶产业博览会采购商大会

图3-10 2018中国·贵州国际茶文化节暨茶产业博览会

图3-11 2019年中国·贵州国际茶文化节暨茶产业博览会

16. 2019中国·贵州国际茶文化节暨茶产业博览会（湄潭）

2019年4月19日上午9点，以"黔茶出山、风行天下"为主题的2019年"贵州茶一节一会"在遵义市湄潭县茶博会展中心主会场隆重开幕（图3-11）。

大会由贵州省人民政府、中国国际茶文化研究会、中国茶叶流通协会主办，中共贵州省委宣传部、遵义市人民政府、贵州省农业农村厅、贵州省商务厅承办，以"黔茶出山 风行天下"为主题，于2019年4月18—20日期间陆续开展"春来喜看贵茶绿"系列主题宣传活动启动仪式、第四届国际茶叶采购商大会暨"黔茶出山·风行天下"高端峰会、2019年"穿越茶海"马拉松赛等相关活动。

（二）都匀毛尖（国际）茶人会

1. 2016年都匀毛尖（国际）茶人会

2016年9月23日，本着"民族性、全民性、国际性"的原则，黔南以"文化活茶、以茶兴业"和"以茶惠民、茶旅结合"突出茶文化与民族文化深度融合，充分展示黔茶文化、传统茶文化、国际茶文化。都匀市围绕"打造茶旅文化·品味毛尖之美"主题，瓮安县围绕"千年古邑·梦幻之旅"主题，贵定县围绕"佛海明珠阳宝山·轶美贵定论佛茶"主题，独山县围绕"传承·创新·历史·未来"主题组织开展独具特色的茶事活动，借会撬动相关涉茶产业经济杠杆，吸引了来自国内外的茶界知名专家学者、国际友人、世界茶叶知名企业负责人、媒体记者等2000余人云集黔南，品茗话茶，谈茶论道。国际茶叶委员会首席执行官马努扎·佩雷斯在致辞中表示，希望贵州省持续加快茶产业发展，与全球茶人携手，为世界提供更多优质的、有机品质的贵州茶产品，希望黔南州充分依托都匀毛尖国际茶人会等活动载体，加大都匀毛尖茶品牌的宣传力度和国际茶叶市场的开拓，争取早日实现"都匀毛尖香满人间"。

2. 2017年都匀毛尖（国际）茶人会

2017年6月9日，茶人会的活动主题为"文化引领，黔茶出山，让世界品味都匀毛尖"。开幕式上，国家农业部、国家质检总局为黔南州颁发了都匀毛尖茶农业部农产品地理标志证书和都匀毛尖国家地理标志产品保护示范区牌匾。汉斯·道维勒、梅里·马达莎希、龙永图、比利时茶叶协会负责人罗纳德·胡平、法国茶叶协会秘书长胡嘉蒂、丹麦茶叶协会负责人阿莱克西斯·伊丽莎白6位嘉宾受聘为都匀毛尖品牌国际推广大使。

3. 2018年都匀毛尖（国际）茶人会

2018年9月19日，以"荟茶·汇人·惠天下"为活动主题，荟天下茶人和好茶齐聚都匀共商茶产业、茶文化"传承、融合、创新、共赢"发展大计。

4. 2019年都匀毛尖（国际）茶人会

2019年9月17日上午，2019都匀毛尖（国际）茶人会暨黔南州第十三届旅游产业发展大会在都匀市三线博物馆隆重举行。该会邀四海宾朋应都匀毛尖之约，进一步宣传推介"千年贡茶、百年金奖"的都匀毛尖茶，搭建了以"都匀毛尖"为代表的贵州绿色优质农产品营销平台和更加顺畅、更具针对性、更有体验性的旅游交流平台，向世界隆重推出都匀地区秦汉影视城、毛尖小镇、足球小镇、斗篷山、螺蛳壳景区、青云湖国家森林公园、南沙洲公园等一批新的A级景区及精品旅游线路，努力推动茶旅深度融合，实现以茶兴业、以茶惠民、以茶养文和旅游全区域、全季节、全产业、全服务发展，持续打造"生态之州·幸福黔南"靓丽名片，提升"都匀毛尖"和黔南旅游品牌吸引力，助推全州脱贫攻坚取得胜利。大会授予都匀毛尖茶为"中国高端绿茶特色品牌"。

（三）铜仁抹茶文化节

2018年10月18日，首届贵州梵净山国际抹茶文化节在铜仁市江口县开幕。此届国际抹茶文化节是经贵州省人民政府批复同意举办的一次全省茶叶盛会，活动以"复兴抹茶产业重塑抹茶文化"为主题，由铜仁市人民政府、贵州省农业委员会、贵州日报主办，江口县人民政府、铜仁市农业委员会等承办，中国国际茶文化研究会、中国茶叶流通协会等有关行业组织、抹茶机构有关专家、省内外茶区代表、客商400余人参会。

在开幕式上，中国国际茶文化研究会向铜仁授予"中国抹茶之都""抹茶文化研究中心"匾牌，中国茶叶流通协会授予"中国高品质抹茶基地"匾牌，贵州省质量技术监督局发布"贵州抹茶"地方标准。来自日本、韩国等国家和地区的茶艺表演者与省内茶艺人员进行抹茶茶艺表演交流，还有全国抹茶系列产品、贵茶欧标抹茶食品及梵净山茶等现场展示品鉴，让人大饱眼福和口福。此次交流对普及抹茶知识，延长贵州茶产业链条，丰富茶文化，促进贵州茶产业发展起到了积极的作用。

二、外出参加和主办茶叶贸易活动

除在本地主办各种茶事活动外，组织企业参加北京、上海、重庆、济南、西安、深圳等主销区茶博会，积极参加"丝绸之路·黔茶飘香"系列推介活动及北京和上海等春季品茗活动，支持各茶叶主产县到省外主要目标市场的公园、茶城、社区、商业广场等地开展品茗推介。据不完全记载，主要有以下活动。

1. 第五届中国国际茶叶博览会

2008年10月，"第五届中国国际茶叶博览会"在北京举办。会议期间，贵州省农委和遵义市人民政府在北京王府井步行街举办"贵州绿茶·秀甲天下，黔茶精品北京推介暨万人品茗会"。

2. 第九届中国国际茶文化博览会

2008年11月20日，"第九届中国国际茶文化博览会"在广州举办，博览会期间，贵州在广州举办黔茶推介活动。贵州绿茶获博览会的全部14个金奖，凤冈寸心草茶业公司"锌硒贡芽""锌硒毛峰"和仙人岭锌硒有机茶业有限公司"仙竹"茶叶等遵义茶叶获金奖。

3. 首届香港国际茶展

2009年9月14日，首届"香港国际茶展"举行，贵州省9个市（州、地）、25个茶叶主产县的40家茶企集体亮相。

4. 第六届中国国际茶业博览会

2009年10月,"第六届中国国际茶业博览会"在北京中国国际贸易中心展览大厅举行,时任贵州省副省长禄智明为贵州展馆解说并推荐好茶,时任中粮集团副总裁刘永福、中国工程院院士茶学家陈宗懋对此给予高度评价。

5. 第二届中国(深圳)国际茶业文化博览会

2009年12月,遵义市12家和省内15家茶叶企业组团参加"第二届中国(深圳)国际茶业文化博览会"。会上,时任中共遵义市委副巡视员黄天俊代表遵义市作《好山·好水·好茶》的主题演讲(图3-12),介绍全市茶产业得天独厚的自然优势和发展情况,并邀请广大茶界朋友到遵义投资兴业,品茶论道。博览会期间,贵州省农委和遵义市人民政府共同主办"贵州绿茶·秀甲天下"深圳万人品茗活动,遵义市12家企业向广大深圳市民发放企业宣传资料。

图3-12 "第二届中国(深圳)国际茶业文化博览会"黄天俊作主题演讲

6. 2011年上海、西安茶博会和上海万人品茗活动

2011年中国(上海)国际茶业博览会、上海人民公园万人品茗活动,遵义市的贵州凤冈寸心草有机茶业有限公司参加中国(上海)国际茶业博览会;余庆县香茗茶业有限责任公司、余庆县玉龙茶业有限公司参加上海人民公园万人品茗活动。2011年第五届中国西部国际茶业博览会(西安),湄潭县栗香茶业有限公司、湄潭盛兴茶业有限公司、湄潭茗盛茶业有限公司、高原春雪有机茶业有限公司、湄潭百道茶业有限公司、湄潭县沁园春茶业有限公司、贵州寸心草有机茶业有限公司和贵州余庆小叶苦丁茶业有限责任公司参加第五届中国西部国际茶业博览会(西安)。

7. 2011年首届黔台茶产业高端论坛

由贵州省茶叶协会、贵州省科学决策学会、台湾中华茶文化学会联合主办,于2011年4月20日在贵定县"金海雪山"举办。台湾中华茶文化学会理事长、台湾明新科技大学教授范增平等出席论坛,台湾茶界22名茶业专家和贵州省茶界100余人共话黔台两地茶谊,共商两地茶业发展。

黔台两地专家、学者围绕黔茶的重要历史地位、深厚的文化底蕴、广阔的发展前景,从传承与发扬茶文化、茶品牌建设与营销、茶文化创意与茶叶产业发展、技术推广与发展合作、茶产品多元化开发、饮茶养生等议题进行了深度探讨。台湾中华茶文化学会理事长范增平表示，两岸同属中华民族，同文同种，远古文化同根同源，所谓"两岸品茗，一味同心；茶香同源，文化同根"。台湾中华茶文化学会副理事长邱增雄建议，茶文化应多交流，茶品种应多交换，种茶、制茶的技术更要多交流、多交换；中华茶文化要搞好传承，必须抓好专业教育，搞好两岸茶文化教育交流。通过这次论坛，贵定县云雾镇甲子屯村建立了"黔台友谊茶园"，并举行了植茶苗及揭碑仪式，象征两地茶产业合作发展的开始。目前该茶园面积2300多亩，台方带来了部分台湾高山茶苗，后续将进行种植技术上的指导，以及部分资金投入。此外，贵州省茶校在贵定云雾湖畔建立"科研教学实训基地"，中国台湾中华茶文化学会将派专家学者协助开展科研及教学工作。论坛共收到论文30篇，其中黔台各占15篇，已汇编集成《首届黔台茶产业论坛文集》出版。

8.2011中国茶产业论坛

2011年4月18日，由遵义市人民政府和贵州省农业委员会主办、凤冈县人民政府和贵州凤冈生命产业投资管理有限公司承办的"2011中国茶产业论坛"在凤冈县永安镇田坝村茶海之心举行，其主题为"品牌·文化·资本——中国茶产业的遵义机会"。

9.2012中国安徽（合肥）农业产业化交易会

2012年9月7日上午，由农业部、安徽省政府、合肥市政府共同主办的2012中国安徽（合肥）农业产业化交易会在安徽国际会展中心隆重举行。栗香茶业有限公司应邀参加2012中国农业产业化交易会。

10.2013中国国际茶业博览会

2013年6月17—19日，"2013中国国际茶业博览会"在北京农业展览馆举行。仙人岭锌硒有机茶业有限公司在北京马连道国际茶城开店后，促进公司整体形象的升级，也让"凤冈锌硒有机绿茶"落户北京市民的家中。

11.2016中国（上海）国际茶业博览会

2016年5月17—22日，遵义市人民政府组织10家龙头茶企业，组团参加了的中国（上海）国际茶业博览会。

12.2017北京国际茶业展·马连道国际茶文化展·遵义茶文化节

2017年，遵义市与中国茶叶流通协会、北京市西城区政府在北京展览馆联合主办了"2017北京国际茶业展·2017北京马连道国际茶文化展·2017遵义茶文化节"（简称"两展一节"）。期间举办了8场市、县两级茶文化暨茶旅游推介活动，提升遵义茶在北京的知名度。

三、黔茶推介

（一）"丝绸之路·黔茶飘香"推介活动

1. 2016年"丝绸之路·黔茶飘香"贵州茶产品推介活动

活动于7月22日正式启动。组委会组织了贵州省内30家茶叶企业从贵阳出发，途经重庆、成都、西安、兰州、西宁等城市，历时15d，将贵州省茶产业"打包"向外推介，包括都匀毛尖、湄潭翠芽，凤冈锌硒茶，梵净山茶等在内的公共品牌及30家贵州茶企将面向全国集中展示。

① 重庆：2016年7月23日，贵州古茶树再次向世界证明了贵州茶的历史悠久。渝黔两地山水相连、文化相近、人民相亲，交流合作历史渊源深厚、现实潜力巨大。在此次重庆品茗活动前，贵州省早在北京、上海、广州、深圳以及贵阳等城市举办万人品茗259次、320万人免费品茗贵州绿茶。

② 成都：2016年7月26日，来自贵州茶叶主管部门的相关领导、商会代表、茶企负责人等在会上向嘉宾和成都市民隆重推介贵州茶，并就加强川黔两地茶产业的交流与合作进行了讨论。除了茶文化茶产业推介会外，来自贵州的28家茶企还在成都市青羊区宽窄巷子东广场举行为期2d的万人品茗活动。四川茶区与黔中茶区正逐步成为"东茶西移"的主战场和承接地。

③ 西安：2016年7月28日，贵州众多茶企都在陕西设立专卖店、开设销售分公司，贵州茶叶早已成为西安茶博会上的常客，深受陕西消费者的喜爱。西安茶文化氛围浓厚，有大小30个茶叶市场，历来都是中国茶文化的传播中心和茶叶最重要的集散地，又是"丝路经济带"建设的起点，是贵州茶叶进入西北市场的大通道、大平台，茶叶已成为联系两地经济、文化发展的重要纽带，为陕黔合作发展创造新的机遇。

④ 西宁：2016年8月3日，"丝绸之路·黔茶飘香"茶文化交流暨茶产业推介会在西宁举行，贵州、青海两省代表紧紧围绕"如何创建茶文化、市场、品牌，共同弘扬丝绸之路茶文化、促进一带一路茶产业"进行了交流发言。30余家优秀的贵州茶叶企业在西宁市中心广场，举行为期3d的万人品茗活动，让广大西宁市民近距离接触、品鉴贵州茶，分享梵净山茶文化独特魅力。

2. 2017年"丝绸之路·黔茶飘香"贵州茶产业推介活动

① 重庆：2017年7月23日，"丝绸之路·黔茶飘香"重庆站推介活动在重庆市江北区举行。会上，贵州绿茶集团与重庆金洁世纪美美商场，凤冈县生态茶业商会与重庆市长城茶业有限责任公司在两地领导的见证下签订合作协议，共建市场，共促繁荣。同时，推介会外还有35余家来自贵州各地的茶企在观音桥步行街举行为期3d的万人品茗活动，

展示茶艺表演、推介茶产品以及凤冈茶旅一体化精品线路景点。

② 西安：2017年7月24日，第二届2017"丝绸之路·黔茶飘香"西安站推介活动在陕西省西安市举行，陕黔两地再次开展一次续写历史、畅叙友情、推进合作、谋求发展的投资洽谈盛会。茶叶已成为连接陕黔两地经济、文化发展的重要纽带，推介会上，"都匀毛尖西北运营中心"正式成立，旨在集中推介黔南茶产业和茶文化，加强黔南茶企与当地茶叶经销商、投资商、渠道商的交流合作，开展经贸洽谈，吸引当地各界关心关注投资贵州茶产业，促进都匀毛尖茶落户西安乃至整个大西北。

③ 兰州：2017年7月27日，2017"丝绸之路·黔茶飘香"茶产业推介会暨万人品茗活动在兰州举行。此次活动旨在创建两地茶文化、市场、品牌、加工的交流平台，共同弘扬茶文化、振兴茶经济。甘肃和贵州两地有关领导、企业负责人分别就茶产业交流合作、推介进行了探讨。30家贵州茶叶企业代表通过现场冲泡、现场讲解、图片展示、视频播放等形式，展示多彩的贵州茶文化、民族风情、林茶相间的茶园风光、最美茶乡，推介贵州茶品牌、茶企业、茶文化与茶产品。

④ 呼和浩特：2017年9月14日，"丝绸之路·黔茶飘香"呼和浩特站贵州安顺茶产业推介会在内蒙古呼和浩特市举行。推介会上，双方就两地的合作交流进行探讨，旨在通过以茶会友、以茶联姻、以茶促旅，加强贵州茶企、茶区与当地茶叶经销商、投资商、渠道商的交流合作，开展经贸洽谈，吸引当地各界关心关注投资贵州茶产业，积极主动融入两地经济圈，促进两地的经济发展。作为本站的重点推介对象贵州安顺茶，通过现场品茗、冲泡，展示茶艺表演、推介茶产品以及安顺茶旅一体化精品线路景点等，提升和巩固了贵州绿茶在"一带一路"沿线城市的知名度和影响力，借"丝绸之路·黔茶飘香"推介活动契机，向西北地区人民展示贵州安顺茶独特的优良品质，让全国人民乃至世界人民共同分享多彩贵州生态茶叶的绿色与健康。

⑤ 广州：2017年11月24日，"丝绸之路·黔茶飘香"广州站贵州毕节高山生态茶推介活动在广东省广州市举行，开展一次续写历史、畅叙友情、推进合作、谋求发展的投资洽谈盛会。推介会上，毕节市金沙、纳雍、威宁等县分别做了产业推介，与广东等企业签订合作协议10亿余元。广东省茶文化促进会会长黄波，贵茶广东经销商围绕"贵州茶如何开拓广东市场"进行了交流和沟通。

（二）"黔茶出山·风行天下"2019年贵州茶产业推介会

① 上海：2019年4月28日，在上海市丰庄茶城举行。推介会上，遵义茶业集团与上海市茶叶行业协会签订合作协议。同时，遵义茶业集团与联合利华、上海茶叶协会签订了合作协议（图3–13）。

② 南京：2019年4月29日，在江苏省南京市举行。本次茶产业推介会旨在宣传推介贵州好茶，加大茶产业市场开拓力度，助推黔茶（铜茶）出山、风行天下。贵州石阡、印江、松桃、思南、沿河、德江、江口等县，分别和苏、浙、皖、沪等地的一批企业和客商签订了合作协议，涉及茶原料基地建设、茶叶加工厂、茶旅一体化等项目现场签约，总金额达4.5亿元。苏黔两省相关部门以及行业协会的代表共计270余人参与了推进合作、谋求发展的投资洽谈盛会。

图3-13 "黔茶出山·风行天下——贵州茶产业上海推介会"签约现场

③ 广州：2019年6月6日，在广东省广州市举行。推介会上，黔南州有关单位与茶叶相关企业签订茶产业招商引资合作协议8个，并达成战略合作，涉及茶叶基地建设、加工厂房建设、茶产业链开发、电子商务、品牌传播培训、都匀毛尖茶产品出口贸易等方面，项目总投资额达3.2亿元。推介会上还进行了"云上毛尖"六馆上线启动仪式。贵州电子商务云运营有限公司、黔南广播电视台分别在天猫、京东、苏宁易购、唯品会、那家网、巨惠好花红6个电商平台建设并运营的电商扶贫销售渠道，建设了6个云上毛尖馆，已经上架茶叶、农特产、民族工艺品、旅游4大类目368个产品、380个SKU。

④ 西宁：2019年6月20日，世界茶源地——贵州再一次踏上丝绸之路茶马古道之旅，来到青海西宁，这里被贵州列为进军西北市场的重点城市。

在第二十届中国·青海绿色发展投资贸易洽谈会上，贵州举行了"黔茶出山·风行天下"安顺茶香推介会。推介会为青海、贵州两省茶产业在文化、市场、品牌、加工方面搭建更加广阔的交流平台，同时也用强劲的主旋律和正能量，为两地茶行业协会、商业企业进行交流合作营造良好舆论氛围，推动两省在更大范围、更广领域的互动合作。

⑤ 济南：2019年8月28日，在山东省济南市广友茶城举行。来自山东省茶叶协会、茶文化研究会、茶业经销企业的100余位茶产业相关人士出席推介活动，并与来自贵州省的50余位茶叶行业组织、企业及经销商代表进行交流洽谈，共品佳茗、共谋茶业，遵义茶业（集团）有限公司等30家贵州茶企现场与山东省贵州商会搭台进行品茗推介，达成多项采购，签署战略合作框架协议，助推贵州茶产业加快发展，发挥双方优势，实现互利双赢。

⑥ 大连：2019年8月30日，在辽宁省大连世界博览广场举行。在推介会签约仪式上，

六盘水市与大连市相关单位、企业签订合作协议,其中大连市甘井子区总工会购买六盘水办公用茶500kg,大连金登高农业专业合作社、大商茶业有限公司等销售平台与六盘水茶企签订长期战略合作协议。本次签订协议金额达1209.8万元。

⑦ 济宁:2019年12月13日,由省委宣传部、省农村产业革命茶产业发展领导小组共同主办的"黔茶出山·风行天下2019贵州(黔东南)茶产业推介会"在山东省济宁市举行。推介会上,黔东南州组织了16家企业开展茶产业推介活动。其中,黔东南州茶叶协会与济宁市茶叶商会、黎平县农林产业科技农民专业合作社与济宁农工乐茶叶公司、黎平侗乡天籁茶业有限责任公司与山东一杯香茶业公司、丹寨县华阳茶业有限公司与济宁大山湾茶叶有限公司、贵州雷山合兴生态产品开发有限公司与邹城市黄山茶业公司、贵州省丹寨县三泉茶业有限公司与济宁景江茶业有限公司,分别签订合作协议。

第四章 茶类

好山好水出好茶。独特的地理环境和气候优势，悠久的茶文化历史和制茶历史，孕育出贵州茶优异的品质。

贵州茶品种好——贵州茶的品种优良度在全国排名第五，多为中国原茶本土茶树种，这类茶籽在长期的原生态环境下，基因没有发生突变。

贵州茶品种多——达650种，其中近500种为原生态中国本土野生变植而成，因而在加工、口味上呈多样化。

贵州茶品质佳——贵州春茶水浸出物、氨基酸、茶多酚平均值分别为43.5%、3.5%、29.9%，水浸出物最低标准高出国家标准6个百分点，最高值高出国家标准11个百分点，氨基酸高于全国平均水平1个百分点。

贵州茶无污染——贵州茶在全国率先禁用水溶性农药，禁用农药参照欧盟标准，抽检合格率100%。

第一节　历史名茶

① **都匀毛尖茶**：主要为都匀、贵定等地的中小叶苔茶。较有名的有：都匀团山原生茶、大定原生茶、清塘茶、江洲龙家茶、贵定仰望茶等。都匀毛尖具有外形白毫显露、条索紧细、卷曲似鱼钩，内质香高持久、汤色清澈明亮、滋味鲜爽回甘、叶底明亮、芽头肥壮等特点。素以"三绿三黄"的品质特征著称于世，即干茶色泽绿中带黄，汤色绿中透黄，叶底绿中显黄。茶叶氨基酸含量较高，茶多酚含量适中。都匀毛尖制作技艺系国家级非物质文化遗产，制作技艺具有鲜明的民族特色。1915年荣获巴拿马太平洋国际博览会金奖；1982年被评为"中国十大名茶"；1995年荣获"中国传统名茶奖"；2005、2009年荣获"贵州十大名茶"；2009年入选贵州省非物质文化遗产名录，被评为"中华老字号"产品；2010年荣获"贵州五大名茶"称号，并入选中国上海世博会十大名茶和联合国馆指定用茶，"都匀毛尖""都匀毛尖茶"分别于2005年和2010年被国家工商总局和国家质检总局批准注册为证明商标和地理标志保护产品；2015年，都匀毛尖组团参加"1915—2015美国巴拿马太平洋万国博览会百年庆典"再次荣获"特别金奖"。

② **贵定云雾贡茶**：又称贵定雪芽，以贵定县境内生长的本地鸟王茶树品种和其他优良茶树品种的鲜叶为原料，按贵定云雾贡茶的加工工艺加工而成的特种绿茶。其紧细、卷曲、显毫、匀整、绿润，汤色绿黄清澈、香气嫩香，是贵州省唯一有碑文记载的"贡茶"，2005、2009年荣获"贵州十大名茶"称号，2010年荣获"贵州五大名茶"称号。

③ **赵司贡茶**：该茶是贵阳的历史名茶，产于花溪区黔陶乡。原名白杆茶，系当地原生品种（苔茶），赵司贡茶的加工技艺是贵阳市的非物质文化遗产。

④ 开阳南龙贡茶：该茶是乾隆皇帝赐名的贵州名茶，产于开阳县南龙乡翁朵村南贡至白沙坡一带，该地是贵州历史上罕见的因贡茶而形成的著名集市。

⑤ 海马宫茶：黄茶，产于大方海马宫。黄茶的品质特点是"黄叶黄汤"，这种黄色是制茶过程中进行闷堆渥黄。

⑥ 湄潭眉尖茶：该茶形状如眉，香馥味醇。《贵州通志·风土志》（1948年）载："贵定云雾山茶有名，惜产量太少，得之极不易。石阡、湄潭眉尖茶皆为贡品。"

⑦ 金沙清池翠片：该茶产于金沙县清池镇。清池镇自古以来就是"黔茶出山、川盐入黔"的古驿站，境内保存40余株有上千年历史人工栽培的古茶树群，外形扁、平、直、光滑匀整；色泽翠绿油润；香气高爽持久；汤色黄绿、明亮；滋味鲜爽；叶底嫩绿、鲜明、匀齐完整。2017年12月29日，国家质检总局批准对"清池茶"实施地理标志产品保护。

第二节　当代名茶

① 湄潭翠芽：该茶是贵州扁形名优绿茶的典型代表，主要采用湄潭苔茶等中小叶品种国家级良种的单芽至1芽1叶初展优质鲜嫩茶青，保持了"湄江茶""湄江翠片"的特质，又提升了其"色、香、味、形"的品位。2003年，湄潭县确定"湄潭翠芽"为公共品牌。2005年被评为"贵州十大名茶"。

② 凤冈锌硒茶：该茶茶叶浸泡所析出的锌硒元素易于人体吸收，天然无毒副作用。茶叶外形匀整紧索，色泽灰绿油润，栗香高长沁脾，滋味鲜爽润喉，汤色黄绿锃亮，叶底嫩绿耐泡。1993年贵州省理化测试分析研究中心测试分析，凤冈茶叶锌含量43.2mg/kg、硒含量1.38mg/kg；"凤绿茶"锌含量103.2mg/kg、硒含量2.08mg/kg，发现这两种茶的锌、硒含量明显高于其他茶叶。有关部门对凤冈县境土壤普查检测，发现绝大部分土壤中含锌硒元素，锌硒元素含量富而适中，形成凤冈茶的独特自然优势，是目前国内唯一的、其他任何地方不能比拟和取代的天然优势。2006年"凤冈富锌富硒茶"获得了国家质量监督检验检疫总局批准的地理标志保护产品，在"中茶杯""中绿杯"中国茶业博览会等赛事中累计获得58个金奖，被评为"贵州十大名茶"。

③ 梵净山翠峰茶：该茶产自于印江县辖区内17个乡镇（街道），原料主要以清明至谷雨的单芽和1芽1叶初展为主。干茶外形扁、平、直，色翠绿，汤色嫩绿明亮，滋味鲜爽，香气馥郁，叶底嫩绿明亮完整。

④ 湄江翠片：1980年陈椽教授根据"湄江茶"外观扁平光润，色泽翠绿、埋毫不露；内质香气醇郁，汤色清澈明亮、滋味醇厚鲜爽、回味悠长；冲泡后茶叶成朵，形态美观的特点，命名为"湄江翠片"。

⑤ **安顺瀑布毛峰**：安顺土壤大部分地区pH值4~6显酸性，土壤富含硒，锌，锶等微量元素，独特的地理环境、土壤及气候条件造就了瀑布毛峰独特的内在品质。

⑥ **贵阳羊艾毛峰**：该茶由羊艾茶场1960年创制，是20世纪50年代从云南引进的"十里香"品种。羊艾毛峰茶为卷曲形绿茶，选用细嫩初展的1芽1叶为原料。2005年获"贵州十大名茶"称号。

⑦ **"春秋"雀舌报春**：绿茶类名茶，1994创制。因该茶产于早春时节，形似雀舌鸣啼报春，故而得名。2005年获"贵州十大名茶"称号。

⑧ **雷公山银球茶**：国内外首创，形状独特，是一个直径18~20mm的球体，表面银灰墨绿，产于雷山县著名的自然保护区雷公山，采用海拔1400m以上的"清明茶"的1芽2叶，经过炒制加工后，精制而成，既美观漂亮，又清香耐泡。2014年"雷山银球茶"由中国茶叶流通协会在浙江宁波主办的全国名优绿茶"中绿杯"活动评比中荣获金奖；2015年"雷山银球茶"获国家地理标志保护产品、获贵州省首届春茶斗茶大赛绿茶类金奖"茶王"、获百年世博中国名茶金奖。

⑨ **兰馨雀舌**：贵州湄潭兰馨茶业有限公司品牌，兰馨雀舌（湄潭翠芽）属扁形名优绿茶。品质特征：外形扁平直滑、色泽绿润、形似雀舌，香气清雅馥郁，滋味醇厚回甘，叶底嫩匀、鲜活。主要根据颗粒匀整度分为：君度一号、君尚雀舌、君雅雀舌、君品雀舌4种类型。

⑩ **石阡苔茶**：石阡县茶叶生产从唐宋时期后，经历了饼茶到自然芽状的散茶，到青毛茶（绿条茶）到多茶类，从手工到机械加工的变化，石阡的青毛茶工艺一直得以传承。

⑪ **乌撒烤茶**：威宁县香炉山茶园位于云贵高原的乌蒙山脉，茶树种植基地的平均海拔在2200m以上，最高海拔达2279m，是世界最高海拔茶园。乌撒烤茶属于绿茶类，结合现代制茶技术，满足古乌撒饮茶方式和烤制茶方法研发而成。外形紧结卷曲有锋苗、墨绿；汤色黄绿明亮；香气豆香浓郁、香高持久；滋味醇厚、豆香显。

⑫ **绿宝石**：为绿茶类。绿宝石茶是2003年经贵阳春秋实业有限公司创始人、贵州茶叶专家牟应书老先生研制成功的创新茶品类，采用1芽2叶或3叶为原料生产的盘花颗粒状绿茶，颗粒紧实，色泽绿润，冲泡后茶叶自然舒展成朵，嫩绿鲜活，栗香浓郁，汤色黄绿明亮，滋味鲜爽醇厚，冲泡7次犹有茶香。

⑬ **普安红**：产于普安县江西坡，福建正山堂红茶工艺，主要为条形红茶，茶以"普安红"为主打品牌。在茶品牌打造上，普安先近年来全力推动"普安红"品牌建设，普安红茶过去叫"福娘红茶"，"普安红"已成为贵州省茶产业重点发展的"三绿二红"品牌之一。中国国际茶文化研究会授予普安红"中华文化名茶"荣誉称号。

⑭ 遵义红：贵州新创工夫红茶代表性产品，2008年由湄潭县盛兴茶业有限公司充分开发黔湄系列国家级无性系良种，19世纪40年代在湄潭成功试制的"黔红"的基础上不断改进工艺形成的名优工夫红茶产品。外形紧细、色泽褐黄，汤色橙红亮、带金圈，香气纯正、悠长、带果香，滋味纯正，叶底匀嫩。湄潭盛兴茶业有限公司应用"湄红"加工工艺结合福建政和工夫红茶、坦洋工夫红茶、祁门红茶的加工工艺，采用黔湄419、黔湄502和黔湄601的单芽研制而成。遵义红与"湄潭翠芽"同属于公共品牌，属于贵州"三绿一红"。

⑮ 红宝石：该茶产于凤冈县贵茶公司。红宝石外形紧结，香气浓强，可闻到浓郁蜜香和干桂圆香，汤色红艳，滋味纯和。

⑯ 正安白茶：该茶正安县确立"品牌统领产业"战略，在绿茶中选择高端产品作为引领，并通过贵州正安璞贵茶业有限公司，独家经营"正安白茶"公共品牌，正安白茶采用正安县行政辖区内无性系良种白叶一号茶树鲜叶为原料制作。

⑰ 乌当筑新碧芽：贵州省茶叶研究所与贵阳市新场茶场在1990—1992年共同研制，产于贵阳市乌当区北面的新场乡。

⑱ 湖城明珠：清镇红枫山韵茶场有限公司生产的绿茶，外形呈盘花颗粒状，汤色嫩绿清澈，香气嫩栗香，滋味鲜醇。

⑲ 神鹊白茶：该茶产于海拔1200~1300m的百花湖边。采用安吉白茶为原料加工而成。

⑳ 安顺黑茶：镇宁自治县贵州生态黑茶集团生产。

㉑ 遵义毛峰茶：贵州省茶叶研究所研制。外形紧细圆直，色泽翠绿闪亮，白毫显露；内质嫩香持久，汤色碧绿明净，滋味清醇鲜爽。

㉒ 贵州针：该茶属针形绿茶，产于湄潭县核桃坝村，是1990年代以来开发黔湄系列国家级无性系良种而形成的针型绿茶产品，是与"云南针""福建针"相并列针型绿茶产品。

㉓ 道真硒锶茶：道真仡佬族苗族自治县是贵州有名的富硒富锶土壤带，道真硒锶茶的形态有三种，分别是扁形茶、卷曲茶和珠形茶。

㉔ 南方采仙牌翠芽茶：新创扁形绿茶，产于凤冈县。贵州南方茶叶有限公司于1988年创制，原料主要采自黔北、黔中地区福鼎大白茶、龙井43和当地苔茶种。

㉕ 彝岭苗山茶：该茶获"中茶杯"全国名优茶评比一等奖。

㉖ 柏果山牌翠片：余庆县新创扁形名优绿茶。2008年由余庆县构皮滩茶业有限责任公司创制成功，原名"构皮滩翠片"，2010年定名为"柏果山翠片"。

㉗ **桐梓黑茶**：该茶产于贵州桐梓茶厂，属黑茶类条形茶，主要产品有"金龙"牌金尖砖茶和康砖茶两个品种。康砖茶每块净重0.5kg，呈圆角枕形，尺寸规格为16cm×9cm×6cm；金尖砖茶每块净重2.5kg，也是圆角枕形，尺寸规格为24cm×19cm×12cm。

㉘ **赤水野生白茶**：该茶用赤水四洞沟、十丈洞一带深山中生长的一些百年树龄的野生大白茶树，其嫩叶可加工成赤水白茶，白茶具有外形芽毫完整或形态如花朵。

㉙ **凤冈锌硒乌龙茶**：球型青茶类，贵州新创乌龙茶代表性产品，凤冈县锌硒乌龙茶业有限公司于2007年创制，执行标准为省级地方标准，填补了贵州乌龙茶产品和标准的空白。选用当地生长的金观音、福鼎大白茶及其他乌龙茶品种驻芽1~3叶或单片叶为原料。

㉚ **凤冈碾茶、抹茶**：碾茶、抹茶属于绿茶中的新兴茶类，抹茶是用碾茶磨成的粉末状产品，也称"超微绿茶粉"，是用茶叶细嫩原料，经过蒸青、冷却、脱水、复合干燥、组合粉碎等多道工序制作而成的天然蒸青超细微绿茶粉末。

㉛ **纳雍高山绿茶**：纳雍高山绿茶产区地处贵州省西北部，毕节市中南部，滇东高原向黔中山区的过渡地带。海拔1500~2400m，以中小叶种茶树的鲜叶为原料，取幼嫩新梢生产的，具有"香高持久，味醇鲜爽"品质特征的绿茶。

㉜ **纳雍高山生态有机红茶**：纳雍高山红茶产于贵州省西北部，毕节市中南部，滇东高原向黔中山区的过渡地带。海拔1500~2400m，具有"甜香浓郁，味鲜醇厚"的纳雍高山红茶品质特征的红茶。

㉝ **江口梵净翠芽**：该茶产于梵净山核心区域，海拔500~1200m。品质特征：香气馥郁、汤色翠绿、滋味甜爽鲜嫩、气味清香，叶底匀整。铜仁市红茶在20世纪50年代初就开始大规模生产条形工夫红茶和红碎茶，产量一度超过绿茶，达到190余吨，名优红茶产量近100t。20世纪70年代主要生产红碎茶为主，由当时的外贸公司出口，进入20世纪80年代初，由于农村实行土地承包到户，集体茶园分到农户，由于不懂得茶叶种植和加工技术，红茶出口大幅度降低。进入2000年，各级政府高度重视茶产业的发展。2007年铜仁掀起发展茶产业的热潮，随着茶叶市场对红茶的需求量增长，在2015年有大量的茶叶生产企业转向红茶的生产，红茶主要有红条茶、卷曲形红茶等品类。

㉞ **阡纤美人（红茶）**：石阡名优红茶，本地茶树品种石阡苔茶为原料生产的条形工夫红茶。

㉟ **水城春茶**："水城春"位于中国凉都六盘水·生态水城，地处北纬26°~27°，降雨充沛。高海拔、低纬度、山高谷深、云雾缭绕、生态环保，处处是绿水青山，独特的地理气候环境赋予了水城春茶"早""古""富硒""生态""干净"等突出优势。每年水城

春茶开园要比本省主要产茶区早10~15d、比江浙一带早20~30d。古诗中"待到春风二三月，石垆敲火试新茶"的情景，在水城的"数九寒冬"就可以实现。"早春茶"在每年1月上旬走进千家万户，"凉都出好茶、神州第一春"香飘天下。水城春茶叶富含有机硒等10余种人体必需的微量元素，品质优良、风味独特、栗香高长，"水城贡茶，七泡留香"被誉为佳话。2019年，"水城春"茶叶获得"特优"级气候品质认定。围绕"古、贡、早、好"高标准打造水城茶叶品牌，"明前翠芽"获2019年第四届亚太茶茗金奖；水城春跻身贵州十大绿茶品牌，成为备受青睐的"凉都"特色农产品之一。

㊱ "凉都茗香"之翠芽：该茶外形扁平光滑，形似葵花子状，色泽翠绿，埋毫不露；香气醇郁，清芳悦鼻，汤色清澈明亮，滋味醇厚鲜爽，回味甘爽持久，叶底鲜活明亮。毛峰：外形细紧稍卷曲，色泽嫩绿泛象牙色、白毫显露；汤色黄绿明亮；香气嫩香持久；滋味醇甘，香气如兰，韵味深长；叶底黄绿。高绿：条索紧结有峰苗，色泽绿润，清香纯正，滋味浓醇回甘，汤色黄绿明亮，叶底绿嫩明亮。红茶：清明前采摘选用小乔木型茶树品种单芽或1芽1叶的鲜叶，经摊凉、萎凋、揉捻、发酵和干燥等工序加工而成，外形紧细秀丽，金毫明显，色泽褐黄；香气纯正悠长，带果香；汤色橙红亮丽；叶底匀嫩，鲜红带黄。

㊲ 春意牌高原茗珠茶：新创颗粒形绿茶，贵州省六盘水市水城县茶叶发展有限公司于2010年创制。鲜叶原料为采自于海拔1600~2100m范围内的福鼎小叶种的晚春1芽2叶或3叶。品质特征：外形卷曲圆润、色泽翠绿，茶汤淡绿色，醇香典雅，滋味鲜醇爽口。2010年获首届"国饮杯"一等奖。

㊳ 九洞天牌仙茗毛尖茶、翠片茶：新创卷曲形、扁形绿茶，贵州省大方县九洞天资源开发有限责任公司茶叶分公司于2006年开发。原料采自福鼎大白茶。品质特征：外形卷曲、绿润，清香浓郁、持久，汤色绿亮，滋味浓醇鲜爽。仙茗翠片茶品质特征：外形扁平光滑、芽肥体壮、色泽绿润，清香浓郁、持久，汤色绿亮，滋味浓醇、鲜爽。仙茗毛尖、翠片茶同时获2009年第八届和2011年第九届"中茶杯"一等奖，分别获2009年中国（上海）国际茶业博览会"中国名茶"金奖和银奖。

㊴ 晴隆绿茶：国家地理标志证明商标保护产品。晴隆绿茶选用无性良种大叶种之鲜嫩芽叶为原料，经独特工艺加工而成。生产企业有晴隆县茶业公司、花贡茶场、晴隆县吉祥茶业公司等，晴隆县茶业公司田连启研制的"贵隆小兰花"外形：条索直挺、白毫显露匀整；汤色：浅绿、明亮；香气：具有明显兰花香；滋味：鲜醇回甘；叶底：黄绿明亮、嫩匀，独具地域特色。品牌统一前企业产品主要荣誉有：贵隆翠芽茶2003年获"贵州省名牌农产品"称号、2009年荣获第十六届上海国际茶文化节"中国名茶"银奖。贵隆翠芽茶、贵隆报春茶和贵隆毛尖茶3个产品获2010年第十七届上海国际茶文化节"中国名茶"金奖。

㊵ 银沙牌南龙雾峰茶：新创卷曲形绿茶。贵阳市开阳县南龙乡贡禹茶业有限公司于2010年创制。产地位于清乾隆四十九年出产南龙贡茶的开阳县南龙乡，茶园处于云雾较多，海拔1200m左右的生态环境中。原料为福鼎大白茶的春季幼嫩鲜叶。品质特征：外形紧细、弯曲、绿润，汤色绿亮，清香，滋味浓、爽，叶底绿亮。2010年获首届"国饮杯"一等奖。

㊶ 蔓生牌贡春茶：新创卷曲形绿茶。贵州省黔南布依族苗族自治州瓮安县蔓生茶业有限责任公司于2009年创制。鲜叶原料采自福鼎大白、浙农113等茶树品种，生产时间为3月中旬至4月中旬。品质特征：条索卷曲、白毫显露、色泽翠绿、外形匀整，汤色清澈，香气溃嫩，滋味鲜浓、回味甘甜，叶底明亮、芽叶肥壮。2010年获第五届"中绿杯"金奖。

㊷ 江口抹茶：贵茶有限公司在江口县凯德特色产业园区，建设江口县贵茶产业综合开发项目，重点发展抹茶加工。2017年，铜仁市委、市政府作出将铜仁打造成为"世界抹茶之都"，打造成为国际抹茶文化中心和交易中心的规划。

㊸ 水砺方牌朵贝御峰茶、御珠茶：2002年贵州夜郎湖茶业有限公司根据历史记载和当地茶树品种特点研制，定名为朵贝御峰茶。2009年开发成功朵贝御珠茶。原料采自地方古茶树群体品种和福鼎大白茶。品质特征：外形紧细卷曲、白毫满披、银绿隐翠条索匀整，汤色绿亮，香气嫩香浓郁、持久，滋味鲜爽回甘，叶底鲜活明亮、嫩匀完整。2009年获"中茶杯"一等奖，2010年获第十七届上海国际茶文化节"中国名茶"金奖、第六届北京中国国际茶业博览会金奖，2011年获第九届"中茶杯"一等奖。朵贝御珠茶品质特征外形圆紧、匀整，汤色黄绿、明亮，香气高长，滋味醇爽。常年产量10000kg。2010年获首届"国饮杯"一等奖。

㊹ 清心兰牌苗王顶芽茶、毛尖茶：新创扁形、卷曲形绿茶，贵州省铜仁市松桃苗族自治县武陵源苗王茶业有限公司出品。产地为武陵山脉梵净山脚下松桃自治县正大乡一带。原料采自龙井43、福鼎大白茶良种的春季幼嫩芽叶。苗王顶芽茶于2006年创制。鲜叶原料为1芽1叶初展。品质特征：外形扁平挺直，色泽翠绿，香气馥郁，滋味鲜爽，叶底明亮。2009年获第八届"中茶杯"一等奖，2009年获中国中轻产品质量保障中心颁发的"中国消费者满意名特优品牌"。苗王毛尖茶（烘青型）于2008年创制。鲜叶原料为1芽1叶和1芽2叶为主。品质特征：外形细紧卷曲、显毫、色泽翠绿，香高持久，滋味鲜爽，叶底嫩绿、明亮，汤色嫩黄。2010年获首届"国饮杯"一等奖。

㊺ 朝阳牌朝阳翠芽茶、雪绿茶、绿珠茶：新创扁形、卷曲形、颗粒形绿茶，贵州遵义市正安县朝阳茶叶有限责任公司出品。品质特征：外形扁平、匀整，色泽翠绿，汤色

碧绿、明亮，栗香浓郁，滋味鲜爽、醇厚，饮后口留清香、喉咙回甘；获2003年第五届、2007年第七届、2009年第八届、2011年第九届"中茶杯"一等奖。2007年在中国茶叶流通协会举办的首届世界（日本）绿茶大赛中国区选样会暨"蓝天玉叶"杯全国名优绿茶评比中获金奖，同年11月获在日本举办的首届世界（日本）绿茶大会银奖；2008年获第九届广州茶博会金奖；2009年获第十六届上海国际茶文化节"中国名茶"金奖。朝阳雪绿茶于2005年创制。品质特征：条索略卷曲、略显毫、色泽暗绿、匀整，汤色碧绿、明亮，栗香浓郁，滋味鲜爽、醇厚，饮后口留清香、喉咙回甘。2006年获"贵州省优质茶"称号，2010年获首届"国饮杯"一等奖。朝阳绿珠茶于2005年创制，品质特征：外形为珠形、色泽翠绿、匀整，汤色碧绿、明亮，栗香浓郁，滋味鲜爽、醇厚，饮后口留清香、喉咙回甘。2010年获首届"国饮杯"一等奖。

㊻ **沁天鹤林牌沁天翠芽**：2006年由金沙县沁天茶业有限责任公司创制。原料采自黔湄601、黔湄419、福鼎大白茶，本地群体种等优良品种的春、夏、秋幼嫩芽叶。品质特征：外形扁平、光滑，形似葵花籽状，色泽翠绿，埋毫不露；香气醇郁，清芳悦鼻；汤色清澈、明亮，滋味醇厚、鲜爽，回味郁厚持久，叶底鲜活、明亮。2010年获第五届"中绿杯"金奖。

㊼ **仡山茗珠茶**：该茶由贵州省遵义市道真仡佬族苗族自治县宏福茶业发展有限公司于2010年创制。原料为名山213、名山131良种的春夏1芽2叶、1芽3叶及同等嫩度的对夹叶。品质特征：外形颗粒紧结、滚圆如珠、匀整重实、墨绿光润，香气馥郁，滋味醇浓，叶底叶芽完整。2010年获首届"国饮杯"特等奖。

㊽ **呀哕耶牌香茶**：该茶由贵州省黔东南苗族侗族自治州黎平县侗乡呀哕耶生态茶业有限公司于2005年创制。原料采自福鼎大白茶，品质特征：外形紧细、卷曲、绿润，汤色嫩绿、明亮，栗香浓郁，滋味浓爽带鲜，叶底绿较亮、含嫩茎。2010年获首届"国饮杯"特等奖。

㊾ **瀑布高绿茶**：该茶由贵州省安顺市九龙山茶业有限责任公司于2010年创制。产于安顺市蚕种场附近海拔1400m左右茶区，土壤母质为砂砾岩，品种为地方竹叶青、细叶苔茶等群体品种，原料为1芽1叶或1芽2叶。品质特征：外形紧结卷曲、绿润，汤色明亮，香气纯正，滋味鲜爽，叶底完整。2010年获首届"国饮杯"特等奖。

㊿ **馨韵牌石林春芽茶**：该茶由贵州省铜仁市思南县茶场于1992年创制。原料为茶场东坡生态茶园的福鼎大白茶嫩芽。品质特征：外形扁平，绿润光滑，清香若兰，滋味鲜爽。2009年获第八届"中茶杯"一等奖。

㉛ **盛兴曲毫茶**：该茶由原名遵义曲毫，贵州省遵义市湄潭县湄潭盛兴茶叶有限公司于

2007年创制，2010年改名盛兴曲毫。原料为小叶福鼎种、黔湄系列茶树品种的单芽。品质特征：外形条索紧细、卷曲成螺、白毫显露、银绿隐翠，汤色清澈、碧绿，香气清新、幽雅、持久，滋味鲜爽、甘醇，叶底嫩绿、明亮。2009年获第八届"中茶杯"一等奖，2010年获第十七届上海国际茶文化节"中国名茶"金奖，2011年获第九届"中茶杯"一等奖。

㊵ **黔茗牌飞雪迎春茶**：贵州省贵阳市南明区黔茗茶行于2009年创制。原料基地在"中国毛尖之都"都匀市。品质特征：外形卷曲、紧细、显毫、绿润，清香中透熟香、带花香，滋味清鲜醇厚、回甘，叶底嫩匀、鲜活。2009年获第八届"中茶杯"一等奖，2009年获第二届世界（日本）绿茶大赛金奖。

㊶ **净团牌净山翠芽茶、翠叶茶**：该茶于2001年由贵州省铜仁市松桃梵净山生态茶叶有限公司创制成功。鲜叶原料为1芽1叶初展。品质特征：外形扁平光滑、挺直尖削、色泽翠绿，汤色嫩绿、明亮，清香持久，鲜醇甘爽，叶底芽叶细嫩成朵、匀齐、嫩绿亮。2007年获上海"国际专利与名牌博览会"金奖，2008年获"恒天杯"全国名优茶评比银奖，2009年获第八届、2011年获第九届"中茶杯"一等奖，净山翠芽茶2010年获首届"国饮杯"一等奖。

㊷ **添香园牌硒峰翠绿茶**：贵州省黔东南苗族侗族自治州丹寨县添香园硒锌茶厂于2010年创制。鲜叶原料采自福鼎小叶种。品质特征：外形匀整，色泽翠绿鲜爽亮、自然卷曲，汤色碧绿、清澈透明，回味甘甜。2010年获第五届"中绿杯"银奖。

㊸ **羊艾牌花溪雪芽茶**：原贵州省羊艾茶场（2009年改制为贵州羊艾生态茶业有限公司）于1998年创制。原料采自"十里香"群体品种、福鼎大白茶、福云6号及黔湄系列等优良品种。品质特征：外形紧、细、直，色泽翠绿鲜润、银毫显露，汤色碧绿明净，滋味鲜爽，清香持久，叶底嫩绿鲜活。2007年获贵州省首届斗茶会三等奖。

㊹ **南方采仙牌翠芽茶**：贵州南方茶叶有限公司于1988句创制。原料主要采自黔北、黔中地区福鼎大白茶、龙井43和当地苔茶品种。品质特征：外形匀整，色泽翠绿、鲜亮，汤色翠绿、清澈透明，清香浓郁，鲜爽甘醇，经久耐泡。2007年在中国茶叶流通协会举办的首届世界（日本）绿茶大赛中国区选样会暨"蓝天玉叶"杯全国名优绿茶评比中获金奖；2007年11月在首届世界（日本）绿茶大赛中获金奖；2009年在第十六届上海国际茶文化节"中国名茶"评选中获金奖；2009年在第二届世界（日本）绿茶大赛中获最高金奖，成为世界绿茶大赛唯一一种连续两届获得金奖以上的绿茶。"南方采仙牌"于2010年11月在第三届中国茶叶产品品牌"金芽奖"评选中获中国茶叶优秀品牌奖。

㊺ **飞龙湖白茶**：贵州引进特异茶树品种开发的新型绿茶，由余庆县正泰茶叶有限责任公司于2011年创制。选用安吉白茶（白叶一号）品种在余庆县飞龙湖区域栽培的春季

图 4-1 坡柳娘娘茶

1芽1叶或1芽2叶初展为原料加工而成。品质特征：外形条直、壮实、匀整、嫩绿，汤色嫩绿明亮、嫩香持久，滋味鲜醇甘爽，叶底嫩匀、叶白脉翠，氨基酸含量5%以上。

㊽ **贞丰县坡柳娘娘茶**：娘娘茶又称"文笔茶""状元笔茶"（图4-1），文人墨客诗曰："喝茶要喝娘娘茶，倒入杯中亮滑滑。"茶回味悠长。坡村按照世代传承的手工工艺，统一加工坡柳娘娘茶。原料：1芽2叶或1芽3叶，外形：龙须茶，乌褐显毫，汤色：黄中稍带绿。

㊾ **雷山银球茶**：该茶产于雷山县著名的自然保护区雷公山，采用该地区海拔1100~1400m"清明茶"的1芽1叶、1芽2叶初展鲜叶为原料，经过炒制加工后，精制为小球状，既美观漂亮，又清香耐泡（图4-2）。

图 4-2 雷山银球茶

第三节　贵州古树茶

① **习水大树茶**：习水县境内的大树茶往往林茶相间，自然生长，生长中从未使用过化肥和农药，是开发极品茶叶的高端原料，是目前同行业少有的珍稀资源。制作的古树红茶茶叶成分中水浸出物总量和茶氨酸含量高。2012年以来，县境内有建立生产型茶叶企业5家，陆续开发了"仙源红""金枞丝""叶文盛""老庄红"等品牌的野生古树红茶产品，在茶叶市场崭露头角，并引起业内关注和好评，习水古树茶具有了一定的知名度和影响力。习水红茶选用当地古茶树作为原料，按照标准分批多次采摘，经过萎凋、揉捻（切）、发酵、干燥等典型工艺过程精制而成，成茶外形细紧、微卷、有锋苗，色泽乌黑油润；汤色红亮；香气浓郁，带花果香或花蜜香；滋味醇厚回甘耐泡；叶底红匀、明亮、完整。2017年，国家质检总局批准习水红茶为国家地理标志产品。

② **金枞丝野生红茶**：习水县勤韵茶业有限公司2012年研制成功古树红茶"金枞丝"，上市后引起了茶界专家的高度重视，受到市场许多消费者的喜爱。虞富莲、牟应书、吴

锡源等茶界资深专家品尝后给予了很高的评价:"习水古树红茶外形紧细秀丽,汤色橙黄明亮,有明显的花果香和蜜香,稍带玫瑰香,滋味醇正厚重、回味悠长,是珍稀的高端茶叶资源,具有极高的开发利用价值,市场前景十分广阔。""金枞丝"野生红茶荣获2013年第三届中国国际茶业博览会特等金奖,深受消费者的喜爱和青睐,在茶叶市场享有较高的知名度。原料:1芽2叶。外形:条尚紧结,多扁条,色乌黑。叶底:尚软,红尚亮(图4-3)。

图4-3 金枞丝野生红茶

③ 仙源红古树红茶:贵州仙源红古茶树茶业公司生产的"仙源红"古树红茶,经过专家评定"回味甘甜,香味持久,汤色红亮,经久耐泡",有青花青果香,根据其汤色红亮的特点,取名为"仙源红"。产品先后获得荣誉:2015年贵州遵义国际茶博会被评为"贵州最具推荐价值古树茶茶叶",2015年荣获香港金芽奖"中国最具国际潜力茶企品牌",2016年深圳金芽奖获"2016科技创新进步奖"。

④ 鳛国故里古树红茶:贵州鳛国故里茶业发展有限公司与习水县勤韵茶业有限公司共同研发"鳛国故里"(古树红茶)系列产品,茶香气浓郁,滋味醇厚,气味芬芳高雅,汤色红艳明亮,滋味甘鲜醇厚。2018年被评定为"遵义市十大旅游商品"。

⑤ 叶文盛古树红茶:贵州叶文盛茶业有限公司利用习水古树茶资源,经过不断研发努力,叶文盛结合政和工夫红茶、武夷山正山小种加工工艺,制作出独特的习水古树红茶品种,习水古树茶红茶外形条索紧结,色泽乌润,茶性温和,汤色红艳透亮,古木幽香绵长,口感厚重润滑,叶底乌红明亮。

⑥ 桐梓凤凰古树茶:桐梓县尧龙山镇凤凰村古树茶叶具有悠久的历史,据《华阳国志》《茶经》等有关史料记载,早在秦汉时期的平夷县就种植、制作、饮用茶叶。清代还出产了著名的"古树贡茶",茶叶独具特色,品质极佳。凤凰村古树茶历史悠久,文化颇为深厚,种茶、制茶、饮茶都有自己的特色。桐梓县凤凰茶业专业合作社研制的"凤凰"古树红茶、"凤凰"古树绿茶得到了茶届专家的一致好评,受到消费者的喜爱。

⑦ 沿河古树茶:沿河县在对野生古茶树保护的同时,与适度开发利用结合起来,研制开发出"古树绿茶"(图4-4)"古树红茶""古树黄茶""古树黑茶""古树乌龙茶""古树白茶"等系列产品,产品远销北京、深圳、上海、广州、济南、重庆、贵阳等主体市

场,"沿河·古茶"在国际国内茶事活动中多次获奖,曾获"第十届国际名茶"金奖、贵州省首届斗茶大赛"茶王"金奖、"中茶杯"一等奖、"中国好茶叶"金奖等奖项。

贵州沿河千年古茶有限公司、贵州沿河乌江古茶有限公司、沿河塘坝榨子田野生态千年古茶有限公司生产。原料:1芽2叶。绿茶外形古树特质显,熟栗香,古树韵微显;滋味浓醇,古树韵稍显;叶底嫩尚匀,黄绿亮。红茶外形细紧,金毫稍显,乌褐润;香气带焦糖香,叶底细嫩匀、红尚亮。

图4-4 沿河古茶(绿茶)

⑧ **普定哚贝贡茶(古树绿茶、红茶)**:据《安顺府志》记载,哚贝贡茶于明朝崇祯年间多次作为贡品进贡皇帝。1958年哚贝贡茶作为地方特产,选送北京参加全国农展,得到好评。哚贝贡茶是贵州十大历史传统名茶之一(图4-5),产于贵州省普定县化处镇境内哚贝片区。当地海拔1200~1400m,青山绵亘,冬无严寒,夏无酷暑,常年云雾缭绕,碧绿的磨香河环绕茶山流淌。得天独厚的自然环境使哚贝贡茶富含茶多酚、氨基酸、儿茶素及硒、锶等多种微量元素。哚贝贡茶以优质茶树鲜叶为原料,运用独特的传统工艺和现代科技相结合,精选精制而成,外形色泽清绿油润,内质汤色明亮,滋味醇厚,回味甘长,香高持久。主要产品有哚贝御芽、哚贝御峰、哚贝御珠、哚贝御绿、哚贝银杏茶等,贵州哚贝古茶开发有限公司生产。原料:1芽2叶。外形:卷曲,显毫;香气清香,鲜;叶底细嫩尚匀,黄绿亮。滋味:浓明苦涩显。

图4-5 哚贝古树绿茶

⑨ **镇宁县白沙古茶**:镇宁白沙茶在历史上就久负盛名,2011年建立了镇宁黄龙茶叶农民专业合作社,贵州大白沙茶业有限公司及贵州瑜鸿农业发展有限公司等茶企业,开发了"白沙古树茶""浪风关红军茶"。

⑩ "水城春"古树茶：该茶历史悠久，早在清乾年间（1723年）就作为贡茶，供皇室享用，其茶品质可见一斑，现有木城百年古茶树上万株，千年古茶树上千株，辖区内茶树面积总共1000余亩。水城春古树茶内含物质丰富，表没食子基儿茶素没食子酸酯（EGCG）数据值高，EGCG抗癌、抗病毒成效显著，喝一杯水城春木城古树茶，它的抗氧化功能相当于一瓶半红葡萄酒，12瓶白葡萄酒，丰富的内涵物质及咖啡碱含量高使古树茶七泡留香、汤淳味美，喝水城古树茶享皇家高品质味道。

⑪ 七星太极古茶（绿茶、红茶）：贵州省毕节市七星关区亮岩镇太极村是七星太极贡茶的发源地，也是太极茶叶种植的核心区（图4-6），覆盖七星关区燕子口镇、亮岩镇、小吉场镇、阿市乡、龙场营镇等乡镇。该区域平均海拔900m，地形复杂，冬无严寒，雨水充沛，气候湿润，云雾多，漫射光强，土层深厚，空气清新，生态环境优良。

图4-6 七星太极古茶

该区域尚存具有价值的古茶树69877株，可以说是目前毕节乃至贵州古茶树存量最多的地方。这些古茶树基径20~30cm的共767株，30~36cm的17株，基径最大达36cm（1株），株高最高的达5m。

太极古茶就是采用这些古老的茶树鲜叶作为加工原料，通过精湛的工艺加工而成，得到了省内外茶叶专家的高度评价：红茶香气高藏，古墨幽香，汤色红色明亮，滋味醇厚清爽，回味悠长；绿茶色泽绿润，古墨幽香，汤色绿色明亮，滋味醇厚清爽，太极古茶幽香清远。

2016年8月，毕节市七星关区被中国茶叶流通协会授予"中国古茶树之乡"称号。

⑫ 水东古贡茶："水东古贡茶"产于贵州省毕节市纳雍县水东乡姑箐村，别称"姑箐御茶""姑箐古树茶"，产品原料主要来源于乔木型大中叶当地群体品种，叶肉厚、叶色墨绿、油铮发亮，嫩芽黄绿色，无茸毛，发芽整齐，耐寒性强，自然品质极佳，多以手工炒制为主。贵州纳雍唯博现代农业开发有限责任公司生产菁月春芽水东古树茶。原料：1芽2叶。绿茶外形：针形；香气：清香；叶底：细嫩，黄绿明亮。姑箐水东红茶外形：细紧，显锋苗，显金毫；叶底：细嫩，红亮（图4-7）。

图4-7 菁月春芽水东古树绿茶、姑菁水东红茶

⑬ **乌王御贡古树绿茶、红茶**：贵定县凤凰茶业有限责任公司生产。贵定县是"贡茶之乡""古茶树之乡"，原料：1芽2叶。红茶外形古树特质显；香气有蜜香，外形条紧尚细，乌润；香气细腻带蜜香，带花香；叶底柔嫩，红尚亮；绿茶外形圆结形；香气有熟栗香；滋味浓，叶底肥软，黄绿亮（图4-8）。1997年时任中国佛教协会会长赵朴初品饮乌王种茶后率性写下"佛茶"二字（图4-9）。

图4-8 乌王御贡古树绿茶、红茶

图4-9 中国佛教协会会长赵朴初题字

⑭ **清贡牌千年绿、千年红**：金沙县古茶树开发专业合作社生产。原料：1芽2叶，绿茶外形古树特质显；香气有蜜香带梅子香，古树韵显；滋味中带蜜香，古树韵显；叶底柔软，黄绿亮。红茶外形多金毫，色金褐，尚润；叶底嫩匀，红（图4-10）。

图4-10 清贡牌千年绿、千年红

⑮ **雷山大树绿茶**：原料：1芽2叶；外形：古树特质尚显（炒青）；香气：带栗香，香浓，古树韵显；滋味：浓醇明显，古树韵较显；叶底：尚嫩匀，绿尚亮（图4-11）。

图4-11 雷山大树绿茶

⑯ **贞丰·坡柳古树绿茶**：贞丰聚优品商贸公司生产。原料：1芽2叶，外形条尚紧结，色灰绿，稍起霜；香气：稍有花香，古树韵显；滋味浓厚，回甘，古树韵显；叶底稍青绿（图4-12）。

图4-12 贞丰·坡柳古树绿茶

⑰ **永贞红古树红茶**：贞丰坡柳村种植专业合作社生产。外形条紧结，显金毫，色乌褐润；叶底柔软，红尚亮（图4-13）。

图4-13 永贞红古树红茶

⑱ **甲寅堂黔山古韵**：兴义市丰源市场鑫源茶庄。原料：1芽2叶；外形：古树特质显；香气：古树韵显；滋味浓醇滑，古树韵显；叶底嫩匀，黄亮（图4-14）。

图4-14 甲寅堂黔山古韵

⑲ **黔云古树绿茶、红茶**：贵定县黔云茶业有限公司生产。原料：1芽2叶；绿茶外形古树特质显；香气：栗香，古树韵显，滋味醇滑；叶底黄绿明亮。红茶外形卷曲，稍润香气，花香，甜香（图4-15）。

图4-15 黔云古树绿茶、红茶

⑳ **贵州南部古树绿茶、红茶**：贵州南部茶叶发展有限公司生产。原料：1芽2叶。绿茶外形：条稍卷曲，稍有毫；香气：尚清香；滋味：明显；叶底：尚嫩匀，黄绿亮。红茶外形紧尚细，稍有金毫，叶底尚柔软，红尚亮（图4-16）。

图4-16 贵州南部古树绿茶、红茶

㉑ **纳雍大乾古树老陈家茶**：贵州纳雍大乾古树茶开发有限公司生产。原料：1芽2叶，外形古树特质稍显，卷曲显毫；香气：甜香；滋味醇和；叶底嫩尚匀，黄绿亮（图4-17）。

图4-17 纳雍大乾古树老陈家茶

㉒ **清池张氏古树绿茶**：金沙县清池张氏茶庄生产。原料：1芽2叶，外形肥嫩，芽叶多白毫，甜香，稍有花香，滋味醇和，叶底黄绿亮，肥嫩（图4-18）。

图4-18 清池张氏古树绿茶

㉓ **黎平古树绿茶、红茶**：黎平县侗乡观音茶业有限公司生产。原料：1芽2叶。绿茶外形条稍松，卷稍有毫；香气：甜香，古树韵显；滋味浓厚，古树韵显；叶底黄绿尚亮，嫩，欠匀。红茶外形：紧细，乌润，叶底：柔嫩，红尚亮（图4-19）。

图 4-19 黎平古树绿茶、红茶

㉔ **黎平太平山野生茶**：黎平县太平山野生茶开发有限公司生产。原料：1芽2叶，外形条稍松，色绿；香气：清香，古树韵尚显；滋味醇厚，古树韵较显；叶底黄绿亮，嫩；欠匀（图4-20）。

图 4-20 黎平太平山野生茶

㉕ **贵定黔园香古树绿茶**：贵定县黔园香茶园生产。原料：1芽2叶，外形卷曲显毫，稍有清香，滋味浓醇，叶底嫩尚匀、绿亮（图4-21）。

图 4-21 贵定黔园香古树绿茶

㉖ **长顺懂雾古树绿茶**：长顺县津香茶叶农民专业合作社生产。原料：1芽2叶，外形：条紧显毫；香气：栗香，滋味浓；叶底嫩尚匀、黄绿稍暗（图4-22）。

图4-22 长顺懂雾古树绿茶

㉗ **梵净山毛峰**：贵州省印江自治县紫薇茶业有限责任公司生产。原料：1芽1叶，外形：条稍粗，色稍暗。滋味：浓醇。叶底：黄绿稍深（图4-23）。

图4-23 梵净山毛峰

㉘ **云台寺古树红茶、古树绿茶**：贵州省龙里县云邑清茗茶叶专业合作社生产。云台寺古树的茶青叶片肥厚、较为粗大、有皮质感。红茶的制作工艺采用"三重工艺"（重萎凋、重揉捻、重发酵）。茶青使用1芽2叶或1芽3叶，在保护古茶树生长的前提下最大限度用好原料（图4-24）。

图4-24 云台寺古树红茶、古树绿茶

㉙ **阡纤美人古树红茶**：贵州祥华生态农业发展有限公司、石阡县万崇山茶叶农民专业合作社联合生产。原料：单芽、1芽1叶、1芽2叶。外形细紧显锋苗，显金毫；香气带甜香；叶底细嫩，红匀亮（图4-25）。

图4-25 阡纤美人古树红茶

㉚ **梵净山栗王红**：贵州省印江自治县紫薇茶业有限责任公司生产。原料：1芽2叶。外形条稍松，有扁条；香气带花香，叶底红亮（图4-26）。

图4-26 梵净山栗王红

㉛ **弘茂牌原乡王茶古树红茶**：贵州弘丹成生态农业有限责任公司生产。原料：1芽2叶。外形细紧，香气有清花香，滋味浓，叶底嫩匀、红亮（图4-27）。

图4-27 弘茂牌原乡王茶古树红茶

㉜ **普安红四球古茶**：贵州普安盘江源茶业有限公司、贵州四球茶专业合作社联合生产。外形紧结，带红片；香气有花香，古树韵；叶底红（图4-28）。

图4-28 普安红四球古茶

㉝ **都匀毛尖情缘谷古茶**：贵州康润香茗茶业有限公司贵定分公司生产。原料：1芽2叶。外形：紧结，壮实，乌润；香气：古树韵显（图4-29）。

图4-29 都匀毛尖情缘谷古茶

㉞ **掌克古树红茶**：贵安新区掌克村古树红茶采用当地百年以上古茶树，1芽2叶的原料，加工过程中重发酵，形成掌克古树红茶特有的色、香、味，高香绵甜的风格，品饮时能感觉到古茶树的韵味，当年的历史民族文化赋予古树茶丰富的文化内涵，让人们体验到掌克古茶树红茶厚重的历史和人文气息。贵安新区党武镇百年古树红茶种植农民专业合作社生产的掌克古树红茶，外形：条紧结，色乌棕润；香气：古树韵尚显；叶底柔软，有青张（图4-30）。

图4-30 掌克古树红茶

第四节　贵州名优茶评选

一、贵州名茶评选

（一）贵州十大名茶

2009年由贵州省委、省政府安排省茶协组织评选，都匀毛尖、湄潭翠芽（含兰馨雀舌）、凤冈锌硒绿茶、贵定云雾贡茶、安顺瀑布毛峰、"泉都坪山"牌石阡苔茶、梵净山翠峰茶、金沙清池毛尖、凤冈"春江花月夜"牌明前毛尖、雷山银球茶获"贵州十大名茶"称号。

（二）贵州省五大名茶

2010年由贵州省委、省政府安排省茶协组织评选，8月30日召开新闻发布会，参评单位共14家。经过省内外专家进行质量、综合评审及公众投票，评选出：湄潭翠芽、石阡苔茶、凤冈锌硒绿茶、贵定云雾贡茶、安顺瀑布毛峰获"贵州省五大名茶"称号。其中，由于都匀毛尖系"中国十大名茶"，未参加此次评选。

二、贵州省斗茶赛

2015—2019年，贵州省斗茶大赛连续5年举办了6次斗茶赛，共有43个茶叶主产县1719家企业2276只茶样参与斗茶，全省1500多家茶叶企业（农民专业合作社）参赛，通过安全、品质、标准的大比拼，斗茶赛已成为助推贵州茶产业加工提升、品牌宣传、市场拓展的重要平台和窗口，共斗出了19个"茶王"。

（一）全省秋季斗茶赛

① **2015年全省春季斗茶赛**：2015年4月17日"贵州省春茶斗茶赛新闻发布会"正式启动，全省多家企业、数千只茶样送样参与，经贵州省农产品检测中心检测，近100只贵州绿茶均检测合格，所有绿茶水浸出物含量均高于40%，为控制误差和保证大赛公开、公平、公正，大赛邀请省内外专家组成"专家评审组"，另由政协委员代表、新闻媒体代表和公众代表组成"现场评审组"，由贵阳市公证处全程监督。2015年5月15日，经过层层筛选，选出138只茶样进行决赛，经专家及现场评委对茶样的外形、汤色、香气、滋味和叶底等方面逐一考量评分，雷山县毛克翕茶叶发展研究所的"雷山银球茶"获绿茶类金奖"茶王"称号、贵州琦福苑茶业有限公司的"遵义红红茶"获红茶类金奖"茶王"称号、贵州岚宇茶业有限公司的"开阳富硒白茶"获其他茶类金奖"茶王"称号、贵州经典云雾茶业有限公司的"贵定云雾贡茶"获手工茶类金奖"茶王"称号、沿河塘坝千年古茶茶业有限公司的"梵净山茶"获古树茶类金奖"茶王"称号。

② **2015年全省秋季斗茶赛**：2015年10月26日启动"2015年全省秋季斗茶赛"，全省29个县181家茶企选送的348只茶样，每只茶样都由组委会统一送往检测机构检测水浸出物、总灰分、水分、氟氯氰菊酯、联苯菊酯、氯氰菊酯、溴氰菊酯、吡虫啉、草甘膦、铅等10项指标，根据无公害食品茶叶标准以及茶样所依据的产品标准淘汰理化指标不达标、质量安全指标超标的茶样，符合标准的茶样进入"专家审评"。经检测和专家审评后，最终21只茶样进入11月29日的现场决赛，由政协委员代表、新闻媒体代表和公众代表组成"现场评审组"，贵阳市公证处全程监督（图4-31）。

图4-31 "2015年全省秋季斗茶赛"检测、专家审评及现场决赛

③ **2016年全省秋季斗茶赛**：2016年贵州秋季斗茶赛自9月18日启动，经过市（州）、县预赛，筛选出37个县（市、区）86家企业的106个样品，贵州大方县以利茶场选送的"以利绿茶"、贵州湄潭盛兴茶业有限公司选送的"遵义红"、毕节七星古茶开发有限公司太极选送的"古树绿茶"分别获绿茶、红茶、古树茶三大类"茶王"称号。

④ 2017年全省秋季斗茶赛：115家企业选送的155只茶样参赛，筛选出30只茶样进入2017年11月30日在贵州饭店国际会议中心贵州厅举行的现场决赛。贵阳开阳蓝芝茶叶有限公司"蓝芝玉叶"、贵州寸心草有机茶业有限公司"寸心草牌·金黔眉"、贵州省王母铁红茶业开发有限公司"八步古茶"分别荣获绿茶、红茶、古树茶"茶王"称号。

⑤ 2018年贵州省秋季斗茶赛：本届斗茶赛最大的亮点是在省内外20个城市分赛场同步斗茶。分别在北京、上海、广州、武汉等省外主要目标市场的8个城市以及省内9个市州共设立了20个分赛场，其中省内9个市州设10个分赛场，让斗茶赛实现了自下而上、自上而下的循环。贵定凤凰茶业有限公司选送的"都匀毛尖茶"获绿茶类金奖"茶王"称号、贵州琦福苑茶业有限公司选送的"遵义红牌红茶"获得红茶类金奖"茶王"称号、镇宁县江龙浪风关白沙茶业有限公司选送的"浪风关古树"获得古树茶类金奖"茶王"称号。

⑥ 2019年贵州省秋季斗茶赛：9个市（州）选送了42个茶叶县的126只茶样，其中绿茶61只、红茶53只、古树茶12只，参赛企业封存500kg以上与样品同级同样的茶叶。经过质量检测机构对茶样的质量安全与理化指标检测，淘汰掉8只水分超标的茶样后，有35只茶样进入了专家审评阶段，同时送往10个省内分赛场和11个省外分赛场，邀请全国各地的茶友、茶商进行大众审评。毕节花海风景园林工程有限公司选送的"九洞天绿茶"、凤冈县贵州黔知交茶业有限公司选送的"金牡丹红茶"和贵州黔茶联盟公司选送的"皇金苔牌古树红茶"，分别斩获绿茶、红茶和古树茶类金奖"茶王"称号。

（二）贵州省古树茶斗茶赛

贵州省是古茶树主要的原产地之一，野生古茶树资源十分丰富，在野生古茶树中蕴含了许多优良品种。近几年古茶树资源的价值逐步被感知而引起重视，为提高全省古树茶产品品质，提供古树茶生产加工、技术品质、促进茶叶销售交流平台，进一步锤炼茶叶企业的古树茶加工技能水平及重视古茶树开发和保护利用。2017—2019年连续三年分别在都匀、毕节七星关、水城举行，2017年中央电视台作了报道。

① 2017年"都匀毛尖·贵台红杯"贵州省首届古树茶斗茶赛：来自全省古树茶产区52支参赛茶样，其中古树红茶30支、古树绿茶22支。由杭州中国茶叶研究院及云南、福建等国家级评茶专家组成评审组，于2017年6月7日在贵州贵台红制茶科技有限公司进行评审，其中贵定县凤凰茶业有限责任公司选送的"古树红茶（二级）"和金沙县古茶树开发专业合作社选送的"清贡牌千年绿"参赛茶样分别获古树红茶、古树绿茶"茶王"称号。

本次大赛由贵州省茶叶协会、黔南州茶叶产业化发展管理办公室、中国国际茶文化研究会民族民间茶文化研究中心联合主办,贵州贵台红制茶科技有限公司承办(图4-32)。

图4-32 2017年"都匀毛尖·贵台红杯"贵州省首届古树茶斗茶赛现场及参赛部分茶样

② 2018年"毕节奢香贡茶·太极古茶杯"贵州省第二届古树茶斗茶赛:斗茶赛共收到全省各古树茶产区企业选送茶样共61支(其中古树红茶31支、古树绿茶30支),5月12日在毕节市七星关区亮岩镇太极村太极茶叶专业合作社厂区进行审评,由杭州中国茶叶研究院及云南、福建、广东省等及省内茶叶行业国家级评茶专家组成评审组,经大赛专家裁判综合评审:七星关区太极茶叶种植农机服务专业合作社选送的"太极古树红茶"和贵州省纳雍县山外山有机茶业开发有限责任公司选送的"彝岭苗山古树绿茶"分别获"茶王"称号。

③ 2019年"水城春杯"贵州省第三届古树茶斗茶赛:2019年5月20—21日在水城县融媒体中心举行(图4-33),斗茶赛共收到各古树茶产区企业选送茶样63支(其中古树红茶40支、古树绿茶23支),经大赛专家裁判综合评审:水城县茶叶发展有限公司(龙场茶厂)古树红条茶、盘州市民主沁心生态茶叶种植农民专业合作社古树绿茶分别获得"茶王"称号。

图4-33 2019年"水城春杯"贵州省第三届古树茶斗茶赛开幕式现场

第五章 茶泉

唐代著名诗人孟郊（751—814年）在1300年前的《赠黔府王中丞楚》是这样赞美贵州水："旧说天下山，半在黔中青。又闻天下泉，半落黔中鸣。山水千万绕，中有君子行……"这就是说，天下的青山甘泉，有一半出在贵州。用现代的话来说，就是山好，水好，人更好。

贵州河流处在长江、珠江两大水系上游交错地带，河流较多，千米以上的河流有984条，流域面积60420km^2，占全省面积的35%。

由于贵州降雨充沛，平均年降水量1100~1300mm，植被茂密，生态环境较好，贵州的地下水资源也比较充足，山有多高，水就有多高，这一方水土养育了贵州这一方人。

水是生命之源，也是茶之父。贵州成熟的喀斯特地貌山川，造就了特殊的溶岩生态系统，为贵州产生优质天然矿泉水提供了得天独厚的环境和条件，所以贵州分布着广泛的天然饮用水资源。

陆羽在《茶经》中写道："山水上，江水中，井水下"，为泡茶之水做了评判，分了等级。明代的《茶疏》中写道："精茗蕴香，借水而发，无水不可与论茶也。"明代张大复《梅花草堂集》说："茶性必发于水，八分之茶，遇水十分，茶亦十分矣；八分之水，试茶十分，茶只八分耳。"道出了好水方能泡出好茶的因果关系。贵州由于切割深，地势高低落差大（最高的赫章韭菜坪海拔2900余米，最低的黎平大河口仅147m）。因而产生了如同黄果树、十丈洞那样奔腾直泻的大瀑布，同时也产生了众多的溪流和涓涓山泉，顺势山间而下，在一些低洼地、平缓地老百姓能因地制宜、择地掘井造井。无论是来自崇山峻岭、千山万壑，还是地面缓流、地下涌出的水，经过良好的自然生态与喀斯特熔岩地质的过滤，其形成的溪流、山泉、古井，都内含着优秀的品质，既清也活、亦甘也冽、生津解渴，烧成开水，则轻软剔透，壶不起垢，是泡茶的好选择。选上一把好壶，择一款优质贵州茶叶，用这些泉水、井水冲泡，其香气、滋味乃天作之成，绝佳配对。

第一节　贵阳古井

一、圣贻泉水

贵阳圣怡矿泉水厂是贵州省人民医院直属国有企业（图5-1）。20世纪90年代初，为确保医护人员、病人及家属的饮水安全，医院先后派出专家组在全省范围内寻找最优质的水资源，筹建矿泉水厂。历时多年，跋山涉水，通过无数次的采样和化验，最终发现贵阳市花溪国宾馆后山有一口千年古井，水质甘甜，各项指标均超出其他区域的水源数据。数届国家领导人,曾莅临花溪国宾馆,饮用过此水。常言道"千山过滤,只取一勺。"然而"万千之水何其多,唯独精华难寻",在世界喀斯特的中心,云贵大山之中,这口古井无论地理条件、文化内涵、品质口感,都无可挑剔。1994年8月,省医圣怡矿泉水厂,在多方共同努力下建成投产。圣怡泉的甘甜始终滋润着广大医务人员、患者的健康。贵州省人民医院水厂决定迈出省医、走向全省,面向全国构筑起人民身体健康的堡垒。

图5-1 贵州省人民医院矿泉水厂

二、黔灵山泉

说起贵阳人吃井水的生活记忆,黔灵山总是占据举足轻重的地位。贵阳现存21口被列为市级文物保护单位的水井,黔灵山公园内就有白象泉、檀泉、月亮井。这些泉(井)也留下了有名的历史故事,多年前董必武有诗写道:"竟上黔南第一山,老夫腰脚尚称顽。泉清树古叶微脱,寺外双峰峙若关。"足见泉对黔灵山的重要性。如今,这些泉井依然常年有水,水质却不如往昔,老贵阳们回忆怀念过去挑水吃水记忆的同时,也感慨现代人保护水源观念薄弱。

1. 白象泉

进入黔灵山公园正大门,往左边前行不多久,就是白象泉。因近几年曾经大修,如今的白象泉整体比较崭新大气,上下两层都是白色石头垒成,四处围栏有象头雕刻,上层就是公园,左边主要道路向水塘延伸出的露台,下一层才是泉眼和水井所在。泉眼处已经被玻璃覆盖隔离,隔离栏底端留有孔供泉水外流,从流出的水看十分清澈,伸手一试,相当冰凉,已不适宜饮用,但依然有市民用矿泉水瓶子在取水饮用。对于饮用泉水的生活习惯,这些市民们依然觉得难以割舍。老阿姨说,几十年前,贵阳很多人都到这里来挑水,每天从早到晚,黔灵山一带浩浩荡荡的都是挑水队伍。尤其是黄金路一带,都喜欢来这里挑水。"白象泉都已经是千年古井了",一位老先生说,"贵阳不知多少代人喝过这儿的水。"

2. 檀 泉

七星潭是黔灵山公园的重要景点,水常年不绝,风景也引人驻足。老贵阳们都知道,没有檀泉,就没有七星潭,公园的魅力也会大打折扣。在公园麒麟洞不远处,就是七星潭水源地：檀泉。沿着麒麟洞下方的一条行人不多的小道往深处走，到尽头可见一块"贵阳市文物保护单位""檀泉"的石碑，经几步垫步石，就到了檀泉泉眼处：一个小亭子，石壁上刻有"檀泉"二字，泉眼被亭子一分为二，分处左右两边，右边泉眼有水泵设置。在泉边，有公园管理处放置的提示牌：此泉（井）水经检测微生物指标严重超标，不适于引用，请勿在此取水。尽管水的质量不好了，但阻挡不了老贵阳门对檀泉的"浓浓深情"和鲜活记忆。

而对于檀泉的记忆，不仅和贵阳老市民的生活相关，也留下了一些文化印记。黔灵山弘福寺创始人赤松和尚曾咏诗赞檀泉："那是檀山幽涧水，和烟和月到前溪。"可见曾经檀泉水之清澈，意境之深远。

3. 月亮井

相对檀泉和白象泉，黔灵山公园内的古井（泉），月亮井的现状最为糟糕。弘福寺往黔灵湖方向走不远，一条人迹罕至荒草丛生的小道尽头就是月亮井。尽管不远处就有市民或打羽毛球或逗猴，月亮井却像是处在"另一个世界"，十分落寞。脏兮兮的小路，已经废弃的亭子和喷泉，荒凉杂乱。而曾经的井口被一小屋彻底隔离，只留一间小门，从开门处往里看，光线很暗，借着门外的光可见水面漂浮着塑料瓶子。如今的荒凉，掩盖不了月亮井"有故事"的过去。

在月亮井旁边，也有"贵阳市文物保护单位"的石碑，在井上小屋屋顶有一石碑，刻着"赤松造井"四个大字，另有小字介绍月亮井来历，模糊字迹大约记载，赤松于大清康熙十一年黔灵山开山立寺后，造此井对于弘福寺的发扬光大香火延绵有巨大贡献。

月亮井离弘福寺仅百步，相传过去专供小和尚饮用，有"小和尚泉"之称。曾经的贵阳人到此取水，不光为饮用，信客们还相信此井水有神奇功效。一位来弘福寺上香的市民说，如今的月亮井，水质差，让人十分痛心。

除了白象泉、檀泉、月亮井，黔灵山公园内还有一些泉眼水质也远不如从前，在靠黔灵湖一边，记者还看到有一泉眼，泉口造型如青蛙，公园清洁人员称其为克蚂泉，（贵阳话，意同青蛙，蟾蜍）泉水依然清澈，但井口已经被污染。

"现在的人，吃自来水吃惯了，不会保护井水"。对于曾经赖以生存的水井如今却水质差不能饮用，李老先生显得很心痛，据他说，原来的贵阳人对于保护水井水源基本上都会遵守不成文规定，饮用水、洗菜水、洗衣水都有严格划分，人人都知道保护水源，而现在人们这方面的观念却非常淡薄。顾此失彼的开发，和市民个人的不文明行为，都给这些古井（泉）带来极大伤害。"保护古井是保护历史记忆，而保护水源是保护生命"。

三、贵阳市井

贵阳城的东西南北中都有井：黑羊井、野猫井、黄家井、三元井、四方井、太乙井、珠巢井、月亮井等。

曾有人统计，贵阳老城内"有名有姓"的井有七八十处。更多的井则没有名号，或者被随意地叫作小井、大井。如贵阳老城内当年被叫小井的就有六洞桥、飞山街等好几处。井在贵阳人生活中的影响很大，以致一些街巷就直接以井称之（这或许也证明是先有了井，再有了街巷），如双井巷、皂井巷、龙井巷、金井街等。很多以井命名的地名今已易名，但也有好些一直被叫到现在，如薛家井、黄家井、龙井巷等；有的井名还在，地点却变了，如皂角井民国以前指今小十字附近的一口井，因井旁有一棵皂角树而得名，旁边的巷子也因之被叫做皂井巷。今天的皂角井位于花溪大道中段，成为地片名。

已知的贵阳城最古老的井当属大十字附近的黑羊井，其历史可一直追溯至宋初，黑羊井旁有条黑羊巷，这是人们聚居的地方。大十字之所以在后来能够成为繁华之地，黑羊井应当是一个重要的因素。人们爱护井，崇尚井，与井和谐相处，井也因此沾上了文化气，许多井名很优雅，如琵琶井、白鹤井、竹叶井等；也有的井名似乎让人"大跌眼镜"，位于城东百花山附近有口人气很旺的井居然叫"棺材井"。

历史上贵阳有"三大名井"，它们是龙井、三元井、薛家井。三井中，又以位于今喷水池附近的龙井名气最大，素有"一品泉"之称，可见水质之佳。明弘治《贵州图经新志·山川》在提及龙井时说："泉出石隙中，喷喋清洌，味甘甚于他井。"贵阳是典型的喀斯特地貌区，这就决定了贵阳井水的特质，井水基本上都是清洌的泉水。泉水是最上品的水，其水质优良，清洌甘甜，一些井干脆直接以泉命名，如黔灵山麓的白象泉、大罗泉等。而名气最响亮的自然数圣泉了。跟一般的泉不同，圣泉是一眼间歇泉，一昼夜盈缩百余次，故又有"百盈泉"之称。此井也为古代著名地理学家徐宏祖所关注，在其《徐霞客游记》里就有"西十里为圣泉北岭，其水东流"的记载。几百年来，圣泉不仅惠及着一方山水，滋养着一方百姓，还营造出一道靓丽的田园风光。"圣泉流云"明代就是"贵阳八景"之一。

随着井被自来水管道取代，诸多的老井淡出了人们的生活，不少井已经无踪可觅，今天贵阳的年轻人大概很难想象，六七十年前的中华路上就有井；甚至到20世纪80年代，新华路往纪念塔方向的人行道上，一眼水井旁，依然人来人往，有人淘米洗菜。2010年以来，贵阳对市内20余眼古井采取了保护措施，包括了圣泉、月亮井、太乙井、薛家井等，都经过了修葺。如距喷水池不远的玉元井，石栏杆围砌，周边植有灌木花草，井口旁树立着"贵阳市文物保护单位"的石碑，至今仍为周边居民使用。位于头桥附近的金鼎山在贵阳很有名气，这儿也有一眼水井，即金鼎山井。

第二节　安顺名泉

黔中安顺，历史悠久，文化厚重，山川秀丽，气候宜人。其位于云贵高原东侧梯级斜坡地带中部，是典型的喀斯特地貌区。世界著名黄果树大瀑布就出自这里，故有"瀑乡"之称。这里是长江水系乌江流域和珠江水系北盘江流域的分水岭，不仅河流、湖泊众多，瀑布、洞潭成群，而且名泉、古井更是星罗棋布，是一个好山出好水之地。

一、安顺茶泉茶水概述

安顺市地形南北均是高山深谷，其间的一组呈东北—西南方向的走廊地带地势稍平，孕育着丰富的地表溪流与地下径流，为过去居住在此地的人们提供了良好的水源条件。因此，这里井泉众多，散布各县（区），各具特色，不乏名者。西秀区城区范围内就有遍布东西南北的99口井；平坝区有井百口，素有"百泉之城"称谓；其余各县（区）均有数量不等的井泉。

历史以来，诸多安顺文人墨客、达官显贵曾为这里的名瀑、古井赋诗咏颂、题词赞美。

二、有名的安顺井泉

（一）瀑乡水美茶馥郁

瀑乡安顺，瀑布稠密。黄果树大瀑布乃中国第一大瀑布，也是世界最壮观的瀑布之一。这里分布着雄、奇、险、秀风格各异的银链坠潭瀑布、陡坡塘瀑布、滴水潭瀑布等几十个大小不一的瀑布，形成了一个庞大的瀑布群，被大世界基尼斯总部评为世界上最大的瀑布群，列入世界吉尼斯纪录。该瀑布群集中分布在450km²区域内的贵州北盘江支流打邦河、白水河、灞陵河及王二河上，形成于典型的亚热带岩溶地区，统称"岩溶瀑布"。黄果树大瀑布属"河流袭夺型"瀑布，以他为中心的瀑布群被称为"岩溶瀑布博物馆"。

好山好水出好茶，自古以来，茶人对水无不津津乐道，爱水入迷，认为只有符合"清、活、甘、轻、冽"五个标准才算得上是好水。宜茶用水，以"清"为本，水质清洁、透明、无沉淀物才能显出茶的本色。唐代陆羽在《茶经·四之器》中所列的漉水囊，就是用来滤水用的，使煎茶之水清净；宋代"斗茶"，强调茶汤以"白"取胜，更是注重"山泉之清者"；明代熊明遇用石子"养水"，目的也在于滤水。山泉之水经诸多砂岩层渗透而来，相当于多次过滤，水质软，清澈甘美，且含多种矿物质，以此水沏茶，汤色明亮，并能充分地显示出茶叶的色、香、味。"为有源头活水来"的"活"是指有源头而常流动的水，在活水中细菌不易大量繁殖，泡出的茶汤滋味更鲜。南宋胡仔《苕溪渔丛话》曰："茶非活水，则不能发其鲜馥。"明代顾元庆《茶谱》有云："山水乳泉漫流者为上。"这些均说明试茶水品，以"活"为贵。

就上述两点，黄果树瀑布之水，是否可属茶人择水之列。惜，过去却无人论述也。今"方大集团"奇思妙想，就当地水源进行考察调研，在黄果树风景区周边的扁担山乡建立水厂，就地取源，生产"黄果树"品牌矿泉水，富含多种对人体健康的矿物质，产品销量以日俱增，品牌知名度不断扩大。用黄果树水泡黄果树茶，馥郁芬芳，真乃人间美味也。

黄果树瀑布，在古人诗中多有"白水"二字出现，从一个侧面反映了瀑布之水清澈的感观。

清代著名书法家严寅亮撰联："白水如绵，不用弓弹花自散；红霞似锦，何须梭织天生成"，给予赞美；明代地理学家、旅行家、散文家徐霞客西行于此，见到如此壮观的景色赞叹不已，并在《游记》中留下"透陇隙南顾，则路左一溪悬捣，万练飞空，溪上石如莲叶下覆，横罩门外，直下者不可以丈数记，捣珠崩玉，飞沫反涌，如烟雾腾空，势甚雄厉；所谓'珠帘钩卷，飞练挂遥峰'，俱不足以拟其壮也"的美文。明末"天未才子"谢三秀诗句曰："素影空中飘匹练，寒声天上落银河。"清代诗人郑子尹诗句曰："白水瀑布信奇绝，占断黔中山水窟。"清康熙年间曾任贵州巡抚的田雯曰："匡庐瀑布天下称奇绝，何如白水河灌犀牛潭，银汉倒倾三迭而后下，玉龙饮涧万丈哪可探。"当代亦有书画巨匠刘海粟、美学家王朝闻、国画家吴作人、贵州籍女书法家肖娴、经济学家于光远等文化名流和多位国家政要为之题词赞美。国际洞穴协会副主席D.C福特教授说："水帘洞是世界最美的，我还没有看到过如此好的洞穴。"

黄果树瀑布因雄奇壮阔，且有以其为中心多姿多彩的瀑布群而驰名中外，并享有"中华第一瀑"之盛誉。

在这好山好水之地，用当地之水沏上一壶"观山"茶，坐拥大自然美景，岂不乐哉！

（二）西秀龙井茶飘香

许是取唐代诗人刘禹锡"水不在深，有龙则灵"诗句之意，安顺以"龙"贯名的地方比比皆是。诸如水上洞府"龙宫"（国家5A级景区）、林茂幽山"九龙山"（国家级森林公园）、佛教之地"龙泉寺"，等等，不一而足。然，以"龙"易名的井泉更不在少数。西秀区就有离不开"龙"字的三大名泉。

名泉配佳茗，好水沏好茶。用西秀龙泉之水冲泡的安顺茶，色香味俱佳，令人爽心悦目，回味无穷。

1. 安顺大龙井

大龙井,旧称"城中第一泉"(图5-2)。《安顺府志》载:"在城内北隅西门河旁,源远流长,味极甘美,城中泉品此为第一。"

道光十二年(1832年),郡人武举、守备倪北熊等倡修石栏设门内,左旁有一暗沟,自漂布河水注之。安顺城内部分居民在未有自来水之前皆汲于此。至今,井后牌坊上还留有"井养不穷"四个大字,为当地文人胡寿松所题。旧时,有人将此名泉与西湖"龙井"媲美,留下了佳句"抛得杭州未能去,枯肠怯触并眉名"。

图5-2 大龙井

井后有龙王庙,设"龙王阁",塑龙王像,立"南无井泉龙王菩萨神位"石碑。庙门上方有"海晏河清""风调雨顺"的横匾。大门对联云:"龙从百丈潭中起,雨向九重天上来。"其人文与景观相映生辉。过去每逢天旱,曾有百姓到此祈求龙王施舍甘霖;每年元宵舞龙,也要到此先拜龙王。

抗日战争时期南迁来的军医学校,在安顺创办了《药学季刊》,其卫生化学系研究室,曾对安顺数种日常饮食物进行理化检测分析,其中就含大龙井、双眼井、四眼井等三个井水的检测。据该刊1940年1~4期合订本载:"安顺市民日常饮用之水,都取给于大龙井、双眼井、四眼井等3个大井,本校食用之水,以城北贵西营房西之无名泉水为上,本系曾将以上各井泉水作理化学之检测,检测之目的在于其是否饮用。检验结果:大龙井等井泉水,均适于饮用。"这一高等学府的到来,为安顺人民饮用水安全提供了保障。运用科技手段,进行水资源理化检测,在当地尚属首次。

北街(中华北路)四官桥茶馆地处大龙井附近,"近水楼台先得月",常以该井之水沏盖碗茶,招待四方来客,因水好茶香,再添聘请民间艺人说书,精彩纷呈,故茶馆生意兴隆,长盛不衰。

2. 安顺西龙井

嘉靖《贵州通志》云:"龙泉庙在卫治西一里龙井山上,嘉靖三十年(1551年)建。"又云:"龙泉,在城西一里许,即龙井山泉也。"始现"龙泉"之名。清代顾祖禹《方舆纪要》载:"(龙泉)在城西一里,出龙井山。"尔后,清《安顺府志》载:"龙井山《方舆纪要》云:'在城西一里。'按:山下有龙泉,水源不竭。若岁旱,城中居民皆至彼取汲,故以龙井名泉,而山亦名焉。"安顺有人认为,龙井山为西秀白塔辅佐,西秀山的"左凤"指凤凰山,"右龙"谓龙井山。昔郡人杨文澜撰《安顺城中外景情赋》赞曰:"龙井既绕，旋而有势；凤凰咸拱，象以称雄。"龙井山寺庙，名曰"海潮寺"，寺僧常以该井泉水泡茶，招待前来烧香拜佛的善男信女。

3. 安顺东龙井

东龙井即地处西秀区东门的马槽龙井（图5-3），旧称"东龙井泉"。《安顺通志》云："在城东二里，澄清彻底，大旱不涸，俗称马槽龙井，城外之水，以此泉品第一，疑龙泉即此井也。"

图5-3 马槽龙井

该井与屯堡村寨摆家屯毗邻，今属东关办事处辖区。水利万物，水是人生存的必须资源，同时也是聚落村寨选址的重要因素之一。明洪武时期，该屯建屯时选址在紧靠马槽龙井和大龙潭的地方而建，居于此理也。

这里环境清幽，地盘开阔，不仅可供市民取水饮用，而且也是大家游乐的好去处。安顺风光秀美，气候宜人。地处东片区的东龙井一带，雨过天晴，时有彩虹降临，蔚为壮观。观其天象，时有老人对幼童曰："此乃龙杠吃水，天降祥瑞之福也。"天现彩虹乃一自然现象，今人观之，虽景色壮美，令人怡悦，然却微不足道矣。

过去安顺民众因此龙泉，水清爽甜，泡茶味美，做饭醇香，故虽离城较远，然却不顾疲劳，常到此井挑水。旧时常有挑夫在此泉挑水到城市兜售，卖价要比它井之水高得多，但买者众多，经常一水难求。殷商富户购买此水，主要用于泡茶自饮或招待宾客，认为极有面子很上档次。

今此地已开发成为"新天地"片区，居住人口众多，热闹繁华。虽现已有自来水饮用，但为了保存历史遗迹，政府已将此井保护起来。城中年长者常忆此井，闲谈中对该井历史和传说，如数家珍。

以上三大龙泉，城中居民称之为"大井水"；其他之井，则称之为"小井水"。"大井水"因水质上乘，多用于泡茶、煮饭之类。

（三）平坝三泉映香茗

平坝区多有名泉，在旧时"平坝八景"中，其中五景为水，三景为泉。此三景即："珠泉喜客"（或"珍珠涌池"）、信泉刻漏（或"灵泉应刻"）、"龙井烟霞"。然此三泉，指的即是平坝城郊三个名泉——珍珠泉、信泉及龙井。

1. 珍珠泉

该泉位于平坝区城南3km的下头铺村。该泉亦称喜客泉、喷珠泉、珠泉井，始建于明代（图5-4）。此泉为一下降泉，泉水从白云岩断裂中流出，水质清澈透明，又因流经碳酸盐岩裂隙，故而多气泡。该泉为石砌半圆形泉井，上为泉眼3.4m见方，下依次为洗菜池、洗衣池，均为3m见方，井前现存宣统元年"功德碑"。泉水清冽甘甜，长年不竭不盈。井内一串串气泡从井底喷出，如珍珠般晶莹剔透，故称"珍珠泉"。有客至井边，发出笑语欢声，或鼓掌跌脚，其泉喷珠更甚，累累不绝，令人顿感欢欣。

图5-4 平坝珍珠泉（喜客泉）

该泉似有灵性一般，有趣的是客语在左，左应，在右，右应，似有迎客之状。明嘉靖三十年（1551年），参政焦希程赏泉而叹："呜呼，奇哉"，遂题名"喜客泉"，并为之建亭修祠，还撰写《喜客泉碑记》立于井旁，谓其井"客至语笑，明珠翠玉，垒垒而沸，风恬泪霁，晶莹射目"。至此，该泉声名远播，观者如潮。明代地理学家、旅行家徐霞客曾到此游览，留下记述，称其井"串串宝珠链，天下第一泉"。下头铺村明清时代称沙作铺，曾是滇黔古道上的驿站，历史上曾有无计其数的达官贵胄、富商巨贾、文人雅士从此经过，曾观过此泉之妙，喝过该泉之水，品过用此清泉冲泡的香茗。其泉之美，其水之甜，其茶之香，无不令人流连忘返，回味无穷。并在民间留下许多美妙动人的故事。清康熙十一年（1672年），云贵总督甘文琨将此泉更名为"喷珠泉"。其在所著《喷珠泉记》中叹曰："此涌珠玑也，竟同弃于榛莽。"

2. 信 泉

地处平坝区城西下头铺谢华寨，原与上述"珍珠泉"同名而异处，中隔龙凤山，距城4km，因不在通途而鲜为人知。《贵州通志》云："水自石罅中出，潺潺涓涓，一时之间，再盈再缩，如潮之有信，故曰信泉。"此井较珍珠泉略小，井旁有龛，龛下嵌有碑文。清代为平坝《平阳八景》之一，曰："华井连珠。"为有别于"珍珠泉"，故改名"华井"。

清道光年间，安平知县刘祖宪视察乡情至谢华寨，见路人以手入井捧水饮之，以为不洁不雅，有辱斯泉。遂置木瓢于井边，供路人饮水之用。此举虽小，却获民众称羡。

3. 龙 井

明弘治《贵州图经新志》载："龙井，在卫城东南一里，水极清，上常有烟雾。居民遇旱，屠狗魔之，风雨随之。"《安平县志》曰："龙井在城东南旧大寨。"旧为平坝八景之一，曰"龙井烟雾"，文曰："龙井烟雾在城南七里，层峦耸翠，叠嶂凌云。山下有龙湫，碧潋淳沦，深不可测。相传有龙驹出没其中，村人往往见之。每春霁秋晴，城内有一缕烟光，直与山岚相接，或断或续，或高或低，一青一紫，一红一白，弥纶匼匝，盘旋于碧空万里之中。天然一幅梅道人祥云捧日图,纵使顾虎头占缀沧州,亦未有以过之也。"龙井,在城隍庙左侧,井边有龙王小庙;赵家龙潭大井,在东街龙王庙前,与城隍庙侧龙井同,盈则俱盈,涸则俱涸。其味甘美,以之煮豆则多成腐。两泉皆称龙井,盖分城内城外矣。

(四)镇宁井幽燕飞池

镇宁自治县是喀斯特地貌突出之地,河流众多,湖泊亦不少。其中河流有白水河、打邦河、王二河、八大河等;湖泊有白马湖、桂家湖、红旗湖等。城市居于群山环抱之中,风光旖旎。境内及周边旅游资源富集,两个与水有关的著名景区黄果树大瀑布、水上龙宫与之毗邻;县内和水关联的景区夜郎洞、白马湖离城很近;布依古寨高荡、大寨等一批乡村旅游景点多如繁星;还有双明洞、火牛洞等自然风光,有待开发,注入了全域旅游的概念。

好山源好水,好水出好茶。自古以来,这里就是有名的产茶区,连片百株古茶树就出自该县。当地茶区自然生态良好,有利于茶叶生长。白沙茶、江龙茶等优质茶叶,名声在外,早有"云蒸雾绕,江龙茶香"之说。区域内具有地表溪流和地下径流资源,勤劳智慧的民众早就取而用之。故境内多有井泉,特色各具,水质上乘,清澈而甘甜。

1. 黄泥井

在镇宁1km处,位于城南青龙山下。因春夏间这里群山耸翠,碧水清幽,引来群燕入池,饮水嬉戏,濯羽衔泥,故有诗意之名"燕乐池"(图5-5)。民间有"奇山耸翠龙祥地,碧水清幽燕飞池"之说。又因水源甚高,下压力大,井底罅隙上喷水,中空气激而成泡,大小连贯,形如连珠,又如葡萄连枝纷披,故名"葡萄井"。曾有诗句赞曰:"珍珠成串井喷涌;葡萄连枝彩纷披。"井下池宽数丈,池底亦出水,村民以此水饮用和灌溉农田,泡茶迎客亦用该泉。

图5-5 镇宁黄泥井
(又名燕乐池、葡萄井)

2. 荻芦池

在镇宁自治县城30km处。明弘治《贵州图经新志》载:"在卫城北六十里,周围八里。中有一岛,岛上建石华表二。卫百户马姓者屯田其旁,故俗名马官人。"《方舆纪要》云:"在安庄卫北六十里,周围八里,中有小岛,居民资以灌溉。"即今州补纳枝沙锅寨,在州城北六十里,两山环抱,形式蟠龙,中有浴龙池,波流潆洄,又有双龙潭,一在寨南,一在寨北,一出水,一入水。潭前悬岩欲坠,势若云垂。疑即是池。

（五）关岭奇山出清泉

关岭自治县坐落于云贵高原东部脊状斜坡南侧向广西丘陵倾斜的斜坡地带。因关索岭而得名。相传三国蜀丞相诸葛亮南征，部将关索曾驻扎此地，广得民心，上人感之，遂称此岭为关索岭。境内山脉属乌蒙山系，山体多起伏绵延，是一个典型的喀斯特地貌山区。这里有中国第一高桥坝陵河大桥、被誉为地球裂缝的花江大峡谷、层岩重叠的滴水潭瀑布、千古之谜的红崖天书、古夜郎的马崖壁画，特别是距今约2亿2千年的关岭古生物群，素有"古生物化石联合王国"之称，是奇山秀水出清泉之地。

1. 马刨泉

该泉在关岭自治县关索岭上。《方舆纪要》云："关索岭所北十里。相传关索领兵至此，马刨泉出，因名。"《永宁州志》云："关索岭东偏，有马刨泉，渝然仰出，瞬然不涸。行人岭下十六盘而上，自岭上二十七盘而下，奔走皆汗。到此一饮，涤烦消渴，沁人心脾，不异玉液琼浆也。"古往今来，当地民众不畏山高路远，到此取水，以资泡茶，色泽清爽，味道甘甜。

2. 双山井

《安顺府志》云："双山井在关岭青龙山。兀立于左，白虎山雄峙于右。井水清澈，二山倒影其中，故名。"青龙山葱茏秀丽，景色如诗如画；白虎山雄奇险峻，气势非同凡响。两山相峙，时人称其为"龙吟虎啸"之宝地也。青龙山之井泉，清澈而透明，二山映照，如在井中。

（六）安顺名人与名井

1. 玉碗井

玉碗井位于安顺市区南郊玉碗井村，村以井得名（图5-6）。民间有与明朝建文皇帝相关之说。这得从其继位说起：明太祖朱元璋驾崩后，由皇太孙朱允炆继位，这就是历史上的建文皇帝。其在与叔父燕王朱棣的皇权之争中，因年青幼稚，不敌燕王，故以失败而告终。皇城南京陷落，一片火海，建文帝下落不明。

图5-6 玉碗井

《明史本末》载："建文永乐年间曾多次到过贵州。"他在安顺逗留期间，除在飞虹山一石穴留有"卧龙处"碑外，"玉碗井"乃是其留下的圣迹之一。相传建文帝路过此处水井时，饥饿口渴，遂从袄中取碗饮泉，谁知手抖碗滑，不慎将玉碗沉入井中，该井故此而得名。

2. 沐家井

沐家井在市区老街顾府街下段与一条小巷连接处，地处青龙山、白虎山附近。据任可澄先生主撰的《续修安顺府志》载："青龙山、白虎山一带乃明初沐国公住所花园。在其花园内置有水井一口，人称'沐家井'。沐国公，沐英，字文英，明太祖朱元璋起兵时的开国元勋，屡建战功，封平西侯官爵称国公。因'牟'与'沐'谐音，又因当年城东南隅，曾有一"牟"姓大家族，在白虎山处有牟氏牌坊，故有人误将'牟'与'沐'混为一谈。"《续修安顺府志》又载："沐家花园规模宏大，牟氏虽为本氏大族毕尽还是寻常百姓，似不能有此"，故此井名应为"沐家井"。

3. 顾家井

该井坐落在城中与顾府街紧邻的碧漾湾（今红旗路）口，井、街均与明朝调北征南大将军之一顾成有关，故得名。相传明都指挥使顾成，在安顺建城后，其府邸就设在城中一条街上，此街故曰顾府街。顾府街还设有顾家祠堂一处，顾家井即在紧邻祠堂的碧漾湾口，其时为顾府所用，自然在择水和形制上均为考究，其水质属上乘之列。因此井就在碧漾湾小巷边，便成为市民取水的公用之井。附近居民以绳系小桶放入井口，摇晃几下，让桶沉于水中，水满即拉绳上提，然后倒入大桶之中，挑回家中煮饭、洗菜和泡茶，尽享好水之福。

第三节　黔南名泉

黔南位于第二阶梯长江水系与珠江水系的分水岭地带，都匀、贵定、麻江三县交界的斗篷山即为长江水系与珠江水系的分水岭，是沅江源头，独山麻万镇拉林村乡附近磨石湾则是珠江水系西江干流第二大支流都柳江的发源地。同时地处喀斯特地貌的黔南，溶洞众多，洞内多有伏流，是天然的地下水库，也是黔南河流和怪井奇泉的源头。

种茶、泡茶所用都是洁净无污染的源头之水，这是都匀毛尖茶最突出的特点。

一、两江之源

（一）沅江之源

沅江是洞庭湖水系中最长的河流，总长1033km。沅江有南北两源。南源为沅江源头主干，发源于黔南州都匀市斗篷山（图5-7）。斗篷山原始森林覆盖率近90%，其中在海拔1800m的高山台地上，有原始古林近百公顷。

斗篷山贵定一侧，是中国著名的野生娃娃鱼之乡，每年溶洞内均有数千尾娃娃鱼苗随暗河水涌出。娃娃鱼与3.2亿年前恐龙同处一个发展时期,是大自然遗存的"活化石",同时,它们也是黔南山水品质的见证。

(二)都柳江之源

都柳江发源于贵州省独山县百泉镇尧梭乡里腊村99个潭（一说拉林乡附近的磨石湾），流经黔东南及桂北,在广西象州县石龙镇三江口在左岸注入西江,全长773km。

图5-7 斗篷山沅江之源、森林河谷

尧梭乡里腊村位于贵州高原苗岭以南向广西丘陵过渡的斜坡地带上,东有三都的尧人山,西有荔波的樟江名胜,在面积38km²的茫茫原始森林中,有许许多多大小不一、形状不等的深潭。有的潭大到上百平方米,绿水茵茵深不可测;有的小潭方圆仅为1m²左右,水深不到1m,而水则清亮见底。这些大大小小的深潭构成了都柳江的源头。

图5-8 都柳江、都柳江支流源头马场河

都柳江贵州段是中国原始森林最多、植被最好的地区之一,沿线的黔南三都、黔东南榕江、从江三县,森林覆盖率平均达70%以上。

马场河是都柳江段左岸支流的源头（图5-8）,上游也称阳河,发源于都匀市归兰乡,流入三都县境,至大河镇东汇入都柳江归兰乡为水族聚居区,以归兰山得名,距都匀市城区50km。"归兰"为水语,"归"指溪流两马场河旁的山峰,"兰"指溪流,意味环绕奇峰的清泉溪流,即指环绕归兰山的马场河。

沅江之源斗篷山和都柳江之源归兰乡一带,都是都匀毛尖的传统产地。

二、古井名泉

(一)百井城独山

黔南独山县县城所在地百泉镇曾是贵州著名的"百井城",旧时城内家家户户有井,大街小巷也有几口井;加上城外山村里、森林中、田坝里、山路边、古树下的古井,数以百计。

独山的井都有名字，而且有动人的神奇传说。

① **铜鼓井**：据说是夜郎王带兵过此而掘，用铜鼓盛水供练武的兵将用。当地传说，每逢月白风清之夜，到铜鼓井，可听见夜郎士兵敲击铜鼓的声音。

② **花鱼井**：传说井中有花花绿绿的鱼，据说，花鱼是龙女喂养的爱鱼。

③ **文庙井**：该井在民族中学内。传说，贵州教育家尹珍曾在此结庐开馆教学。此井就是尹珍每日煮茶、煮饭汲用的水井。人们说，喝此井水，人会变聪明。所以，此井又有个俗名：聪明井。

此外，还有冒沙井、土地爷井、洞井、桂花井、豆芽井、紫泉井、马桑井、左家井、余家院井、北街井、老棚井、大小井（亦名父子井）、山坡井、竹林井；北门城边井、大龙井、犀牛望月井、赌徒报应井；姊妹井、金鱼井、龙洞井、路边井……井名之多，难以尽列。

（二）古　井

① **长顺白云山跪井**：长顺白云山相传是明建文帝朱允炆出家修行的避难之地，徐霞客曾专程绕道白云山拜谒，详细考察了白云寺的跪井（图5-9）、潜龙阁、流米洞等。

图5-9　位于大殿台阶左侧的跪井

跪井在山泉处的堡坎墙上，凿进一个3尺深、一人多高、3尺宽的拱门洞穴，用石料镶砌成一座甬道式水井，取水时必须跪下才能取出井中之水。

据徐霞客《黔游记》记载，长顺一带是朱元璋南征的屯兵后人，他们都知道寺庙方丈即为流亡的建文皇帝朱允炆，十分同情他，特地为他修建了"流米洞"供给食物，修建"跪井"，让香客们以跪姿取水向建文帝行跪拜之礼，避免给人口实。

② **荔波永济泉**：永济泉位于荔波县城东门大街，修建于1870年，是省级文物保护单位（图5-10）。永济泉被誉为江南的"坝儿井"，它是在平地凿一深穴，采取牡骨地堡式结构，以料

图5-10　荔波永济泉

石而成。于井侧面25m处斜掘有甬道，共置50级台阶，分3段入井，第一段有13级，第二段有19级，第三段有18级，各段间有一小平台相连。第三段穿过井壁至井台，必经两道连在一起的拱门，第一道门嵌石匾一块，书"永济泉"行书大字，右侧刻"同治九年仲冬修"，左侧刻"滇南钱壎题"，通道两旁均砌石墙以护，是贵州省唯一一座汉代古墓甬道建筑。

永济泉井台直径6.5m，有水沟沿井台直穿井壁流入樟江，为除垢之用。井口正八角形，直径2m，由8块形状相同的条石砌成。永济泉造型独特，结构严谨，牢固美观，井深丈余泉水源源不断，清澈、甘洌可口。

三、"黔山秀水"

"黔山秀水"是产于贵定县云雾山的矿泉水。黔山秀水牌矿泉水具有弱碱性、水矿化度低、小分子结构等特点，锶元素含量尤为丰富，每升锶含量为1.4~2.41mg，在其他矿泉水的5倍以上，泡出的茶在色、香、味等方面都胜出一筹。

胡洪智，1999年首开当代"斗水"之风，传承并首创"品茶斗水"文化之模式，在经营上独辟蹊径走"茶水联姻"之路，他积极弘扬健康饮水文化，其企业连续五年被国家十二部委授予"中国食品安全示范单位"。目前他担任中国健康饮用水产业联盟副主席，全国品茶鉴水理事会理事长，贵州饮用水行业发展促进会会长，黔山秀水（中国）控股有限公司董事长。

其公司矿泉水先后荣获中华泡茶地下水、百年奥运民族品牌、中国十大（泡茶）名水、中国十大奢侈品最具潜质品牌、中国奢侈品行业最具影响力品牌、中国高端饮用水最具影响力品牌、世界酒店五洲钻石奖和荣誉称号。

2006年在中国"第三届国际茶博会"上，"黔山秀水"矿泉水赢得茶界人士及中外参展企业和参观者的一致好评，被誉为"无冕水王"。在2007年"首届国际品茶斗水大赛"中，黔山秀水牌天然矿泉水击败包括日本、韩国等国在内的150多家矿泉水企业，并最终战胜了被陆羽评定为"天下第一泉"的庐山谷帘泉，获得"中华泡茶第一好水""中国十大泡茶名水"称号。

第四节 遵义名泉

① **灵泉圣水**：贵州遵义灵泉圣水水业有限公司成立于2014年，是一家旨在从事原生态、高品质、纯天然饮用泉水，纯天然植物饮品研发、生产和销售的科技型企业。秉

承"质量先行、服务至上"的经营原则，以"贵州人爱贵州水、到贵州喝贵州水、贵州水泡天下茶、贵州好水出深山"的企业理念。企业先后获得"多彩贵州"品牌授权，"贵州食品安全诚信建设示范企业""文明诚信私营企业""贵州省科技型备案企业"等称号。旗下产品多次参展国际高端水博会，获得包括"国际品水大赛金奖""优质水源地奖"等奖项（图5-11）。

图5-11 灵泉圣水荣誉称号

灵泉圣水是世界上唯一一家水源和厂址都在寺院内的企业，拥有"阴阳"二泉，生态环境优美、禅水文化交融、禅茶禅水交相辉映。

② **水洞沟泉水**：位于湄潭县城西面约5km的地方，常年有一股泉水从半山石洞涌出，远处望去悬挂于山间的一线瀑布颇为壮观，清代就有"千寻瀑布泻飞泉，洞口苍茫别有天"的赞誉。水洞沟在清代就列入湄潭八景之一名曰"水源洞天"。明清时期，凡是湄潭的文人雅士或外来儒雅皆游此景，并留有大量诗词歌赋于世，明崇祯年间官堰人曹椿科举考试为拔贡，官任四川夹江知县。南明时，四川大乱，曹椿弃官回乡，在水源洞左侧修建房屋隐居，期间在湄潭隐居的钱邦芑、范鑛等南明臣子常来拜会，曹椿则用泉水煮茶招待来访的文人墨客。

③ **湄潭碓窝泉**：位于湄潭县城西2km处，周围青山绿水，井在公路边，翠竹掩映，汩汩流出。出水量较大的涌泉，在方圆百步内共有3处。水质清醇爽甜，属优质饮用水和泡茶用水。

④ **观音洞泉水**：位于湄潭县城南1km处，亦称清虚洞。洞广而深，清康熙年间在洞内修建有石拱桥，桥下清流莹澈。旧时洞外修建有接官亭，至今洞内外还保存有数幅清代至民国的摩崖。清同治十三年（1874年）进士安盘金有饮茶的嗜好，在游湄潭清虚洞（今观音洞）时，留下了"诗笺扫苔石，茶鼎听松风"的诗句。观音洞的泉水泡茶胜过桶装矿泉水，如今县城的百姓喜欢到观音洞挑水来泡茶。

⑤ **流河渡葡萄井**：位于县城北10km的G326国道旁，1940年9月13日竺可桢在日记中记载："……乘1935号校车赶永兴，计20千米。在中途流河旁之葡萄井略停，其水极清冽，下有气泡，渐上渐大，形如葡萄，故名。"流河渡是一个有数十户人家的集市，由于地处湄潭永兴中段，加之此地有优质的井水，20世纪80年代前，来往的车辆喜欢在此稍停用餐或在茶馆小憩。

⑥ **永兴龙井湾**：位于湄潭县永兴镇。民间对泡茶的泉水以是否"除层"决定水质的好坏，所谓的除层，就是看冲泡后茶汤表面是否有一层"锈油"。旧时永兴集镇周边有7

口水井，民国时期，永兴集镇茶馆所用之水均取龙井湾的井水，因为只有龙井湾的井水泡茶才不会出现"锈油"。于是，在晚清至民国时期集镇有专门从事挑水卖的行当，至今在龙井湾水井旁的石壁上至今还存有当年制定的取水公议："正南路每碗米四挑，正中路每碗米六挑，正西路每碗米二挑"。茶馆店主在后堂均备有石水缸，专门雇人挑水。

⑦ **煎茶溪**：1941年前，湄潭县城到遵义靠步行。从城南湄水桥出发沿湄江河过黄家坝康济桥，走黄家坝大水井过王氏节孝坊翻梭米孔。旧时的商贾每次在翻梭米孔时都喜欢在山下的河流处煨茶小憩，因此该地方得名煎茶溪。无独有偶，从沿江渡上岸的客商进入湄潭在茅坪至新场的一段路途中，也有叫煎茶溪的地方。商贾在那地方的一个小溪流处拣干柴枝烧水煮茶，整理货物。

⑧ **大龙塘**：位于凤冈县绥阳镇一个古地名叫城址的地方，此龙塘基本为圆形，阔十余米，深十余米，出水量很大，又背靠多座大山，水源来路方向只有森林没有人家，水质清澈甘冽，水温常年保持在十四五摄氏度左右，冬暖夏凉。龙塘四周有相对平缓的天然石台，取水极为方便，这是当时唐夷州古城水源的重要保障。以大龙塘为龙头，其下方仅在300m内就自然形成了连成串珠状的5个龙塘，这些龙塘均依靠大龙塘水源为主流，但又有独立的自身水源冒出。由于这一连串龙塘的走向基本与古城北面城墙平行，因此，大批取水、洗物人流，根据各自的需要分别选择不同的龙塘。

一般情况下，厨房用水、泡茶用水和直接饮用，都是取自大龙塘的水，这处水源，是由大山森林吸收雨水，经长期地下浸透、沙土过滤、破石隙冒出地表的山泉水，这正是陆羽《茶经》："茶之煮，其水，用山水上，江水中，井水下（此之井水，是指平原地方人工深井之水，不得与贵州山区天然石隙井之井水混淆，山区之天然石隙井水谓之山水）之山水。"大龙塘四周都是天然岩石，其水从石缝冒出，这又符合《茶经》中："其山水，拣乳泉，石池漫流者上"的地质要求。

古夷州大龙塘的水，从古至今都是泡茶用水的最佳选择。在民国时期，绥阳场集上有刘家茶馆、勾家茶馆、黄家茶馆、杨家茶馆、姚家茶馆等大小十余家茶馆。每逢赶场天，这些茶馆都要差人到大龙塘来挑几挑水去煮茶待客，如若为了省事，在街后的小水井就地取水煮茶，往往会被茶客当场识出来而指出茶味不好。在街西面背后有个古井名叫马家龙洞，但是各家茶馆都不会就近用那里的水煮茶，怕茶味不甘而影响生意和声誉。

⑨ **龙井**：又名龙泉，位于凤冈县城东北隅，泉水自井底多穴涌出，清澈味甘，大旱不涸，井阔二至三丈，井深八至九尺。这一潭龙井清泉，远观，天然方塘神工鬼斧一鉴开；近瞧，源头活水石池漫流来。井畔，绿荫掩映在碧水池潭中，沁人心脾，如诗如画。泉水潺潺，溢于水槽，注于小溪，蜿蜒北流，滋润良田千亩。井周天然岩石错落成景，

并有明清摩崖石刻多处。岩石上古树盘根错节，冠盛蔽日遮天。井前有一古石拱桥，桥上可供游人小憩，桥下流水注入丈余大小的圆形洗涤池，桥旁有一石砌引水渠长年流淌。从古到今，县城人们来龙井挑水洗菜，休闲游玩，从未停息，一派车水马龙之景象。故，古有"黔中第一泉"之美称（据1994年版《凤冈县志》载），今有"源头活水"之赞誉，清康熙《龙泉县志》将其列入内八景之一，曰："龙湫泻碧。"整个龙井憩园东西宽180余米，南北长240余米，今为遵义市文物保护单位。

古老的龙井名叫"五眼塘"，意为塘底有五穴泉窦涌水，汇为一池之实际。1374年8月12日，于今凤冈县城设置龙泉坪长官司治所，"五眼塘"亦更名为龙泉。土司官为义阳江籍安姓世袭，龙井之水源则为安氏族人居权统管。直到明万历二十九年（1601年）废"龙泉长官司"改置"龙泉县"，首任知县凌秋鹏令开工筑城，并在龙井筑水关，将其围于城内，为全城百姓之生命水源保障。

清乾隆《四库全书·贵州通志·石阡府·龙泉县》载："龙泉，在城内凤凰山下，泉自洞中流出，大旱不竭，一邑资其灌溉，县之得名以此，城外又有小龙泉，水甘冽，取以烹茶味甚佳。"龙井，龙泉城的命脉之源，上千年灌溉着千亩良田，滋养着全城百姓。无论是日常生活，还是烹茶煮茗，它都日复一日地为人们无私奉献着永不竭息的甘冽。

龙井之主源，乃凤凰山千年涵水漫浸涌出。唐代陆羽《茶经》载："茶之煮：其水，用山水上，其山水拣乳泉、石池漫流者上。"龙井水就是凤凰山之山水，龙泉正是石池漫流之乳泉，用于煮茶，自然为上上品。从古至今，县城人民，依赖它淘米煮饭、烧水泡茶，一日也未曾停息过。

在民国时期，离龙井仅百余米就有一家名气不小的汤家茶馆，其主人就是相中了龙井水泡茶味甚佳的特别之处，毅然背井离家，从四川远涉千里来到龙泉井畔落户，开茶馆为主业营生，得以发家积富传承三代人，名气传遍龙泉地方。直到今日，县城百姓皆知汤家茶馆。十字家处的曾家茶馆，自经营起，主人日复一日地挑着水桶，行走在那古老的水巷子石板路上，取回龙井清晨之甘泉，用以招待一天的八方茶客。龙井正对面，就是最为古老的马店，是南来北往的客商坐骑与贩马之喂马场所，这里是用大锅烧茶，免费供商客饮用，还有凤冈人爱吃的油茶稀饭、油茶汤等，都离不开龙井清泉滋润。今日，因自来水的便捷，才使人们渐渐疏远龙井。不过县城老人们还时常依恋着龙井，常常去观瞻它，吸取它的甘甜。

时至今日，由于人口激增，城市规模急剧扩张，原有井泉不是显得太远，就是水量不够，甚至干涸或被污染不能饮用，诸多原因导致桶装饮用水盛行。现凤冈有获行政许可（通过生产认证）的山泉水生产企业10家，它们分别分布在何坝镇、进化镇、天桥镇、龙泉镇、绥阳镇、土溪镇、王寨镇，基本覆盖了种茶、产茶乡镇。

⑩ **葡萄井**：位于仁怀市中枢街道葡萄井社区，为昔日仁怀县城郊八景之一。泉水从井底涌出，在水中形成串串水泡，晶莹闪亮，形如葡萄，因而得名。

泉井见方丈余，井壁用大小相同石块镶砌，错落有致，形成漂亮图案，上面阴刻"葡萄井"三字，相传为知县杜诠手书。泉水水量丰裕，水体清澈，冬不枯，夏天涨水不浑，常年水温恒定在18℃左右。系仁怀县城居民数百年主要生活水源，入口清甜。用其泡茶，香味浓郁。

据仁怀县志记载，清代初年，仁怀县治在今城南三十里宝峰寺。因水源缺乏，拓展不开，拟另选址重修县城。雍正十一年（1732年），知县杜诠途经亭子坝（今中枢街道），见此地一泉水，喷泻如珠，清凉宜人，流量洪大，四季不枯，大喜，乃题奏，获准在此新建县城。雍正十三年（1735年）县城建成，泉井建在新城南门外，故称南门水井。井水除供县城人畜饮水外，还兼附近农田灌溉，造福百姓，所以又称其"福泉"。《遵义府志·山川》记载："福泉在城南门外，涌泉如珠，其味清冽，灌田百亩。"

葡萄井曾多次维修，加宽加深，增大容量，在中枢街道人饮中发挥了重要作用。

1994年，仁怀县人民政府曾拨专款进行修缮，新建了井台、井栏和花坛，铺设了鹅卵石步梯和步道。

井栏内壁刻有原外交部副部长、仁怀籍人韩念龙及仁怀市内有名书法家罗建文等人的诗词和书法作品。井台西南，建有1m见高的八面形水泥柱，柱上安放赭色天然巨石。巨石南镌刻原贵州省委书记、省长周林书写行书"葡萄井"三个大字，字体飘逸洒脱。

由于环境污染等原因，21世纪以来，葡萄井水质日趋下降，至2009年，已停止饮用，仅附近居民洗衣洗菜之用。

历史上描写葡萄井的诗文较多，清末、民初仁怀人王谟《葡萄井》有"天未雨珠玉，雨无济寒饥。葡萄泛井底，琼瑰满清池。万户望梅渴，千畦润稼肥。何当风雅助，煮茗细评诗"最为有名，其诗对葡萄井描绘有声有色，赞誉有加。

清光绪拔贡张义超《仁城八景·葡萄贯株》的"井水盈盈只一泓，葡萄何事要时空，年来已把诗脾沁，日后还叶味道同。荇藻交横微荡漾，墨花涌出总玲珑。始终泡幻原如此，莫艳于今世味浓"也较有影响。

⑪ **喷珠泉**：又名珍珠泉，温水堰。位于仁怀市苍龙办事处龙井社区，仁习公路左侧。此泉原在一丘烂包田中央，1968年，当地有人集资修水泥石堰将其围筑成井，并修渠将水引出，供附近农户饮用和灌溉。泉井占地约30m²，泉水澄湛清冽，泉底水草丰茂，不时有水泡冒出，大如鸡蛋，小如米粒，此起彼伏，晶莹夺目。若有人在近拍掌嘻叫，

水泡会更多泛冒。井水冬暖夏凉，冬天飘雪冰封季节，总是热气腾腾，故当地人又称此泉为温水堰。因自来水普及，近用此泉作为人畜饮水已极少。

⑫ 茅台钻孔井：其由贵州地质队取水样钻孔而成，位于茅台镇下场口，经贵州地质矿产局第二水文地质工程地质大队采样测定，其水质已达矿泉水标准，其中偏硅酸30.06mg/L，锶1.81mg/L，恒温21℃，pH值7.15~7.70的中性水，矿化度10.6~10.76，水质类型属H_2CO_3-NaCa型，饮之口感纯正、微甜爽口。20世纪80年代末至90年代中，附近农户用此井作为饮用水源，20世纪90年代末，有人用此井作茅台牌矿泉水应市，后由于经营不善，企业转产，水源仍为附近农户饮用水源。

用此水泡茶，茶味醇厚、茶汤艳亮。2000年后，自来水普及，农户已少用，据说被一家酒厂改作酿酒水源。

⑬ 余庆中关水厂：余庆县中关水厂位于白泥镇迎春村青菜沟，水源为环境优雅、宁静清新、远离城市污染天然山泉，故实际上为泉水。

⑭ 务川白茶水：水名，位于务川东，因产白茶而得名。宋代乐史《太平寰宇记》载："白茶水，在州东一百七十里，北接黔州黔江县。"

第五节 六盘水名泉

六盘水位于贵州西部乌蒙山区，年平均气温15℃，夏季平均气温19.7℃，冬季平均气温3℃。气候凉爽、舒适、滋润、清新，紫外线辐射适中，被中国气象学会授予"中国凉都"称号，是全国唯一以气候特征命名的城市。

六盘水水资源充沛，全市总水量约142.18亿m^3，其中地表水体平均年流量64亿m^3，地下水体年平均流量52.68亿m^3表水体（不计界河水）25.5亿m^3。全市境内地形起伏大，河流深切，河道狭窄，岸坡险峻，滩陡流急，呈高山峡谷景观；溶岩与非溶岩相间分布，泉眼、出水洞、暗河、落水洞星罗棋布。全市全长10km以上或集水面积20km^2以上的河流71条，其中乌江水系14条，珠江水系57条。按流域面积划分：10~50km^2的河流24条，51~100km^2的19条，101~500km^2的19条，501~1000km^2的3条，1001km^2以上的6条。河网密度为0.167km/km^2。水流量大于10L/s的泉眼共120个，其中乌江水系32个，北盘江水系79个，南盘江水系9个。水城县舍夏河在舍夏海拔1880m处流入落水洞，当地人称到罗盘海拔880m的小龙潭处出露，流程距离约30km，高差达1000m。通仲河在马场入洞，经过天生桥后出露，到法那后再次潜入地下，形成地表河与地下河相衔接的河网。

一、凉都井水

1. 一街官井

始建于明洪武年间，为专供官府人员生活、饮水而砌筑的一中吊井。该井深1.6m，宽1.7m，长2m。在这口水井上，根据地形，专修一栋歇山顶单层木结构房屋，有正房、偏厦各一间，供守护水井之用（图5-12）。正房进深7.7m，阔3.9m，高5m，偏厦修在旁边水沟上，进深5.9m，阔2.8m，高3m。正房楼板距井面高1.8m，距井外沿1.2m，高1.4m，整个建筑结构牢固，取水方便，至今该井一直是周围居民生活、饮用的主要水源之一。

图5-12 一街官井及井上的歇山顶单层木结构房屋

2004年11月，盘县人民政府（今盘州市）将一街官井纳为盘县文物保护单位，并于2006年12月立保护碑坊。普安州文庙，曾是"文武官员到此卸马下轿"的地方，文庙前古井里的水（图5-13），为文武官员在此茶饮提供了好水。

图5-13 盘县普安州文庙前的古井

2. 双水井

位于水城县龙场乡。据说，远古时期，天地一片混沌，每逢冬季，真龙山便大雪封山，冰寒地冻，万物凋零。女娲看着受苦的人类，便向玉帝汇报，解决人丁不兴问题。玉帝采纳了女娲娘娘的建议，便从命雷工与电母在真龙下辟出了两个洞。同时命龙王从东海调来两股清泉灌入雷公与电母开辟的两个洞内，形成了两股冬暖夏凉的清泉。

据传，寨内有一老汉，结婚30余年未得一子，寻遍十里八乡名医，用药无数，都无法怀上孩子。后来女娲娘娘用补天石画了一张符咒投出泉眼。托梦给当时的寨老，"勤劳的人，应薪火相传，你速命村东头的老汉向西走两里，有两股水，你让他各取一瓢回来与妻子共同饮下，便可得子"。果然，这一饮，老汉之妻子不久便怀上了龙凤胎。瞬间，老人喜怀龙凤胎的事传遍整个山寨，寨民争相效仿。寨内也先后产下了很多双胞胎，原本凋零的村寨，没几年的时间就变得人丁兴旺，猪羊成群，寨民们为了感谢女娲娘娘的恩宠，便杀猪宰羊进行祭拜，因饮过这水的，不管是人，还是牛、羊大多都能产下双胞胎，经寨里的老人商量，取名为"双水井"。

3. 真龙井

位于水城县龙场乡贵州真龙山旅游景区境内（图5-14），四周有茶叶基地2000亩。周边瀑布成群、水资源丰富、流水潺潺、冬暖夏凉、甘甜诱人，珍稀植物繁多，景观震撼。真龙井海拔1700m，高差达420m，气候十分宜人，正处于最适于旅游开发的黄金海拔区域，是备受游客青睐的风水宝地。真龙井周边平均气温15℃，海拔高度与气候十分适宜于发展避暑度假和休闲养生旅游。

图5-14 真龙井

二、凉都好水

1. 神奇的乌蒙竹根水

乌蒙竹根水产地位于盘州市竹海镇万亩竹海风景区，海拔2000~2400m，区内有4.5万亩成片竹林覆盖（约19.2km²），气候温和（年平均温度15.5℃），雨量充沛（年平均降水量1400mm），属亚热带季风区。

竹海镇竹林区主要出露地层为上二迭玄武岩，竹林片区位于南北盘江支流的分水岭地带，4.5万亩成片竹林形势浩瀚，宛若一片绿色的海洋，林间长年溪水潺潺，清澈如镜，并与原石、土壤及竹林茂密发育的根部进行充分交换，经竹根充分净化的竹根水，温度适宜，饮后清甜爽口，华润解渴，形成具有良好口感和水质指标的天然级软水，可以作为极低矿化度的天然优质饮料水进行开发，有着非常好的市场发展前景。

1992年12月，六盘水市人民政府委托中国科学院地球化学研究所及非金属矿产研究中心对老厂镇竹根水进行环境、地质、气候、土壤、人文地理的调查研究。在完成现场水文地质勘查，并完成9个采样点水样的水质全分析，卫生学、病毒学、放射性指标检测、17种氨基酸、8种有机成分的分析及竹根、竹荪、竹叶、白豆、玉米等生物样品及岩土样品的分析；1993年9月，中国科学院地球化学研究所与非金属矿产研究中心共同提交了"盘县老厂镇区域竹根水环境地球化学调查和水质评价研究"报告。

1994年1月5日，六盘水市盘县老厂区域竹根水环境地球化学调查和水质评价研究鉴定会在贵阳举行。由全国知名专家组成的评审委员会对中国科学院地球化学研究所与非金属矿产研究中心环境地球化学调查和水质评价研究进行了认真的讨论，给予了高度的评价。

2. 柒桶河

水源点在木城居委会木城三组夹沟处。平均海拔1100m，四面群山环绕，形成了一个冬无严寒、夏无酷暑、日照充足、雨量充沛、土地肥沃的温室盆景，年均气温16℃，年无霜期达320d以上，年降水量1360mm，适宜多种农作物种植。柒桶河山泉水水源，水质优良，经专业机构检测，为天然弱碱性水，富含微量元素，有较好的保健养生功效，

图5-15 柒桶河

且四季长流，枯水期也能保证全村村民生活用水，为优秀的饮用山泉水资源（图5-15）。

"柒桶河"的叫法源自当年在夹沟处有7个如水桶大小的出水口，7个出水口流出来的水汇聚成一条河，当地的居民便将该水源点命名为"柒桶河"，后水利局出资将该出水口外围修建堤坝囤积水源，便于附近山地农业灌溉用水。水满溢出堤坝后自然垂落形成水帘，便形成现如今的柒桶河瀑布，除灌溉作用之外，柒桶河瀑布还极具观赏价值。

第六节　毕节名泉

茶谚云："古今名士能品水，自古高僧爱斗茶。"关于煮茶之水，陆羽《茶经》中说："其水，用山水上，江水中，井水下。"毕节境内海拔落差大，山峦重叠，丘谷绵延，生态良好，井泉溪流星罗棋布，山泉、井水经过深层过滤，杂质低、水质软，沏茶汤色明亮，为水中上品。其中大方古井、马摆大山山泉、乌箐山泉、母乳泉较为有名。

一、大方古井

"县城形椭圆，重岗复涧，雄踞半山间，外则峰峦环翼，罗成天然，惟江流稍下耳"，这是在20世纪20年代《大定县志》对大方县城的描述。据《大定县志》记载："明崇祯九年（1636年），水西土司阿乌迷等以地献，镇将方国安始城之，名曰：大方，明季毁于贼。清康熙三年（1664年），乱平，设府曰：大定，即故址重建城垣……"历史上的大方县城，历经战乱，几度重建，见证了历史兴衰，而唯一不变的，是城里的99口水井，一直为在这里繁衍生息的大方人捧出清泉，并成就大方豆腐、豆豉、豆干等豆制品及其他名特小吃。大方县城历史悠久，水井众多，由水与井所演绎出来的"井文化"更是丰富多彩、底蕴深厚，说大方县城是全省"井文化"最丰富的县城，一点也不为过。

《大定县志》是这样描述大方县城有名的几口井泉的："龙井（图5-16）：在城内东南，水味极佳。井上嵌石，镌'翰墨留香'四字。双水井：二井相连，一味极佳，一味稍涩。葡萄井：在县立第一高等女子小学校前，旧时水自井中涌出，溅珠若葡萄……"大方县城的99口井各具特色，堪称井文化的博物馆。单就水质而言，依据其所含矿物质的不同，就有"大水"和"小水"之

图5-16 大方龙水井

分，"大水"可用来推豆腐、烤酒、泡茶或直接饮用；"小水"就只能用来熬糖、洗菜洗衣了。令人叫绝的是《大定县志》记载的双水井，二水共一井，仅在中间用一大石板隔开，两水近在咫尺却风格迥异，左井涩右井甜，集"大水""小水"于一身，两不相犯，泾渭分明。最有特色的那就是"一碗井"了，顾名思义，只有一碗水而常年不枯不竭的井应该是天底下最袖珍的井了。

"双水井"的奇异已经让人啧啧称奇了，然而，大方古井的独具特色之处，最关键的却是体现在依附于井所衍生的井文化上。可以说：在大方县城，一口古井就是一枝文化的奇葩，一口井就是镌刻在血脉中的一段历史记忆，这无数的历史片段拼接起来，依稀还能辨出大方昔日的辉煌与荣光，不免生出沧海桑田的慨然长叹和缅怀之情。如今，当走进已按原样恢复重建的斗姆阁，就会看到斗姥阁中斗姥阁井、岩脚井、小龙水井三井竞相媲美、各领风骚的盛景，再伴以袅袅的梵音，让人产生超凡脱俗的感觉。尤其是斗姆阁内小龙水井的泉水自龙口中喷出，冲动下面的石球，发出阵阵铿锵之音，实为潭内游鱼的最佳舞曲，两边石柱上还刻有清代书法名家何绍基所书的"风篁类长笛，流水当鸣琴"对联，可遥想当年此井四周竹影婆娑，流水淙淙，文人雅士流连其间，吟诗赋词，弹琴作画，惺惺相惜，不忍归去。

图5-17 翰墨泉

位于小北关外的关水井，因处北关，故为名，相传为明代水西宣慰使所修，又名"官水井"，井上方"龙门"二字清晰可见，两旁对联"源静恩泽普，清流德厚长"尚能依稀辨出，出水的"龙头"大而雄，大有俯视诸井的意味，抑或井中之王的自负。最有文化底蕴的当属翰墨泉（图5-17），有诗为证："攀跻爱好景珑玲，浪柳摇风漾水萍。还往凭轩临小井，删诗把酒醉中庭。"如将此诗倒过来读，便是这样："庭中醉酒把诗删，井小临轩凭往还。萍水漾风摇柳浪，玲珑景好爱跻攀。"此诗乃一回文诗机巧而韵味十

足,出自贵州大方县人民政府办公楼后的一石碑上,那里有一屏藏于新室的"翰墨泉集锦碑",碑为大小不等的九块石头镶就,长方形、高三尺余、宽五尺多。碑脚下便是清澈透明的翰墨泉,泉顶便是古色墨香的集锦碑,可谓泉上诗画锦,碑下水流清。九块大理石上镌刻着十种诗画,集当时大方诗书画名家之杰作于碑上,故曰"集锦"。"翰墨泉集锦碑"系1940年大定(今大方)正本学校负责人陈锡庚先生邀约方城诗朋画友组成耆英会,搜集诗人王宝珩、画家杜伯华、书家吴雨痕等10人的诗书画佳作,集中勒石于斯,成就诗书画雕的集大成之作。以泉为墨,围泉而构,诗书画雕皆具有鲜明的"井色"特点,如觉非的《三叠曲》:"一泓清影透光明,影透光明凉意生。凉意生来宾共赏,来宾共赏一泓清。"逸叟题诗:"每感清泉截断流,纳污藏垢几经秋。谁将一脉分来此?续孕文光射斗牛。"翰墨泉不过一口小井,集锦碑也不过几块顽石,可书法有真、草、隶、篆,形式有诗、书、画、词,内容包罗万象,不愧为大方文化艺术的一件瑰宝。

古井是大方县的一张城市名片,从1999年起,大方县启动了古井的修缮和保护工程,在修复过程中,还融入了大方底蕴深厚的诗词、楹联、书法、篆刻等文化符号,并佐以梅、兰、竹、菊等花卉图案以及十二生肖雕刻等,力求修旧如旧的同时,传递出深厚文化浸染的幽叹。如今,大方县城内还留存的古井皆已得到修缮和保护,成为大方县城市记忆深处不可或缺的重要载体。在城关大十字的桶桶井,修缮后成一亭子状,廊柱用楷书镌刻对联一副:"一汪碎月半闲亭,百尺伏波千户井",寥寥数字,道出了古井的内涵。从此处往南走得几步,一座大牌坊豁然跃入眼帘,石坊上镌刻繁体字"龙王庙井",从该井的碑铭上得知,此井数百年来从不枯竭,成为县城内一道独特的历史人文景观。而县城内的龙水井、杨柳井等,修缮后多采用龙头吐水的造型,既保护井水不受污染,又体现出中国传统的建筑风格。在县城黄土坡、竹子巷的半坡间各有一口水井,称为"两眼";在北门小十字、大十字、龙王庙有三个桶井并排,称"三大炮";合称"两眼三炮",乃大方县城传说中的"大方八景"之一。

二、马摆大山山泉

马摆大山位于贵州省威宁彝族回族苗族自治县麻乍乡境内,距县城40km,主峰海拔2763m,山顶平缓,东西宽5.8km,南北长7km,面积约40km²。该山地处滇黔交界,隶属乌蒙山脉,是重要的地理分界线,马摆大山的高山草原,代表了乌蒙山脉的一种有别于西藏、新疆及内蒙古的草原景色,被人称作"最后一片美丽得让人落泪的草原"(图5-18)。

马摆大山山脚森林茂密、浓郁蓊郁,飞泉流瀑、灵动清丽,水味回甜。沿溪流而上,无数株古木撑天挺立,枝干虬曲、容颜苍劲,一如沙漠深的胡杨,让人感悟到岁月沧桑和生命坚韧。半山腰里有一泓碧水，清流可人，仿佛神。这就是马摆大山山泉的水源地。

威宁县马摆大山山泉水厂位于威宁县麻乍镇戛利村马摆大山山麓，离县城40km，2010年5月由威宁县发改局批准建设。2011年10月，马摆大山山泉水厂获得国家食品生产许可证等全部生产销售的相关证照，水厂占地面积9600m²，现有一条年产1.1万t瓶装山泉水生产线，正在新建年产15万t桶装山泉水的生产线。水厂现有一级经销商103家，覆盖云南昭通、宣威、贵州毕节、赫章、

图5-18 马摆大山的高山草原

水城及威宁县36个乡镇，水厂生产的桶装、瓶装山泉水，经贵州省产品质量检验检测院检测，各项指标均符合国家包装饮用水水质要求，多项检测数据优于市场同类产品。

马摆大山山泉水2013年7月被毕节市第七届旅游产业发展大会授权为大会指定用水；2014年6月被共青团威宁自治县委评选为"青年创业示范企业"；2016年被贵州省体育局指定为青少年田径锦标赛指定用水。水厂秉承以水立业，服务大众，立足本土，开发特色产品的宗旨，力争走上产业化、规范化、品牌化的发展道路。未来，水厂将为消费者提供更加安全、健康的产品和高品质的服务，不断满足消费者需求。

三、乌箐山泉

乌箐山泉水源地位于毕节市七星关区与纳雍县库东关乡交界的乌箐岭境内。乌箐岭最高峰海拔2217m，森林覆盖率90%以上，林海浩瀚壮美，季相景观鲜明。区域内森林茂密，植被极佳，华山松高大挺拔，柳杉林葱茏苍翠；次生林铺山盖岭，杜鹃山茶花色缤纷；千年银杏、香樟高大雄伟，古树桩头皆成天然盆景；岩溶地貌奇异，丘峦峰丛众多；吞天井雄险奇秀，雷音谷奇岩幽幻神秘；山溪泉瀑多姿多彩，天象景观奇丽迷人。乌箐岭地处中亚热带中山、亚高山气候区，气候温暖湿润，宜于林木生长；天然阔叶林面积较大、分布集中，人工针叶林分布广、长势好，山谷中残存着呈斑状分布的竹林；松、杉、竹、杨、栎、栲、山茶、杜鹃、茅栗等花叶多彩，仪态万千，林型多样，季相鲜明。

毕节市乌箐天然山泉水有限责任公司生产的"乌箐山泉"系珍稀天然优质饮用泉水，水源位于乌箐岭境内，森林茂密，植被极佳，人迹罕至。在海拔1950m高的地方自然涌出天然含锶弱碱性神秘圣泉，当地群众盛誉此泉为"添寿壮骨养颜泉"。经贵州质量技术监督管理局、自然资源部贵阳矿产品检测中心检测，"乌箐山泉"含人体所需的锂、硒、锶、锌、碘、氡、钼、钒、钴、偏硅酸等矿物质元素；属低钠的优质天然珍稀山泉软水。

公司创建于2012年，占地7000m²，生产的"乌箐山泉"产品商标经国家市场监督管理总局注册登记。

四、母乳泉

源自古彝的圣水——"母乳泉"，位于毕节市黔西县，比邻百里杜鹃国家森林公园（图5-19）。母乳泉实业有限公司坐落于中国"杜鹃花都"——黔西，厂区占地6.7hm²，建成厂房12000m²。公司是贵州第一家通过"ISO9001质量体系认证""ISO14001环境体系认证""OHSAS18001职业健康体系认证""ISO22000食品安全体系认证""国际HACCP体系认证"5项认证的饮用水企业；国内第一家通过"欧盟水质指令"检测的企业。母乳泉水源地8亿年前属于海底世界，5.7亿年前的"喜马拉雅运动"使中国福建沿云贵高原经喜马拉雅山脉到欧洲阿尔卑斯山的地层不断隆起变成陆地形成高山，富含均衡饱满矿物元素的岩石孕育了富含各种矿物元素的"母乳泉"。经过数亿年时光的洗礼，造就了母乳泉"高锶、超低钠、锌硒等多种元素含量均衡饱满"的特点。

图5-19 母乳泉

第七节　黔西南名泉

自古香茗出深山，好山好水出好茶。"好山"是高山云雾之俊秀，"好水"是山涧溪流之灵动。黔西南州境内山脉众多，绵延纵横，复杂多样的地形地貌，形成了独特的气候和生态条件。悠久的种茶历史，优质的地理生态环境，为州内茶业的发展奠定了丰厚的基础。

一、青山古泉

青山古泉位于普安县青山镇普白林场内，此处是普安古茶树群的生长地，古树葱茏，植被覆盖率高，无污染源，空气清新，泉水甘冽可口（图5-20）。本地居民把泉水和古茶树联系起来，编有一句话来形容古泉的甘冽和对古茶树的喜爱：山上有棵千年树，树下有口凉水井；如有哪里不舒服，一片茶叶一瓢水。

图5-20 青山古泉

二、晴隆三望坪天生桥清泉

晴隆三望坪天生桥清泉位于省级风景区三望坪中段（图5-21）。人说水往低处流，可在海拔1800m的三望坪草场的最高处，竟然从岩石缝中涌出一股清泉。山泉从洞中流出，泛起一串串银色的水泡，洞口飞泉道道，似一张珍珠编织的门帘。泉水出露、喷珠吐玉、银雾飞溅、潺潺而流、水花翻滚、清澈冰凉、晶莹明澈、深涧悬流、山泉滴沥、寒泉明洌、飞泉如雪。山泉位置居高，又在草场中央，周围无村落，没有任何污染，纯属原生态泉水。泉水四季长流，夏天，游客到此，必然饱饮山泉，凉至心间、水味甘甜。泉水形成下溪，顺坡流淌，浇灌孕育高岭茶场的数千亩茶园。

图5-21 晴隆三望坪天生桥清泉

三、兴义名泉

① 大、小滩：猪场坪乡优质泉水水源分布较多，其中以位于猪场坪乡丫口寨村向阳组的大、小滩最为出名，该泉水清醇甘洌，水源无污染、无公害，终年不断（图5-22）。大滩与小滩水平距离约400m，高低落差约30m。大滩沿着山脉延伸一小段就来到。泉水周围四时风光各不相同，晴天犹如一块翡翠，雨后常有彩虹悬挂，起雾时又如人间仙境，起风时碧波荡漾。

图5-22 大滩与小滩

② 碧云胎泉：该泉位于捧鲊城北门外教场坝边穿云洞内的"碧云胎泉"（图5-23）。清道光年间《兴义府志》中称为"碧云泉"，并说："碧云洞岩下滴水，水澄味洌，不涸不流。"泉边"胎泉"石碑残存。

图5-23 碧云胎泉

"泉"字边款刻："嘉庆庚辰季夏"（即1802年）字样，故有"碧云胎泉"之称，是当时人们在穿云洞中举办"观音会"时沏茶炊饮之用。

③ **堡堡村水井**：该泉位于捧鲊城外堡堡上村大水井组祭山坡东南侧坡脚的堡堡村水井（图5-24），建于清代，具体时间不详。该水井一直以来为当地村民人畜饮水水源，井口以石灰石质料石砌筑，坐东北向西南，砌体面阔8.5m，高1.82m，井口外部为竖向矩形，内部石砌券顶，井口高1.25m，宽1.08m，井深1.9m。

图5-24 堡堡村水井

从捧鲊古城西门街城门洞—大山门—瓦厂坝—堡堡上大水井—云南板桥的茶马古道必经此地，据说马帮到此水井处必会在此饮水和取水备用。该水井记录了喀斯特地区群众历史上水源使用的历史状况，具有一定的历史及科学考究价值。

④ **捧鲊古城的四门大井**：捧鲊古城建城时，修建了四门大水井，解决当地群众生产生活用水和消防用水。南门大井在当时李文山总爷府的坎下30m处，井深三丈有余，下面是槽，正中凸出一"牛鼻子"，从南面石梯子直下便是清泉，天旱时，村民们在此等水，出水量可供城里城外50%的人口饮用。北门大井在辛家坡脚，花水井下面，林家坎脚，出水量没有南门大井大。东门大井在东门坡"武官衙门"的左面，涨水天水满流入"太液天池"和南门小水井中。西街有南面的"马槽井"和北面的座云大井。四门大井均用五面石砌成，都盖有"水龙王庙"，供奉龙王，这一些水的设施，在确保当时人们沏茶炊饮外，同时也保证了生产和消防用水，可见当时古人考虑之周到。可惜由于现在镇区的建设，踪迹已难寻觅。

⑤ **泥凼镇何应钦先生家古井**：在1945年，何应钦代表中国接受日本投降，因此古井被称为受降井，因为何氏家族的人相对都高寿，因此把水称为寿祥水。2009年何应钦养女、何丽珠回来的时候，原何应钦陈列馆馆长送了两盒苦丁茶给何丽珠，她喝了这茶来信说口感很好。

⑥ **珍珠山泉**：水源于明朝永历皇城（安龙）东南龙井山麓，出露高层1355m，独特的地质条件形成了其自然矿化过程，自然水沉积深处，冬暖夏凉，不受天气变化的影响，泉水从沙石缝隙中沸腾上涌，形似颗颗珍珠，圆润晶莹，被称为"龙泉涌珠"奇观。水质成分极佳，泉水透明，清凉甘甜。

第八节 铜仁名泉

铜仁市雨量充沛,河网密布,水资源非常丰富。全市河流均为山区雨源型,径流主要靠地表水和地下水补给。过境河流主要有乌江和舞水干流,水量大、水质好,有水资源总量为162亿 m^3,天然饮用水资源量为24亿 m^3,已查明温泉23处。日产量2.05万 m^3。

境内地表水主要来源为降雨,多年平均降水量1216.6mm,多年平均径流672.8mm,多年平均径流量124.14亿 m^3。径流的地区分布与降水量的分布相一致,总的是东部多西部少,尤以松江流域最多,其次是锦江流域,最低位于境内乌江河谷区。径流量的季节分配,与汛、枯期一致,一般东部4—7月和西部5—8月4个月的径流量占全年总量的60%以上;10月至次年3月约占40%;12月与1月最小,只占2%左右。年隙间,径流量最大为最小的2.5~2.8倍,最小量为多年平均值的0.6~0.46倍,按此推算,境内年径流量最多年约为200亿 m^3,最少年约为75亿 m^3。

境内地下水有岩溶水、裂隙水和孔隙水三种类型,以碳酸盐岩溶区为主。

境内河流以梵净山至佛顶山山脉为分水岭,分属长江流域两大水系,东为沅江水系,西为乌江水系,河流按流域面积20km^2及以上的有229条,其中,20~99km^2的172条,100~499km^2的42条,500~999km^2的7条,1000km^2以上的8条。在229条河流中,境内长度在5~9.9km的58条,10~50km的156条,51~100km的10条,101~200km的4条,201km以上的1条。全市河流10km以上的总长度为4389km,平均每100km^2土地面积的河网密度为24.35km。其中,沅江水系74条,总长1963km,平均每100km^2的河网密度27.61km;乌江水系97条,总长2426km,平均每100km^2的河网密度22.22km。以东部玉屏境内最密,为39.65km,亦是贵州之最;以西部沿河境内最稀,为20.48km。

境内河流为山区雨源型,由降雨补给径流。除过境的舞阳河和乌江干流,其余河流均发源于境内武陵山脉,尤以主峰梵净山、凤凰山为主,其次是佛顶山等。主要河流均沿地势向东、东北和北三面迂回流入湖南或重庆,一般呈放射状。东部沅江水系流域面积6883km^2,占土地面积38.2%。西部乌江流域面积11140km^2,占土地面积61.8%。

在水文特征方面,境内河流基本是雨源性河流,受降雨影响明显,时空分布不均,径流分配不均,水位变化较大。通常4—9月为丰水期,10月至翌年3月为枯水期。汛期流量占全年流量的80%左右。枯水严重时仅为2%左右,洪枯流量比一般在100倍以上。

铜仁市境内河流、二、三级支流和主要水体的水质良好,符合工农业生产和人民生活饮用水标准。

一、优质水资源分布

铜仁市优质水源点共244个，其中水质达到饮用天然矿泉水水源点29个，水质同时达到饮用天然矿泉水和理疗天然矿泉水水源点6个，水源点水质达到饮用天然泉水的水源点159个，水质达到I类地表水水源点30个（图5-25）。

图5-25 铜仁山泉

通过选择典型优质水源与国内外知名品牌矿泉水进行对比，铜仁市具有与世界级、国家级相媲美的优质水源点，这6个水源点主要分布在石阡4个：石固乡凯峡河村溶洞温泉、大沙坝乡余家寨村关余粮温泉、汤山街道温泉社区城南温泉、花桥镇凯镇村施场温泉；江口1个：德旺镇潮水村地热井；印江1个：紫薇镇慕龙村水源点。

二、铜仁名泉

① **梵净灵水**：梵净灵水天然矿泉水是屈臣氏食品饮料有限公司旗下的是高端天然矿泉水品牌。产自黔东灵山梵净山——第42届世界遗产大会认定的自然遗产，至今保留原始生态系统。由梵净山水资源有限公司投资并注册于贵州省江口县，位于德旺乡潮水村，源水取自地下471m，同时水质富含锶和其他多种微量矿物元素，并呈天然弱碱性（图5-26）。公司与拥有亚洲首家获得ISO国际品质嘉许证书和联合国世界卫生组织水质安全标准NSF认可证书的世界知名企业——屈臣氏实业公司进行战略合作，专门生产屈臣氏"梵净灵水"天然饮用矿泉水。灵山出好水，梵净灵水受数十亿年生态净土庇护，屈臣氏把这瓶纳天地灵气的自然好水带进都市，诠释"水有灵净于心"的品牌理念。

图5-26 梵净灵水检测报告

② **农夫山泉**：农夫山泉即农夫山泉股份有限公司，原名"浙江千岛湖养生堂饮用水有限公司"，公司总部在浙江。贵州武陵山是其八大优质水源基地之一，农夫山泉在远离都市的深山密林中建立生产基地，生产过程在水源地完成。农夫山泉在铜仁有两处生产

基地：一个是农夫山泉（贵州）武陵山饮料有限公司，成立于2012年10月，是铜仁市碧江区政府2012年重点招商入黔企业。所用的水资源取水点位于碧江区灯塔办事处寨桂村贺家组七股水，该山泉从百米崖壁喷薄奔流，水质呈现弱碱性，口感清甜甘洌。另一个是农夫山泉贵州梵净山饮料股份有限公司，坐落在梵净山脚下德旺村，于2018年10月动工建设，于2019年5月建成投产（图5-27）。梵净山下的天然水源生产的优质瓶装饮用水，含有天然矿物元素，最符合人体需求，任何人工水都难与之比拟。

图5-27 碧江区寨桂七股水农夫山泉取水点

③ **石阡知名泉水**：石阡因其地下泉水众多，故有中国"泉都"之誉（图5-28）。汤山镇"泉都矿泉水"便是从溪沟温泉地下400m深处引出，"泉都"优质天然矿泉水，由贵州银桥水利电力有限责任公司生产。其他还有中坝镇"玉虹山泉"、花桥镇"高源清泉"、龙塘镇"竹林山泉""茶乡之水""贡苔"、国荣乡楼上村"天福古井"、本庄镇"庄乐山泉"、河坝镇"天岩山泉"。其中花桥镇"高源清泉"和汤山镇"泉都矿泉水"分别获2018年梵净山国际天然饮用水水博会"梵净山水·泡茶好水"品茗鉴水大赛绿茶类第一名和第五名。

图5-28 石阡山泉

④ **石阡县"龙泉"**：泉水水质优良，既可直接饮用，又可直接洗浴，其水pH值为7.30~7.85，富含硒、锶、钾、钙等20余种对人体有益的微量元素，长期饮用有利于提升人体的新陈代谢和免疫力。2016年10月22日，被中国民族卫生协会

图5-29 石阡县龙塘"龙泉"

专业委员会、中国生态好水源专家评审组评定为"中国生态好水源",荣获国家3A级大奖。因其取水点位于龙塘镇省级现代高效苔茶示范园区东南侧的岔溪沟,故被人们称为"茶乡之水"(图5-29)。

其年产量9万t,所产水经国家级检验,荣获"中国生态好水源"3A天然弱碱水称号。2017年8月,石阡县龙塘龙泉水厂与四川省神马泉合作成立了贵州省神马泉高溶氧饮品有限公司。

⑤ 石阡县"泉都矿泉水":石阡"泉都"饮用天然矿泉水,中国国家级鉴定产品,产于中国长寿之乡——石阡。富含锶、偏硅酸、硒、锌等多种对人体有益的微量元素,其中"锶"含量尤为丰富,高达0.85~1.83mg/L,偏硅酸高达20.3~33.6mg/L,是高品质的饮用天然矿泉水、贵族水(图5-30)。多年来,产品一直深受广大消费者信赖。

图5-30 石阡县"泉都矿泉水"检测报告

为综合开发利用石阡饮用天然矿泉水资源,提升"中国矿泉水之乡"的影响力,做大做强"泉都"天然饮用矿泉水品牌,生产企业在原有基础上投资2.24亿元,改建成年产10万t,集生态保护、智能生产、品牌展示、观光体验及工业扶贫于一体的现代化高端饮用天然矿泉水生产示范园区。

⑥ 石阡"高原清泉":该泉位于享有"温泉之乡、长寿之乡、苔茶之乡、矿泉水之乡"美誉的贵州省铜仁市石阡县,形成于5亿年前寒武纪时代产生的断裂岩层带—武陵山脉西缘凯峡河(水源点位于石阡县石固乡凯峡河村)、富含锶(1.3mg/L以上,GB≥0.2mg/L)和偏硅酸(35.0mg/L以上,GB≥25mg/L)等十余种有益人体健康的微量元素和组成部分、pH值7.5~8.5、属"世界少有、中国独有"的弱碱性小分子团复合型天然溶洞地热水资源。2018年9月,其荣获贵州梵净山国际天然饮用水博览会组委会颁发的"十佳泡茶好水"称号。

⑦ 碧江区七股水:该泉位于碧江区灯塔办事处寨桂村贺家组,为深层地下水、泉水,

图 5-31 碧江区七股水检测报告

该地下水性质为岩溶裂隙水，通过查 1:50000 水文地质图瓦屋幅及云场坪幅，量得该地下水来水面积为 33.27km²，该面积一部分地表径流汇入头溪，剩余部分地表径流汇入其他流域，七股水为该水文地质单元地下水唯一排泄口。其出露地点位于半山腰，七股水最枯流日量为 9753.1m³/d，农夫山泉年取水量为 944.3m³/d（图 5-31）。

⑧ **清心露饮用天然泉水**：该泉水位于德江县青龙街道办事处向阳社区即北纬 28°，水源地常年平均气温≥10℃，水温稳定，钻取地下 300m 含水岩石层的天然活性弱碱山泉水，水质澄清、水温稳定、入口甘甜，蕴含钙、镁、钾、钠等多种矿物质，富含偏硅酸，年取水量为 15.2 万 m³。清心露山桶装泉水经国家权威机构检测，各项指标达到国家矿泉水标准，各项指标优于国家山泉水标准，是极为难得的纯天然饮用山泉水。2007 年，清心露饮用天然泉水获得中国国际博览会首届品茶斗水大赛决赛"优质宜茶水品"称号。2016 年，清心露饮用天然泉水在贵州首届（铜仁）国际水博会中获"中国生态好水源"称号。2017 年 4 月，清心露饮用天然泉水获邀参加第十届中国高端水（上海）博览会，荣获"天然山泉水推荐品牌"。2018 年，其荣获"十佳泡茶好水"称号。

⑨ **松桃涌泉**：该泉位于松桃县盘信镇麦地七星坡，水源地是麦地七星坡的金星岭，是井泉（纯净水），1989 年"中国梵净山旅游节暨经贸洽谈会"松桃七星坡涌泉（苗苗纯）被指定为唯一专用水。

⑩ **土家山泉**：土家山泉位于沿河土家族自治县中界镇中界村猴子洞，水源周围数里山高谷深，古木参天，天然的溶洞泉眼藏于鸡冠岭主峰密林深处，堪称一方净土，年取水量为 0.81 万 m³。水中富含硒、锌、铁、钾、钙、钠等多种对人体有益的微量矿物质，pH 值呈中性，水质清澈、水温稳定、入口甘甜。经国家权威机构检测，各项指标达到国家矿泉水标准，是极

图 5-32 土家山泉饮用水（沿河县提供）

为难得的纯天然饮用山泉水。沿河县中界乡猴子洞土家山泉水厂成立于 2006 年 4 月，公司总投资 1000 万元，厂房建设面积 3000 多平方米。其引进了吹瓶、灌装、包装一体化生产线，并配套生态环境建设，建立了 50km² 的水源保护区。2017 年"土家山泉"牌瓶装水荣获"第十届中国高端水博览会（CBW2017）推荐品牌"奖项（图 5-32）。

三、铜仁泡茶好水

铜仁市各区县生态良好，山清水秀，宜茶好水众多。2007年5—7月，中国国际博览会在贵州贵定县举行首届国际品茶斗水大赛，国内外150家纯净水、矿泉水、泉水企业参赛，其中贵州13家水企业和国内其他45家水企业进入10月在北京的决赛，经专家评委评定，德江县清心露山泉水获中国十大泡茶名水之一的荣誉，符合国际好水的七大标准和泡茶好水的"清、轻、甘、冽、活"五项指标，用以泡茶出色快、茶汤鲜艳饱和，口感细腻厚重，饮后满口留香，韵味悠长，水性与茶性相得益彰。2018梵净山国际天然饮用水博览会系列活动之"梵山净水 泡茶好水"品茗鉴水大赛中获"十佳泡茶好水"荣誉，详见表5-1。

表5-1　2018梵净山国际天然饮用水博览会
"梵山净水 泡茶好水"品茗鉴水大赛十佳泡茶好水

茶类	序号	地区	品牌	企业
绿茶	1	铜仁石阡	泉都	石阡泉都开发有限公司
	2	山西	沁园春	山西沁园春矿泉水有限公司
	3	黔西南兴义	金贵之州	贵州苗西南饮品有限公司
	4	黔西南贞丰	山乳山泉	贞丰双乳山泉绿色有限公司
	5	铜仁石阡	高原清泉	贵州高原清泉有限公司
红茶	1	毕节威宁	多彩阳光	贵州高原鹤乡绿色食品有限公司
	2	西藏	卓玛泉	中国石化销售有限公司铜仁石油分公司
	3	铜仁德江	清心露	贵州清心露实业有限公司
	4	贵阳	贵州泉	贵州泉天欣实业有限责任公司
	5	四川	泓硒泉	四川泓硒泉饮品有限公司

1. 2016首届贵州（铜仁）国际天然饮用水博览会

该博览会是贵州省委、省政府关于生态文明建设和大力发展天然饮用水产业的决策部署，旨在搭建国际天然饮用水交易平台，推动贵州健康水产业快速发展，展示贵州绿色、健康、生态新形象，加快供给侧结构性改革，推动天然饮用水产业与大健康、大数据、大扶贫、大旅游融合发展，使贵州成为全国重要的天然饮用水产业集聚区、优质天然矿泉水主产区。

在开幕式暨"中国生态好水源"授牌仪式上，中国民族卫生协会授予铜仁"中国生态好水源"集聚区称号。

2. 2018梵净山国际天然饮用水博览会

该博览会由贵州省经济和信息化委员会、铜仁市人民政府主办,省商务厅、省投资促进局、省食药监局、省国土资源厅、省旅发委、省水利厅、省住建厅、省环保厅、省质监局、省地矿局、省外事办、多彩贵州文化产业集团有限责任公司、省内各市州政府、贵安新区管委会协办。开幕式暨"多彩贵州水"品牌推广启动仪式在铜仁民族风情园隆重举行,把铜仁的优质水推向了全国市场。会议提出了到2022年把水产业打造为百亿级支柱产业,把铜仁建设成"健康水都"。十九大以来,贵州省在大力发展水产业的同

图5-33 2018梵净山国际天然饮用水博览会品茗鉴水大赛现场(石阡县提供)

时,着力做活水文化,彰显梵山净水的特有魅力,全市招商引资签约项目17个,投资金额50.65亿元,贸易签约金额5.2亿元。选取了11个投资类项目(签约金额46.45亿元)和7个贸易类项目(签约金额1.74亿元)进行集中签约。铜仁承办的水博会,通过文化沙龙、文艺节目、影视作品、歌曲、媒体网络等不同形式和载体,广泛宣传"梵山净水·健康水都""梵山净水·泡茶好水"等公共形象品牌。水荟沙龙,水主题歌曲、水主题短片征集大赛,"梵山净水·泡茶好水"品茗鉴水大赛,"贵州人爱贵州水"摄影大赛,贵州特色食品评选活动,包装设计评选活动,天然饮用水品牌影响力评选活动,"石阡好水·天然稀有"温泉文化旅游节,知名水企业参观考察活动,彰显了"多彩贵州水·同仁话未来"主题,效果良好(图5-33)。

在本届水博会开幕式大会上,中国食品工业协会授予铜仁市"梵山净水·健康水都""梵净山珍·健康养生"称号,对宣传推介水资源和发展水及关联产业具有重要意义。

该届水博会上,2018梵净山国际天然饮用水博览会系列活动之"梵山净水泡茶好水"品茗鉴水大赛在石阡举行,以"多彩贵州水、同仁话未来,泉茶合璧、养生天堂"为主题。大赛现场分别采用国际标准的审评方式与贵州冲泡的方法相结合,选取全国40余种水样进水博会行冲泡,所有参赛水样,将统一冲泡石阡苔茶红茶与梵净翠峰绿茶,按照不同的水冲泡出的不同汤色、味道、香味程度,红茶、绿茶分别选取总分排名前五位,授予参赛水"十佳泡茶好水"奖,供茶企、茶馆及喝茶爱好者做参考,选择出合适冲泡茶叶的水。来自铜仁、毕节、黔东南等本地水企28家,西藏、四川、北京等外地水企12家,共40余家水企参加本次品茗鉴水大赛。

第九节　多彩贵州水

贵州省委、省政府高度重视生态环境保护，秉承绿水青山就是金山银山的理念，扎实推进国家生态文明试验区建设，坚持走绿色发展之路。而天然饮用水产业作为新兴产业、绿色产业，蕴含着巨大发展潜力。在此背景下，"多彩贵州水"应运而生。

一、"多彩贵州水"的意义

①"多彩贵州水"是生态好水：贵州素有"山地公园省"之美誉，生态资源禀赋得天独厚、水资源丰富且品质优，全省饮用水源区80%的水源达到地表水环境质量标准Ⅱ类水。贵州近代无火山及岩浆活动，通过地下深循环，并与岩石之间有着物质与能量交换，水质富含硒、锶、锌、钴等有益人体健康的微量矿物质，具有医疗保健、延年益寿之功效，极具开发价值，是不可多得的天然水、养生水、保健水、健康水。

②"多彩贵州水"是品牌好水："走遍大地神州，最美多彩贵州"，"多彩贵州"誉满天下。为打造全国性知名品牌，树立"多彩贵州水，好水贵天然"的整体形象，引领贵州水产业规模化、品牌化、高质量发展。结合贵州水资源特点，制定了高于国家标准的"多彩贵州水"团体标准，所有原水均取自于地下水，从源头上把控质量问题，推进品牌保护管理。积极构建"多彩贵州水"品牌+企业产品的"1+N"产品体系，坚持"特色化、差异化、定制化"的发展思路，打造"多彩贵州水"命运共同体。现已授权北极熊、贵州泉、苗西南等19家企业可使用"多彩贵州水"品牌。"多彩贵州水"正代表着贵州水产业形象，为千家万户，送去健康。

③"多彩贵州水"是财富之水："资源优势就是无价之宝，欠发达地区的最大资源就是生态资源，生态就是生产力，绿水青山既是自然财富，又是社会财富，经济财富"。贵州省委、省政府高度重视天然饮用水产业的发展，决定将天然饮用水产业培育成贵州新的经济增长点，打造成贵州的第六张名片，贵州的天然饮用水产业正处在"天时、地利、人和"的提速发展阶段。以"多彩贵州水"为引领，越来越多的贵州优质山泉将被"搬"出大山，换回"真金白银"，贵州天然饮用水产业正呈现"泉涌"发展态势。

④"多彩贵州水"是文化之水：贵州因山而特，因水而灵。水蕴含和透射着贵州人民的生存智慧、生态智慧和文化智慧。"多彩贵州水"深入挖掘和阐发贵州水的传统文化和历史故事，注入水元素，讲好水故事，深耕水哲学，大力弘扬民族民间和地域文化，通过向品牌植入鲜活的文化内涵，塑造质优、生态、健康等独特品质。积极推动水文化

与酒文化、茶文化、文化旅游相融相生，让"喝生态贵水、品多彩文化、享健康之道"的品牌核心价值深入人心，彰显"多彩贵州水，好水贵天然"的独特品牌魅力。

喜看黔山秀水，今朝流金淌银。有水，天地成；有水，万物生。贵州将以"多彩贵州水"品牌培育为抓手点，认真做好"贵州人爱贵州水""到贵州喝贵州水""贵州水泡天下茶""贵州好水出深山"4篇水文章。念好"山字经"，做好"水文章"，讲好"水故事"，以开阔的胸怀、合作的姿态，引领贵州好水走出深山，走向世界，让"多彩贵州水"风行天下，共同开启绿色健康生活的美好未来。

二、"多彩贵州水"系列名泉

①**"北极熊"**：贵州北极熊实业有限公司是多彩贵州水首批授权企业，是贵州省饮用水行业龙头示范企业之一，多次获"贵州省著名商标""贵州省著名品牌"，2016年获"中国驰名商标"。该公司自1997年创立以来，抓住市场机遇，重视质量管理，依靠科技进步不断发展壮大，现总资产超过2.5亿元。

北极熊所产山泉水、纯净水、薄荷水、苏打水、维生素饮料、果蔬饮料等产品深受消费者欢迎，在贵阳地区的饮水机开户数近30万家，桶装饮用水市场占有率62%以上。近年来，其产品将已走出贵州，远销、四川、重庆、广西、广东等省（直辖市、自治区）。为加快转型升级，引领健康饮用理念，适应市场新需求，北极熊公司投资2.25亿元，在贵阳市花溪区尖山村，打造特色饮料生产基地建设，新建瓶装矿泉水自动化生产线两条，具备年产瓶装矿泉水72000t。

②**"贵州泉"**：贵州泉天欣实业有限责任公司是贵州省饮用水行业龙头示范企业之一。贵州泉率先在省内水行业推广和通过了ISO9001:2000（2008）国际质量管理体系和国家测量与计量管理体系双认证，并于2004年通过了国家食品生产许可QS认证，是省、市质监局推荐的"质量合格"产品。

为适应市场需求，提升高品质饮用水供给能力，贵州泉采用国际先进水制水工艺和装备在贵阳市白云区沙文镇吊堡村，投资新建全自动化饮用水生产基地，一期项目可年产桶装水1080万桶、瓶装水1.2亿瓶、袋装水432万袋。所生产饮用水产品均以地下深处自然涌出的泉水为生产水源，富含多种矿物质和微量元素，是较典型的富锶复合型优质天然矿泉水。

③**"苗西南"**：贵州苗西南饮品有限公司是贵州省饮用水行业龙头示范企业之一。企业生产地位于中国长寿之乡兴仁市，其水源地"长寿泉"富含偏硅酸和锶的复合型珍稀矿泉水水源，含锶量22~27mg/L，是娃娃鱼的养殖水源。苗西南凭着得天独厚的珍稀矿

泉水资源开发了"多彩贵州水、金贵之州、苗西南"等瓶（桶）装饮用水系列产品。多次荣获全国饮用水最具成长力品牌、十佳泡茶好水等诸多荣誉。

苗西南依托独有的水资源优势，并采用国内先进的全自动生产线，旨在着力将"多彩贵州水"打造成为"水中茅台"，其产品已销往全国各地，拥有直供2000多个销售网点。同时，苗西南以高度的责任感和使命感，积极参与脱贫攻坚，解决了兴仁市铜鼓村、双龙村和马马崖居委会等贫困户224户800多人就业，并为鲤鱼村2600多村民免费提供饮用水服务。

④"黔之源"：贵州黔之源食品有限公司饮用水生产基地坐落于贵州省黔东南苗族侗族自治州凯里市经济开发区和平村，四周环境优美、依山傍水。公司厂房设计新颖，生产设备采用国际、国内目前最先进的技术，全套设备实现全自动化控制，在产品质量关键点实现了无人视频监控管理，日生产量可达20000余桶桶装水和5000余件小瓶水，是贵州省黔东南苗族侗族自治州目前生产规模最大、管理最规范、设备最先进的饮用水生产企业。

公司通过科学开采地下200m深处千年封存的水源，经检测证明，该水源含有丰富的天然矿物质元素，具有天然弱碱水功能，是百年难得的珍贵水源，是稀缺难求的珍贵水源。

⑤"灵泉圣水"：贵州遵义灵泉圣水水业有限公司，成立于2014年，是一家旨在从事原生态、高品质、纯天然饮用泉水，纯天然植物饮品研发、生产和销售的科技型企业。拥有专业的管理团队，秉承"质量先行、服务至上"的经营原则，以"贵州人爱贵州水、到贵州喝贵州水、贵州水泡天下茶、贵州好水出深山"的企业理念指导生产和销售实践，尽企业责任，确保为消费者提供的每一滴天然泉水都是经得住检验的健康好水。企业先后获得"贵州食品安全诚信建设示范企业""文明诚信私营企业""贵州省科技型备案企业"称号。

水源取自云贵高原大山深处喀斯特深层自然涌泉，源水水龄1400多年，位于贵州遵义播州区青龙寺，远有千峰叠嶂，绵延数百里，状似莲花的千仙峰环抱。经检测源水水龄1400多年，pH值7.5，锶1.62mg/L、钾3.6mg/L、钠5.2mg/L、钙87.26mg/L、镁33mg/L、偏硅酸14.46mg/L、溶解性总固体350mg/L，溶解氧饱和度76%。

⑥"汇善谷"：贵州汇善谷水晶矿泉水业有限责任公司是集开发、生产、营销和销售天然矿泉水为一体的绿色环保企业。汇善谷采用欧洲先进水处理系统，在不改变矿泉水物理、化学特性和菌群品质的前提下，水处理系统的61处检验口和51道检测工艺确保水的安全性和高品质。

水源地在神秘的北纬30°"世界黄金水源带"上，位于中国贵州遵义绥阳境内大青峰下的温泉镇，是一股四季不竭，清澈透明的天然泉。经权威部门勘测，该泉形成于距今6亿年的"寒武纪"时期，水龄长达3000年，潜流深度1000多米，水温常年保持在38~44℃。汇善谷天然矿泉水富含丰富的矿物元素，其中镁4.1~15.5mg/L、锶1.6~3.9mg/L、钾2.8~7.8mg/L、钠0.65~3.05mg/L、偏硅酸25.5~50.5mg/L、钙40.5~85.6mg/L、pH值7.1~7.9，汇善谷天然矿泉水pH值7.1~7.9，呈天然弱碱性，维持人体酸碱平衡，小分子团水可快速进入细胞膜，把更多的养分、矿物质输送给细胞，促进新陈代谢。汇善谷矿泉水中，富含锶、偏硅酸，是优质天然矿泉水。天然低钠，适宜对低钠有特殊需求的人群饮用。

⑦"黄果树"：贵州方大黄果树食品饮料有限公司是中国500强企业方大特钢科技股份有限公司在贵州省安顺市镇宁布依族苗族自治县投资注册的全资子公司。公司成立于2013年11月，生产区位于国家5A级黄果树大瀑布风景区规划内，占地477亩，建筑面积19978.22m^2。泉水来源于喀斯特地貌群山之中，属自涌泉，每日供水在13000t以上。

泉水主要含锶弱碱，经自然资源部贵州省矿产品检测中心等权威机构检测，锶含量高于国家最佳标准的5倍，多达1.04mg/L，并伴有锌、锂、硒、偏硅酸等多种对人体有益的微量元素和物质，是不可多得的富锶混合型天然矿泉水品质。为保持泉水的纯净、天然和安全，公司引进了一条世界先进的法国西得乐全自动灌装生产线，以36000瓶/h的吹瓶、阻隔处理、无菌"吹—灌—封"三合一的瓶装线，一条国产先进的1200桶/h18.9L桶装线，产能为年产30万t，此为一期工程投资1.5亿；2014年底建设完成投入使用，项目为三期工程，总投资3.5亿。其使公司生产的黄果树饮用泉水天然、无菌、健康。公司秉承"依法兴企，品质卓越"的经营理念，坚持"取之于社会，回报于社会"的企业宗旨，以上市公司的实力和责任，为消费者带来健康好水。

⑧"归兰山"：贵州归兰水饮业有限公司是贵州省黔南都匀市，专业从事饮用水生产的企业。公司位于都匀市经济开发区洛邦工业园区毗邻都匀外环主干道公路，占地面积50亩，建有现代化厂房2万多平方米。公司引进全套自动化的生产设备和制水，能力达1.21万瓶/h，拥有吹瓶、注盖全自动生产线，形成胚盖、吹瓶中空成型等全部自制的规模化生产。公司技术力量雄厚，生产先进工艺标准，具备健全的质量管理和保证体系。归兰山牌饮用水是都匀家喻户晓的知名品牌，向市场提供安全、卫生健康的优质归兰山系列产品是本公司的一贯宗旨。历年来在很多重大场合被指定为专用饮水。

水源地位于冷水沟，此地森林植被覆盖达80%以上，属天然氧吧，无工业污染残留，保留原始生态环境面貌，地下300m深富含多种天然矿物质的水源。

⑨"天壶泉"：贵州天壶泉饮品有限责任公司是遵义市湄潭县一家集生产、销售、

出口为一体的高端天然饮用泉水生产商。目前，一期工程占地近16亩，实际投资累计达4000余万元，引进国内先进的全套生产设备，建成了年产量为100000t的泉水生产线，拥有桶装水生产线一条，每小时可生产桶装水1500桶；拥有瓶装水生产线两条，每小时可生产瓶装水12000瓶。

仙谷飞泉的水源地远离城市喧嚣，位于湄潭县仙谷山下，占地50km²。境内原始森林，莽莽苍苍，因地势险要，鲜有人涉足，自然生态保护完好。泉水从地下338m深处取得，经湄潭仙谷泉水厂取样泉水到自然资源部贵阳矿产资源监督检测中心跟踪检测，pH值7.1~8.4，锶0.5~1.526mg/L，该水被认定为纯天然弱碱含锶矿泉水，是贵州的珍稀资源。该水通过天然矿化净化，富含多种仅能在水中游离子状态才能被人体吸收的微量元素，如镁、锌、钾、锂、硒等天然矿物质。

⑩ "**高原鹤乡**"：贵州高原鹤乡绿色食品有限公司成立于2015年5月，于2016年6月正式投入生产，主要生产18.9L、550mL、395mL桶（瓶）装天然饮用泉水。公司工厂、灌装点、水源地处于贵州威宁县草海镇吕家河村，毗邻国家自然保护区——草海，依托乌江水系源头，拥有得天独厚的优质水源。自2016年6月投入市场以来，经过几年的不断努力，占有本地饮用水市场45%，2017年公司被列为"专精特新"培育企业，于2018年5月通过ISO9001质量管理体系，获得"十佳泡茶好水"称号，并于2019年获得中国西部中小企业发展"年度十大创业种子企业"称号。

公司系列饮用水，取自地下深层优质天然活性泉水，生产设备采用当今国内先进的制水灌装设备，全自动控制，关键点实现无人化监控管理，日生产量可达20000桶和10000件小瓶水，占地8000m²，是威宁县及周边城市规模最大、最规范、设备最先进的饮用水生产公司。公司积极开拓高端弱碱水品牌，耗千万巨资打造具有地域性代表的品牌"多彩阳光""草海人家"桶装水、小瓶水，整合市场收购"水金豆""金豆儿"品牌。高原鹤乡高端饮用水是"天然富锶、真正好水"锶型天然活性弱碱泉水。

⑪ "**母乳泉**"：母乳泉实业有限公司坐落于中国"杜鹃花都"——黔西。北望百里杜鹃国家森林公园，西迎世界三大高原喀斯特湖泊之一的"支嘎阿鲁湖"，南靠"沙嘎坡森林公园"，东接"高原三十六颗明珠"黔西湿地公园，周边生态宜人，山清水秀，风光旖旎，景色如画。母乳泉拥有贵州省第一条世界领先技术的"吹灌旋"一体机的企业。贵州第一家通过"ISO9001质量体系认证""ISO14001环境体系认证""OHSAS18001职业健康安全管理体系认证""ISO22000食品安全体系认证""国际HACCP体系认证"5项认证的饮用水企业。国内第一家通过"欧盟水质指令"检测的企业。

母乳泉水源属于典型的喀斯特型矿泉水的特殊代表，典型是因为其具有喀斯特矿泉水的矿物质均衡、丰富、饱满与寡钠特性；特殊是因为其在喀斯特矿泉水中独具"高锶、锌硒同具、钙镁黄金比例"的不凡品质。寡钠、丰富、均衡、高锶、锌硒同具、钙镁妙配等水质特性，蒙古黄金家族守候700余年，国内第一家源水通过欧盟"天然泉水""天然苏打水"标准检测，与茅台一线一脉地理位置等，奠定了母乳泉逐步迈向喀斯特矿泉水品类巅峰的基础。

⑫ "清心露"：贵州清心露实业有限公司始于2000年，生产基地位于自然风光秀丽的德江县饮用水资源保护区，主营桶（瓶）装饮用水生产、销售。公司自成立以来，始终坚持"天然、健康"的品牌理念，"水源地建厂，水源地灌装"——原材料验收按照国家标准执行，严格的质量管理，行业先进的自动化生产设备与信息化管理体系。水源地位于德江县饮用水资源自然保护区，地处地球上自然风光秀丽的北纬28°，系武陵山优质水脉，独特的喀斯特地质风貌和丰沛的山林孕育了贵州优质的地下岩层水，储量丰富，同时使用该水脉的还有农夫山泉等企业。

在优良的环境和优质的原水保障下，贵州清心露饮用水生产基地进一步钻取地下300m含水岩石层的天然活性弱碱山泉水——相较地表水而言，虽然取水的成本更大，但水质参数更稳定，地下隔断层隔绝了外界环境污染；经过深层岩层的多年矿化，储存了丰富的矿物质；同时砂岩透水层调节水质，形成原水天然的弱碱性。在此基础上经过植被层、沙土层以及岩石层的层层净化过滤，直接达到了有害菌种为零的品质，水质澄清、水温稳定、入口甘甜、蕴含钙、镁、钾、钠等多种矿物质，富含偏硅酸，对软化血管，保持血管壁弹性等，具有积极作用。

⑬ "梵净山泉"：贵州梵山山泉饮业有限公司，注册于2015年10月，前身是1996年成立的思南县梵净山山泉水厂。经过数年的经营发展，公司管理已相对稳定，并逐步进入发展期；通过不断创新和完善，提升员工素质，增强员工和客户的满意度，在业内树立良好的口碑和品牌价值，促进企业持续、稳定、快速、健康发展。

水源地处于公益生态林的腹地中，远离人群生产生活区，植被保护良好，覆盖率达80%以上，无任何污染源，水源地保护区干净整洁，符合国家卫生标准。2016年11月被中国民族卫生协会健康饮水专业委员会评为中国生态好水源。生产的包装饮用水口感好，品质极佳，pH值6.8~7.4，属于弱碱性山泉水，水中富含锶、钒等生命动力元素，是泡茶及饮用的养身之水。

⑭ "花都饮品"：贵州花都饮品有限公司成立于2007年，公司位于中国杜鹃花都——黔西县城北3km处的新潭村，紧靠逢水乡村旅游村——柳岸水乡。这里山色锦绣，野鸟鸣啭，白鹭成群。公司生产设备采用国内先进设备，出厂水质优于国家标准。厂区内生产

运行安全可靠,环境优美,给制水工艺提供良好的运行环境,是毕节市较大的水企之一。

采自距今5亿年之久的寒武纪岩层的天然矿泉水,层层岩选、每一滴水都要经过50年的渗透到达含水层。6500万年前,陨星冲击地表产生爆炸,星际物质与地表层交融渗透形成能治病的珍稀泗滨砭石。原水层渗透砭石矿层,经过成千上万年的过滤和矿化,形成得天独厚的矿泉水源。公司采用UV中压紫外线杀菌工艺,无菌灌装,锁住每一滴水的矿物能量,具有独特的国际化口感。

⑮ **"盛世贵水"**:贵州福贵投资管理有限公司台江矿泉水分公司是贵州福贵投资公司于2012年9月24日与台江县人民政府签订《投资矿泉水项目协议》,2012年9月28日在台江县注册成立台江矿泉水分公司,整体收购位于台江县台拱镇台雄村的台江县黔隆矿泉水厂,异地就近扩建并实施技改,2013年6月开始试生产。公司主要产品为"盛世贵水",目前生产的"盛世贵"天然矿泉水产品有18.9L(11.3L)桶装水和355mL瓶装水,富含偏硅酸,是天然小分子团水。产品主要供应给省内市场、北上广等省外中高端消费者饮用。

取水点及灌装点坐落在北纬27°的贵州长寿之乡锦绣台江苗岭国家地质公园内,地形地貌奇绝秀美、植被茂密苍翠、溪水晶亮透明,森林覆盖率达90%以上,盛世贵水深藏于岩层2000m以下,历经万年熔岩而形成的天然涌泉,是全球罕见的天然软水水源,也是迄今为止全球发现形成年代最久远的天然矿泉水之一。

⑯ **"海龙谷"**:贵州宝之源(海龙谷)水业有限公司是"东西部合作、沪遵产业帮扶"精神指导下,由上海市普陀区政府招商引进岭硕农业科技(上海)有限公司投资控股,于2017年9月在贵州省赤水市成立的生产高端饮用天然矿泉水的企业。

宝之源(海龙谷)公司位于长江流域上游,赤水国家级森林公园核心区域,是著名的"长寿之乡"。水源地位于赤水百万亩竹林之中,中国丹霞地貌之畔。竹根之下的清新好水历经亿年前侏罗纪岩层自然过滤,融合丹霞红色碎屑岩独特矿物元素,成就宝之源(海龙谷)饮用天然矿泉水含锶、钾、钙、钠、镁、偏硅酸等天然矿物质,能充分满足人体生理需求;pH值保持在7.6~7.8,呈天然弱碱性,有效中和人体因疲劳而产生的酸性物质,利于体内酸碱平衡。

⑰ **"高原清泉"**:贵州高原清泉有限公司位于享有"温泉之乡、长寿之乡、苔茶之乡、矿泉水之乡"美誉的贵州省铜仁市石阡县,是由贵州投创文化旅游发展有限公司、贵州北极熊实业有限公司及中铁十八局集团有限公司共同出资组建的国有控股企业。公司成立于2017年1月23日,占地面积约120亩。公司于2017年5月开工建设集生产、研发、质检、仓储、装卸及办公等功能为一体的综合厂房,建筑面积近32000m²。设计产能年产

矿泉水30万t。

公司水源取自武陵山脉西缘凯峡河溶洞自涌泉，采用不锈钢管道，三级提升至水厂，安装了从取水点、管道沿线、到水处理控制室的监控设备，进行实时监控，并与水处理设备联机运行，保证水源安全。经过长达8年的有效监测数据表明，水源点枯水季节出水量大于60t/h。根据自然资源部贵阳矿产资源监督监测中心测定表明，取水点矿泉水含多种有益人体健康的微量元素和组成部分，pH值7.5~8.5，属"世界少有、中国独有"的弱碱性小分子团复合型天然溶洞地热水资源，经SGS检测，符合欧盟饮用水标准。

⑱"乌箐山泉"：毕节市乌箐天然山泉水有限责任公司创建于2012年，坐落于毕节市国家森林公园保护区"乌箐岭"林场内。乌箐山泉水厂是一家招商引资专业生产饮用水的大型企业。

"乌箐山泉"和"乌箐山彝泉"来源于毕节市七星关区最高峰（海拔2217m）国家森林公园乌箐岭，年平均气温9.5℃，森林茂密，植被极佳，人迹罕至。地下循环1000年，在海拔1950m高的森林处涌水天然含锶若碱性软水。被当地彝族百姓誉为"添寿养颜泉"，用作古彝皇御用功能水。经贵州质量技术监督管理局、自然资源部贵阳矿产资源监督检测中心检测，水质达到山泉水标准，属于低钠的优质天然珍稀山泉。

⑲"黔露健康水"：贵州省黔露健康水有限公司成立于2012年5月，生产基地坐落于贵州省天柱县瓮洞镇黄巡村白岭涧山。厂区方圆20余千米内山高林密，生态环境良好，无工业污染源。生产设备采用目前国内先进技术，全套设备实现自动控制。

公司的水源取自地下270m深井，水量稳定，水质优良，完全满足国家饮用水要求。经权威机构严格检验，该水源富含各种有益矿物质，特别是锶（含量1.406mg/L）和偏硅酸（含量25.34mg/L），达到国家优质矿泉水的标准。pH值为7.1~8.0，属弱碱性水，具有保健功能。

第六章 茶器

"水为茶之母，器为茶之父"。茶叶只有在父母——器和水的孕育和呵护之下才能得以健康的发育与成长。在古希腊神话中，普罗米修斯从宙斯那里偷来了火种，造福于人间，因而受到了宙斯最残酷的惩罚。而在古老文明的中国，则是劳动人民在长期的实践中，以燧人氏为代表，用钻木取火的方式，发明了取火，至此人类开始使用火来为生活生产服务，火照亮了人类，火温暖了人间。

在享有"东方文明灯塔"的贵州安顺普定穿洞古人类遗址，除了发现了18000多件古人类使用的石器、骨角器、两具完整人颅化石之外，还发现了多处用火的遗迹，也就是说在距今14000多年的贵州大地上，古人类生息繁衍，已经使用火来为生产生活服务了。

火的发现、发明和使用是人类进化与发展的重要标志，使人类迈进了新的里程碑。有了火的使用，茶叶的发展更是如鱼得水、如虎添翼。首先，可以用火烘焙制作茶叶了，这是茶叶由生叶咀嚼的原始吞咽成为烧水煮食的飞跃。其次，多种蒸煮焙炒工具经过火的熔炼、烧制，锻造应运而生，成为实用器，成为制造各种茶具的手段和方法。威宁中水出土砂器，经专家考证，距今3200~3600年，可想而知，3000多年前，贵州大地就出现了煮茶、饮茶的器具（图6-1）。

贵州高原是成熟的喀斯特地貌，蕴藏着各种丰富的矿物质资源，如铜、银、砂、陶等；有着丰富的植物，如楠竹、生漆、优质树木资源，这就为贵州先民们在制作茶具中提供了丰富的原材料，也给今天留下了丰富多彩的茶具。

贵州高原，尤其是黔西北地区盛产一种黏土，先民们将它采集，捣碎，碾细，搅和成浆沉淀，做成各式各样的生活用具，大到砂缸（能盛三四百斤水），中到砂罐，各种炖煮之炊具，小到茶罐、茶壶、茶杯，经久耐用，透气性能好，耐高温，茶汤不变味。尤以威宁最为古老（图6-2）。彝族、回族三千多年的乌撒烤茶，多用砂罐，彝族人称之为"茶捎捎"。

图6-1 威宁中水出土的乌撒烤茶罐

图6-2 牛棚镇白瓷窑

本章所载述的茶器，主要是泡茶、饮茶所用的器皿类，如釜、罐、壶、盏、杯之类；不包括采茶，制茶过程中所使用的劳动工具，如茶筐、茶篓、簸箕、茶锅以及各种加工制作所用的机械设备。也不包括泡茶所使用的辅助设备，如茶几、茶巾、茶匙、茶漏等物件。

第一节　民间历史茶器

一、秦前砂陶

多彩贵州博物馆现藏有秦前砂陶，系秦时古夜郎国所产砂陶壶（图6-3）。

图6-3　古夜郎陶壶

（一）威宁砂陶

牛棚区砂陶茶具生产厂生产有砂陶壶和罐罐茶具，见图6-4。

图6-4　乌撒烤茶罐

出土于威宁中水古墓群，3000多年前古彝人使用的砂陶茶具，现藏于贵州省博物馆（图6-5）。

织金县制作砂陶茶罐，见图6-6、图6-7。

图6-5 乌撒烤茶罐　　　图6-6 烧制乌撒烤茶罐　　　图6-7 威宁砂茶壶及砂火盆

（二）毕节砂陶

七星关区砂陶茶壶见图6-8。

图6-8 七星关区砂陶茶壶

（三）织金砂陶

与威宁、毕节砂器异曲同工，它们采用当地砂土烧制，高温1000℃以上，做好胚子之后，刷上釉水，待自然风干，入炉煅烧（图6-9、图6-10）。

图6-9 织金砂陶茶杯、茶壶、茶碗

图 6-10 织金砂陶：飞鱼形茶具；烧成温度：1080℃

二、汉代时期釜器

釜形四耳大茶罐（图 6-11）。

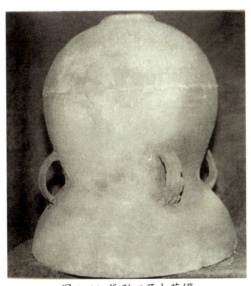

图 6-11 釜形四耳大茶罐

三、汉代铜器

自古云贵高原山水相连，历史民族文化，生活，语言都非常接近，云贵也曾作为行政省，由中央派遣云贵总督进行管理。云南东川与贵州相连，是名副其实的铜都，因铜的延展性好，熔点也比较低，因而以铜制成茶壶，茶杯等就比较容易。在黔西北著名的可乐汉墓发掘中，除发现了铜马车、铜炉等大型青铜器外，还发现了铜茶壶、酒壶。距今已有2000多年历史。

在著名的中水考古发掘中,同样也发现了铜质茶壶(图6-12)。可见贵州在秦汉时期已广泛使用铜来制作茶器了(图6-13、图6-14)。明清时期,贵州铜器得到了更为广泛的发展,许多从事制作铜器的工匠,聚集到明朝屯兵的中心安顺,有铜匠街至今匠铺鳞次栉比,工艺炉火纯青,匠人大显身手,制品琳琅满目、争奇斗艳。固然也有许多精美、俊秀的茶壶、茶杯、茶盘。

图6-12 黔西北彝族红铜茶壶、茶盏

图6-13 铜茶壶　　　　　　　　图6-14 唐代铜壶

四、唐青花三鸡纹茶盏

生产于河南巩义县,现藏于贵州省茶叶协会的唐青花三鸡茶盏(图6-15)。

唐代秘色莲花茶盏,现藏于贵州省茶叶协会(图6-16)。

图6-15 唐青花三鸡茶盏　　　　　　　图6-16 唐代秘色莲花茶盏

五、宋代茶具

宋代饮茶用具建盏、宋代建窑"供御"款虎斑纹建盏、宋代定窑瓜瓣盏杯、宋代吉州窑黑釉扁壶四杯、宋代汝窑"蔡丙"款盏杯,现藏于贵州省茶叶协会(图6-17~图6-21)。

图6-17 宋代饮茶用具——建盏

图6-18 宋代建窑"供御"款虎斑纹建盏

图6-19 宋代定窑瓜瓣盏杯

图6-20 宋代吉州窑黑釉扁壶四杯

图6-21 宋代汝窑"蔡丙"款盏杯

六、元代茶具

江西景德镇生产,元代青花高足茶盏,现藏于贵州省茶叶协会(图6-22)。

图6-22 元代景德镇窑青花菊花纹靶杯

七、明代天龙屯堡茶罐

明初屯堡驿站茶亭大砂茶壶见图6-23。明代僧帽壶,现藏于贵州省茶叶协会(图6-24)。清代康熙刻花茶杯,现藏于贵州省茶叶协会(图6-25)。

图 6-23　明初屯堡驿站茶亭大砂茶壶　　　　图 6-24　明代僧帽壶

图 6-25　大清康熙刻花茶杯

八、水东乌陶

贵州陶器历史悠久，仍以就地取材的方式，工匠制作煅烧。水东，明初设宣慰司，以鸭池河为界，河西为水西，由安氏土司世袭。河东为水东，由宋氏土司世袭，含今日之开阳，修文，乌当等地，水东乌陶烧制于明朝。600年来经久不衰，现由大风堂公司传承发展，产品不断推陈出新，别具一格（图6-26～图6-29）。

图 6-26　水东乌陶窑址（图片由黄向阳提供）

图 6-27　水东乌陶茶具套件（图片由黄向阳提供）

图 6-28 水东乌陶茶壶、分茶公道陶器、公道壶（图片由黄向阳提供）

九、黔　陶

贵州黔陶，始于明代，坐落于今花溪区黔陶乡，因盛产陶器而得名黔陶，多生产缸、罐、壶、杯之类。新中国成立后，开办了黔陶生产厂，也多生产民间生活用器。"文化大革命"时停产至今，但仍有少许个人用小窑生产一些小型茶具和各种工艺品（图6-30、图6-31）。

图 6-29 水东乌陶制作　　　　图 6-30 黔陶制作车盘及原料

  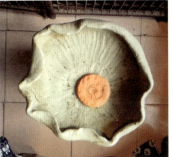

图 6-31 黔陶茶碗、茶杯、茶具套件、茶壶、茶罐、茶盘

十、牙舟陶

贵州牙舟陶厂位于平塘县牙舟镇。其生产始于明代洪武十六年间,距今已有600多年历史了,牙舟陶以其釉色莹润、造型优美、民族风格突出著称于世,成为全国著名的十大窑炉之一,也是贵州省的非物质文化遗产(图6-32~图6-34)。

图6-32 牙舟陶:苗族蝴蝶图腾茶具;烧成温度:1180℃(图片由王键提供)

图6-33 牙舟陶:冰裂纹茶具套件;烧成温度:1180℃(图片由王键提供)

图6-34 牙舟陶:手工荷叶茶具套件、冰裂纹茶叶罐;烧成温度:1180℃(图片由王键提供)

第二节　民族特色茶器

一、银制茶具

贵州是一个多民族共居的地区,有18个世居民族。其中,仡佬、彝、苗、布依族最为古老。苗族、布依族对于银器的制作尤为精良,特别是用银来制作茶具,更是他们的特长(图6-35)。当然,银是贵重的金属,并不是每个人都能拥有的,而当时能拥有银制品茶具的当属少数民族中的上层人士或富裕人家。

图6-35 贵州苗族手工银质茶壶、手工银制龙纹茶壶

如今随着生活水平的提高和经济收入的增长，拥有一套银制茶具已非罕事。随着市场经济的需求，黔东南州雷山、台江、凯里，贵阳花溪、青岩，黔东南州的许多县，其制作的银质茶壶、茶杯、茶盘比比皆是。各种样式应有尽有，各种纹饰花样百出，有仿古的、有创新的，琳琅满目、高贵典雅，豪华而含质朴。不断创新，用银质加上珐琅彩所制的茶具，更具有实用价值、观赏价值和收藏价值（图6-36、图6-37）。

图6-36 苗族景泰蓝银茶壶、茶杯套件

图6-37 贵州苗族银制茶罐、茶壶、茶杯

二、竹制茶器

贵州盛产竹类，尤以赤水市等地所产楠竹而著名，其挺拔，高耸，粗壮，壁厚实，是极优良的建筑材料与工业材料。取材于楠竹，根据所需锯断即可为茶碗，也可取稍长，经过加工，可为茶筒，或取稍细一些，制成茶杯。以竹为原料制成的茶碗、茶杯、茶筒，其天然清香之味，无论装茶、盛茶，与茶之清香味相得益彰，相映成趣（图6-38）。

图 6-38 贵州竹制茶器

三、木制茶器

贵州盛产各种树木，尤以盛产名贵的金丝楠木，红豆杉而闻名遐迩。以金丝楠木制作的茶几，纹饰天然，因材施用，其桌面花纹绚丽，给人以一种天然美景之感受。以紫木所制作的茶壶、茶盒、茶杯纹理自然，不开裂。通过精巧的加工，玲珑秀美，实为民间工艺品与实用器的结晶（图6-39、图6-40）。

图 6-39 木制茶壶、茶叶罐

图6-40 贵州木器老茶罐

图6-41 大方漆器茶具套件

毕节市所辖8个县、区皆盛产生漆,皆为国家生漆基地县,尤以大方生漆最为著名,素有"方漆亮如油,照见美人头"之赞誉。以生漆漆制的茶具,有皮胎的、也有木胎的。纹饰或暗花或明纹,其色彩亮丽光彩照人,既耐高温也抗腐蚀,具有极高的实用价值和艺术品收藏价值,被文化和旅游部批准为非物质文化遗产(图6-41)。

四、紫袍玉带石茶具

铜仁梵净山地区盛产一种紫袍玉带的石材,其自然纹理以紫色为主,间有白玉,黄玉而共生,是制作砚台、工艺品、茶具的上好材料。经工匠制做的紫袍玉带茶壶、茶杯美观大方,别具一格(图6-42)。

图6-42 贵州梵净山紫袍玉带茶壶

第三节 外来引进茶器

到了明代,朱元璋加大了对贵州的开发,十七万明军涌入贵州屯兵,他们或来自中原、华中、华东各省。贵州与外界的交流也日益增多。由于贵州产茶、饮茶已经很普遍,先进地区的优良茶具也倍受贵州人民的喜爱和青睐。

一、宜兴紫砂茶具

江苏宜兴紫砂茶具始于宋，兴于明，盛于清。用紫砂烧制的陶壶泡茶，"既不夺香，又无熟汤气"。由于其砂透气性能好，茶壶盖制作严实合缝，茶汤久放不易变质，陈茶不馊，用得久了，茶汁渗透，愈久弥香，因而深受饮茶人的喜欢（图6-43）。

图6-43 宜兴紫砂茶具

二、建水陶茶具

建水陶，又名建水紫陶，因产于云南建水呈赤紫色而得名。建水陶产生于清代，始于道光年间，是在明代粗陶生产昌盛的基础上发展起来。建水陶可以在器物表面做细微雕刻填泥和无釉磨光的特殊工艺。这便是建水紫陶与其他含砂陶器最本质的区别。由于建水陶泡茶保温性能好，香气蕴涵佳，又加之云南与贵州为毗邻，因而建水陶茶具深受贵州茶人的钟爱（图6-44）。

图6-44 建水陶茶具

三、江西景德镇瓷茶具

景德镇瓷器自古以来，名扬四海。

景德镇所烧造的青花瓷茶壶、茶盏、茶杯、盖碗更是独步古今，其朴素典雅，鲜亮明净，泡茶给人一种透明、清爽、自然的享受。除了王公贵族，普通人家也作待客饮茶的必备器具。

由于江西与贵州渊源深,朱元璋所派付友德率十七万大军开发贵州,其中有半数以上为江西籍贯人,他们带来了许多景德镇的瓷茶具,为景德镇瓷器进入贵州开发了先河(图6-45~图6-47)。

图6-45 咸丰瓷杯、江西景德镇青花盖碗

图6-46 茶具套件

图6-47 清娇黄釉茶壶、茶盏

四、广西钦州泥壶

广西钦州坭兴陶，以广西钦州市钦江东西两岸特有紫红陶土为原料，按4:6配制，通过特殊工艺烧造而成。"东泥软为肉，西泥硬为骨"骨肉相连，相互支撑，天然洁净，泥质细腻，造型小巧玲珑。坭兴陶的"窑变"艺术在国内陶瓷行业中绝无仅有，艺术品位极高，故有"中国一绝"之称。钦州泥壶泡茶，聚香聚气，本色本味，是饮者之所爱

（图6-48）。小件泥壶，也是收藏家之所爱，由于贵州与广西交界，因而，钦州泥壶早已传入贵州。

图6-48 钦州泥壶（彝族贵族专用壶）

五、湖南醴陵瓷茶具

湖南醴陵瓷茶具涌入贵州（图6-49），丰富了贵州茶具的队伍，丰富了贵州茶文化内容，同时也为贵州茶文化的发展、茶馆业的兴盛，起到了积极的推动作用。

图6-49 湖南醴陵茶杯

第七章 茶人

第一节 老一代茶人

1939年，政府中央实验场落户湄潭，至今已有81年的历史，当时与来自五湖四海的李连彪、刘金枝、张天福等团队，怀抱着一腔热血、兴茶救国的热情，在极其艰苦的条件下，以锲而不舍的精神，开展了茶叶育种、种植、病虫害防治、生产、加工等方面的科研与教学，取得了丰硕的成果，翻开了贵州乃至中国茶产业新的篇章，奠定了中国茶产业发展的理论和实践基础。

新中国成立后的贵州茶叶科学研究所，继承了先辈们的优良传统，在贵州茶产业发展的道路上，一脉相承、薪火相传，为贵州茶产业的发展进行了艰苦的探索，科研成果和科技人员更是硕果累累、成果层出不穷。

① **朱恩悌**（1938—2019）：安徽省农业大学茶学系本科毕业，1964年8月参加工作，1998年退休，原安顺市农业局农场科科长，农艺师。工作期间，特别是改革开放以后，把自身茶叶专业特长与地方自然环境条件结合起来，在市农业局的领导下大力发展茶产业，面积达到8000多亩，成为20世纪80年代安顺茶产业的中坚力量。安顺茶公共品牌"瀑布茶"的前身"安顺黄果树毛峰茶"就是由他组织创新试制成功的，发表了《黄果树毛峰的采制技术》《浅析黄果树毛峰的研制技术》等技术性论文。朱恩悌在茶产业发展中所做出的特殊贡献，政府和行业组织对其给予高度评价并颁发奖励。

② **董国龄**（1935—2012）：浙江温州人，浙江大学茶学系毕业，高级农艺师、高级讲师，原安顺农校（安顺职业技术学院）副校长，原安顺市政协委员，曾任安顺县农业局管辖的芦坝茶场场长，安顺市茶业产业协会副会长兼副秘书长、西秀区工商联茶叶商会顾问。2012年病逝。

③ **谭修楷**（1930—2018）：贵州都匀人，都匀市级非遗传承人。20世纪50年代都匀团山茶农高级社的会计，也是1956年茶农高级社团支部给毛主席寄送茶叶的当事人之一。30多年来，谭修楷在报纸、杂志、论坛、会议等各种场合宣讲都匀毛尖与毛泽东主席的这段故事，在对都匀毛尖红色文化的宣传上做出了突出贡献。

④ **李金石**（1941— ）：种茶、炒茶、研究茶，李金石把一生都献给了茶产业、茶事业。1971年，李金石在贵定县云雾农推站担任技术指导，建立了仰望公社茶场，面积400亩，3年后，茶园面积达2000余亩。1985年起，李金石先后担任云雾湖茶场、仰望中心茶场、贵定县云雾第一茶场、都匀高寨水库茶场、瓮安车底水库茶场技术指导工作，成为省水电厅水电系统全省茶叶生产技术总负责，主持"贵定雪芽茶"采制工艺研究课题。在20世纪90年代，李金石主持的"贵州历史名茶及现状的调研"课题，获省科技成

果二等奖；新创的"贵定雪芽茶"，名列全省名茶之冠，是黔南茶人中资历最老、获奖最多的知名茶人。

⑤ 朱源林（1900—1996）：浙江金华人。贵州茶叶、经济林科研开拓者之一，中央实验茶场第四任场长。1939年春，民国政府经济部联合中国茶叶公司，由中央农业实验所派遣茶叶、林作、农作专家到西南各地考察、选址，筹建中央实验茶场。朱源林作为考察筹建组成员，跟随著名茶叶专家张天福、李联标等，辗转西南各地。中央实验茶场建立后，继刘淦芝、李联标、林刚后担任第四任场长。朱源林是在湄潭工作最长的实验茶场专家，时间长达13年，对湄潭茶叶发展贡献显著。其著作颇丰，撰有《湄潭茶场的创建和沿革》等专著。

⑥ 刘淦芝（1903—1995）：1939年9月，中央农业实验所和中国茶叶公司专家张天福、李联标等人到贵州湄潭，筹建贵州乃至中国西部第一所茶叶科学研究机构——中央农业实验所湄潭实验茶场，刘淦芝在湄潭所著《中国近代害虫防治史》和中央实验茶场著《论发展贵州茶叶》等文章在当时和今天都产生重大影响。其担任中央验茶场场长期间，兼任浙大农学院病虫系教授，促成浙江大学与中央实验茶场共同组建贵州省立实用职业学校，为湄潭乃至贵州培养上百名茶叶实用技术人才。

⑦ 张天福（1910—2017）：著名茶学家、中国茶叶界泰斗、现代茶业开拓者、中国当代十大茶人之一，福建农业科学院茶叶研究所技术顾问。1939年春，到四川、西康、云南、贵州考察选址，筹建实验茶场，筹建组成员来到湄潭，1940年春，正式成立中央实验茶场，并具体组织实施租地、租房、建房、开荒、植茶、试验、招工、培训等事宜。筹建工作刚刚就绪，1940年夏，他被福建急召回去创建示范茶厂。张天福的提案和亲自到贵州进行实地考察、创建湄潭实验茶场，为湄潭乃至贵州茶产业打下坚实基础，为湄潭和贵州茶业开拓和起步做出不可磨灭的贡献。2005年荣获"中华茶寿星"称号，2007年荣获"觉农勋章"和"老茶人贡献奖"，是全国54位获此殊荣老茶人之一。

⑧ 李联标（1911—1985）：茶学家、茶树栽培和育种专家，贵州茶叶科学奠基人，贵州茶叶职业教育之父，中国当代十大茶人之一。1939年，他参与筹建中央农业实验所湄潭实验茶场，先后担任技士、技术室主任、代理场长。在中央实验茶场期间，在确证中国为茶树原产地、开辟中国茶树生态学研究、发展茶树高产栽培、培养茶叶科技人才等方面做出卓越贡献。

⑨ 徐国桢（1913—2007）：茶学家，1944年，场长李联标赴美留学期间，曾代理场长。在中国茶界徐国桢被公认为"金花菌"研究创始人，被誉为"中国金花菌之父"。根据研究，徐国桢撰写了《茯砖茶黄霉菌的研究》《砖茶黄霉菌的发酵作用》等专著。金花

菌的发现，确定了徐国桢在茶叶科学界的重要地位。其从事农业教育和研究工作60余年，主编有《作物栽培学》《农业中专学校管理》等教材，培养出不少在中国茶界、真菌界卓有建树的专家。

⑩ 夏怀恩（1917—2005）：贵州省茶叶科学研究所研究员，两次贵州省劳动模范获得者。他终身从事茶树病虫害防治研究并取得突出成就。经多年实践探索，率先于20世纪60—70年代，提出茶树害虫综合防治技术，进而提出天敌保护利用新观念，受到国内同行认可。

⑪ 邓乃朋（1918—2002）：贵州省茶叶科学研究所研究员，茶叶种植专家、贵州茶史专家、茶文化研究专家，是为数不多的抗战时期就读于西迁湄潭的浙大农学院，毕业后又长期在湄潭从事茶叶研究的科研人员。其在湄潭茶叶种植、丰产和贵州茶史、茶文化研究等方面成果丰硕，其多篇茶叶历史、茶文化著作在贵州茶界颇具影响。

⑫ 刘其志（1923—2015）：贵州遵义新舟人，高级农艺师，贵州茶树新品种选育开创人、中国茶叶学会茶树品种研究组成员、中国茶树良种审定委员、中国著名茶树育种专家、省劳动模范；享受省政府特殊津贴，曾任贵州省茶叶研究所育种研究室主任。

⑬ 王正容（1925—2003）：四川泸县人，贵州省茶叶研究所原所长。1941年，考入中央实验茶场培训班，师从李联标做练习生，从一名技工成长为技术助理员。1949年11月，王正容被指定负责"贵州省湄潭桐茶实验场"科研工作。1960年，湄潭茶试站扩建为"贵州省湘潭茶场""贵州省湄潭茶叶研究所"，实行两块牌子一套人马机制，被任命为茶叶科学研究所副所长。1973年，茶场和茶科所分开单独建制，任所长。

⑭ 林蒙嘉（1929—2019）：贵州省茶叶研究所育种教研室主任，茶叶育种专家、野生茶树专家、高级农艺师。自20世纪60年代以来，全身心投入茶树选种育苗，先后参与选育出黔湄419、502、601、701等4个全国优良茶树品种。20世纪80年代初，参与省组织的由茶叶育种专家参加的对全省野生茶树资源品种调查工作，发掘普定大树茶、贞丰坡柳茶、务川大树茶、兴义七苦茶等茶树品种资源，发表论文、试验报告、调查报告10余篇。通过对全省野生茶树资源调查，在晴隆发现茶树新种2个。现存放于省茶学所标本室的"四球茶"茶籽化石，就是他与卢其明等科研人员在晴隆调查茶树品种时发现。"四球茶"茶籽化石，世界罕见，证实中国是茶叶生长故乡，贵州是茶树原生地。

⑮ 郑茂材（1936—1995）：贵州省湄潭茶叶研究所原所长，高级农艺师，茶树病毒学专家。20世纪60年代，在植保专家夏怀恩指导下，参加贵州茶区主要病虫害及其天敌调查研究。他毕生从事茶树病虫防治及病毒研究，致力推进全省茶园建设。20世纪90年代初，他关注贵州富硒茶资源开发利用，积极参与贵州天然富硒茶资源实地考察研究。

⑯ 张其生（1937— ）：上海人，高级农艺师、贵州茶叶研制专家，贵州茶文化、茶科技史研究专家。1957年大学毕业后，他被分配到贵州省湄潭茶试站从事茶叶加工和茶文史研究；20世纪70年代末，完成了58万字《贵州茶叶科技史研究》的编撰。20世纪80年代初，他与茶叶科学研究所专家主持贵州历史名茶研究，完成省内首次对石阡坪山、贵定云雾、都匀毛尖等9个历史名茶系统的调查研究，毕生致力茶文化研究，成果丰硕。其曾获贵州省农科院"贵州省农业科研突出贡献奖"，中国茶叶学会"奉献奖""觉农勋章奖"和"老茶人贡献奖"。

⑰ 冯绍隆（1938— ）：贵州省茶叶科学研究所研究员，茶叶专家。1962年，其从贵州农学院农学系毕业后，到贵州省湄潭茶叶科学研究所工作，一直从事茶叶栽培研究工作。

⑱ 吴子铭（1938— ）：四川人，茶园土壤学专家，享受省政府特殊津贴。1962年起，其在贵州省茶叶研究所从事茶园土壤研究工作，先后任栽培研究室副主任、副所长。

⑲ 孙继海（1938—2007）：贵州赤水人，茶叶专家，茶树栽培及土壤化肥专家。1958年他从遵义农校茶叶专业毕业，到贵州省湄潭茶叶站工作，随后任茶叶科学研究所副所长、副研究员。毕生从事茶叶科研工作，主要进行茶树栽培及土壤化肥研究。

⑳ 陈流光（1939— ）：贵州省茶叶科学研究所植保研究室原主任，茶树病虫专家、高级农艺师，1966年于中国农业大学植保系毕业，到湄潭县农业局植保站从事大田病虫防治。1980年，调至贵州省茶叶科学研究所从事茶园病虫防治研究。

㉑ 吴贤才（1933— ）：贵州茶叶研制专家，先后任湄潭茶场制茶厂副厂长，厂长。1949年12月即到"贵州省农业改进所湄潭桐茶改良场"（贵州省湄潭茶场前身）工作，是新中国成立后首批到湄潭茶场工作的元老。

㉒ 何殿伦（1929—2008）：贵州湄潭人。中共党员，湄潭县湄江街道核桃坝村原党支部书记，全国劳动模范，中国茶业十大风云人物。20世纪60年代，何殿伦带领群众治山治水，使全村成为全国先进典型，1969年获全国劳模称号，受到毛泽东主席的接见。1981年，何殿伦同村里4名党员率先与省茶科学所签订茶树短穗扦插繁殖试验合同，引进优良茶树苗木，开发茶园苗圃0.37hm²，试验获得成功，将全村荒山荒地统一规划，采取1户带4户，4户带20户，20户带动300户的"三步法"，投入5000多元买茶苗送给村民栽种。几年时间，全村在非耕地上新辟良种茶园80hm²。1987年，村里成立了中国西部首个村级茶树良种场。1989年，中央组织部授予核桃坝村党支部"全国先进基层组织"称号，何殿伦再一次获"全国劳动模范"和"全国农民企业家"称号，受到邓小平同志的亲切接见。1992年，何殿伦代表基层党组织出席党的"十四大"。1995年，他承头创

办以茶农入股组建的湄潭县核桃坝茶叶公司，出任董事长，提出产、供、销一体，农、工、商联营的经营模式。2004年他被评为中国茶叶企业"十大风云人物"，曾得到江泽民等党和国家领导人接见。2005年，他所带领的核桃坝村获"全国创建文明村镇先进村"，被誉为"中国西部生态茶叶第一村"，被省委、省政府表彰为"小康村"。2016年，电影故事片《村支书何殿伦》由贵州省农委、省扶贫办、求是小康杂志社、南方卓越集团、贵州省文联、贵州省电影家协会和湄潭县委、县政府联合摄制，著名表演艺术家高明扮演老年何殿伦。

第二节 历年获国家级、省级荣誉称号茶人

一、中国茶叶行业年度经济人物

① 王亚兰：2005年中国茶叶行业年度经济人物，"觉农勋章"获得者。其曾参与石阡县、印江县茶地方标准制定，申报石阡县"中国苔茶之乡"获准；组织实施由中国茶叶流通协会、香港阳光卫视首拍的全国大型纪录片《茶旅天下·贵州篇》——《水润茶香》《山国的茶乡》《印江茶漾》，在省外电视台播出及制作光盘发行；主编《贵州茶文化》中等专业教材，参与编写《贵州茶百科全书》；发表《黔茶销售拼配与实践探讨》《名优绿茶审评初探》《茶树起源圣地·贵州》《论仡佬茶情的创编》《茶籽化石博物园规划思考》等论文，参与《贵州茶叶产业的开发与应用》编写；到铜仁、沿河、石阡、印江等地进行茶文化、茶艺培训，撰写了《泉茶合璧之绝》论文；协作创编《仡佬茶情》茶艺；曾荣获北京举办的马连道杯全国茶艺表演大赛三等奖；参与筹建贵州省茶技术、茶文化中等专业学校，编制相关教学计划、教材。其多次被聘为"中绿杯""中茶杯"全国茶叶评比、全国民族茶艺茶道大赛、茶艺技能大赛评委。

② 孙德礼：1954年生，雅号"夷州茶痴"，凤冈县仙人岭锌硒茶业有限公司董事长、总经理。1995—2000年下海承包凤冈县永安镇田坝茶厂，2001年创办仙人岭茶厂，2007年更名为贵州凤冈县仙人岭锌硒有机茶业公司，在全国各地有数十个专卖门店，年销售额数千万元。2008年中国茶叶行业年度经济人物；2011年贵州十大茶业经济人物。20多年间，在他的带动和影响下，田坝村发展茶园面积达1333hm^2，经过国家认证的有机茶基地达400hm^2。现1000多户农户户均种茶0.33hm^2以上，茶农户均种茶收入上万元，率先成为当地农村科技致富带头人和社会主义新农村建设的领头雁。先后获全国绿化奖章、全国绿化小康户、贵州省劳模等荣誉；被誉为"敢为人之不敢为的老茶人"，助推打造了百万亩中国西部茶海战略决策的出台。

③ **谭书德**：2009年、2013年中国茶叶行业年度经济人物，2011年贵州茶业行业十大经济人物，贵州湄潭栗香茶业有限公司董事长。2001年成立贵州湄潭栗香茶业公司，在湄潭绿色食品工业园区建立公司总部和集茶叶研发、生产、销售于一体的清洁化、标准化茶叶加工厂。2008年在永兴镇中华村和复兴镇随阳山村建立茶叶加工厂，带动近1.2万户近5万村民种植茶叶，推进这两个村成为全县著名茶叶专业村。脱贫攻坚中，他深入一类贫困村复兴镇大桥村，以全产业链的方式，帮育苗选苗、帮种植管理、帮收购加工、帮增收销售，帮助村民增收致富，带领公司发展成为国家级农业产业化经营、省级扶贫、省级林业龙头企业，贵州"三绿一红"十大领军、中国茶行业百强企业，贵州民营企业100强。

④ **谢晓东**：2011年中国茶叶行业年度经济人物；"吴觉农贡献奖"获得者。1957年生，贵州遵义县人，1980年毕业于贵州大学，现任中国茶叶流通协会常务理事、贵州省茶叶协会副会长、遵义市茶叶行业流通协会副会长、凤冈县茶叶协会会长。国家一级评茶师、国家高级茶技师。其先后荣获："十一五"贵州茶产业发展贡献奖；中国西部茶行业百佳基层社会组织优秀带头人；吴觉农贡献奖等荣誉。

⑤ **汪健**：2012年中国茶叶行业年度经济人物，2011年贵州茶业行业十大经济人物。2007年以来，汪健及其团队通过"1+6"（公司+行业协会+工厂+基地+技术+标准+专业合作社）的企业运营模式，坚持"基地品牌化、企业品牌化、产品品牌化"三位一体的品牌化建设，并致力于打造黔茶产业的公共流通平台——"国酒茅台＆国品黔茶"连锁专卖系统，黔茶研发人才培训中心和产品研发机构——贵州国品黔茶研究院，黔茶产业的优势资源整合——贵州国品黔茶农民专业合作社群，联动黔茶企业，助推"黔茶出山"，开茶酒联姻先河，创建营销渠道，为黔茶出山构建了一条高速公路。

⑥ **金循**：2014年中国茶叶行业年度经济人物；湄潭兰馨茶业、黔茶联盟茶业发展有限公司董事长，高级工程师，茶业企业家，贵州省劳动模范，国家首批农业农村创业导师，中国茶行业十佳匠心茶人。1996年其创办湄潭县兰馨制茶厂，2001年改制组建贵州湄潭兰馨茶业有限公司，任公司董事长兼总经理，坚持"公司+协会+基地+农户"的发展模式；辐射带动有机茶园基地建设，实施有机茶无公害种植和"六统一"管理；重视营销模式创新，在电子商务平台建设上有新成效；携手千家茶企共举黔茶产业，搭建黔茶联盟新载体。

⑦ **王静**：2016年中国茶叶行业年度经济人物。贵州阳春白雪茶业有限公司董事长，其注重本土茶文化发掘和宣传，组织"湄潭翠芽茶制作技艺"成功申报列入省级非物质文化遗产代表性项目名录；出资筹建"湄潭翠芽非遗传习基地"，在随阳山建设67hm^{2}茶

产业扶贫示范基地，企业被评为全市脱贫攻坚先进集体，个人获全国脱贫攻坚典型人物提名。

二、觉农勋章、觉农贡献奖

① **牟应书**：贵州绥阳人。高级农艺师、茶叶专家，贵州"三绿一红"（三绿：都匀毛尖、湄潭翠芽、绿宝石。一红：遵义红）推广品牌——"绿宝石"创立者。1946年7月，于贵州省立湄潭实用职业学校茶科毕业，师从全国著名茶学专家李联标、著名林业专家朱源林等，从事茶树栽培、茶叶加工等研究，历任湄潭茶场技术股长、队长、技术员、农艺师，永兴茶场场长等职。1991年退休后，仍指导贫困山区茶叶生产。1994年，在贵阳创办春秋实业公司，研制"春秋牌"高品质绿茶系列产品。

② **汪桓武**：湖南省长沙市人，高级农艺师，茶叶加工专家，原贵州省茶叶研究所副所长。1963年毕业于湖南农业大学茶学系本科，全国统一分配到贵州省茶叶研究所从事科技工作。1972年与妻子赵翠英立题遵义毛峰名茶研制，1982年荣获农牧渔业部优质产品证书。被载入《中国名茶研究选编》，并将工艺技术推广至全省三个地区。1978年在研究炒青绿茶全滚工艺的指导下，研制出炒青初制6CD-9型多用滚筒炒茶机，在全省500多个人民公社及生产大队茶场生产运用，并推广至毗邻省份的茶场，对当时炒青绿茶的生产做出了划时代的贡献。他在老茶园改造、新茶园的建立、古茶树的调查及良种选育繁殖等方面，取得了成功的经验。通过对茶树红紫芽茶的抑制和良种乌龙茶的适制性研究，取得了阶段性成果。其先后获贵州省科技进步奖五项，参与编写茶叶专著4册，发表科技论文百余篇，编写贵州省地方标准30余个；先后荣获陕西杨陵科技博览会后稷金像奖，全国茶叶学会奉献奖，贵州省茶界终身成就奖等奖项。

③ **朱志业**：1963—1984年在羊艾茶场茶厂工作，主要从事出口红碎茶三套样的研制，产品被誉为"羊艾风格"；1984—2000年组织安排省内名优茶的评比及推荐，研发成功"古钱茶"；1990—2010年从事茶叶标准的制定和修订，协助省内10个主要产茶县完成了茶产业标准化系统工程的建设，参与《贵州省茶叶标准选编》和《贵州省茶叶标准技术规程》等书籍的编写，在省内外刊物发表学术研究文章30余篇。1998年退休之后，主要从事各种评茶员、茶艺师等培训，参加了企盼工程、阳光工程、扶贫工程等，还经常应邀参加省内的各种茶事活动，参与编写《贵州省茶叶百科全书》。2014年获"贵州省茶行业贡献"终身成就奖。

④ **徐全福**：1960年毕业于江苏宜兴农校茶叶专科班，为支援贵州建设来到黔南，成为黔南的第一个茶学专业人才。1964年，新中国成立后黔南第一个国营茶场——都

匀茶场投入建设，又成为黔南第一批茶业建设者。民间流传的都匀毛尖加工手法有很大的局限性，一是费时，二是品质不稳定。徐全福引进现代制茶工艺，对都匀毛尖进行改革创新，把完成一锅茶叶加工的时间由原来的2h缩短到40min，大大提高了工作效率。用新工艺炒制的茶叶，外形条索紧细卷曲、银毫披身、色泽绿润、冲泡汤色绿黄明亮，香气清嫩，滋味鲜爽回甘，叶底嫩绿匀齐，色、香、味、形、效等方面上了一个台阶。

⑤ **张达伟**：曾任贵州省供销社党组书记、主任，贵州省政协人资环委副主任，现任贵州省茶叶协会常务副会长，中国茶叶流通协会副会长，中国国际茶文化研究会民族民间茶文化研究中心主任。35年来一直从事茶叶生产、加工、流通领导和组织工作。主持了贵州十大名茶的评比，创办了贵州省茶技术茶文化中等专业技术学校，主办、联办了各种茶文化活动；组织编纂《贵州古茶树》《贵州民族民间茶文化探寻》，策划《茶旅天下》（贵州篇）、《寻访中国最美茶乡》（贵州篇）等纪录片拍摄；所领导的贵州省茶叶协会，获人社部、全国供销合作总社先进集体和优秀行业组织称号，被贵州省民政厅评为4A级协会。

⑥ **赵玉平**：曾任贵州省茶叶公司副总经理、总经理，贵州省茶技术茶文化中等专业技术学校副校长、贵州省茶叶协会常务副会长等职务，现任贵州省茶叶协会副会长兼秘书长，法定代表人。从事茶叶工作35年，参与筹建贵州省茶技术茶文化中等专业技术学校，参与组织贵州省历次茶事活动，组织并承办了三届"全国职业院校手工制茶技能大赛"、首届"全国手工制茶技能大赛"和八届"贵州省手工制茶技能大赛"，2016年试制的"太极古茶（绿茶类）"获2016年贵州省秋季斗茶赛"茶王"称号。先后被贵定县、金沙县、石阡县聘为"茶产业发展"顾问，2013年被福建天福茶学院（现福建漳州科技学院）聘为客座教授，参编《贵州古茶树》《贵州民族民间茶文化探寻》，参与策划拍摄《茶旅天下》（贵州篇）、《寻访中国最美茶乡》（贵州篇）等纪录片。

⑦ **莫从信**：1992年6月从遵义农校毕业，1995年起一直从事茶叶的生产、加工、销售工作，在此期间经过认真的管理，公司茶园及产品已获得有机茶认证，成为都匀毛尖茶标样制作单位，对全市茶园建设起到积极的示范推动作用。其主持完成的《都匀毛尖茶机械化生产技术研究》科技成果，荣获2010年度贵州省黔南州及都匀市科技进步三等奖，参加贵州省茶叶研究所主持完成的《贵州茶产业关键技术研究与产业示范项目》获2014年度贵州科技技术进步二等奖。2007—2016年任都匀市第十一、十二届人大代表，2012年被贵州省内贸学校茶叶专业聘为客座教师，2015年任黔南州茶叶协会执行会长、都匀毛尖茶协会常务副会长。

⑧ 廖承：自1979年从事茶叶技术至今已38年，为全县乃至黔东南茶叶产业的发展壮大任劳任怨，为精准扶贫，巩固生态，助农增收，做出了努力。几十年来为全县、全州培训茶叶技术达30000余人次。年培训不低于800余人次，曾多次到丹寨、榕江、凯里、岑巩等地进行茶叶技术交流、指导、培训，2014年代表贵州茶协到郴州汝城县进行茶叶技术交流与培训，得到好评。其编写《黎平县"雨露计划"优质高产茶叶生产技术》《黎平县茶叶发展存在不足与思考》《侗乡油茶》《浅谈黔东南民族茶文化的传承与推广》《黎平古茶树资源的保护与利用》等20余篇与茶相关文章，曾在《中国茶叶》《贵州茶叶》刊登，为茶叶技术茶文化的推广做出了贡献。其多次参加"贵定云雾贡茶杯""黔绿杯""石阡苔茶杯"评审，为贵州茶叶的品质提升付出了努力；荣获黎平县改革开放30周年先进人物、贵州省供销先进工作者、县先进政协委员、优秀共产党员、信息维稳先进工作者、先进扶贫工作者、"十一五"贵州茶叶发展贡献奖、州十二五茶叶发展贡献先进个人、黎平县茶文化茶技术推广先进个人、黎平引领茶产业发展先进个人等荣誉。

⑨ 蔡邦红：贵州都云毛尖茶叶有限公司法人。1993—1997年都匀市智力支边先进个人，2000年被评为都匀市首届十佳青年，贵州省乡镇企业"光彩之星"，都匀市第四、第五届政协委员。2001年任第三届贵州省食品工业协会名茶评委。2003年任都匀市工商联常委。2008—2010年任都匀市科技特派员、2013—2016年为都匀市创业指导专家。其曾获保健枕头、机械结合手工生产毛尖茶、方便型含茶包的一次性纸杯及一种茶叶低温真空干燥设备、一种茶叶洞藏结构等实用新型专利技术。2003年与贵州省茶科所在都匀斗蓬山建立野生茶基地，保护和选育都匀毛尖茶，参与制定"贵州绿茶地方标准""都匀红茶地方标准"。2013年其"都匀毛尖茶本地品种试制红茶产品开发及工艺研究"技术获得都匀市科技进步三等奖。2018年荣获"岳阳楼杯"黄茶斗茶大赛特别金奖，"蒙顶山杯"第三届中国黄茶斗茶大赛银奖，中国产茶区"十佳匠心茶人"遴选组委会、中国国际茶文化研究会、广东省茶文化研究会授予"都匀毛尖十佳匠心茶人"称号。

三、国家非遗传承人

张子全：国家级非物质文化遗产传承人。他自幼跟随父亲学习制茶，十多岁就可以独立完成整个制茶过程，成为本地的制茶能手。其炒出的茶叶在色、香、味、形上都要胜人一筹，成为都匀毛尖茶传统制作艺人。2012年被评为贵州省非物质文化遗产传承人，2018年被评为国家级非物质文化遗产传承人。

四、中国制茶大师

① **赵双宁**：贵州湄江印象茶业有限责任公司、黑茶联盟茶业有限公司董事长，湄潭县益民边茶专业合作社理事长，经济师、农艺师。1992年师从湄潭县核桃坝村老茶人何殿伦，专门学习黑茶传统制作工艺。涉及茶业后，他立足黔茶，择重黑茶，铸造民族品牌，开始从事湄潭手筑黑茶传统制作技艺挖掘、整理、研究、保护、利用、传承并进行茶文化研究。在黑茶加工工艺上颇有造诣，拥有多项黑茶发明专利，利用边茶、砖茶制速溶茶粉，茯砖茶发酵工艺；曾获省级"非物质文化代表性传承人"称号。2017年，在第十三届中国茶业经济年会被评为黑茶类中国制茶大师候选人。

② **欧平勇**：毕业于安徽农学院茶叶系机械制茶专业，曾任贵州省黔南州都匀茶场党委副书记、副场长，农业技术推广研究员，现任黔南州茶办主任，组织并参与了多个茶叶科研项目，在茶叶种植、茶园管护、茶叶生产加工、茶叶经营和茶叶相关技术方面有一定研究。多次参加修订"都匀毛尖茶"地方标准；参加起草制订"都匀毛尖茶加工技术规程""都匀红茶"和"都匀白茶"等13个茶叶地方标准；申报实施"都匀毛尖茶机械加工工艺研究"等省、州、市级科研项目20余个，获黔南州政府和都匀市政府科技进步奖8项。设计制造和申请两项国家专利"都匀毛尖茶专用提香机"和"都匀毛尖茶专用恒温电炒锅"，发表专业论文近20篇，参加撰写《都匀毛尖茶》著作，参加编辑《毛尖雅韵》中国茶文化博览园诗词楹联等。其先后获"十一五"贵州茶产业发展贡献奖，贵州省五一劳动奖章，"贵州省十大制茶能手""贵州省优秀工作者"和"全国优秀工会工作者"等荣誉。其中"都匀毛尖茶机械化生产工艺研究"和"都匀红条茶生产工艺研究"等6个项目先后获得都匀市政府和黔南州政府科技进步奖；拥有2项茶叶发明专利——"一种茶叶促干提香机"和"一种茶叶电炒锅"，这两项专用设备与技术已获专利保护。他还是贵州省茶叶标准化技术委员会委员，多次参加贵州省茶叶地方标准的起草与制修订工作，参加起草并审订了"贵州省绿茶""贵州红茶""都匀毛尖茶"和"都匀白茶"等贵州省茶叶地方标准20余个。

③ **刘建辉**：从事茶叶种植、加工20余年，贵州省湄潭绿之源茶叶有限公司负责人，茶叶加工高级技工。其先后在贵州省开阳县、湄潭县等地的茶叶加工厂任生产厂长，精通绿茶尤其是扁形绿茶的加工技术，手工制茶的实操经验非常丰富。他制作的绿茶多次在全国、贵州省内的茶叶评比大赛中获得金奖和银奖，2013年被评为"湄潭翠芽"加工工艺"传承人"，2015年获"遵义市技术能手"称号，在贵州茶叶生产一线培养了不少年轻的茶叶加工人才。

五、全国见义勇为英雄模范

李庆丰：贵州省经济学校茶叶市场营销专业学生。2010年贵州省贵定县茶叶协会派代表赴台参加"名茶评比"颁奖大会，李庆丰随团前往参会考察学习。乘大巴自花莲沿苏花公路赶往宜兰，突遇暴雨，山腰道路积水成河，山下就是汹涌的大海。无法通过的车辆刚停下，山上突然瞬间滚下一块巨石，砸中车尾，将车打横过来，车头撞向岩壁，车轮被巨石卡住。随之而来的泥沙、石头直泻而下，冲击着大巴的挡风玻璃。慌乱之际，李庆丰挺身而出，砸掉车窗，蹿出了一个逃生口。第一个跳进水中，没有只顾自己逃生，而是站在湍急的水流中，用脚蹬住一块巨石，伸出双手，挨个帮助其他乘客爬出大巴，直到车内15名乘客全部转移到安全地带。其荣获第十一届"全国见义勇为英雄模范"、第三届"全国道德模范"提名奖、2010年"贵州省道德模范"、2011年度"中国合作经济年度人物评委会特别奖"、第三届贵州高校"感动校园十大人物"等称号。

六、全国五一劳动奖章

刘仁军：贵州省思南县人，国家高级评茶员、高级茶叶加工工，于贵州省茶校毕业后推荐到漳州科技职业学院（原天福学院）。2014—2015年就职于广州天福茗茶、思南县林峰益农种植专业合作社；2017年在湄潭创立湄潭县再饮茶业有限公司和思南合资创立思南云艾农业发展有限公司；2017年6月至今，任太古集团旗下芬利茶业全资子公司贵州詹姆斯芬利茶业有限公司质量保证经理。2015年获贵州省第四届手工制茶大赛乌龙茶一等奖，同年获"贵州省五一劳动奖章"和"贵州省技术能手"称号；2016年12月，荣获贵州省茶行业"十佳优秀技术员"称号；2016年5月，荣获全国手工制茶大赛卷曲形绿茶优秀奖，2017年5月，荣获全国手工制茶大赛针形绿茶优秀奖，2018年4月，荣获全国五一劳动奖章；2018年5月，荣获贵州省第一届古树手工制茶手工绿茶优秀奖；2019年6月，荣获铜仁市第二届手工制茶大赛卷曲形绿茶一等奖，同年荣获铜仁市五一劳动奖章称号和铜仁市技术能手称号。

七、全国技术能手

① **覃玉**：毕业于华南农业大学茶学专业，贵州省茶先乐茶文化有限责任公司总经理。从事茶叶文化知识和职业技能培训，2017—2019年累计培训两千余人次，三百余人通过国家技能鉴定考核获得国家茶艺、评茶职业技能职称并服务于贵州茶产业；其中培养出"贵州省技术能手"2名、"四川省技术能手"1名及一、二级茶艺技师和评茶师若干名，均在贵州省茶业工作中任职着重要技术岗位。其策划实施贵州绿茶全民冲泡大赛、

贵州省茶艺职业技能竞赛等茶叶赛事活动；多次受邀担任全国和地区茶艺职业赛事指导、评委工作。2016年荣获中国技能大赛——"绿宝石杯"第三届全国茶艺职业技能竞赛总决赛个人赛金奖。

② **冯丹绘**：大学毕业后多次辗转云南、福建、浙江等地学习茶艺、茶叶加工，到福鼎制作白茶、武夷山制作乌龙茶。丹绘茶境创始人、丹绘茶艺技能大师工作室领办人，国家茶艺职业技能竞赛裁判员，浙江大学华发大学生茶艺队教练，贵阳市社区教育茶文化专家，遵义市第四届职工技能大赛正安赛区裁判，2017年任全国茶艺与茶文化骨干教师培训组讲师。2016年荣获中国技能大赛——"绿宝石杯"第三届全国茶艺职业技能竞赛总决赛个人赛金奖。

八、吴觉农贡献奖（贵州）

① **黄天俊**：贵州仁怀人，贵州茶产业培育的引路人。曾任湄潭县委书记、中共遵义市委副巡视员、市委农村工作领导小组副组长、遵义茶文化研究会会长。其明确提出要将茶产业作为全县的主导产业来培育，成立专门机构、抽调专人负责茶产业培育工作。1999年组织举办遵义（湄潭）茶叶博览会，开创贵州茶事活动先河，促进茶叶生产的发展。2005年主抓百万亩造茶工程，首次提出打造遵义百万亩茶海。2010年底全市茶园面积达102万亩，引进外地客商投资兴办茶叶加工企业。2018年，全市共注册茶叶加工企业908家，其中国家级龙头企业5家，省级龙头企业50家，市级龙头企业88家。聘请国内有名的文人墨客深入茶区，摄影采风，吟诗作画，编辑出版《茶的途程》《茶说遵义》《茶国行吟》《国茶之源，醉美遵义》等书籍和画册，展示遵义茶文化的厚重和悠久。在中国茶城设立贵州生态茶文化博物馆，多次组织茶叶企业到各大城市宣传和推介遵义的茶叶产品，并于2009年起牵头筹办了多次一年一度规模宏大的"中国（贵州·遵义）国际茶产业博览会"，推动湄潭翠芽和凤冈锌硒茶在贵州三大名茶评选名列其中，2010年遵义被中国茶叶流通协会授予"全国高品质绿茶产区"的称号。截至2018年，全市茶园面积已发展到13.79万hm^2（206.84万亩），其中，投产茶园11万hm^2，茶叶产量近13.5万t，产值111.53亿元。2010年被贵州省茶文化研究会、贵州省茶叶协会授予"开创贵州茶产业先河"的荣誉奖。

② **罗显扬**：2006年主持编写《贵州省茶叶加工业"十一五"发展规划》；2010年主持编写贵州省《油茶产业化建设规划》（2010—2015）；2012年主编图书《贵州茶叶科技创新发展报告2008—2011》；发表论文32篇，其中SCI收录论文1篇，中文核心期刊论文16篇。其编制贵州茶叶标准技术规程4项，获得国家发明专利1项，外观设计专利3项，

中国西部茶海注册商标1项。曾取得中国标准贡献奖三等奖1项，贵州省科技进步奖二等奖1项。

③ **徐瑛**：1997—2005年任首任安顺市茶叶开发中心主任，从事茶叶经营管理工作，期间创建了"瀑布"品牌商标，目前"瀑布"属贵州省著名商标，"瀑布毛峰"属贵州省公共品牌，旗下有30余家茶叶企业。2011年牵头申报"黄果树毛峰"国家地理标志保护产品；2012年牵头制定了《安顺茶》市级地方标准；2012年牵头申报的安顺"瀑布茶"获中国农产品区域公共品牌；2012年参与了国有农垦农场体制机制改革，两个茶场从亏损转向盈利，解决了职工就业、保险等问题；2015年参与制定了《安顺"瀑布毛峰"茶》省级地方标准；2015年编纂了《国家地理标志大典》贵州分卷"黄果树毛峰"版块内容。自2011年任茶办专职副主任以来，全市茶园种植面积从2010年的19.52万亩增加到65.2万亩，茶叶总产量从1972t增加到1.1万t，茶叶总产值从1.4亿元增加到12.1亿元，茶叶加工企业从39家发展到152家。

④ **王宏鹏**：现任石阡县政协副主席（正处级调研员）。他从20世纪90年代在乡镇任书记乡（镇）期间，就开始关注茶产业发展，在县政府、县人大、县政协和2010年兼任茶协会长后，则倾注了更大的精力，从体制机制、茶园建设、茶叶加工、茶企发展、品牌塑造、市场开拓、茶文化挖掘等方面着手，带领相关单位和茶叶从业人员到基地、企业找市场、搞宣传推介，特别是"石阡苔茶"品牌塑造宣传，地理证明商标、驰名商标、贵州三大名茶、五大名茶的申报，县内历次重大茶事活动的举办、谋划、实施，"石阡苔茶"对外宣传，推介工作力争得到县委、县政府主要领导的重视与支持，参与国内外各大中城市和省、市、县举办的贵州茶推介及展示展销等茶事活动。

⑤ **童忠志**：1972年10月童忠志到云南下关茶厂和四川雅安茶厂学习，组织试制康砖茶和金尖茶，经化验符合标准，销新疆等地。1996年任贵州省湄潭茶场副场长兼永兴制茶厂厂长，任职期间，根据市场中湖南客户需要，经3次反复试验，试制"绿碎芽"8万余斤销日本，得到好评。在裕泰欣工作期间，设计"万吨级精致拼配清洁式加工厂"的大小、机械安装（机型）以及红绿茶青、名优茶等的标准要求，打造出"中国臻御体系"的茶产业模式。

⑥ **邵亦俊**：1982年毕业于安徽农业大学首届机械制茶专业，获学士学位。同年分配到安顺农校任教，参与组建贵州首个茶叶专业，先后任讲师、学科组长，期间培养茶叶专业技术人才数百名，成为贵州茶实现跨越发展的中坚力量；1993年起积极投身茶业"产学研"事业建设，牵头组建安顺农校茶叶技术服务部。2001年创建安顺首家专业茶艺馆——文庙茶院，先后荣获"全国百佳茶馆""贵州省四星级茶馆"称号。2007年创办省

级龙头企业——安顺御茶村茶业有限责任公司并担任董事长至今；长期致力于贵州茶产业技术更新与研究，1984年《茶叶螨类病虫害防治技术推广研究》获得地市级科技进步三等奖。2007年开发贵州首条自动化蒸青片茶生产线，解决夏秋茶资源利用问题，成为贵州茶产业新的增长点。2011年被聘为贵州首届茶产业标准化专家，主持制定《贵州省地方标准——蒸青片茶的种植、加工、企业标准》，推动了贵州省茶产业升级，当年荣获"十一五贵州茶产业发展贡献奖"及"安顺市茶产业发展先进个人"。2013年主持完成省市科技攻关项目——安顺名优茶生产线创新及应用研究。近年来，在核心期刊发展论文10余篇，取得专利2项，在研省市科研课题2项。2016年又获贵州省教育厅、人社厅分别批准设立"邵亦俊大师工作室"，开展制茶技艺传承与人才培养。

⑦ **聂宗顺**：主持实施《名优茶机械化加工技术运用与推广》和《无公害及有机茶生产技术普及推广》项目，分获贵州省农业丰收计划二等奖；主持《良种茶树短穗扦插育苗技术运用》和《幼龄茶园增效促管技术运用》项目，分获贵州省农业丰收计划三等奖；参与实施《贵州省小叶苦丁茶生产与加工技术集成应用推广》和《贵州珠型茶生产与加工技术集成应用推广》项目，分获贵州省科技成果转化二等奖（二级证书），撰写论文20余篇。2002年荣获"毕节市优秀科技副乡镇长"称号，2003年荣获毕节市第四届"民族团结与进步先进个人"称号，2011年被贵州省绿茶品牌促进会等单位授予贵州省"十一五"茶产业发展贡献奖，2014年被毕节市委、市政府授予"毕节市劳动模范"称号。

⑧ **牟小玲**：40余载春秋贡献茶产业，从1975年贵州省湄潭茶场知青，到1994年贵州春秋实业有限公司技术总监，再到如今春秋茶文化传播中心老师，身份在变，茶、做茶、事茶不变。其潜心研究茶叶加工技术，研发的"春秋红宝石"红茶、"春秋一品香"绿茶获第十届国际名茶金奖；发明专利"一种珠形红茶的加工方法"为珠形红茶的加工奠定了基础；指导企业生产的"湖城明珠"绿茶，荣获贵州省秋季斗大赛绿茶茶王，2014年获贵阳市政府"科技进步"一等奖，2010年成立"春秋茶文化传播中心"，专业培训茶叶加工工、评茶员、茶艺师，至今为茶产业的加工、审评、冲泡及茶文化传播等环节了培育了近千名专业技术人才及骨干，助推了茶产业的发展。

⑨ **张卫民**：清镇红枫山韵茶场有限公司总经理，从事茶叶种植、加工、销售22年，具有良好的茶叶产业化建设和管理经验。公司在发展壮大的同时，带动当地农民脱贫致富。

⑩ **蹇清卯**：1998年进入水城县茶叶公司工作，开始建基地，当时实有面积880亩；负责杨梅茶场的建设和茶叶生产加工工作，自主设计研发的曲型茶多用机获得了国家发明专利，改造的名优茶多功能机也获得了国家专利。此外，还设计研发了热风杀青机、卧式热风锅炉等茶叶生产设备。

⑪ **王瑶**：2016年当选为共青团第十七次全国代表大会代表、贵州省第十二届人大代表、共青团贵州省第十三次代表大会代表。于2016年成立了贵州乾源茶业有限公司，公司地址位于贵州省贞丰县龙场镇宽舍移民安置点，员工25人。在脱贫攻坚大环境下，一是采取"公司+农户+基地+合作社"的经营模式，带动贞丰县龙场镇贫困户发展苔地茶、油茶种植，目前已种植苔茶600余亩，油茶1000亩，解决200余人就业问题。二是打造"娘娘茶"品牌。充分挖掘龙场镇茶叶文化，打响明清贡茶"娘娘茶"品牌。三是大力落实古茶树保护、开展古茶树保护宣传，引导群众树立正确的古茶树保护意识，并对古茶树进行挂牌保护、养护管理。

九、贵州省五一劳动奖章

① **牟杰**：毕业于云南农业大学茶学专业，就职于贵州经贸职业技术学院。参与制（修）订了行业地方标准《DB52/T 478—2015湄潭翠芽茶》《DB52/T 1002—2015湄潭翠芽茶加工技术规程》《DB52/T 1000—2015遵义红红茶》《DB52/T 1001—2015遵义红红茶加工技术规程》，贵州职业教育内涵发展《茶叶审评与检验》精品课程项目负责人；主编或编著"茶叶审评与检验"实训教程、《评茶员（初级/中级/高级）》教材；在国家级期刊上发表论文5篇、申请发明专利2项、实用新型专利1项、软件著作权1项，其中《茶树病虫害识别防治信息教学系统》获贵州省大中专院校多媒体教育软件大奖赛三等奖。2017年其被评为全国供销合作社行业职业能力建设工作先进工作者，2018荣获年度"贵州茶行业十大新锐茶人"，多次参与贵州手工制茶大赛、贵州评茶师大赛、贵州茶艺职业技能大赛、贵州冲泡大赛的组织及裁判工作，担任全国茶叶标准制定委员会委员、全国中高职茶艺与茶营销专业标准制（修）订委员会专家组成员、全国茶艺与茶营销专业标准研制团队专家。

② **伍枝军**：2013年3月在都匀市供销茶叶有限公司工作前曾任都匀市小围寨镇团山村文书和计划生育干部、团山组组长。大力发展都匀毛尖茶事业，严格都匀毛尖茶的生产操作流程，确保产品质量，保证都匀毛尖品牌的优良品质和特征，大胆探索、不断创新，为都匀毛尖茶事业的发展积极工作和不懈努力。在贵州省内贸学校学习期间，认真学习专业技能，积极参加各种技能竞赛，将所学的理论知识指导生产实践，使理论基础与实践得以很好地结合，取得较好的效果。其曾获2013年"贵定云雾贡茶杯"贵州省手工制茶技能大赛暨全国职业院校技能大赛贵州（区）手工制茶选拔赛卷曲形绿茶赛项第一名。

③ **卢从贵**：1986年初中毕业后，到浙江学习龙井茶制作工艺。1998年冬季回乡承包平桥村百亩茶园，成立六枝特区洒志茶叶种养殖专业合作社，经过精心经营和管理，

很快回收成本并实现收益,并示范带动本村茶园的发展,使本村大部分种茶户种植茶叶走上致富路。他带动茶农采用科技种植,采取科学管理,购置先进茶叶加工设备,走上"生产—加工—销售"的模式;其申请注册"洒志茶"商标,组织茶农每年参加省内外的农产品展销会,展销洒志茶叶,拓宽洒志茶叶的市场销路。2001—2005年,"十五"期间,合作社获得"科技进步先进集体"表彰;2008年10月,被评为"全国科普惠农兴村先进单位"。他于2013年获"贵定云雾贡茶杯"贵州省手工制茶技能大赛暨全国职业院校技能大赛贵州(区)手工制茶选拔赛扁形绿茶赛项第一名。

④ **朱东**:长期从事茶叶栽培加工以及茶园管理方面的技术推广工作,1997年初参加和指导了公司名优茶技术培训工作,1997年底在大用镇岱港村进行地坎茶种植的建设指导、茶叶生产工作、参加和指导茶叶企业的茶园建设和技术培训工作。2014年他成立了六枝特区远洋种养殖农民专业合作社,在六枝特区陇脚乡种植高标准基地茶园2000余亩,同年获"贵定云雾贡茶杯"贵州省手工制茶技能赛暨全国手工制茶大赛贵州选拔赛扁形绿茶赛项第一名。

⑤ **谭庆恒**:就读于贵州省经济学校(茶校),升学后就读福建省漳州科技职业技术学院茶叶生产与加工技术专业,任都匀市斗篷山沅江源茶叶农民专业合作社质量部门经理,主要负责茶叶生产、加工质量监督控制工作。他结合在校学习的理论知识,不断提高技术水平,采用先进的机器生产工艺改进传统的都匀毛尖手工制茶工艺的方法,改变传统手工都匀毛尖茶生产量小、品质不成批次等现状问题,同时,引用闽红、浙红等制作工艺,结合本地茶叶品种不断改进适宜都匀红茶的加工工艺,充分利用都匀毛尖茶生产时所放弃生产的夏茶资源制作红茶,提高了夏茶的利用率和企业的经济效益,获2014年"贵定云雾贡茶杯"贵州省手工制茶技能赛暨全国手工制茶大赛贵州选拔赛红茶赛项第一名。

⑥ **欧光权**:贵州台江县人,毕业于华中农业大学茶学专业,曾任教于福建省武夷学院茶学专业。他在《中国茶叶》发表论文《武夷岩茶生产新技术》,参与"茶树叶绿素酶分离纯化和性质的初步研究"项目,荣获"国家级茶叶科技三等奖",同时是国家发明专利"一种乌龙茶的腌茶制作方法"主要发明人,其指导《武夷岩茶制作工艺的研究与创新》《小种红茶制作工艺的研究与创新》等本科学生论文,应邀为正山堂"金骏眉"撰写项目技术和工作总结报告。2013年他辞去大学教师工作,回乡投身贵州茶产业,为晴隆县研发"五月红"系列红茶产品,为六盘水市研发"凉都红"系列红茶产品;挖掘普安"四球茶"文化,创"四球茶"品牌,为普安县研发"四球茶"红茶产品;为黎平县天益茶厂开发多款红茶产品。他于2014年获"贵定云雾贡茶杯"贵州省手工制茶技能赛暨全

国手工制茶大赛贵州选拔赛青茶（乌龙茶）赛项第一名。

⑦ **庄菊花**：安顺市七眼桥镇人，毕业于四川农业大学茶学系。其2013年参加四川农业大学"挑战杯大赛"获校级二等奖。毕业后在贵州省安顺市安顺御茶村茶业有限责任公司茶厂工作，从事茶叶生产加工技术研究，获2015年"梵净山茶·石阡苔茶杯"贵州省第四届手工制茶技能大赛卷曲形绿茶赛项第一名。

⑧ **欧正兵**：师从原都匀毛尖牛场茶厂陈善尤，后到中国茶叶研究院学习深造，经过2年系统学习，掌握了扎实的茶叶专业理论和专业技能。2014年其在都匀市沙坝老树茶种养殖合作社生产实践当中，发现绿茶杀青温度对茶叶品质有着直接的影响，而炒茶的锅温则是形成毛尖茶优良品质的关键环节，但使用传统老式柴火炒锅生产茶叶需要人手多、火势锅温不易掌握，容易造成焦边爆点、红梗红叶、茶叶生青味重的问题，他自主研发的易操作、体积小、重量轻、能耗低的第五代电炒锅定型生产，得到了茶叶界和广大茶农的肯定和赞扬，对推动都匀毛尖茶的生产和提高都匀毛尖茶的品质起了一定的作用。其在2015年获"梵净山茶·石阡苔茶杯"贵州省第四届手工制茶技能大赛扁形绿茶赛项第一名。

⑨ **杨娣**：贵州省毕节市人，国家高级加工工，毕业于贵州省经济学校（茶校）。她先后就职于国品黔茶经典公司、蓬莱茶坊、贵州贵茶有限责任公司，2012年获贵州省"云雾贡茶杯"手工卷形绿茶三等奖，2013年参与了贵州省龙头企业国品黔茶经典公司"都匀红"红茶系列产品的研发工作，2015年获贵阳市"绿宝石杯"手工条形红茶二等奖，同年获"梵净山茶·石阡苔茶杯"贵州省第四届手工制茶技能大赛红茶赛项第一名。

⑩ **吴小红**：贵州省务川县人，华南农业大学茶学专业毕业后在务川县茶产业发展中心工作，指导所挂包乡镇茶叶基地的整地开沟、茶苗验收、栽植，督促指导完成茶园管护、茶青收购以及新植茶园肥料发放等。他利用自身所学和茶农实际所需，围绕"无公害茶园建设""茶园病虫害防治"等方面展开技术培训，3年来共计培训茶农1000余人次。开展无公害农产品产地认定与产品认证工作，2015年完成无公害产地产品认证16个，完成认证面积41000多亩，获务川自治县2014年度基层农技推广体系改革与建设工作"先进个人"称号，2015年务川县总工会授予其"岗位能手"、农牧局专业技术"先进工作者"、基层农技推广补助项目"最美基层农技员"称号，2016年获"都匀毛尖·贵定云雾贡茶杯"贵州省第五届手工制茶技能大赛卷曲形绿茶赛项第一名。

⑪ **郑昕杰**：贵州安顺市关岭县人，茶农家庭出身。他自小接触各种茶叶劳动（种植、田间管理、采摘、加工、销售等），积累了丰富的经验，就读安顺职业技术学院茶叶生产加工专业，先后到浙江、福建、安徽参观学习茶叶的手工和机械加工技术。2012年，他

成立了关岭自治县焕荣茶业种植农民专业合作社，修建了一个占地600m²的厂房，注册了商标和增添新设备。其创业以来，获多项奖励和殊荣，2013年被评为安顺市茶产业发展工作人才团队（加工型）先进个人；代表贵州省茶叶协会代表队获得"狗牯脑杯"2015全国手工绿茶炒制大赛二等奖，取得茶叶加工工高级技师（一级）职业资格证书，获2016年"都匀毛尖·贵定云雾贡茶杯"贵州省第五届手工制茶技能大赛扁形绿茶赛项第一名。

⑫ **张俊**：贵州毕节市人，毕业于黔南民族师范学院生命科学系生物科学专业，现任七星关区亮岩镇副镇长，协调亮岩镇太极村与桥头村进行资源整合，建立了七星关区太极茶叶种植农机服务专业合作社，解决太极、桥头及周边村茶叶无人收购、粗加工的现状，为原太极乡的茶叶种植及加工、销售等打下坚实基础，并在太极村连片种植茶叶726.9亩，让当地群众都掌握茶叶的加工技术，带领桥头及周边群众脱贫致富，解决该村农民人平均增收千元以上。其在2016年获"凤冈锌硒茶杯"贵州省第五届手工制茶技能大赛红茶赛项第一名。

⑬ **蔡国威**：贵州省威宁县人，毕业于福建省天福茶学院茶叶加工与审评专业，任贵州乌撒烤茶茶业有限公司厂长。2014年研发并将"乌撒烤茶"推入市场，得到消费者认可。2015年受邀指导农民公司合作社种植茶叶3万余亩，为威宁县黔脊春茶叶有限公司和威宁县云下茶叶专业合作社开发多款绿茶和红茶；在贵州省第六届茶艺大赛中荣获团体金奖和全国民族茶艺争霸赛二等奖。2016年成立威宁县中小企业促进中心，创办茶艺和茶叶生产加工培训班，受邀成为威宁茶产业生产企业技术指导老师。其在同年获"凤冈锌硒茶杯"贵州省第五届手工制茶技能大赛青茶（乌龙茶）赛项第一名。

⑭ **杨洁**：贵州独山县人，毕业于黔南民族职业技术学院，她不断提高茶产业的专业技术水平和业务素质，先后在惠水县林场茶园、惠水县茶产业办公室、贵州省御龙尊茶业有限公司、独山云山白茶开发有限公司工作。其以突出的业绩、勤劳务实的工作作风得到了领导的充分肯定，为公司生态环境建设和促进产业快速发展做出了突出贡献。2017年获"安顺瀑布毛峰·朵贝贡茶杯"贵州省第六届手工制茶技能大赛卷曲形绿茶赛项第一名。

⑮ **袁兴凯**：贵州普定县化处镇人，毕业于安顺职业技术学院茶学专业，是普定黔龙茶业有限公司技术骨干，他利用评茶员、化验员知识帮助多家企业完善了加工设施，公司生产线通过"QS"认证，引导提升了加工水平。其所制作的茶叶送样到"中茶杯""中绿杯""黔茶杯"等国家级、省级评审均获得了不同奖项，为公司周边茶园（农户）指导茶园秋冬季管理、新茶园幼龄茶管护等，为普定县化处镇获得"贡茶小镇"做出积极努

力,同时为"朵贝茶"荣获国家地理标志及朵贝茶的品牌建设做出了贡献。2017年获"安顺瀑布毛峰·朵贝贡茶杯"贵州省第六届手工制茶技能大赛扁形绿茶赛项第一名。

⑯ **樊丽**:湖南省冷水江市人,2004年起先后在贵州开阳南龙锦富茶叶有限公司、益荣茶叶公司、开阳南龙御叶康茶叶种植园等就职,主要负责茶叶种植、管护、茶叶加工技术主管、新产品的开发研究等工作。为改变夏秋茶利用效益、更好地研究茶叶加工技术,先后多次赴福建学习乌龙茶及红茶的加工技术,为了使茶的香气滋味发挥得淋漓尽致,其在制茶上追求完美、精益求精,反复审评、积累经验,是集栽种、加工、评茶、茶艺于一身不可多得的技术人才,曾获2017年"安顺瀑布毛峰·朵贝贡茶杯"贵州省第六届手工制茶技能大赛青茶赛项第一名。

⑰ **荀仕旺**:早年师从浙江杭州制茶匠人,后辗转多地学习茶叶加工技术,悉心研制兴义"七舍茶"的制作。创办兴义市春旺茶叶加工厂,被评为市级"党员创业带富示范户"、州级"党员创业带富示范户"。从早先向本村农户租地100余亩到后来发展为全村种植茶叶3000余亩,全镇茶园规模达2.45万亩发展茶叶,不但自己实现了增收,还解决了10多个富余劳动力的就业问题,带动20余户农户增收。2017年"七舍茶"顺利通过国家质检总局地理标志保护产品技术审查会专家审查,成为通过国家审查的地理标志保护产品。2009年上海国际茶文化节评选中,"七舍茶"荣获"中国名茶"金奖。2013年,"七舍茶"荣获"黔茶杯"名优茶评比一等奖。2016年,在"黔茶杯"名优茶评比中,"七舍茶"再获殊荣,被评选为特等奖。他本人获2018年"乌撒烤茶杯"贵州省第七届手工制茶技能大赛卷曲形绿茶赛项第一名。

⑱ **伍枝淼**:贵州都匀市团山人,长在茶山,负责家里的茶园管理、制茶、质检等一系列工作,传承古法制茶,坚守品质,每一道工序都精益求精。他在贵阳市茶城开设过毛尖茶专卖店,积累了丰富的茶叶知识,特别是传统纯手工茶的制作,现就职于都匀市团山知味原茶种植有限责任公司,任技术指导及加工技师,带动周边村民18户投身茶叶种植,教村民学习茶道、制茶。其先后荣获个人优秀奖、"贵州制茶能手"等称号,2018年获"乌撒烤茶杯"贵州省第七届手工制茶技能大赛扁形绿茶赛项第一名。

⑲ **周莉**:毕业于安顺学院,就职于贵州拾拙茶文化传播有限公司。其2016年获安顺市首届茶艺大赛三等奖、贵州省茶艺大赛团体赛优秀奖;2017年获贵州省第六届手工制茶大赛乌龙茶优秀奖、"朵贝味道"冲泡比赛三等奖;2018年获贵州省第七届手工制茶大赛红条茶组一等奖、全国茉莉花茶制作大赛优秀奖。同年获"乌撒烤茶杯"贵州省第七届手工制茶技能大赛红茶赛项第一名。

⑳ **施海**:施海于贵州民族学院毕业后在旅行社及餐饮业实践运用所学专业知识,在

近10家四星级以上酒店内设置茶馆茶楼，植入新型模式宣传推广贵州茶，期间受聘为北京工业大学客座教授。2015年杭州首届茶奥会，他代表贵州队在冲泡技艺分组中取得连胜两轮的好成绩。其先后到韩国作为茶文化大使进行贵州茶推广宣传展示；到捷克做茶艺展示推广宣传贵州茶旅；前往俄罗斯、德国推广茶旅；随省"一带一路·黔茶飘香"活动组出西北五省推广贵州茶；赴日本与第一盆景大师小林国雄交流茶艺；在全球演讲组织Ted作《吃茶慢一些》演讲；在孔学堂向来筑的全国近百家媒体推介演示黔茶；组织开展茶文化进社区、茶文化进校园等工作；在《贵州古茶树》发表《古树茶的冲泡技术与鉴赏》，在中国人民大学茶道哲学研究所发表自创冲泡茶技术《道茶三昧》。2017年入选贵阳市政协云岩区政协第十届委员。他曾任省贡茶调研组茶冲泡技艺专家、贵阳市星级茶馆评定委员会评审专家、省茶艺技能大赛裁判；受聘贵阳花果园第三小学茶教师、黔西南州人民政府"茶文化形象大使"、安顺市人民政府"茶旅形象大使"；曾获2018年"乌撒烤茶杯"贵州省首届评茶师职业技能大赛第一名。

㉑ **熊灿**：毕业于华南农业大学茶学（加工与贸易）专业，2015年进入贵州经贸职业技术学院从事教育教学工作。在教学工作中，她严格要求自己，探索教育教学规律，改进教育教学方法，曾被评为贵州省经济学校、茶校2016—2017年度优秀教师。其参编了《贵州古茶树》《贵州民族民间茶文化探寻》；其在2017年、2018年连续两年参与了"中日韩"三农论坛会议的茶歇服务工作；在2018年的都匀毛尖国际茶人会开幕式上担任手工制茶展示环节的讲解工作；2019年东盟教育周活动中担任"黔茶飘香，茗茶品鉴"贵州冲泡项目组组长，并在2019年9月获"中国—东盟教育交流周筹办工作表现突出个人"称号；其代表学校参加全国及全省各类茶专业技能竞赛获得诸多奖励及殊荣，2019年获"雷公山高山绿·银球茶杯"贵州省第八届手工制茶技能大赛卷曲形绿茶赛项第一名。

㉒ **游刃**：贵州省农业职业学院茶树栽培与茶业加工专业毕业，自幼生活在凤冈，对茶有种特殊的感情，天性使然、好学上进，对发展家乡的茶产业、宣传推广贵州茶文化怀抱理想。其就职于凤冈县苏贵茶业旅游发展有限公司，在学习和工作中，刻苦钻研、创新进取，认真专研茶叶专业相关知识，不改初心，在学术问题上虚心与老师交谈、敢于发表自己独特见解、交流思想、交换意见，在分歧中能自我批评。2019年获"雷公山高山绿·银球茶杯"贵州省第八届手工制茶技能大赛扁形绿茶赛项第一名。

㉓ **吉章贵**：贵州省经济学校（茶校）中专毕业，曾就职于贵州经典茶业有限责任公司，担任过公司生产组长、指导师傅、工厂厂长等职，负责公司各类茶叶研制和加工生产技术。他参加"国品黔茶"精英特训营培训，2013年底到上海分公司，主要调研贵州茶销售情况和"茶酒联姻"运行情况，实践培训贵州大学茶学专业的学生制作手工卷曲

形绿茶、半机制半手工绿茶、手工红茶以及茶园修剪、除草等管理。其2016年参与制作的机制红茶在贵州省斗茶大赛中荣获"优质奖";同年获年度贵州茶行业"十佳优秀技术员"称号。在贵州省民族民间工艺领军人才评先推优系列活动中,他荣获首届"贵州民族制茶工艺大师"称号,现为贵州省七星关区煜鑫茶舍负责人,2019年获"雷公山高山绿·银球茶杯"贵州省第八届手工制茶技能大赛红茶赛项第一名。

㉔ **卢玲**:毕业于贵州大学农学院园艺(茶学方向)专业,现任贵州经贸职业技术学院茶学系茶学专业教师,她坚持抓教学质量关键环节,积极为茶产业发展培育新型复合型技能人才,大胆创新教学模式,将茶叶加工与茶叶销售联合起来进行实践。其2015年获得贵州省茶艺师职业技能大师个人赛铜奖,2016和2017年获得"优秀教师"荣誉称号,2018年获贵州省茶艺师职业技能大赛个人赛优秀奖,2019年获"雷公山高山绿·银球茶杯"贵州省第八届手工制茶技能大赛青茶赛项第一名。先后担任2017贵州省技工院校和职业技能教育培训院校首届教师技能大赛茶艺技能比赛裁判员、2018"都匀毛尖"杯首届贵州省家庭茶艺大赛暨"海曙杯"首届中国家庭茶艺大赛选拔赛评委、2019年贵州省秋季斗茶大赛全国斗茶周黔南分赛场评审专家。其参编了《贵州古琴》及《黔中琴韵》第二辑的单曲录制。

㉕ **奚金翠**:贵州省福泉市人,大学本科学历,助理讲师,现任贵州经贸职业技术学院茶学系专业教师,担任茶学专业课程教学及茶学系专职组织员工作。认真钻研课程教学方法,通过"老带新"和参加教学技能大赛找到科学的教学方法。她多次指导学生参加比赛并获奖,作为贵州代表队成员参加"武夷山"杯全国首届评茶员职业技能大赛团体赛,敢于挑战和专研,在比赛中展现了贵州茶人的技能水平。其通过参加各类茶专业技能比赛,扎实掌握了茶叶加工、茶叶审评、茶艺等专业技能和丰富的教学方法,快速成长为一名懂理论、会操作的双师型职教教师,获2019年"水城春杯"贵州省第二届评茶师职业技能大赛第一名。

㉖ **杨韩**:贵州省水城县人,安顺职业技术学院茶叶生产加工技术毕业,就职于普定县长青绿色产业科技有限公司,工作中虚心向前辈和老师请教、交流学习。为了做出高品质的茶叶,其积累了更丰富的经验,从茶叶摊青、杀青、揉捻到提香等,每一道工序都力求精益求精,对茶有着深刻的理解和浓厚的兴趣,全身心投入钻研茶叶生产加工技术,多次参加手工制茶技能大赛,得到专家和老师指导,在2019年全国手工制茶技能大赛中获绿茶项目三等奖。

㉗ **陈本果**:贵州湄潭人,毕业于铜仁职业技术学院,现任湄潭县中等职业学校茶叶专业教师。为了让湄潭翠芽手工制作继续传承下去,更好地保护和传承,其辗转多地

向手工制茶大师学习制作手工湄潭翠芽,并运用到职业教育中,传统湄潭翠芽茶全部采用手工操作。他完成了论文《浅谈家庭式小作坊名优茶初制加工机械的优化配置》《湄潭翠芽杀青过程中温度、投叶量及时间对茶叶感官品质的影响》《中职校人才培养方案的研究》等;指导和参与的各级茶叶赛事多次获"优秀指导老师奖",2019年在江西九江获全国"宁红杯"手工制作红茶金奖,2019年获"水城春杯"贵州省第二届古树茶加工技能大赛第一名。

十、2011年贵州茶叶行业十大经济人物

① **唐弟康**:2011年贵州茶叶行业十大经济人物。陆圣康源科技有限责任公司董事长兼总经理。2005年10月,唐弟康以遵义华峰公司股东为主体组建遵义陆圣康源科技开发有限责任公司,任公司董事长、总经理。公司与江南大学合作,共同对贵州丰富的茶叶资源进行综合深度开发。2008年10月,公司年产300t茶多酚生产线建成投产,结束贵州无茶多酚生产企业的历史。

② **王晓春**:2011年贵州茶业行业十大经济人物。2010年组建贵州贵茶有限公司。在凤冈县有通过环境保护部南京有机食品认证中心"有机茶基地认证"和"有机茶加工认证"的400多公顷生态茶园,贵阳久安乡5万株千年古茶树群。

③ **杨再英**:2011年贵州茶业行业十大经济人物。2000年,杨再英创建贵阳花果园太升茶叶专营市场,先后组织市场经营户到各产茶区开展产销合作;2007年9月,太升茶叶市场第二期开业;2011年12月,太升茶叶市场第三期开业;2019年7月,太升精品茶叶市场开业。太升茶叶市场的不断壮大带动了贵州茶叶对外的大流通,从38家到300多家,用10年书写了一个茶业营销大军的崛起。

④ **黄平**:2011年贵州茶业行业十大经济人物。他以一个浙商的精明选择贵州,却以"龙井"的情怀钟爱"翠芽"与"毛尖"。其首开贵州大宗茶出口先河,给该产业开辟了一个新渠道。他以"中国茶城"的名义,带动贵州茶叶产销。

⑤ **丁超英**:2011年贵州茶业行业十大经济人物。她前期以茶馆为平台,探索渠道为王的茶叶营销思路,经过7年不懈努力,率先创建了以贵州五大名茶为体系的"黔茶库"连锁专卖店,从贵阳走向全国。她被誉为"贵州老茶妈"。

⑥ **叶文盛**:2011年贵州茶业行业十大经济人物。贵州琦福苑茶业有限公司总经理,中国茶叶行业百强企业家。2003年,他召集一批武夷山加工乌龙茶、红茶资深技师到贵州创业,选定湄潭投资茶产业,建立湄潭盛兴茶叶加工厂,与江苏茶艺师共同研发红茶,把"正山小种"的工艺和"湄红"的工艺有机结合起来,探索创新出一套适合湄潭茶叶

加工"遵义红"红茶的工艺，并与其他单位合作将遵义红传统加工技艺成功申报"省级非物质文化遗产"。其曾获2011年贵州茶业"十大经济人物"、2014年度贵州省十大制茶能手、"遵义红"传统工艺非物质文化遗产传承人、贵州省首届民族工艺大师、十佳茶人等荣誉称号。

⑦ **欧阳国祥**：2011年贵州茶业行业十大经济人物。半路出家的都匀高寨水库茶场负责人，从2000年始建的小茶厂，发展到集茶叶种植、生产、加工、销售、茶具、进出口贸易为一体的公司，他在学茶、制茶的路上边学边做边修正，逐渐找到了做高端茶的发展方向。

第三节　茶农典范

① **江冬才**：2013年组建开阳天贵现代种养殖农民专业合作社，在开阳县南江乡新隆村开发茶园80hm²，带动当地100多人就业。2017年11月在开阳县政府支持下，其牵头组建开阳富硒茶业投资有限公司，整合开阳老茶园16家，新增茶园面积1万余亩。

② **韩贞良**：道真自治县大磏镇人，1992年进入道真仡佬族苗族自治县玉溪镇齐心茶场从事茶叶生产加工，主要从事手工毛峰茶加工工作。2016年获首届"贵州民族制茶工艺大师"称号；2017年获全国茶叶加工职业技能竞赛暨"遵义绿杯"全国手工绿茶制作技能大赛个人优秀奖。

③ **张光辉**：都匀市毛尖镇坪阳村河头组茶农，都匀市螺丝壳河头茶叶农民专业合作社社员。2008年，张光辉与7户农民成立都匀市螺丝壳河头茶叶农民专业合作社，2010年注册品牌"明黔"都匀毛尖茶。目前合作社有146户茶农，茶园种植面积从300多亩发展到上万亩。

④ **王剑**：盘州市民主镇沁心茶场的最早发起人，沁心生态茶叶种植农民专业合作社理事长。沁心茶场共吸纳320余农户土地入股茶场，安排建档立卡贫困户48户153人在茶园基地长期务工。

⑤ **陈廷江**：贞丰县龙场镇坡柳村堡堡上组村民，"坡柳娘娘茶"非物质文化遗产第三代传承人，"宋寅号记"茶行徽记保存者。陈家世代生产和制作"坡柳娘娘茶"，第二代传承人为陈廷江父亲陈春儒（1918—1949年）、母亲覃章先（1919—2011年），毕生从事茶叶生产及娘娘茶制作，多年来无私教授娘娘茶制作技艺，县内多名制茶大师均出自陈氏门庭。

⑥ **胡玉祥**：1970年2月出生于贵州省册亨县板坝紫胶场，1985年迁移安龙县新桥茶场，1986年从事茶叶加工与制作。

⑦ 白采文：思南常青种养专业合作社理事长。2009年，发起成立思南县常青种养专业合作社，利用许家坝镇杨家山得天独厚的地理条件优势和自然资源优势，在许家坝建设基地茶园面积2200亩。2012年，该合作社被国务院授予为"全国农民专业合作社示范社"称号。

第四节　茶产业领域专家（部分）

① 郑文佳：贵州湄潭人，二级研究员，现任贵州省茶叶研究所副所长。20世纪90年代中期，到开阳茶园基地开展贵阳茶叶加工指导工作，与贵阳市农委合作开发的珠型茶荣获2011年贵阳市科技成果一等奖，2012年获得省科技成果转化二等奖，为贵阳茶科技、茶叶加工提升做出了贡献。

② 陈正武：贵州省茶叶科学研究所研究员，种质资源专家。20世纪90年代中期，先后深入开阳、百花湖指导茶农种植黔茶1号1万亩，多次到开阳、久安等茶园基地指导茶农开展茶苗栽培，到企业指导茶叶加工。其主持并培育国家级茶树新品种"黔茶8号"，获国家植物新品种权保护品种5个，在花溪等地收集保存茶树种质700余份。

③ 刘晓霞：贵州省茶叶研究所高级农艺师，国家级茶艺师裁判员，省级科技特派员，贵州省巾帼专家团成员，中国茶叶学会九届理事会女科技工作者委员会委员，中国茶叶学会十届理事会组织工作委员会委员，任全国职业院校手工制茶大赛评委、2010年"中茶杯"、2018年第二届中国国际茶博会金奖评选评委、贵州省茶艺技能大赛评委、"黔茶杯"评委。

④ 蒲蓉：贵州省经贸职业技术学院工会负责人、高级讲师，主攻茶文化、美育、德育教育教学研究方向，贵州省茶叶协会副秘书长。2014—2020年共参加九届贵州省手工制茶大赛及斗茶赛等赛事工作，担任贵州省手工制茶大赛命题组成员，多次参加由贵州省茶协举办的茶事考察、交流活动；组织及指导学院教师和学生参赛，其中才艺展示舞台类作品《清雅静和茶叶飘香》获第十二届全国中等职业学校文明风采省级三等奖、国家级一等奖；2016年和2018年两次组织学院茶学专业教师和学生参加由中国人民对外友好协会、中日友好协会、中韩友好协会共同主办的中日韩文化交流论坛，并承担开幕式的茶歇活动；参与编撰《贵州古茶树》；参与编审《贵州民族民间茶文化探寻》。

⑤ 刘立：2003年开始恢复开发传统名茶赵司贡茶。他创办编写《赵司贡茶》和《黔绿茶艺》《黔红茶艺》，文本在《贵州日报》《贵州都市报》公开发表，并被一些学校和培训机构采用。他所培训的学生在省内外重大赛事中多次获得茶艺表演和制茶比赛奖项。其敢于创新，开发研制了贵州黄茶产品。

⑥ **罗萍**：国家级一级评茶师、国家级一级茶艺技师、国家级茶艺裁判员、国家级茶艺培训师、贵阳市茶文化研究会专家组成员、贵州省星级茶馆评委、全国星级茶馆评委。

⑦ **刘源**：2007年华南农业大学茶学硕士毕业后一直在贵阳市从事茶产业推动工作，参加编制贵阳市茶产业"十二五""十三五"规划，参与的《贵州珠形茶关键技术研究与应用》项目获贵阳市科技进步一等奖；参与《贵州珠形茶生产与加工技术集成应用推广》项目获贵州省科学技术成果转化二等奖；参与《贵阳市茶叶生产技术创新集成推广》获贵州省农业丰收奖二等奖。

⑧ **范乔**：贵州省经贸职业技术学院茶专业教师。其被评为2011—2012年度、2013—2014年度优秀教师，在第十届全国中等职业学校"文明风采"竞赛贵州省级复赛中，参赛作品《龙行十八式长嘴壶茶技表演》获一等奖，曾获2014年都匀毛尖杯全国手工制茶大赛中荣获手工卷曲形绿茶特等奖，"贵定云雾贡茶杯"2014年贵州省手工制茶技能赛暨全国手工制茶大赛贵州选拔赛卷曲形绿茶一等奖，第十二届全国中等职业学校"文明风采"竞赛贵州省级复赛作品《清雅静和茶叶飘香》荣获三等奖，2019年全国茶叶（绿茶）加工技能大赛暨"遵义红"杯手工绿茶制作技能大赛荣获特等奖，多次指导学生参加全国和全省茶业技能大赛并获奖。

⑨ **李亚林**：其从事茶叶种植、茶园管理和茶叶加工技术推广等工作20多年，是位工匠型技术干部。从20世纪90年代起，一直致力于研究定型卷曲形茶叶加工工艺和推广。

⑩ **郑道芳**：贵州湄潭人，高级农艺师，贵州省茶叶研究所原副所长。中国茶叶学会会员，中国国际名茶评鉴委员会委员，遵义市历史文化研究会茶文化分会专家组负责人，湄潭县茶业协会、县茶文化研究会名誉会长。1982年到贵州省茶叶科学研究所工作，主要从事制茶机械和制茶工艺方面的研究。

⑪ **王存良**：祖籍湖南省双峰县，硕士学历，副教授，任中国茶道联盟黔西南州分会会长、中国茶艺师联盟黔西南州分会会长。其专注于中华茶文化传播，被誉为黔西南州茶界培训第一人，先后培养茶艺师、评茶员近500人，所授课程为"茶文化学""茶健康""茶叶审评密码"等，多次指导学员参加全国茶艺大赛，并获得优异成绩，公开出版发行评茶员培训教材《评茶员》。其乐于公益，近10年来经常到企事业单位、街道居委会、学校等进行公益性讲座弘扬茶文化、普及茶知识。

⑫ **黄凌昌**：兴义市涉农项目专家委员会委员、黔西南州农委首届农业专家委员会专家组成员。1985年成为当时兴义县农业局众多农业技术人员中唯一从事茶叶技术推广的专业技术人员。一直在兴义的农业战线上从事茶叶、果蔬、中药材等主要经济作物的技术推广工作。其主编了《兴义市十一五、十二五、十三五茶产业发展规划》《兴义农业

志》，为兴义的茶产业发展奠定了理论基础和发展方向，2012年主编《兴义市优质茶叶产业建设项目实施方案》。其代表兴义参与省级竞争立项、答辩，使兴义市首次成为贵州省29个重点产茶县（市），争取到中央和省级财政现代农业（茶产业）生产发展资金800万元，并在七舍、捧乍、猪场坪、敬南、乌沙、坪东、清水河等8个乡镇，参与组织实施了2万亩的中央和省级财政现代农业（茶产业）基地建设项目，为兴义市的茶叶产业发展做出了重要贡献。

⑬ **周鸣蓉**：女，汉族，1973年生，贵州省黔西南州贞丰县人，1997年毕业于贵州师范大学艺术系，1997—2003年任教于兴义市丰都中学，1999年创建兴义市竹风轩茶艺馆，2001年创建兴义市马鞍山茶艺馆，2003年获中华杯国际茶艺茶道邀请赛二等奖，2014年成立木知心茶业文化有限公司至今，在茶行业行走已二十余载；其信奉的座右铭是："田间的茶农是我的老师，茶厂的茶工是我的师傅，市场的茶商是我的良师益友"。

⑭ **卢其明**：贵州省遵义农校茶叶专业毕业，分配到晴隆县农业局工作。历任农推站副站长、茶叶工作站副站长、茶果开发公司副经理、县总农艺师办公室主任、农艺师，在大厂镇川洞组创办了全县第一个乡村茶场，传授培养炒茶技术，是"茶籽化石"的发现者。

⑮ **温顺位**：铜仁市茶叶专家。从事茶叶工作38年，编写了《铜仁市生态茶产业灾后重建可行性研究报告》；参与编写了《铜仁市"十二五"生态茶产业发展规划》。

⑯ **肖楚**：铜仁市农业农村局农艺师，连续从事茶产业发展工作24年。先后负责印江申报"中国名茶之乡"、梵净山翠峰茶申报"地理标志证明商标"、梵净山茶申报"中国农产品地理标志产品"、梵净山商标申报"中国驰名商标"等重要工作。

⑰ **饶登学**：石阡县茶业协会副会长兼秘书长，先后参与编制、编审了《石阡县名优茶生产加工技术》《石阡茶产业规划实施方案》（获铜仁市产业规划优秀奖）、《石阡县茶产业提升计划助推脱贫攻坚实施意见》等。

⑱ **牟春林**：高级农艺师，贵州贵茶集团公司副总经理、总工程师，"绿宝石"品牌的创始人。1994年随父亲牟应书创建了贵阳春秋实业有限公司，绿宝石产品促进了全省茶产业规模化、机械化、清洁化、品牌化的发展。

⑲ **马太军**：贵州百花富硒茶业有限责任公司法人、总经理，2010—2015年任开阳县茶叶协会会长。

⑳ **甘济尚**：湄潭盛兴茶业有限公司董事长，贵州贵天下茶业有限责任公司总经理。其参与编制、申报并实施"智能控制红茶发酵技术研究""遵义红红茶成套加工技术研究""新型蒸汽连续杀青机中试与应用""高品质红茶示范基地及智能化加工新技术应用

与示范""高档红茶加工技术应用示范""遵义红红茶加工技术规程"等科研项目和贵州省地方标准制定。

㉑ **冯平**：余庆县构皮滩茶业有限责任公司法人代表、董事长，2004年组建成立余庆县构皮滩茶业有限责任公司，2012年7月被国家人事部、全国供销合作总社共同授予"劳模"称号。

㉒ **周枞胜**：习水县勤韵茶业有限公司总经理，初中毕业后在福建省华安、安溪等地务工7年，2005年返乡创业，利用本地丰富的大树茶资源开始探索试制古树茶。2012年成立习水县勤韵茶业有限公司，专业从事习水大树茶资源保护、品种培植、新产品研发及加工销售，发展天鹅池国家级自然保护区内和仙源两个示范基地约200hm²，收购保护大树茶5万余棵，成功开发上市销售"金枞丝"野生红茶、"金枞丝"习水大树茶、"银枞丝"大树白茶和"金玉双全"大树黑茶等产品。2016年获贵州省五一劳动奖章。

㉓ **蔡定常**：贵州乌撒烤茶有限责任公司董事长、总经理蔡定常多年来从事茶叶种植、生产、企业指导、品牌策划运营，研制的"香炉山茶""乌撒烤茶"先后获贵州省"名特优产品"，旗下的威宁香炉山茶场是世界上海拔最高茶园，茶园深入2005年"中国十大考古新发现之一"威宁县中水鸡公山遗址寻觅3000年前形成的乌撒烤茶文化符号，在斗古乡探寻乌撒烤茶文化载体（烤茶罐）的制作工艺，从而使茶界迅速认识并接受了地域特征明显的乌撒烤茶文化。

㉔ **邱进**：2009年因地制宜启动实施了三丈水生态公司茶叶基地建设，先后在本乡流转土地700hm²，采取"公司+基地+协会+农户"的模式栽种茶叶533hm²，辐射带动农户1500余户，解决了2000多人的就业问题，2007年被当地群众推选为贵山村党支部书记。

㉕ **李光举**：2010年响应纳雍县委、县政府的号召，留职留薪自筹资金在纳雍县姑开乡种植茶叶133hm²，2011年注册成立个人独资企业——纳雍县山外山有机茶业开发有限公司。他结合绿茶、白茶、黄茶加工工艺，独创"彝岭苗山"品牌，业内人士戏称其为"茶疯子""茶痴"。

㉖ **柯昌甫**：受家庭的熏陶，柯昌甫从小与茶结下了不解之缘。柯昌甫酷爱中国历史，曾当过人民教师，后转行从事建筑行业。直到2010年，他最终因为割舍不掉的浓浓桑梓情，回到家乡种起了茶叶。2011年，柯昌甫承包了家乡的几个山头，成立了贵州亿阳农业开发有限公司，建起了茶场，种植高品质龙井茶叶1000余亩，茶园海拔2200m左右。其所生产的"盘州春"高山有机茶，在2019年美国世界茶业博览会上，打开了盘州茶叶在美国的销售窗口。

㉗ **谢涛**：贵州毕节七星关区亮岩镇太极村人，2016年参与并组织成立"毕节七星

古茶开发有限公司""太极村茶叶专业合作社",在毕节市、区、镇各级领导的关心支持下,对当地的古茶树资源进行了普查,在贵州省茶叶协会的大力支持下,以此古茶树为载体先后申报并获得"贵州古茶树之乡""中国古茶树之乡",2018公司成功举办贵州省第一届古树茶手工技能大赛,生产的《七星太极》古树茶红、绿茶在全省斗茶赛中均获得"茶王"奖。

第八章 茶俗

贵州是一个多民族的地区，全省有3个自治州、11个自治县、454个民族乡。全国56个少数民族中，贵州就有54个。饮茶作为各民族生活习俗，千百年来不断地发展变化，在各民族间形成了丰富多彩的制茶和饮茶方式的习俗。

第一节　贵州汉族饮茶习俗

一、凉　茶

茶性寒，具有明显的清凉、生津、止渴的功效。夏天饮凉茶能消暑解热，有精神为之一振的效果。在城市和农村，凡过往行人较为集中的地方，比如半路凉亭、车船码头、公园门口、街头巷尾、车间工地、田间劳作等地，大都有凉茶出售和供应。一般用大土茶缸或大土茶具泡上一壶茶，用小杯分而饮之，这种茶叫凉茶，不仅解渴，而且生津养性。

二、热　茶

冬春雪季，天气寒冷，大家就把茶壶放置火塘上，热气腾腾，用小杯分而饮之，这叫热茶，可驱寒养身。空闲时大家还在一起相互敬茶、品评茶味，茶成了人们之间联络和交往的纽带（图8-1）。

图8-1　安顺屯堡驿茶

三、清饮、混饮、调饮

凡有客进家，不管你是否口渴，也不问你是否喝茶，都会以茶示礼，用茶敬客（图

8-2）。茶是汉族人民的生活必需品。汉民族饮茶有喝茶、品茶、吃茶之分。而喝茶又有清饮、混饮和调饮之别。汉民族饮茶方法虽多，但较为普遍的还是清饮。也就是直接将茶用热开水冲泡，属纯茶原汁本味饮法。汉族认为：清饮最能保持茶的纯洁，体现茶的本质特色。

图 8-2 民间茶碗

四、小锅茶

汉族是一个讲文明、懂礼仪、重情好客的民族。汉族人民饮茶，方式方法多样，内容也丰富多彩。据《安顺府志》记载："东南旧州一带，田多土少，农业盛兴……然其土宜茶宜竹，故茶、竹出产颇多。茶植于丘垄之间，不碍园艺，比户有之，其产量稍逊于东乡。然制法精良，色香味俱佳。茶商称为上品，销路颇广，即俗称小锅茶者是也。夏官堡、余官屯、吕官屯、磨芋寨等处亦销产茶，色味甚佳，与小锅茶齐名。"由于早先江南移民带来的先进制茶技术，使安顺地区出产的茶叶，质优味好色雅。屯堡村寨的这些移民的后代，就靠制作优质茶，赚钱养家糊口。

五、叩桌行礼

人们在饮茶时，有时冲泡者向客人奉茶，续水时，客往往会端坐桌前，用右手中指和食指，缓慢而有节奏地屈指叩打桌面，以示行礼之举。在茶界，人们约定俗成地将这一动作俗称为"叩桌行礼"，或叫"曲膝下跪"，即下跪叩谢之意。有的茶客也会用一个食指叩桌，表示我向你叩谢。如果用除了大拇指以外的其他四指弯曲，连连叩桌，寓意我代表大家或全家向你叩谢。这种情况，多用于主人向你敬茶时运用。还有，浅茶满酒，或者叫作"茶满欺人，酒满敬人"。它指的是，用玻璃杯或瓷杯或盖碗直接冲泡时，一般只将茶水冲泡到品茗器的七八分即止。这是因为茶水是用热水冲泡的，主人泡好茶后，马上奉茶给宾客，倘是满杯茶水，一旦茶汤溢出，又颇失礼仪。茶叶经热水冲泡后，总有一部分浮在表面，这就须饮用者吹口气，让茶叶下沉，以利品饮。显然，这种在民间逐渐形成的饮茶习俗，是适应饮茶品茗的实际需要。

第二节　贵州苗族饮茶习俗

苗族是中国最古老的世居民族之一，贵州是苗族的"大本营"，贵州的苗族主要聚居在黔东南、黔南、黔西南自治州，松桃、印江、威宁等县。

一、火炉茶

香炉山位于凯里市西部，距市中心8km，海拔1238m，占地4km²，山体独立，呈香炉状，常年云雾缭绕，有黔阳第一山之称。就是在这样的一座名山中，不仅产好茶，而且孕育了当地独具特色的饮茶习俗。火炉茶就是当地苗族创造的一处别具特色的饮茶习俗。火炉茶，是用陶罐烤和煨出来的苦茶，方法是将新鲜茶叶采摘后不发酵，用铁锅杀青后，搓揉、自然晾晒，使茶叶保持应有的翠绿色泽，形成特有的色、香、味、形。煨茶的技术特别讲究，老人要求晚辈"烤茶要叶子片片黄，叶筋根根泡，开水要沸腾"。先将茶罐烤热，然后放入自制的绿茶，使其受热均匀，直至将茶叶烤脆、烤香，及时冲入开水。当茶水化作泡沫翻上罐口时，满屋茶香四溢。待泡沫落下，再加满开水，就可把茶水倒入杯中，即可品尝。苦茶香味浓郁，晶莹透亮，味苦性良，苦中带涩，有烤制茶特有的香味，清心荡肠，止咳生津，健胃提神，补气，使人神清气爽，能解除客人远道而来的疲乏。

二、煨　茶

贵定鸟王海葩苗族对茶礼也十分讲究，凡有客人来家，他们总是先煨茶给客人喝，然后主人家才煮饭做菜招待客人。鸟王村苗族煨茶的土罐，多在附近市场购买，一罐可装15斤水，家家有茶罐，有的人家还有2~3个，户户随时放在火塘边，土罐里随时都有茶水。为了解除茶罐煨茶出现火烟味和霉味，他们还摸索到了不少解决问题的土办法。一旦发现有霉味或火烟味，他们就利用当地丰富的竹林资源，用竹编成叫"猫箩"的竹具装茶，挂在常烧火的楼板上，保持干燥。如果多天不烧火，房子潮后茶叶有霉味，他们就在茶罐水涨沸时，先放茶，接着用火钳夹一小块烧得通红的木炭，吹掉灰后放入茶罐翻滚的水中，木炭触水熄灭后即夹出，烟火味和霉味便可消除。异味挥发掉，喝茶时就没有异味了。如果煨的茶放置了多天，饮用后会引起呕吐、头昏等症状，他们便把泡桐树的皮刮下来煨水吃，便可立即解除症状。

三、客来敬茶

苗族在5次大迁移中将各地的饮茶习俗带到了贵州黔东南地区。尤其是客来敬茶的传统礼节，在苗族村寨也多形成了自己特殊的方式。他们不仅讲究茶叶的质量，更注重三道茶的技艺和敬茶的礼仪（图8-3）。边唱边舞，而敬茶礼仪又蕴涵于歌舞之中，体现了苗家茶俗的特色。这种敬茶礼仪，还体现在苗族酒歌当中。而在歌场跳完芦笙后，主寨人家各来前领二三人到家饮茶喝酒。一方面便于主人家备办较丰盛的茶饭；另一方面人不多，可以沏上一杯茶，边谈心，边品茶，就进入了一个品茶文化的层面。客来宾至，清茶一杯，可以表敬意、洗风尘、叙友情、示情爱、重俭朴、弃虚华，成为人们日常生活中的一种高尚礼节和纯洁美德，茶与礼仪紧紧相连，密不可分。

图8-3 雷山苗族茶礼

四、三朝茶礼

贵定县云雾镇和全县不少苗族村寨，还有用茶给初生婴儿净身的习俗。当第一个来看望产妇及婴儿的人进屋后，主人必须先用双手端上一碗事先熬好的茶，敬献给这位客人。这位客人俗称"踩生人"。"踩生人"也须用双手接过茶喝下，据说这样能给踩生人避邪，给初生婴儿祈福，也意味着人一出生就得到茶祖神的佑护。在新生婴儿出生的第三天，俗称"三朝日"，都要举办吃原始煮茶的仪式，举办新生命到来的庆典。还要用煮过的茶水为新生儿洁身和洗眼，故称"三朝茶礼"。通过"三朝茶礼"，预示婴儿眼睛明亮健康成长。当孩子满月时，要行"搽茶剃胎发"的仪式；主仪式的家族长者边蘸茶水，边在孩子粉嫩的额头上与发际间轻轻揉擦，同时念念有词道："茶叶清白，头发清白……"然后才开剃，俗称"茶叶开面"。剃净后再用茶水抹头一遍，而后将胎发用红布包好，用红线捆住吊挂在孩子母亲的床檐上，意为孩子永远在娘身边，永远得到娘的保护。剃完头，主祭的长者便抱孩子拜神，请菩萨，然后族人依辈次叩拜祖宗，小孩最后，称作"全堂羹饭"。接着，小孩拜见亲友长辈，受拜者须回以拜见钱和见面首饰，仪式才算结束。

五、吃茶订婚

在黔东铜仁以及松桃苗族自治县的一些农村,男女订婚,要有"三茶"。即媒人上门,沏糖茶,表示甜甜蜜蜜的意思。男青年第一次上门,姑娘送上一杯清茶,以此表示真情一片。结婚入洞房时,以红枣、花生、桂圆和糖泡茶,送亲友品尝,以示早生贵子和跳龙门之意。还有的县的苗族同胞,青年男女订婚相亲之日,用大红木盒盛上佐茶果品,传送至相亲的人家,把各家送来的礼物摆在桌上,款待亲家。人们称此为"传茶",即传宗接代之意。结婚后,夫妻之间一旦出现不和睦的情况,一方邀上邻里友好前来吃茶,在吃茶的过程中加以劝说,常能使这对夫妻重归于好。

六、苗族"三道茶"

黔北的一些苗族村寨里,至今还保留着吃"三道茶"的习俗。女儿出嫁时,做父母的,常要以茶喻示,告诫晚辈,今后做人要好好体味"先苦后甜"的道理。所以,嫁前要喝"三道茶",即"一苦二甜三回味"。边喝茶,边教育子女要像喝茶那样,人生道路上也有苦的日子,也有甜的日子。要在品味饮茶中,记住这个道理,正确对待人生中的苦和甜。也有的地方,男女青年相爱后,男方须择定吉日,由媒人去女方家说亲,上门时首先要送"定亲茶"。有的除了茶之外,还包括有糖果、饼干等。如果女方接受了媒人送来的"定亲茶",表明婚姻关系已经确定。这以后男方就可以择吉日,用红纸包上好茶叶,外贴喜庆的剪花,再用盒子装上冰糖和红枣等,并用红线束好,由媒人再送到女方家去,这叫"送茶包"。女方一旦又收下了茶包,婚姻就算成了,只要讨了女方的八字年庚,就可以择日迎娶完婚。

七、苗族米虫茶

苗族姑娘在谷雨前后,身背竹篓,上山采茶尖。茶叶采回以后,把茶叶盛在竹篓内,浇上一些淘米水,放置在通风的楼阁上。不久,竹篓内就生长出一些米蛀虫。这些米蛀虫以茶叶为食物。到了第二年四五月间,篓子里的茶叶被米蛀虫蚕食一空,篓子底下厚厚的铺上了一层虫屎,苗族同胞便把虫屎收集起来,筛出杂物,称为米虫茶(图8-4)。饮虫屎茶时,通常用手抓一撮虫屎茶放在碗中,冲入滚开水,虫屎茶就会释放出丝状红茶汁,飘于水中,并缓缓落入碗底。少顷,轻轻晃动茶碗,整个茶碗中的茶水,当即成为深红色,就算将虫屎茶冲泡好了。

图 8-4 苗族米虫茶

八、云雾罐罐茶十步曲

贵定云雾茶乡的苗家和布依族同胞,在客来敬茶的习俗中,还总结出了煨罐罐茶招待远方客人的经验,他们称为"云雾罐罐茶十步曲"。其内容如下:第一步,相邀陪客,准备茶具。当客人到来时,主人便安排小孩去邀陪客,同时清洗茶具,陪客人拉家常。第二步,恭迎嘉人,引宾入座。当邀请的陪客陆续到来后,主人即到门边相迎,引入座位,并向贵客和陪客做介绍,拉家常。第三步,置罐煨水,临泉松风。为表达主人对客人的热情,主人必然把火烧旺,以便烧水煨茶招待客人,表示兴旺发达,热情好客之意。第四步,极品鉴赏,佳茗入宫。在水未烧开之时,主人将家中最好的茶叶请贵客及陪客进行鉴赏,以表诚心,水开后,即将茶放入罐中煨。第五步,星火探海,愚公移山。待茶水沸至30s左右,用火钳夹住一颗通红的火炭放入茶罐中,待火灭后即夹出,并用木棒将茶水中的气泡赶开。第六步,高雅旋律,满屋飘香。将茶罐从火中取下,放置在火坑边,待其稍冷后,将茶水倒入碗中,献给贵客和陪客。此时,茶叶的香气受水温的影响,随着倒茶之时,飘香满屋。第七步,润泽香茗,沁人心脾。茶汤进入口中,客人们一边品茶一边赞赏,通过对茶叶的评论,来赞扬主人的热情。第八步,茶海慈航,重温旧梦。当茶罐中的茶饮完以后,主人又将茶罐置入火坑中煨第二次,第二次煨的时间要长一些,这则表示客人下次再来,走动的次数越多,双方的感情就会越深厚。第九步,和静清寂,共祝明天。相聚品茶,既是缘分,也是有福同享,和气而宁静地品茗,亲切地交谈,诚意地接待,表达着云雾山苗族、布依族同胞热情待客的善意。第十步,品尝未尽,佳宴款待。主人的好茶品尝未尽,女主人的菜饭已做好。这时女主人及小孩会来收拾茶具,摆上一桌香喷可口的佳宴,倒上自家酿造的美酒,款待贵客和陪客。云雾茶乡煨罐罐茶款待贵客的煨茶技法,一方面反映了当地苗家和土家待客的真诚,另一方面也说明茶艺技法在民间日益完善。

九、三茶六礼

贵定海葩苗族的婚俗别有特色。所谓"三茶",就是下茶、定茶、合茶。而"六礼",就是纳采、问名、纳喜、纳征、请期、亲迎(图8-5)。下茶之前为纳采、问名等礼数,也就是通媒,过贴等事项。此后,如果男女双方有意,便要卜筮问吉凶,得吉签,称"纳吉"。而这时男方就可以托媒求亲,求亲时要带上特制的

图8-5 "三茶六礼"

"茶礼"，即好茶与点心，送到女方家，这便是"下茶"。女方父母如果同意了，就会收下茶礼，当地称为"受礼"。然后就忙着泡好茶，煮茶叶鸡蛋，烧腊肉等来款待媒人。如果不同意，就不收礼也不泡茶、煮茶叶蛋。据传，在保持古风较浓的年代，"下茶礼"中必不可少的是好茶。下茶之礼除了茶叶之外，还有糕点、衣料、首饰、礼金等。女方受茶后须回礼。此后，该女子就不可再许配他人了，俗称"已吃了茶"。"下茶"之后，男方要择吉日办订婚酒宴，俗称"安心酒"，男女双方的亲事就算确定下来了。办酒宴前，男方还须备厚礼往女方家"报定"，这就是下"定茶"，即现在俗称的"下定礼"。女方家接受礼盒后，便于宅堂备香烛酒果，先盟三界，并以男方家送来礼品的一半作为回男方家之回礼。从定茶以后到迎娶之前，按照风俗，男方还要择日送聘礼：除首饰、衣料外，还有茶果、酒肉等，称之为"下财礼"，现在叫"下彩礼"，女方家收下这些彩礼，即称为"纳征"，就是表示同意完婚的意思。这时，双方就可以进入商议婚事的阶段。男方请先生择其迎娶吉日，并将日期写在贴上，连同迎娶前的梳妆彩礼一起送往女方家，此称"请期"。女方收下，就可确定婚期，到吉日即可到女方家迎娶。除此之外，这里还有新婚夫妇结婚拜堂后，当众喝"交杯茶"和"请茶"的习俗。交杯茶的盛茶器具是两只小茶盅，茶水是早已熬好的红茶水，不烫也不凉。男方家的姑娘或嫂子用四方盘托着两盅茶水，双手献给新郎新娘，新郎新娘都用右手端起茶盅，然后相互用右手交臂，而将茶盅送到嘴边，脖子一仰，一饮而尽，不可有半点茶水泼掉，以示夫妻恩爱，同甘共苦、家庭幸福，来年开花结果。"请茶"的盛茶器具一般用玻璃杯或陶瓷小杯，茶水也是早已泡好的。在开席前或酒席期间，新郎新娘在男家有威望的嫂子带领下，新郎提着盛装着茶水的茶壶，新娘双手端起放着八个杯子的茶盘，向席间的姑妈、姑爷、舅爷、舅妈等长辈、亲戚，还有比新郎大一点的长哥、长嫂依次敬茶。首先从年纪最大的长者开始，客人喝完茶后，将杯子还给新娘的时候，会说上一些祝福的话语。另外，少的一元，两元，多的八元十元不等，发给新娘、新郎做压床钱。预示婚后早日生个胖大小子，俗称"请茶钱"。

十、建屋迁居茶祭

在贵定少数民族村寨，茶还与建房有紧密的联系。这里的苗族、布依族同胞，在农村修房盖屋时，都要用茶。开始下基脚时，要大祭一次，即用七碗米，七碗饭和七堆茶叶，七堆烟草，七块铁片，一团盐巴，一套衣服，一碗清水，14面插在芭蕉卷的小筒中的纸幡旗，14朵鲜花，一齐作为祭品。建屋的时候，要在梁木中间凿个眼，用红布包上茶叶、米、朱砂、银子、铜钱，并滴上酒，填塞于眼内，再画上八卦太极图，荷花莲蓬。

据说可保佑家人添丁、发财、五谷丰登，平平安安等。房屋盖好以后，亲朋好友来贺新房。女主人就会端出茶来，春风满面地给每位客人敬上一小杯茶。夏天倒凉茶，冬天倒热茶，宾客们端过茶杯，必须一饮而尽。女主人端着茶盘在一边等着，当客人喝完茶后，就将茶杯用双手送回茶盘上，意在为客人洗尘。宾客们喝完茶后，再上宴席喝酒和吃饭。

十一、茶　葬

在贵定苗族和布依族山寨，茶还广泛用于葬礼。老人去世后，家人要砍桃木叶煮汤，替死者沐浴，下葬前夜要举行"打廪""跳牌"葬礼，即在灵堂前击鼓，绕棺跳唱，通宵达旦。打廪跳牌前，先砍一根竹子，约一丈多长，竹竿上捆扎着苗家特有的"烧纸和金裱纸"，捆扎的数量按死者的年寿算，每岁一扎烧纸，一挂金裱纸。竹竿的顶端捆一包内有茶叶、朱砂、大米的布包，俗称其"大令"，意即作战的军旗，置放于灵堂前。下葬时，先生要先用红毛公鸡跳井遣煞，然后向墓穴中撒茶叶、朱砂、谷米，其子再跳入穴中磕头作揖，连喊三声亡人后，跳出墓穴向山顶跑去，俗称"走上坡路"，象征步步高升。棺材入墓后，要将跳牌扎扣的大令，插在墓顶，并把桃木弓箭插至墓前。当地人只要一看坟上的大令，就知道是哪一族人的墓了。新下葬的坟，要谢地脉龙神三年，俗称谢坟。谢坟时间是每年过小年后的四五天之内。由先生先在坟前做法事，再在坟前右边库银中烧纸钱、埋茶叶和朱砂。在这里，人们将茶叶视为贵重的东西。人虽死了，但在阴间，仍然要饮茶。

十二、茶　祭

早在茶被先民们发现后，除了药用和食用外，就是做祭品。因为先民们认为茶精行俭德，是高洁之物，所以古往今来，都有用茶作为祭天祀神的物品的习俗，包括祭天、祭神、祭仙、祭物等。而少数民族地区，以茶祭神，更是习以为常。在贵州省黔东南松桃、印江一带苗族聚居的村寨，旧时流行祭茶神。祭祀分早、中、晚三次。早晨祭早茶神，中午祭日茶神，夜晚祭晚茶神。祭茶神仪式严肃，说茶神穿戴褴褛，闻听笑声，就不愿降临。所以白天在室内祭祀时，不准闲人进入，甚至会用布围起来。就是在夜晚祭祀，也得把灯吹熄。祭品以茶为主，也放些米粑及纸钱之类。在茶乡贵州湄潭、正安、凤冈以及贵定、都匀等地，至今还进行隆重的春茶祭祖仪式。

十三、茶膳食品

由于茶叶可食，有营养，能保健治病，并且通过不同食物组合后提高其营养保健功能,所以在漫长的岁月里,先人们总结出了药膳、茶膳和花膳。古人们把饮茶、食茶结合起来,充分发挥茶叶作为食疗的效应。人们创造了一系列的茶膳食品,这些食品有药效,但无特殊药味,同时又保持茶点风味,很受消费者青睐(图8-6)。苗族同胞在茶膳食品的创造上,既承继了古人的茶膳成果,又颇具苗家菜肴的特色,

图8-6 贵定苗家食疗茶

如云雾玉米笋。这个菜不仅具有贵定云雾茶的香味,还有玉米的醇香,风味独特。它的用料:贵定云雾茶3g,玉米笋200g,盐10g,味精、白糖、红辣椒少许、色拉油5g。制法:先将茶叶碾成细末,玉米笋切成条,红辣椒切成末,然后与味精、白糖和盐拌匀制成配料。再将玉米笋入沸水锅氽一下,捞出,置于容器中,并加入上面拌匀的配料即成。又比如鱼钓腰果,特点:云雾茶的柔软与腰果两相依,腰果香脆茶味香。用料:特级贵定云雾茶4g,腰果200g,食盐、生油。制法:贵定云雾茶和食盐置碗中,冲入100℃开水100mL,泡5min后,滤入漏网,分离茶渣和茶水。在茶水中,倒入腰果浸泡1h,每隔15min翻拌一次,待腰果吸入茶汁后漏出。在锅中注入生油,倒入腰果,用中火油氽,并不断铲动氽到微黄即可捞起。再将油锅用旺火烧熟,投入茶渣油炸,将油炸茶叶和腰果拌匀,即可上桌。另外,在贵定流行的茶膳中,还有"银丝凉拌鱼钩""香茶臭豆腐""香茶花生""贡茶蒸鲫鱼"等,都是颇具特色的茶膳,既是美味佳肴,又是治病健身功能的特色菜。在当地很受苗族和其他民族同胞的青睐。茶膳从远古时代简单的咀嚼鲜叶,发展到今天的茶食、茶肴、茶点、茶汤、茶粥和茶酒及茶饮料,历经几千年的演变,经过无数劳动人民的创造,由简单到复杂,由食到肴,由汤到酒、饮料。全程都贯穿着"吃茶"两个字。唯有吃茶,才可能全面地获取茶的价值。吃茶的习俗,在苗族同胞几千年的创造发明中,得到了较全面的体现。

十四、药 茶

指当地苗胞以茶为药,饮茶治疗。茶入药,我们的先民在很古老的年代就已懂得用茶治病,神农尝百草,得茶而解的故事,从古传到今。当地苗族同胞不仅继承了这一饮茶治病的传统,而且在长期的实践中,总结出了以茶治病的若干经验,并在实践中不断运用,成为苗族必不可少的良药。在苗药里,茶被广泛运用。他们或用药物与茶叶配伍,

制成药茶；或使用单方，充分发挥和加强药物的功效。茶利于药物溶解，增加香气，调和药味。他们经常使用的药茶有姜茶、何首乌茶、黄精茶等。凯里江河纵横、山峦重叠、气候温和、雨量充沛，自然植被繁茂，药物资源丰富，历来为药材主产地。制造药茶既方便又实用。比如姜茶，制作简单易行，取生姜几片，去皮水煎，加一定比例茶叶，饭后饮服。饮用姜茶可发汗解表，温肺止咳，对流感、伤寒、咳嗽等疗效明显。所以，饮用姜茶治感冒，已经成为苗族习俗。为了提高疗效，苗族同胞还制作老姜茶，取老姜15g，洗净切片，放锅内加水煮沸，再配以茶叶加红糖20g，煮开即为老姜茶。受风寒时，饮用热老姜茶，再卧床休息2h，就可达到防治的目的。何首乌茶成为当地苗家抗衰老、降血脂及抗动脉粥样硬化、抗心肌缺血、保肝、抗菌而经常饮用的又一苗茶。黄精茶的制作方法是取新鲜黄精30g切成薄片放入杯中，先用100mL温开水浸泡，再加入热开水400mL，继续浸泡3~5min，就可以饮用。这种苗药茶在苗族村寨中普遍用来养阴、生津、润肺。近30年来，随着苗族地区经济的发展，凯里苗茶也得到了进一步的发展。先后有多家公司组织力量研制生产了数十个苗家药茶产品，为苗族饮茶风气的普及提供了必要的物质基础。很明显，苗族同胞饮茶的目的，大都与茶的药效功能有关。苗族饮药茶的习俗也就世世代代地传了下来。

第三节　贵州布依族饮茶习俗

布依族主要聚居在贵州黔南、黔西南2个布依族苗族自治州及安顺市的镇宁、关岭布依族苗族自治县、紫云苗族布依族自治县。而安顺市的其他县市和贵阳市郊区、六盘水市辖区内也有部分聚居。

一、煮　茶

在一些较偏僻的布依山寨，人们将新茶叶蒸煮后，制成饼状，然后用棕袋装上，吊在灶上。用时，取一点研碎，放入煨罐中煮沸，即可用小杯倒出饮用。这种方法跟大部分地区在冬春两季采用的煨罐茶差不多。只不过大部分地区以散茶、老茶代用，而不用饼茶罢了。当有客人来到布依族人的家中时，主人往往在先递烟之后，就开始煮茶敬茶。如果是夏秋季节，会立刻倒来凉茶。不仅如此，就是在没有客人来的时候，他们也照样自倒自饮，或与家人一块饮茶。茶成了布依族最普遍最必要的饮品。这一点在其他少数民族也多是如此。不过，在煮茶的方式上，还是有不同的地方，这就是先烤后沏的奇特饮茶习俗。在三都水族自治县和荔波县交界地区的布依族同胞以及独山县下司一带的布依族同胞中，至今还保存着饮用煮茶的习惯。他们煮茶的方法是用一个砂罐装上茶叶和冷水后，放在火塘里慢慢地煮。煮开后用水杯倒出来，大家围着火塘一杯一杯地品尝。煮茶的茶味很浓，并稍稍带有一点苦涩味，其解腻、醒酒的效果很好。所以，布依族同胞都在节日和宴请之后，请大家再饮煮茶。大家围着火塘，边谈边饮煮茶，更有一番说不出的情趣。

二、擂 茶

用"生米、生姜、生茶叶"擂制成的，所以又名为"三生饮""三生汤"，俗称"擂茶脚子"。饮用后可以消暑散寒，清肝明目，润肺健胃，祛温释烦避邪。明代朱权著《臞仙神隐》（臞，通渠），具体地记载了擂茶的制法：先将芽茶用汤浸软，加熟芝麻擂细，再加川椒末，盐酥油饼，入锅煎熟，再加生栗子片，松子仁、胡桃仁、和水煮，即成擂茶，比现在的做法要复杂些。相传，明代刘基写的《多能鄙事》一书中也有类似记载，比现在的制法要复杂得多。他认为喝擂茶有清火明目、去湿发汗和胃止热等多种好处。所以，喝擂茶能成为布依族和其他一些少数民族世代相传的一种习俗。一天不喝，全身不爽。良宵佳节，擂茶更是他们必备的佳品。招待亲朋好友，擂茶兼作"点心"，并有"以茶代酒"和"以茶作点"的双重含义。

据记载，近现代我国很多地方，不少少数民族都有饮用擂茶的习俗，但各地擂茶，各有讲究。福建擂茶以茶叶、芝麻、花生米、橘皮和甘草为原料，盛夏酷暑还要加入淡竹叶和金银花，秋凉寒冬加入陈皮等，具有生津止渴、心爽神清的作用。所以，当地百姓说："喝上两杯擂茶，胜吃两贴补药。"有些地区家家户户每天都要擂一钵擂茶，有些单位还由专人为职工打擂茶。特别是晚饭后，邻居闲谈，也要一边闲谈，一边饮擂茶。而流行于江西南部农村的赣南擂茶，主要原料是茶叶、芝麻和花生米，将其擂成粉末状，倒入锅中加水煮开，再加入适量食盐，就成了色泽黄白，味道清凉、微带盐味，十分可口的擂茶，也有止渴生津、健胃提神、疏肝理肺、治疗感冒等多种功能。赣南人一年四季都饮擂茶，客人来饮擂茶，遇到婚嫁喜事和节日，更要饮擂茶。农忙喝擂茶，还加米果。湖南各地擂茶也同中有异，桃花源擂茶原名三生汤，用生姜、生米、生茶叶擂碎而成，是夏天的待客佳品。安化擂茶除茶叶之外，还有炒熟的花生米、大米、绿豆、黄豆、玉米、生姜、黄瓜子、胡椒和食盐，擂成粉末后倒进沸水熬成糊状，茶稠如粥，香中带咸，稀中有硬。喝擂茶时，还摆小碟子，放上橘皮、花生米、油炸红薯片、辣椒萝卜条、南瓜子盐姜、巧果片、酸洋窝等。安化人每天都喝擂茶，还有的充当午饮。安化毗邻的桃江县，擂茶主要原料是芝麻、花生、绿豆和茶叶，色泽洁白如乳，味道清凉可口。桃江人一年四季喝擂茶，也摆碟盘，特别是妇女怀孕后要喝擂茶，认为擂茶喝得多，宝宝才长得好。据当地人说,从小喝擂茶,将来会长命百岁。

湘黔边界一带的山区,也有喝擂茶的习俗。这里居住的土家族、布依族、侗族同胞都喜欢喝擂茶。原料与其他地区基本相同。制作方法稍有不同,通常将茶、多种食品以及作料,放在特制的陶制擂钵内,然后用硬木擂棍用力旋转,使各种原料相互混合,再取出放入碗中,用沸水冲泡,以调匙轻轻搅动几下就可以了。他们多在午饭前喝擂茶,有的老年人一天不喝擂茶,就会感到全身乏力,精神不振。有时亲朋好友来,他们还会加上几碟茶点,以增添喝擂茶的情趣。广东揭西擂茶的主料是品质好的红绿茶或苦丁茶。佐料名目繁多,除炒花生米、炒黄豆、炒芝麻外,还有薄荷、金不换、苦刺心、黄荆嫩叶芯、芫荽等当地土产,再加入葱、姜、蒜等调料。制作时将以上作料放入特制的瓷缸,擂成糊状,加少量盐,用沸水冲泡即成,入口香气浓郁。

黔西南州晴隆、普安一带的苗族和布依族同胞,在元宵和端午等节日里,家家户户都要做擂茶,有的还要放些糯米丸子,煮熟后一块食用。其中,晴隆县碧痕山区、普安县地瓜区、青山区的山寨里最为繁盛,当地居民俗称为擂茶面。自古以来,擂茶深受人们的喜爱,不仅唐宋诗词里有很多的描述,当代作家汪曾祺也曾写过擂茶诗:"红桃曾照秦时月,黄菊重开陶金华。大乱十年成一梦,与君安坐吃擂茶。"擂茶在南方各省都有,但贵州晴隆、普安一带的擂茶,因地域和当地风情的关系,有它自己的独到之处。就地域而言,晴隆、普安一带是我国甚至世界的茶树原产地,而且也是世界上唯一发现"茶籽化石"的地方,这里的世居民族和外迁来的古苗民族,是最早发现茶树和最早利用茶叶的民族。他们在历史漫长的岁月里,从茶叶的药用到茶叶的食用,再到后来的药食用源,两者合用,是他们发现和利用茶叶的过程。擂茶是这一过程中出现的颇具地域特色的食品和饮品的综合。从这个角度看,擂茶的创造者应该是当地的濮苗民族、布依族、仡佬族等世居民族和早期外来民族。至于后来,怎样传到江南各地,而出现各地别具特色的擂茶,则有待进一步的发掘和研究。晴隆、普安擂茶面的制作方法:将茶叶和一些配料放进擂钵里擂碎,再用沸水冲泡即成。先是药用,取其清热、解暑、生津之功效。后来,人们不满足于药用价值,通过添加一些食物,遂成为清香可口的别具风味的饮料。一般配料为当地土产,如花生、绿豆、芝麻、莲子、葛藤等,还有的加入八角、黑豆、薏仁、金银花、肉杜、茴香、韭茶、红薯片、糖果、糕饼、瓜子、水果,反正根据当时当地出产、根据个人的喜好,所加配料又各有不同,而不同的配料制作出的擂茶,其风味大相径庭,各有千秋。这才出现哪家的好喝,哪家的有风味的评述。不过,一般还是以余味甘甜,回味无穷的擂茶为好。值得一提的是当地所谓"叫茶"的习惯。当地乡民十分看重喝擂茶反映出来的人气影响,他们常把喝擂茶作为人们交流情感的一种方式。

寨子里的农户常常是擂了茶就叫邻居来喝，左邻右舍聚在一起喝擂茶，吃点心，谈天说地，其乐融融。正如当地童谣所言："走东家，串西家，喝擂茶，笑哈哈，来来往往是一家。"现在喝擂茶十分普遍。节庆喜事喝，平日来往喝，农忙农闲都要喝，喝了擂茶，干起活来更有精神，做起事来也就特别有干劲。

在黔东南、黔南、黔西南一带的汉族，也有吃擂茶的习俗。每当客人进家，好客的主人便会用擂茶来招待客人。随着时代的变化，这些地区的擂茶与古代的擂茶，在配料和制作上都有不少改进。魏晋南北朝时，擂茶又名三生汤，是用生茶叶、生姜和生米仁三种生原料，经混合研碎加水后，烹煮而成的汤。既可充饥解渴，又能祛邪去寒，算得上一帖治病的良药。现在的擂茶，特别是汉族村寨的擂茶，通常用绿茶，加上炒熟的花生、芝麻、米花等，有的还加盐、胡椒、葱姜等，混合后放在擂钵里擂融，再直接用沸水冲泡，搅拌几下，就成了擂茶。这种擂茶，稠如粥，咸带香，软有硬。一般人中午干活回家，就喜欢喝几碗擂茶。有时来了客人，除了喝擂茶之外，他们还会摆出几碟茶点，如花生、薯片、瓜子、米花糖等。

三、姑娘茶

布依族自饮和待客的茶，大多是自制的混合茶。每当春季来临的时候，布依族妇女都会背上竹篓，上山采茶。同时还会采上一些具有保健功能的其他植物的嫩枝，然后与茶叶一起加工成茶。冲泡时，他们还会加上一些具有清凉作用的金银花干。如此喝来，既有芬芳醇美的感觉，又有清热生津的作用，真是别有一番情趣。住在贵州省北盘江畔的布依族同胞，还生产出一种驰名省内外的坡柳茶，历史上曾作为地方名茶而进贡给皇帝。但在布依族加工的茶叶中，最有特色又最为名贵的则要数"姑娘茶"了。

姑娘茶的制作加工，很有特色。贞丰坡柳一带的布依族和苗族的茶农们，喜欢将茶树嫩梢采回，经炒揉之后再理直，用棕榈叶将嫩茶捆成火炬状的小捆把，然后将其晒干

图8-7 贞丰县布依族妇女制茶、贞丰坡柳姑娘茶

或挂在灶台上晾干。最后用红绒线扎成别致的"姑娘茶"，也有的叫"把把茶"（图8-7）。

由于茶叶形状像毛笔头，所以当地人又将这种茶叫作"状元笔茶"。坡柳茶是大叶茶，在制作"姑娘茶"时，一般采摘1芽4叶，长度15cm的苔茶，杀青后用双手搓揉，揉紧成条，然后又把茶条抖直，顺理成把，双手边旋转边捏紧，逐渐塑造成毛笔头形状或辫子形状。再用白棉纸包扎好，夜烤日晒。百芽为1支，16支为1束。传统的"姑娘茶"，又叫"娘娘茶"，作为一种当地的习俗，其采制方法十分讲究：采茶时间必须在布谷鸟未叫之前，由坡柳村的姑娘们上山采摘，并亲手加工成干茶，主要用于当地姑娘出嫁。事先得把自己采制的茶叶送到婆家，或者作为姑娘的私房钱卖到乡场上。所以，人们才叫这种茶为"姑娘茶"，或者"娘娘茶"。"姑娘茶"不仅是当地的一种特产，而且又是相关婚嫁的一种风俗习惯。特别是当地传袭下来的所谓名贵"姑娘茶"，按流传下来的制作工艺，是采摘坡柳村山堡上的嫩茶叶。采摘时不能用手，只能用姑娘的嘴衔着摘下来的茶叶，并经过姑娘亲手按传统方法制作出来。

这种"姑娘茶"，不仅质高味美，造型独特，而且具有很深的社会学、民俗学含义，颇具研究和开发的价值。"姑娘茶"是布依族的茶中精品。平日，这些茶都由当家人保管着，不轻易饮用。只有当贵客进门，或者作为礼品送给亲朋好友，才会取出来。不过，还有一条是非用不可的，就是当布依族姑娘定亲时，姑娘家一定会以姑娘茶作信物，由姑娘亲手送给情郎。布依族小伙子，也只有在亲手得到姑娘送给的姑娘茶，才表示你已经得到了姑娘的"一片情"。所以，"姑娘茶"其实就是用纯真精心真情制作的名茶，象征了布依族姑娘的高尚情操和纯洁的爱情。

到乡间的布依人家品茗，是一件很有情趣的事。坐布依家庭院，三两人泡上一壶茶慢酌细品，不时有田野的芬芳阵阵飘来，多了几分自便和随意。乡间的茶文化，没有都市茶楼里那一招一式的繁缛程式和豪奢做派，更多的是一种乡间天然简约之美。

四、甜酒茶

居住在罗甸县边阳一带的布依族群众在过大年的时候，喜欢饮用甜酒茶。甜酒茶就是在水中加进茶叶和甜酒酿，用砂罐煨热后饮用。甜酒茶于苦涩中带着一丝甘甜，风味独特，不仅可以解腻、醒脑，而且喝后使人全身发热。所以，在寒冬腊月，肉饱酒足之后，喝喝甜酒茶确实可以解乏、醒酒、御寒。

五、膏　茶

龙里县民主乡一带的布依族同胞，喜难饮膏茶。如果你有机会到那里的布依族人家

做客的话，热情好客的布依族主人会立刻给你冲上一杯膏茶，喝上几口，你就会感到清凉可口，汤清回甜，别有一番风味。膏茶的制法：每年春茶采完之后，在清理和修剪茶园时，往往要剪下一些嫩枝和老叶，将这些嫩枝和老叶收集起来，用水洗干净，然后切碎，放在锅里熬煮，煮成一锅浓浓的茶汤，捞去枝叶，用慢火熬制成膏状，装在小罐内备用。饮用的时候，用竹筷子挑一点入在杯中，再冲上开水就可以饮用了。夏天还可以用冷开水冲饮。这就是说，膏茶既可以热饮，又可以冷饮。特别是夏天，饮用这种膏茶，既方便，又解渴，还可以补充营养，很适宜在现在的快节奏生活中饮用。

第四节　贵州侗族饮茶习俗

侗族主要分布于在黔东南苗族侗族自治州的黎平、榕江、从江、锦屏、天柱、岑巩、三穗、镇远、剑河和铜仁市的玉屏、铜仁、江口等县及万山区。

一、抬官人

在黎平肇兴乡一带，还有一项与饮茶有关的民俗活动，就是侗族同胞喜爱的"抬官人"，一般在春节期间"月贺"中进行。"月贺"意为集体赴寨做客，是侗族人民特有的民族传统习俗。届时一个寨子的青年男女结成数十人乃至数百人的侗歌队、侗戏班、芦笙队，到另一个寨子去春游做客。"抬官人"的队伍浩浩荡荡，若途经他寨，必须绕鼓楼三圈而行。此时便有该寨的男女放鞭炮，吹芦笙，还要专门烧大锅茶水，由寨里的姑娘和媳妇们端茶斟茶，敬给"官人"们饮用，有的边饮用边跳芦笙或唱歌，饮用完毕，"官人"们要送红包礼钱，用以表示谢意。若是姑娘小伙有了情意，这红包礼钱又增添了新的内涵，也许将成为两人今后往来的甜蜜由头。

二、油　茶

侗族吃油茶是祖上传下来的，居住在黔东南的侗族人民，已经把吃油茶视为家常便饭。所谓油茶，就是在茶汤面上放上一层轻薄的油香及作料，油香下面为浓香的茶汁，加上炒好的芝麻、花生米、黄豆、糯米等，盐味调配适当就可食用了（图8-8）。

油茶饼的制作：油茶饼的制作选料不是很讲究。茶叶品种也不限定，可以用专门烘炒的干茶，也可以选用茶树上幼嫩部位的枝叶，具体要根据茶树生长季节和各人的口味爱好而定。茶青采回家，要用铁锅进行杀青，杀青后摊放晒席上晾干，再放进直径为20~25cm，高60cm的上大下小的木制圆蒸桶内。一层干禾草一层茶叶，依次排列沉压放

图8-8 侗族油茶

满。加上通有气眼的木盖，上用适当重量的石头压紧，升火蒸到气孔排出大气时即可停火。把甑子倒翻直立，用手轻轻拍打甑壁，随即把甑子轻轻抽脱出，这时整个茶饼已全部成型。然后把各层茶饼取出，剥掉甑底下面隔垫的禾草，再用2~3根干净的禾草将茶饼一个个串挂在空气流通凉爽、无日晒、无烟火异味的地方充分晾干。切不可日晒雨淋和吸附烟火异味，否则茶饼会出现不正常的气味，颜色会返黑。好的茶饼质量应做到：在造型上，平整圆紧，个体重量大至0.5~0.6kg；在颜色上，整个茶饼应当是颜色金黄光亮；在香气上，应当是别具风味的沉香，并有略微淡的庶甜味。这样的茶饼，才是好茶饼。茶饼做好了，就得了一半的工夫。

佐料的制作：在佐料中，打油茶用的佐料较多。除糯米茶之外，还要根据当地特产而定。一般配以芝麻、花生米、姜、葱、食用油等。关于糯米油茶的制作，是用大颗糯米，经水浸泡8~10h以后捞出来滤干，上蒸桶蒸熟以后，倒晒席中摊开放凉，用手将其扒开3~5颗为1组即可。阳光晒干，再进行罐储。到做油茶的时候，再用油将其炸成泡花，就可以食用了。

熬制茶汤。制茶汤之前，应事先把芝麻、花生或黄豆用油炸好，然后用油把阴干的阴炒米炸成泡米花。锅内留放50~100g茶油或菜油，但以茶油为好。待到烧热冒油烟之后，再把茶饼折下部分放入热油内。一般是500g水放25g茶饼左右。一边炸一边炒，当把锅内茶叶炒翻至棕黄色时，注入凉水煮滚。煮至茶叶渗出茶汁80%左右的时候，用漏瓢将茶叶捞出放进擂钵内，以木棒擂烂，再用锅里茶汤进行冲滤。这样经过反复冲滤，目的是把锅里茶叶全部擂烂过滤完，只剩渣梗时才将其丢掉，使茶汤更浓郁，汤色红亮，再调配适量的盐、姜、葱等佐料，茶汤就制成。有的喜欢在茶汤内调配一些地方特产，如骨节茶或芭艺茶等。

油茶的冲泡，黔东南的侗家人十分注重油茶饮用的场面（图8-9）。按常规，在油茶炉边摆放一张长0.8m，宽0.6m的矮小长方桌子，将炒好的芝麻、花生米或黄豆、炸好的糯米花，全部摆放在桌上，然后根据就餐人数，摆放同等大小的碗，将炒好的芝麻、花

图8-9 制作侗族油茶

生米、黄豆及爆米花等放进碗里，碗内佐料占碗内容量的1/3为好，随即将滚烫的茶汤冲进碗内，即可饮用了。但有的人家为讲究场面，将新鲜的猪肝粉肠、鱼、肉等，用锅焙干熟，切成小片，每碗放5~6片，以提高油茶的档次。若用于食饮可以在油茶内放些米饭或糯米粑和红苕等，把食饮结合起来，又是一种吃法。

在黔东南的大小侗寨，油茶成了当地生活的必需品和接待客人的高尚礼节。倘若款待的是高朋至亲，那么，按当地的习惯，还得请寨里打油茶的高手出场，专门炒制美味香脆的食物，如鱼虾、猪肝等，分别装入碗内。然后，把刚打好的油茶趁热倒入盛有食品的茶碗内，接着便是奉茶了。奉油茶是十分讲究礼节的，主人客气地招呼客人围桌入座，彬彬有礼地将筷子一一放在客人面前的长桌上，并双手向客人奉上油茶。客人需双手接茶，欠身点头向主人道谢。吃光一碗之后，还可另添食物，接着再吃一碗，连喝三碗叫作"三碗不见外"。其实，油茶与其说是茶汤，还不如说它是一道茶叶菜肴。与其说是喝油茶，还不如说是吃油茶。这种独特的泡煮方式，妙趣横生的饮茶方式，让人心旷神怡的同时还可驱邪祛湿，抖擞精神，预防疾病。如此奇异的、有益身心健康的待人接物礼仪，即使平生享受一次，也会终生难忘的。

在侗乡，油茶的制作和吃法，可说是大同小异。总的看来，基本相同，但又有不同的地方，主要是各地特产不同，手艺也有差别造成的。在黎平桂花台一带，每到清明快到来的时候，新芽争吐，侗族姑娘三三两两地手拿花篮在屋前屋后采摘新茶，也有的相互邀约，到坡上采自然生长的茶叶。自然野生茶在大树下、小溪旁，叶大肥厚，苔子长壮，其味美佳。摘回鲜叶后，即用古老的民族传统方法制茶，也就是将一芽二三叶或对夹叶，用簸箕装好摊开，水分稍干后用锅烤干。有的用开水打过一次，晒干，用蒸笼上甑。将茶叶放入后压紧，甑内用白布一层层隔好，蒸熟后即用手拿出。以粗细相粘为好，再造型，用布包上蒸好的茶叶放在模型里，有的造型为圆中有孔，用粽叶穿好，放在灶上慢慢烤干或晒干，干后贮藏在瓦坛中备用。打油茶的方法：由茶油几种配料组成。一般是糊米，有的有瓜子、大豆、花生、米花、炒米、油炒锅粑等。用油炒香后的配料，用碗装好，再炒糊米，炒香加入茶叶略炒，再将水冲入。糊米煮沸开花，拿碗装入配料拌好。在黎平，煮茶爆米花，大都由主妇制煮。侗族人民好客，孝顺尊老。如有来客，主妇用茶盘装好先敬来客。再按先前辈后晚辈次序，一一奉上。大家拿起竹筷开饮。一碗、二碗、三碗，女主人再给添上。如果不饮了，主人不会再添。他们认为，天天饮这种打油茶，能够御寒、解暑、驱疾病、增强体质。喝习惯了的，要是隔上一两天不喝，就会感到全身无力，腰酸背痛。正因为如此，常饮成习，侗寨山乡，男女老少，一年四季，都忘不了饮用油茶。年长日久，饮油茶便成了侗家长盛不衰的饮茶习俗。

在侗家，不仅吃油茶，还有一种闹油茶的习俗，就是新媳妇过门后要亲自打油茶招待客人。村里的年轻人都要打扮一番，去到新媳妇家，这时新媳妇却故意藏了起来。年轻人见无人接待便闹开了，有的把楼板踩得咚咚响，有的点燃炮竹，有的大声叫喊。这样闹，新媳妇还是不出来。调皮的年轻人，于是在灶下点着火，放一口铁锅上去，既不放油，也不加水，让锅烧得红红的，更有甚者，还把点燃的爆竹，丢进锅里，弄得屋内噼啪作响，烟雾腾腾。这时，新媳妇担心把婆婆家的铁锅烧坏，才走出来给众人打油茶。那些淘气包则一个个端坐一旁，双手抱着膝盖等着吃油茶。新媳妇打油茶之后，即一碗碗递给大家。此时，她也要捉弄一下客人。她把事先准备好的，用一根细线穿起来的糯米团或猪肠放进滚烫的油茶内递给客人，然后站在他面前催他快吃。客人既要拿筷子又得扯断根根细线才吃得着东西，弄得非常狼狈。其他人则在一旁吆喝着："煎腊油！遇腊油！"（这是人们高兴时发出的一种欢叫声）。就这样，一边吃，一边闹，每个人吃完第三碗以后，要在碗里放一些零钱，表示祝贺，也有的地方是吃完第一碗油茶以后就得放钱，要不然新媳妇是不给添第二碗油茶的。

三、罐罐油茶

这是用猪油、糯米和特制的茶叶同炒，当炒至焦而不糊时，加入清水煮沸，盛在陶罐内煨于火炕旁作汤用。另外，备用米粑、米花和油酥过的黑茶豆、黄豆、花生仁、核桃仁、饭豆于碗内，加汤，佐以葱蒜，其味无穷。吃法也跟南侗区相似，而且更添情趣。

四、煎粑油茶

煎粑是将大米或苞谷，用灰碱水浸泡一两天，淘清后，磨成米浆，放于锅内搅煮，揉成碗一般大小的粑团，蒸熟即成。将这样的煎粑切成小方颗或条状，用开水煮上片刻，盛于碗中，加鲜汤、米花、辣椒油、肉哨、胡椒、姜葱、酱醋等。其味鲜嫩香辣，人人喜爱。这种油茶，多在春节和生丧嫁娶等红白喜事时食用，是一种正席以外的上餐。

岑巩县的侗家人主食大米。每逢婚嫁喜庆，晚上常煮别有风味的"油茶"待客。境内侗族有为老人祝寿和为孩子诞生"打三朝"的习俗。有趣的习俗是"踩生"。当婴儿呱呱坠地，不知情的第一个登门者，就是踩生人，侗家人都忌讳串寨时遇到"踩生"。如果男踩男生、女踩女生，就认为不吉利。但是，如果男踩女或女踩男，则认为有3年的大吉利。生孩子的人家则喜欢有福气的人踩生，最怕脾气暴烈的人踩生，怕娃娃长大后惹事。但主人家不管谁踩生，都会热情地端出好茶来招待，或煮罐罐油茶来招待，有的则以上好的煎粑油茶来招待，也有的还加鸡蛋、甜酒给踩生人吃。这是规矩，踩生人是不能不吃的。岑巩与茶有关的习俗还很多。比如春节期间跳采茶灯，舞龙玩狮、拜孤年、打金钱棍、请七姑娘、喝桃花园酒等娱乐活动。龙灯分"私灯"和"众灯"。每条龙七至九节，由龙头、龙身、龙尾组成。龙灯前有人持"宝珠"逼引，龙灯前面有牌灯，上写"风调雨顺""国泰民安"，另有花灯、鱼灯、猴灯配套。从出灯之日起，夜夜风雨无阻。每当龙灯出现，家家烧香燃烛，鸣放鞭炮，响彻云霄。在乡村，还要吃灯酒。到侗家村子，都把玩龙灯的人请到家中，先煮油茶汤渴。有的老早就煨好罐罐油茶，当玩龙的人到家，每人一碗、两碗、三碗，任其饮用，吃得越多越吉利。

北侗人民素有"猪吃叫，鱼吃跳"的习俗。杀年猪时，一般都要请至亲好友和嫡族寨邻的人吃新鲜猪肉，俗称"吃泡汤"。年前的几天，外甥和才出嫁的姑娘，都要带上鲜肉、糍粑等礼品，分别给舅爹、舅妈和父母辞旧岁。有的地方还有过小年的习俗。即年末的前1周，在火铺上用1个大簸箕当餐桌，上面摆有12双筷子，12把调羹，12个菜，12杯酒，12碗饭，12杯茶。据说，这象征着全家人在过去风风雨雨的12个月中，已经平安地度过，以此庆幸。大年三十那天，烧香纸，摆祭品，迎祖宗进屋。全家人吃团年饭。据说，在摆的接祖宗的供果中，茶是很重要的，决不能缺少。因为侗家的祖先最爱打油茶，祖祖辈辈，一代又一代地传下来，这个习俗是不能改的。同时，茶与发押韵近声，喝茶就意味着来年要发，这更是人们关注、希望和高兴的事。所以在给祖先预备的饮食中，不仅不能没有茶，而且要好茶，要用姑娘打得干净油茶。这样，祖先才会高兴，才会在阳间保佑子孙，在阴间大发大贵。

玉屏县的侗家，特别喜欢在春节期间玩龙灯。一般从初七或初八起，每晚都要窜村走寨。龙灯所到之处，家家烧香纸，摆敬茶，放鞭炮迎接，还需要打发灯钱。到了立新屋的人家，主人还要搭红。玩龙灯的讲吉语祝贺，通过讲吉语，主人就要给龙挂彩。有的一家一匹，有的一家几匹。主人和玩龙灯的人皆大欢喜。到亲友处，还要吃灯酒，主人盛情款待。吃了灯酒之后，还要敬茶。对立新屋的人家，敬茶少不得，谁都希望在吉语中，通过喝茶，获得大发的吉语。离别时，讲吉语的形式多为道谢辞行。但内容与贺新屋不同。这样的活动,每天都在进行,一直持续到正月十五的元宵节之后,才烧龙结束。

五、炒油茶

婆洞是锦屏县启崇镇一带侗寨的统称。婆洞男女青年从订婚到结婚,一般要经过问话、吃篮子、送节礼、讨媒单八字、拜舅公、迎亲吃粑等礼节。问话是指男青年相中某姑娘,便托一老人,拿点礼品到女方家。对其家长说:"我们想来你家讨碗油茶喝好吗?"若女方收下礼品并设宴款待,即示"得话"。吃篮子就是吃订婚酒。由媒人提一篮礼品到女方家,女方招待媒人后,回篮一半,另打发一双布鞋,表示感谢媒人走路辛苦。送节礼是订婚后,两家即成亲戚,红白喜事,互相往来。讨媒单八字,是指结婚前几个月,男方择一吉日到女家讨媒单八字。媒单包括媒人、主婚人、证婚人名单。八字即女儿的生辰年月日时。男方得了八字,就请人择吉日完婚。拜舅公是指完婚日子定后,男方去一人,在女方一人陪同下,提一篮节礼到舅家通知结婚日子。迎亲前一天,男方派成年男女各一人去女家迎亲,称关亲客。男关亲客背一花口袋,内装米2斤、黄豆2斤、葵花2斤、茶叶半斤,2只鸡;女关亲客拿1把红伞、2节干葵花杆、2个马灯。女方要唱歌、放鞭炮迎接关亲客的到来。饭后,女方寨上的姑娘们唱茶歌要男关亲客去炒油茶,男关亲客一般是歌手,能说会唱,唱歌盘问炒茶的根由。双方对战一阵之后,姑娘们前呼后拥地推男关亲客去井边挑水煮油茶,路上被百般刁难。炒茶时要男关亲客坐在受烟的那方,姑娘们则煽火加大捣乱。架锅后要男关亲客变出茶叶来炒。男关亲客将8元8角硬币向锅里丢,代表茶叶。姑娘们将钱用锅铲铲走后,男关亲客则将带来的米、黄豆、葵花、茶叶等来炒油茶。油茶熟后,要男关亲客舀来招待大家。吃罢油茶,时已夜半,姑娘们进房陪新娘唱姐妹歌。第二天将新娘接到男家后,晚上闹新房时,青年们向新娘、新郎讨烟抽。讨烟后,后生们借口渴,提出要新娘炒油茶喝。炒油茶要用新娘挑的新水。炒油茶时要新郎、新娘一同炒。油茶熟后,新郎、新娘要一同敬茶,先敬祖宗,依次敬母舅,之后才敬其他至亲,最后青年们讨吃。整个完婚过程,都伴随着炒油茶、吃油茶,很有特色。

六、豆 茶

贵州黔东南一带的侗族同胞,把"豆茶"象征为"吉祥如意"的"喜茶"(图8-10)。豆茶是用米花、苞谷、黄豆、炒米等经过特别加工后和茶叶一起入锅煮制而成,分为"青豆茶""红豆茶""白豆茶"3种,喝之香甜可口。

青豆茶一般节日饮用,饮时各村各寨的人会聚,将各

图8-10 侗族豆茶

自自制的豆茶献出,大家一起吃,并边吃边唱边跳舞,成为侗乡的一大"游艺茶会"。

红豆茶用于子女行婚姻大礼时喝。煮红豆茶时还要加入猪血汤。喝红豆茶时,新郎、新娘同站于堂屋门前迎客。将一碗豌豆茶放在托盘上,由新郎、新娘共同托着,向贺礼宾客献茶。

白豆茶用于长者过世时喝。煮白豆茶时则要加入牛血汤。喝白豆茶时,由死者儿女用托盘托茶,向前来祭奠的来客献茶。

天柱县石硐地区的侗族男女青年成婚时,男方要组织浩浩荡荡的接亲队伍。到女方家吃过晚宴后,接亲的后生和姑娘们都集中到伙房里。这时,姑娘们向后生们要黄豆米,用以煮糊米茶吃夜宵。只是姑娘们动员后生把黄豆交出来,而后生故作不交,或只交一部分。双手就变黄豆展开智斗,他们打打闹闹,直到半夜才煮糊米茶。而此时,要出嫁的姑娘与伴娘一块在屋内哭嫁。厨房里打闹逗乐,闺房中哭声阵阵,悲欢交融,相映成趣。就这样,热热闹闹地度过了一个良宵。次日凌晨,接新娘回男家后,新娘要做第一件事是去井边挑水。挑水过程中,男男女女想方设法逗趣,皆大欢喜。

七、糊米茶

吃糊米茶,是当地侗族的风俗习惯,凡有亲朋好友来做客,主人都要特意煮糊米茶来招待,新娘头一回在婆家煮糊米茶,实际上是大家玩耍的内容。比如,新娘为了煮好糊米茶,千方百计把火烧旺,而后生们则千方百计将火弄熄,并说:"你的娃娃不懂事,屙尿把火淋熄了。"在逗乐中,新娘好不容易才把糊米茶煮好。这时,新娘还要打洗脸水给客亲洗过后,再向客亲送糊米茶。据龙正荣撰文说:"新娘煮糊米茶招待客亲,是男方家对女方的考验,也是侗族办喜事中的一种娱乐活动,它为男女婚姻增添了不少乐趣。"

八、婆婆茶

又叫婆婆香茶,渣滓茶。它是黎平县侗乡山寨的一种别有风味的传统饮料。婆婆茶的主要原料是春分时节的香椿芽,秋分时节的嫩姜,白露过后的老南瓜子和花生仁再加上茶叶。从这些原料看,可见积累原料之长,再加上制作工艺烦琐精细,一般的人或者家务多、事务重、心气浮躁的妇女是完不成、做不了的。只有那些上了年岁,勤谨干练、颇具耐心的老奶奶、老婆婆才可能制作得好,制作得出来。制作好的这种茶沏水,具有色、香、味俱佳的特点。所以,当地侗家把这种茶称为"婆婆茶"或"婆婆香茶"。

喝婆婆香茶,最初是民间婚嫁待客必备之物,而且有一套特别的茶具,包括茶盘、茶杯和铜制的茶匙一把。每当客人到来的时候,先将茶叶抓入杯底,再冲入炉灶上滚烫的白开水，以七八分满，不溢出茶杯为度。客人一手执杯把，这样就不会有烫手的感觉了。然后一手持茶匙调拌茶叶，一匙匙趁热送入口中细细咀嚼，慢慢地喝一口清亮而黄绿色的茶水，咸淡相宜，满口生香，直透心脾。就如同青年们在闹洞房退茶杯时，最爱说的那些吉利语一样："这杯茶，香又香，又有瓜子又有姜，喝干香茶龙现瓜，杯外雕起凤朝阳。"入冬以后，老婆婆们最爱做的一件事就是：在火盆上煨开水，冲香茶赏赐给晚辈，让全家吃得余香满口。喝"婆婆香茶"，在侗家山寨，不仅很受欢迎，而且成为侗家最舒适、甘美的享受。"婆婆茶"还被人们称为"太平茶"，因为只有在太平盛世人们才有闲心配制这种营养丰富的茶。在兵荒马乱，战火纷飞、民不聊生的岁月里，哪一家还会有心思来制作这种茶呢？谁又还有心思来品尝这种茶呢？自从改革开放以来，我们国家经济日益繁荣，人民安家乐业，只有在这种太平盛世，制作和品尝"婆婆茶"的人才会不断多起来。

九、侗族油茶婚俗

在岑巩、玉屏一带的侗乡，婚姻生活中与吃油茶，总是连在一起的。婚俗与茶俗互相融合，在形成一段美满姻缘中起着促进的作用。这里的侗乡村寨，男女青年要完婚，一般经过相亲、讨口气、讨八字、结婚四个阶段。相亲就是物色对象，一般有三个途径：一是父母物色，二是委托亲友物色，三是通过赶坳唱，男方自己物色。谁家姑娘被看中后，即由父母请媒上门求亲。媒人带的礼品少不了优质茶叶。女方家如果收了礼，又留媒人吃饭喝茶，这门亲事就算有希望了。这时，就可托媒人再去，商量"讨口气"的事。讨口气就是"放炮"，即订婚。由媒人与两家商量，择定日期。男方备上酒肉、糖果、衣料、鞭炮、茶叶、米粑等物，并请来双方嫡系至亲，设席招待，婚事就算定下来了，从此结为亲家。讨八字就是请女家开报姑娘的出生年月日辰，等男女双方到十七八岁。男方托媒人走动，并加重了礼物，女方经过多次走动，最后只得将姑娘的生辰写好，装在回礼里，交媒人带到男家。最后是结婚。结婚这是侗家的一件大喜事。经过八字先生推算，择完结婚吉日，托媒人送到女家，这叫"报日"。茶酒肉衣物等，送到女家，叫"过礼"。女家则积极准备嫁妆，姑娘在近半个月中开始哭嫁。寨邻的兄弟姐妹，都来陪哭，唱伴嫁歌。出嫁前三天，要请一位嫂嫂或婶娘"开脸"，用线把脸上的汗毛扯净，把辫子绾成"粑粑发"，同时也教给一些新婚常识。出嫁前一天，女家请"花筵酒"，至亲好友都来送礼。同时还要送给姑娘"哭嫁钱"。晚上，吃"伴嫁油茶"。出嫁时，姑娘拜祖先，别亲人。在催妆上轿的唢呐声中，由亲兄弟背上花轿。发轿后，女方男女房客相送。拜完天地父母之后，送入洞房。换上新装的新娘与新郎吃交杯酒，喝同心茶。还要闹新房，宵夜吃油茶。三天后，与送亲客一起，回到女家。新郎拜见岳父母，吃罢酒宴，不留夜，新郎、新娘一同返回，开始婚礼结束后的新生活。整个婚礼过程中，茶成为重要的彩礼，随媒人往来穿梭，吃伴嫁油茶，喝交杯同心茶，直到为亲友打油茶。茶成为婚礼的重要媒介和吉利的物品，伴随新婚夫妇一生。

十、一碗油茶定亲疏

黎平县德顺乡所属的地青、平甫一带侗乡的婚俗更是与众不同。这里的民间婚俗，遵俗着"一碗油茶定亲疏"和"说媒成功媒请客"的传统习俗。男女青年通过"同堂对歌"和平时的接触，产生爱情后，男方便请本房的伯妈、叔妈或嫂子出面到女家求亲。但又不提求亲，而是说："××请我到你家找碗油茶吃，不知二老意下如何？"女方父母也知道这碗油茶是吃定了的，从没让媒人空回的道理，只不过所吃油茶不同。父母首先征求女儿的意见，如果女儿无意，油茶制好后，捧给媒人的油茶碗底盛凉饭，媒人就知道女方家的心是凉的，道谢后便快快而回。若是女儿和父母都同意，那么，就要架鼎罐煮热饭，把热饭垫在油茶底下。这一冷一热的米饭垫在油茶碗底，就表示了明显的回答。这就叫"一碗油茶定亲疏"。得到热饭油茶吃的媒人，自然兴高采烈地到男家通报喜讯，叫他们做好接新娘的准备。这位媒人说通了两家的亲事后，就得筹备办酒，宴请满房的已婚妇女，向大家宣布这一喜讯，好让大家做好本族又要添人进口的准备，这堂酒称为"媒娘酒"。看起来，当媒人反倒还要贴。不过，侗家是这样想的：哪家都有儿女，都要请媒人。当地把这一风俗称为互助活动，而且大家都乐意当媒人。这就是所谓的"说亲成功媒请客"。男女订婚的当天，男家要单给媒人送去6斤猪肉，6块糍粑，表示酬谢。

第五节 贵州彝族饮茶习俗

彝族主要聚居在毕节市的威宁、大方、赫章、黔西、毕节、纳雍、织金、金沙等县和六盘和六盘水市的水城、盘州、六枝等市、县（特区）。

一、罐罐茶

彝族同胞喜欢饮罐罐茶。客来了，他们敬茶，但不是饮泡茶，而是饮罐罐茶（图8-11）。这是同中有变，变中有同，但实质仍然是表示敬意。茶的饮用习俗和礼俗，还远不止于此，以上仅是略举一例罢了。总之，由于汉、彝等各族处在一个大家庭中，这种礼俗的融合不仅是可能的，而且是必然的。这也是茶礼得以在民间广泛传播的真谛。

图 8-11 彝族罐罐茶

二、乌撒烤茶

又名"威宁罐罐茶"。乌撒烤茶的茶具一般是三件：一个小砂罐，纯的砂器。高约10~12cm，直径约5~6cm，边沿有或无溢口，正好装一杯水。当地生产小罐的地方较多，但以威宁小米倮出产的砂罐为上乘。它是烤茶的首选茶器。一个水壶，用以烧水。百年前多用铜质水壶，不大，形似小鼓，现在使用铝壶的多起来了。一个盛茶饮茶的器皿，讲究一点就用瓷杯子，主要是用来品饮泡好的茶。其中，小砂罐是制作饮料的工具，不能泡好了直接饮用，必须倒出来，用另外的茶杯饮用。

乌撒烤茶所使用的茶叶是绿茶。有用高档优质绿茶的，但不多，主要局限于少数富足人家。多数彝族同胞，长期饮用的还是中低档绿茶。过去，多从省内外购入。现在，威宁县已有14000多亩茶园，年产100t以上，基本可以满足县内彝族同胞饮用。

乌撒烤茶对水与火的要求：威宁地处偏远，属高山地区，水质较好，无污染，是烹茶较好的用水。陆羽《茶经》说："其水，用山水上，江水中，井水下……其山水拣乳泉，石池漫流者上，其瀑涌湍漱勿食之。食之，令人有项疾。又水流于山谷者，澄浸不泄，自火天自霜郊以前，或潜龙蓄毒于其间，饮者可决之，以流其恶。使新泉涓涓然，酌之。其江水，取去人远者，井，取汲多者。"陆羽这番关于水的阐述，正说明威宁水，是饮茶的上等用水。至于烤茶用火问题，就很有讲究了。据调查，以前在烤制茶叶时，用的是木柴烧火。当时威宁没有开采煤炭，都是打柴烧火。后来出煤了，就用煤火烤茶了。茶叶是种最容易吸收其他气味的东西，陆羽在《茶语》中说："其火，用炭，次用劲薪。其炭曾经燔炙为膻腻所吸，吸膏木，败器，不用之。古人有劳薪之味，信哉！"这段话的意思，就是说炙茶之用火、用木炭为最好，用硬木次之。因为炭是木柴烧成的，在烧的过程中，木柴的异味已经消除。像松、柏、桧等有膏油的木柴成炭以后就除去了那些异味，不会被茶叶吸其味了。更不能用那些使用过的朽木，如旧车轮幅，旧橡条等来烧制茶叶，这样制出来的茶就会染上异味而不可为饮了。威宁乌撒烤茶的烤制，过去用的是木柴,或者烧成的木炭来烤制,其味纯正,茶香别具特色。后来用煤炭火烤茶。乌撒烤茶要经过两次用砂罐才能烤成,火的不良气味常会透过砂罐染进茶中。煤炭燃放的二氧化硫、砷、氟等物质很容易附着在炙烤过程中的茶叶上,其味就不像用炭火烤制那样茶香纯正了。

图8-12 彝族"乌撒烤茶"

威宁这种用罐罐烤炙的茶于2006年正式更名为"乌撒烤茶"(图8-12)。长期以来,它已成为当地居民家庭生活中必不可少的内容。传统的饮用方法有两种,即众饮和独饮。两种饮法基本一样。众饮的方式是:数人围坐在火塘或火炉边,先将特制的小砂罐放在火上将其烤热,再放入茶叶,然后不断地摇簸小砂罐,使茶叶在罐内慢慢膨胀变黄,待茶叶香气溢出,这个过程大约两三分钟。然后将刚烧开的水少许冲入砂罐内,听到焌出"滋"的一声响后,罐内汽泡沸涌,茶香四溢,令人馋涎欲滴。待泡沫散后,立即加入开水煮沸,用一盛茶汤的杯子盛茶汤,便可慢慢饮用了。有的人不饮头道茶水,用少量开水焌出茶香后,把这焌出的茶水倒掉,这叫"洗茶",然后再加开水冲出的第二道茶才饮用。这就是当地人所说的"头酒二茶",即头道酒好,二道茶香。用这种方法煨出来的茶水,苦中回甜。此茶饮起来茶香深厚浓郁,滋润脏腑,撩拨食欲。朋友聚会,主人先把水烧开后,递给每个人一个小砂罐,一个茶盅,再由客人自己抓茶叶,多少自选,自己煨茶。客人把茶煨好以后,主人家便端出燕麦炒面拌蜂蜜或各式点心、瓜子等,大家就一边吃茶点,一边聊天。烤茶冲饮三开后即弃。众饮一般三五人到十来人,但并不是用一个砂罐冲泡给众人饮。砂罐也只有茶杯那么大,冲一次只能够一人饮。如果把第一道茶冲倒给第一个人,第二道茶冲倒给第二个人,再冲一道倒给第三个人,那么,三个人各饮的是一道茶,这就是极不礼貌了。就是对待孩子,也是不容许的。所以,这样的做法,在当地是从来不会发生的事。众饮虽然人较多,但每个人必须用一个砂罐,这是最关键的地方。每人一个盛茶汤的杯子,开水大家可以共用一壶。众饮的场合,在饮茶的过程中,充分展示出这种饮茶方法的文化特质和意蕴。威宁有句烤制茶叶的谚语:"水涨

（烧开）茶罐辣（烫），副①茶当好茶。"这句话的意思是说，冲泡茶的时候，要掌握好烤焙茶叶的温度，茶罐要烫，水要正烧开。只要做到这两点，次等的，不好的茶也能变成好的茶汤。这显然是全靠第二次制作茶的功夫了。水涨就是水沸了，而茶罐"辣"，要"辣"到什么火候，这是一种技艺。罐儿太烫了，可能把茶叶焙煳炒焦，不仅变不成好茶，而且会完全不可入口。罐儿火候不到，也起不到"变好"的作用。在烤炙茶叶的时候，往往将茶叶放进茶罐里是看不见茶叶在罐子里的变化的。老练的高手，全凭手感，嗅觉和罐口边焙出的微烟，来辨别是否已经烤炙好了。手上的几摇几簸，加上眼观鼻嗅，一群人各自烤茶时，才见老手的工夫。往往大家在一起饮茶时，烤茶的工夫就各有千秋，好手烤的茶确实"副茶当好茶"。而有的人工夫差，不仅烤不出好茶，而且搞得手忙脚乱，给大家增添笑料，产生欢乐的气氛。虽然各自烤茶各自饮，但在许多时候，大家都互相交流品尝。尝到别人炙的茶比自己炙的好喝，就向别人讨教。尝到别人炙的不如自己炙的好喝，就给别人传授经验，也成了大家在一起喝茶的话题。这也是一种饮茶文化的氛围。我国宋代就有斗茶的文化习俗，那种斗茶是要有裁判的。威宁乌撒烤茶当众饮的时候，也暗藏着斗茶的意蕴。烤茶的互相品尝，互相评判，最后大家评出谁的茶烤得最好，都向他讨教，这其实也是一种斗茶的形式。朋友相聚休闲，到某家去聚会，有事需要大家一起商量，总是离不开要饮乌撒烤茶。而饮茶时还要佐以瓜子花生核桃，还有威宁的特产荞酥等点心。大家在和乐的气氛中增进友谊，倾诉心曲，交流感情，学习知识，这就是以乌撒烤茶为纽带连接起来的一种文化表达方式。

生活在威宁这一带的人，形成的这种饮茶习俗离不开其每一天的生活，乌撒烤茶是人们每日生活的必需品。独饮的方式也是一种茶文化内涵的表达（图8-13）。独饮的饮法和众饮基本一致。在家独饮和大家在一起饮时完全一样，仅仅是缺少一些众人欢乐的气氛。这里讲的是一个人出门的独饮。威宁这块偏远的地方交通很不方便，一个人出门在外，总要带上个茶罐和水壶及茶杯。

走到累了歇脚时，就在路边拾点柴禾，烧起火一个人烤起茶来了。在路边有水的地方歇脚，首先想到的是用随身带的小铜壶去打上一壶水来烧好。然后取出小砂罐

图8-13 独饮的彝族长者

烤茶，冲泡，一边饮茶一边吃干粮。茶就成了旅途的最好伴侣。它可以解除旅途的劳顿，可以勾起美好的回忆，可以提起再赶路的精神，可以溢出对家乡、家人的思念，还可以

---

① 副：pi，读音，"䨐"，次等的，或品质差的。

驱除行进在深山冷洼中的孤寂和胆怯。有许多时候，一罐茶喝下，精神打起来了，一路山歌小调，几十里路就走完了。

三、彝族饮茶婚俗

彝寨婚礼，是民族风情中一朵绚丽迷人的鲜花，是浩瀚彝歌里一组优美动人的音符。平时，因农事纠缠，彝寨男女青年难有相会恋爱的时间。只有在赶集或节日佳期，他们才收拾打扮一番，三五成群地结伴而行，寻求恋爱目标。要想成为夫妻，还得经过提亲、烧鸡、拜年，送礼等程序。这期间，有欣喜，有激动，也有焦虑。提亲应准后，接着就是烧鸡吃，彝语称"嘎确租"。就是由男方择一吉日，由护菊（即媒人）带着男方家长、歌师等，提上礼品。礼品中不少人家开始用名茶作珍贵礼品去定亲，数量也较多。男方到女方家后，先吃罐罐茶，摆谈有关事项。而女方家则备一对雌雄鸡，象征阴阳相配，杀之烧来宴客，邀请族中长辈作陪。由主人分雌雄鸡头、翅、脚，按宾主辈分均分。饭后，将所遗鸡骨进行占卜，分析判断婚姻的吉凶祸福。然后将鸡骨四肢分雌雄搭配成对，用五色布条包裹，五色丝线捆扎，由男女双方各收藏一对作订婚凭证，具有不成文的法律效力。姑娘的终身大事已定，歌师就唱《护巴各》。唱完，接着唱《新女婿敬酒》。第三步是拜年，彝语称"打偷合"。即在春节期间，男方择一吉日到女方家拜年，并通知女方作好准备，今年要办喜事。这年要给女方所有血亲家族送拜年礼品。第四步是送彩礼。彝语称"纣合"，意为"送畜"。以畜为聘礼，源于古代彝族游牧文化。现在有所改变，不一定送畜，有的改为送茶叶和其他物品。茶是常青树，象征永远和好之意；茶是圣洁之物，以茶相送为礼，象征婚姻美好。正因为茶的特殊含义，茶叶往往作为彩礼补足部分来送。要等到快结婚时，男方才再请媒人（彝语护菊）将彩礼所差尾数，以上等茶叶补齐。这最后的尾数补齐，彝语称为"纣媚雅"，意即送彩礼的扫尾工作。婚期终于到来了。接亲的出嫁的仪式，在彝寨各地稍有不同。有的地方突出唱歌、对歌，把婚礼办成一次内容丰富精彩的文艺活动，使所有的人都沉浸在欢乐、喜庆的气氛之中，获得艺术审美的享受，也使整个婚礼体现出民族文化精神，反映彝族是一个能歌善舞的民族、热爱生活、善于创造的民族。晚饭后，他们还要煮罐罐茶，由新媳妇给公婆敬茶，给嫡亲们敬茶。一直要敬3d，才算婚礼圆满结束。赫章一带的彝寨婚礼，以逗乐打趣为主，整个婚礼充满欢快气氛。

四、彝族茶祭

茶是彝族祭祀活动时的主要祭品之一。农历三月初三，是彝家一年一度的彝寨献山节日。彝语献山叫"米舍金",三月三叫"鲁红鲁尼",也就是在龙的月龙日举行祭祀。祭祀的树林叫献山林,每年献山时就到献山林内的神树前举行。献山时,要用黑猪1头,要100斤以上的,红公鸡1只,白酒3缸,烧茶木1挑。摆6碗饭,斟6碗酒,酌6碗茶。祭天祭地,保地方平安。最后吃鸡看卦。献山祭祀活动反映了彝族同胞对山的崇拜,在他们看来,山的高大、雄伟、秀丽、关系到一方一境的兴旺发达。他们把希望寄托在山神的保佑上,不能得罪山神。而茶饮作为祭山的物品之一,反映了茶已成为彝族同胞日常生活重要的必需品。"柴米油盐酱醋茶",茶在彝家生活中的位置已相当重要。一年一度的祭山活动,在历史长河中是有变化的。早年,多祭酒,认为酒壮英雄胆。后来,人们渐渐认识到茶养生,是圣洁之物,祭山实行奠酒酌茶。现在,在茶区,尤其是有机茶种植区,彝族同胞又在酝酿祭茶山。因为只有茶山才能给彝寨带来希望,带来富裕,带来小康的生活。也许有一天,彝族同胞会把祭茶山的活动开展得热热闹闹,不仅是茶山附近的山民,而且能够吸引海内外的人们,通过风情旅游,参与到祭茶山的活动中来。

第六节 贵州仡佬族饮茶习俗

仡佬族主要分布在贵州务川、道真、正安、松桃、江口、石迁、思南等地。

一、三幺台

所谓"三幺台",是仡佬族人在接待重要宾客时的习俗。幺台,即"结束""完成"之意。因为这种接待宴席要经过茶席、酒席、饭席三道程序才告结束,且每一席都有不同的形式和内容,所以有人又把"三幺台"称之为"仡山大宴"。宴席分三台,即茶席、酒席和饭席。

第一台是茶席,又叫接风洗尘。主要是每人一碗金黄透亮的都濡大叶茶。桌上摆满九大盘果品糕点佐茶:一是乳白清香的酥食;二是红、黄、绿、糯米、天星米麻饼;三是百花脆皮,这是用各色干糍粑切成各种花瓣后用热砂炒泡,再沾成各种颜色的花朵。脆皮见水便化,适宜老人小孩食用。四是红帽子粑,形成锥体,尖端放一小撮红米,肚里包有豆腐颗、肉、枣等心子。五是美人痣泡粑,必须趁热吃才有滋味。六至九为核桃、落花生、葵花子、柿花等。大家一边喝茶,一边吃糕点,天南海北地聊天。一个多小时后,主人备齐了第二台,便拆去一幺台。

第二台叫八仙醉酒。主人将九盘碟下酒菜端上桌后,要举行仪式,点香化纸,恭请祖先和各路神仙,坐入香龛下的八仙桌,其意思是神仙与凡人同享快乐。敬神三杯酒以后，客方各就各位。第二台酒菜一般为卤菜和凉菜，如香肠、瘦腊肉、卤猪杂、卤鸡脚、干野兔肉、松花皮蛋、盐蛋、浸泡的地牯牛、萝卜丝。酒为自酿苞谷酒，清香醇和。席间，凡端杯者，一定要喝三杯，不饮酒者则可以茶代酒。第一杯为敬客酒，由主人发话，说些欢迎和自谦的话；第二杯为祝福酒，由客人代表祝福；第三杯为孝敬酒，由晚辈代表向长辈祝福。三杯过后，善饮者唱"十杯酒"等民歌相劝，客人并唱谢酒歌回敬。不喝酒者左右捧场。不饮者，他人也不强人所难。善饮者可尽情享用。席间气氛一直保持着和谐、热烈而又文明的状态。一个多小时以后，二幺台拆去，三幺台开始。

第三台为正席，叫四方团圆，意为大家一年难得相聚。当主妇连着端上第三台菜时，边放边说："家中没有好菜，请大家慢吃，一定要吃饱。"第三台菜为大菜，用九个大碗盛菜，一般都用猪肉制成。如猪蹄膀、樱桃肉、回锅肉、夹沙肉、腊肉扣、糯米圆子、酸海椒炒干菌肉片、糖醋鱼、灰豆腐酸菜汤等。满满的、热气腾腾的一桌色香味俱佳的好菜，加上热热的"金银饭"，谁都会吃上几碗。酒足饭饱，须平端碗或合举筷，以示意"各位慢用"。然后，客主离席。至此三席幺台便结束了。

三幺台八人一桌，长幼尊卑座次分明。席间不能中途退离，需等长辈用毕，才相继退席。

道真和务川是贵州省两个以仡佬族为主体民族的自治县。同是三幺台，虽有其相似之处，但不管是从具体内容和形式上看，还是从源起的传说来看，又都有各自不同之处和各自独具的文化特色。

图8-14 务川仡佬族三幺台

务川仡佬族三幺台最为丰盛的饮食是在秋收以后（图8-14）。这段时间农活少，人们有空安排家庭事务，如立房子、嫁女结亲、走亲串戚等。特别是春节拜年。事先不通知，走到离亲戚家30m左右时，突然放鞭炮为信号。这时，全寨的人都会出门看，看是谁家的亲朋好友来了。谁家客人多，放鞭炮时间长，说明这家人缘好，有福气。男主人只要一看到是自家亲朋，立刻招呼女主人点火烧茶，叫大点的孩子把堂屋桌凳搞干净，并把火盆炭火烧旺一点。男主人将客人引到家门口后,打开堂屋大门,热情将客人迎进就座,双手递烟问候,并吩咐女主人准备茶水、果品、糕点,叫孩子去左邻右舍请男主人来陪客,女主人来帮厨。一般陪者与客人8个就够了。自家女人、小孩和帮厨者不能上桌。宾主到齐后,按背对香龛,面对大门为上席。左为客人席,右为主人席,下为晚辈席。依次就座于小八仙桌,三幺台便开始了。

务川三幺台还有很多讲究,如茶席要唱敬茶歌,酒席要唱敬酒歌和劝酒歌。添饭不能用手提着添,否则是不敬。更重要的是:不管哪一台,桌上摆的只能是9碗,或6碗,或12碗,不能摆10碗,即为石碗,那是猪吃的,客人马上会掀桌子。务川仡佬三幺台和道真仡佬三幺台都已列入贵州省非物质文化遗产保护名录,且都正在申请国家级非物质文化遗产项目。

二、仡佬族茶与婚俗

仡佬族一般不与外族通婚,仡佬族男女青年到大岩洞内对歌和玩耍,通过社交活动增进了解,加深感情,确定恋爱关系后,禀告父母,央媒提亲。平坝区仡佬族说亲,由媒人带着男方生辰八字,提着公鸡、酒和茶叶到女方家,如果双方八字不相克,即可定亲。男方择定婚期后,筹聘礼,到女方家告之日期,这叫"订日子"。结婚迎亲时,新娘在两位姑娘陪同下过门,在鞭炮声中来到婆家,新郎和亲属皆回避,由亲戚代为迎接。待新娘将所带历书、铁锁、五谷、盐茶等物放置堂屋神龛上,并拜过祖先后,新娘和新郎才见面。第三天晚餐后,宾客于室内对歌。次日,新娘在亲人陪同下返回娘家。客人走时,主人要以方盘盛两个菜,提一壶酒,边唱歌,边敬酒,用退着走的方式送客人出大门。松桃仡佬族男女订婚较早,五、六岁时,男家即托一亲族做媒。带着衣、袜、肉、糖、盐、茶等物,分成12包,作为订亲礼送去。以后,每逢女方老人生日或患病,男方闻讯,即带礼物探望,称为"行走"。男女成年后,男方又抬着以上所说的礼物12封加糯米粑2盒,米1盆,放置女家神龛前桌上。放鞭炮,烧香纸供祖,谓之"装香"。逢双月,择定婚期后,请亲族带上礼物和礼钱交给女方父母,告知婚期,名曰"报日子"。届时,由新郎亲属和媒人等数10人抬着礼物,敲锣鼓、吹唢呐、放鞭炮前往接亲。新娘家盛情款待,留宿一夜,房族女围着新娘唱伴嫁歌。次日清晨,吃"分离饭",背新娘上轿。新娘到男方家,向神龛作揖后入卧室。下午新娘出堂拜祖。拜公婆、至亲和媒人,复入卧室。夜间筵席上,由有威望的家族长老讲授和睦相处、孝敬公婆、友爱姑叔、注意勤劳等礼节,婚礼即告结束。贞丰县仡佬族又不同。其央媒说亲只能在每年的七月半这一天。道真县仡佬族在婚前男女双方不得见面,结婚当日新郎不去迎亲,若新郎不在,外出未归，还可由其妹代行拜堂。大方县仡佬族男女青年于春节期间，燃篝火排坐对歌，谈情说爱，但婚姻仍由父母作主，请媒人说亲。一般媒人要走动三次，才可能应允。以后男方家要带礼物去姑娘家"插毛香"认亲。第二天，姑娘父亲请至亲陪客，杀公母两只鸡，取公左母右两条鸡脚骨，以脚上黑点多少定吉凶。看毕，用线穿母鸡腿交男方为允婚凭据，鸡腿穿线的条数及颜色，表示接亲时，男方应按相同数量、颜色的布匹为婚礼。公鸡腿留女方家。在男女婚姻缔结过程中，尽管各地仡佬族方式各有差异，但也有相同的地方，那就是在彩礼之中，都少不了茶。因为茶在仡佬族人看来，与发协音，是好兆头。办喜事就望有个好兆头。所以，茶是少不了的礼物。而且，婚礼过程中，都少不了客来敬茶的礼节。媒人进家要敬茶，客人前来祝贺要敬茶。可见，茶已深入到婚礼全过程中，伴随着一对对新人，走进人们的日常生活和节日喜庆当中。

仡佬人却十分看重高树茶这一特性，认为象征忠贞不移的品质。由此将茶引申到婚俗，故男方向女方下聘礼叫"讨茶"，或者叫"下茶"。由于仡佬族对茶的崇敬和热爱，"讨茶"渐渐演变成了当地的一种饮茶的独特习俗。每逢新春佳节有宾客来临的时候，热情的主人会在宾客吃饭前讨一次茶。先端上核桃、花生、瓜子、水果、酥食、麻饼等一系列茶食，然后再沏上一杯浓浓的香茶。主人则一边与宾客饮茶，一边叙叙家常，摆摆龙门阵等。这一饮茶的过程，在务川通称为"讨茶"。讨茶的时候，桌上香气馥郁。吃的时候，口内香中回甜，甜中带香。加上谈笑的抑扬顿挫，使人回味悠长，心旷神怡。哪家办喜事或其他喜庆的日子里，宾客们在宴席前也要先讨茶。新娘则端出从娘家带来的茶食，让宾客们品尝。如果宾客吃了不停地点头和微笑，那说明主人娶了一个好媳妇。晚上，闹洞房的时候，新娘和新郎要端出两家的茶食让宾客们品尝。吃后每人还要发两支香烟，表示越吃越发，也有好事成双的意思。在大年初一，每家每户清晨起来放鞭炮除旧时，也要用三杯净茶。即用当年新制的茶叶，未用过的水烧开泡制而成的茶。照样摆上一系列茶食，点燃三炷香，烧一些冥钞，给死去的亲人们讨茶，用以表示对亲人的忠孝和敬意。祈求保佑在世之人身体健康，万事吉祥如意。然后全家人讨茶，再吃"元宝"（即汤圆）。

三、务川油茶

务川油茶是仡佬族先民在早期的生产、生活中创造出来的一种饮食茶文化。它不同于黔西北地区彝族同胞常饮的罐罐茶，也不同于其他少数民族和汉民族的沏茶和泡茶、冲茶。

务川油茶的选料可繁可简，但其制作工艺却十分讲究：首先按比例先把白米、黑米、黄豆、花生等洗净晾干，放入大铁锅用文火干炒，至发黄取出。然后往大铁锅里放入适量猪油，待油热到六七成，再将炒好的白米、黑米、黄豆、花生等和大树茶叶放入油锅内浸炒，炒至金黄后滤去炒料，倒出猪油，向锅内加入适量清水，待水温升高后，将炒料倒入锅内，大火沸煮。掌火人用木瓢在锅里来回搅动，边搅边炒边加水。直到茶香越来越浓，茶叶呈网状，最后加入备好的大骨汤和适量食盐，用文火煮上片刻。到黏稠度适中，油茶就算做成了。

油茶是仡佬族同胞一年四季均可饮食的一种粥状饮料。它可以随着季节的不同而添加不同的食物。在务川广大农村，不是节庆时节，一般制作的油茶都比较俭朴。配食的食物主要有刚上市的玉米、土豆、番薯，等等。到了过年过节的时候，制作油茶的材料就要丰富得多了。喝油茶要配食的食物当中，除了麻饼、酥食、米花、玉米花、葵花籽、花生米、椒盐排骨、荷包蛋、油渣、麻糖等以外，还有其他各种颇具地方特色的小吃。

事实上，茶对仡佬族人来说，不仅是一种饮料，还是一种食品。遵义市的务川和道真，中国唯有的两个仡佬族自治县，相依相傍坐落在大娄山腹地。务川新场、云峰一带的仡佬人，一日三餐，其中一餐的主食就是猪油煎制的油茶汤。而道真，则有"一天不吃两碗，脚杆打闪闪"的说法。因为这个缘故，老百姓也叫油茶为"干劲汤"。但他们都不说喝油茶，而说吃油茶。一字之差，却道明了油茶在仡佬人生活中作为食物的地位。道真因为吃油茶，全县一年要吃掉茶叶几十万斤，仡佬人家平均每户50斤。道真一位青年留学美国，带了一个洋妞回家。洋妞油茶当饭吃了十几天，回到美国加州，却不想喝咖啡了。打电话要婆婆寄油茶过去。这恐怕是仡佬油茶最有魅力的一个实证。

道真油茶多用细嫩的茶叶加工；而务川油茶则喜欢用老茶叶、粗茶叶制作。从油茶种类看，不只是油茶汤，还有油茶汤巴、油茶稀饭。顾名思义，油茶汤巴不过是将元宵放进茶汤里煮食；而油茶稀饭，则不过用茶汤代替水来熬制粥。仡佬人家里有一种石凿的用具叫"擂钵"。擂钵一钵一杵，那杵叫"擂茶棒"，可见这工具就是加工茶汤的。从饮到食，仡佬人生活中离不开茶。

四、老鹰茶

在仡佬族聚居地是比较流行的一种饮料。务川仡佬人采来老鹰茶后却并不急着饮用。他们要把它搁一段时间，而且搁的时间越长，泡出来的汤色就越红亮。他们甚至注意到了老鹰茶树的根，发现把它们切片泡水，其实也是很好喝的。有意思的是一些仡佬人家把老鹰茶用一只棕衣口袋装起来，放进一把糯米，然后挂在通风的地方，让老鹰茶生一种虫子，虫子又吃老鹰茶，最后屙出屎来，这就成了虫茶。虫茶听起来不好听，也有叫沙茶的。虫茶不仅喝起来口感好，还治消化不良。整个虫茶生产过程活脱脱一个生物加工厂。

第七节　贵州土家族饮茶习俗

土家族主要分布在黔东北铜仁市。其中以沿何土家族自治县和印江土家族苗族自治县最多，其次是德江、思南两县，江口、铜仁、石阡、松桃、万山、玉屏、岑巩、镇远、务川、道真等县也有不少土家族居住。

一、土家族吃茶合婚

由于土家族酷爱吃茶，把饮茶看得跟吃饭一样重要，在土家族的婚丧嫁娶中，处处都离不开茶。在他们看来，茶在婚俗中，是纯洁、坚定和多子多福的象征。因为茶性最洁，所以他们以茶来表示爱情的冰清玉洁。由于茶不移本，所以他们用茶来表现爱情的坚贞不移。由于茶树多籽，他们又以此来表明子孙繁盛，家庭幸福。在茶中还有许多象征爱情美好的传说故事。在爱情生活中，茶在提亲、订婚之中起着重要的作用。媒人在男女双方间说合俗称"吃茶"。确定成婚日期后，男方要送茶等作为聘礼。别的礼物可以不带，但茶是万万少不得的。婚礼上更要请亲友的喝茶。迎娶新娘是婚礼的高潮，也是最隆重最繁缛的仪式。其间，充满了驱凶纳吉的色彩，也洋溢着浓浓的茶香。迎亲时，茶在许多场合都是必备之物。新郎方到女方家，有些地方要唱歌，同时连续三次饮茶，等待新娘上轿，这叫"开门茶"。有的地方男方抬轿去女家时，女方先捧出五碗茶，双方对歌后，接亲人要连饮三碗茶，第四碗给轿夫们喝，最后一碗由歌师喝，取清水泡茶甜如蜜之意。举行婚礼后，当地还有献茶之礼，即新娘、新郎要抬着茶盘，盛满香茶，向长辈行拜见礼。长辈喝了茶，要摸出红包放在茶盘上做拜见钱。新娘入洞房，新婚夫妇要喝合枕茶。新郎双手捧一杯清茶至新娘前，请新娘先喝一口，自己再喝一口，表示完成了人生大礼。新婚三日之内，新娘、新郎每天早晚要在堂屋内向宾客亲友敬茶，茶内还要放点红糖，取"甜美"之意。第三天，新郎新娘"三朝回门"要饮三朝茶。整个婚礼，都由茶贯穿着。他们把这种礼仪称为"三茶六礼"。"三茶"指订婚时的下茶，结婚时的定茶，洞房时的合茶，也就是把提亲、相亲、洞房前三次饮茶，合称"三茶"。

二、打油茶

先用一只小土陶罐，在火塘上加热以后，加上适量的茶油或猪油，放上适量茶叶。待到茶叶颜色变黄，并发出焦香的气味时，加水煮沸即成。喝这种油茶汤的时候，主人往往还会备上几碟花生米、炒黄豆、炒薯片等茶点，以助谈兴。也有的就在制作油茶时，等油茶罐发热后，先放上花生米、黄豆之类的配料，经轻轻地抖、烤和炸之后，把作料都弄熟了,再放上自采自制的绿茶,加适量的水煮沸即成。喝油茶汤时,一起将花生米和黄豆类的作料吃下去,就可以了。

三、擂茶

其原料自然是生茶、生姜、生米仁。这些原料在擂罐中经研磨之后,用沸水冲泡即成。

四、油茶汤

跟侗族制作的油茶汤基本相同,土家族多在中午做活路回家时吃擂茶和油茶汤。而且几乎天天都要吃。有的老年人,一天不吃擂茶或油茶汤(图8-15),便会觉得不自在。照他们的话说,就会"手发抖,脚发软,头发昏,眼发花,心发慌"。

图8-15 凤冈土家族油茶汤佐料

五、熬煎茶

土家人尊敬老人,对祖先的神灵特别崇拜。修房造屋,总要留出中间堂屋,正壁上设香火案祭祖。每次烧香时,还要按朝三暮四的规矩,敲磬。把黄豆、糯米、茶叶分别在锅里炒焦,再加点水把这几样东西煮沸了几回。将豆颗和米粒压烂,再加一大瓢水煮开,放点盐巴,就喝起来。

六、罐罐茶

在渝黔交界的土家山寨,南来北往的客人较多。只要走进土家吊脚楼,好客的土家人会十分热情地招待你。他们会在火坑里烧起柴火,烧一罐清香爽口的热茶招待你。当地人称煨罐罐茶。这种茶好煨。土家人家火炕里昼夜不离火不离三脚架,也离不开那个早已烧黑了的土陶罐。煨茶时,先将陶罐斟满井水,然后靠近燃着的柴火边。待水煮沸以后,将茶叶放入罐内,重新开沸即可。等茶叶沉底以后,将茶水倒入碗里,随后又倒入罐里,回冲几次,再将茶倒入碗里。此时的茶,色泽深黄,清香可口,回味甘甜。喝下之后,不仅使人消除疲劳,心情舒畅,而且可以治病。加点切碎的干姜片,这早已成为土家人治疗伤风感冒的良药。人们又把这种茶叫"姜茶"。在罐中再加点蜂蜜,对老人尤为有效。有些"老茶瘾",煨罐罐茶的方法更独特。他们将井水与茶叶一起放进茶罐,置于火边煨,不封盖子,让火焰柴灰飘进去,浮在茶罐口,形成一层薄薄的盖子。倒茶时，轻轻荡开，即可享用。茶饮完后，又加水煨。三四遍后，茶有些淡味时，再抓一把茶叶放进去。如此再三，这罐罐茶浓度越高，香味越浓。但必须是茶瘾大的人才有福享用。长期以来，煨罐罐茶成了土家人生活中不可缺少的内容。

七、盐茶汤

沿河土家族自治县的新景、客田、洪渡、塘坝、渔溪一带土家人最喜欢喝盐茶汤。除了平时常饮用之外，逢年过节，婚娶祝寿，新屋落成等，都离不开盐茶汤。据考证，喝盐茶汤的习俗，可以追溯到唐宋。陆羽在他的《茶经》中就提到过盐茶汤的制法。每当宾客临门，必须敬一碗香喷喷的盐茶汤。在新景乡，还流传着这样的民谚："窖溪沟边窖溪茶，困龙山下有酒家。客来不办苞谷饭，请到家中喝盐茶。"盐茶汤制法很简单：首先用陈茶叶五钱作主料；沿河多用驰名省内外的窖溪茶。茶叶放在铁锅里炒黄，但不能炒煳。然后加核桃仁5钱，芝麻5钱，盐巴1钱，放在锅里和茶叶一起炒脆，用铁铲捣成细末后，放入4斤水，最好用泉水。先用大火将水烧沸，再用文火煨四五分钟，用茶碗盛装，即是盐茶汤。多熬少熬均按上述比例配料，过浓过淡都不行。只有恰到好处，才会香鲜可口。喝盐茶汤，可消暑祛火，又可驱风寒，提胃口，助消化和提神。有的地方喝盐茶汤时，还同时佐食熟红苕、糕点等，其味则更美好。油茶也是土家人待客的佳品。

每当客人来临，男主人迎客，女主人则到厨房煮油茶。用柴火将锅烧热，舀进一小瓢茶油，这时茶油透出清香。待油烧热，再丢一把茶叶于锅内，炒片刻，加进一瓢水。接着，把切碎的生姜、辣椒、腊肉一起放入锅内，再加一把柴火，锅里顷刻沸腾起来。女主人这时会取盛有炒米花和炒黄豆的陶碗，舀满了油茶汤，双手捧着一碗一碗递给客人。这时，客人碗里的油茶汤被浮在上面的姜、辣椒、腊肉、炒米花、炒黄豆盖得严严实实，热气冒不出来。五颜六色的汤面，鲜艳夺目，闻一闻，清香扑鼻，沁人心脾。同时，女主人还会加些麻饼。1碗油茶汤，2块麻饼一吃，口不渴了，肚子也饱了，同时还感受着满口的清香，顿觉神清气爽。

第八节　贵州水族饮茶习俗

水族主要分布在贵州苗岭山脉以南的龙江和都柳江上游一带。大部分居住在三都水族自治县，其次散居在荔波、榕江、都匀、独山、麻江、黎平、凯里等县市。

一、水族婚俗茶饮

茶在水族同胞自由恋爱和婚姻缔结过程中，起着传媒的作用。在自由恋爱中，茶常常作珍贵的礼物，互相敬赠，通过饮用恋人茶而增进其情感。但在多数水族人家中，仍坚持着"明媒正娶"的一套自古传下来的婚姻程序：第一步是放口风，即男方家物色好对象，便请人到女方家"吹风"吃茶。女方无异议，便会同意提亲，同时也会以上等茶叶煨罐罐茶相待。第二步是提亲、由男方请媒人拿着红糖、糯米粑、茶叶等礼物，到女方家正式提亲，女方家若收下礼物，则表示默认。若退回，即暗示不要再来。第三步是开亲，男方选定日子，把包括香烟、茶叶在内的彩礼，由男方家请五人带到女方家，确定婚姻关系。从此亲家往来，建立感情，随后择吉日定亲。第四步是定亲时，要送上金银首饰，还要给女方家族包礼物。礼物中也必须有糖和茶，寓意甜蜜和发家。女方家则请亲戚朋友和精通古礼古规的人，与对歌的歌仙们会聚一堂。以酒仙为证婚人，展示礼银等物，喝酒饮茶，对歌跳铜鼓舞，并取生辰八字，宣告吃定亲酒结束。第五步是完婚。临婚前，男方择定婚期杀猪办席，派遣押礼先生、歌手，童男童女挑糯米饭、酒茶和猪肉等到女方家供祖。然后两寨对歌，晚上喝油茶宵夜。次日，在亲人拥簇下出阁，撑伞步行到夫家。不拜堂，不闹新房，当晚夫妇不同居。次日回门，夫家派两位青年妇女护送新娘回家。婚礼后一段时间，新娘都住娘家，谓之"不落夫家"。整个婚礼的过程中，茶与酒都起着传媒和寄兴欢乐的催化作用，使婚礼变得热热闹闹有滋有味。

二、罐罐茶

多数水族村寨沿着江河、溪流或山谷，其建筑多依山傍水，聚族而居。村寨大都几十户到几百户，少者也有三五家、七八家的。许多自然村寨还如中世纪的楼屋栈棚。村寨周围有松杉、竹、果木围护，四方立有朝门把守。居偏僻山区的村寨，多杂处于枝叶盖天的原始森林之中。水族以食大米为主，但逢年过节，或贵客来访，仍袭古风，在煮鼎罐饭吃之前，多饮罐罐茶，以罐罐茶待客（图8-16）。

图8-16 水族原始茶具

每家用茶，主要是摘取山林中的野茶树叶和苦丁茶叶，蒸煮后晒干储存备用。

三、油 茶

中世纪以后，受杂居的侗、苗族的影响，有的人家也煮油茶饮食。油茶的制作方法，也多受其影响，并与之雷同。改革开放以后，三十多年中，在水族地区也开始出现种植的茶园。有的地区屋前屋后和土沟边也多见移栽茶树。水族喜欢饮自酿的酒。农历八九月间，妇女结队上山采药，多达120多味，其中不能少的有茶、金银花叶杆、桂皮、甜茶、苦丁茶等。合在大铁锅中煎熬，而后平均分配其水，将之泡制酒曲。

第九节　贵州回族饮茶习俗

贵州几乎县县都有回民。长期形成了"大分散，小集中"的居住特点。其主要分布在毕节市，地处山区的威宁彝族、回族、苗族自治县，多居住在海拔2200m以上的高原地带，且围绕清真寺而居。

一、油　茶

由于回族禁食烟酒。所以，在食物烹调中，力避烟重食品和以酒作调料烹制食品。一般情况下不设酒席和酒会。在社交礼节中，常以传统小吃、茶点礼节招待客人。回族寺院菜，是为了三大传统节日由寺院主办的庞大庆典宴席菜。其主要特点是以烧、烤、烫为主，能较快解决大范围多轮次的聚餐需求。每桌九菜一席，中心菜为油煎丸子汤。寺院菜以三大节日为聚餐条件，以大罐炖烧为主，不临时炒、炸、煎等，适用又方便。不列酒席，席间安排茶点。在威宁和在贵州其他地区的回族同胞，也跟全国各地的回族同胞一样，其食品风味多讲究"洁、爽、精、美"。口味偏咸、偏酸、偏辣，带有浓厚朴实的地方民间特色。取材于本地，服务于天下客。回民偏爱于饮食油茶，既解渴又解饿，随吃随煮，方便易做。据说，回民喜欢饮食油茶是有来头的。1723年6月，清世宗胤禛御驾河南武陟视察水灾时，知县用当地回民制作的油菜泡馍宴招待世宗。世宗膳后大悦，称赞说："怀庆油茶润如酥，山珍海味唯此美。"从这以后，不仅河南回民油茶成为"武陟油茶不用夸，黄河两岸第一家"，而且全国各地的回民餐馆争相效仿。贵州回民油茶又受当地苗族、布依族、彝族等少数民族食用的油茶的影响，更具自身特色。在保持武陟油茶的基本操作特色基础上，又增加了本地民食民点，如威宁荞酥等茶点，使贵州回民油茶更有贵州特色，贵州风味。

二、罐罐茶

贵州回族与杂居的苗族、彝族、羌族一样，都有喝罐罐茶的习惯（图8-17）。在当地，每户农家的堂屋地方，都挖有一个火坑，上置一把水壶，或烧木炭、或点炭火，这是熬罐罐茶必备的器皿。清晨起来，主人第一件事，就是熬罐罐茶，当地回民农家，喝罐罐茶，以喝清茶为主。少数也先用油炒茶，或在茶中加花椒、核桃仁、食盐等。回民

图8-17 回族采青妇女和罐罐茶

认为,喝罐罐茶有四大好处:提精神,助消化,去病魔,保健康。熬罐罐茶使用的茶具,通常是一家人一壶、一罐、一杯。也有一人一罐一杯的。熬煮时,通常是将罐子围放在壶四周火塘边上,放水半罐。待壶中的水煮沸时,放上茶叶8~10g,使茶、水相融,茶汁充分浸出,再向罐中加水至八分满。直到罐中的茶叶又一次煮沸时,才算将罐罐茶煮好了,即可倾茶汤入杯开饮。如果来了远方高贵的客人,主妇还会用高级细作清茶招待客人。制作时先将茶烘烤或用茶油翻炒后再煮,目的是增加香味。在煮茶过程中,也可加入核桃仁、花椒、食盐。所有罐罐茶都因煮的时间长,浓度高,一般可续水3~4次。

另外还有一种称为面茶的罐罐茶,在接待礼遇较高的客人时饮用。制作方法为选用核桃、豆腐、鸡丁、肉丁、黄豆、花生等,分别用油加五香调和炒好,以备调茶。然后在火坑上煨好茶罐,加上茶叶,花椒叶等,再加水煮沸。接着再调面粉,用筷子搅拌,呈稠状。最后女主人向茶碗内加上一层茶料,一层调料,通常重复三次,使之形成三层面茶。如此吃来,每层面茶都具有不同风味。面茶既是饮料,能生津止渴;又是食料,可充饥。实为一举两得。

喝罐罐茶是当地迎宾接客不可缺少的礼俗。朋友进门,一边熬罐罐茶,一边烘烤马铃薯、麦饼之类,边喝茶,边嚼食,很有风味。有一首古老而朴实的罐罐茶民谣中唱得意味深长:"好喝莫过罐罐茶,火塘烤香锅塌塌。客来茶叶加油炒,熬茶的罐罐鸡蛋大"。

回族同胞除喝罐罐茶之外,还时兴喝八宝盖碗茶。八宝盖碗茶用料多。除主料茶叶外,辅料有桂圆肉、桃仁、红枣、柿饼、果干、葡萄干、枸杞、芝麻等,有的还放白糖、红糖。由于这种茶用盖碗冲泡,茶的油含物品种类多,故称八宝盖碗茶。他们说,喝茶可以不吃饭,吃饭不离盖碗茶。可见茶在回民心中的分量。

八宝盖茶通常用现烧的沸水冲泡。由于碗内各种食品汁液溶解于水的速度不一样,因此,每泡八宝盖碗茶的滋味都是不相同的。一碗茶,多种味,慢慢品来,其味无穷,所以回民钟情于盖碗茶。这种茶原多在北方,特别是宁夏,甘肃一带盛行。但由于别有风味,现在全国各地回民都有饮用习惯。贵州不少地区回民也习惯于饮食这种八宝盖碗茶。

第十节 贵州白族饮茶习俗

白族主要分布在云贵高原，散居于贵州水城、大方、毕节、织金、黔西、纳雍、盘州、威宁和赫章等市、县，大都居住于海拔1500~1800m的平坝和低山地带。

一、烤 茶

白族饮茶习俗较别致，多饮本地产绿茶。饮茶的方法与众不同，不是泡茶、沏茶，而是烤茶。其方法是用一只拳头大的砂罐，放在火上烤热，再装进适量茶叶，然后用火焙烤。边烤边摇动，直到茶叶焦黄香脆后，才用煮开的水灌进去，再在火上煨一会儿就行了。这样烤出来的茶比较浓，色如琥珀，清香味醇。白族人饮茶的习俗是早茶，谓之清醒茶；中午全家人再饮一次茶，谓之解渴茶。一般都是喝清茶，有的喜欢加红糖和米花之类的辅料，味道更好。他们饮茶均不取畅饮，而坚持酌饮。因为烤茶较浓，不宜多吃，喝几口就行了。白族人在以茶为彩礼的时候，必须遵守一种以"6"为吉利数字的礼俗。送茶时，一是要在数量上带"6"，即6两，1斤6两，6斤6两等，否则女方有时候就会因为不吉利而拒收礼物。

二、三道茶

白族是一个十分好客的民族，不仅逢年过节，生辰寿诞，男婚女嫁，或是有客登门拜访，都习惯于用三道茶来款待客人（图8-18）。所谓三道茶，白族称"绍道兆"，是一种祝愿美好生活，并富于戏剧色彩的饮茶方式。喝三道茶，最初仅局限于长辈在对晚辈求学、学艺、经商、婚嫁时的一种良好祝愿。这种形式来源于一个传说：从前有个木匠，有徒弟学艺多年而不让出师。他对徒弟说："你已会雕会刻，只不过学到一半工夫。如果你能把山上最大的那棵树锯下解成木板，扛回家，才算出师。"于是徒弟立即锯起来，中途口干舌燥。徒弟想下山喝口水，师傅不依。一直锯到傍晚，待弟再也忍不住了，只好随手抓把鲜茶树叶，咀嚼充饥。师傅看到徒弟吃茶叶时，皱眉咂舌的样子说："要学好手艺，

图8-18 白族三道茶

不吃点苦怎行呢？"直到天黑，徒弟把板子锯好了，但他也筋疲力尽，累倒在地。这时师傅从怀里取出糖递给徒弟吃，并说："这叫先苦后甜。"徒弟吃了糖，觉得口不渴，肚也不饿了。于是立即起身，把锯好的木板扛了回家。这以后，师傅才让徒弟出师。离别时，又舀了一碗茶，放上蜂蜜和花椒，让徒弟喝下去。进而问道："这碗茶是苦是甜？"徒弟说："这碗茶甜酸苦辣五味俱全。"从此以后，白族就用"一苦二甜三回味"的三道茶，作为子女学艺、求学、新女婿上门、女儿出嫁以及子女成家立业的一套礼俗。后来，范围扩大，成了各地白族人民喜庆迎宾时的饮茶习俗。

三道茶的习惯制法如下：第一道茶，称为清苦之茶。寓意做人的哲理：要立业先吃苦。制作时，先将水烧开，然后将一小砂罐放火上烘烤，不停地转动砂罐，使茶叶受热均匀。罐内茶叶发出啪啪响时，茶色转黄，发出焦糖香味，即注入沸水。少倾倒入杯中、献给客人。该茶喝下去滋味苦涩，故谓苦茶。仅半杯，须一饮而尽。接着泡第二道茶，称甜茶。即重新用小砂罐置茶、烤茶、煮茶，并在茶中放入适量红糖，将茶汤八倒分满为止。这杯茶甜中带香，特别好喝。寓意人生在世，只有先吃了苦，才会有甜香来。最后一道茶，称回味茶。煮茶方法虽与前同，但茶盅中放的原料已换成了适量蜂蜜，少许炒米花，2~5粒花椒，一撮核桃仁，茶汤容量为六七分满。喝三道茶，要一边晃动，使茶汤和佐料均匀混合，一边口中呼呼作响，趁热饮下。这杯茶，喝起来甜酸苦辣各味俱全，回味无穷。因此，白族称为回味茶。意为凡事多回味，切记先苦后甜的哲理。

饮三道茶时，一般每道茶相隔2~5min。另外，在桌上还可放些瓜子、松子、糖果之类，以增加饮茶乐趣。如今的白族三道茶，内容更加丰富，但"一苦二甜三回味"的基本特点未变，成了白族同胞最有文化底蕴的饮茶方式。

三、响雷茶

这是白族又一种特别富有情趣的饮茶方式。饮茶时，主宾团团围坐。主人将刚从茶树上采回来的茶叶，或经初制的毛茶，放入小砂罐中，用钳夹住，在火上烘烤。烘烤时，要翻动罐子，以防茶叶烤焦，罐内茶叶"劈啪"作响，并发出焦糖香时，立即向罐内冲入沸腾的开水。这时罐内就会传出好像雷鸣般的声音。与此同时，客人们惊讶声四起，笑声满堂。由于这种煮茶的方法能发出有如雷响的声音，响雷茶也就由此而得名。据说，这还是一种吉祥的象征。一旦响雷茶煮好以后，主人就提起砂罐，将茶汤一一倾入茶盅，再由小辈女孩双手捧盏，奉献给各位客人。在一片赞美声中，主客双方一边喝茶，一边叙谊，预示着未来生活的幸福美满，吉祥如意。这种饮茶方式，在毕节、威宁、赫章、大方、纳雍等县市的白族居住区十分普遍。

第九章 茶馆

茶馆，又名茶肆、茶坊、茶寮、茶社、茶室等，是爱茶者的乐园，也是人们休息、消遣和交际的场所，历史十分悠久。中国的茶馆由来已久，早在唐朝时已有了茶馆。茶馆的称呼多见于长江流域，两广多称为茶楼，京津多称为茶亭。此外，茶馆与茶摊相比，有经营大小之分和饮茶方式的不同。茶馆设有固定的场所，人们在这里品茶、休闲等，茶摊没有固定的场所，是季节性的、流动式的，主要是为过往行人解渴提供方便。

根据中国古代典籍，最早的茶馆出现在唐朝开元年间（713—741年），称为茗铺。宋代杭州茶馆称为茶肆。茶肆内设花架，安排奇松异槐，敲锣卖歌，招揽顾客，按不同季节卖应时茶汤；有的茶肆还有专门教授富家子弟的乐器班、歌唱班。杭州大街上还有两三间茶楼，楼上安放妓女，名为"花茶坊"。

明朝出现私家园林，有的设有私家茶寮；茶馆一词也开始出现。张岱所著《陶庵梦忆·露兄》写道："崇祯癸酉，有好事者，开茶馆。"

清代茶馆发展成为大众娱乐场所，有京师茶馆，有清茶馆、大茶馆、书茶馆、酒茶馆和园林茶馆等几种。大茶馆和酒茶馆就是现在的大饭店和酒楼。清茶馆无酒，店铺里头排列着长茶案，茶客可以自己带茶叶，手提鸟笼，入座买水。园林茶馆多设立在北京郊区风景区如西山、香山等处，泡一壶上等茶，欣赏满山的红叶。

最有代表性的是书茶馆。客人一面饮茶一面欣赏说书先生说演的《三国》《东周列国》《罗通》《包公》等，后来还有相声、梆子等表演。

第一节　贵阳茶馆文化

一、贵阳茶馆春秋

1948年，贵阳市经营"茶食"者140余家，较1937年增加40%。20世纪30年代，老贵阳的茶馆多是为普通劳动者在劳动之余提供休息、娱乐、聚会的地方，分散于各条街道，所以晚上的生意特别兴旺。开设在世杰花园（今延安中路）的几家茶馆，每到华灯初上，茶客便接踵而至，在昏暗的灯光下，十几张方桌、条桌座无虚席。茶馆中，坐的是长条凳或方凳；茶具是粗陶瓷的盖碗杯；四壁没有什么装饰，这类茶馆，在大南门、次南门、大西门、老东门等处都有几家，各家有各自的特色来吸引顾客。有的茶馆请来"说书先生"，特设一个高座，先生准时就座为茶客说书。专门清谈的茶馆，当时为数不多，20世纪30年代中华南路有一家"会仙茶楼"，桌凳用刷子刷洗得干干净净，茶客多是小老板、小职员、小市民。至于带有诗情画意的茶馆则更少了，在水口寺临河有一家较为风雅的茶馆，开设在一大间吊脚楼上，窗明几净，茶具虽不算精良，但较土瓷看去清爽，吊脚楼下流水淙淙，临窗可俯视一叶扁舟，渔舟晚唱。

20世纪40年代，抗日战争时期，贵阳成为后方重镇，大量外省人涌入人口激增。为适应新的需要，形形色色的茶馆便应运而生了。以说相声、清唱为主的"先生馔茶室"（在今富水北路口）、东园（在今中山东路），皆是场场满座，人们既是茶客，又是观众。

专门以喝茶为主的茶馆，在20世纪40年代的贵阳并不太多，大十字路口的"大中国茶厅"，算是开设时间较长的一家了。后来，还有富水北路的"喜相逢茶室"等，这些地方以"茶"取胜，不仅茶叶好，种类多，而且座位舒适，还设置有躺椅。真正的"品茗"之乐，只有在这类茶馆才能享受到。

初夏开始，贵阳就有了"露天茶馆"，最红火的是"民众茶园"（在今人民剧场原民教馆广场），市民晚间多到此乘凉。后来，河滨公园与大西门社会服务处也设了"文化茶座"，这种茶座因环境较为清雅，颇受文化人欢迎。20世纪40年代末期，在中山东路还有一家欧化布置的"音乐茶厅"，音乐以西洋乐曲为主，颇得青年男女喜爱。

有茶馆，必有"茶食"。当时，除葵花、花生、瓜子外，贵阳的老茶馆还兼售价廉物美的糖麻园、麻花、混糖饼之类的茶食。为方便经济不宽裕的茶客，茶馆附设的香烟摊还可买零支香烟，1支也卖。老茶馆有个"暗号"，如果你这杯茶没有喝过瘾，暂时离开时，可将茶杯盖反盖于杯上。这时，店家就会为你保存下来，再来时又原杯奉上。这种处处为茶客节约着想的茶馆，现在已不多见。

新中国成立后，随着经济文化的发展，人民生活水平的提高，工作节奏的加快，各地茶室、茶膳纷纷兴起，尤以城市更甚。20世纪80年代中期，贵阳饭店利用餐厅早晚空档之时，率先在省城办起了茶点服务，让顾客享受饮茶"养生益寿"之福，据饭店经理介绍，茶点用的茶是一级或特级花茶，很符合贵阳人的口味，点心备了20多种，多是贵阳传统名点。

到20世纪90年代初，坐落在贵阳瑞金北路口的"泰和店"又热闹起来。这里除了餐食，上乘的要数茶道了。这类闲适而充满趣味的茶馆相继出现在大南门、次南门、大西门、老东门等当时贵阳市最繁华的地带，它们不仅仅是喝茶休闲的地方，更是百姓交流生活中酸甜苦辣的聚集地，可谓是一面大镜子，经由此，折射出生活本真的面目来。可惜，这些有历史的老茶馆如今大多已经消失在时间的历史长河中。

二、现代茶馆

进入20世纪90年代，随着人们生活水平的提高，贵阳茶馆业开始发展，从小茶室逐步发展到茶馆、茶楼，装修古典雅致，消费价格也在不断提高，这些茶楼成为商务谈判、朋友聚会交流的重要场所。

(一)代表茶馆

① **文昌茶苑**：茶苑于2003年8月成立，位于文昌北路全国重点文物保护单位文昌阁内。茶苑风格古朴高雅，布局、构思巧妙，梁帽处还绘以彩画，显示出明代高贵典雅的建筑风格。主要推介和经营贵州绿茶，在传统节日里还举办书画展示等活动，吸引着名人和众多茶客前来雅坐品茗。

② **九品工夫大好茶味馆**：茶馆坐落在古建筑群国家级文物保护单位文昌阁内，是集销售茶、茶用品、茶饮、休闲以及传播传统文化、培训为一体的茶艺馆（图9-1）。其成立于2002年9月，先后荣获"中国四星级茶馆""贵州省首批四星级茶馆""全国百佳茶馆""贵州省十大喝茶好去处茶馆"等荣誉称号。

茶楼以"弘扬中国传统文化，传播茶知识，发展文化产业"为服务主旨，向顾客推出待客型与表演型茶艺，独特的"民族茶艺""文昌茶艺""少儿茶艺"将茶文化、传统国学、音乐、相声等多种艺术形式融合一体，让顾客在品饮正宗名茶、欣赏茶艺表演的同时，感受"和、静、怡、真"的中国茶道精神。古色古香的装饰，充满老贵阳风味。观众围桌而坐。边品尝茶，边听相声。身穿传统服饰的服务员提着锃亮的铜壶穿梭着为客人添茶，桌上还有精致的宫廷点心和京味点心，一碟瓜子，一小碟糖，温馨又贴心，是人们休闲品茗、交友聚会、商务洽谈的好去处。

图9-1 九品工夫大好茶味馆　　　　　　图9-2 春秋茶馆

③ **春秋茶馆**：茶馆成立于2004年3月，位于贵阳市宝山南路国画院内，茶馆面积500m^2，是贵阳市成立最早的大型茶馆之一（图9-2），2018年2月由于场地原因暂停营业，目前公司正选址重建。"贵州春秋茶业"是牟氏家族于1994年创办的茶业字号，企业多年在茶叶的种植、加工、营销等方面展开了探索、实践，倚重技术优势，研发了"绿宝石""红宝石"等贵州名优茶产品。2004年，春秋公司根据自身企业文化需要及市场需求，开设"春秋茶馆"，在茶馆经营的14年间，春秋与贵州以及全国各界的文化名人、茶界专家等因茶结缘，留下贵州现代茶文化的许多佳话，也成为贵阳市民所熟知的休闲好去处。中国茶界院士陈宗懋先生、文化界余秋雨先生、围棋国手马晓春先生、紫砂大师汪

寅先生、古琴名家李孔元先生等都曾到春秋茶馆做客。贵州文化界名人方小石、戴明贤、陈争、翟启纲、闵思源等先生都是春秋茶馆常客，并纷纷为春秋留下墨宝。方小石先生为春秋题写字号"春秋茶"，成为春秋茶业字号注册商标，戴明贤先生为春秋茶业书"人生况味、茶里春秋"等。

④ **守舍茶堂**：守舍茶堂是贵州创新开拓延展型品质茶馆，其名意为：本分、守中、平淡，馆主施海，守舍茶堂位于贵阳市中心。其体系内有近20家茶馆，均为综合体型。守舍茶堂旗下的茶馆数量多、范围广，甚至开到省外、国外。其茶馆因是做高星级酒店出身，一直随着国内大型酒店品牌"蝴蝶"的足迹开分茶馆，目前国际合作茶馆20余个（图9-3）。

图9-3 守舍茶堂

茶堂在2000年第一个提出品茶心法：品茶先静心，静心先品水，品水已知水，知水已达济。在茶饮的冲泡及鉴赏上，尤为特色创新。

守舍茶堂代表贵州茶文化的传承践行了近20个国家，施海馆主赴欧美、日韩、东南亚等国公务推介黔茶，展示贵州的茶、水、器组合的独特茶文思想及原生茶馆"风味"（图9-4）。

图9-4 守舍茶堂馆主施海在韩国、日本、俄罗斯、德国、尼泊尔等国进行贵州茶产品推介

（二）星级茶馆

为促进贵阳茶馆业整体业态的提升，强化服务，使茶馆成为贵州茶文化、茶产品的重要传播和销售窗口。2016年，贵阳市启动了星级茶馆评定工作。按照星级茶馆标准，全市共评定了25个星级茶馆，其中南明区5个、云岩区6个、观山湖区4个、白云区2个、乌当区1个、清镇市2个、修文县1个、息烽县1个、开阳县3个。

① 熙苑茶楼：贵阳熙苑茶艺馆有限责任公司，位于风景秀丽的南明河畔，与历史悠久甲秀楼古建筑群交相辉映，彰显与众不同的茶文化内涵。其依托南明河及甲秀楼形成贵阳市文化中心。茶馆与贵州国画院共同合作，将贵州省内国画大师的作品陈列于茶馆中，使两种优秀的中国传统文化珠联璧合，开创出一种国画艺术与品茶艺术相互诠释的文化理念。熙苑茶楼首家店成立于2001年8月。熙苑由来："熙"，康熙的"熙"，熙熙攘攘，也表示人来人往；"苑"有意为花园，代表美好的事物。人生如茶，茶如人生。愿在这闹市中有一个能够让人安静下来，思考、顿悟的地方（图9-5）。

图9-5 熙苑茶楼

② 影山山顶茶室：茶室成立于2017年，位于贵阳市天河潭核心景区观景台顶层，520m²的茶室以"山、水、人"为主题打造，幽居于山林之中，居高望远，视野开阔；露台上可俯瞰潺潺溪流，听取水声一片，天河河潭秀丽景色尽入眼中；"影山"则源于西南巨儒莫友芝先生的书房名，"竹外山犹影"正是茶室的真实景观，也体现了"人"的精神内涵（图9-6）。

图9-6 影山山顶茶室

影山山顶茶室归属于影山茶业公司，致力于将茶文化发扬光大。1982年8月，影山茶业公司创始人——何道瑜先生拜贵州茶界泰斗牟应书先生为师，随牟老先生种茶、制茶并用理化分析的方法制茶，成功地引种"福云"品种到贵州，使贵州南部的大部分茶农增产增收过上了小康生活。1993年，何道瑜先生又和牟老一起恢复贵州历史名茶"高寨贡茶"三揉三炒的传统手工茶技艺，使这种特殊的制茶工艺得以传承。退休后何道瑜自创"影山茶艺"，开门收徒，培养了很多爱茶的学生。

影山茶业山顶茶室将著名学者及两位老茶人的人文情怀和对茶的热爱结合在一起、将生于天地的"茶"与自然的气脉神韵融为一体。置身于其中,美景入眼、好茶入口的同时还可欣赏茶室内古典家具、名人字画、奇石玉器、砚台朱砂。正可谓"双眼收不尽,清茶安人心"。

③ 曦夕茶书院:曦夕茶书院前身是左岸咖啡馆。2014年,书院主人刘劲松接手改装成茶书院,2015年开始营业。曦夕茶书院位于南明河畔、甲秀楼商圈箭道街25号老干活动中心内,是中国星级茶馆示范店。曦夕茶书院交通便利,店铺装修古朴典雅,环境舒适优美,设有6间包房、1间多媒体功能厅、多间卡座、茶台,主要经营休闲品茗、提供茶艺、书法、花道、古琴、围棋培训等服务;销售茶叶、茶具、茶服、玉器、名家字画等;还提供会议、培训、雅集场地服务。曦夕茶书院的茶事工作者,都具备茶艺师资格,服务极其专业。2019年,曦夕茶书院获得贵阳市十佳"我最喜爱茶空间"荣誉称号。

④ 黔茶锦舍茶馆:茶馆位于多彩贵州城鼓楼群的怀抱中,鱼梁河从茶楼门前蜿蜒而过。茶馆成立于2016年1月,整个茶舍用中式风格展现了贵州少数民族非物质文化遗产。黔茶锦舍茶馆秉承"贵州冲泡"的方法,用更专业、简单有效可复制的冲泡法,让越来越多的人品尝贵州好茶的"鲜、爽、醇"等特点。

⑤ 尚茶茶艺馆:尚茶茶艺馆成立于2007年,位于南明区红岩路9号中天汤豪斯S栋。尚茶茶艺馆得江南清新,婉约之文化精髓,以倡导国饮、弘扬茶文化为己任,集名茶、名壶、名画为一体。茶香、墨韵、琴音、美点相映成趣,茶馆拥有400m²营业面积,可以同时接纳50人,9个私密性雅间风格不一,是商务人士商务洽谈及休闲会友的好去处。

⑥ 多彩黔茶馆:多彩黔茶馆成立于2014年11月,位于贵阳市南明区纪念塔贵阳大剧院一楼左侧A区,茶馆总面积为510m²,店内主要经营贵州各类名优茶品(包括各类绿茶,红茶,白茶,黑茶,青茶等),设茶叶卖场区和品茗休闲区,可同时容纳100人。卖场区有贵州各类名优茶300余种可供茶友挑选,适合喜欢体验不同茶品类的茶友,也为本地及海内外游客提供了优质的贵州好茶,累计接待海内外游客人数上百万人次。茶馆经营期间一直大力推广和组织茶文化交流活动,仅2019年就举办茶文化推广活动30余场。品茗区设有雅座及雅间供商务会谈,品茗会友。

⑦ 方舟戏台:方舟戏台位于云岩区未来方舟沿河B区世贸中心板块,建筑共三层(图9-7),地面两层为营业区域,地下一层为后勤运作区域及停车场。总体建筑面积2000余平方米,坐落在未来方舟中心位置,气势辉煌的明清建筑树立在一堆法式建筑群内,显得格外显眼和独特。未来方舟在大力建设城市和发展传统文化的背景下,斥巨资修建了方舟戏台,并于2016年9月8日正式营业。整体建筑气势恢宏,庄重大气,华美

多彩，整栋建筑全木结构，古建筑仿制，木刻、绘画、书法、镶嵌等工艺元素特色，建筑分为内外两个戏台，一个大厅、八个包间、一个前厅，被喻为明清建筑的缩影。

图9-7 方舟戏台

⑧ **谦和舍国学茶苑**：该茶苑是以弘扬中华优秀传统文化，传播清修主义生活概念为核心，为社会各界精英打造的品茗问道的清幽庭院（图9-8）。园中用上等木材搭建庭院楼台，只运用常绿植物，苔藓，白沙，石块，在几百平方米的空间内营造大自然的感觉，运用象征的手法展现大自然的无限意境，以极简的结构达到极大的意蕴。绿草青青幽幽我心，随风起伏象征碧绿的大海；青石铺地，细细耙制的纹路，形态各异，或直立，或倒放，错落有致，代表山脉岛屿；几株细细修剪的低矮灌木花簇，片片苍绿苔藓，增添些许生机，或许代表着生命。这极端抽象的空间，传达着神秘的信息，暗示着隐晦的神韵。

图9-8 谦和舍国学茶苑

茶道庭院极具民族特色，其是将茶道融入园林之中，为茶室建造的庭院。鹅卵石的园路，翠竹掩映；裸露的步石，比拟崎岖山路；仔细修剪的灌木，暗示着茂密的丛林；

细心呵护的青苔，营造自然野趣；随意摆放的圆石，似有某种深意；古朴的石灯笼，手洗钵，有寺院神社的肃穆；小小一方水池，有汲水的竹节，象征清雅和圣洁；简素质朴的茶室，表达谦和恭敬之意。茶道庭院少许花卉点缀，不依浓艳色彩，细腻而朴素，精巧而典雅，沉稳而和谐，有一股清幽静谧，含而不露的美感，体现茶道的"和、寂、清、静"。庭院内一切景致都细致安排，一切路径都精确计算，所有树木都悉心修整，展现中国古典文化传承者精益求精、一旦深入研究便臻于极致的完美品质。

谦舍国学茶苑是贵州谦和文化传播公司旗下的文化传播创始品牌，自2015年11月在中天社区创办以来，以中天花园社区为创始根据地，始终以弘扬中华优秀传统文化为己任，推动国学文化传承，助力慈善公益事业为核心。谦和舍国学茶苑扎根社区将自身作为平台载体，以茶事、雅集活动为媒大力推动中国茶文化、国学蒙正私塾教育培训等，同国内外多家文化公司、教育机构、社会各界专家学者以及爱心人士一起着力开展中华传统文化学习及爱心公益事业相关实践活动。谦和舍国学茶苑在过去的几年里，无论线上线下都通过开展多项公益活动赢得了社会各界的高度评价，收获了大家的认同。

⑨ **大觉精舍茶馆**：大觉精舍茶馆位于贵阳市电台街86号，于2010年9月15日成立，依托华家阁楼，建筑占地面积5300m^2，经营使用面积为1200m^2，建筑形式融入佛家文化设计特征，形式古雅，环境清幽。茶馆依阁而建，充分利用华家阁楼原建筑，将黔茶文化与各类活动融入深层的历史文化背景中，围绕华家阁楼厚重历史文化气息，大觉精舍茶馆以"黔茶飘香、品茗健康"为黔茶推广主旨，切实履行起贵阳市品茗服务业协会单位职责。大觉精舍以茶馆为平台，广交茶友，开展书画、棋艺等多种主题茶事文化活动，促进民众对黔茶的深层认知。

⑩ **多彩贵州茶楼**：多彩贵州茶楼位于贵州省贵阳市观山湖区喀斯特公园商业广场三号楼，背靠喀斯特公园，坐拥园林瀑布美景（图9-9）。茶楼面积3000余平方米，硬件独具风格，工艺考究，茶楼内部全部配以高档红木家具。

图9-9 多彩贵州茶楼

茶楼内部景观丰富，配以各类植物大小共计90余盆。茶楼坐拥喀斯特公园，推窗即是瀑布，与自然完美融合，是名副其实的"森林里的茶馆"。茶楼内设有不同体验形式的茶艺、茶道雅间十余间，可容纳100余人同时开展茶事活动，另设有品茶区、多功能厅、书画作品室和茶艺培训教室。茶楼长期开展茶道、花道、香道、书法、绘画、国学、古筝等一系列相关传统文化活动。茶楼一楼设置有贵阳市图书馆、贵阳市少儿图书馆阅读区，使"多彩贵州茶楼"成为群众文化阅读活动中心，成为市民的免费阅读场所。多彩贵州茶楼是贵阳市茶文化研究发展基地所在地，是在贵阳市茶文化研究会的指导下，依靠得天独厚的地理环境，打造出的贵阳市茶馆中的"森林里的茶馆"；同时也是在贵阳市委、市政府组建茶楼协会的基础上打造的产业联盟，这将是强大的中国乃至贵州及贵阳茶文化表达的坚定力量。

⑪ **静和轩茶庄**：茶馆成立于2005年，坐落在风景秀丽的南明河宏奉世家25楼，面积250m²。在喧嚣的都市，静和轩是一属静怡的空间，环境优雅，闹中取静，装修格调以中国传统文化为底蕴，古朴大方（图9-10）。进入茶庄，既可瞰南明河畔秀丽风光、欣赏甲秀楼胜境，又可眺望远山白云，边品香茗，边赏名家作品的翰墨丹青，身临其境，边可感受到我们所寻求的理想生活境界，是难得的修身养性、品茗交友的雅集之室。

图9-10 静和轩茶庄

茶庄主人杨小平，一生喜茶爱茶懂茶，秉承"茶为国饮，喝茶健康"的宗旨和理念，全身心投入在茶室的建设与打理上。静和轩茶庄，汇集了中国六大茶类中的各种名优茶和贵州不同种类优质茶叶，供消费者自行选择，茶质优价廉。

茶庄还有专业的茶艺师和品茶师，除为消费者进行优质的服务之外，还经常请茶界的许多专业茶人进行交流和分享，致力于中国茶文化的发扬与传承，结合贵州古老悠久丰富的茶文化底蕴，开展茶文化的发掘与传播。

⑫ **心灵客栈茶楼**：心灵客栈茶楼位于市政府旁石标路1号，茶楼共设8个主题包房，

分别是野泉轩（唐）、碎月阁（宋）、邀月阁（元）、鹤梦阁（明）、清茗阁（清）、仁心池（儒）、佛缘阁（佛）、天一阁（道），展现不同历史时期的人文情怀和品茗习俗，诠释了儒、释、道与茶的历史渊源。

⑬ **贵阳白云品茗阁茶楼**：贵阳白云品茗阁茶楼位于贵阳市白云区区政府后面南窗雅舍旁，创建于2014年8月，经营面积约530m²，茶楼内设有展茶、茶具大茶室、奇石展示厅、休闲卡座、商务洽谈包房、文玩摆设大厅等。茶楼紧挨中天托斯卡纳和米兰春天别墅区，环境清幽，闲适安静，交通便利。其主要以茶为主体，附带着奇石文化和餐饮文化。茶楼主要经营中国传统茗茶、贵州茶和行家茶等。茶楼墙壁悬挂有名人字画、奇石画供客人欣赏。装饰古色古香，是品茗会友、文玩赏析、商务洽谈、茶道研讨的最佳去处。

⑭ **即心阁茶书院**：即心阁茶书院位于白云区七一路，茶馆创建于2012年，建筑以徽派建筑风格为主，内设4个包间6个卡座，被评为贵阳市三星茶馆。茶馆配有高级茶艺师2名，中级茶叶师1名。

⑮ **清镇朴舍茶庄**：清镇市朴舍茶庄成立于2014年9月，茶庄位于清镇市百花大道1号，毗邻美丽的东门河畔，可同时接待150~200人。茶庄有专业茶艺师5位，评茶师1位。是以品茗为主，集茶饮、棋牌、国学文化推广为一体的综合性茶庄。

⑯ **修文驿人码头茶楼**：修文驿人码头茶馆成立于2015年10月，位于贵阳市修文县阳明文化园对面，面积约500m²。其一楼大厅设雅座4桌，散座3桌，二楼设7个包间；主要从事茶叶、茶具销售，以及品茗和文化交流活动。茶馆距阳明文化园大门数百米，是推广阳明心学、游客小憩的理想之地。

⑰ **息烽古怀之韵茶堂**：古怀之韵茶堂位于息烽县永靖镇河滨路108号2楼，于2009年营业，已有11年历史。茶楼经营面积480m²，有员工11人，包间9间，雅座6个，每天能同时接待200人。茶楼内茶叶品种配备齐全，六大茶类品种繁多，开设古琴、古筝培训班、茶文化培训班等，举办各种品茗，采茶采风、旗袍秀等活动，为推动中国传统文化和茶文化做出了贡献。

⑱ **开阳蓝芝茶庄**：蓝芝茶庄位于开阳县南龙乡田坎村，距省会贵阳85km，距开阳县城12km，创建于2008年，占地2000亩，拥有地方民宿特色接待客房26间，独立品茶室8间，就餐包间5间，餐厅可同时接待100人就餐。其是以保护与开发、环保生态、低碳的理念打造的集茶叶种植加工、休闲、度假、避暑养生、康体养老、生态旅游和贡茶文化为一体的茶庄。

⑲ **南贡河茶馆**：该茶馆位于贵州省开阳县龙岗镇坝子村，坐落于苍翠的万亩茶园中。茶楼集茶产品展示、茶艺表演，品茗听琴、品茗书香、乐享阅读、临窗赏景为一体。

茶馆面积1300m²，分为展示销售区、观赏区、品茗区、茶文化传承体验区。

⑳ **贵阳西南山茶馆**：该茶馆于2004年开业，是集茶叶销售与茶艺培训、茶文化传播、文化旅游、茶事活动体验及民俗、森林康养为主的综合性茶业企业，和贵州、云南等地的各大茶山、茶企保持长期的合作关系（图9-11）。后又创办楠香茶书院，致力于宣扬和传承中国茶文化和传统文化，积极对外推广贵州茶叶，让更多的人了解贵州和黔茶。自2015年以来，茶馆更多地考察发掘贵州古茶树的起源和现状，潜心研究贵州古茶树的加工工艺，让它们重新焕发生机和活力。除此以外，茶馆收藏的普洱茶得到了业界的普遍认同和推崇，存有各个时期普洱茶的代表作，众多茶友及普洱茶爱好者常常齐聚于此，学习、品饮和交流心得。当代书法家、贵州书法大师冯济泉老师亲自为西南山茶业题写匾额。

图9-11 贵阳西南山茶馆

㉑ **南龙茶舍**：开业于2016年，创建人是一位80后女孩——本兮，茶舍位于贵阳市观山湖区恒大中央广场（图9-12）。半壁山房待明月，一盏清茗酬知音。茶舍立志于传播中国传统文化，长期组织开展各大茶类品鉴会、茶器交流、经典品读及茶山游等活动；以茶会友，组织各种线上线下才艺沙龙，为大众搭建了一个展示自我才能的平台，充分展示了茶的包容性。茶舍希望在喧嚣的尘世中，能有一隅之地使灵魂放慢，静静地品味当下，手中有书，杯中有茶，心中有乾坤。

图9-12 南龙茶舍

㉒ **君茗鉴茶艺书画廊**：该茶馆2013年在全国茶馆首开诗词讲座，君茗鉴茶艺书画廊每周四晚7:30—9:30开设纯公益传统文化课堂，邀请董孝一老师开设《松颜诗话》讲座，让很多学员爱上了古典诗词并且能够创作格律诗词，《松颜庄子》让大家在直译中领略汉字的音形义之美和传统经典的思辨之美，等等。其学员涵括了各级机关公务员、公司企业职员、学校老师、在校大学生、退休人员等人群，具有一定的社会影响力。2017年，君茗鉴茶文化教学原创的"茶文化与茶艺实

修课"（36学时）进入贵州中医药大学课堂。茶馆2017年"获全国三星级茶馆""贵州省三星级茶馆""贵阳市三星级茶馆"荣誉称号。2018年，茶馆认真贯彻落实云岩区文体局、云岩区教育局"茶文化进校园"的实施方案，每周以原创的茶文化理论课和茶文化实操课，向贵阳市十七中的部分学生传播茶文化。

馆主刘薇，获2007年贵州省首届十佳茶艺之星；2012年中国国际绿茶博览会茶艺大赛一等奖；2013年中国国际绿茶博览会茶艺大赛金奖；2013年贵州省茶艺职业技能竞赛个人赛银奖；2018年贵州省黔茶飘香茶艺大赛团体铜奖；2019年"漫步云岩，非遗之旅"茶艺非遗守护者。

君茗鉴茶艺书画廊多次与国内权威知名茶文化组织和机构合作，成功参与并举办全国300家茶会同时联动的"藏地寻梦"茶会、全国五大城市故土茶会（北京、上海、武汉、重庆、贵阳）等高品质茶会（图9-13）。

图9-13 君茗鉴茶艺书画廊

㉓ **天羽茶斋**：茶馆位于沙冲北路8号贵州茶城，是潮州天羽茶斋的贵州总代理商，潮州工夫茶贵州传承基地，是省内唯一一家主营凤凰单丛茶的企业，也是浙江大学茶学系凤凰单丛茶标准样的提供单位，馆主叶汉钟。茶斋具有浓郁的潮州味，沙铫、红泥炉、橄榄碳、弱深杯、贵郑山茶叶罐以及各个品种的凤凰单丛茶等。

图9-14 愫之居

㉔ **愫之居**：愫之居茶生活馆坐落于贵阳南明区闹市之中（图9-14）。馆主：余华义，

贵州普洱茶收藏专业委员会会长。愫之居茶生活馆，从一饼茶开始，静静地感受从时间中流淌出的花香蜜意。茶馆提供普洱等各类茶品的品鉴品饮服务，专业从事茶文化传播，承接各类茶事活动。

㉕ **灵山茗苑茶馆**：茶馆开业于2013年，是集销售、茶文化传播、文化旅游、茶事活动体验及森林康养为主的综合性茶业企业，现有小院子1个、独立茶房3间，位于贵阳市黔灵山公园（图9-15）。灵山茗苑环境优雅，绿树环绕，鸟类繁多，群猴时现，气候宜人，冬无严寒、夏无酷暑、热量充沛，常年云雾缭绕，茶庄以都匀毛尖与湄潭翠芽为主要茶类品种，并致力于传承和发扬贵阳本土茶文化为己任。2016年被全国茶馆等级评审委员会评为中国三星级茶馆。

图9-15 灵山茗苑茶馆　　　　　　　　　　　图9-16 自在茶舍

㉖ **自在茶舍**："一抹香茶"体验馆，创建于2015年，位于贵州省贵阳市云岩区盐务街，以传播中国传统茶文化和创建新中式茶饮为主线，集茶艺培训、茶事活动、新式堂饮普及茶文化为一体的企业（图9-16）。场馆风格以中国传统文化为底蕴，设计巧妙，古法自然，门头挂有一幅具有吉祥如意寓意的九鱼图，大厅陈设清新、古朴典雅，风格温馨怀旧，细细品味，无不赏心悦目，茶诗、茶情、茶韵无处不在。茶艺师配以优雅美轮美奂的古筝演奏，听琴品茗闻茶道，在现代与古典之间穿梭，在灵动的思想与怡人的环境中流转，精致幻彩的灯饰照射，恬淡静逸的摆设，技术娴熟，动作优美，令人徜徉在艺术的雕琢之中，品尝茶艺表演之风雅。茶舍汇集全国各大名茶和精致茶具，打造了新一代的茶文化生活，引领着现代人的脚步，进入一种慢步调的生活，找回内心片刻的宁静和祥和。

㉗ **裕谚茶堂**：茶馆位于贵阳市中心（大西门腾达广场A座1510室），交通方便，闹中取静，环境优雅（图9-17）。茶堂本着以打造探寻和传播生活美学为己任的服务平台，涵盖茶道、花道、琴艺等中式生活的方方面面，提供国家中、高级茶艺、评茶认证课程，及生活实用型茶艺课程；茶文化企业定制服务；茶事策划及承办；少儿茶艺培训；茶事服务；花道、香道、古琴培训课程及表演；会议场所共享等服务。以适合现代人生活理念的方式，融合传统茶馆模式，致力打造属于当代人的生活方式，让茶成为生活，让美成为习惯。

图9-17 裕谙茶堂内景

图9-18 溪云茶舍

㉘ **溪云茶舍**：茶馆位于贵阳观山湖区中天凯悦酒店对面，笑迎八方宾客，具体位置：贵阳市观山湖区长岭北路贵阳国际会议展览中心一层8号，于2016年6月正式营业。茶舍总投资额为300余万元，茶楼面积总计424.24m²，三层楼的空间里有雅间10间，大厅100余平方米（图9-18）。茶舍馆主李亚轶、杜青夫妇二人，致力于将茶舍打造成为推广黔茶的阵地和天下茶友交流的平台。

㉙ **古怀茶堂**：2008年创建于贵州息烽，内设古朴、典雅、洁静、温馨，在息烽县东门坝河滨路108号二楼（古怀茶堂）（图9-19）。茶堂集品茗、会友、字画、商谈、摄影、职称培训等于一体，10多年来，已有不少茶艺学员汇聚于此学习，还有更多的文人雅客在这里品茗探讨并感叹。2016年古怀茶楼历经8年努力被评为息烽第一家三星级茶楼；2018年末贵州省文联在息烽古怀茶楼开展摄影茶艺采风交流活动；2020年开展汉服琴音筝曲茶文化活动。另外日常还举办周末读书座谈会、职称培训、诗友比赛、画扇、古典旗袍审美等一系列的茶文化系古风活动。

图9-19 古怀茶堂

㉚ **修文龙场驿茶书院**：该书院是由贵阳龙场驿茶文化传播有限责任公司成立的以茶与书相结合的主题茶室书咖，馆址位于贵阳市修文县人民北路水岸华庭，经营面积1140m²（图9-20）。书院共2层，一楼设有接待区、书咖区、多功能区；二楼设包间12间，提供茶艺品茗、书画鉴赏、阅读交流等服务。书院交通便利，地下停车场可容纳近千车辆停放，环境清幽淡雅，干净整洁，全场馆中央空调覆盖，可同时接待300余人品茗。

公司一直坚持着茶文化的传播和推广，为茶客营造舒适、安静、怡然自得的品茗阅读环境，将茶与书相结合，为广大市民提供免费舒适的阅读品茗场地，宣扬全民阅读，引导人们"静"坐品茗、徜徉书海、探索良知。

图9-20 修文龙场驿茶书院

㉛ **青岩寿福茶苑**：该茶苑开业于2015年，位于贵阳市花溪区青岩古镇东门寿佛寺内。由寿福茶苑、寿福食苑、精品客栈3部分组成，占地将近6000m²，食苑可同时容纳200余人就餐，共有精品客房40间。茶苑整体建筑传承了青岩古镇的明清建筑文化，使错落有致的客房既有四合院的风格，又有相对独立的空间，一砖一瓦、一石一木都散发出厚重的历史文化气息（图9-21）。其2016年被全国茶馆等级评审委员会评为中国三星级茶馆。在茶苑的大殿内，所有茶几、书柜、椅子皆为上百年红松打制而成，茶苑备有贵州本土上好茶叶，使游人们在旅途中品茗、赏景，享受贵州茶文化。

图9-21 青岩寿福茶苑

㉜ **开阳蓝芝茶庄**：茶馆开业于2008年，是集茶叶种植、加工、销售与茶艺培训、茶文化传播、文化旅游、茶事活动体验及民俗、森林康养为主的综合性茶业企业，现有有机富硒茶园3000余亩，主题民俗客房30余间，独立茶室6间，位于贵阳市开阳县南龙乡田坎村（图9-22）。茶庄致力于传承和发扬开阳南贡茶文化（开阳南贡茶曾在清朝乾嘉年间作为皇家贡茶），是贵阳市中小学生农耕文化体验基地和茶文化科普基地，茶庄所生产的蓝芝毛峰曾获得2017年贵州省秋季斗茶赛绿茶类金奖"茶王"称号，2017年被全

国茶馆等级评审委员会评为中国三星级茶馆。

图9-22 开阳蓝芝茶庄

㉝ **赵司茶馆**：茶馆位于在茶马古道贵州段的青岩古镇青石板街边（图9-23）。青岩古镇建立于明朝年间，开始是朱元璋屯军的地方，是镇守贵阳南大门的军事要塞，所以整个古镇都是青石板堆砌而成。石牌坊、青石街道、镇内纵横分布全由石头筑成的众多如迷宫般的青石小巷，给人感觉格外的硬朗，缺少其他古镇的柔曼，但位于古镇定广门旁、百岁坊下的赵司茶馆，给古镇抹上了一点柔和灵动的色彩，飘出的茶香像一丝丝温情的问候，给南来北往的旅人缕缕清凉。如果游客从古镇南边而来，进入定广门厚厚的城墙，再穿过赵理伦的百岁坊，就会闻到茶香，茶香飘起处就是赵司茶馆了，可以驻足片刻，尝尝古镇赵家古茶——赵司贡茶的风味，这更像是青岩古镇的历史余韵。馆主刘立，茶馆同时是古镇茶文化交流中心，经常有茶文化的交流活动，过往的游人可以在茶馆体验制陶制茶的乐趣，茶馆还开设茶染、蓝染培训。

图9-23 赵司贡茶茶馆

㉞ **茗山臻境·艺术茶空间**：茗山臻境（图9-24）以生态茶山庄园拥有贵州开阳、湄潭、金沙、凤冈基地，打造特色突出、主题鲜明的休闲农业和乡村旅游精品，带动第一、二、三产业的融合，创造更大的延伸价值，融合农旅的产业延伸价值开发。茶山庄包含茶文化客栈和特色酒

图9-24 茗山臻境·艺术茶空间

店，茶文化博物馆，各类户外运动和团建基地，茶类产品研究和开发机构，教育、运动、艺术和康养融合项目。以庄园为起点，坚持天然无害的有机茶主题，结合现代东方简约美学，融入爱惜自我、善待环境的理念，致力实践工匠精神，突破传统茶文化，提倡自然、简单、轻松的品位茶生活，让客人得到更高品质的品茶感受。

茗山臻境·艺术茶空间突破传统茶馆，进入"场景化时代"，茶馆不只是品茶论道，更是茗山臻境承载世界各类文化的艺术中心，不同的艺术空间、场景故事，将不断发现并创造艺术生活的体验空间，让茶空间成为独特的场景，使"人+空间+时间"迸发出更多价值、更多故事。该茶馆强调当代人文艺术与传统商业的重新组合，是一个文化艺术体验型消费的"集线器"，连接有共同特点、有相同文化需求的人。

茗山臻境·艺术茶空间内设的茶博馆，以贵州茶文化为主题载体，再现贵州茶文化的历史精髓。其风格古朴典雅，追求细节的完美，以文化和雅趣把艺术茶空间调理得一团清和高雅之气。在这里"喝茶，或淡或浓，清香即可；品茶，若有若无，平和便是"。各种情味，置身其中，全在心头。走进茗山臻境，无论您是何等身份都可以在这里找到惬意的品茗之处，坐下来随意、舒适地展开身心，感受人性化的亲和与温馨，是疲惫、紧张的现实生活外的别样享受。

㉟ **"丹绘茶境"茶空间**：茶馆位于贵阳市观山湖区长岭北路美财智中心座D座22层，是一家立足中国茶艺文化的传承、创新及传播推广的茶空间（图9-25）。茶空间面积500m²，设有产品展示区、接待区、品茗区（以贵州名茶命名设立的包房与卡座）、表演区、书画区、培训区等，馆主冯丹绘。茶空间设计独具匠心，体现了一种简素的东方之美，表达了对茶的敬意。"丹绘茶境"是贵州省茶馆业协会理事单位，茶空间成员分别于2018年、2019年荣获贵州省茶艺职业技能竞赛银奖、金奖，并被授予"贵州省技术能手"荣誉称号。

图9-25 "丹绘茶境"茶空间

㊱ **心茶坊社区茶馆**：茶馆位于金阳世纪城的金源街，馆主付一阳（图9-26）。2016年，心茶坊成为贵阳市茶文化研究会会员单位。2017年，因其把茶文化推广与区心理建设结合起来所做的尝试，应邀参加贵阳市公益汇优秀社区项目展，受到社会的肯定和赞扬。

㊲ **闻香适茶**：茶馆位于贵阳市乌当区新天花卉市场二楼A001号，自2015年2月开业以来，抱着对普洱文化的深刻理解，以体验式生产、体验式消费，选择性收藏，个性化定制为经营理念，以普洱茶追随者、爱好者、消费者管家的身份为顾客打理好每一泡茶和每一饼茶（图9-27）。

图9-26 心茶坊社区茶馆

图9-27 闻香适茶

㊳ **"義然居"茶坊**：茶馆位于贵阳市新添花卉大世界二楼甲秀巷，创立于2014年，创建人孟义然先生，是一位茶爱好者，机缘巧合以茶馆为事业。茶馆装修风格古朴典雅，文人气息浓厚（图9-28），有年代的老物件散落在茶坊的各个角落，包浆里的厚重，提醒人们文化传承的意义，定位茶文化的分享，严谨认真，服务热忱。

㊴ **"得福居"茶文化体验馆**：茶馆于2019年在贵阳市乌当区"新天花卉大世界"设立（图9-29）。体验馆注重茶文化建设，以组织茶品品鉴、茶艺培训、茶艺表演、好茶分

享及茶文化交流等各类茶事活动为平台，多措并举弘扬传统茶文化，深得省内外宾客欢迎。"得福居"秉持严谨、诚信的经营理念，始终专注高品质、原生态的健康绿色茶产品，长期与贵州、云南及福建武夷山等地茶山生态环境优良、生产技艺高超的茶厂建立良好合作关系，为广大好茶人提供优质、纯粹、极致的健康生态茶产品。目前，"得福居"茶文化体验馆已经成为拥有10余家供应商、3个茶叶加工配送中心、1个茶产品陈列馆，并以品种多、质量好、价格公道的特点赢得大家青睐。"得福居"全体员工力争通过不懈努力，把企业做大做强，与贵州的茶业同仁共建一个健康、繁荣的茶产品消费市场。

图9-28 "羲然居"茶坊

图9-29 "得福居"茶文化体验馆

第二节　安顺茶馆

一、安顺茶馆岁月

茶馆是在茶事发展及饮茶成为日常生活的必需，加上城市不断扩展后的产物。茶馆又称为茶肆、茶园、茶室、茶寮、茶社，等等。

"中国的茶馆，萌生于西晋，成形于唐代，发展完善于宋代元明清，繁衍于近代和解放初期，神采再现于当代"——连振娟《中国茶馆》。今天茶馆的神采，我们能够很容易去体验享受，但过去的茶馆只有从书中去穿越体会了。

有关古代茶馆真实写照文字，最早出现于宋朝的《封氏闻见记》《梦粱录》《都城纪胜》等笔记小品文中。历代以来，还有不少诗和文章乃至戏剧描述叙说着茶馆。南宋诗人有一首写茶室的诗云："江边小市旧经过，岁月真如东逝波。茶灶酒垆多识面，少留卖药买渔蓑。"还有老舍先生写于20世纪50年代的话剧《茶馆》，戏中以一饮茶之场所将历史演化中的各种人物表现得淋漓尽致，并折射和浓缩了时代的影子。虽然没有文字记载，但安顺茶馆的出现应该是在明洪武十四年（1382年）建立普定卫城之后，因为茶馆首先诞生于逐渐趋于繁华的市井之中（图9-30）。

图9-30 老茶馆

如今,我们只能从一些长者的记忆中了解1949年以前的茶馆,从耄耋老人的回忆里回眸民国时期的茶馆进而臆想明清时代的茶馆了。

二、安顺老茶馆遍布城乡

安顺老城,分东南西北四门,对城三里三分,城中民居紧连,四郊临城门处均有附廓,称为关厢,俨然小镇。故明代大旅行家徐霞客过安顺时,留下"普定城垣峻整,街衢宏阔;南半里,有桥,又南半里,有层楼跨街,市集甚盛"的文字,明《贵州通志》载有安顺:"居田者,以耕织为业;城市者,以商贩为生。"清《滇行纪程》记有:"安顺城围九里……贾人云集,远胜贵阳。"清《安顺府志》云:"黔滇楚之货日接于道,故商贾多聚焉。"

从这些记述说明了明清到民国,安顺已是繁荣的商业城市。人烟稠密城市繁华,必然多有茶馆。除了这些文字记载,还有城中原建的湘鄂会馆、江西会馆、四川会馆、两广会馆等同乡会址,其中安顺人称为娘娘庙的妈祖庙就是福建同乡会会馆,这些会馆的存在,表明了省外来安顺人数量不少,而这些外省人几乎是商旅者,他们为安顺商业的繁荣起到了推进作用,还有清朝时期来自欧洲的传教人氏、抗日期间到安顺的援华美军等,对茶叶宣传贸易也起了作用,有外省人还在安顺开设了茶馆。自清代到民国,安顺茶馆遍及全城。据《民国安顺县商会档案史料汇编》统计,1941年,安顺城中的茶馆就有几十家,其中有名号的如:"安同""雨明""同安茶社""义液""世中市""大鸿""时新阁""荣盛茶社""合群茶社""雨轩""中南"等,这些茶馆都挂了招牌,有的茶馆是老板请了地方上有名的文化人、书法家取名题字,刻制为匾牌挂在馆门额,茶馆的名字及书法艺术首先就给茶馆增添了几分儒雅之气。几十家茶馆位于东南西北四大街以及儒林路、图书路等较大的街道。小巷中也有茶馆但规模较小。除了郡城中，在四门郊外以及大的乡镇上也有茶馆；市辖内的紫云、镇宁、关岭、郎岱、普定、平坝、清镇诸县皆设有茶馆。

三、淳朴安顺老茶馆

昔日安顺的茶馆，茶馆行业渗入了一些色情内容。《梦粱录》中的《茶肆》条中可见："大街有三五家开茶肆，楼上专安著妓女，名曰花茶坊。"从1912年至20世纪60年代，风气淳朴而无色情内容。茶馆里的来常客一般是闲居城中的中老年人，他们大多来此边喝茶边聊天，或者下棋、打牌，也有诸多石木泥水匠人来此边喝茶边候着雇主前来请去卖手艺干活。其间他们也能听听别人天南地北地闲扯漫谈，以驱除等候中的焦急和寂寞。这种现象沿袭到20世纪60年代。

1912—1949年间，阔气的茶客是各行各业的商人，他们到茶馆里来的目的主要是洽谈生意，特别值得一提的是，茶馆中有一些俗称牙口的中间人，他们作为中介，整日在茶馆里坐着以寻找业务谋取点微薄的佣金度日。这一时期的茶馆，时有金额数目较大的生意谈成，但大多为卖苦力的挑夫（俗称扁担龙）。

过去，安顺茶馆还是洪门袍哥们联络聚会的"码头"，有的茶馆直接就是袍哥人员开设的。袍哥们在茶馆里联络时除了互相行明的和暗的礼外，还要举行"茶碗阵"的仪式，即以茶具茶水的摆放以及饮茶时的方式变换，作为无声的语言传递帮内各种特定的信息，起到互相来往交流、求援和解、请求接纳等作用。据说"茶碗阵"源于古代"斗茶"活动。但实质内容与茶水内容并无多大关联了，但其毕竟在茶馆中举行，故也属于茶文化范畴。至民国时安顺茶馆还流行"吃讲茶"的习俗，即双方发生了扯纠皮的事情，达不到非诉讼之程度，便互相约定到茶馆里请有能耐有名望以人进行调解。此时，看热闹的人们皆可进茶馆里，不付钱坐下尽管喝茶，经调解下来，输理一方负责付出全茶馆茶客们应付的茶钱。此种习俗，一直到1949年后消失。

从清朝到20世纪60年代，安顺的茶馆均设在平房中，故安顺原无"茶楼"一说。在这漫长的百年之中，设在一间间平房中的安顺茶馆的陈设布置大致相同，简陋的是一长流茶桌两边，摆了一张张躺椅或坐凳，茶客或坐凳或仰于躺椅上喝茶，俯看成"非"字形。有打牌或下棋者由老板另外安排位置。

日复一日，每家茶馆从早上9:00—10:00开门到打烊，前客让后客地轮换着，每天的10多个小时里大都显现着人与人之间的和谐而很少有吵闹争斗之事发生。还有到茶馆来卖小葵花瓜子之类的小贩们，小声地吆喝着，生怕惊醒了在躺椅上入睡的茶客。

这种传统式的茶馆生活，一直延续到新中国成立之后的20世纪60年代中期，后因"文革"被列为"四旧"遭到取缔。

四、难忘的两家茶馆

从中华人民共和国成立初期直至20世纪60年代，安顺各种形式茶馆较多，难忘的有2家，一是位于图书路的"金鱼茶社"（图9-31）。该茶社（馆）1950年开业1966年8月歇业，近年来经过修复修补，至今保存完好，"金鱼茶社"是一座三进两层的庭院，院前朝门边的白石墙上贴有一纸条，上书"金鱼茶社"四个字，门下一却挂了一副木雕的黑底金字对联："勤能补拙，俭可助廉"。

图9-31 1950年的"金鱼茶社"

院子里置了石花台、石桌石凳。前院有一株海石榴花树，前后院子沿石墙栽了竹子。竹条支成的花架上，摆满了茶花、菊花、兰花、芍药、牡丹等花卉。栽在地上的还有夹竹桃、桂花、冬青树和柏枝。后院堆了假山，假山上栽了竹子，摆了渔翁垂钓、樵子柴、罗汉、福禄寿三星等瓷器。院中有白的石缸，黄的陶缸，以及黑的砂陶缸，缸里皆养了金鱼，且无论室内还是室外的桌、台上，皆放了玻璃鱼缸，缸里有各种鲜活的金鱼游动。茶社的室里室外都摆了椅子，这是当时城中最先有年轻女茶客光临的茶馆，往往会有谈恋爱的年轻男女相约来这里细语一整天。

十几年中，金鱼茶社是小城人心中最恬静最感适意的地方。1965年8月中旬，一位新华社记者来到这里拍了许多幅照片，回北京冲印后寄了过来。由于历史原因，安顺金鱼茶社于1966年8月被迫歇业。

另一座茶馆是1964年设立，位于原安顺县原轩辕宫的"工人俱乐部"，这座茶馆是工人俱乐部建立称之为"俱乐部茶馆"。这座茶馆格调高，室内宽敞、四围无遮拦而里面十分亮堂，椅凳桌子新茶具也好。室外还摆了许多花卉。茶客多是些年轻人，其中多为女性，晚间热闹程度大于白天。因为这里位于城中心较高处，当时城中尚无较高的建筑物，茶客坐在茶室里喝着茶还可一览全城夜景而心旷神怡，炎热的夏天，茶客们来这里是享受高处的凉爽。每逢节假日，这里更是座无虚席，来晚者只能加凳于室外，在室外喝茶谈天，更是别有一番风味。这座"俱乐部茶馆"也是歇业于1966年8月。

五、民国年间的茶园（馆）

抗战时期，来贵州避难的人多，安顺距贵阳又近，因此，在安顺出现了一种茶馆业形式——茶园。茶园均开设于靠城边的小树林里。如东门口的原沈公祠里办了所豫章中学对面的小槐树林里的"豫章茶园"；西门外桃树、花红树林子里的"野园"；南关厢西头梨树小林里的"梨园"。这些茶园里皆搭个小棚，老板坐阵发茶叶茶碗，附带卖葵花瓜子，糖果点心。每个茶园边均搭建有个开水房。茶座安放在树荫下，有麻布躺椅和小茶几，一人一套；三五个人可将小茶几拼为桌，躺椅围坐。茶钱相当于今天的块把钱。来客多是公务员、迁于安顺的军医、兽医学校的大学生及各中学校的师生等。茶园清净凉爽，适合看书讲悄悄话打瞌睡，遗憾的是雨天冬季不能开业。据说当年的进步歌曲《苗家要出头》就是在安顺苗寨汪家山采风，于茶园里创作出来的。

六、安顺茶馆文娱

安顺茶馆里的文娱属平民大众俗文化。从清代至20世纪60年代，内容主要有评书、屯堡山歌、安顺花灯等，这些接地气大众参与性极强的文娱活动，主要由当地艺人和爱好文娱的茶客表演。抗战时期，也有来自异乡的卖唱者在茶馆里演唱，大多为父女俩，当爹的拉胡

图9-32 茶馆里的文娱活动

琴，女儿演唱，歌词大都是诉说家乡沦陷而逃离，内容凄婉，故茶客们往往会对他们捐点小钱（图9-32）。此段时间，中学生们会在老师的组织指导下到茶馆里来为茶客们演唱抗日歌曲、作时事讲演，以鼓动民众的抗日情绪。

1949年后的安顺茶馆文娱活动，依然沿袭着评书等几种表演形式，评书大都说的是《七侠五义》《三侠五义》《鹤惊昆仑》等剑侠内容，还有《三国》《水浒》《隋唐》等历史故事。到了20世纪60年代被取缔前，则改为了《林海雪原》《保卫延安》《红岩》等红色内容。

除了有专业的茶馆艺人外，每逢节假日，还有川剧、京剧票友们常聚于茶馆"打围

鼓",此即是戏友们围坐一圈,敲响打击乐器,拉起弦琴,演唱者唱起不同行当不同角色的唱段,唱者十分投入,吃茶的戏迷们听得如痴如醉,有的边喝茶边摇头晃脑打着拍子跟着轻轻吟唱。

安顺还有供茶客阅读的茶馆,20世纪50年代位于南街上的"红红茶室",里边摆放了许多各种各样连环画册和书刊,茶客在此喝茶时,另交点钱,便可在这里边喝茶边阅读一整天。

七、独具特色山歌茶社

从1912年至今,安顺有极具乡土文化特色的屯堡山歌茶社。安顺屯堡山歌流行时间悠久、流行地域广阔,故爱唱爱听者遍及城乡。山歌茶社里的茶客都是"山歌迷",但仍然是以男客为主,女客除了有茶馆老板聘请而来的山歌手外,也有喜唱山歌的屯堡妇女。山歌茶社唱的都是安顺屯堡山歌,演唱形式先是茶馆老板请来的女歌手作为"擂主"先起个歌头,然后男女对唱。山歌内容大都是情歌,内容有含蓄的,也有直白的。对擂中一般都是男歌手先"停枪堵火"败下阵来,于是茶馆里发出"呜呼"声,紧接着又有别的男歌手上阵。对擂赛过后是茶客们的男女自由对唱,除了唱情歌之外,也有唱山唱水,唱世间人情冷暖,可谓五花八门包罗万象。山歌茶社也是白天开门一直到晚上打烊,歌声伴着茶客们品茶,有的茶客一坐就是十多个小时。

安顺山歌茶社由于历史原因曾经消失于20世纪60年代,1979年以后又复出于城中的小街小巷。近年来,由于旅游业的发展,屯堡山歌作为受保护的非物质文化遗产,代表安顺文化的各传统村落又掀起了屯堡山歌热潮,其规模和档次远超原来的山歌茶社。

八、当代茶馆

① **黔茗茶馆**:茶馆开业于2019年,是集茶叶种植、加工销售,茶文化传播,茶事活动体验为主的综合性茶业企业,芦坝茶园现有1300余亩。芦坝茶园是当地最早茶区之一,1958年茶籽播种,小叶种,至今已有60余年,茶园位于安顺市西秀区岩腊乡芦坝茶场,茶山环境云雾缭绕,海拔、土壤、气候等因素良好,因此做出的茶滋味鲜爽,已成为安顺本

图9-33 黔茗茶馆

地"口粮茶"。

"黔茗茶馆"以仿古为装饰，风格简约而不失雅致，中式家具内敛质朴，茶席茶具精美赏心，室内装饰，墙上蜡染挂画、角落枯树，体现一种简素东方之美（图9-33）。琴棋书画诗酒茶，结合文化，茶馆以安顺本地茶为主，茶文化交流，瀑布水迎天下宾客，具有专业茶艺师及加工师带领，让顾客更深入了解安顺本地文化和手工制茶体验，苦涩中回味甘甜，沉浮中慢品人生。

② **安顺浔江源茶馆**：茶馆位于苗岭屯堡古镇中心，是安顺名流商贾、文人雅士常聚会的地方。茶馆老板罗丽娟，牵头成立的合作社。茶馆为木质的整体构架，传统雕花纹样。浔江源茶馆原先开在安顺府文庙，后因安顺府文庙古建筑修复，才搬迁至现在的苗岭屯堡古镇。当年，安顺军民府改为安顺府。因这里是"黔之腹、滇之喉粤蜀之唇齿"，当时朝廷考虑到其地理位置的重要性，清朝康熙年间开始，云贵总督府在一段时期曾设立安顺，贵州提督府长期就设在文庙旁的北大街上，直到1912年才撤销，时间达243年之久。浔江源茶馆迁至苗岭屯堡古镇，不仅仅是要找到与茶"门当户对"的优美环境，更多的是对茶的那一份尊重和敬意（图9-34）。

图9-34 安顺浔江源茶馆

浔江源之"浔"者，寻也。这"浔江"，好似李白的"寻溪"，"轻舟泛月寻溪转，疑是山阴雪后来"（李白《东鲁门泛舟》）。寻的是那一份传统，寻的是那一份乡愁，寻的是那一份闹中取静。无论是原先在安顺府文庙，还是今天的苗岭屯堡古镇，浔江源茶馆的茶叶品质、茶道、茶艺还是整个茶馆所散发出来古香古色的草木气息，一直为外人所津津乐道。根植于厚重的安顺茶馆文化，商贾人家、平头百姓、贩夫走卒等。

③ **百顺楼茶坊**：茶坊开业于2013年，位于安顺市开发区亿丰国际车管所旁，茶坊面积1000余平方米，茶坊自建立以来以茶叶销售、茶艺培训、茶文化传播为主，并致力于传承和发扬安顺茶文化的传播，主要宣传、介绍、推广、销售安顺茶（图9-35）。书画艺术品和书吧区200m^2，存书上万册，书画艺术品不定期更换并免费为市民开放。楼主段颖芝女士喜欢安顺茶，酷爱中国传统文化，曾在1998年第一届黄果树瀑布艺术节代表

安顺瀑布毛峰在黄果树给中外来宾宣传安顺茶。安顺茶叶自明朝洪武年间开始，朱元璋调北征南、调北填南带来了茶树种植及加工技术，并传承至今。百顺楼是一家安顺人的茶馆，在茶叶的销售上作为安顺优质茶叶的销售平台，耳熟能详的"瀑布毛峰""朵贝茶"两大地理标志产品及永宁毛尖、镇宁白沙茶等有历史记载的贡茶是茶坊作为宣传和推介安顺茶叶的主要产品；在培训方面依托于贵州省茶叶方面的专家库老师进行多方面的培训，并积极配合茶产业

图9-35 百顺楼茶坊

的茶文化"六进"免费接纳各单位进行茶文化的培训，让更多的安顺人知道安顺茶，从而达到口口相传的良好效果。为使百顺楼茶楼坊成为一个有茶灵魂且随着岁月的推移沉淀更有茶韵的老店，于2019年在美丽的夜郎湖畔开始建设自己的1100亩茶园。未来的百顺楼茶坊是一个集种植、生产加工、营销、茶旅等为一体的综合性企业，并致力于与安顺茶人一起传承和推广"安顺茶叶"，致力于为天下人做干净茶、为爱安顺茶的人做品质茶馆。

④ 文庙茶馆：茶馆置于明代始建的孔庙中，该庙为黔中典型的石头建筑群，有高浮雕沁石牌坊，镂空雕的石龙柱等，呈现着浓浓的传统文化氛围（图9-36）。因此这里是有名的阅读茶馆，茶客在这里可以免费阅读，可以购买书籍，浓厚的文化氛围和众多墨客骚人的渲染使得安顺文庙茶苑蜚声省内外，并获得"全国百佳茶馆""贵州省四星茶馆"和"贵州六佳茶馆"称号。

图9-36 文庙茶馆

第三节　遵义茶馆

茶馆最早的雏形是茶摊。据史料记载，在唐代，遵义境内已有茶水摊，多为义士善举，路人渴了即可到茶水摊喝茶。茶馆与茶摊相比，有经营大小之分和饮茶方式的区别。

由于遵义地处黔北,受四川风俗的影响,不少地方都有茶馆。民间的茶楼或茶馆是茶销售的集中地、爱茶者的乐园,也是人们休息、消遣和交际的场所,是群众文化活动的场所。但饮茶有品质上的等级,喝茶者有身份上的区别。

一般茶馆内常为两侧置宽1.5尺、长2丈左右的茶凳,在茶凳两边排列可以升降的竹木凉躺椅数10把,中留通道。正堂设八仙桌1张,供说书人用。茶馆的茶具一般选用瓷器盖碗,其上为茶盖,中为茶杯,下为茶船,取其"天、地、人"之意,以茶盖喻天,茶杯喻人,茶船喻地。开水壶大多为长嘴铜壶和锡壶。后堂厢房为开水房,烧开水的灶名七星灶,按茶馆规模,灶分3眼、7眼不等。

茶馆冲泡茶叶通常是红茶,为满足顾客需要也备有绿茶。绿茶是当地1芽2叶或3叶的炒青茶。顾客喝过的茶叶,沥干后称为"过浓茶"。店主每晚要将第二天所卖的茶叶进行加工,称为"回茶叶",由于收费较低,在回茶叶时还要将部分过浓茶掺和其中。在茶馆的后堂,经常看到用筲箕沥着的过浓茶,这种茶叶质地轻,店主将它混合于炒青茶中以充实一杯茶的数量。冲泡一两开后还浮于杯中水面成团未散的就是过浓茶。

宋代"茶马互市"在贵州兴起后,渐有专门泡茶冲饮的"幺师"和迎送的堂倌,茶楼门厅里有鲜花和字画装饰。到了清代,艺人开始进入茶馆茶楼。抗日战争时期,到黔的外省人增多,各色茶馆应运而生。早期茶馆中有以吃早茶、晚茶为主的广式茶馆;以说相声、清唱为主的茶室;专门以喝茶为主的茶馆。1949年后,茶馆基本上歇业,特别是20世纪50年代开始对私营经济的社会主义改造后到1958年"大跃进",茶馆基本上全被取缔。直到20世纪80年代,传统茶馆茶楼才逐渐得到恢复。首先是各县(市)乡镇的老年协会,专为老年人设了茶馆,清闲的老年人几乎每天都聚在一起喝茶,摆天论地,说家常,谈国事,评论现实,回顾过去,集喝茶、休闲、娱乐为一体。20世纪90年代起,茶室林立,现代茶楼陆续出现,与休闲的会所融为一体,以饮茶为主体的娱乐消费、信息交流、商务活动和文化传播的茶楼,是茶销售与茶文化结合的高级场所。茶楼以表演茶艺、传播茶文化、交流信息为特色而令人关注。茶楼门面装潢醒目耀眼,楼上楼下装修豪华,室内摆设简洁高雅,门楣上装有茶楼十分雅致的名称标识。

一、城区茶馆

《遵义地区志·商业志》载:"据1947年的不完全统计,遵义城里旅栈业有221家,多数都附设茶馆……此外还有大街小巷专营茶馆的100余家",说明那时遵义的茶馆业比较兴旺。当时遵义的茶馆,都以开茶馆的老板的姓呼之,如在遵义会议会址不远处,有余家茶馆，老城小十字有一家关家茶馆等。

那时的茶馆，是中老年男性经常出入的地方，以平民为主，富豪或有身份的人，一般是不会去的。茶馆里是清一色坐得发亮的黄色竹躺椅，还有黑漆脱落、斑斑驳驳的大方桌、小方凳、小茶几等。茶馆内同样是斑斑驳驳的圆柱上，常挂着茶的价格：香片×××，桂花××，毛尖××、玻璃（即白开水）××……明码实价。来喝茶的人，大多穿着长衫，如果是冬天，则长衫的前摆下夹着一个竹烘笼，双手牢牢捏着，一摇一摆地迈进茶馆。于是茶馆便成为道听途说、家长里短、逸闻轶事、趣闻笑话的场所。而谈生意或做买卖的人，把这里作为交流场所、讨价还价的地方，也有"莫谈国事"的告示。因茶馆里人多，常有旁观者，故做生意的谈判双方，均将手伸在长衫的下摆里面捏指头，讨价还价，用10个手指代表数目的多寡，这样的小动作，不为外人道也。故长衫的妙处，在这里特别充分地显示出来。喝茶者的嘴里，大都叼着一根叶子烟竿，茶馆里充斥着浓烈的烟味，众人便在这云山雾海里喝茶水、嗑葵花子、吹壳子（聊天）。狭窄的地面上，到处是痰、烟灰、瓜子壳、茶叶水，大家便在这污浊的空气、肮脏的环境里打发着岁月。晚上，茶馆有人说"怀书"（即"评书"），说书人伶牙俐嘴，声音清晰而洪亮，吐字异常清楚；记忆超群，能将《说岳》《隋唐》等旧小说讲得异常生动，导致茶馆总是座无虚席，听众全神贯注。

20世纪40年代，在遵义"夜月吴桥真好看"的万寿桥头（今新华桥），有一间别致的"吴苑茶社"，是抗日战争中从外地迁徙来遵义的江苏人吴运治开设的。新老两城的人们，总爱来此消夏。

"吴苑茶社"不同于一般茶馆，它坐落在小巧玲珑的花圃之中，苑内茶桌点点，绿叶纷披，每个圆圆的茶桌均有一簇簇万年青围护，互不干扰，而又彼此顾盼。座椅是吴运治自行设计的，可以自由旋转，人称"逍遥椅"，独具匠心。雪亮的汽灯悬在树间的栏杆之下，通明透亮。茶客还可欣赏茶社聘请来的各种艺人的精彩表演。有京剧清唱，有说评书，还有相声等。炎热的夏夜，来河畔品香茗、听戏曲、看表演，十分惬意。故"吴苑茶社"的生意极好，每晚座无虚席。

（一）湄潭茶馆

湄潭人善饮茶。抗战时期，湄潭处于西南大后方，茶园、茶市、茶馆及家庭用茶均有一定规模。因此，县境内茶馆比比皆是，凡是集镇，无处没有茶馆，当地人称去饮茶为"蹲茶馆"。1942年中央实验茶场《湄潭茶产调查报告》载湄潭全县有茶馆152家，永兴场就有茶馆15家（图9-37）。

永兴场的兰亭茶社、甘家茶馆、王家茶馆、覃家茶馆等曾名噪一时。永兴茶馆多的原因在于兴旺的集市贸易，旧时的永兴为施秉、石阡、湄潭三县交界的交通要道，商贾挑夫云集。直至20世纪70年代，永兴还有数间骡马店（长途运货的大车住的店）和十余间茶馆。

永兴的茶馆格局大同小异，茶馆大的可容100余人，茶馆大堂两侧放置宽约40cm，长约3m的茶凳，

图9-37 湄潭传统茶馆

在茶凳两边排列可以升降的竹木凉躺椅，中留通道。茶馆备有香烟、瓜子、干果、糕点等佐茶之物。有档次的茶馆挂有楹联，上书"虽无扬子江中水，却有湄山顶上茶""炉沸名泉水，器泛湄江茶"之类，作为普通茶馆的群众娱乐和文化传播活动均齐备。

茶馆冲泡茶叶通常是1芽2叶或3叶的炒青茶。店主每晚也像多数茶馆一样要"回茶叶"。

永兴场的茶馆所用的茶碗大都是景德镇生产的瓷器盖碗茶具，也有"天、地、人"之寓意，开水壶大多为长嘴铜壶和锡壶。晚清至民国年间，湄潭兴隆镇水涯子生产的茶具为灰白色，虽然逊色于景德镇的瓷器，却因价廉物美深受周边乡场上开茶馆的老板所喜爱。永兴茶馆所用之水均为龙井湾的井水，茶馆店主在后堂均备有石水缸，专门雇人挑水。

在茶馆中还流传着一些佳话。清朝年间，湄潭县玉屏场（今复兴镇）有一家"香三里"茶馆和"醉八仙"酒家，以对联的方式相互招揽顾客的故事，至今广为流传。"香三里"茶馆对联内容为："玉盏霞生液，金瓯雪泛花；茶香高山云雾质，水甜幽泉霜雪晶；茶亦醉人何须酒，书能香我不必花。"对联的文韵与佳茗的质韵交相辉映，相得益彰，十分精彩。

（二）凤冈茶馆

凤冈县城和各场镇都有规模适合的老茶馆，路边有清茶摊。像绥阳、琊川、蜂岩等大集镇上的老茶馆，一般都有五六家，多的十来家，几乎都以老板的姓氏命名如：石家茶馆、曾家茶馆、张家茶馆等。

凤冈老茶馆是以老年人和"下里巴人"为服务对象，其景象是市井街民和下里巴人生活依托与精神风貌的缩影（图9-38）。除了具有一般茶馆的文化娱乐项目外，凤冈茶馆的特色把戏人称"赤旁旁"。"赤旁旁"是一种用大竹子劈成两半做成的乐器，边敲打

边说唱。

茶馆有室外和室内两种。室外的大都在街边，竹椅、条凳若干，白底青花盖碗茶一杯。凤冈茶馆说书，除其他地方茶馆常见内容外，还有专门的唱本，如民国时期新建人编著的《地名歌》，用凤冈地名及人文环境特征编写成歌在茶馆传唱。清光绪年间，何坝人编著的《治家良言》《醒俗歌》等，其方言地道纯朴、通俗易懂，说唱起来朗朗上口，专为在茶馆传唱教化民众的乡土佳作。

图9-38 凤冈老茶馆、茶客

泡茶则是过去老茶馆的行业语，到茶馆喝茶，首喊店家拿"叶子"来，"叶子"就是茶叶。需要加水时叫拿"开"来，"开"即开水。茶馆的开水是用铜开壶置于灶上随时处于沸腾状态。

过去的老茶馆，一是开放自由式的，内容丰富，雅俗共赏。茶馆内有零食、酒饮之类，有戏曲、说书之类，个别茶馆也设斗鸡、斗画眉、斗蟋蟀坊；二是服务对象以大众低消费群体为主，价钱相当便宜，出入自由，没有压力。

随着社会的进步，历史上传承千年的老茶馆逐步消亡，特别是黔北地区，传统老茶馆已基本消失殆尽，凤冈也不例外。今天，只有复原老茶馆，才会让人们有机会欣赏过去那种特别的味道，记住乡愁才会多一个元素。

（三）正安茶馆

明朝万历年间改土归流后，茶馆就先后在正安州城和境内各较大集市出现，成为不同阶层人士休闲娱乐、信息交流、文化传播的重要场所，光顾茶馆的客人不仅有达官贵人，亦有平民百姓。清代，具有一定规模和档次的茶馆已经遍及境内县（州）城区及交通要道上的重要商贸集镇。民国年间，县城四条主街道都有一定规模的茶馆。一些简易的茶馆则遍布全县城乡。

民国初年，正安城乡茶馆虽然设备简单，但茶馆生意较为红火，往往座无虚席。至抗日战争爆发，外来人员增多，茶水业相应发展，全县城乡大小茶馆数10家。其中，位于县城鼓楼坝（今新天广场）的李家茶馆、县城东门城墙边的江家茶馆以及安场街上的七贤茶社等大茶馆生意较为兴隆。曾有段时期，饮茶者还不用付茶资，由富商记账轮流统付。商务洽谈、调解民事纠纷、说书、请川剧玩友坐台打围鼓等普通茶馆常见的活动内容是不可缺少的。抗战期间，茶馆还成为宣传抗日的重要场所。抗日战争胜利后，茶馆逐年减少，生意不如昔日兴隆。截至1951年，县城区经营茶馆的仅有几户。

正安境内茶馆将茶叶叫作"叶子"，茶碗中茶叶多称作"饱"，反之则为"啬"。饮茶叫作"吃茶"。把开水第一次冲进茶碗叫"发叶子"，再向茶碗内冲水则叫"掺茶"，负责"掺茶"的称"掺茶师"。"一道"（"一开"）、"二道"（"二开"）是吃茶之常用语，"开"是指掺水时揭开茶盖。"才喝一道（一开）"是指时间较短，才掺水一次。二道茶因其色、香、味正佳，因此有"头道水，二道茶"之说。在茶馆讨茶喝，因是别人喝过的茶，故称为"加班茶"。茶碗中所剩之茶水称为"茶母子"。茶馆中饮茶，平时饮茶也是如此，每道茶只能饮一半，倘若"茶母子"太少，掺水后会索然无味。茶馆中还常有人"喊茶钱"，即某人走进茶馆时，熟人便喊"茶钱我这里会了"。喊茶钱的人越多，来人的面子就越大，则连连回称"挨过、挨过"以表达谢意。

境内茶馆内坐凳、茶几、烟具、方桌、长凳与供说书人用八仙桌、茶馆的茶具等，与其他县相似。茶馆冲泡茶叶通常是红茶，为满足顾客需要也备有绿茶。

正安境内有名的茶馆用水讲究，县城李家茶馆、江家茶馆所用之水均为凤仪门（西门）外甘甜、清冽的锡壶井井水。境内茶馆后堂均备有可储10余挑乃至数10挑水的石水缸，专门雇人挑水。

民国年间，正安县城的江家茶馆和李家茶馆以及安场的七贤茶社曾名噪一时。

① **正安江家茶馆**：茶馆位于正安州德里三甲州城内东门口。由江氏第六代族人江端麟于清光绪二十一年（1895年）创建。该茶馆开业后，州城名流士绅、儒学雅士、文人墨客、贫民百姓，不约而同汇聚于此，生意十分红火。其中设施、用具和进行的活动项目与各地茶馆相同。

1937年"九一八"事变爆发，正安的进步学生、有识之士组织讲演队、合唱团，除在街头巷尾宣传抗日外，还借用江家茶馆人多集中之优势，经常到江家茶馆演唱抗日救亡歌曲，宣讲抗日救亡道理，江家茶馆也积极支持配合，竭力提供方便。

江家茶馆由第六代族人创办一直经营到第八代，直到1956年正安县实行公私合营，茶馆改作百货商场止，经营达60年之久。

② **正安李家茶馆**：茶馆商号名为"亦乐乎"，在县政府门外，即十字口鼓楼坝的中心位置。此茶馆于20世纪20年代开办，1956年前为李氏家族经营，1956年后私营改造为集体经营。李家茶馆从开业起，曾四度迁馆，都处在县城中心位置的临街铺面，具有

得天独厚的地理优势，规模最大时有200m²左右，可安放30余张大方茶桌。李家茶馆经营的茶叶主要来自云南、四川、重庆、浙江等地。有云南下关沱茶、成都和重庆沱茶、浙江茉莉花茶、贵州炒青茶和本地茶叶。李家茶馆还同时经营蜡烛、爆竹、海鲜、名酒（如茅台、泸州大曲等）等杂货业务。

李家茶馆在街坊中颇有声望，兼之经营有方，自开茶馆起，不管是新中国成立前还是新中国成立后，茶馆生意一直很红火，茶客经常爆满，一年365天，天天营业。大年初一，免费为茶客提供瓜果甜点。为服务茶馆，还请当时正安的名厨师翁华丰主厨，另外请了帮闲数人。城中的绅士商贾、文人名流、市井百姓、三教九流会聚茶楼，在茶馆里喝茶聊天、谈论生意、打牌娱乐。

值得一提的是，李家茶馆老板李祖庚新中国成立前曾是哥老会的红旗管事，人称李五爷，有很高的社会声望。抗日战争时期，时任县长石勋曾延请李出任联保主任，李坚辞不受，后推托不过，代理了几个月。就是在新中国成立前，王家烈黔军的旅长简文波（正安人）、地方武装头目谢银清等只要在正安，都必定去李家茶馆喝茶，仍然照样开钱，从未发生纠纷。

新中国成立后，茶馆同样是生意红火，不减当年。干部职工、城镇居民、城郊农民都喜欢去李家茶馆，一直经营到1958年茶馆停业。

③ **古镇安场茶馆**：安场古镇的茶馆，多为社会名流所开。有著名的"八大肥"之一的曹绍先的茶馆、有在安场的生意场中出类拔萃的陈家茶馆、有号称"高司令官"的保商队队长高隐达的"七贤茶社"。这几家茶馆，从开张以来一直是生意兴隆，茶客盈门。这几间茶馆的容量都在100~300人。如遇有来自四川的著名评书艺人摆台，店老板就会想方设法在空余位置上加坐，这样，茶客的容量就会增大到400~500人。

安场镇上的人喜欢去热闹喧哗的茶馆，茶馆里的用茶一般用的都是当地绿茶，只有少量是从重庆购买的江南一带的上好茶，茶具也多是些外观典雅、瓷面描有山水素描的青花盖碗和土陶茶盘，茶馆里的壶多为长嘴铜壶。所用的水，都是专门雇人在清泉井里挑的水。为方便，每家茶馆都在天井里备有石水缸，从井里挑的水先在石水缸里沉淀后，再舀进铜壶里用火烧沸，其味清悠纯正。

古镇茶馆的商务、调解、信息传播、娱乐功能与各地茶馆相同，只是娱乐时茶客阶层分明：有钱的士绅名流，面前摆上一张小方桌，泡上一壶上好的茶水，悠然自得地听着评书里那些引人入胜的故事；中下层的小商人及自由职业者，十个八个围坐在一张大方桌旁，每人沏上一杯清茶，在评书艺人绘声绘色的表演中忘却苦闷；而那些来自社会最底层所谓"三教九流"，则只能挤站在茶馆的角落，听着他们想听的故事。传统小说中那些流传千古不朽的故事，张扬了一种匡扶正义、惩恶扬善的恢宏正气，潜移默化地影响了人们的生活。

（四）仁怀老茶馆

明清年间，茅台因盐运，酒业发展，商贾云集，商贸洽谈，休闲交流的需要，茅台居民就开设了茶馆。中枢自县城于1735年9月10日迁入后，主要在禹王宫、川会馆、万寿宫几处开设茶馆，后又有陈姓在县府前街开设茶馆，之后又有郑姓在丁字口开设栈房和茶馆。

茶馆设施、用具与进行的活动与各地茶馆无异。茶客饮茶时，左手置茶碟将茶碗抬起，右手撂动茶盖呈半遮掩状态，慢品饮。茅台气温高，一到夏天，主人就把茶桌移开，安放竹凉靠椅，椅前放茶几。茶客可悠闲半躺，边听说书，边品茶。一些闲老人，还在茶馆打大贰牌（一种纸牌）打发时光。

民国年间，茅台、中枢茶馆均有多家，且生意兴隆。茅台最早的茶馆在湾子头、黄家大院和猪旺沱地段，比较有名的茶馆有德顺茶馆、王家茶馆、邬家茶馆、川合茶馆等。

（五）赤水茶馆

遵义各县（区、市）茶馆以湄潭县、赤水市为多。湄潭因为是产茶大县，而赤水靠近长江，与四川接壤，各种习俗近似于四川。四川人流动性大且多数很风趣，茶馆业素来兴旺，赤水自然会受其影响。同时，赤水地势低洼，又濒临赤水河，夏天很热，正适宜河边纳凉喝茶。所以，赤水的茶馆业也很兴旺（图9-39）。

图9-39 赤水市北后街长征社茶馆

清代或者更早些，赤水的各场镇就有了茶馆，其设施、用具、礼仪规矩等与各地相似，只是赤水帮派气氛较重，在民事纠纷调解上尤为显著。民事纠纷就到茶馆里"吃大茶"，当事的双方泡上茶，请"码头上"（街坊）的五老四贤、大二五爷上坐，双方说出事情的经过，由五老四贤、大二五爷来评理，谁输了道理，谁开茶钱，赔偿损失。谁不认这个处理，就是跟"码头上"过不去，你的对立面就扩大了，就会成众矢之的。一般"吃大茶"就是这事件的终审判决。

民国时期，赤水的每个场镇都有几家较大的茶馆。这几家茶馆是不同字号的"哥老会"的堂口，即不同字号"哥老会"的办公地方。本堂口的"弟兄伙"就在自己的堂口喝茶，维护本堂口的利益，堂口茶馆没有明显的标志，"弟兄伙"知道就行了。各个字号在这里召集"弟兄伙"商量事务，整顿堂风，接待外码头来的弟兄，茶馆从经济交往的场所变为帮派活动的据点，渗入了政治内容。

茶馆大门的檐口，挂一盏长条形的"号灯"。堂屋里摆几张、多则十多张方桌。一张桌子配四条长板凳。桌子有上下之分，坐着正面对堂口大门的方位是上方，左二右三，面下方。尊长有辈行之分，排序有大小之别。座位也要按长幼尊卑坐。

有客人进屋，就有"茶馆"接待，茶馆高喊："有客人来了，请上坐。"且马上从肩上取下帕子（擦桌子的毛巾），擦桌子、板凳；摆上茶船、茶碗，随即把开水"面"上半碗醒茶，提着茶壶在下方等待。等客人揭了茶碗盖，再盖上，"逼"（泌）掉头道汤水后再冲开水。

茶馆要看清来人把茶盖放在什么地方，确定来人的目的。如揭开又盖上，没事，吃茶会友；如把茶盖揭开，轮（即斜靠）在茶碗边上，来人是在示意"我惹事了，到码头上来求保护"，茶馆则马上请人升位，到后堂，来人拿出公社印记的大红名片，茶馆马上去通知"舵把子"大爷来见客人；如是客人将火柴盒拉开，抽了几根火柴出来，把火柴头放在外面，则是有命案，必须马上走，堂口的管事马上与大二五爷商量备钱，派人把来人安全送走。这就是袍哥的暗号，茶馆就是联络员。

"哥老会"在新中国成立后就解散消失了，但茶馆仍存在，生活好了老年人更清闲，坐茶馆的时间更多。现在赤水各场都有茶馆，各乡镇的老年协会，为老年人专门设了茶馆，供老年人享用。

二、现代茶馆

1999年初春，一家名为"陆羽茶楼"醒目地出现在湄江东岸，其为湄潭第一家，也是遵义市境内首家现代茶楼。该茶楼以表演茶艺、传播茶文化、交流信息为特色令人关注。之后，名称各异，独具特色的现代茶楼相继展现于全市各县（区、市）城镇街头。茶楼门面装潢醒目耀眼，楼上楼下装修豪华，室内摆设简洁高雅，文化品位较高，销售价格亦较高，却倍受消费者青睐。进出茶楼者多为会享受生活者进茶楼享受清闲，朋友、同学、同事、上下级在一起，或品茗，或聊天，或洽谈要事等。楼主为茶客所泡之茶，根据茶叶的品牌和客人所需而定。可一人一杯，可一室一壶，其价格不菲。进入21世纪来，各地发展茶馆业，提升茶馆业的茶文化品位，引导和促进消费，推进茶文化服务业的健康发展。茶楼以表演茶艺、传播茶文化、交流信息为特色而令人关注。随着茶文化与茶商贸的不断发展，茶楼从饮之功能，便又朝着以饮为主，茶食兼修；以食为主，食必有茶；以茶为辅、茶菜齐名，多种经营形态交相发展着。茶与茶文化之内涵，不断得以开掘；茶与茶商贸之外延，随之亦广为扩展。高档茶楼为客人提供茶道茶艺表演、餐饮服务、麻将娱乐等，一般茶楼则仅提供麻将娱乐和简餐。

20世纪90年代末，各地露天茶座风靡一时，如遵义城区的湘江河岸、凤凰山麓，湄潭县城湄江河畔，正安县城西门河沿岸，赤水城区沿赤水河岸等。

随着社会的文明与进步，今天遵义城镇的茶楼、茶室，多了些娱乐餐饮，少了些民间艺人的说唱，但普通茶馆依然经久不衰，生意兴隆。

（一）现当代茶馆分类

传统茶馆只提供饮茶服务，随着茶文化与茶商贸的不断发展，现代茶馆除沿用以前茶坊、茶楼、茶馆、茶屋等称呼之外，又出现了茶艺馆、茶座、茶苑、茶吧、茶宴馆、茶道馆等。

遵义市的茶馆大体分为四类：一是餐茶馆，即不仅提供喝茶场所，也提供餐饮棋牌娱乐，一般都设有包房，内置麻将机，迎合遵义人打麻将的嗜好。这类茶馆比较多，往往冠以"会所"名称，如遵义红花岗区的红雅苑茶楼、汉文晗会所、香榭大道会所等；二是纯粹喝茶的茶馆，同时提供茶艺表演和各种形式的茶文化传播，如四品君茶艺馆、藏茶馆；三是近年来悄悄兴起的家庭茶艺馆，多开设在私人住宅里，招揽一些茶艺爱好者表演和传授茶艺，如拙茗坊茶艺室；四是露天茶馆，主要是夏季供市民乘凉。后来，又出现"文人茶座""音乐茶厅"等。2012年，遵义市茶叶流通行业协会、遵义市消费者协会决定举办"2012年度遵义双十佳茶馆茶店"推荐评选活动时，将遵义的茶馆界定为：茶馆是以卖茶水为主要业务的休闲场所。按服务功能可分为演艺茶馆、茶艺馆、餐茶馆。演义茶馆是在茶馆内辅设黔剧、傩戏、地戏，边观戏、边喝茶的场所；茶艺馆是以民族茶艺服务，为经营特色体验民族茶艺文化消费的休闲娱乐场所；餐茶馆是提供茶餐，配以茶水，同时具备餐饮和饮茶服务功能的场所。

全市各大茶叶生产加工企业，都在销售门市内设有茶叶品茗室，供客人品鉴选购。市区茶叶街的各商家，也欢迎客人入座品茶，除可欣赏茶艺外，还可以喝到工夫茶。

随着城市茶馆茶楼的兴起，茶艺、茶道也日益被人们所认识、所接受。各地几乎都有茶艺表演，均有各自鲜明的特色，不仅在市内同台竞技，而且还赴省外参赛，如遵义市文化局群众艺术馆下属的遵义市茶艺表演艺术团，仅2011年就参加贵州省第三届茶艺大赛并获银奖及组委会特别贡献奖，参加全国马连道杯茶艺大赛获银奖，并应思南县委政府邀请承办春茶开采节开幕式等。

（二）当代茶馆

① 凤冈县万佛缘茶楼：茶楼位于凤冈县龙泉镇迎新大道，前身名叫香茗楼，2005年11月更名为万壶缘茶楼。其由展示厅、茶艺厅、茶餐厅和休闲区组成，是一家集茶艺、茶水、茶餐为一体的茶楼，装修古朴典雅（图9-40）。茶楼自创的"凤冈锌硒绿茶茶艺""凤冈土家油茶茶艺""凤冈太极养生茶道茶艺"独具特色。茶楼组成的茶艺表演队多次参加省茶文化节等活动，受到表彰和好评。在2003—2004年度和2007—2008年度"全国百佳茶馆"推荐活动中，连续两次被评为"全国百佳茶馆"。万壶缘茶楼的创办，为

图9-40 凤冈县万佛缘茶楼

凤冈县茶文化的宣传推广搭建了平台，先后接待了中国工程院院士陈宗懋先生、中国农科院茶叶研究所扬亚军所长、中国国际茶文化研究院刘枫、程启坤、林治等茶文化专家和省内茶叶专家及省市多个部门的领导，多次作为与重庆等周边地区茶文化茶艺表演交流的平台，承担凤冈县职校茶艺班的实训工作，培训了一批凤冈锌硒茶艺的传播者，被县政府授予"凤冈茶产业发展先进单位"称号。

② 凤冈县静怡轩茶楼：茶楼位于凤冈县城龙凤大道凤凰广场对面，是一家集品茗赏艺、休闲娱乐于一体的茶艺馆（图9-41）。茶楼以"弘扬茶文化、传播茶知识、发展茶产业"为宗旨，向顾客推出"待客型与表演型茶艺""土家油茶茶艺""龙凤呈祥茶艺""少儿茶艺"和"铜壶茶艺"，让顾客在品饮正宗名茶、欣赏茶艺表演的同时，感受"和、静、怡、真"的茶道精神，体验喝茶所获得的愉悦感；同时提供茶艺培训服务，该茶楼是当地职业高中茶艺班学生的实训基地。茶楼承接多次大型茶艺表演，为宣传和推介凤冈茶作

图9-41 凤冈县静怡轩茶楼

出贡献。在2007—2008年度"全国百佳茶馆"推荐活动中，被评为"全国百佳茶馆"。

③ 余庆县和香聚茶楼：茶楼位于余庆县县城余庆河滨公园广场对面。茶楼以"弘扬中国古茶区茶文化传统，促进中华茶文化建设健康发展，陶冶人们的道德精神，加强与国内外茶界朋友的交流与合作"为宗旨，门面与内部装修古朴典雅，环境优美，除设有1个大厅、6个包房外，还建有1个后花园。在2007—2008年度"全国百佳茶馆"推荐活动

图9-42 红雅苑茶楼

中,该茶楼被评为"全国百佳茶馆"。

④ 红雅苑茶楼：茶楼位于遵义市区纪念广场旁（图9-42），集休闲娱乐、餐饮、工夫茶艺表演为一体。大厅设有雅座,配有扬琴、二胡、古筝表演。2005年5月获贵州省第二届茶艺茶道大赛优秀奖,2006年获贵州省食品工业协会茶叶分会评定的"贵州省六佳茶艺馆""贵州省十佳茶艺之星"称号。

⑤ 遵义·中国藏茶馆：茶馆创始于2010年,是贵州智荣文化传播有限公司旗下的一家品牌茶庄,坐落于美丽秀丽的贵州省遵义市汇川区人民路乌江怡园图书馆旁,馆内营业面积400m^2,设有品鉴大厅、茶文化传播的多功能厅、雅阁、包间,上下楼二层,有以藏族文化元素为装饰的拉萨厅,也有以清明上河图装饰的专为客人提供挥毫泼墨的"即墨轩",以及装饰高雅的回廊、水景和藏书阁,等等（图9-43）。

藏茶馆从事茶事服务,因茶艺师技术精湛,表演中配以优雅的古筝等乐器,精致幻彩的灯饰照射,典雅沉静的饰品,恬淡静逸的摆设,技术娴熟,动作优美,令人徜徉在艺术的雕琢之中,品尝茶艺的风雅。馆内茶叶品种齐全,给顾客更多的选择。藏茶馆的茶艺因为独特和别致,不仅是客人必选,而且是招待远道而来的朋友的最佳选择。

经过长期的沉淀与学习,藏茶馆先后获得"贵州三星级茶馆""贵州省茶馆协会会长单位"称号；同时是汇川区妇联茶艺培训学校。2017年荣获"全国百佳茶馆""全国最佳主题茶馆""遵义星级茶馆""市级茶艺技能大师工作室"等荣誉称号。

图9-43 遵义·中国藏茶馆

2019年11月12日,受迪拜官方的邀请,贵州智荣文化传播有限公司总经理、遵义藏茶馆创始人于志慧携团队到迪拜参加茶文化交流活动,在交流会上于志慧作为中方代表,表演了茶文化礼仪,讲解了遵义茶文化故事,并在交流会上向迪拜王子阿卜杜拉赠送了遵义茶。通过本次的交流和推介，迪拜人民对遵义的红色文化和茶文化有了新的认识，对遵义茶产生了浓厚的兴趣。

⑥ **湄潭天壶茶廊**：茶廊位于湄潭天下第一壶茶文化公园内，公园坐落于素有"小江南、中国名茶之乡"之称的湄潭县城，集茶文化博物馆、茶文化特色旅游、茶文化特色酒店、茶知识科普、茶文化休闲、茶产品展示、书画欣赏及水上娱乐等为一体，由天下第一壶、天壶茶廊、水上乐园、茶文化广场、茶文化古道及核桃坝生态别墅度假（会议）中心六部分组成（图9-44）。天壶茶廊2010年3月28日开业，营业面积420m²，属于餐茶馆类型，有包间10个，茶叶展示区20m²；年营业额50万元左右，其中茶叶及茶文化服务收入占20万元左右。茶廊获得茶艺师职业资格有14人，中级茶艺师1人。

图9-44 湄潭天壶茶廊

图9-45 湄潭天壶品道厅

⑦ **湄潭天壶品道厅**：茶坊位于遵义市湄潭县湄江镇塔坪街"天下第一壶"内（图9-45）。2010年10月20日开业，营业面积150m²，属于茶艺馆类型，有包间1个，茶叶展示区10m²；年营业额35万元左右，茶叶及茶文化服务收入占30万元左右。茶馆获得茶艺师职业资格有3人，中级茶艺师2人。

⑧ **汉文晗餐茶馆**：茶馆位于遵义市上海路熙园旁，于2007年开业，营业面积1500m²，包间数量17间，品茶区500m²；属于规模较大，茶、酒、咖啡并举的餐茶馆类型（图9-46）。装饰装修以古汉朝风格为主题，美观大方、典雅别致、整齐清洁，盆景、植物配置得当，景象、景观丰富；茶文化氛围浓郁。茶馆年营业额300万元，年销售茶叶500kg，其中遵义茶叶消费占350kg。店内从业人员60人。

图9-46 汉文晗餐茶馆

图9-47 香榭大道餐茶馆

⑨ **香榭大道餐茶馆**：茶馆位于遵义市，于2001年开业，营业面积2000m²，25个包间，从业人员30人，属于规模较大、影响力较广的茶、酒、咖啡并举的餐茶馆类型（图9-47）。其经营茶叶的品种有10余种，其中遵义绿茶消费量较大。

⑩ **四品君茶艺馆**：茶馆位于遵义汇川区成都路，是贵州四品君茶业有限公司为弘扬和推广中国茶文化、宣传遵义茶行业而创建（图9-48）。店面风格与四品君茶叶连锁各店统一，黑底白字的招牌清晰醒目，茶艺馆分为品茗大厅和大小8间包房，营业面积共500m²，其中品茗大厅约100m²，年营业额200万左右。店内配置音乐播放设备、古筝、无线网络、银行卡消费设备、保鲜柜（冰柜）等相关设备设施，尽力为顾客提供一个气氛优雅、轻松，设施齐备的消费品茗环境。

进入四品君茶艺馆，左上方悬挂着名家为四品君茶业有限公司题写的《四品君记》的乌木匾，下方约两人高的玻璃精品柜中展示着珍贵精美的瓷雕与木雕精品，乌红色的展示柜沉稳大气，店内展示各种主营茶产品。

四品君茶艺馆从业人员12人，除了为消费者提供品茗、茶艺表演、产品讲解、销售服务外，还为消费者提供茶类知识讲座等服务，不仅丰富了自身的服务内容、还拓展了本地的客户群体、宣传普及了茶文化及相关茶类知识。店内配置了数套文房四宝，供文人雅士挥毫泼墨。

⑪ **贵州遵义天香百年商务会所**：茶馆位于遵义市汇川区宁波路，于2006年6月开业，营业面积2000m²，包间数量25间，品茶区600m²；属于规模较大的餐茶馆类型（图9-49）。年营业额260万元，茶叶年销售1000kg，其中遵义茶叶消费占800kg；店内从业人员26人。

2012年，对照遵义市首届十佳茶馆"参评条件""评审标准"对装饰装修、背景音乐、服务人员着装等各方面进行提升、改造，打造以茶文化为主题的餐茶馆。

图9-48 四品君茶艺馆

图9-49 天香百年商务会所

⑫ **金色明珠茶楼**：茶馆位于宁波路航中旁，于2006年7月开业，营业面积1500m²，包间数量24间，品茶区500m²；属于餐茶馆类型（图9-50）。年营业额270万元，其中遵

义茶叶销量占1500kg；店内从业人员22人。

⑬ **贵州遵义天一阁茶楼**：茶楼位于遵义市老城新街A区1幢4楼。于2008年开业，营业面积900m²，包间数量15间，品茶区30m²；属于餐茶馆类型。年营业额100万元，其中遵义茶叶销量占300kg；店内从业人员15人。装饰装修有一定的茶文化氛围，属于餐茶馆类型（图9-51）。

图9-50 金色明珠茶楼

图9-51 遵义天一阁茶楼

⑭ **不夜之侯·清茶坊**：茶坊位于凤冈县城，2018年4月正式营业，共投入资金230万元，是凤冈县目前唯一一家规模较大的清茶坊（图9-52）。开业至今，不夜之侯·清茶坊始终坚持"弘扬凤冈茶文化、传播凤冈茶知识、培育凤冈茶氛围"经营理念，接待茶客上万人次；与团县委联合举办了"青听·悦读"凤冈青年干部读书会、与县茶文化研究会协办"九九重阳节"敬老茶会。茶坊自创茶艺节目《龙泉茶香溢红楼》参演县中秋品茗晚会，以宣传凤冈锌硒茶为主旨，不夜之侯主题茶艺节目在数次演出中逐渐成熟，多次邀请县领导、县文化界、茶界及县外嘉宾品茗话茶，获得一致好评。

图9-52 凤冈不夜之侯·清茶坊

图9-53 凤冈陈氏茶庄

⑮ **凤冈茶旅一体化景区茶庄**：茶庄位于凤冈县永安镇田坝村茶海之心景区，基础设施有客房、餐厅、停车场等。茶庄经常开展采茶、制茶、学茶艺茶道、烤全羊（或烤鸡、烤鸭）、篝火晚会、茶乡歌舞表演等活动（图9-53），客房坐落茶海中央，到此旅游可住

乡村宾馆，与茶海共眠，以茶海为伴，听茶海私语，闻茶海清香，观茶海之美，享其宁静，正所谓融于自然，醉于自然之美。还可以体验采、制养生茶，学茶艺茶道，听土家茶歌，品锌硒香茗，喝土家油茶，吃土家糍粑，购有机商品和民间手工艺品。

⑯ 仙人岭茶庄（仙人阁茶庄）：该茶庄俗称孙家大院，位于凤冈县永安镇田坝村有机茶区，距县城35km。基础设施有客房、餐厅、停车场等。到这里旅游可住黔北大木屋，游仙人岭景区，观万顷茶海（图9-54），体验采、制养生绿茶，品仙人岭牌中国金奖绿茶，览四季玉兰花园，读茶经茶赋，尝茶乡十道菜，游杜氏堰、仙人湖，观茶乡歌舞，闻茶海茶香玉兰花香，赏玉兰诗书画轴。还可享受现代的信息便捷，进行商务洽谈、会务接待，康体健身等。

⑰ 凤冈古夷州老茶馆：茶馆位于凤冈县城的一家颇具特色的古夷州老茶馆（图9-55）。2008年，在凤冈县政府支持下，有心人汤权自助筹资开办"凤冈县茶文化展览中心"，又名"古夷州老茶馆"，向社会公众免费开放已达十余年，有效展示了凤冈乃至黔北周边地域丰富的传统茶文化知识。

图9-54 凤冈仙人岭茶庄远眺

图9-55 凤冈复制的古夷州老茶馆

⑱ 余庆坊玉河茶庄：茶庄归属于余庆县兴民城乡经济统筹有限责任公司管理下的余庆坊玉河茶庄有限责任公司，地处余庆松烟镇二龙村。群山环绕，环境优美。酒店与茶山风景完美结合，是以全木材建造的高端木屋茶庄酒店（图9-56）。茶庄拥有21间客房：包括豪华单人房、豪华双人房、普通双人房。茶庄茶室以品茗、观景、休闲为主，分别是品茗斋、养心斋，可满足客人的不同需求和自由选择，为客人提供不同茶品，全方位品味余庆茶干净茶的茶文化精粹。茶庄有茶园特色的柴火鸡、石磨豆花火锅、当地绿豆粉、糍粑、凉粉等美食，周边景点有李家寨水库、八大水库、星宿岩诗林、他山石刻等。

⑲ 兴民茶庄：茶庄位于余庆县河滨南路234号，是余庆兴民茶业发展有限责任公司投资建设的"余庆茶·干净茶"体验店，于2017年4月正式投入运营（图9-57）。店里设有产品展示区、品茶区2个、大小包房各1个及后花园1个（露天品茶区2个、木屋包房2个）。茶庄主要经营贵州绿茶、遵义红茶、余庆苦丁茶、余庆白茶、余庆黄金芽等余庆地

方农特产品，店内还有各种高中低端茶具、茶杯及茶宠。

⑳ "贤善"茶庄：茶庄系余庆兴民公司在上海的第一家直营店（图9-58），位于上海南桥镇解放东路1068弄绿地翡翠广场4号楼1楼，主要推出"大美余味"干净茶系列茶产品，苦丁茶、黄金芽、白茶、绿茶、红茶等5个产品严格通过了欧盟476项检测指标，100%达到欧盟标准。

图9-56 余庆玉河茶庄　　　　图9-57 余庆兴民茶庄　　　　图9-58 余庆贤善茶庄

第四节　黔南茶馆

在历史上，都匀、贵定、瓮安等地均有传统老茶馆。有人回忆：1986年在瓮安草塘（猴场）镇街上仍有小茶馆，茶馆大约50m²左右，用铝质饮料空罐插上灯芯做成煤油灯，十多个茶客围着几张桌子，有人喝了几口茶扬起脖子唱起了老戏。现各地老茶馆均已消亡。

一、传统老茶馆

贵定县云雾镇在清代即有茶馆。一家开设在两湖茶叶商会会馆，是本地和外地两湖等籍的茶商主要洽谈茶叶贸易的场所；另一家开设在江西茶叶商会会馆，顾客主要为江西茶商。会馆遗址至今犹存。

1912—1949年，独山有陪都茶社、老板为苏群黎。惠水县也有2家茶社，但店名不详。

在都匀原老邮局旁还有另一家茶馆。1941年田汉率四维剧社途经都匀，曾在茶馆内宣传抗日救国，茶馆演出京剧和抗日话剧，以唤起民众爱国热情。

抗日战争期间，"三友茶社"是美国著名的"飞虎队"官兵经常聚会的场所。前进机场的美国官兵在繁忙的勤务之余，喜欢到独山古城里的茶楼酒肆中放松休闲，而"三友茶社"则是他们去得最多的地方。

1944年前后，有一四川王姓老板在都匀原华兴街开设"加拿大"糕点铺，经营传统糕点和咖啡等，其店铺里间附设茶馆雅座，顾客买了糕点即可就地品茶就食。

在1949年之前，贵定共有5家茶社，其中中街茶馆最为有名。

民国后期至解放初期，独山古城东小东门以内，有家浙江人开的"三友茶社"。在这里，不仅可以喝茶，还可以听听书，品品音乐，吸引了很多古城人前往休闲。

二、星级茶馆

在2017年都匀毛尖（国际）茶人会活动期间，中国星级茶馆进行了中国星级茶馆授牌仪式，全国共有17家茶馆被授予"星级"，其中二星、三星级5家，五星级12家，都匀市6家茶馆荣获星级称号。

（一）五星级茶馆

① **本善·茶空间**：茶馆位于都匀市河滨路江城大厦2层202号，毗邻剑江河畔，面积约600多平方米，有7个品茗包间和1个容纳50人的茶文化会议厅（图9-59）。

茶馆由师承台湾著名茶学教授范增平、申婕、雷若曦创办，有国家高级评茶员、高级茶艺师2人、中级茶艺师7人。茶馆曾获2017全国星级茶馆首届茶席大赛一等奖，2019年"五一"节代表都匀毛尖茶人在人民大会堂为全国100多位政协委员表演都匀毛尖茶艺。

② **艺峰百子桥茶楼**：百子桥茶楼坐落于都匀百子桥上（图9-60）。百子桥茶楼的待客区分为左右两面，一面是7间独立雅室，一面是8个隔断雅间，入座雅室，可欣赏到剑江河上游"斜桥、九龙寺"等风景。茶楼内不仅进行茶水、茶叶销售，同时还有茶艺表演、主题茶会、相声专场等娱乐节目。

图9-59 本善·茶空间

图9-60 百子桥上的百子桥茶楼

（二）三星级茶馆

① **旭宝庭院**：茶馆位于都匀市剑江南路1号，处于都匀市最大的室内开放式公园文峰园、南沙洲文化公园附近，占地面积约500m^2，曾担任黔南州首届国际茶人会外籍人士茶艺培训。

② **布依仙子茶社**：该茶社位于都匀市开发区帝景豪C园2栋3号商铺，由国家高级评茶员、国家高级茶艺师、获"中国世博会茶仙子"称号的罗晓凤创办。

③ **伯爵玉水茶居**：茶馆位于平塘县平舟镇新舟区伯爵玉水花园。茶楼环境清雅，布局大方。馆内经营的茶品种丰富多样。

三、现代茶馆

① **雨涯堂·茶道**：贵州龙里县雨涯堂红木书画艺术馆·茶道坐落于环境优美的中铁国际生态城白晶谷香榭街10组团6-1，建筑总面积700m²的轻奢复古欧式建筑，花园占地面积1300m²，户外设有圆明园十二生肖兽首喷水池、户外山体水帘洞景观瀑布、360°极奢阳光房古筝茶

图9-61 雨涯堂

道——行云流水、户外高尔夫果岭训练场6洞、户外茶点、休闲阅读区等（图9-61）。

② **桥城故事茶馆**：茶馆坐落于有"山水桥城，贵州都匀"之美誉的贵州·都匀，依山傍水，剑江河畔——剑江半岛。茶馆隶属于贵州桥故城事贸易有限公司，公司成立于2017年，前身为大益茶品牌黔南授权代理商，在黔经营已9年有余。所在地为十大名茶——都匀毛尖茶之都，依托都匀毛尖茶原产地优势，逐渐发展成集茶叶批发零售、商务品饮茶空间打造、茶文化传播、茶艺培训、茶点开发等茶相关产品为一体的综合性企业。

桥城故事茶馆（图9-62），用心事茶，致力打造成为贵州·都匀一家有温度有情怀有文艺气息、轻松休闲的生活以及商务茶空间，同时，自助式的茶事理念让喝茶轻松自在化、年轻化、时尚化。

图9-62 桥城故事

第五节　毕节茶馆

一个地方的茶文化，最能集中展现的地方莫过于茶楼茶馆。新中国成立前，毕节茶馆主要受巴渝茶文化影响，大多建在茶马古道上，供来往客商饮茶歇脚、交流商贸信息。现在的茶馆，大多建在景区、公园或优雅之所，消费的主要群体已不是过往商贩、行脚挑夫，为了满足不同消费者的需求，茶馆也呈现出各具特色的风貌。

一、老茶馆的缩影

七星关老毕节城区作为三省通的交通要地，茶馆多，颇具特色，直至民国年间形成了高、中、低端的茶馆数十家之多。

高端的如陕西会馆、四川会馆，既是会馆，还是同乡做生意的商人互通商业信息、思乡饮茶聚会的地点。陕西庙（又名陕西会馆）始建于清朝乾隆年间，是陕西籍商人所建的会馆，原大殿内供奉的有蜀国名相诸葛亮，名将关羽等，又称为春秋祠，是七星关区目前仅存的商帮会馆。穿过戏楼和大殿中间是宽敞石院坝，摆有十余张茶桌。清末民国时期，一到晚上做买卖的商人商店打烊饭后，四五人相邀来到石院坝摆好的茶桌旁，坐上竹靠椅，来上几碗海马宫高山云雾茶，再来上几碟瓜子杂糖，伙计提着铜壶在茶桌四处端茶加水。戏台上有来自云贵川三省的川、京戏台班子演的《空城计》《捉放曹》等茶客、戏迷百看不厌的剧目，演到精彩之处，武生端着铜锣，顺桌求点赏钱，多少不论。抗日战争时期，戏台上还上演与现在的小品相似的滑稽剧，据说有"滑稽大王"之称的蒋大头只要一登台，演出的滑稽剧让人笑破肚皮。西南运输处的京川票友逢假日也在陕西庙搞上一两场业余演出。

中端的抗战时期小横街"蟾宫大戏院""三义殿"等。"蟾宫大戏院"整个建筑带有典型民国时期戏院风格，长约40m，宽约10m；戏台中为太师壁，左右为出场门，太师壁后为演员候场之用。剧场前三排为雅座，设有茶桌；两侧的楼梯连接至二楼的6个包厢，每个包厢约有4m²，供达官贵人携家眷饮茶看戏、商人饮茶谈生意之用。入夜，戏台的汽灯正亮，来自西南各地的川、京剧班子纷纷登台亮相，场内卖水烟的小贩与端水倒茶的小二穿插其中，观众边看戏边品茶，"水烟，水烟"，在烟民的喊声中，被称为水烟哥的小贩隔着两三个观众递上1个可伸可缩约3尺长的烟杆，远远地装上烟丝，划燃火柴再点上火，剧场中随即便弥漫了淡色的烟。"小二，毛巾"，随着喊声，戏院的小二从老远摔来一块蒸热的毛巾。浓浓的烟味，淡淡的烟圈，飞转的毛巾与台上铿锵的锣鼓声交织在一起，成了其时"蟾宫大戏院"一景。

三义殿位于毕节平街上双井寺（今区人民医院）之后，是一个一殿式建设，里面供奉有刘备、关羽、张飞的塑像，因刘、关、张桃园三结义的历史故事，三义殿而得此名，殿前有一近百平方米青石板铺就的院坝，顺两侧约十多级踏步而下，中间是一青石铺的坍台，中有圆形凸出雕塑。旧社会屠户们都拜张飞为杀猪的祖师爷，每天早上杀猪卖肉赶完早市，下午聚会在三义殿两厢，各自泡上一大缸来自燕子口水田坝大杆杆浓茶，天南地北地摆龙门阵。有的谈生意，有的调解做生意的纠纷，有的来上一段调情的山歌，如"梓橦阁下小横街，大红花轿抬妹来，先拜天地和爹娘，洞房花烛投哥怀"。更有甚者乱吹牛皮大放厥词的乱侃"张飞杀岳飞，杀得满天飞"。

在威西路（原市检察院位置）有一家称为说唱团的茶室，说唱团不但卖茶，主要还是有几位艺人在里面表演吸引茶客。20世纪60年代有位十七八岁的女艺人每天表演说唱，一曲"金钱梅花咯，荷花老海棠"，以至人们都忘记她的名字，都称她"老海棠"。还有一位魔术师艺名叫"斗鸡"，其实真名叫窦学文，他表演的中国古彩戏法"仙人栽豆"、"四连环"叫座又叫卖，为茶室吸引了不少常客。"文革"时期不再演唱和表演戏法，说唱团的茶室没有人气，就关门大吉了。

低端小一点的，有新街上通津路、珠市路、威西路的大众茶馆，吃茶的大多数是做小买卖的中老年人，早晨卖完菜、卖完面，吃了中午饭相邀而来进茶馆，泡上一杯茶，打上几圈撮牌，可一直坐到晚上关门，茶馆加水而不增加收费，整天仅收一次的茶费。大一点的珠市路口杨家茶馆，上午卖清茶，下午和晚上请艺人临场说书，在茶馆的正堂搭上高约一尺高木台，上面摆三尺高的文案，说书座在高登上，口若悬河讲"三国演义"、论"水浒"，讲到精彩之处，惊堂木一拍，"且听下回分解，明日请早"。茶客则是三教九流，喝茶谈生意、养生、打牌，所以茶馆成天热闹，茶馆除了卖茶，还卖糖果、香烟、瓜子、花生等小吃。

二、现代茶馆

改革开放后，随着对外交流，老茶馆已经不适应现代年轻人的饮茶要求。现代风格的茶楼、茶室应运而生。结合了茶文化和当下生活模式的一种新类型的茶馆统称为茶楼，其中以商务茶楼和休闲茶楼为主。商务茶楼一般分布在高档写字楼或商业步行街附近，以商务为主，品茶为辅，常设有大包可供商务洽谈和小型会议，消费中高档水平，一般面向商务人士。现

图9-63 毕节隐舍茶生活空间

代休闲茶楼，多分布大学附近或年轻社区周边，提供了一个类型咖啡厅风格的饮茶场所，比较吸引年轻人的喜爱，茶品以特色茶品和咖啡等为主。另外还有文化娱乐休闲类茶馆，是普通大众娱乐休闲的场所；同时还可以是茶艺类茶馆，爱好茶艺的人在这里品茶、研究茶道，吸引的是对茶艺有兴趣的人；另外还可以是特色茶馆，比如以研习国学为主题

的茶馆。

据统计毕节市目前有现代茶馆数百家之多,仅七星关区碧阳湖畔同心步行街就有茶楼十多家(图9-63)。毕节市现代茶楼装饰考究,有中式风格茶楼、现代风格茶楼;有的茶楼采取自产自营的运营方式,即在市里的休闲娱乐处设置茶楼并卖自己产的茶,自产自营茶楼的有杨家湾周驿茶场的"奢府"、大坡茶场的"碧阳茶汇"、纳雍县高山有机茶园"民革毕节茶汇"。威宁自治县香炉山茶园,在草海观海大道设立"乌撒烤茶馆",装修品茗具有彝族风格,形成茶园观光、产销、品茗、茶道等一条龙的营销模式。七星关区百里杜鹃大道"金兰茶舍",形成品茶赏兰、儿童茶艺书画琴棋培训、餐饮住宿为一体的经营模式。七星关区碧阳湖同心步行街"那年花海"则以多种经营带动茶楼,吸引培养年轻群体的品茶习惯。

图9-64 毕节白鹭岛茶叙茶生活空间

毕节半亩茶园是由毕节本土茶人陈雨虹设立在七星关区白鹭岛上的茶生活馆(图9-64)。茶馆主要以毕节本土茶为主,以乌蒙茶事为主题着重宣传了金沙的清池贡茶和威宁的乌撒烤茶,将很多其他省份及贵州知名的茶人引入毕节,为毕节茶做了很多宣传。陈雨虹在毕节市金沙县清池镇保护了一片古茶树群,茶生活馆主要用于向外分享毕节茶,将毕节茶带出去,让更多人有更好的茶生活体验,对毕节茶有更好的认知。她希望能通过自己的力量,让自己的家乡变得更好,让更多人了解毕节茶。

第六节 六盘水茶馆

① 艺茗茶庄:茶庄坐落在桃花山正门斜对面,集茶店、茶馆、餐馆为一体的综合性茶庄,经营面积500余平方米,是一家以经营六枝本地品牌绿茶为主,兼营全国各地名优茶、紫砂壶茶具。茶庄装修典雅,处处浸染着茶文化的芬芳,一椅一桌一画一挂饰,身临其境,静谧优雅。坐在竹椅上,室内弥漫着舒缓的轻音乐,竹露松风蕉雨,茶烟琴韵书声。啜一口香茗,或读书、或叙旧、或倾心交谈、或静静品茗,无声胜有声;或温言软语,追寻时光深处的惊鸿一瞥。

② 惟心亭:茶馆开设于现杨氏居宅内,位于古镇内南端,坐北朝南,始建于清光绪年间,为杨毓彦所建。此宅建于一南北长东西窄台基上,布局严谨而对称,为一四合院。享西南凉都之福祉,得中原禅林之古风,以"儒、道、释"明心之无明,以"茶道医养"净

意之妄念。惟心亭开设有茶道体验区：以茶为核心产品的禅意空间，推崇简约、自然的生活理念，意在让喧嚣繁忙都市的人慢下来，真正体验一种宁静致远、回归本源的生活方式。

③ 嘉禧茶苑：茶苑位于盘州市东湖之畔，湿地公园内。楼宇湖畔，湖光山色俱备，揽东湖之盛景，四季皆可入怀；茶苑占地约300m²，古朴典雅的房屋茶舍，清幽别致的园林小景，湖光山色相映成趣，可同时提供百人茶席，集茶产品、茶空间服务以及茶文化发展与传播为一体。店内经营产品主要有盘州绿茶、普洱茶、红茶、白茶、各类养生花茶等。绿茶以盘州市特产优质绿茶为主。嘉禧茶苑致力于盘州绿茶的相关产品及文化的宣传及盘州茶文化的传播。

④ 黔叶嘉荷茶艺馆：茶馆在装修的设计风格上讲究简约质朴，回归自然，崇尚自然，从山林中取景，移景于闹市中，然后又在闹中取静，还给品茗者一份安静祥和的心情（图9-65）。给踏进黔叶嘉荷的客人带来的味美、汤美、形美、具美、情美、境美、语言美、行为美，等等，使人健身益寿，心旷神怡，达到物质与精神的极大享受。同饮香茗，共话友谊，以茶会友，客来敬茶，能使人类在和煦的阳光下和睦相处，增进友谊，共享亲情，感到无比亲切温馨。

图9-65 黔叶嘉荷茶艺馆

⑤ 南旗文化：茶馆致力于打造中国茶文化知名品牌，创始人严春雷先生自2009年矢志于商，钟情于茶，为求茶道，苦心修为，历时10年，行程万里，游灵山秀水，访异士高人，终有所悟，创立商号，宗溯北斗，名曰南旗。凡关茶者皆有涉猎：茶叶、茶具、茶文、茶艺、茶道、茶缘，一应俱全。目前拥有优秀的茶艺表演团队和管理团队（图9-66），公司发展至今，已在全国建立9家直营店，公司自主品牌产品有

图9-66 "南旗文化"凤凰茶道茶馆

"南旗文化""正南堂""黔州第一春""黑叶百毫""一了堂"五个，公司连续两年获得"省级重合同守信用单位"，2014年9月获得"贵州省名优特色产品品牌"称号。公司研究恢复的"唐代宫廷茶艺表演"被CCTV2、CCTV7，北京卫视、贵州卫视、新浪网、搜狐网，《贵州政协报》《贵州民族报》等20多家媒体报道。

⑥ **自然天成各得其所茶空间**：茶馆位于六盘水市区府北路一所私人小众茶馆，是一个聚茶道、香道、花道于一体的美学空间，以打造小众高端品牌为理念。茶馆从每一个细节入手，茶叶挑选严格把控，只为给喜爱茶叶朋友们找到原生态、无污染、安全并且货真价实的好茶。在器具的选择上面，一是对应不同茶品挑选最为合适的茶具进行冲泡；二是讲究缘分，遇到精美的老物件、老茶器、花瓶也会收集到店里让来客观赏和感受其独特魅力，店里除了泥料纯正的紫砂壶外还有做工精美的景德镇上好瓷器。每个周末都会进行一次插花活动，中式插花的独特之处就在于她的意境之美，只要有一颗发现美，创造美眼睛一切都会变得灵动起来。

⑦ **青龙春茶业体验馆**：青龙春茶业是一家传承百年制茶工艺的企业，产品连续7年通过国家有机食品认证，2016年入选农业部优质农产品。青龙春茶业的理念：用良心做茶，对生命负责。

第七节　黔西南茶馆

一、茶馆历史渊源

茶馆又称茶事、茶坊、茶店、茶铺、茶室、茶楼、茶座、茶厅、茶园、茶苑。晴隆茶馆源于明朝后期，仅县城一家，茶馆集酒店旅社为一体，供客商、官兵、富豪做生意和闲聊。清朝起，茶馆茶楼增多，一些大的集镇因屯兵和客商往来，政权机构建立等亦开设有茶馆。1912年始，部分乡镇和驻地开设有茶馆、茶室等。新中国成立后，挂牌茶馆被取消，茶室大多设在饭店、旅社内。改革开放以来，社会经济迅速发展，全县各乡镇招待所、旅社、宾馆迅速增多，均设有专门用于商务、公务之小型茶室，特别是晴隆锑、金、煤三大产业兴旺时期，大厂、中营、莲城、沙子等镇驻地均开有茶馆或茶室，最有名的是县城南街（今南源农贸市场内）付国友茶馆，从20世纪80年代开起，至2012年才停办，历时30余年，茶馆虽不大，但热闹非凡，不但供来客茶水，还提供饮食（便餐）、住宿，白天客人少些，晚上来客爆满，有做生意的客商、背背箩的打工妹、游客、闲人等。在馆内喝茶唱民歌、跳民间舞等。干了喝口茶、饿了吃零食或面粉、累了困了住旅社，付国友靠此生意发家数十年。其次是大厂镇境内沙八公路32公桩处的一茶楼，开设于黄金鼎盛时期的1995—2008年，历时13年，茶楼主要供黄金老板、各类客商谈生意和取乐，来往客商每天近百人，均在茶楼包间谈生意、大厅跳舞、茶室品茶、楼上睡觉，茶楼老板也赚了个钵满金足。

二、老茶馆缩影

2014年，电视剧《二十四道拐》在安南古城（晴隆古城）拍摄，剧组在古城内模仿旧时安南茶馆旧貌修建茶楼两座，是明清时期瓦木结构，一座为单层房，附偏房3栋。一座为两层楼房，茶楼以抗战年代为背景装饰和布置，挂多面茶旗，彰显其明清至民国时期茶馆业之形势。另模仿建造"莫忙庄"一座，两层，木瓦仿古建造，两边主柱和侧墙均雕刻和悬挂邓子龙所作对联：为名忙，为利忙，忙里偷闲，且喝一杯茶去；劳心苦，劳力苦，苦中作乐，再打四两酒来（原文为：因公苦，因私苦，苦中作乐，再打一碗酒来），横匾挂"莫忙庄"三个大字，下附"毛尖、翠芽、白茶、红茶、野生绞股蓝、黄金芽、铁观音、龙井、毛峰、碧螺春"等晴隆品牌名茶，侧面挂墨色茶旗，布置古色古香，充满茶香味。另在城内建有鸳鸯楼一座，以供游客游赏。

三、现代茶馆

①"晴隆茶叶"馆：馆长田连启将原东街茶业公司一楼改为现代茶馆，门挂"晴隆县茶业公司经营部"牌子，上贴"晴隆茶叶"四个大字，门前植古茶树标本（样）一盆，玻璃门贴满绿色茶字，内设品茶室两间，另有一间专门存放晴隆各种品牌茶叶，整个茶馆充满精神文明和现代化气息，客人可在馆内品茶、购买茶叶。茶馆生意兴旺、服务周到，是全县现代茶馆的一面旗帜（图9-67）。

图9-67 "晴隆茶叶"茶馆

② **普安县清怡茶楼**：2012年6月，晁忠琼创办了"普安县清怡茶楼"（图9-68），茶楼经营集茶叶、茶器、餐饮、茶文化推广为一体，是普安唯一一个对外和对内展现茶文化的一个窗口型企业。自创立以来，清怡茶楼本着宣传普安茶文化的宗旨，对内开展茶艺表演、品茗、

图9-68 普安县清怡茶楼

茶艺培训、传授茶艺服务、茶文化推广和交流活动，积极协助普安县政府开展茶文化的宣传活动、茶艺表演。2015年8月，普安县清怡茶楼自己培养的茶艺表演团队首次参加贵州省茶艺职业技能大赛，荣获团体赛"优秀奖"。2015年9月，普安县清怡茶楼被《中华合作时报茶周刊》《中国茶叶流通协会》评为"全国百佳茶馆"。

第八节 铜仁茶馆

铜仁茶馆的发展大致可分为新中国成立前、改革开放前、改革开放以后三个阶段。其中新中国成立前有茶馆19家，改革开放以后有茶馆35家。茶馆业是喜好性、悠闲性的产业，铜仁茶馆需要与茶企业、茶品牌的茶产品的体验和文化推广相结合，形成一个提供茶综合服务的清闲场所。

一、铜仁茶馆历史

（一）1949年以前

明清至民国年间水运较为发达，乌江是"川盐入黔"的主要通道，也是"川盐济湘""入盐济鄂"的重要渠道，所在乌江岸边的码头集镇大批茶馆应运而生，茶馆不仅是喝茶的地方，也是做生意、讲道理、断是非、"说和"的主要场所，特别是船运货物信息更是靠茶馆传递。

1949年以前铜仁茶馆主要集中

图9-69 老茶馆

沿河、思南等沿乌江一带，最初主要供过往商贾的商人用，慢慢当地也习惯了，逐渐成为人们休闲、社交活动主要场所（图9-69），除了县城外，重要集镇茶馆也比较兴旺，茶馆得到繁荣，成为当地一大特色。如思南县城、塘头、许家坝、鹦鹉溪等，沿河县城、淇滩、洪渡、黑獭堡、思渠等，石阡县城，松桃寨英等。

铜仁茶馆命名主要以业主姓氏或姓名、经营地点地名而命名，如：新中国成立前较出名的思南陈家茶馆（陈尚文茶馆），至20世纪后期一直在经营的有蔡家（蔡至德）茶馆、胡家（胡定邦）茶馆、张家（张二哥）茶馆、李家（李廷高）茶馆、田家茶馆、黄家茶馆等，沿河的舒家茶馆、彭家茶馆、田家茶馆、肖家茶馆等，石阡温泉茶馆、丁字口茶馆，松桃松江楼茶馆等。

城区的茶馆主要以自家堂屋或临江的厢房为经营场所，中间木料做的茶凳（又名钱凳）上泡着几壶土茶，四周茶客把泡好的茶水倒在土碗里，坐着木椅或竹藤椅围着慢慢品尝，一家茶馆可以容纳20人左右；铜仁茶馆里有专门说书称之为"说怀书"，在茶馆靠里面的位置说书。茶馆有专门的"茶博士"（泡茶服务生或茶艺师）泡茶，顾客一进来，茶博士手提着茶壶，将壶嘴对准客人，示意请客人吩咐，斟茶有"凤凰三点头"和"高壶旋空"冲泡2种，茶盅冲满7分水，斟完后，再将茶壶嘴对准自己，否则就是对茶客不礼貌。茶叶品种、规格也较单一，大多只有一两种普通茶叶，客人进店坐下，店主或茶博士为客人冲泡一杯茶即可，有的还有一碟葵花籽。茶博士肩上搭一白巾，招呼顾客。

茶馆不仅是饮茶解渴之处，也是重要的社交场合，生意人爱在茶馆里洽谈生意，纨绔子弟们更是饱食终日，在茶馆里谈古论今，自命风雅，借茶馆消磨岁月。县城茶馆每天天亮就开始营业，来喝茶的客人大多是赶集的老年人、过路的小商贩来歇脚或附近做旅店的客人等，他们以茶会友，摆龙门阵是他们的重头戏，谈论的话题很多，有当前市场上猪娃、耕牛的行情，粮价（大米、豆子、苞谷等）、桐油、盐巴、茶叶的涨跌，也有谈论张三的儿子与李四的媳妇的风流情事，等等；有的摆龙门阵同时还约几个人一起抠鬏、打点点牌等，有的经营者为招揽茶客还请民间老艺人拉起二胡、唱着花灯为茶客助兴，艺人们自然会得到主人一壶免费的茶作为奖赏，悠扬婉转的二胡声、吆喝声、鼓掌声在茶馆里不时会响起，直到太阳快要落下西边轿子顶山，茶客和艺人们才各自渐渐散去，老人们的光阴就这样一天天在茶水间被慢慢冲淡。茶馆除了喝茶，同时收购和出售产自本地的尖山坪、大旗山等地的茶叶，有的茶馆还经营茶具等。

部分乡镇茶馆由于乡场上的人家，平时以务农为主，也没有闲钱上茶馆，故这里的茶馆，一般只在赶场天营业，当街的铺面不大，两张大桌子连在一起，桌子四周大板凳相围。这种场所，大多不是大集镇的悠闲生活，而是休息、解渴的需要。四山八岭的农民，担着沉重的农产品上街，摆在街边卖了之后，已是腰酸腿软，街道又逼窄，也没一个空闲地方可供歇脚，进茶馆就是最佳选择之地。

（二）1949—1980年

有关铜仁茶馆记录很少，根据有限的记载只有思南、沿河、石阡县城有少数几家在经营。

（三）1980年以后

随着改革开放后社会经济发展、生产生活水平不断提高，铜仁茶馆业也得到了很大发展，茶馆的数量、规模、装修布置、茶品等都得到了快速发展，但随着消费水平、方式等的变化，一段时期内茶馆经营很大程度上以满足娱乐需求为主，而失去了茶馆应有的清静休闲气氛。近几年，随着茶产业的快速发展及社会风气改变，茶消费群体快速扩大，铜仁茶馆经营进入满足饮茶休闲为主要需求服务。

二、茶馆缩影

（一）1949年以前

茶和饮茶是极富贵州及乌江流域特色的元素之一。据史料记载，中国最早的茶馆就起源于四川。随后转入乌江流域及武陵山区，不管是茶楼、茶房、茶馆、茶铺、茶社、茶室、茶庄、茶园，乃至是幺店子；不论名号的土洋或雅俗，都是可以接待茶客喝茶或是"讨"碗茶喝的地方，即使是现代茶叶专卖店，也是可以进去品口茶的（表9-1）。

既然是喝茶，自有喝茶的习俗，坐茶馆自有坐茶馆的"规矩"，西南地区茶馆里也有自己的"茶言物语"。茶客入内坐定，就可以"喊茶"了。如是店家、服务员还未来得及接待茶客，尽可以自声呼唤。以前一般是喊"来×碗××茶"，现在则大多喊"来×杯××茶"，这盖因如今的茶馆，茶具多用的是茶杯，而"盖碗茶"茶具少见了。老四川以前都用"盖碗茶"具，关于"盖碗茶"的喝法和茶具的功能就不赘述了，但需晓得其盖、碗、船的摆放也是有含义的。比如，茶盖如是仰放在座椅上，表示短暂离开，用茶盖来"占位子"；茶盖仰放在茶桌上，而人不在，幺师明白是客人喝好后离店可以收拾茶具了；幺师掺水时，茶客不揭盖表示不用续水，反之则是要加开水。至于说到旧时"袍哥"大爷断是非"吃讲茶"，江湖上的三教九流、黑道人物说生意，对暗语，讲黑话，那"规矩"就太繁杂了。以前，茶馆中还常有"喊茶钱"的客套习俗，即某人走进茶馆时，熟人便喊"茶钱我这里会了"。喊茶钱的人越多，来人的面子就越大。对方则要口称"挨过，挨过"以致谢。如今喝茶遇到熟人朋友，如是为邻桌三朋四友"喊茶钱"，则是静悄悄地在吧台上把单买了。

表9-1 铜仁1949年以前铜仁茶馆统计表

序号	茶馆名称	地址
1	温泉茶馆	石阡
2	丁字口茶馆	石阡
3	松江楼	松桃
4	梵净园	松桃
5	观江楼	松桃
6	唐家茶馆	思南
7	陈家茶馆	思南
8	蔡家茶馆	思南
9	胡家茶馆	思南
10	张家茶馆	思南
11	李家茶馆	思南
12	田家茶馆	思南
13	黄家茶馆	思南
14	舒家茶馆	沿河
15	彭家茶馆	沿河
16	田家茶馆	沿河
17	肖家茶馆	沿河
18	张家茶馆	沿河
19	谭家茶馆	沿河

① **松桃寨英松江楼**：清光绪五年（1879年），"裕国通商"在黔北仁怀"荣太和烧坊"富绅石荣霄的倡议下，在松桃县寨英商埠贸易达到鼎盛时期，修建了"松江楼"（图9-70）。"裕国通商"松江楼位于寨英何家坝子西门街巷子口三街交接处，系"何和顺"三大号之一，占地面积270.04m²，面阔3间共13.3m，进深20m，三进两天井，木结构桶子屋，四周有封火砖墙，主体建筑包括大门、第一天井、左右厢房、正厅、第二天井、左右过厅、后厅等部分。

图9-70 松桃寨英松江楼

"松江楼"重檐翘角，富丽堂皇，专为品茶尝点、喝酒吃饮，实行饭酒茶兼营商业场所，寨英一度商业兴旺，经济繁荣，曾经一度赛过松桃县城的辉煌历史。不仅寨英当地的八大商号家家卖茶，还吸引松桃县城八大商号在寨英收茶卖茶，被当时称为"小南京"和"梵净山茶城"。

② **松桃寨英松江楼梵净园**：清道光二十年（1840年），松桃县城在原迎恩、永宁、化

三、河润四个门的基础上,在小河对岸增修子城,新添修文、观澜、绥来、太平四个门,城内街巷达到23条,城区面积为1.2km²,在县衙门口大街,由松桃县城八大商号之一的明双和开设了"梵净园"茶楼。"梵净园"茶楼为三层三进两四个院,木质结构楼房,临街三层楼木结构凉台,面阔五间共20m,进深40m,四周有封火砖墙,窗户、屋檐雕刻花鸟。"梵净园"茶楼属于"清水茶馆",只喝茶,不打牌,不唱戏,有住宿和饭菜一条龙供应。

③ 观江楼:"观江楼"也是清道光所建,老板是松桃八大商号周明顺富绅。"观江楼"位于县城东门桥头,两面临街,背面临江,占地面积1260m²,房屋为木质结构,壁雕、窗饰、木刻、家具、茶具、服饰和茶艺于一体的艺术巨构,及松桃苗族茶人传承苗族茶文化的经典杰作,一座苗疆民族特色的茶文化历史悠久松桃味道。无论"观江楼""梵净园""松江楼",茶馆的名字都十分别致文雅。"观江楼"颇具诗情画意,可以观江望水,仿佛水光碧波具有思亲的感悟。"梵净园"佛光普照,茶禅一味古雅之趣,别有洞天。"松江楼"翰林书香,风雨历程,淳朴大自然本色。

④ 丁字口茶馆:石阡历史上有温泉茶馆和丁字口茶馆。温泉茶馆坐落于石阡县城南温泉,1920年温泉改建时,在温泉旁边建两间房(约80m²)开设茶馆,主要以大碗茶(土陶碗)为主。这个茶馆一直延续到1992年7月石阡温泉重建时才被迫停业。

图9-71 茶叶巷

丁字口茶馆位于茶叶巷100多米处(图9-71),由贵阳人周渭波创建,其妻张福秀在石阡做茶叶生意,两人一个喜欢喝茶,一个做茶叶生意,以茶为媒,喜结良缘。那时,石阡老街上的人们吃完饭后,去茶馆一边喝茶,一边听人说书,是石阡人民最为丰盛的精神食粮和视听盛宴。这个茶馆具体的开馆时间不详,1950年停业。

(二)1949—1980年

由于经济体制等因素影响,这个阶段是基本没有铜仁茶馆业的记载。

三、现代茶馆

(一)1980年以来茶馆(表9-2)

表9-2 1980年以来铜仁茶馆

序号	茶馆名称	地址
1	府文庙鸿云茶庄	石阡

续表

序号	茶馆名称	地址
2	慕诗客茶馆	石阡
3	海月茶艺馆	石阡
4	净心源茶馆	石阡
5	不晚茶坊	石阡
6	石阡苔茶体验馆	石阡
7	楼上楼茶馆	石阡
8	温泉苔茶体验馆	石阡
9	好香居	松桃
10	梵净山茶庄	松桃
11	松江书院	松桃
12	福茗轩	松桃
13	百川肆	松桃
14	德江县傩戏茶行	德江
15	德江如一居茶馆	德江
16	德江县春蕾茶馆	德江
17	净园春茶楼	江口
18	铜仁川主宫茶馆	碧江区
19	古城记忆茶馆	碧江区
20	三江茶楼	碧江区
21	淡园茶楼	碧江区
22	六道门茶馆	碧江区
23	华祥苑茗茶	碧江区
24	牂牁草堂	思南
25	安化客栈	思南
26	以思之茗茶馆	思南
27	山国饮艺文化馆	思南
28	观音阁茶馆	思南
29	净团茶楼	印江
30	梵净山翠峰茶品鉴馆	印江
31	印江古镇茶城茶楼	印江
32	马家庄	沿河
33	沿河土家族自治县真品堂茶楼	沿河
34	鸿渐思州茶馆	沿河
35	江上茶叶	沿河

(二)代表性茶馆

① **古城记忆茶馆**:铜仁市碧江区古城记忆茶文化展示中心(图9-72),成立于2012年6月,位于铜仁市中南门古城大观楼内,经营面积230m²,有雅致单间6个,普通单间3个,敞开式茶席位5个;茶馆专业从事六大茶类产品的销售及本地茶产品、茶文化的推广,主要产品有:梵净山绿茶、红茶、黑茶等,茶馆现有职工5人,其中高级茶艺师3人。"用一方净水,泡一壶好茶,留一腔情怀,忆一座小城"为茶馆经营理念,茶馆以"诚信经营,宾至如归"的服务理念接纳四方游客,得到了各方顾客的好评,同时茶馆也是铜仁文人墨客常聚之地,2017年11月《江城1943》影片曾经在此取景拍摄。该茶馆为铜仁古城增添了一道靓丽的名片。

图9-72 古城记忆茶馆

图9-73 六道门茶馆

② **六道门茶馆**:于海军先生于2015年创建,坐落于铜仁市碧江区中南门古城,经营面积800余平方米,是铜仁市唯一的五星级茶馆,曾接待过茶界泰斗于观亭老先生等专业人士(图9-73)。

茶馆大力推广铜仁梵净山茶,发展六道门自有品牌。始终以"为客户提供最好的产品、良好的专业支持、健全的服务"为宗旨,在铜仁茶界领导人的支持与关怀下,六道门茶馆现已成为铜仁古城茶文化的一个坐标。

图9-74 江云茗院茶空间

③ **江云茗院茶空间**：该茶馆为贵州梵净山茶业集团旗下产业，位于贵州省铜仁市万山区风筝基地，面积1200m²，由四栋小楼围合成庭院布局（图9-74），包括茶饮包房8间，茶民宿11间，茶培训室1间，茶展厅1间；创始人姜娟。江云茗院茶空间将中国传统茶文化与现代生活理念相结合，并融合禅茶、茶修理念，形成集新式茶饮、茶培训、茶雅集、民宿于一体的茶空间，是贵州茶文化荟萃地之一，也是一方宁静、自在的品茗、聚友、养心之所。

④ **石阡苔茶体验馆茶艺培训中心**：该培训中心是集品茗、培训、茶文化推广一体的现代茶文化机构，成立于2015年12月，有师资人数11人（图9-75）。

培训中心自成立以来，始终以宣传、推广、传播石阡苔茶文化为己任，活跃于全国各地的茶事博览会，曾参加了广州、济南、北京、上海、浙江、江苏、香港等地的茶事推广活动；编排的《苔茶记》茶艺节目在"丝绸之路·黔茶飘香"青海站石阡苔茶推介会上获得省内外人士一致好评；《爱在山的那一边》茶艺表演获得2017年"多彩贵州·黔茶飘香"茶艺大赛二等奖；培训中心茶艺师向莉在2018年贵州省第三届全民冲泡大赛中荣获金奖；中心多名茶艺师在石阡县第二届、第三届、第四届苔茶姑娘选拔赛中均取得优异成绩。培训中心开班以来，共计培训600余人次，其中少儿培训达400余人次，成人培训达200余人次。组织茶会30余场，参与茶友达200余人次。

图9-75 石阡苔茶体验馆培训中心

⑤ **梵净山茶庄**：茶庄建立于2009年，位于松桃县城金阳广场，业主是梵净山茶业有限公司，是一家集茶叶基地、加工、自主茶叶品牌销售的茶馆。"梵净山茶庄"，与其他同类茶馆有所不同的是，该茶庄经营理念为"开拓式体验生活馆"，不仅局限于品茶本身，而是希望通过香茗对松桃茶礼、茶俗、茶艺、茶器、茶水、茶道、茶事等一系列作为渠道，营造一个整体的茶文化氛围，让来到这里的茶客们以这里为入口，置身于丰满鲜活的茶品茗体验环境中。

梵净山茶庄是贵州省评选为第一批星级茶馆，也是松桃目前唯一的一个"星级"茶馆。该茶馆星级标准为"三星"，其茶馆面积400m²上下两层。内装修精心设计，合理布局。内设茶展示、茶艺表演、接待厅、品茗室多间包房等，给人一种"普净七香、自在随心"的松桃茶韵魅力。该茶庄主要将松桃丢失半个世纪的茶馆文化拾起来，基于当地民族交往茶礼仪和艺术，基于茶叶养生方法和艺术，基于茶叶的清廉修正方法和诀窍，进行整体展现和恢复。坚持"原产地、原叶料、原地加工"自制产品通过茶庄茶艺冲泡，提高松桃茶文化在人们心中的地位，吸引更多人走进茶文化圈，了解茶，爱上茶；助力推动松桃传统茶文化复兴和当地茶馆事业的发展。

目前，"梵净山茶庄"已经成为松桃茶馆形象代表，厅堂的一景一物都带着浓浓的松桃茶情缘的典雅"气息"。延伸的茶艺培训、心茶之旅、书法绘画、鉴赏茶器、斗茶雅颂等，都是服从于茶文化本身，拉近茶文化与普通大众的距离，可谓重新找回松桃茶馆的前世今生。

⑥ 淡园茶楼：该茶楼地处贵州铜仁市中南门古文化街区，2007年由黄秋野女士创建，该茶楼房屋建于清光绪二年，茶楼除了具有浓厚的历史底蕴外还受自然山水所环抱，是一家纯专业式古典茶楼（图9-76），2013年被贵州省商务厅、贵州省农业农村部评为第一届贵州省级"三星级茶楼"。现有茶艺师7人，其中高级茶艺师6人、中级茶艺师1人。茶楼除饮茶外还打造了自己的澹园茶品牌——淡园金萱乌龙茶、淡园茯砖、淡园砣茶等，同时茶楼还传授唐宋茶道及茶礼仪。除此之外，茶楼还成了多部影视作品的拍摄地，比如由韩国影星贾禹玄主演的电影《花坞》《催命符》《春困》《察院山之恋》等多部电影。

图9-76 淡园茶楼

第九节　黔东南茶馆

黔东南州代表茶楼为鸿福茶楼，创建于2000年，位于贵州省凯里市宁波路2号，是一家集茶叶种植、生产、加工与销售，土特产加工、销售，茶枕、茶具、糖及定型包装食品如酒、饮料、坚果类、果蔬植物销售，茶艺服务为主的综合性茶业企业。现有黎平杨梅井茶厂、麻江王义茶厂等5个粗加工厂，年加工茶叶能力200多吨，生产保健茶枕150万套；主题独立茶室10余间，包括天台可容纳100余人饮茶，饮茶环境安静素雅，茶艺师热情专业，最适合接待宾客、商务洽谈和朋友聚会（图9-77）。

鸿福茶楼经黔东南州人民政府批准，定名为"黔东南名优茶展示馆"；2004年4月被评为"全国百佳茶馆"；在董事长聂顺祥的精心带领下，现有茶艺师石涛涛等人取得了专业的茶艺师证书，茶楼两名茶艺师在参加全省"十佳茶艺之星"比赛中，获得"十佳茶艺之星"殊荣。茶楼秉持"追求卓越管理，拓展民族艺术，奉献鸿福爱心"的宗旨，一步一层楼，在博大精深的茶领域不断求索奋进，现已成为贵州省苗岭山区一颗璀璨的明珠。

图9-77 鸿福茶楼

第十章 茶文

黔茶文化是贵州茶文化的重要表现形式，它以诗词、散文、小说、戏剧和歌舞、书法、绘画、影视等不同载体表现茶人的内心情感，并再现一定时期和地域的茶事与社会生活。

贵州是一个多民族的省份，各民族同胞在长期的茶叶生产和饮用中，创造了许多别具民族特色的茶礼茶俗，同时采用极富于表现力的文学艺术形式创作了许多优秀的茶文学艺术作品。作品不仅通俗生动有趣，而且具有强烈的文学艺术色彩。同时又是史实的形象反映，具有珍贵的历史价值。

与此同时，贵州古今文人墨客很早就与茶结下了不解之缘，他们在品饮贵州茶的同时，深深感悟到：贵州茶不仅品优好喝，而且激发起他们的文思画意。通过饮茶，不仅让他们得到了一种生理和心理上的愉悦和满足，同时激起了他们对饮茶、爱茶、识茶的热情，并在他们的文学艺术作品的创作中，把茶作为沟通天地万物的媒介，以及托物言志的表达形式。

第一节　文学作品

贵州各族人民世代积累的饮茶习惯，直接促成了茶文学作品的诞生，茶文学在文人笔下一篇又一篇的作品，向世人展示了贵州人的茶业行为和饮茶心理。

一、茶诗词

从古到今，以贵州茶为题，文人们创作了大量的诗词作品。北宋文学家、书画家苏轼的《月兔茶》、黄庭坚的《阮郎归》，赞颂了古代都濡县（今贵州务川县），将其优异的品质描绘得让人神往。而贵州历代文人中，明代的孙应鳌、王尊德、许世琰、陈文学、冯时可、周瑛、谢三秀、越其杰、杨文聪、徐以暹、通醉、钱邦及清代的吴中蕃、周渔璜、洪亮吉、余上泗、黎庶昌、章永康、郑珍、姚华等人的茶诗作品，都在不同的方面颂扬或描述了贵州茶的历史底蕴和别具一格的特色。更值得一提的是抗日战争期间，浙江大学西迁湄潭的教授学者组成的"湄江吟社"创作的61首茶诗是贵州茶文学一笔弥足珍贵的财富。五四运动以来，用白话写的诗逐渐占了主体地位。人们在近百年间也创作了不少的茶诗作品。进入21世纪以来，传统诗词创作从复苏走向复兴，取得了长足的进展。人们用诗的形式，创作了更多的茶诗词，从不同的角度，反映了贵州茶跨越式的发展势头。

综观贵州茶诗词，不仅数量多，而且不少作品别具特色，生动地描绘了不同时期的茶事活动，颇具历史价值。现选介部分贵州茶诗词于后。

（一）古代茶诗词

月兔茶

环非环，玦非玦，中有迷离月兔儿。

一似佳人裙上月，月圆还缺缺还圆，此月一缺圆何年。

君不见斗茶公子不忍斗小团，上有双衔绶带双飞鸾。

（宋·苏轼，见《中国古代茶诗选》）

阮郎归

黔中桃李可寻芳，摘茶人自忙。月团犀䪨斗圆方，研膏入焙香。

青箬裹，绛纱囊，品高闻外江。酒阑传碗舞红裳，都濡春味长。

（宋·黄庭坚，见《全宋词》）

沙河阻水过石佛寺

风雨何凌乱，川原共渺茫。劳歌怜宦辙，小憩得禅房。

啜茗僧分榻，将雏鹤上堂。遥遥看彼岸，吾欲藉慈航。

（明·孙应鳌，见《黔诗纪略》）

立 夏

惊心寻胜事，转眼易佳辰。人喜初来夏，花留不尽春。

临池翻帖始，改火瀹茶新。高枕西窗下，绿阴何负人。

（明·王尊德，见《黔诗纪略》）

春日眺静晖寺

陌头杨柳逐飞花，乘兴登临叩释家。客到山中应得句，僧归刹里亦传茶。

盘恒苔洞忘年序，箕踞蒲团听法华。不向桑榆倾万斗，更于何处醉烟霞。

（明·艾友兰，见《黔诗纪略》）

明霞洞

岩岩石洞透青霞，清泚微芳时一涯。芝径漫留书带草，延阶须植合欢花。

雨声滴沥欺残箨，雪意潆洄斗晓茶。寂寂洞门春色隐，谁从沧海问桑麻。

（明·周祚新，见《黔诗纪略》）

春日清泉书院晚眺

四山返照片云无，散步园林兴不孤。芳草半池藏野鹭，远峰万仞挂新乌。
只形懒漫依鸠杖，个衲相忘对茗炉。自是与人风味别，谁知心内有蓬壶。

（明·孟本淖，见《黔诗纪略》）

游大觉兰若

为爱郊行曳瘦藜，招堤日暖草新葽。风摇石笋撑高阁，花带天桥度小蹊。
奏曲喜观鱼听水，化城谁见鹿横䡖。茶烟酒椀判清卧，不待辟尘休问犀。

（明·谈亮，见《黔诗纪略》）

种 茶

种茗先人志，年来思一酬。亦尝黄蓄子，未见绿盈邱。
地力非予吝，人工颇自尤。今朝重点缀，何日摘新柔。

（明·吴中蕃，见《黔诗纪略》）

夜游惠泉

夜气淡则上，山光贡众形。泉声入冷月，松影出孤亭。
香味寂不见，寒涛静可听。呼童生活火，煮茗坐寒汀。

（明·杨文骢，见《黔诗纪略》）

题通化寺

城北招堤十里遥，山门寂寂草萧萧。天花疑傍云花落，柏子频移衲子烧。
晨磬声随风雨度，午茶香引桂花飘。杖藜徐步闲庭览，无限尘心尽自消。

（明·陈文学，见《耀归存稿》）

都匀道中口号虎赠夏逸人

客路悠悠绕夜郎，驰驱渐入瘴烟乡。都蛮落日恐行旅，野老烹茶迎道旁。
杖策无言机事少，停车有客赠歌长。四邻络炭熙熙乐，似半耕桑乐岁穰。

（明·冯时可，见明代万历《贵州通志》）

雨后过娄山关

雨后犹喧万壑雷，连崖对绕郁崔巍。路从水石间寻觅，人在风云里过来。
瘦竹绿坡高下舞，杂花依店整斜开。清明已近春寒甚，是处山田未剪茶。

（明·温耿光，见《李白夜郎》）

惠　泉

呼童烹活火，气与味俱玩。静泻乾坤色，香宜龙凤团。
山空云漠漠，石细玉珊珊。一瓯烦襟累，娟娟月上栏。

（明·周瑛，见清乾隆修《镇远府志·艺文》）

次太昆何居士韵

傍个烟村枕破浆，旋编茅草且为家。藩篱不设随来往，澹澹烹茶煮瀑花。

（明·通醉，见《青松集》）

廖石斋石梁书屋

修竹当庭翠，清明覆草庐。风霞侵座晓，烟雨隔江涑。
涤暑烹山茗，开樽摘野蔬。往来数朋辈，常友古人书。

（明·徐世垓，见道光四年《铜仁府志》）

山　居

卜得幽居远市城，门无车马自冰清。闲来扫叶供茶灶，谁把葡萄架共撑。

（明·敏树如相，见《黔北明清之际僧诗选》）

游洞清寺兼寿空明

洞清佳可游，精舍复能幽。花林交响映，炎凉绝应酬。
雨前茶色嫩，庭际竹声遒。正值蟠桃熟，东方经几偷。

（明·月荃彻字，见《黔北明清之际僧诗选》）

茶　税

播州自昔罢茶仓，县帖频催苍断肠。税籍未销牛已卖，落花风里诉斜阳。

（清·陈熙晋，见《黔诗纪略后编》）

漫 兴

九陌轻尘走钿车，闭门书帙任横斜。茶香易醒朝来酒，睡美妨看郭外花。
垂柳渐浓莺识路，画帘初卷燕知家。客途纵有风期在，苦为春愁益鬓华。

（清·周起渭，见《桐埜诗集》）

过邻家

策杖无专适，因过邻叟家。数杯缸面酒，三碗雨前茶。
地僻犹栖鸟，林深尚有花。不堪时极目，群盗正如麻。

（清·杨应鳞，见《黔诗纪略后编》）

初秋登黔灵寺赠瞿脉上人

黔灵精舍好，相对有名僧。道悟天生妙，禅参最上乘。
茶煎涧中水，香霭佛前灯。不许凡尘到，云南护几层。

（清·曹维成，见《黔诗纪略后编》）

中 秋

豪吟一片月，快饮七碗茶。移坐入堂中，卷帘山月斜。

（清·傅之奕，见《黔诗纪略后编》）

天然洞

石隙斜穿一经手，当关护法立纵横。试寻出地通天处，已有重楼复阁迎。
百尺危崖罗佛像，半空疏磬送经声。他年携到煎茶具，后洞清泉细品评。

（清·王绩康，见《黔诗纪略后编》）

戊申正月十七日游黔灵山寺

大好黔南第一峰，四栏曲曲路重重。客来活火双旗茗，风送奔涛万壑松。
石壁又添新韵事，钵池难照少年容。平生出处殊五播，喜听阇黎饭后钟。

（清·陈夔龙，见《黔诗纪略后编》）

太平阳戏

三月阴晴好种瓜，种瓜不了又栽麻。

等闲四月闲人少，争比元宵唱《采茶》。

（清·李越，见《遵义府志·艺文》）

凉 夜

冉冉香传小树花，闲庭风露浩无涯。断灯儿误求爷乳，歉食妻疏到母家。

深夜能陪敕赐丑，荒山暗老石经叉。松头月下难禁渴，汲水亲烹没叶茶。

（清·郑珍，见《郑珍巢经巢诗集校注》）

叠韵江天暮雪

唇楼冻合波涛立，醉向琉璃世界探。青笠绿蓑人独钓，茶香酒热味曾谙。

辋川图画归舟一，丕局诗情禁体三。顿忆梅花风味到，昔年诗思灞桥南。

（清·黎庶昌，见《水芙蓉馆鸳鸯迭唱集》）

清明采茶女

难得清明日日晴，采茶女儿连袂行。相约明朝更须早，灯前梳洗听鸡声。

（清·佚名，见《遵义府志》）

贩 茶

贩茶小艇系青林，高洞河流几许深。此云符阳无一舍，三江恶浪易惊心。

（清·佚名，见《增修仁怀厅志》）

仁怀风景竹枝词

耕桑有暇便耘麻，每到春来放杏花。恰过清明三月半，村庄儿女采新茶。

（清·卢郁芷）

水西竹枝词

白头中破白衣颏，扶岸攀萝过水隈。草屋山腰童下指，呼爷牵犬背茶回。

（清·余上泗，见《蛮峒竹枝词 100 首》）

紫云洞题壁

文听口碑立,重看竹马迎。欣然之气苏,不复梦魂惊。

汲彼辽青水,拾柴紫云情。烹我播东茶,好与印山明。

（清·石廷栋,见《紫云县志》）

赞滚郎茶

西山烟火一千三,万树茶林绕翠岚。绿叶成荫方取摘,旗枪无分忆江南。

（清·佚名,见清光绪年间《黎平府志》）

山香情味至龙涎

翠微凝紫雾,清涧泻红泉。老柏参天碧,山花特地妍。

沙弥迎客坐,童子煮茶鲜。水自流漩汲,汤是活火煎。

味甘同凤饼,香气似龙涎。

（清·蒋荣鲁,见《祥和余庆》）

黎平采茶竹枝词

山叠平坡遍种茶,采茶多系女儿娃。归来汗浸红妆润,折得山花插鬓斜。

（清·张国华,见《贵州竹枝词》）

抗贡歌

人怕出名猪怕壮,茶叶出名更荒唐。皇宫大臣只顾喝,不管百姓饿断肠。

梅君莫图攀天梯,眼睛向下看家乡。光宗耀祖莫忘本,富甲一方才荣光。

（清·佚名,见《梅将军与南贡茶》）

茶山天险诗碑

乌江无安渡,茶山尤险极。急流一线穿,绝岸千仞植。

（清·佚名）

雨水,题溪山好处

溪山好处便为家,雨过山桃树树花。最是泉声阑不住,兴来欲试一瓯茶。

（清·姚华）

（二）现代茶诗词

浙江大学西迁湄潭办学时之"湄江吟社"诗选：

试新茶

刘郎河洛豪爽人，买山中茶湄水滨。才高更复嗜文艺，欲为诗社款社神。
许分清品胜龙井，一盏定叫四壁春。钱公喜极急折柬，净扫小阁无纤尘。
大铛小碗尽罗列，呼僮汲水燃炉薪。寒泉才沸泻碧玉，一瓯泛绿流芳茵。
浮杯已觉风生肘，引盏更若云随身。岂必武夷坐九曲，且效北苑来三巡。
饮罢文思得神助，满座诗意咸蓁蓁。嗟予本是天台客，石梁采茗时经旬。
名山一别隔烟海，东南怅望迷天垠。安得乘风返乡国，竹窗一几话松筠。

（王季梁）

试新茶

（一）

曾闻佳茗似佳人，更喜高僧不染尘。撷秀辩才龙井好，寒斟惠远虎溪新。
赏真应识初回味，耐久还如古逸民。睡起一瓯甘露似，时时香透隔生春。

（二）

舌耕久旱不生津，捡校茶经也快人。老去参军怜渴吻，近来博士喜摇唇。
窗前山好诗俱好，涧底泉新火亦新。佳境每从清苦得，芳甘原属岁寒身。

（三）

岭南岭北接烟尘，幸有云山寄此身。细品一杯龙凤饼，闲邀几辈乱离人。
琴中绿水声如沸，茗上春旗色转新。斗酒不辞千日醉，斗茶清兴更无论。

（四）

莫笑年来老病身，依然无处不天真。八句偶得呕心句，三碗随消渴肺尘。
活水还需煎活火，劳薪慎勿饷劳人。试茶亭上今何似，狐兔纵横长辣蓁。

（五）

余甘风味剧清纯，曾饷茗溪访隐沦。谷雨芳辰桃紫笋，玉川高节伴灵筠。
眼生鱼蟹和云搅，旗动龙蛇和水伸。安得令晖供午碗，粲花妙舌不饶人。

（祝廉先）

试新茶

(一)

座中都是倦游人，云海相望寄此身。梦醒何堪惊久客，诗成多为惜余春。
万山雨霁忽争奕，一室茶香共试新。龙井清泉无恙否，西湖回首总伤神。

(二)

雨露初尝一盏新，争夸博士好精神。顿叫诗思清于水，更化愁怀和若春。
风味可能同往岁，品题何必待他人。劝君莫起莼鲈感，三竺双湄亦比邻。

（江问渔）

试新茶

龙井茗茶何处真，武夷峰锁翠云频。忘忧不用求护草，新绿曾经念故人。
清夜一杯权当酒，玉川七碗倍生春。河山锦绣今奚似，话到西湖泪满巾。

（胡哲敷）

试新茶

小集湄滨试茗新，争将健笔为传神。露香幽寂常留舌，花乳轻圆每滞唇。
不负茶经称博士，更怜玉局拟佳人。来年若返杭州去，方识龙泓自有真。

（张鸿谟）

试新茶

(一)

客中何处可相亲，碧瓦楼台绿水滨。玉碗新承龙井露，冰瓷初泛武夷春。
皱漪雪浪纤纤叶，亏月云团细细尘。最是轻烟悠飏里，鬓丝几缕未归人。

(二)

翠色清香味可亲，谁家栽傍碧江滨。摘来和露芽方嫩，焙后因风室尽春。
当酒一瓯家万里，偷闲半日尘无尘。荷亭逭暑堪留客，何必寻僧学雅人。

(三)

祁门龙井渺难亲，品茗强宽湄水滨。乳雾香凝金掌露，冰心好试玉壶春。
若余忧得清中味，香细了无佛室尘。输与绮窗消永昼，落花庭院酒醒人。

（苏步青）

试新茶

乱世山居无异珍，聊将雀舌献嘉宾。松柴炉小初红火，岩水程遥半旧甄。
闻到银针香胜酒，尝来玉露气如春。诗成漫说增清兴，倘许偷闲学古人。

（现代·刘淦芝，见《湄潭文史资料》）

试新茶

诗送落英眉未伸，玉川畅饮便骄人。乳花泛绿香初散，谏果回甘味最真。
旧雨来时虚室白，清风生处满城春。漫夸越客揉焙法，话到西湖总怆神。

（钱琢如）

花　溪

来到花溪不见花，山庄泉冷好煎茶。童顽亦自讨生活，晾衣竿下种荒瓜。

（现代·寿生，见《寿生文集》）

重访湄潭有感

阔别湄潭四十年，如今两鬓已皤然。地灵人杰今胜昔，稻熟鱼肥茶更鲜。

（李联标）

都匀毛尖茶

雪芽芳香都匀生，不亚龙井碧螺春。饮罢浮花清爽味，心旷神怡攻关灵。

（庄晚芳）

题赠贵州省茶科所

长征路上访家乡，百花争艳好风光。赤水沿岸百醇香，湄潭新茶分外芳。

（陈靖）

采桑子·黔北茶场景观

茶山叠锦轻雷过，浴雨青苍，映日辉光，碧海汪汪是翠冈。
陆翁夸赞《茶经》述，色赛琼浆，味胜甘棠，一啜诗思荡热肠。

（赵西林）

茶树吟

长的矮矮丫,开的白白花。绿了千千岭,清醒万万家。

（傅传耀）

走进中国西部茶乡——湄潭

（一）天下第一茶壶

巨壶凌架耸云端,笑傲湄潭火焰山。煮尽普天香茗釅,迎来四海醉仙馋。

（二）永兴万亩茶海

绿浪滔滔起伏盘,山笼云雾翠烟缠。清香阵阵随风过,一振精神茶海穿。

（罗庆芳）

茶香凤冈

岁岁春来绿凤冈,采茶山野凤凰翔。声声鸣唱迎佳友,款款深情韵惠芳。
玉水涌泉颇闪亮,锌硒含富倍生光。客来登上仙人岭,放眼烟波似海洋。

（黄国瑄）

贵州茶风

黔山秀水产山珍,唯有清茶最养神。夏热常喝能解暑,冬寒时饮可温心。
开门七事虽排尾,敬客三招首面君。茸叶毛尖名四海,品出多少好诗文。

（侯仁富）

赞黔西化竹茶

化竹毛尖茶叶长,三开冲过有余香。他年修订名茶谱,篇里自应占几行。

（罗绍书）

咏湄潭茶

山青水碧地,绿翠出天然;待字藏闺中,今朝始识面。
汤若泛秋水,气似发春兰;相逢把一壶,宾主尽欢颜。

（张达伟）

注：2004年省茶协与遵义市政府主办、湄潭县政府承办了贵州省首届茶文化节。

访古阳宝山

寻佛问茶路难攀,访古探幽阳宝山;前代修得香火旺,眼前何故碑塔残?

奉佛不易毁佛易,传道何难守道难;暮霭群峰尽默首,兴衰离合岂前缘。

(张达伟)

注:2004年4月10日,聚茶协专家于贵定评茶,贵定有长者告知,城郊阳宝山原为佛教旺地(图10-1),曾经佛茶相传,赵朴初曾题由"佛茶"二字,张达伟欣然前往探寻。

图10-1 阳宝山莲花寺遗址简介

题都匀百子桥茶楼

一轮明月当空照,万家灯火入水中;十里剑河清风起,满城茶香扑面来。

(张达伟)

注:2007年9月28日,值中秋节,张达伟参加都匀茶文化节,与友人于百子桥品茶即景。

问 茶

凝冻逾旬日,凛风问国茶;山间无鸟语,林中树根拔。

绿园尽枯焦,手触成碎渣;冰雪封不住,萌芽依旧发。

(张达伟)

注:2008年春,遭百年不遇凝冻,百草枯萎,树木摧枝,张达伟陪全国供销合作总社领导上都匀毛尖螺丝壳基地探寻。

春耕抗旱

去秋始无雨,经冬复历春;稻田如龟背,茶园盼甘霖。
赤地数千里,难以展春耕;政府恩德重,水粮赈入村。
孩提似雀跃,妪叟泪纵横;同心共努力,田园早复青。

(张达伟)

注:2009年秋至2010年春,贵州逢百年不遇大旱,人畜饮水困难,春耕难以开展,张达伟陪省领导前往基层察看灾情,党政军民抗旱救灾成效卓然。

咏黔茶

奇山秀水云雾蒸,茶圣誉之茗中精;碧绿深翠幽香远,回肠荡气心自清。

(张达伟)

注:2009年贵州十大名茶审评出炉,此项活动历时4个月,海内外共有300多万人参与,张达伟有感而作(图10-2)。

图10-2 张达伟诗、陈洪章题

首届黔台茶界高端论坛

云雾珍品贡入京,千百年来负盛名;今日两岸共携手,来年四山尽香茗。

(张达伟)

注:2011年3月28日,首届黔台茶界高端论坛于贵定音寨举行,张达伟拜谒了中国苗岭贡茶碑,参加了祭祖开园仪式,共植友谊茶园,作诗一首以示纪念。

西江印象

吊脚木楼万间房,鳞次栉比上高岗。风雨楼下响流水,美人靠上盼情郎。

日暮吹烟袅袅起,月出笙歌幽谷扬。满山灯火煜银冠,长桌盛宴茶酒香。

(张达伟)

咏茶马古道

黔地景物美,贡茶千载名,悠悠古茶道,隐隐马蹄声,

黄沙越千里,碧海渡万顷,一叶香四海,甘苦多少人。

(张达伟)

咏水城春茶

深山藏嘉木,三九翠芽生。杯中亭亭立,佳茗似佳人。

汤若秋水碧,气同春兰馨。鲜爽味无穷,贺岁水城春。

(张达伟)

注:戊戌年大寒,贵州省水城县新茶开采,张达伟应水城县人民政府邀请,前往水城春茶厂观炒茶品新茶,有感而作。

咏普安岁岁新

踏雪幽谷赏梅花,惊见普安采新茶。南方嘉木万千处,冬月鲜芽独此家。

贤士相聚品评鉴,色香味形俱绝佳。茗中珍惜如麟角,天孕地育润物华。

(张达伟)

注:2019年1月9日,贵州省茶叶协会在贵阳多彩贵州朝黔门举行"新茶迎新年,春节品春茶"品鉴活动。作为贵州省2019年上市最早的新茶,贵州省普安县于2018年底就开采。张达伟于品鉴会上有感而作。

咏盘州春茶

一挑滇黔扁担山,霞披雾蔚耸云端。林中嘉木千余亩,如临瑶池伴神仙。

妙手焙得盘州春,色香味形茗中巅。华夏饮者皆赞誉,欧盟茶客尽颜欢。

(张达伟)

图 10-3 张达伟诗、李历（雅号：慧潭）题

贺贵州牟应书等五人获"觉农勋章奖"

龙山育得茶圣心，舜井清甜聚精英。毕生倾情绿天使，八旬喜获觉农勋。

（张达伟，2018年6月）

咏 茶

深宫豪门内，寻常百姓家。清晨五件事，油盐柴米茶。
名壶沏雀舌，主宾夸豪华。土陶煮粗叶，同样也高雅。
饮之能醒目，可以解困乏。常咂心脑清，精与神俱佳。
健我国民体，天地一精华。

（张达伟）

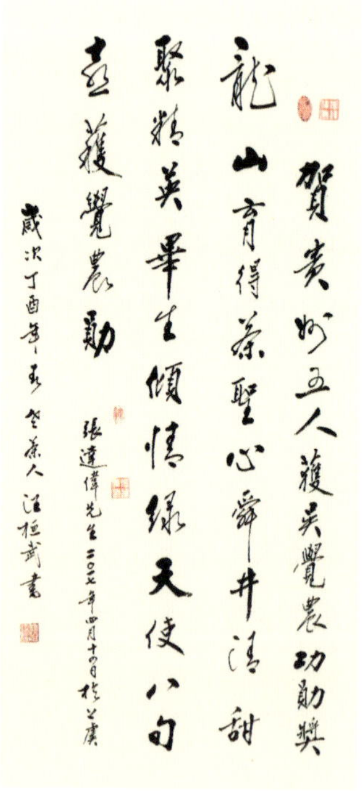

图 10-4 张达伟诗、汪桓武书 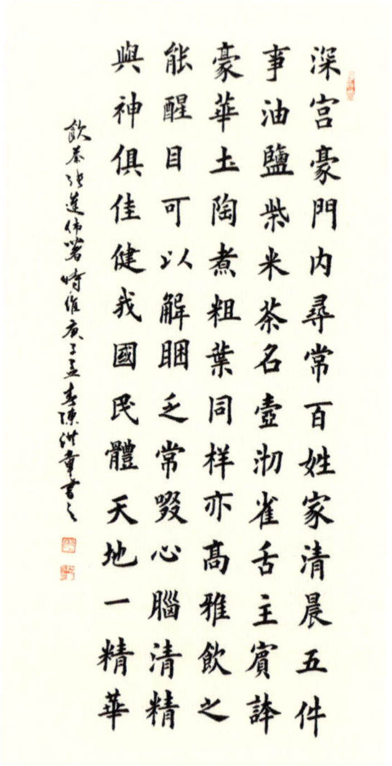　　图 10-5 张达伟诗、陈洪章题

赞朵贝茶

（一）

朵贝村立远山岗，近处石婆展容妆。磨香流淌茶山下，绿水青山好风光。
云遮雾绕山丘上，千年古茶吐芬芳。产业开辟幸福路，脱贫致富奔小康。

（二）

朵贝贡茶最著名，成箱如山运厦门。今非昔比扬名远，香飘万里抵英伦。

（汪桓武）

注：汪桓武，原贵州省茶叶研究所副所长。20世纪60年代初毕业于湖南农业大学茶叶专业，事茶工作60年。

古风·湄潭茶吟

采天地灵气，孕日月豪光。汇山水清秀，聚草木幽香。
融云雾甘露，吸谷雨琼浆。弃人为污染，破大千梦翔。
成生态佳茗，得红楼赞传。分一滴玉液，醒四座尘烦。
引毛峰三味，除众民病伤。颂茶节盛会，扬翠芽名芳。
促经济发展，垦万顷茶乡。会天下茶友，奔生活小康。

（汪桓武）

注：2004年为湄潭茶节而作。

随 笔

（一）

源远流长我国茶，早于秦汉遍中华。高山云雾培精粹，平地风和育玉芽。
品茗敲诗诗隽秀，煮茶对月月横斜。色香味形皆优异，犹数普定朵贝茶。

（二）

寒冬腊月辟茶园，桂英挂帅意志坚。饥寒交迫烧洋芋，大展宏图谱新篇。

（三）

边销黑茶意义大，无茶休谈上骏马。民族团结国防固，园中红花献黑茶。

（四）

室雅荷香陋室铭，野尧古茶乃佳茗。莲蓬荷花插野罐，茶席古朴迎嘉宾。

（汪桓武）

图 10-6 汪桓武诗书

盘州春

一只嫩芽：一个春天

满山遍野：美丽的画卷

我们的家在山里面：我们品味着盘州的春天

红色的足迹：历史的记忆

我们传承着：春的魅力

一把嫩芽一碗青水；满屋的飘香四季回春

梅花的精神，生命的抗争！仙境中的感受！

春的旋律！有山的雄壮，有水的柔情！

气之香沉！味之甘甜！如天赐之茗！

（柯昌甫）

亿阳春韵

俏舌初成空鸟音，枪旗一展近清明；洗心试鸣沥泉水，纤指撩若焦桐琴；松风缓抚梅花盏，口入甘苦各含春！闻说君家新欲采，却道好茶似佳人！

（柯昌甫）

黔茶赋

贵州山川，储灵毓秀，天地苍茫。君不见：万峰奔涌，千瀑碎玉，林壑幽绝，浮泛绿光。山谷林涧，人杰地灵。山脉绵延而远流，嘉木葱茏而繁荣。

《茶经》所谓黔中，乃产茶古老之区。凡思、播、费、夷四州，"往往得之，其味极佳"者，前人著述搜罗之未穷也。今之所览，富产茶叶者，九州八十余县。

古人得之不易，乃黔道幽闭之故，味极佳者，得天地始和之气，出自壑岭缺石断崖之间，乃草木之仙骨，自然之异卉也。黔省之别于他乡，缘于纬度低而海拔高者，得天独厚，天地运化之至极也。

海内知有阳羡、虎丘、武夷、蒙顶之茶，未知有都匀、湄江、凤冈、云雾之茶者，乃视野狭而消息所阻之故。夫难得之货，极品之物，未登庙堂大雅。非不雅也，藏之深山人未识也。所谓养在深闺，存之险峰，乃佳绝之人，无限风光也。故黔地之灵芽真笋，往往消腐委翳而人不知其珍贵。

君不见格凸春芽、羊艾毛峰、湄潭翠片、黔南遵义之绝品毛尖，一枪一旗，青翠芳馨，绝俗凡尘为天下所贵。

而务川月兔、普定朵贝、织金平桥、思州银钩、贞丰坡柳、金沙清池、大方海马诸茶，为天子所爱，遂成历朝贡品。古之所重而今之所轻，异域所贵而本土所贱，何异舍己之缙绅而求他人之韦布，弃己之钟鼎而觅他乡之瓦缶焉？故振兴黔茶，任重道远。避粗劣以精良，合分散为雄强，注科技以创绝品，防假冒以守黔。凡采摘、制作、品第、烹点，无不沐浴膏泽，熏陶德化，雅尚相推。

茶乃生活必备，比柴米油盐，又何逊色？

生人日用，其急更胜于酒。通都大邑，山乡僻壤。阳春白雪，下里巴人。皆托心志情绪，藉以消闲解烦，其乐何极！诚宜嘉植灵卉，满足天下之必须。

贵州高原，岗翠环抱，气势秀柔，晴阴散漫，温和润泽。

富含硒锌之区，天然绿色之所，青山碧水乃产业之基。八百里蜿蜒林海，千万顷沃野丰茂，足以为环球商贾起家成市，开辟勋业，胜于北非印度，东土扶桑。茶业兴旺则山河益美，集散之大则经济雄强。尔后循环、绿色、持续之宏略遂成现实。且又别造旅游度假休闲之境界，引九州万国，趋之若鹜，纷至沓来。若夫此，则千秋茶业，生面别开，盛造黔省，品甲天下。当世贤哲，岂不摘英夸异，吐气于海内，发聩于寰宇乎？

（刘长焕）

好一壶盛世华夏

太多的日月都泡进了这巨壶。湄潭人说,这是一壶湄江,一壶天下。这就是湄潭茶啊,万亩茶园的碧,百里湄江的绿,采茶女儿的翠,文人墨客的雅,全都泡进这壶里,倾出:是一壶乾坤,是两袖潇洒。嗯嗯,好一壶盛世华夏!有胸怀五湖容量,方有壶盛四海之博大。据说茶圣陆羽饮过,连同他的《茶经》也装进这壶里,曾治民国内忧外患,这壶里呀,有湄潭远祖茶农的智慧,有历代茶科专家的才华。抗战时期,全国茶科机构设于湄潭;湄潭茶曾统领神州茶科文化;浙大西迁,又迁来杭州龙井的清香,伴同本土志士的奋发。湄潭茶,内涵了东方日丽月华。壶内是一壶祝福,一壶江南塞北,一壶云海天涯。一壶科技报国的忧愤,一壶兴黔爱民之汗洒。品这茶,如品诗词,需更上一层楼,放眼天下。饮这茶,如饮信誉,筑巢引凤,湄潭茶城汇聚海内外商家。啊啊!好一把大茶壶,好一壶盛世华夏,好一轮人间日月,照我,照你,照他。

(李发模)

贵定云雾贡茶

我依然留念着茶海,可能怀古,可能感时,或以物喜,或以己悲。那情感的海洋,汪洋开来,心潮荡漾,波澜自起,沧海月明珠有泪。不管云雾贡茶,还是阳宝佛茶,心仪无染,品味淳香。瑞魁的芬芳总是会来。这是贵定印象。

(范增平)

二、黔茶小说

小说是以人物塑造为中心,通过完整的故事情节及对具体环境的描写,广泛地、多方面地反映社会生活的文字体裁,而作为社会生活必需品的茶及茶事活动,成为小说的描述对象也是必需的。明清《三国演义》《水浒传》《西游记》《红楼梦》《聊斋志异》《三言二拍》《儒林外史》等小说中都有大量对茶事活动的描写。

贵州茶小说不多,但在具体环境中的茶故事情节却颇有生动的描述。在明清小说《儒林外史》中便有镇远县羊场茶被官员作为上贡佳品的描述情节。

汤镇台贡茶南京城

明代,江苏仪征汤某人在贵州镇远府当总兵,他的两个儿子汤由、汤实在回南京参加乡试。为通关节,他从镇远备了崇山峻岭的山羊血、羊场贡茶、苗家苗锦带给回乡的两个儿子。当天,办了送行酒,烧了纸钱后,次日乘船南京,做好了应试准备,初八早上前去考场,一直等到晚上才点到他们,进了头门,随从小厮不得进去,两位公子自己抱着篮子,背着行旅走了进去。他们坐在地上,解怀脱脚,听见里面高声喊道:"仔细搜检!"两人跟了进去。他们坐在地上,到二门口接卷,进龙门归号,初十日出来,累倒了,每人吃了一只鸭子,睡了一天。三场已毕,叫小厮拿了一个"都督府"的溜子,溜了一戏子来谢神。十七日,汤由带了八把点铜壶,两瓶山羊血,四端苗锦、六篓贡茶,叫人挑着,一直来到秦淮河名列第二的唱旦角的戏子灵和班葛来官家,受到了葛来官的盛情接待。又过了二十天,放出榜来,弟兄两个都没中。显然,六篓贡茶是送了,但因没本事,还是落榜了。不过羊场茶的名声却没有受到任何影响。

见《儒林外史》第四十二回:"公子妓院说科场,家人苗疆报信息"。作家吴敬梓用辛辣的笔法绘声绘色地描述了明代镇远总汤人利用羊场贡茶为自己两个儿子谋取功名的故事。

三、黔茶散文

散文是不讲究韵律的文章,是除诗歌、小说、戏剧以外的文学作品,包括杂文、随笔、报告文学等。而以茶为题材的散文,即茶散文中,以贵州茶为题材的散文很多,除了集结出版的散文集在茶著作介绍之外,现选编部分优秀散文介绍如下:

说 茶

中国是茶的国家,旅居海外的人都把中国称为茶的故乡。每逢到侨胞家,主人首先奉献给客人的不是西式咖啡,而是茶水,道道地地的中国绿茶,配上中国古典的盖碗茶具。主人说:"这是专门为祖国来的客人准备的。"去年,我在纽约、洛杉矶好几个亲友家里,都受到这种款待,增加了我的思乡之情,也加深了祖国人民同侨胞之间的情谊。落座在中国街的饭馆里,也是首先端上茶,把茶壶放在桌上,然后把茶一杯杯倒入杯中,茶具正如我们在广东饮茶时使用的那种小杯。身临其境,就仿佛在自己家里一样。

关于中国茶的历史和种茶、煮茶的技术,自有专家去评述,我只想说一说我同茶的渊源。

我的家乡是贵州省遵义市播州区新舟镇。我年轻时,家里有各种各样的茶壶、茶杯和茶碗。农忙季节,院子里还放上一个大茶缸。老实说,我那个时候并不知道喝茶有什么好处,更不知道茶壶里的茶和院子里茶缸子的茶有什么不同。屋里屋外的茶我都喝，总是口渴了就喝。不同的是屋子里的茶是茶壶倒在茶杯里，而院外用茶则是用葫芦瓢舀入大碗。屋里人喝茶很慢，边喝边聊，后来才知道这叫品茶，也称品茗，一般书香门第人家的习惯。而院外则是大田干活的人，累了一天，满头大汗，走进院里，喝几碗，往往是一饮而尽。

不要小看这简单的喝茶方式不同，用茶的工具不一样，这中间确有上下、贫富、贵贱之分。茶叶也不一样，当时屋里喝的大都是普洱、沱茶之类间或有一点浙江的龙井，这是我那做官的外祖父才享用的。院外的茶叶则叫木犀茶，据我现在的回忆，大概是一种木樨花叶子和一种可以泡开的通木（也叫"老乌茶"），没有多少特别的茶味，仅仅是喝下能解渴而已。我们有些客人偶尔到院外去喝这种大碗茶，有时还会遭到佣人的干涉和劝阻："你们怎么能喝这种茶呢？"在这里，茶有品质上的等级，喝茶者也有身份上的贵贱。1985年，我回家乡参加遵义会议五十周年的纪念活动。在农村还看到这种喝大碗茶的情景，可见要把劳动人民的喝茶习惯改变为品茶的水平，一时还难以办到，这不只是一个经济上的问题，还有一个时间上的忙闲问题。

这些年物价上涨，上百元一斤的龙井，我也好久没有品尝了。看来在中国还有一个喝茶、品茶的平民化、大众化问题。因为我们是一个有十一亿人口的大国，还有一些人至今没有解决温饱问题。采用何种方式用茶，只能根据各人的经济情况量力而行。

喝茶无疑还对健康有好处，首先是解渴、消除疲劳、兴奋神经，凡喝茶的人都有这个体会。至于茶能防病治病，则不仅见于多种医书，也见之于各个人的实践。我年轻的时候，就把茶叶咬碎，敷在皮肤红肿和脓疮上，达到消炎消肿的疗效。这些方面我不多说了。我想，外国人喝咖啡，中国人饮茶，都能不同程度地起到有益作用。百岁画家朱屺老一生不吃补品、不吃药，就是喝茶，所以他能够健康长寿，精力旺盛。我们在这里提倡喝茶，我觉得比提倡吸烟、喝酒好得多，这是我个人的狭隘经验。

至于精心培植茶种，互相交流经验，使茶作为一门科学在中国建立起来，这是茶叶专家应专门研究的，中国茶报也要为此做些论述和宣传，我只是在此提提而已。

茶叶不仅在国内大有市场，国外也大有市场。我们应该好好把我国的茶叶品种先分门别类精心研究一下，然后加以提炼，以提高茶叶本身的质量，做到货真价实。茶叶作为商品打往国外，包装也很重要，包装精美还能长期保持茶叶的质量、香味，就能大大增强商品出口的竞争力。

（陈沂）

注：陈沂，曾任上海市委副书记、宣传部部长、中央军委总政文化和旅游部部长，时任上海市人大常委会副主任的著名作家陈沂的这篇文章，是研讨会上的发言稿。

茶罐里生长故事的日子

有首歌唱到:"我生在一个小山村,那里有我的父老乡亲,胡子里长满故事,憨笑中埋着乡音。"

在我的家乡,村民煨茶的砂罐里,同样生长着故事。我就是伴随着这些故事长大的。

刚一入冬,我们山村,一个叫着河品的地方,便几乎家家烧起了疙苑火,煨起了砂罐茶。树疙苑是青杠、丝梨、柏香等易燃、熬火力强的柴质,马桑、枫香之类的不要。俗话说:桐子意蒿柴,屁都熏出来。马桑、枫香和桐子、意蒿差不多,一烧一个黑头头,所以不到万不得已,一般不会选它们。树疙苑是农闲时节挖来晾至半干的,房前屋后整齐地码着。读书归来的我们,砍柴放牛是每天必修的功课,但力气还不足以挖得动树疙苑,所以码放着的疙苑都是大人的杰作,被财富一样当着孩童们炫耀的资本。当然也有现挖现烧的,那是缺乏算计的表现,不到生病或其他太当紧的事缠着,人们是不愿其为的。

茶罐是正安安场人卖的砂子罐,他们用背篼从老远背来,常常挂着一个牛角形的木托,靠在石壁土坎边就能歇口气。我记得我家一次买了两个罐,一大一小,是用苞谷子兑换的。大的炖猪脚炖萝卜,那自然是我们的至爱,可惜好像只有两次派上用场。小的就天天煨茶,煨得黑黢黢的。砂子茶罐无盖,煨茶时罐上放块鹅石板或土碗遮灰。也有不盖的,就让它在火上熬着。可我们觉得茶有啥子好喝的呢,苦兮兮的,还不如大枫香树下的龙洞水舒服呢。

那时没有铁炉子,更没有电灯。天一擦黑的时候,人们便陆续聚到我家来。昏黄如豆的油灯下,疙苑火燃得正旺。母亲把砂子茶罐装满水,煨在火上。"这家老板吃饭了吗?"

听声音,知道是"老嘴"来了。在我们乡下,"老嘴"是对老年人的别称。我的这位大伯被称为"老嘴",除年龄外,或者还与他那张会说的嘴有关吧。母亲放把茶叶在罐里,水慢慢沸腾了,茶叶在水里上下翻动,茶香弥漫在小屋里。"倒碗酽茶给老嘴,喊他摆个龙门阵。"父亲每每首先提议。于是逐渐聚多的人群里便有人拿来几只土碗,首先倒满递给"老嘴",再依次倒上递给别人。

"老嘴"也不推辞,接过碗,"嗞嗞"地吹着碗沿,意味深长地呷着茶,慢条斯理地讲开了他的故事。"自从盘古开天地,三皇五帝到于今,上回说到了关云长长坂坡前保阿斗,今天就说说张翼德喝断桥梁水倒流……"

和重复的无数个夜晚一样,所有人似乎都屏住呼吸,神游在"老嘴"布置的场景里。每每在"且听下回分解"的节骨眼上,"老嘴"就停下不讲了,任你百般请求,就是不再开尊口。渐渐地，人们知道他这是为自己"留一手"，以便明晚再博得众人的喝彩。听的人尽管意犹未尽，但还是把更多的期待留在明天。在那个年代，"老嘴"为每晚的故事精心编排着，使他受到众星拱月般的拥戴，也为山里人打发日子提供了极好的精神食粮。这种食粮仿佛有点鸦片的味道，如果有哪天"老嘴"没来，人们便觉得空落落的，说不出的惆怅。今年清明去给父亲上坟，看见和父亲坟茔并排着的"老嘴"大伯的坟茔，竹枝上都飘动着素洁的白布。正在田土里劳作的堂哥说：他们两个老人家活着时离不开，百年归天后也是邻居，说不定每天夜晚都在摆龙门阵呢。

往事如烟，如今可真是再难见到疙蔸火、砂罐茶了。但那抹不去的乡情，却如文火煨酽茶，味是越来越浓了。茶罐里生长出来的故事，就这样一直滋润着我的心灵。

（肖平义）

一个民族茶汤里的影子

一个多民族杂居的社会，孩子的世界总也有惊奇。

祖母在阳光好的时候，常常拿出一个四方的布包。她在光亮中慢慢打开，我才看清楚这是一个折叠的包。手摸一摸，也才知道那质地是用很多层布粘在一起糊出来的"布壳"。祖母说这叫"线底"。"线底"一层又一层，每一层套很多小包，总算全部打开来。那一瞬间，阳光停留在这个展开的世界，那些小包竟然装满了五彩斑斓的花线，我一下就兴奋起来。

祖母跟她的"线底"编了一个"猜子"——

四四方方一座城，打开里头门对门，针头麻线摆得有，只差个卖货人。

祖母是仡佬人，祖父是汉人，老籍四川合川，常年蹲茶馆"打玩友"消磨时光。有祖父在场，别人是不能坐统子的。"坐统子"是川戏坐唱指挥。老人家在抑扬顿错的鼓击和折子戏起伏跌宕的情节中忘记一切，连吃饭都要我穿过镇上长长的街路去叫，他才会放下鼓棒，跟他的那些玩友回到现实中来。或许因为这个缘故，祖母较好地保存了"线底"这样的仡佬人的美好事物，也保持了仡佬人特有的智慧和幽默。

我对仡佬人茶文化的了解，也是从祖母那里开始的。

仡佬人喜欢喝茶汤。我到现在都不明白，茶这种植物，到底在仡佬人的生命中意味着什么。茶对于仡佬人，显然不是一般意义上的喜欢，而是一种需要。不然，祖母不会跟我唱这样的歌谣——

推磨嘎，押磨嘎，推粑粑，熬些茶，公一碗，婆一碗，磨子旮儿还有碗，猫打倒，狗舔碗，么儿媳妇没得吃，心心慌慌脚打闪。喝茶汤的意识，竟然被编成儿歌代代往下灌。

但祖母的茶汤却很特别。她用"过浓茶"做茶汤。茶叶被泡过了多次，没有多少味了。老人家用刀在砧板上把那些茶叶剁成泥，便架铁锅加猪油炒制，有时候还放一点油渣进去。这样做出来的茶汤虽然淡一些，却很香，老人孩子都能喝，喝多少都不会上瘾，我后来长大成人，到仡佬族聚居区喝茶汤，却怎么也受不了那浓浓的苦。这时候，我才意识到祖母其实是舍不得，这才利用那些丢弃的茶叶来做茶汤。

也因此来，祖母无意中发明了一种新的茶汤。

事实上，茶对仡佬人来说，不仅是种饮料，还是一种食品。遵义务川和道真，中国唯一的两个仡佬族自治县，相依相傍坐落在大娄山腹地。务川新场、云峰一带的仡佬人，一日三餐，其中一餐的主食就是腊猪油煎制的油茶汤。而道真，则有"一天不吃两碗，脚杆打闪闪"的说法。因为这个缘故，老百姓也叫油茶为"干劲汤"。但他们都不说"喝"油茶，而说"吃"油茶。一字之差，却道明了油茶在仡佬人生活中作为食物的地位。道真因为吃油茶，全县一年要吃掉茶叶几十万斤，仡佬人家平均每户五十斤。道真一个青年留学美国，带了一个洋妞回家。洋妞油茶当饭吃了十几天，回到美国加州，却不想喝咖啡了，打电话要婆婆寄油茶过去。这恐怕是仡佬油茶最有魅力的一个实证。

就像祖母的油茶自成一格，务川和道真两个自治县的油茶也各有自己的特点。道真油茶多用细嫩的茶叶加工；而务川油茶则喜欢用老茶叶、粗茶叶制作。从油茶种类看，不只有油茶汤，还有油茶汤巴、油茶稀饭。顾名思义，油茶汤巴不过是将元宵放进茶汤里煮食，而油茶稀饭，则不过用茶汤代水来熬制粥。仡佬人家里有种石凿的用具叫"擂钵"。"擂钵"一钵样，那杵叫"擂茶棒"，可见这工具就加工茶汤的。现实不过历史的未来。仡佬人这种茶食一体的吃法，我们从文献资料看，晋代的"茗粥"，清代的"擂茶"，其实一脉相承，可以说源远流长。

从饮到食，仡佬人生活中离不开茶。我在务川和道真两个自治县考察，明显地意识到"茶"在仡佬人心目中，就像公孙龙的"马"一样，已经是一个种的概念，不过象征而已。茶汤是茶，而茶，却不是茶汤。因为茶的亲和力，茶在仡佬族地区被赋予广泛的社会含义，作为个符号，出现在生活和生产过程中。

道真洛龙民间流传十二月茶歌，歌中茶酒并提，做了这样的描述：

茶仙仙，酒仙仙，茶酒相交数千年，客来之时茶为贵，客去之时酒为先。

仡佬人家的"三么台"是招待客人最隆重的途席。"么台"为西南方言，意为结束收场。虽然无酒不成席，但"三么台"却是先摆茶席，接风洗尘，吃油茶、糕点、果盘。茶席撤下去后，八仙醉清，摆酒席，上冷盘和炒菜。清席过后，四方团圆，这才开始正席，上蒸、炖、烩汤菜，开始吃饭。茶、酒、饭三轮席完了，这才算尽了礼数。如果敬祖宗，用哪样供品，很多人家神龛上清清楚楚镌刻着十个汉字：香花灯水果，茶食宝珠衣。茶是必须的。牌位跟前摆四茶、四酒、四菜、四饭，取"四"为方正，引申义为恭敬，不然会被笑话没有"教招"。而大大小小的祭祀活动，不管阴道场，还是阳道场，敬神灵也好，祭鬼魂也罢，春傩的先生唱、念做，都要"数茶根"，行茶礼，主人家心里才踏实。

《贵州通志》载："茶出婺川，名高树茶，色味亦佳。"可惜这种茶已经很少，只在务川涪洋一些边远山区才能够看见。这种茶减少的一个重要原因，就是难移栽成活。仡佬人很看重高树茶这一层忠贞的品质，引申到婚俗，男方向女方下聘礼叫"讨茶"，或者叫"下茶"。乡里迎娶一个姑娘，要"讨茶"三道，姑娘才会体体面面地跟你过日子。茶礼之重，穷家小户是很难承受的。而男方看女方贤淑，则也以"茶"为标准，一要茶饭好，二要针线好。茶饭好不只是厨艺好，下得厨房，还要上得厅堂，能够待人接物。

广东人说"喝早茶"，其实哪是"茶"，地地道道顿饭，甚至比一顿饭还讲究。殊不知偏僻遥远的仡佬族山民，竟把茶的寓意运用得更娴熟，也更地道。人情各有所归，却手段和路径竟然都是差不多的。

文化的作用归根到底是一种引领。

有了茶这个坐标后，仡佬人把很多能吃能喝的植物的叶子或果实都叫作茶。务川仡佬人拜大树为"保爷"，本来有一种植物崇拜情节。有树王作保，人与山川万物家亲，饿了，渴了，随便摘几片叶子，采几个果子，大自然也不会计较。他们从从容容，坦坦然然，就跟取食正儿八经的茶一样，取食这些来自山野的叶子和果子也格外讲究。

老鹰茶在仡佬族聚居地是比较流行的一种饮料。务川仡佬人采来老鹰茶后却并不急着饮用。他们要把它搁段时间，而且搁的时间越长，泡出来的汤色就越红亮。他们甚至仔细到了老鹰茶树的根，发现把它们切片泡水，其实也是很好喝的。有意思的是一些仡佬人家把老鹰茶用一只棕衣口袋装起来，放进把糯米去，然后挂在通风的地方，让老鹰茶生一种虫子，虫子又吃老鹰茶，最后屙出屎来，这就成了虫茶。虫茶听起来不好听，也有叫沙茶的。虫茶不仅喝起来口感好，还治消化不良。整个生产过程活脱脱一个生物加工厂。

苦丁茶也是仡佬人喜欢喝的一种茶。这种苦丁茶不像苦丁茶之乡余庆小叶苦丁茶那样精细，却完全野生，大叶的，采自山里，沸水里过一遍，晒干后即可泡水饮用。苦丁茶有泻火功效，哪个季节喝苦丁茶，仡佬人却是有讲究的。火旺的夏日，喝上一杯苦丁茶，不仅解暑气，还维护阴阳平衡，浑身舒泰。

地母很奇妙，也很公平，生了一种苦丁茶，又生了一种甜茶。甜茶是种乔木。春夏时节，务川浞水枫香坪几乎家家户户都采这种叶子来泡水喝。务川山野还有种带刺的灌木，叶子苦中有甜。当地仡佬人采叶子来泡水喝。他们奇怪地叫这种饮料叫"老婆婆茶"，只有少数人叫它"刺杆茶"。

但真正让人迷惑的，是有一种不能用叶子的乔木，仡佬人却叫它"油茶树"。这种树的果实桃一样大小，含油重。他们叫这种果实叫"茶包"，并且拿它榨油。"茶"在这里，居然跟"油"相同的含义。

仡佬民族是一个富有智慧和创新精神的民族。仅一个茶，由饮而食，由食而虚化，而精神，演绎出多少奇特而丰厚的文化内容来。

我琢磨由夜郎多同竹筒而生起，凡夜郎故土仡佬、布依、彝很多个民族都有以竹为意象的图腾文化。竹的形貌潇洒而风雅，大自然中几乎没有与之相似相近的。因其独特，画师喜欢画竹，文人雅士喜欢写竹、颂竹。春夏秋冬，梅兰竹菊四君子。竹守夏，在自然界所有的植物中，可说是知名度最高的。竹文化实际上已经成了一种大众文化。进入到现代文明，很多国家、很多城市都确定国花、市花，希望在一个新的时代找一个凝聚精气神的象征物。

只是茶这种植物，大叶小叶的，乔木灌木类似太多，实在不便做标志。幸面有文字，茶还可以露一露。倘若为画，或者做造型，大多不知所以，一塌糊涂。

但如果可能，竹作为精神喻体代表种历史，而茶，尤其对大娄山中的仡佬族山民来说，则指向一种未来，其实也大可以为旗。

（赵剑平）

给贵州茶未来沏一壶永久的湄江茶

众所周知，中国是茶的故乡，中国的西南是茶之故乡的故乡，贵州属于中国西南，被称之为茶之故乡的故乡当之无愧。贵州有世界上最古老的茶，也有被专家论证为质量最好的茶，贵州更有中华民族最古老的人文遗存，各族儿女在此创造了品饮茶的多彩风情，来自中华大地和世界的文明又与贵州本土文明结合，形成健康、科学的茶之形态，以飨后人。今天的贵州有两只举世无双的杯盏，一只盛茅台，一只当盛茶，茶酒共举，贵州为贵！

（一）

贵州得天独厚的条件，使贵州几乎县县产好茶。贵州有代表性的茶叶，典型的有：都匀毛尖、贵定云雾茶、羊艾毛峰、遵义毛峰、湄江翠片，等等，好多从唐代以来都是朝廷贡茶。而遵义毛峰则是贵州省茶叶研究所20世纪70年代初期创制的名茶，为贵州省名茶的后起之秀。素有"小江南"之称的湄潭县是毛峰的产地。湄潭境内湄江河横穿南北，溪水蜿蜒，纵横交错。山高、雨多、雾重，昼夜温差明显，土壤肥沃，质地疏松，无机养分和有机质含量丰富。茶园四周花木荟蔚，古柯荫翳。优越的生态条件有利于茶树生长。遵义毛峰选用从福建引进的茶树良种一福鼎大白茶的嫩梢为原料。该种具有芽壮叶肥，茸毛多的特点，鲜叶茶多酚、氨基酸、水浸出物含量丰富，其品质特点是：条索紧细圆直，锋苗完整挺秀，身披银毫，色泽翠绿，嫩香持久，汤色碧绿清亮，滋味鲜醇，叶底嫩绿鲜活。

从抗战时期到新中国成立，再到后来改革开放，贵州在茶叶的科研、生产、种植等诸多方面，将现代化的科学技术带到茶的发祥地，使贵州茶带来了革命性一页。

一是把西湖龙井工艺引入了贵州，对贵州后来扁形茶的开发起了很大作用。

二是茶树的病虫害防治，也是从湄潭拉开的序幕。

三是湄潭还在全球发明了"茶叶密植免耕技术"。过去人们栽茶叶是丛栽，1949年后实行行栽。行栽最先就是在湄潭开始的，这密植免耕技术在全国引起轰动，1975年至1980年，前来湄潭取经的专家多达5万人左右。这个技术得了联合国教科文组织新发明奖，现在全世界都在运用这个技术，并全球推广造福人类。

四是高科技和传统茶学的结合，在贵州还诞生了新品牌"湄红""湄绿"。抗战时期在贵州的国民政府经济部之所以要尽快在湄潭创建中央实验茶场，其重要目的就是早日试验红茶成功，从西南打通陆路出口之路，以供苏联及欧美，换取机械及军火抗击日军。建场初期缺乏加工红茶技术人才，便从云南顺宁借调祁振培技师及3名技工，于1940年2月23日离开顺宁，长途跋涉数月，4月3日始行抵湄，次日即开始筹备。他们在调查研究湄潭茶农加工茶叶传统工艺基础上，学习外地的先进经验，成功地创制出达到出口质量标准的"龙井""玉露""珍眉""湄红"等名茶。样茶经中国评茶大师顺宁实验茶厂厂长冯绍裘先生用中国最优之安徽祁门工夫红茶对照审评认为："'湄红'形状细嫩匀齐不亚于'祁红'，色泽润泽，香气颇清香较'祁红'为低，滋味似'祁红'，液色较'祁红'略暗，叶底暗。总评：品质似不若祁红之优异，制造得法或可胜于'祁红'。"这是一个极高的评价，是与湄潭茶叶具有优良的本地苔茶群体品种和优越的自然条件分不开的。这为以后湄潭茶场每年生产1万~2万担优质出口红碎茶和乡镇茶场生产数千担优质红、绿茶远销欧美、西亚、澳洲等19个国家奠定了坚实基础。

中国著名茶学家、原中央实验茶场代理场长李联标先生在1984年回忆中说："1940年由云南顺宁茶厂派遣技术人员与技工前来湄潭协助制成的，当时取名'湄红'，品质很好,由此开创了贵州红茶的市场。"1940年,湄潭红茶试制成功,是继云南顺宁(今凤庆)试制滇红后,成为中国西部又一个工夫红茶生产和出口重要基地。在那烽火连天民族危急的抗战岁月,从"驼峰航线"和"24道拐"运走无数的贵州茶叶,到国际上换回枪炮弹药抵御外侮,说明湄潭茶是为抗战胜利换取战略物资的功臣!

(二)

1939年,贵州茶文化史上发生了重大的革命事件,中国现代茶学界的顶尖级科学家与茶之故乡的遭遇,嫁接出了最隽永的茶花。那就是中央实验茶场的建立和浙江大学的到来。

当时东南沿海已被日军侵占封锁,中国与世界的联系主要就是靠史迪威公路这条西南国际通道和之上的"驼峰航线",此时的国民政府选择贵州湄潭发展茶叶经济,意在通过这一国际通道,出口华茶,以物易物,换回更多的枪支弹药抗战,可以说,贵州茶叶是中华民族赢得抗日战争胜利的功臣之一,这一年,代表国民政府经济部中央农业实验所和中国茶叶总公司的40余位国内知名的茶叶、昆虫、农业、森林、特作等专家来到湄潭,开始筹建中国历史上第一个国家级的茶叶科研生产机构—中央实验茶场,当时的中国,没有一个地方像湄潭这样汇集了像张天福、刘淦芝、李联标、徐国桢等这么多重量级的茶学专家。他们的到来,使湄潭在10年时光里,一度成为中国现代茶叶的科研和种植推广的中心之一,奠定了湄潭在中国现代茶业和贵州当代茶业的历史性地位和基础性地位。

也就在同一年,浙大校长竺可桢也抵达湄潭为浙大师生寻求最终落脚点。次年,浙大理学院、农学院和新生部迁至湄潭县城和永兴镇,开始了在湄潭长达7年的办学生涯。而浙大迁至湄潭,湄潭又汇集了竺可桢、苏步青、王淦昌、贝时璋、谈家桢等一大批学界精英。

两支科学教育队伍在湄潭历史性汇合,相得益彰。浙江大学农学院为中央实验茶场分析检测新茶的成分;浙江大学与中央实验茶场共同组建贵州省立实用职业学校,为贵州、为湄潭培养了上百名茶叶和蚕桑实用技术人才;两支队伍相濡以沫,可以说是中国现代茶业史上的一曲绝唱。

浙大西迁湄潭后,派农学院教授、美国哈佛大学博士刘淦芝出任当时中央农林部湄潭茶叶实验场场长。刘淦芝场长借湄潭山水之灵气,把湄潭的茶文化与现代科学技术结合起来,改进了湄潭茶固有的品质,引进了异地的优质茶种和杭州"龙井茶"的生产技术,培育出龙井茶、绿茶和红茶,使湄潭茶叶顿时名扬四方,受到浙大教授、专家的好评。

苏步青教授曾寄三首七律《试新茶》称赞新研制的龙井茶,其一首:"客中何处可相亲,碧瓦楼台绿水滨。玉碗新承龙井露,冰瓷初泛武夷春。"

刘淦芝博士诗云:"乱世山居无异珍,聊将雀舌献嘉宾。闻到银针香胜酒,尝来玉露气如春。"

(三)

贵州有一个得天独厚的条件,那就是1939年的浙江大学西迁。浙大的一壶湄江茶,可以让贵州永恒地品饮下去。要把浙江大学的茶文化元素用足,这是一个别人无法重复和创意的茶文化元素。

浙江大学1940年初至1946年秋,因抗战烽火,西迁遵义、湄潭、永兴办学,师生们茹苦含辛,煎日熬月,在湄江之滨留下一壶"求是"佳茗,为今天贵州茶文化的再次腾飞创造了独一无二的跳板。

踏进湄潭当年的文庙(后来的浙大湄潭分部),如今的"浙大西迁历史陈列馆"内,有众多的历史照片、资料文物告诉我们,那由上千师生员工、2000多箱图书仪器、若干教学与生活用品组成的流亡之师,是克服了怎样的艰难险阻,辗转南方六个省,才分期分批地来到这黔北山区。这一支被后人称为的"西征的文军",其开拔处是东部的著名茶城杭州,驻足处是西部的著名茶乡湄潭。前者是"人间天堂"的三吴都会,后者是有"小江南"之称的黔北县城。正是一个元气淋漓的"茶"字相邀,才汗湿了五千里路云月,润泽了七个难忘的湄城春秋。

1944年10月,英国著名科学家李约瑟博士来湄潭参观考察浙大和进行学术交流。他为偏僻小城有如此高水平的大学而惊叹不已,演讲中赞扬浙大是"东方剑桥"。诺贝尔物理学奖得主李政道博士,回忆自己在永兴镇的求学情况时说:"我的学习条件十分艰苦。物理实验是在破庙里做的,教室和宿舍分别在两个会馆里,往来奔波忙碌。白天我常去茶馆里看书、做习题,泡上一碗茶,目的是买一个座位,茶馆再闹也不管……",虽众声喧哗,却能把持住那份沉静。学会用自己的方式喝茶,喝自己的茶,这也是"求是"学子的共同追求。正因为如此,浙大培植出了大批栋梁英才。

健在校友们忘不了自己的第二故乡,忘不了当年依依惜别时所唱骊歌:"留得他年寻旧梦,随百鸟到湄江。"于是,一批批"寻梦者"来了又去,去了又来。湄潭的山山水水也同样牵挂着远方的亲人,文庙前的那条街道已改名为"求是路",原来与浙大附中合并办学的湄潭中学已更名为"求是中学"。

给贵州茶未来沏一壶永久的湄江茶。

这壶湄江茶是一条茶文化旅游的美丽茶路。

这壶湄江茶是一所茶叶人才集聚交流培养的学校。

这壶湄江茶是一个可以向世界发布贵州茶信息的平台,这壶湄江茶是把高科技和地域文化结合起来的实验场。

浙大与贵州,是一个正在进行的成长的历史。

这壶湄江茶沏好了,可以世世代代品饮下去,对贵州茶的崛起,可以起到四两拨千斤的作用。

(王旭烽)

注:原文题为《贵州茶为"贵"——从贵州茶文化看贵州茶》,入书时有删节。王旭烽,茶文化作家。

茶之梦

(一)

在我们祖国辽阔的土地上,有铁马秋风塞北,有杏花春雨江南;有纵横千里的平原,还有绵延万里的海疆;而这苍苍莽莽的、深邃而渺远的西部山乡,则是我们的萦绕着梦一样的情思的家乡。

在这一片如海的茶山里,在逶迤的武陵山脉之中,从很久以前开始,就一直流传着一个桃花源的故事;而这个芳草鲜美、落英缤纷的传说,也就一直寄托着人们对日子的选择,寄托着人们对生活的梦想。但现在看起来,不倦的岁月流逝,多少年看过去了,在经过了无数的人世沧桑之后,日子又要来到今天,来到这一片武陵山脉交汇的土地上,这儿的人们又才有了一种机遇,能够来实现自己的愿望,能够来描绘这样的梦想。

我们这里说的,不是别的地方,就是中国名茶之乡,就是湄潭茶乡。这儿有一条秀丽的湄江,湄江有一条支流,名字也正好叫桃花江。

(二)

从历史名城遵义出发,往东北方向行驶,当街头最后的红灯绿灯亮过以后,当身旁的橱窗、车辆和行人往身后隐退之后,在我们的眼前展开来的,便是我们既古老又年轻、既缤纷又素净、既平常又幽远的黔北大地。

置身在这样的天地里,我们便不能不感觉到,当我们说到人间的时候,并非都是在指城市;在我们繁华而喧嚣的街市之外,也还有天长地久的日子。如果城市是人们自己建造起来的天地,那是值得向往和呼唤的,那么乡村就是造化留给我们的天地,是我们的默不作声的根底,是我们最终可以依靠的归依。相信不管到了什么时候,都一定会有人们留在这里，在这里生老病死、婚丧嫁娶，然后完成人生的使命，从中领会生命的意义。

我们在前面说到了桃花源，那只是一种文化的或者历史的联想而已，事实上，传说中的桃花源，并不能和我们经过了多少年来的寻找、多少年来的努力，而建立起来的新农村相比拟。

您看吧，山丘是完好的，树木是茂盛的，田畴是葱茏的，屋舍呢，则是这样漂亮的、足以让人羡慕的黔北民居。这是散居的农舍，这是连成一片的村落，这是新聚集起来的小镇。明净的水塘镶嵌在其间，桃花江水正蜿蜒地从这儿流过去。而畅通的车路则来到每家农舍跟前，把整个的田野和乡村连接在一起。如此古老而崭新的农村，就只能身临其境地来感受，如其不然，乃至都不能描绘、难以想象，更无法加以比拟。

（三）

依照传统的农村留在我们心里的印象，你也许会问：既然是农村，那么庄稼呢？庄稼在哪里？支撑着这样一种美好而富裕的日子的支柱，会是什么呢？

是茶，其实我们已经说过了，这时候也已经看见了，是茶。

是茶乡的人们的深情和厚意，养育了茶园的欣欣向荣的风采；而生生不息的、林茶相间的茶园，则养育着茶乡人民的美丽而从容的人生。我们不妨说，茶和湄潭人，是一对孪生兄弟。当茶让这里有了一份日子的时候，就把茶交付给了这里的人们。

我们都知道，我们的国家是茶的故乡，是茶的原产地。而在《中国茶经》《茶叶大全》和《茶经述评》这样一些著作里，学者们还指出来，云贵高原、川滇黔毗邻的山区，还正是原产地之中的原产地。茶圣陆羽在《茶经》的一开头就说："茶者，南方之嘉木也。其巴山峡川，有两人合抱者，伐而掇之。"这里说的"巴山峡川"，所指的即是今天的重庆东部、贵州北部地区。而湄潭属于夷州古地，更是《茶经》之中列出来的一处产茶盛地。有种种的记载和物事，茶籽的化石、古老的茶树，还有流传下来的习俗和茶具都可以让我们看到，这一片土地上的茶事的历史，是极为悠久的。

也许这儿的人们不曾用规范的言辞，来表说人们应该如何生存在天地之间的道理。但茶乡的人们从久远的历史的长河里走过来，走过的正是一条以茶为生、与茶共生的道路。一方水土养一方人，一滴露水养一叶草。并且蛇有蛇路，鸟有鸟道，人们也应该有自己的生存之道，是不是呢？我们中华民族的天人合一的传统智慧，是深深地扎根在茶乡的人们的心目之中的。

（四）

我们说起茶乡湄潭的茶事，便不能不想起一段艰难的岁月，想起那一段对茶乡的发展具有特殊意义的日子。

那是1939年，抗日战争期间，国民政府、工商企业、科研机构、还有许多的大学，都不得不向后方搬迁。这年，国民政府经济部中央农业实验所和中国茶叶总公司的40多位专家，在王淘（中农所人事课长）、张天福（技士、金陵大学学士）的带领下，来到了湄潭，在这里筹建了中国现代史上的第一个国家级的茶叶科研生产机构－中央实验茶场。这样我们就看到，中国现代茶业的第一扇大门，仿佛注定一般地，就是茶乡湄潭打开的。

也是在这一年，浙江大学的师生在校长竺可桢先生的带领下，也来到了湄潭，不久即和中央实验茶场一道，组建了省立实用职业学校，为贵州、为湄潭培养了一大批从事茶叶和桑蚕工作的学生。

不仅如此，中央实验茶场场长刘淦芝先生，还和浙江大学的教授们一道，成立了"湄江吟社"，用来唱和他们为湄江的茶叶写的诗。

乱世山居无异珍，聊将雀舌献嘉宾。松柴炉小初红火，岩水程遥半旧甄。

这即是刘淦芝先生在品尝新茶时写下的诗句。我们不难看出来，"山居""雀舌""松柴""岩水""旧甄"，写的也就是茶乡湄潭的情景。

大师们的足迹，深深地印在了湄潭这片土地上，把湄潭茶业的发展，领上了一段更宽阔、也更兴旺的路程。新中国成立以后，中央实验茶场分成了"湄潭茶场"和"贵州省茶叶研究所"两个部分，开发出了有名的"湄江翠片"和"湄潭红碎茶"，载入《中国名茶志》，成了深受人们喜爱的一代名茶。

而今我们来回首往事的时候，就看见是这小小的茶叶在伴随着人们，从漫长的岁月里走过来，从那些战火纷飞的年代里走过来，直到走进了新的时期，走进了新的时代。

（五）

现在，在经过许多的曲折和探索、许多的胜利和挫折之后，我们的国家和民族，最终把科学发展、和谐发展、以人为本的发展，写在了我们的旗帜之上，这就更加让茶乡人民看清了自己曾经走过的途程，更加坚定了茶乡人民"生态立县、特色兴县、产业强县、旅游活县"的决心和信心。

在这样的千载难逢的机遇里，茶乡人民围绕着"湄潭翠芽"这一总的茶叶品牌的打造，又开始了一段新的建设。

这是生产的建设，从茶树育苗开始，在管理、采摘、初制、精制、包装，直到仓储等各个环节，都按照严格的技术标准来完成，建立和完善了茶叶质量的保证；

这是市场的建设，现在茶乡的产业已经形成了"基地——茶青交易——加工企业——西南茶城省内外销售市场"，这样的网络和体系；

这是生态的建设，现在湄潭县已经成为"中国名茶之乡"，成为"全国无公害茶叶生产基地县"、"全国三绿工程茶业示范县"和"国家级生态建设示范区"；

这也是生活的建设，人生的建设，茶乡人民的美好的农家生活，已经成为一种让人们向往和赞叹的生活模式，而湄潭茶乡集观茶、采茶、制茶、品茶和茶艺表演为一体的乡村旅游，也已经成为人们喜爱的旅游目的地。

"湄潭翠芽"这一品牌，正是这一系列建设的成功的结果，是对这一系列建设的成功的概括。它形如月芽、富硒富锌；夜雨催生、栗香浓郁；汤色明亮、新而醇厚，也已经成为连续获得了48次国家级金奖的名茶。

中国首位茶学院士陈宗懋先生，在参观了湄潭茶乡之后，高度赞扬了茶乡的成就，他说："这是我走过全国很多茶区都没有看到的林茶相间的生态环境。"他认为，这样的茶园是一流的、全世界少有的；一个县能够集茶园生态风光、茶文化景观、名优茶加工、茶籽油提取、茶多酚系列产品开发和茶馆休闲业为一身，在全国就只有湄潭才做到了。

绿色孕育希望，生态成就未来。再过一些时日，湄潭的茶园将达到30万亩。30万亩，从山那边的林间来，又从山的这边向林间隐去，绵延300里。这是茶乡人民铺展在人类家园的充满生机的绿色地毯，是40多万父老乡亲及其子孙长远的生计，是绿色的金子，是上天赐予的"金不换"。

哦，我们的小小的茶叶，我们的既平常又质朴的茶叶，由于受到天地的滋养，得到人们的关爱，所以它一旦展开来的时候，就能够于微粒之中转动大千世界，而且还会把这种对于生存的理解，把这种化解危机的路径，也一并地奉献给人类世界。

（何士光）

第二节　艺术作品

艺术作品的范围很广，即用形象来反映现实，但比现实更具有典型性的社会意识形态，包括文学、绘画、雕塑、建筑、音乐、戏剧、电影、曲艺等。由此可见，文学作品也是艺术作品之一，文学艺术主要以语言文字为工具，形象地反映客观现实。前面已经介绍了贵州文学作品中的诗歌、小说、散文等。该节主要介绍贵州较有特色的茶歌曲、歌舞，茶绘画、书法、影视等艺术作品。

一、黔茶歌曲

贵州是个多民族的省份,各民族各地区都流行着一些茶歌。

欢迎你到茶乡来

作词:齐天云 王世宽 演唱:宋祖英

哎!远方的朋友,欢迎你到茶乡来 这里的田园风光好 四季如春人人爱

万亩茶海留个影 好像天仙下凡来 吔啰吔

远方的朋友,欢迎你到茶乡来 这里的田园风光好 四季如春人人爱

万亩茶海留个影 好像天仙下凡来

来……来…… 万亩茶海留个影 好像天仙下凡来

万亩茶海留个影 好像天仙 好像天仙下凡来

亲爱的朋友 欢迎你到茶乡来 高原水乡飞灵气 茶乡妹子画中来

你若有心牵红线 来年再等茶花开

来……来…… 你若有心牵红线 来年再等茶花开

你若有心牵红线 来年再等 来年再等茶花开

五洲的朋友,欢迎你到茶乡来 翠芽青青甘露水

茶乡美味飘山外 茶乡是个好地方 茶歌飞扬多豪迈

来……来…… 茶乡是个好地方 茶歌飞扬多豪迈

茶乡是个好地方 茶歌飞扬 茶歌飞扬多豪迈

茶歌飞扬 茶歌飞扬多豪迈 吔啰吔

贵州茶香

作词:清风 演唱:刘和刚

有一个神奇的地方 高山青绿水长 云滔滔雾茫茫 酿了茅台酿茶香

有一个神奇的地方 高山青绿水长 云滔滔雾茫茫 酿了茅台酿茶香

绿宝石韵味长 湄潭翠芽吐芬芳 遵义红暖心窝 都匀毛尖气清爽

都说品茶品文化 我说还要添健康 一生相会贵州茶 得一知己喜心上

绿宝石韵味长 湄潭翠芽吐芬芳 遵义红暖心窝 都匀毛尖气清爽

都说品茶品文化 我说还要添健康 一生相会贵州茶 得一知己喜心上

贵州茶香 贵州茶真香

好人好茶

作词：丁杰　演唱：阿幼朵

好人好茶　好人好茶　朵贝是绿水青山一幅画　化处有峰回路转一壶茶
天问禅茶香一叶一乾坤　浓淡皆有味一瓯品天下
杯中有故交新友一席话　壶中是大国小家一中华
空山新雨秀一步一风景　聚散皆是缘一人一天下
好山出好水吒　好人做好茶哟　空山新雨煮新芽　神仙将你我轻轻点化
喝着喝着就醉了　走着走着就近了
梦着梦着就醒了　爱着爱着就老了
杯中有故交新友一席话　壶中是大国小家一中华
空山新雨秀一步一风景　聚散皆是缘一人一天下
好山出好水吒　好人喝好茶哟　千年古树又逢春　时光把故事重新升华
喝着喝着就醉了　走着走着就近了
梦着梦着就醒了　爱着爱着就老了
好山出好水吒　好人喝好茶哟　千年古树又逢春　时光把故事重新升华
好人好茶

都匀毛尖

作词：魏明禄　演唱：杨祖桃

茶山是那　是那云中神　茶树是那　是那雾中仙
采茶的姑娘一开口　歌声飞过飞过山尖尖
都匀毛尖　鱼钩相连　清香独特　味满齿间
把天地灵气融合揉捻　回味流连香满人间
茶花绽放　绽放黔南情　茶业缔结　缔结四海缘
知心的朋友一握手　茶香直向直向天边边
都匀毛尖　鱼钩相连　清香独特　鲜美自然
把天地灵气统统揉捻　回味流连　香满人间
都匀毛尖　靓丽名片　添彩今天　托起明天
将日月精华轻轻沉淀　幸福生活直到永远

采茶歌

正月里采茶茶发芽，姊妹双双去摘茶，姐采多来妹采少，采多采少早回家。
三月里采茶茶叶青，姐在房中绣手巾，两边绣起茶花朵，中间绣的采茶人。
四月里采茶茶叶长，当门有个使牛郎，使得牛来秧又老，栽得秧来麦又黄。
五月里采茶茶叶团，茶树脚下老蛇盘，烧钱化纸敬土地，龙神土地得平安。
六月里采茶热忙忙，上栽杨树下载桑，多织绫罗乡下卖，与郎织件新衣裳。
七月里采茶茶叶稀，姐在房中坐高机，多织绫罗乡下卖，与郎织件采茶衣。
八月里采茶茶花开，风吹茶花满天美，大姐采朵二姐戴，二姐装扮祝英台。
九月里采茶是重阳，重阳造酒满厅香，家家造起重阳酒，一里开坛十里香。
十月里采茶郎未归，斜风细雨打郎衣，侬在房中烤炭火，郎在外商受孤栖。
冬月里采茶过大江，脚踏船头走忙忙，脚踏船头江中去，卖了细茶回家乡。
腊月采茶茶去一年，背包打伞讨茶钱，你把茶钱交与我，今年去了等来年。

（见1940年《石阡乡土教材辑要》）

送　别

送妹三里到茶园，你我二人情绵绵。茶农含笑芬芳吐，摘朵送妹表心田。

（流行于黔南地区的民歌）

敬歌师

今日贵客到我家，敬上一碗煮油茶。油茶不香别嫌弃，主人笑拙手艺差。

（流传于黔西南地区的民歌）

采茶姑娘

哥问采茶何讲究，做起实事心起虚。茶叶采嫩不采老，采那高叶不采低。
妹说哥哥细细听，露水打湿哥的衣。采茶中间留四边，要采茂密不采稀。

（流行于省内各地的民歌）

苗族送茶歌

客来坐起来碗茶，少女手上有枝花。喝不暂且改疲困，莫管味道佳不佳。

（流行于苗族聚居的黔东南等地）

苗族盘歌

问：吃酒问你酒亘古，喝茶问你茶根源。西天栽茶是哪个，哪个喝茶变神仙。哪个又把旨来下，哪个才去守茶园？

答：吃酒答你酒亘古，喝茶答你茶根源。西天栽茶是佛祖，唐僧喝茶变神仙。皇帝又把旨来下，佛祖才去守茶园。

都匀敬茶歌

细细毛尖起银花，远路客人到我家。虽无金杯银花罐，请喝一碗毛尖茶。

（流行于黔南一带的民歌）

二、黔茶歌舞

贵州茶歌舞，即歌为当地民歌或文人创作的民歌调茶歌，同时配有茶灯茶舞，主要在春节或其他节庆期间演出，颇具喜庆意味，现录茶灯词于后。

茶山调

正月好唱正月梭，情妹打扮赛嫦娥，上身穿的红罗袄，下身罗裙满地梭。
二月好唱二月梭，燕子衔泥来砌窝，燕子衔泥窝砌起，飞进飞出在唱歌。
三月好唱三月梭，蜜蜂飞往花园过，花见蜜蜂开颜笑，好比情妹会情哥。
四月好唱四月梭，蚊虫蟎蟎实在多，许郎一铺红罗帐，不准蚊子咬情哥。
五月好唱五月梭，一对龙船江中过，大船载的是情妹，小船载的是哥哥。

（流传于贵州土家族聚居地的采茶灯词）

采茶歌

正月采茶是新春，庆贺诸亲道友们，请坐中堂把宴摆，金童玉女把酒斟，蒲盘装的龙凤果，玉液琼浆香味馨，香味馨香味馨，吃了长生不老春。

二月采茶是春分，百草排芽往上生，春雷一动阳光润，万物发生育养青，修行好比春来草，不见其长日有生，日有生日有生，久远不退坐莲凳。

三月采茶是清明，家家户户去扫坟，扫尽尘垢参宗祖，保佑儿孙入朝庭，左右相伴君王主，龙楼凤阁我住定，我住定我住定，才是得道好美名。

四月采茶四月八，官民朝贺佛菩萨，佛祖修炼善功大，割头了道谁学他，善男信女听佛法，玄机兴妙真无价，真无价真无价，得受一贯祖宗拔。

五月采茶是端阳，龙船轰轰办道场，驾船儿郎普开渡，头尾艄公把船掌，着力划到曲江岸，有功儿女讨封赏，讨封赏讨封赏，仙衣云鞋登莲邦。

六月采茶热难当，种田农人修整仓，谷子扬花成季放，时节已至收回藏，三花取顶五谷会，龙吟虎啸入黄房，入黄房入黄房，万脉归根极乐乡。

七月采茶正立秋，心猿意马牢拴收，恐防遇着迷魂鬼，失落真性地狱四，三省吾身当保守，九思自然功成就，功成就功成就，逍遥快乐步瀛洲。

八月采茶桂花香，诸佛下世架感航，要度九二原来子，同上灵山伴法王，大觉金仙来取会，妹妹相逢伴亲娘，伴亲娘伴亲娘，人人坐定紫金堂。

九月采茶是重阳，怀中佛法紧色藏，王法堂前官严禁，言语慎微莫颠狂，暗钓贤良证佛榜，万古名标天下扬，天下场天下扬，总知修人好风光。

十月采茶降雪霜，伏外故客早回乡，看看三突八难降，失乡儿女怎躲藏，置风一动难抵挡，任是仙人也作忙，也作忙也作忙，得受玄关无惊慌。

冬月采茶雪飞天，伴道儿郎莫外迁，个个等后龙砂会，收园普度在眼前，众观时年大改变，愚昧众生看不穿，看不穿看不穿，他想家财受万年。

腊月采茶雪梅开，伶神儿郎要归来，那时五魔来下界，官员才把天道拜，诸佛齐赴蟠桃会，功园果满脱圣胎，脱圣胎脱圣胎，常伴老母永不来。

（杨秀辉　陈穿兴）

采茶歌

正月采茶是新年，手拿金枝点状元。二月采茶茶发芽，手扳茶枝过细舀。
三月采茶茶发青，茶姑腰系花围裙。四月采茶茶叶长，采茶姑娘两头忙。
五月采茶是端阳，茶树脚下歇阴凉。六月采茶热难当，不采茶叶去采桑。
七月采茶茶叶稀，茶姐坐上织布机。八月采茶秋风凉，风吹茶花满园香。
九月采茶是重阳，姐卖茶叶把街上。十月采茶叶正红，十担茶篓九担空。
冬月采茶下大霜，姐运茶叶过大江。腊月采茶一年完，茶叶卖了好纺线。

（惠水布依族）

十月歌

正月采茶茶不开，二月采茶茶正开，三月采茶红刺果，四月杨柳抽新苔，
五月桃花闹洋洋，六月荷花满地塘，七月有个七月半，八月十五桂花香，
九月有个重阳九，十月牡丹家家香，晓得花香哥为贵，挖李鲜花我来栽。

（贵定布依族传唱）

采茶歌

三月采茶是清明，叶子嫩嫩竹叶青，锅炒炒来太阳晒，味道好喝人人爱。
四月采茶四月八，十指尖尖摘满篮，拿来锅炒太阳晒，开水泡茶等客来。
五月采茶是端阳，叶子多多满箩筐，拿来锅炒太阳晒，煮罐茶香等客尝。
六月采茶炎热天，一边擦汗一边摘，拿来锅炒太阳晒，卖的钱来买衣穿。
农家采茶按季节，只有三四五六月，春尾摘来夏尾完，余外就是老枯叶。

（独山布依族）

采茶歌

正月采茶是新年，琉璃灯盏挂堂前；琉璃灯盏堂前挂，姊妹双双拜新年。
二月采茶茶发芽，姊妹双双去摘茶；郎得多来妹得少，随多意少转回家。
三月采茶茶叶青，奴在家中绣手巾；两头绣的茶花朵，中间绣的采茶人。
四月采茶茶叶黄，奴在家中两头忙；大姐忙忙秧老了，二姐忙忙栽早秧。
五月采茶茶叶圆，茶叶脚下老龙盘；多买香纸敬土地，山神土地保茶园。
六月采茶热忙忙，上栽杨柳下栽桑；上栽杨柳为古记，下栽桑树好歇凉。

（独山水族）

敬茶歌

客人来到我的家，烟不烟来茶不茶，吃水还在凉水井，吃茶还在树桠巴。
一杯茶来满满的，端杯茶来敬客们，我们倒茶客不吃，客你吃去我心乐。
二杯茶来满满的，倒杯茶来送客喝，我们倒茶客接去，客你吃去我的来。
三杯茶来有点涩，是酸是涩客要接，是酸是涩你吃去，客你吃去心明白。

（惠水布依族对唱）

三、黔茶花灯戏

在贵州少数民族与茶有关的戏曲中，花灯戏最具代表性。大约在明朝初年，由来自江南及中原驻守和屯耕黔南的军士们将花灯引入贵州，到清朝，花灯已经十分流行，民国年间更普及到黔南的乡村集镇，其中尤以独山、福泉等地最为兴盛。每年正月十五的晚上，或逢重大节事，人们便张灯结彩，聚集在一起"玩花灯"，民间称之为"唱花灯""跳花灯"。

（一）独山花灯茶调

独山花灯是布依族群众自创的集说唱、舞蹈于一体的地方剧种，它吸纳了秧歌、花鼓、采茶调等曲种的特点而自成体系。花灯歌舞，俗称"地灯""锣鼓灯""锣鼓转"等，较简单、短小，没有完整的戏剧情节，主要是抒发某种感情或说明某件事理，反映出浓浓的生活气息。表演时，演员手执绸扇和手帕，载歌载舞、歌舞结合。有时还要插进韵白。传统的独山花灯，主要由一旦角和一丑角，二人表演，载歌载舞，同时插科打诨，与东北的"二人转"表演形式相似。独山花灯从最初用于驱鬼辟邪、祝神消灾、祭祀祈福的愿灯演变成地灯，最终发展成台上表演的舞台灯，即花灯。独山花灯曾作为贵州省剧种多次进京演出，受到党和国家领导人及专家的赞许，在表演比赛屡获大奖，成为独树一帜的"中国南路花灯"。

1. 采茶制茶类

采茶调

讲吃茶，就说吃茶，歌凉山妹定根芽，对门坡一垄茶，茶叶脚下有一家，他家生出三姨妹，好像三支花，大尼出来眨巴眼，二尼出来眼巴粑，三尼出来好点点，赖括赖跑像苦瓜。

讲吃茶，就说吃茶，歌凉山妹定根芽，对门坡一片山，团转栽从木，中间拿栽茶，三月清明摘头道，二道摘到四月八，拿可锅上焙，倒放簸箕揉一揉，拿可太阳晒，晒成收来家，插水锅中涨，锅中现莲花，道谢你干妹子，望你这回得家米得家。

新采茶

（合）二月采茶茶呀发芽呵，哥妹呀二人上呀茶山呀。

（男）哥采多来妹采少呀，妹妹哟咿哟。

（女）哎！（男）随多意少转回家。

（合）转呀回家呀哪哪合的嗨哟。

炒茶调

我们来烧火呀，你们来炒茶呀，你们炒好我们搓呀，都是老行家哪咿吱哟，哎呀咿吱疇都是老行家哪咿吱哟。

2. 娱乐类

站采茶

高坡栽姜唐大姐嘛李莲花，提篮打菜兰三组嘛李莲花，莲花乐打破竹子嘛篾二娘呵，莲花乐江边杨柳嘛柳四娘呵，嗨嗨的嗨呀嗨嗨的嗨。嗨嗨的嗨呀嗨嗨的嗨。

福泉、瓮安、都匀和麻江的采茶花灯戏

民国《贵州通志》转《清一统志》《乾隆通志》《清平越直隶州志》中的节序记载："平越直隶州，正月十一至十六谓之灯节。厅堂悬灯，城乡献金制龙灯装故事，从以鼓乐，遍行屯坊，迎以火爆。人有为花灯装，土女唱采茶歌或扮演杂剧者。""徐宏业旧志云：黎峨风俗，正月十三前，城市弱男童崽饰为女子，装双髻，低掸翠，翘金钗，服鲜衣，半臂拖秀裙，手提花篮灯，联袂缓步，委蛇而行，盖假为采茶女，以灯作茶筐也。每至一处则绕庭而唱，为十二月采茶之歌。歌竹枝，俯仰抑扬，曼音幽怨，亦可听也。（瓮安俗，十四日夜，妇女往游，行桥上，曰'游月辰唇'，可避一年病灾云）。"嘉庆《桑植述闻》曰："平越直隶州，正月十一至十六谓之灯节，厅堂皆悬灯或各村描金为龙灯，从以鼓乐遍行村坊，所致迎以火爆。或有为花灯装仕女唱采茶歌或演杂剧者。"

民国《瓮安县志》载："正月十一至十六谓之'灯节'，各家堂室点灯，各村舞龙灯以鼓乐游街。还有用纸张扎成的莲花、鱼蟹等灯，照耀前后，以村童饰男女装，唱采茶歌，间以杂剧者为'花灯'。"

民国《都匀县志稿》记有："上元时，乡人以扮灯为乐，其中所唱十二月采茶歌，如，三月采茶茶叶清，茶树脚下等莺莺；二月采茶茶花开，借问情依几时来。音调清婉，莫详所自。"

民国《麻江县志稿》，有唱花灯寻七姑等事，"上元时，乡人以扮灯为乐。用姣童作时世装，随月逐家，双双踏歌，和以音乐，艳以灯火，抑扬俯仰，极态增妍，谓之闹元宵。其中所唱采茶歌有'正月采茶花正开，白花鲜映女郎腮；二月采茶芽初发，女郎拂嫩不忍摘；三月采茶茶叶青，茶树脚下等莺莺'，音调清婉，莫详所自。"

（二）荔波布依族傩戏

傩戏，被称为"戏剧的活化石"，起源于明朝"南征北调"时期，传入荔波已有数百年的历史。傩戏传入贵州，与布依族文化融合，形成独具特色的布依族傩戏。新中国成立前其在荔波县16个乡镇均有分布，在"文化大革命"时期，傩戏传播受阻，如今只有翁昂乡、架欧乡、播尧乡、玉屏镇一带残存。

荔波县布依族傩戏的傩书是诗歌体，用"土俗话"（用汉字记录布依话，大概始于宋元、盛于明清，迄今仍使用）写成，有《献茶献酒歌》，由《献茶》《献酒》《添粮歌》等三部分组成，内容主要是向诸神敬茶敬酒和向人间"添粮祝寿"，在请神、还愿和撒坛等活动过程中穿插念唱。

荔波布依族傩戏种类繁多，主要活动是关于祭祀和还愿，其中荔波布依族傩戏是以求子女、保儿女平安为主要内容。结婚已生育——女夫妇再想求子或保佑子女平安健康成

长，选取好日子，请傩戏班子到家举行3~7d的活动，布依族称为"做桥"。第一天布置傩戏场景，主持点坛。接着第二天掌坛师主持今日仪式，念经。第三天，唱问答歌，唱完歌后，把事先弄好的"彩楼"移到坛前，进行封楼仪式。第四天，进行傩戏"龙公"和"勒良"的表演。第五天亲朋好友前来道贺，摆酒席招待，当天还要举行送花仪式，送花要由外公、外婆送给女婿，花在布依族人们心里代表着妇女受孕的因子。送花之前坛师在桌前放声念唱："这时有仙气，这时好送花。外婆今天来，送花给主人。"唱完之后，外婆把花送到女婿的怀里，这时外公、舅舅、舅公等重要亲友向女婿发红包并送吉利的祝福，预示着今后的女婿家儿孙满堂，兴旺发达，家庭和睦。完成之后坛师继续唱到："这时好时辰，外家进了门，快沏茶斟酒，敬给外家饮。"主人家纷纷向客人敬茶敬酒，边敬边唱到："敬茶第一杯，管它浓或淡，外婆来到家，敬给外婆饮。敬茶第二杯，跪在外婆前，舅舅做上席，敬茶谢舅恩。敬茶第三杯，外家人人饮，拜仲定拜神，后继定有人。敬茶又敬酒，一层又一层，托外的家福，不忘外家恩。"接着坛师相继念唱《挽花歌》《米魂歌》《粽魂歌》《蛋魂歌》完后，把坛前"桥棒"移至夫妻卧房门前，并固定好。每逢节日时必须供奉。第六天，女婿跪在坛前，坛师从八仙桌下面拿取婆家送来的大公鸡，进行俗称"主人背公鸡"仪式。第七天进行扫家仪式，说扫完之后选好吉时撤坛。随着社会的发展，人们现代意识逐渐增强，"做桥"仪式已经简化，时间缩短到3~4d。

另外，贵定新铺苗族芦笙舞"长衫龙"又称"茶山龙"，被誉为"东方探戈"，2006年已被列为首批国家级非物质文化遗产。

第三节 茶事典故（传说故事）

东山贡茶的传说

东山茶产于桐梓县，传说它在明朝时为贡茶。民间有诗吟诵："三月里来好风光，东山春茶满城乡。市人买得春常在，一年四季留芬芳。"

关于东山贡茶，还有一个小故事。

话说东山贡茶入宫初期曾遭冷遇，因为其采制工艺较之其他贡茶差，在色泽形状上不突出。

一次，皇帝要品茶，宫人错拿成了东山贡茶。只见东山茶初泡时，在茶具中一升一降，极具观赏性，香气扑鼻，饮时更是味韵隽永，皇帝连称此是好茶。这样，东山茶才改变了其久居"冷宫"的处境。东山茶不仅香气逼人，还有治病的功效。

陈圆圆购茶山赠天安寺

吴三桂引清军入关，平息云贵战火之后，不久便因反清被诛九族。其爱姬陈圆圆，虽女流之辈，却也恩深义重。她巧用心机，危难关头，毫无惧色，悄悄带着吴家的部分直亲后代，在军师马宝的护送下，日夜兼程，逃出虎口，总算摆脱了清军追捕，来到思州府地，潜藏于马家寨。

为了掩人耳目，她让吴家后代几十口，化整为零，藏于附近的深山老林，隐姓埋名，与当地少数民族兄弟和睦相处。几年过后，追兵慢慢没了信息。陈圆圆为了妥善地保住吴家血脉，拿出大量黄金白银，将所有吴家后代安顿妥善之后，自己则削发为尼，隐居于思州名寺天安寺。

为了进一步掩人耳目，陈圆圆又让吴家后代，全部改名换姓，与马家寨的少数民族一起，开荒垦地，从事农耕劳动。当时正逢大旱，百日无雨，当地百姓苦不堪言，几乎断炊。陈圆圆当机立断，再次拿出积蓄，分送各家各户，帮助百姓渡过难关。为了感激陈圆圆的救命之恩，百姓主动将吴姓子孙认作干亲犹如一家人。每有风吹草动，都主动掩护其子孙逃出绝境。陈圆圆也很懂事，经常出资修桥补路，还特别投资修建寺庙，广积功德。后来，陈圆圆为了让寺庙自有收入，维持生计，她还慷慨出资购买了100多亩茶园，无偿赠送给当地寺庙。时过境迁，几百年间，马家寨附近的寺庙虽然相继毁损，但那100多亩茶园却一代代地传承了下来。这些茶园不但没有减少，相反不断增多。

直到现在，这些茶园生长繁茂，成为制作思州绿茶的优质茶园。据岑巩县茶叶开发公司经理徐来亮介绍，这100多亩茶园，长期以来，由马家后代，分而管之，并不断扩展到各家各户的田间地头，房前屋后。这些茶树虽说零零星星，但都长势良好。每到春茶上市，各家各户自产自销，吃不完的，便拿去市场出售。由于茶味好，每每上市，人们争相购买。进入新世纪以后，县公司高价收购茶青，采用先进工艺，制作思州绿茶，多次在国家和省部级评比会上获奖。

饮品思州绿茶，人们不仅会获得生理上的满足，而且勾人联想，忆起清初陈圆圆发展茶业生产的一番作为。

苏元春开茶园兴思州绿茶

1875年，晚清著名军事家苏元春在贵州省任总兵时，曾将所率领的水师改为陆队，分驻贵州省各个地区。当时，他对"先有思州，后有贵州"的思州府，情有独钟。

有年夏天，他率部来到思州府，先是被府城所在地的思旸镇秀美风华所吸引。这座古城不仅山清水秀，满城周边的橘林柚树绿油油的，长得十分茂盛。清幽幽的龙江和新安江在这里汇合；府城后山像一把交椅的靠背，靠背上的一片松柏林，像披盖着的一张绿毯。再加上各山头和江岩的亭台古楼，比如观音洞、巨山庙、禹王宫、万寿宫等50多处景点及早已扬名的思州八景，都让他兴奋不已，流连忘返。每天，他看到龙江河上船只往来不断，就心生一番奇想，要乘船而上，欣赏沿江美丽的山水风光。

他于是挑选了一帮人做随从，沿龙江而上，不几天，来到一个叫凯本的地方，但见山环水绕，绿荫覆盖，民风质朴，龙脉走向奇特，实属一方宝地。几番欣赏之后，便系船停泊，要住上几天，饱览这里远近风光。没想到这一住，便弄得他留恋起来，不想走了。尤其是那每天不断的一杯杯鲜香绿茶，让他赏心悦目，依依难舍。跟班们见苏大帅钟情于此地山水，便顺其意说："大帅既然喜欢这地方，不如就把帅府搬来这里。"没想到这一说，正合苏元春之意。他兴致勃勃地说："这主意好，建帅府后，还在对面几匹坡种上绿茶。"于是，跟班们便分工合作，选址筹资，忙碌起来。地址选好后，就着手设计修建。同时，组织劳工到各地挖来优良茶树，很快栽满对面各山头，几坡几岭，整整齐齐的，颇有气派。几年后，茶树长大，再加上山间原有的各种果树和花树，每到春天，真是百花齐放，映于绿鲜鲜的茶树之间。茶花相配，甚为美观宜人。因为茶山几坡几岭，少说也有600多亩。每到采茶季节，跟班们又特意从附近专门请来一伙十七八岁的姑娘，上山采摘，专人烘焙制作。这样，苏元春处理军事之余，又可邀朋请友，共品新茶。几年间，府县官员，皆学其样，在思州这些青山绿水之间，又不断增加着大片的茶山。许多官员就借出差机会，从沿海带回名茶树种。于是，思州绿茶很快从野生到成片种植。从此，思州绿茶一下子火了起来，名声大振。

后来，苏元春犯事，被充军到新疆迪化。不久，虽获平反，但由于充军这几年，吃不好，住不好。别说喝不到思州绿茶，连饮水也困难。几番折磨，使他再也站不起来，倒在了异乡。临死前，他虽是广西人，却留下遗言，要家人将其骨灰归葬于思州。可见他对思州的深厚感情，特别是他主持栽种的那600多亩茶园，其留念之情，让后人感动。此后，那600亩茶园，由一代代的传人管理。直到现在，仍然繁茂于龙江河畔。每年开春采茶时，人们都会将苏元春大帅思念一番。敬重之情，也流传至今。

（岑巩提供资料整理）

"三宝侗"婚礼斗茶

斗茶，是我们侗族人民祭祀祖先的一种习俗。

我们侗家住的都是楼房（楼下关家禽家畜，楼上住人，至今较边缘的地区仍是这样），每家堂屋正中都有一个大火塘。这堂屋既是烧饭的地方，又是接亲待客、烤火、就餐的地方。冬天天气寒冷，老人晚上都喜欢围着火塘睡觉，所以又是老人睡觉的地方。要是老人过世，灵床就摆在火塘边，这样人们祭祀祖先时在火塘边摆设酒肉祭品。现在有许多地方在居住条件上虽有了改变（过去住楼屋，现在改为住地屋，而且把堂屋和灶房也分开了），但是在斗茶时仍沿用古老形式，比如"三宝侗"在举行婚礼时的斗茶就是这样。当新娘进新郎家，还未举行婚礼前，新郎、新娘以及伴嫁的姑娘、"纳汉"就在堂屋中围成一个圆圈蹲下，然后由一个老者恭恭敬敬地把酒肉祭品摆好，念完祭词后，才正式举行婚礼。

斗茶，有一般斗茶和隆重斗茶两种。一般斗茶是每逢年、节，各家各户在就餐前，先把祭品摆在火塘边，请祖先们先来受用。隆重斗茶通常指一家、一寨或一族有什么大事，事前十分虔诚地把酒肉祭品摆在火塘边，由一个老者非常庄重地念斗茶词。其内容大概是：向祖宗报告今年这一家、一寨，或一族办了什么大事，然后提出恭请列公列祖一齐前来分享。最后祈求列公列祖保佑这一家、一寨、一族人庆吉平安。因其各地的情况和事件的不同，斗茶词的内容也各有差异。比如"三宝侗"在举行婚礼时可采用的斗茶词，就和其他地区的斗茶词不一样。为了便于比较，这里特将"三宝侗"婚礼的斗茶词全文翻译于后。

引子：（念词老者问）齐了吧？（众人答）齐了。

念：头齐了，尾也齐了。像河中鲍鱼一样的兴旺，像山中斑竹那样强硬。发得像蚂蚁那么多，走起路来像野猪那么狠。

正文：今天是大好的日子，翻书择时，书上告诉我们：这个月是好月，这个日是好日，这个时是吉时。所以我们才来备办酒菜，迎接媳妇来过门。现在我们虔诚地祭祀您，列公列祖，请你们先吃我们当子孙的才敢后跟。你们有在上方的，有在下方的，有在东方的，有在西方的，今天要我一个个地请，我也数不完旧的名字，也记不清新的名字，近的请你们邀远的，远的同近的一齐前来，分享儿孙喜事的高兴，保佑儿孙全家的清平。保他家家业天天向上，保他家六畜兴旺，牛羊满圈门。早上放出去牛羊成群，晚上撵回来挤满圈门。

我们备好酒菜，迎接新媳妇来过门。我们虔诚地祭祀，火塘边的祖先，火灰边的祖神。还有您金公公，还有您银奶奶，还有你并岁大奶，你们都是关照人们、衣、食、住、行，关照人们团圆相聚，关照一族一寨老小清平的神，请你们一齐前来，共同接受我们的祭祀，共同受用我们的祭品，从前你们对我们祖宗从头管到脚，如今也请你们保佑我们永世清平。寨头不安请你牛细先祖多多关照，寨脚不宁请你龙王多加操心。白天保佑我们家男孩，晚上保佑我们家女人，保佑男的上坡去会回转，保佑女的下河去会回家，保佑男的上山不被刺挂，保佑女的下河不遭青苔滑脚，让他们走东方的遇着金子回来，让他们走西方的遇着银子归家。黄金拿来买塘放鱼，白银拿来买田种主稼。

今天我们备办好酒菜，虔诚地祭祀您呀，所有的大大小小诸神，请你们先来受用，我们才慢慢跟。今天是我们家办好事，切不许他哪一个在一旁多话多嘴，要吃的就来同我们一齐吃。

不吃的就不要多言多嘴，切不许谁从中捣乱，让我们办的好事如意称心。天说天宽不及地还广，河说河长哪及我们新郎新娘情义长。无法讲，长呀长，搭瓜架，藤就上，开花结果满架上。长呀长，无法讲，搭瓜棚，牵藤缠，瓜瓜果果满棚上。人家架木桥，咱信架石桥，人家的桥快烂，咱们的桥万年牢。今天是大好日子，咱家的媳妇来过门，预祝他们夫妻恩爱，百年好合；种豆得豆，种瓜得瓜；样样顺手，人财两发；富贵双全，日后养子中状元。

（杨光汉口述，杨秀斌搜集）

坪罐贡茶的传说

相传在很久很久以前的一个清明节，一读书人进京赶考途经坪罐，时值缕缕白雾犹如一层层薄薄的轻纱飘逸在山间田野，雾下丛丛茂密的茶树撑着身腰，争相长出一颗颗青翠欲滴的新芽，散发出幽幽的茶香，这里优美的环境深深地吸引了这位才子。于是便吩咐随从检点行李逗留在村寨游山赏景一番。走进农家，人们以茶相待，茶香扑鼻，轻呷细品顿觉神清气爽，疲意全无。上路时又带上几筐茶叶，沿途去疲除病使用。一行到京城，只见宫廷内外人心惶惶，城内外贴有诏告，原来因太后病重难愈，宫廷诏告天下，求医问药。读书人见此，遂将坪罐茶奇妙功效描述一番，再呈送皇宫。不几日，太后病愈，论功行赏，皇帝免试赐读书人为进士，坪罐茶也由此声名远播。

（石阡县茶叶局供稿）

香炉山云雾茶的传说

在凯里市苗乡流传着一首关于香炉山云雾茶的民歌："香炉山上云雾茶，滋味鲜爽甲天下；回味生甜无双哟，朝朝代代作皇茶……"说起香炉山云雾茶，还有一个动人的传说故事哩。

传说古时候，有个苗族后生，名叫阿补，他很喜欢天王的小女儿阿碧，天天爬到香炉山顶去同阿碧幽会。有一天，阿补在山顶上等了很久，还是不见阿碧姑娘下凡来幽会，他便走进一片绿油油的树林里，阿补实在等得很不耐烦了，随手摘了一片木叶，放在嘴唇上,边吹边弹动着舌头,木叶便发出"哎哎哩,哩哩哎哎哩"的响声,似一支优美动听的曲子。阿碧在天庭的绣花楼里听到木叶声,又惊奇又激动,掀起窗帘往下看,只见阿补在下面的香炉山顶吹木叶,这时,她才晓得自己绣花绣着迷了,忘了相会的时间,所以阿补用木叶声声催促她快下去幽会哩!于是,阿碧放下绣花针便飞身下香炉山与阿补相会,对歌,互相倾诉心声。临别时,阿碧又对阿补说:"我有时候绣花绣迷了,忘了幽会的约定时间,请别见怪。往后,你每天见我还不来时,尽管吹响木叶提醒我!"从那天以后,阿补天天早到香炉山顶吹响木叶,催促阿碧早点下来(传说苗族青年吹木叶,催唤姑娘来游方也是从此而来的)。为记住日子,阿补每天吹过的木叶,都要放在那块又宽又平的石板上。天长地久,堆了一大堆,被太阳晒卷成了索索,绿中有黄。一天,阿补和阿碧坐在石板上唱歌。阿补听阿碧唱得很动人,不由顺手拣来一片干叶放入嘴里嚼了嚼,突然感到木叶有股甘、甜、鲜、爽之味,觉得全身一下清爽了许多,嗓子一下清凉起来。他俩唱歌、对歌久了,感到嗓子干燥,便到那口长年不断的奶头泉边喝水。阿补心想:这水倒甜,当好像缺少了木叶里的那种味道,把木叶放在水里,也许会好喝一些。这样一想,阿补和阿碧便捧了一把干木叶放在水井里。第二天,他俩来到井边一看,井水变得黄里透绿,绿中带红,又清又亮,喝上一口,果然格外清爽,鲜味香郁,人也感到格外的舒服和兴奋,精神大振。从那以后,阿补和阿碧便天天泡起木叶水来喝。后来,阿补和阿碧在香炉山顶上成亲安了家,生下了后代阿彩姑娘。阿彩长大后,与山下的苗家后生阿星成了夫妻后,仍然很喜欢喝山顶上那种树叶泡的水。于是,他俩经常上山顶去管理那片树林,并传给了山寨人家,这就是今天香炉山顶上那片茶叶树林。后来人们用此树叶加工而成了驰名苗岭内外的香炉山云雾茶,并成了向皇室进贡的物品。

(吉富口述,富民搜集)

熬熬茶的由来

土家人最喜欢喝熬茶。要问起熬熬茶的由来,这还得从土家人古老古代崇拜祖先谈起。

土家人对老人尊敬,对祖先的神灵更崇拜。修房造屋,总要留出中间的那间作堂屋,正壁上设香火案祭祖。进堂屋的那道门槛不能坐人,堂屋里更不让夫妇摆设床铺。过去,一年到头,早晚都要给祖宗化纸烧香,按朝三暮四的规矩,就是早上敲磬四下,晚上敲磬四下。那很久很久以前,土家山寨有户人家,年过花甲的老两口,守着一个刚十岁出头的儿子过日子。这个儿子名叫小宝,是老两口的心肝。一天,小宝自个儿去烧香。老两口在里屋暗暗地数着磬声,只听到"当当"两下,就没听到第三下。老两口心里一凉,异口同声地说:"小宝郎格这样粗心,磬都少敲了一下?"于是急忙转到堂屋来看看,唉，一看，可把老两口吓了一跳。原来小宝倒在香火案下不动了，垫脚的板凳还压在他身上。老两口连忙把小宝扶起，搂搂抱抱，拍拍喊喊。忙了半天，才听到了小宝吭了一声，说是自个儿肚子痛。

自从小宝跌倒后，几天里饭不吃来水不喝，真是把老两口急得团团转。药也灌了不少，按摩推拍都弄了，小宝就是醒不来，好不了。

这下子，有人劝老两口请土老师来演唱傩堂戏，扎个草人来冲灾消难试试看。土老师卜卦之后，又演了戏，又告诉老两口说："到下月初七早晨，要在香案神位上放黄豆、糯米、盐、茶叶等几样东西，这样，祖宗英灵高兴了，就能保佑小宝长大成人。"

老两口心里又慌又急，听到这么一说，想到这些东西都是自家有的，就答应着照办了。哪知，这么一来，小宝的病果真减轻了。不几天就蹦蹦跳跳的了。到了初七那天清晨，老两口洗了脸，急忙把黄豆、糯米、茶叶和盐，一样包一点儿放到香火案上，图个祖先保佑，家里平安吉祥。老两口在家没事，就谈开了，都说老祖先喜欢的那些东西，我们也试着拿来和煮着吃看看；要是不合口味，到升天之后，就不让小宝送这几样东西敬奉。两个老人家说着就在灶上架起锅，把黄豆、糯米和茶叶在油锅上分别炒酥，加了一点水把这些东西煮了。他俩牙齿不好，又用木瓢把黄豆、米粒压碎，再加上一大瓢清水把它煮开。最后，放点盐巴，就这样喝起来。当初，老两口想，神灵都吃得，我们也学着吃。谁知，老两口这样长年累月地吃了。觉得身子格外硬朗有神，饭也吃了三大碗，力气比以前又多了几分。这事儿一传开，大家都依照着把黄豆颗、糯米、茶叶，用油炒酥了，熬烂后，加盐巴来当茶喝。这一喝，就喝成了瘾，一直传到了今天。

（杨忠技口述，安高科、李学马搜集整理）

朵贝茶的传说

很久很久以前，化处北边的深山里，住着几户人家。王老长六十多岁，住在小山村里，砍柴为生，养有一女，名朵贝，聪明伶俐。王老长善良憨厚，自幼能识鸟语。

一天，王老长进到山里，边砍柴，边悠闲地唱着山歌。突然间平地里刮起一阵狂风，吓得王老长急忙躲到一棵大树后。霎时，狂风裹挟着乱草树叶，呼啸着从王老长身边刮过，只见一条蟒蛇在追逐一条小白蛇。小白蛇已受伤，边逃边发出"吱吱吱"的求救声。王老长惊呆了，躲在树后不敢出声。这时树上一只画眉叽叽喳喳叫唤："王老长，王老长！见死不救当牛羊！"王老长一激灵，顿时醒悟过来，于是，抖擞精神，提起扁担，纵身跳出，挡住蟒蛇的追路。蟒蛇见有人挡道，便停住不追，掉头就走。这时，王老长提起扁担，追上蟒蛇，照准七寸，只三扁担，蟒蛇就一命呜呼了，小白蛇见王老长结果了蟒蛇，感激地点点头，悄悄遁走了。

就在这天晚上，王老长睡到半夜，突然听到响动，睁眼一看，家里亮如白昼；仔细一看，只见小白蛇在蚊帐顶上慢慢爬行，嘴里含着一颗夜明珠。小白蛇把夜明珠吐在蚊帐顶上，向王老长点点头，瞬间就悄然消失了。王老长起身拿着夜明珠左看右看，感激不已，他叫醒女儿朵贝，说清夜明珠的来龙去脉嘱咐女儿要藏匿好，今后夜明珠就是她的嫁妆。

时间转眼到了山里人难熬的冬天，大雪封山，王老长不能进山砍柴，家里又等米下锅，只愁得王老长叫天天不应，喊地地不灵。当王老长揭开米缸时，米缸里尽是满满的一缸米。王老长知道这是小白蛇给的夜明珠在暗中帮助他的一家人渡过难关，他嘱咐家人嘴巴要紧，不能让外人晓得。王老长不贪财，到了春暖花开时节，他仍旧上山砍柴，用柴换米，维持生计。但是，倘若寨子里谁家有难，他就求助于夜明珠，帮助别人解燃眉之急。

这样，寨子里的人都晓得王老长家里有一个宝贝—夜明珠；而且消息越传越远，最终传到一个大财主的耳里。这个大财主垂涎欲滴，做梦都在想如何把夜明珠弄到手。一天，财主直接把王老长喊去，假仁假义地问："王老长，听说你有一颗夜明珠？若能给我，我把所有的财产给你。"王老长见财主起歹心，二话没说，转身就走，财主凶相毕露，招呼打手对王老长就是一顿拳脚，并把周身搜遍，见没有夜明珠，残暴的财主把王老长绑在树上，又是灌辣椒水，又是用火棒抽，接着又把火棒烧红了在光溜溜的身上烙。王老长熬不住，只得说出夜明珠在女儿朵贝身上。财主当下就派一群打手赶快往山里找朵贝。

朵贝见一群凶神恶煞的人逼着她要夜明珠，情急之下，将夜明珠含在嘴巴里就跑，跑着跑着心一慌，把夜明珠吞到肚子里去了。朵贝姑娘吞下夜明珠后，顿感周身燠热，口干舌燥。心想，爹在哪里呢？是不是被这群凶神恶煞的人打死了？朵贝姑娘拼命往山寨里跑，边跑边呼救。当朵贝姑娘跑到一道山梁岗的时候，再也喊不出声来，她无力地倒在了山梁岗上。这时，王老长带着一群人赶到了对面的山上。朵贝姑娘看到了，却只能有气无力地朝爹招招手，就永远地躺在山梁岗上。待王老长带人赶到山梁岗上时，不见了朵贝姑娘，在朵贝姑娘倒下的山上，却长满了绿茵茵的茶树，漫山遍野，一眼望不到边。从此以后，周围团转的人都到这里来采茶，为了纪念朵贝姑娘，人们把这里的茶叶叫朵贝茶。

更巧的是，明洪武年间，朱元璋派大将傅有德领军征伐云南边陲，屯军于今天马官一带，朵贝茶的传说及朵贝茶便传到了傅有德耳里，于是，派兵征缴朵贝茶作为军用。不饮而已，傅有德饮了朵贝茶后，顿感沁人心脾，耳聪目明，气清神怡。傅有德将朵贝茶运回皇城，献给朱元璋。从此，朵贝茶便在明王朝的皇室里传开了。到崇祯年间，朵贝茶被召为贡茶进贡朝廷。

（李发文搜集）

石阡苔茶的传说

　　从前，石阡县五德镇新华村的崇山峻岭之中，有一山洞被人们称为仙人洞。洞里曾经隐居过两位大仙，说他们是受玉皇大帝的派遣，特来此地扶贫济困拯救乡民的。村民们一旦缺衣少食，每到仙洞便一定能够得到救助。一旦突发疾病，也只要喝了他们给予的神水，便能逢凶化吉，消灾除病。周围山寨的村民，还每逢年过节，都会主动到仙洞祈求平安幸福。

　　有一天，村子里有位老人突然得了重病，便由家人搀扶到仙洞求治。刚来到洞口，便见水源干涸，水也不多，还被落叶覆盖，两位仙人也不知到哪里去了。情急之下，老人口渴难受十分严重。他指着沟里的水说："水少了，连叶子一起拿来我喝我嚼！"孩子们不敢违命，连忙下到沟里，勺来一瓢水，捡上几片叶子。老人全吃了后，便觉得精神了许多。尤其是嚼那几片绿叶时，先是有点苦涩味，接着就回甜，口感很好，吃了还想吃。于是，他又让孩子们下沟去捡了一些来吃，没多久，病痛就逐渐减轻，慢慢地，便觉得精神多了。他高兴地说："这叶子才怪，怎么吃了病就好了。难道这叶能治病？"想到这里，他就让孩子们把树上的种子摘下来，把叶子摘下来。回村子后，在自家屋前屋后都种上种子，还把叶子也插在土里。不久，种子冒了芽，长成了小树；叶子也成活了，也长成了小树。家里每有人生病，就吃上几片叶子，后来又放在罐里煨水喝，不仅味道好，又能治病。一家人就都慢慢地养成饮用的习惯。

　　有一天，两位仙人从这家门前路过，老人连忙上前请教，问这叶子叫什么，为什么吃了病就好了。仙人说："这叫茶，煨水喝，苦后回甜，口感好，又能治病，要经常喝，还能强身健体。"听了这话，老人立刻叫来附近村民，都来听仙人讲解。从这以后，村民们就都到仙人洞附近摘来茶种，采来茶叶，先是在自家土坎边种植，后来又大片种植，屋前屋后种植。没几年工夫，这种茶树不仅能煮茶喝解渴，还能除病治病，强身健体，远近的乡民知道后，都纷纷来新华村采种摘叶，种植面积不断扩大，几乎全县各地都种起茶树来。更可喜的是，这种茶树种特别好，品质优秀，到后来，人们用这种茶芽做成的茶叶，曾经过本地的一些在京城做官的举人进士，带到京城后，又到了皇宫，皇帝品尝后，就指名要喝，于是，石阡苔茶，又成了年年进贡的贡茶。从此，名声大震，茶树种植叶越来越普遍。

（石阡供稿）

阳宝山的故事

相传明朝万历二十四年，白云大师来到莲花山巅，见这里山清水秀，古木参天，祥云密布，风景宜人，认为是参禅修行的好地方，就准备建起一座寺院。然而，建寺院并不是一件容易的事，仅木头就需要1000根。白云大师带领僧众四处化缘，但效果并不理想。继续化缘吧，不知何年何月才能化来，就此停止吧，建造寺院的承诺已经公告于天下，真正是陷入了两难之境。白云大师愁容满面，坐立不安。有一天，他刚刚出门，就看见一个衣衫破烂的老人。那老人银发白须，慈眉善目，边走边唱："千峰木，无须乘，寅时至，井中取。"白云大师正要上前询问，老人却突然消失了。大师将信将疑，嘱僧众小心在意，轮流值班，特别是要注意山前那口2米见方3米多深的水井。转眼到了寅时，众僧果然在井中发现一根粗大的圆木，取出后，又冒出一根。如此下去，竟然在这井中拉出九百九十九根圆木。到第1000根时，雄鸡突然叫了起来，无论僧人们怎么用力，却总是拉不上来。至今这根木头还留在井底。

莲花山井内出原木的消息迅速传开，远远近近的善男信女纷纷解囊相助，捐款献物。不久，一座气势宏大的莲花寺就建了起来。接着，又在后山建起了飞凤寺，寺院建起后，白云法师决定在前山种茶，后山植竹。于是，在操持法事外，白云法师就带领僧众开荒种茶。刚开始时，一些僧人并不理解，总觉得此非佛家分内之事。白云大师毕竟是得道高僧，竟把那种茶之事分析得明明白白，清清楚楚，使大家不得不服。

原来，茶和佛教特别是禅宗有不解之缘。禅宗是佛教传入中国后，综合本土文化而形成的一种宗教流派。《景德传灯录》载：释迦牟尼心转的第28祖达摩禅师在少林寺面壁参禅，天赐给他茶，参禅的同时饮茶，为他驱除睡魔。祖师嚼口茶叶，顿消倦意，而茶味苦而回甘，鲜爽醇厚，使他终于悟出了玄机，在九年后化去。后来他传给了二祖慧可等人。六祖惠能本是一字不识的樵夫，以"菩提本无树，明镜亦非台"的彻底虚空和本性即佛，"顿悟"而继承了五祖弘忍的衣钵，遂宣告了禅宗的最后确立。禅宗讲究坐、禅、定。"坐"是对一切外界事物构成的境界不起任何念头，对外事不想不问。"禅"是在坐的基础上进一步达到内心不乱而见本性的境界。"定"则是在禅的基础上保持思想和精神的绝对平静安定，没有一丝一毫的妄想和杂念。坐态要求跏趺而坐（双足交叠）。头正背直，不动不摇，不委不倚。茶有提神益思破睡驱眠、消除疲劳的功效，佛家岂能不需。佛教戒律规定出家人必须在规定时间内进食。凡超过中午之时限而进食者，称为非时食，为戒律所不许。茶能补充水分，生津止渴，饮茶既不违反教义教规，又能应腹中所需，僧人岂能不爱。况且，佛教戒杀生，戒淫，饮茶可抑制感情冲动，寺院岂不提倡。

因此，在佛门茶占有很重要的地位。据《百丈清规》介绍，佛门茶礼中就有应酬茶、佛事茶、议事茶等种类。

应酬茶是佛门待客的佳品。寺院设有茶头（负责烧水点茶）、知客（负责接待来访的客人），如果有香客来到，知客便以香茶接待来客。

佛事茶是禅门佛事活动不可或缺的供品，佛降诞、佛成道涅盘日、达摩祭日等均要烧香行礼供茶。僧侣死后火化前，在寿堂立牌位，每日由知事"三时上茶汤，寺中住持圆寂，每日要奠茶汤"。

议事茶是禅门议事的重要媒介。由于茶性不可移易，茶叶清淡又能符合佛教修行的要旨，所以佛门议事茶汤不可没有。例如，住持遇大事，要采取茶会的形式共同商议。寺中住持圆寂丧事毕，管事僧众要请附近各寺有名望的僧人来寺会茶。新方丈上任，山门有"新命茶汤礼"，通过茶礼，让各寺僧众与新任住持见面，并使他们承认其合法地位。

茶对佛门如此重要，阳宝山种茶成了一件大事。阳宝山终年云雾缭绕，昼夜温差大，土质疏松肥沃，呈酸性，十分有利于茶树的生长。白云大师和后来的宝华上人、然薄大师、法顺大师、若显大师不仅亲手植茶，而且督促僧众春锄夏耘，修剪施肥，勤加管护。几年工夫，便茶树遍山，满目青翠。僧众把采摘来的茶青精心制作成茶叶，取名白云茶，云雾茶，也叫百鹤茶。由于这里栽种的都是著名的鸟王茶，品种优良，茶园管理也比较到位，所以制作出来的佛茶色清味香，回甘力强，醇厚悠远。轻轻啜上一口，顿觉满口清香。百鹤茶的名声越传越远，成为著名的贡茶之一。《莼斋偶笔》说："阳宝山在贵定县北十里，绝高耸。山顶产茶，茁云雾中，谓之云雾茶。为贵州之冠，岁以充贡。"

阳宝山培育了百鹤茶，百鹤茶也成就了阳宝山。没过多少年，山上僧侣便达到二三百名，林绿茶香，游客云集，香烟缭绕。据说，当年香客在寺院免费进餐，一些富贵子弟每到夏季时节，便乘轿骑马，到山上长时居住，或读书，或赌博，各随其好。可惜的是1959年，阳宝山被毁，僧人流散，莲花寺、飞凤寺成了断垣残壁。不过，这里生产的云雾茶却仍然保持着上好的品质。1997年初，中国佛教协会会长赵朴初先生品尝贵定云雾茶之后，欣然命笔，写下"佛茶"二字。

（转录自李金顺《黔山茶话》）

绿仙雀与都匀毛尖茶的故事

细细毛尖挂金钩，都匀毛尖传九州。

世人只知毛尖好，毛尖虽好茶农愁。

这是布依族世代相传的一首民谣，它道出了都匀毛尖茶形如金钩，清香淡雅，被人称赞，同时也透露了从前茶农内心的忧愁。

都匀毛尖茶原产地在都匀市与贵定县交界的云雾山上。后来人工栽培于都匀市郊蟒山下的茶农寨一带，每年清明前三五日采摘第一批为上品。此茶叶尖卷曲，白毫显露，色泽鲜亮，汤清味醇，据说还有醒脑、润肺、治痢等功能。《都匀府志》记载，明初为上贡茶。1905年在巴拿马国际博览会上获奖。新中国成立后又远销日本、新加坡、港、澳等地。都匀毛尖茶誉满全球，名不虚传。关于它的来历，民间还有一个动人的故事哩。

很古的时候，都匀蛮王有九个儿子和九个姑娘。蛮王老了，突然得了伤寒，病倒在床。他对儿女们说："谁能找到药治好我的病，谁就继承王位。九个儿子找来九种药，都没治好。九个姑娘找来的全是一样药—茶叶，却医好了病。

蛮王问："从何处找来？是谁给的？"

姑娘们异口同声回答："从云雾山上采来，是绿仙雀给的。"蛮王连服三次，眼明神爽，高兴地说："真比仙丹灵验！现在我让位给你们了，但我有个希望，你们去找点茶种来摘，今后谁生病，都能治好，岂不更好？"

姑娘们第二天去到云雾山，不见绿仙雀了，也不知道茶怎么栽种。她们在一株高大的茶树王下求拜了三天三夜感动了天神，于是天神派一只绿仙雀和群百鸟从云中飞来，不停地叫："毛尖茶，毛尖茶。"姑娘们说明来意，绿仙雀立马变成一位美貌而聪明的茶姐，一边采茶一边说："姊妹们，要找茶种好办，但首先要做三条：一是要有一双剪刀似的手，平时可以采药，坏人来偷茶时就夹断他的爪爪；二是要能变成我这样的尖尖嘴，去捕捉茶林中的害虫；三是要用它医治人间疾苦，让百姓健康长寿。"

姑娘们说："保证做到这三条，请茶姐多多指点。"茶姐拉着这群姑娘的手，叽叽咕咕，指指画画，面授秘诀，姑娘们一阵欢笑。高兴得边唱边跳《仙女采茶舞》：

绿茶啊！

绿茶，毛尖—绿茶。

生在云雾山，种在布依家。

姑娘们终于得到了茶种，她们回到都匀后头一年种在蟒山顶，被冰雹打枯了；第二年种在蟒山半山腰，又被霜雪扎死了；第三年姑娘们种在蟒山脚下。由于前两次的失败，这次她们更加精心栽培，细心管理，茶苗长势越来越好。最后变成一片茂盛的茶园。为了不忘记绿仙雀的指点，后来这茶就起名为"都匀毛尖茶"。

都匀蛮王有了这茶园，国泰民安。不知过了多少代，传说到了明洪武调北征南的时候，有一支官兵驻扎在都匀薛家堡。由于水土不服，很多士兵都病倒了，上吐下泻，喊爹叫娘。当地一位布依老人晓得这病情后，主动带上一把盐、茶、米、豆煮汤给官兵喝，一连三碗，终于把士兵的病治好了。后来，有一位将领打听主要是茶叶的妙用后，就在市场上悄悄买得一包都匀毛尖，带回京城禀功。皇帝品尝后，觉得很开胃，又是一服良药，连连点头说："太好了，太好了。"此后每年派专人来都匀要上贡茶—都匀毛尖茶。

有一年，京城一帮官兵来收贡茶，却一两也收不到。他们气急了，亲自跑到蟒山下的茶园一看，只见十来个采茶的姑娘马上变成一群绿仙雀，飞来啄这伙狗腿子的眼睛。官兵们在茶园无立足之地。他们听说都匀牛场还有一个茶园，又连忙跑到牛场来，但牛场的茶园又被几十头牛马拉屎拉尿全部淋脏了。官兵们得不到贡茶，怕回到京城交不了差，正在为难时，都匀蛮王的一位长官说："我们也没有办法呀！这样吧！你们回京城后就说都匀一带的毛尖茶，统统被有毒的绿嘴雀啄过，又淋上牛屎马尿，根本不能吃了，做药也不灵验了。"皇帝听了这番话后，信以为真，从此减免了贡茶。但好景不长。事隔两三年，京城又来了一伙官兵，他们来到都匀后，巧立名目，敲诈勒索，贡茶年年加码，弄的茶农倾家荡产，茶园也变成一片荒丘。

新中国成立后，茶农们获得新生，在汉族老大哥和外地专家的帮助下，都匀毛尖茶改进了加工工艺，茶园也扩大了，产量年年上升，1982年被评为全国十大名茶之一。

如今人们来到布依山寨做客，再也听不到以前茶农们那悲怨的曲调了，而是采茶姑娘们心花怒放的《敬茶歌》：

　　　　细细毛尖起银花，远路客人来到家。

　　　　虽无金杯银茶罐，请喝一碗毛尖茶。

（引自《金腰带上的明珠》，黔南文学艺术研究所1996年8月8日）

鸟王茶的传说

在云雾山深处，有一个并不起眼的小山坡，叫凤凰坡。传说上古之时，神鸟凤凰在东海蓬莱仙山盗得仙草，飞越数千里，当飞到云雾山时，见山中云雾缭绕、巨木参天、溪水淙淙，便栖息于此，凤凰衔来的蓬莱仙草也在云雾山中落根发芽。

很多年后，一支蚩尤后裔——苗族分支中的"海葩苗"先民，从东海之滨，历经数百年，辗转万里长途的迁徙后，来到了云雾深山中并停下了疲惫的脚步，定居了下来，从海的女儿变成了大山的精灵。一次偶然的机会，勤劳的海葩苗民们得知云雾山的仙草有清心明目的健身功效，便开始人工种植。因仙草为百鸟之王凤凰衔来，便冠以凤凰之名，这便是贵定云雾山鸟王茶。

千百年来，经海葩苗民们世世代代的勤劳种植和精心呵护，鸟王茶形成了一套完整而成熟的种植技术和精湛的制作工艺。至盛唐之时，鸟王茶便已声名远传，并被朝廷纳为贡品。清朝乾隆时期，由于朝廷的纳贡和地方官吏的层层压榨，鸟王茶的纳贡量已经让茶农们苦不堪言，为了反抗纳贡，茶农们只好忍着心痛，在秋天霜降之时用开水浇茶树，并对官府谎称茶树因秋霜而冻死，虽然最后得到了减贡，但茶农们也因此断了活路，昔日如同绿海般的茶园已成一片焦海。

正当茶农们既无奈又心痛时，凤凰化身的海葩苗兄妹冉伊、冉麦，看到昔日衔来的仙草枯死，痛心不已，于是他们再次化作凤凰，以泪水浇灌茶树，当泪水洒落在茶园时，那本已枯死的茶树经凤凰的泪水浇灌，瞬间又变得翠绿，茶香更怡人。茶树虽复活了，而冉伊、冉麦终因泪竭而亡，茶农们为了纪念他们的恩情，把兄妹二人居住的山坡取名为凤凰坡。三天后日出之时，凤凰坡上忽然燃起一团烈火，把云雾山的天空照得火红，在烈火中，凤凰伸展着金色的双翅，朝着初升的红日翱翔而去。

时至今日，勤劳的海葩苗民们在凤凰坡采茶时，仍会传说凤凰的故事，偶尔，也会听到一声声清脆的长鸣，那是凤凰在高歌！

（搜集整理：刘建勇）

李政道在永兴覃家茶馆

美籍华人科学家、1957年诺贝尔物理学奖得主之一的李政道博士，1943—1944年就读于中国浙江大学理工学院。他那天才的智慧和渊博的知识与40年代在湄潭县永兴镇就读浙大一年级时的刻苦学习是分不开的。

1943年，李政道来到永兴镇，见街市宽敞，商业繁荣，物价低廉，生活安定。上无敌机骚扰之忧，下无食品匮乏之苦，为实现"发愤图强，科学救国"的理想，终于有了一张平静的课桌。

浙大一年级迁往永兴之初，教室安排在江西会馆，学生宿舍在三楚会馆，茶馆是学生经常光顾的地方。这时的永兴镇是黔北著名大镇，商业十分繁荣。永兴的商人趁机增开茶馆酒馆，业务也很兴旺。浙大学校旁的覃家，店堂较宽敞，待人热情，浙大学生常常光顾这里。有时公开在茶馆排练抗日戏剧，发表抗日演讲。

李政道也和其他学生一样，节假日、课间休息时也喜欢泡茶馆。到茶馆泡上一杯茶，选个清净的座位，既完成了习题又得到休息。据他回忆：当时学习条件艰苦，在课堂上或实验室筋疲力尽时，来到茶馆，泡上一杯浓茶，朝竹椅一靠疲倦不翼而飞；休息片刻后，翻开课本、笔记，开始做习题、整理笔记，尽管茶馆人来人往，市声嘈杂，只要一进入学习境界，反倒十分安静。有时看书入了迷，连同学老师打招呼也不晓得。

覃家茶馆清洁卫生，老板非常讲究茶叶和用水，而且慷慨大方，有的学生一时没有茶钱，老板笑一笑，"二回来补嘛。"对一些穷学生免费提供白开水，学生们便写些毛笔字送给主人。直到解放初期，覃家茶馆停业后，笔者还见到浙大送给店主的几张唐诗的条幅。

（韩志强作，见《遵义掌故》）

第四节　茶技术茶文化专著

贵州古代茶文化专著虽为空白，但不少古代著作皆有茶叶的记载。这也为我们研究贵州茶提供了可靠的依据，如陆羽《茶经》里就有记载："黔中生思州、播州、费州、夷州……往往得之，其味极佳"，这是对贵州茶好的赞誉。另外，元代马端临的《文献通考》《全蜀艺文志》、明代《贵州图经新志》《明会典》《黔志》、张谦德所撰《茶经》上篇、清乾隆《贵州通志》以及各府县的志书中，都有贵州茶业发展的记载。

现当代的贵州，随着茶业的跨越发展，茶书不断出版，现将部分茶书简介于后。

①《茶树密植免耕高产栽培技术》：冯绍隆主编，1980年12月贵州人民出版社出版。茶树密植免耕栽培，是中国茶树栽培制度上的一项重大革新，是茶叶科技战线上绽开的一朵绚丽的鲜花。该书对密植免耕的由来、优点、理论基础、运用技术等，做了较为详尽的叙述。全书8万字，分为5个部分：一、概述；二、茶树的密植免耕栽培；三、怎样建设密植免耕茶园，包括茶园场地的选择、园地规划、垦辟、选用良种合理密植；四、密植免耕茶园的培育管理技术；五、密植免耕茶园的合理采摘技术。

②《茶树病虫害防治》：夏怀恩、郑茂材、陈纪明编著，1980年贵州人民出版社出版。全书9.7万字，分为7章，分别为"概述""茶树的害虫""茶树的病害""药剂""综合防治""茶树病虫害的调查及测报"和"茶树病、虫标本的采制和保存"；并有1个附录，即"贵州省茶树害虫名录"。

③《茶叶加工技术》："星火使用技术丛书"之一。张其生、赵翠英、何光全编写。1993年11月贵州科技出版社出版发行。全书8万字，分为7章，分别为"名茶制造""制茶原料""绿茶初制""绿茶精制""茶叶的包装、储藏和运输""茶叶审评"和"茶厂建立"。该书具有较强的实用性，既是茶区推广茶叶科技成果及实用技术的参考书，又是培训茶区科技人才和科技示范户的教材。

④《贵州名优茶选编》：1993年由贵州省茶叶研究所和贵州省农业厅农推总站编印，张其生主编。选编内容包括序、前言、4个全国名优茶、17个省部级名优茶、11个新创

名茶、12个历史名茶,共44个各类名优茶。除"序"和"前言"外,设4章,分别为"全国名优茶(都匀毛尖羊艾毛峰、贵定雪芽、羊艾牌特珍特级)""省、部级名优茶(湄江翠片、遵义毛峰、贵定云雾、雷山银球茶、夏云牌云针茶、云雾翠绿、黔江银钩、山京翠芽、梵净翠峰、黎平古钱茶、上隆春芽、东坡毛尖、贡春茶、湄潭红碎茶、金龙牌康砖茶、金龙牌金尖砖茶、桐梓三级普洱茶)""新创名优茶(青山翠芽、龙泉剑茗、游龙茶、天龙牌烘青特级、天龙牌翠芽茶、云岭雪绿、湄潭银芽茶、银蕊绿菊茶、狮山碧针、筑新碧芽、贵州天然富硒茶)""历史名茶(石阡坪山茶、开阳南贡茶、普定朵贝茶、大方海马宫茶、纳雍菇膏茶,织金平桥茶、金沙清池茶、黄平回龙茶、独山高寨茶、贞丰坡柳茶、镇远羊场茶、从江滚郎茶)"。

⑤《中国茶典》:罗庆芳主编,1995年10月贵州人民出版社出版。《中国茶典》全书分上、下册是字数为150余万字的大型综合性辞书。本书集纳了从先秦到当代中国传统茶文化的主要内容,并附录有世界茶叶文化主要史料。主要内容分为"茶史料""茶艺文""茶辞语""茶品饮""茶药烤""茶科技""茶商贸""名茶录"等8个部分。全国著名茶学家陈椽和时任贵州省副省长龚贤永为该书写序,省内外著名茶业专家和文史学者提供了该书的编写意见。

⑥《贵州茶叶产业的开发与应用》:该书编委会主任刘怀宾,主编马贤慧,副主编陈安碧、陈光仙、张其生。1996年2月贵州科技出版社出版。该书以1990—1992年省经委重点研究课题——《贵州茶叶产业开发研究》的成果为基础,进行修改和充实,详细地记载了新中国成立后贵州茶叶经济发展取得的巨大成绩,展示了贵州厚重多彩的茶文化,总结了贵州茶叶发展中的经验和教训,对茶叶的生产、加工、开发、科研以及市场营销进行了分析和探索,分析研究和预测了贵州茶产业发展的趋势。该书共32万字,分为"开发篇""应用篇""综合篇""地区篇""茶文化篇"和8个附录。

⑦《中国名茶志·贵州卷》:《中国名茶志》由安徽农业大学与中国农业博物馆共同主持编写,得到农业部的大力支持,列为"九五"国家重点图书,2000年12月于中国农业出版社出版。全书共20卷182.2万字,共收集名茶1017品目,其中立条的309品目。贵州卷由张其生主编,立条30个,计10万字,除贵州名茶概述外,详尽介绍了贵定云雾茶、贵定雪芽、都匀毛尖、青山翠芽、梵净山翠峰、山京翠芽、龙泉毛尖、雷山银球茶、神笔咏春、黎平古钱茶、贞丰坡柳茶、乌蒙毛峰、玉绿茶、雀舌报春、黔江银钩、思州银钩、湄江茶、狮山碧针、东坡毛尖、贵州银芽、绿凤凰、遵义毛峰、羊艾毛峰、龙泉剑茗、中八香翠、梵净翠峰、九龙毛尖、云雾翠绿、瀑布雪松、瀑布毛峰30种历中名茶和新创名茶。

⑧《茶的途程》：由贵州省湄潭县政协汇编。编委会主任杨昌华，主编周开迅，副主编李连荣，2008年12月于贵州科技出版社出版。全书17.8万字，除"序章"（追寻历史的跫音）、两篇特载及"编后语"外，设有8章，分别为"国茶之源""中央实验茶场""茶科所、湄潭茶场引领贵州茶产业""蓬勃发展的茶产业""茶礼·茶俗·茶调""茶思·茶语""茶艺·茶事·茶景"和"茶缘·茶情"。该书为中国国际茶文化研究会民族民间茶文化研究中心的茶文化研究优秀成果，是贵州省茶叶协会、贵州省茶文化研究会茶文化重点图书，贵州省茶技术茶文化中等专业学校和贵州省湄潭职业高中茶叶专业茶文化重点读物。

⑨《茶树栽培与茶叶制造》：该书由贵州省农业广播电视学校于1989年组织编写，省农业厅高登祥、吴子铭、黄存仁、秦维章和省茶叶研究所冯绍隆、张其生、刘其志、孙继海、汪桓武、王复、赵翠英、何光全、陈纪明、陈流光编写，内部发行。全书51万字，分为两篇，即第一篇"茶树栽培、绪论"和第二篇"茶叶制造"；共设16章，即"茶树栽培的生物学基础""茶树选种及良种繁育""茶树密植免耕栽培""茶园土壤与培肥""茶树施肥""茶树树冠培育与修剪""合理采摘技术""茶园田间调查记载方法""制茶原料""红茶制造""绿茶制造""名茶制造""茶叶审评与检验""茶叶的包装、贮藏和运输""茶叶的深加工""初制茶厂的设计"。

⑩《南国茶乡》：该书由贵州省政协文史委等组织编写，为《贵州旅游文史系列丛书》之一，张维义主编，保友智、喻朝璧、韩志强、张其生、黄振霞、岳龙、刘小华等撰写。2003年1月于贵州人民出版社出版，全书22万字。主要内容除"总序""后记"和"概况"、2个"附录"外，设23章；包括"黔北茶乡行——湄潭文化巡礼""黔北瑰宝——湄茶·茶景·茶文化""茶乡三韵——茶海·茶城·茶壶"和"历史悠久的异彩纷呈的湄潭茶"等。

⑪《中国药茶大全》：该书由罗庆芳主编。原版于1992年由贵州人民出版社出版，2003年由贵州科技出版社增订再版，约40万字，增订版为78万字，搜集资料齐全，编排新颖，精装，曾被多次盗印。

⑫《苦丁茶资源及开发利用》：该书由贵州省科学技术著作出版基金资助项目。编著人：郑文佳、鄢东海、田永辉、龙明树、朱福建、王家伦。2007年7月地由贵州科技出版社正式出版。主要内容包括"苦丁茶资源""苦丁茶繁殖技术""栽培技术""初加工技术理论""加工技术""品质与感官审评""加工机械及加工厂规划设计基础"7个部分。

⑬《贵定——中国苗岭贡茶之乡》：该书由方昌国主编。2008年12月，由贵州教育出版社出版，全书分6个部分，即百茶之中为翘楚、百家见闻话茶史、百花齐放礼赞茶、

百业俱兴论茶事、百舸争流创茶业、百艺纷呈话茶技。全书共收文章与诗词85篇。

⑭《加快茶产业发展决策与实践》：该书由李裴主编。2009年11月由贵州省人民出版社出版，共分6个部分，即决策篇、调研篇、宣传篇、实践篇、企业篇、名茶篇。全书以建设绿茶大省，推进富民兴茶为主题，主要为各级党委、政府及相关方面提供参考。

⑮《茶树育种学》：该书由贵州省农业广播电视学校组织编写，陈正武编撰，2009年11月于珠海出版社出版。本书为茶叶中等专业学生、农业与商业从茶人员、农村劳动力转移就业和农技干部学习培训教材。除"绪论"外，分为7章，分别为"茶树种资源""茶树系统选种与引种""茶树杂交育种""茶树诱变育种""新技术在茶树育种中的应用""茶树育种程序与品种保护"和"茶树良种繁殖与推广"。

⑯《茶树栽培学》：该书由贵州省农业广播电视学校组织编写，孙继海编撰，2009年11月于珠海出版社出版。本书为茶叶中等专业学生、农业与商业从茶人员、农村劳动力转移就业和农技干部学习培训教材。除"绪言"外，设12章，分别为"茶树的形态特征""茶树生育的基本规律及环境条件""茶树的繁殖""新茶园的建设""茶园土壤与培肥""茶树的营养与吸收""茶园施肥""茶树树冠培养与修剪""茶叶采摘""低产茶园改造""有机茶园的建设和管理"和"茶园田间调查方法"。

⑰《茶园病虫草害防治学》：该书由贵州省农业广播电视学校组织编写，陈纪明、雷辉静、夏忠敏编撰，2009年11月于珠海出版社出版。本书为茶叶中等专业学生、农业与商业从茶人员、农村劳动力转移就业和农技干部学习培训教材。主要内容除"绪言"和7个"附录"外，设6章，分别为"茶树病害""茶树虫害""茶园杂草""茶树病虫害的调查与测报""茶园病虫草害综合防治技术"和"茶园常用药剂品种简介"。

⑱《茶叶加工学》：该书由刘晓霞、刘小华编撰，2009年11月于珠海出版社出版。本书为茶叶中等专业学生、农业与商业从茶人员、农村劳动力转移就业和农技干部学习培训教材。主要内容除"绪言"外，设12章，分别为"茶叶的分类与命名""鲜叶""绿茶加工""黄茶加工""黑茶加工""白茶加工""红茶加工""青茶加工""花茶加工""茶叶的深加工与综合利用""茶厂规划与建设"和"茶叶包装、贮运技术规程"。

⑲《茶叶审评与检验》：该书由刘小华、刘晓霞编撰，2009年11月于珠海出版社出版。本书为茶叶中等专业学生、农业与商业、商检从茶人员、农村劳动力转移就业和农技干部学习培训教材。全书设7章，分别为"绪论""茶叶审评基础知识""茶叶品质的形成""茶叶审评术语""茶叶审评""茶叶理化检验"和"茶叶产品标准"。

⑳《有机茶生产技术与管理》：该书由昊启进编撰，2009年11月于珠海出版社出版。

本书为茶叶中等专业学生、农业商贸从茶人员、农村劳动力转移就业和农技干部学习培训教材。主要内容除"绪言"和4个"附录"外，设7章，分别为"有机农业的基本原理及发展历程""有机茶发展历程与市场前景预测""有机茶种植""有机茶加工""有机产品标识与销售管理""有机茶质量管理体系建设"和"有机产品认证程序"。

㉑《贵州茶》：该书由贵州省茶文化研究会编纂。编委会主任庹文升，主编罗庆芳，副主编梁正，2009年7月于贵州人民出版社出版。全书32万字，分为3篇。第一篇为"悠久厚重的黔茶历史"，内容有"贵州高原，茶树主要的起源地""古黔濮苗，贵州茶叶的开拓者""唐宋时期的饮茶时尚和黔茶优异品质的确认""明清时期贵州茶大普及，贡茶不断涌现""近现代贵州茶在浙大西迁中迎来发展新机遇"；第二篇为"贵州茶快速全面的发展阶段"，内容有"国民经济恢复期贵州茶业复苏""'一五'建机构革新促发展""'二五'期间贵州茶时起时落""调整时期，贵州茶产销平稳过渡""'文革'时期，贵州茶曲折发展""新时期，贵州茶在改革中谋求发展""开放搞活后，贵州茶走向市场，应对挑战""新世纪之初，贵州茶走出低谷，步入发展快车道"；第三篇为"前景广阔的贵州绿茶，贵州绿茶崛起已不是神话"，内容有"贵州省发展茶产业的优势""贵州省发展茶人制产业的的巨大潜力""深入调查研究，制定贵州省茶产业发展新战略""贯彻《中共贵州省委省政府关于加快茶产业发展的意见》，全省茶业进入跨越式发展阶段"。两个"附录"分别为"丰富多彩的民族饮茶习俗"和"贵州茶诗词和其他文化艺术作品辑录"。

㉒《贵州茶文化》：该书由王亚兰、张其生编撰，2009年11月于珠海出版社出版。本书为茶叶中等专业学生、农业商贸从茶人员、农村劳动力转移就业和农技干部学习培训教材。主要内容除"绪言"和"用录"外，设12章，分别为"概论""茶的起源与传播""茶区分布及茶类""茶道""茶艺""茶具""各民族茶俗""茶与文学艺术""茶与政治、宗教""茶与健康""茶馆"和"贵州茶文化亮点"。

㉓《茶叶市场与营销》：该书由贵州省农业广播电视学校组织编写，莫荣桂（省茶叶公司）、赵华富（省茶叶研究所）编撰，2009年11月于珠海出版社出版。该书为茶叶中等专业学生、农业与商业从茶人员、农村劳动力转移就业和农技干部学习培训教材。主要内容除"绪言"外，设6章，分别为"茶叶商品及价格""茶叶消费""茶叶市场""茶叶市场测量与预测""茶叶营销"和"茶叶包装与广告"，该书附录为"名优茶产品"，并有"贵州名优茶""贵州十大名茶""中国主要产茶省名优茶"3个"附表"。

㉔《茶叶经济学》：该书由贵州省农业广播电视学校组织编写，马友泉编撰，2009年11月于珠海出版社出版。本书供茶叶专业学员、农商从茶人员、农村劳动力转移就业、

农技人员和涉茶企业学习和培训使用。主要内容设13章，分别为："绪论""经济学理论知识""茶叶经济发展史""茶树生长及茶叶生产特点""茶叶内含物质成分""茶叶的经济、社会效益""茶园经营管理""茶叶采摘、储藏与包装""构建强势品牌、凸显产品优势""发挥比较优势，做强茶产业""国际茶叶生产分布情况""国际茶叶市场状况""中国茶叶出口市场状况"。

㉕《茶国行吟》：该书由贵州省湄潭县茶文化研究会组织编写，黄天俊、周开迅主编，2010年10月于中国戏剧出版社出版。主要内容除3个"代序""总题记"和"后记"外，设7章，分别为"国色天香话佳茗""茶蕴堪独别""清纯咏尔雅""绿野听琴韵""茶香得佳句""好壶盛世华夏""在茶园里边走边唱"。

㉖《黔山茶话》：该书由李金顺主编，2010年5月由贵州人民出版社出版。主要内容共分60节，以黔茶发展为主线，撰写在贵州名列前茅，在全国颇有影响的茶叶、茶人和茶事，故事记述生动有趣，颇引人入胜，从一个侧面反映了贵州茶的发展情况。

㉗《茶说遵义》：该书由赵剑平主编，2010年10月由贵州省人民出版社出版，共收录茶散文、茶诗词83篇，通过对茶文化的发掘和整理，为贵州茶产业发展提供了一种参考和启示。

㉘《贵州绿茶品鉴》：该书由罗庆芳编著。2011年由贵州人民出版社出版。分六篇：第一篇"贵州绿茶源流与良种"；第二篇"贵州绿茶门类与加工"；第三篇"贵州绿茶冲泡与品赏"；第四篇"贵州绿茶选购与鉴别"；第五篇"贵州绿茶保质与储存"；第六篇"贵州绿茶功效与保健"。该书在当时大力发展绿茶生产中起了一定助推作用。

㉙《贵州绿茶》：该书由吴枫编著，2011年由中国文联出版社出版。本书分3章，即"含露梅边煨苗岭""三月春风长嫩芽""氤氲缭绕香袭人"。

㉚《贵州茶百科全书》：该书由庹文升主编。2012年由贵州人民出版社出版，该书除总述外，正文分11个部分，即黔茶企业、黔茶种植、黔茶制作、黔茶产品、黔茶企业、黔茶营销、黔茶品饮、黔茶科研和教育、黔茶标准、黔茶文化等，4篇附录即"中共贵州省委、贵州省人民政府关于加快茶产业发展的意见""贵州绿茶遵义共识""黔茶大事记""中国茶与世界茶"。

㉛《文化力量与黔茶发展》：该书由罗庆芳著。2012年由知识出版社出版。本书分为"学茶论道""溯源新知""随笔杂记"三大部分，辑纳了作者撰写的61篇作品，全书以文化力量对黔茶发展的价值破题，具有现实指导意义。

㉜《20世纪中国茶工业的背影》：该书由周开迅主编，2012年由德宏民族出版社出版。本书从"价值追寻""产业探究""文化感悟"三方面辑纳茶文章38篇，追寻贵州湄

潭茶文化遗产价值。

㉝《都匀毛尖》：该书由黔南州茶叶生产发展管理办公室编，2013年由中国文化出版社出版。共10章，即"茶之起源于贵州""历经百年风雨的世界品牌""地球黄金纬度上的绿色经典""历史文献记载的黔南茶""黔南茶西进之路""定格在历史画布上的精彩故事""文化名人与都匀毛尖""呵护稚嫩的绿茶仙子""黔南茶俗悠扬民族风""都匀毛尖现代茶事活动"。

㉞《南明茶话》：该书由刘永贤主编，2013年由贵州大学出版社出版。全书共分：南明茶论、南明茶事、南明茶说、南明茶景四个部分，收录文章45篇，通赞南明区的茶事活动等。

㉟《人行草木间》：该书由肖坤冰著，2013年4月由贵州省人民出版社出版。全书分6章：导论、黔中地区的地理生态与田野印象、地景传闻与历史记忆、久安古茶树之历史推论、逝去的繁荣：帮会组织、地方礼俗与集市网络中的茶、久安古茶树的文化遗产学意义。全书即为贵州久安古茶书历史人文学考察报告。

㊱《我的茶叶生涯》：该书由牟应书自述，2014年5月由贵州省人民出版社出版，全书共分27个部分自述作者一生从事茶业活动的经历，堪称一部简编现代茶历史。

㊲《小茶方喝出大健康》：该书由罗庆芳编著，2014年由贵州科技出版社出版。该书分上下篇，上篇饮茶知茶；下篇茶方功效。2015年，在中国西部科技出版图书评奖中曾获科技图书三等奖。

㊳《科学饮茶读本》：该书由罗庆芳编著，2015年由贵州科技出版社出版，受贵州科协科普作品专项经费资助。读本分5章，即识茶有学问，泡茶有学问，饮茶有讲究，茶疗源流与茶文化保健功能，茶的三大保健功能概要。该书颇具编撰技巧，让人在愉快阅读中接受新知。

㊴《贵州茶产业发展报告》：该书由李裴、胡继承主编，2015—2018年共出版5本，由贵州科技出版社出版，全书分五个部分，即关注、总体报告、主题报告、区域报告、专题报告。全书主题为盛世兴茶。贵州茶产业促进农业结构调整，以茶产业实现精准脱贫，以茶产业助推后发赶超，报告既具综合性、又有权威性，充分展示了贵州茶产业发展全貌。

㊵《鱼钩巷》：该书是贵州第一本从专业角度对都匀毛尖茶进行科学探究的图书，由黔南州政协党组书记、主席魏明禄博士主编，2016年9月由光明日报出版社出版。全书约35万字，从环境、种植、加工、品牌等方面，对黔南茶多维度进行探索研究，包括自然科学、社会科学两大部分，从两个层面对都匀毛尖进行研究。书中著述或以俯瞰群

山之势，高屋建瓴论述黔南茶发展之战略；或探微究里，抽丝剥茧剖析都匀毛尖得失优劣。该书对黔南乃至贵州茶产业发展具有重要的实践指导意义，体现出茶文化与经济发展的高度结合，是近年来黔南茶文化研究成果的大集成。

㊶《贵州茶文化》（1—10集）：该书是罗庆芳作品集，共10本，2017年由华龄出版社出版。卷1为"黔茶文志"、卷2为"黔茶传奇"、卷3为"黔名茶谱"、卷4为"茶诗赏析"、卷5为"饮茶习俗"、卷6为"黔茶历史"、卷7为"饮茶漫话"、卷8为"药茶宝典"、卷9为"黔茶文论"、卷10为"名茶鉴赏"。全套书合计3600多页，为作者一生研究贵州茶文化成果辑纳，其中黔茶历史，药茶宝典、茶诗赏析、黔茶传奇等内容，都是最新研究成果。10本书从10个方面，全方位阐述贵州茶文化，其目的是用茶文化推动贵州茶产业的进一步发展。

㊷《贵州古茶树》：该书由贵州省茶叶协会、中国国际茶文化研究会民族民间茶文化研究中心、贵州省茶叶研究所合编，2018年由中国农业出版社出版。本书分7章，系统地阐述了茶起源于中国，贵州是茶树的原产地之一；着重介绍了贵州50余县（市、区）古茶树的自然分布，性状特征，资源背景和资源保护利用，贵州地方特色群体品种资源，贵州古茶树资源优异性和遗传性，扼要介绍了贵州古茶树种资源调查方法。全书配有各类图片545幅，是一部融史料性、学术性、知识性和实用性于一体，图文并茂的专著。

㊸《黔南茶树种质资源》：该书是一本研究黔南茶树种质资源的茶学专著，由黔南州政协党组书记、主席魏明禄博士编著，2018年6月由云南科技出版社出版。这本茶学专著取得的创新成果、达到的研究高度，以及书中透露的世界意识和开放精神，是推动贵州茶学基础研究学习和借鉴的重要范本。

㊹《茶的概说》：该书由贵州民族大学人文科技学院茶与茶文化研究院院长王芳编撰，2018年由贵州教育出版社出版。全书分为7章，分别为：茶的略说、绿茶说、乌龙山说、红茶说、普洱茶说、茶艺说、茶道说。本书是兼具可读性和专业性的茶学教材，化繁为简，向茶学初识者予以通俗易懂的茶与茶文化读本。

㊺《黔茶微掌故》：该书由傅传耀主编，2019年由孔学堂书局出版。本书共分四卷：卷1，黔茶概览；卷2，黔茶溯源；卷3，黔茶地源；卷4，黔茶新笺；收录茶叶微掌故87个，其特点是短小但有深意。

㊻《贵州民族民间茶文化探寻》：该书由贵州省茶叶协会、中国国际茶文化研究会民族民间茶文化研究中心组编，2019年由中国农业出版社出版。本书共分9章，分别为：贵州民族民俗源流、贵州苗族茶俗、贵州布依族茶俗、贵州侗族茶俗、贵州彝族茶俗、贵州仡佬族茶俗、贵州其他民族茶俗、贵州茶诗词、贵州茶歌。

第五节 黔茶茶艺

贵州是一个多民族杂居地,有着悠久、丰富、绚丽多彩的茶文化历史和饮茶习俗。在深入民族村寨,走进茶园茶区,发掘、整理后编纂出一系列既保留了传统民族民间茶文化符号,又融入现代茶艺理念,便于更好地传承和推广;将其独特性、代表性规范在一定的实用基础上;在不违背茶理、茶性的原则上尽量做到科学、卫生、合理;形成贵州独特的茶艺冲泡作品和范本。

一、黔茶茶艺集锦

黔茶风采——都匀毛尖茶(站立式玻璃杯解说冲泡)

1. 序 言

(解说)黔山秀水出佳茗,瑞茶灵芽不压兰。

(音乐、解说)贵州,地处祖国西部,云贵高原东北斜坡地带,西双版纳与巴山峡川、神农架之间,是茶叶原产地的中心地带。这里山高林密,气候温和,雨量充沛,土壤肥沃,自然生态环境良好,所产黔茶品质优异,被业界誉为"味精茶"。

(15位女孩子分5组,每组3人,先由主泡分5张桌子成品子形站立舞台中央;桌面上是简单的竹制流水茶盘,以横平竖直的方式分别为:第一排左上角的赏茶盒;右上角是茶拨;第二排是3个透明直身玻璃杯,右边茶盘外是随手泡电水壶(图10-7)。10位助泡分2边各5位成2队以扇形排开。分别以:主泡正面直立、手臂弯曲成三角形、双手交叉于小腹前,站立在桌后准备;助泡手臂弯曲成三角形,双手交叉握奉茶盘角,垂直于

图10-7 准备

小腹前，脚成小丁字步侧身成扇形面对台下观众。）

2. 赏 茶

（音乐、解说）1915年荣获巴拿马博览会金奖、1982年荣获"全国十大名茶"的都匀毛尖，是黔茶中的优秀代表（主泡起左手，以外划圈方式握住白色赏茶盒，右手跟上，以内划圈方式轻扶赏茶盒，往里内收、再往外推，从左至右划弧形收回。作用：完成赏茶，放回茶台左上角；站定。准备注水烫洗玻璃杯：主泡右手，外划半圆圈，提壶平置胸前，左手以兰花指，内划半圆圈、中指托起壶左底边缘（图10-8）。作用：双手持壶，能更好地稳固烧开的水壶；站定。右侧身，双手臂成三角形往右后方上拉、同时右脚往右后半步、提脚尖着地，上半身不动，收左手臂，平置胸前与右手臂成直角。作用：避开出水的壶口）。其品质色泽翠绿、外形匀整、白毫显露、条索卷曲、香气清澈；滋味鲜浓、回味甘甜；汤色清澈；叶底明亮、芽头肥壮。

图10-8 赏茶

（电水壶出水：分别注入三个玻璃杯，必须注水量一致，水量在杯中三分之一处；收壶平移胸前；双臂外划弧形放回置原位；站定。）其形可与太湖碧螺春并提，质能同信阳毛尖媲美，更具有干茶色泽绿中带黄，汤色绿中透黄，叶底绿中显黄的"三绿透三黄"的特点（主泡从左第一个玻璃杯开始，右手以拇指、中指卡住杯底加厚部分。作用：避开杯身热度。食指轻靠杯身，顺势提起直立的玻璃杯，杯身略往前倾斜，左手五指作花瓣状，托起玻璃杯。作用：便于右手转动玻璃杯时，作稳定的支点；右手是以顺时针方向转动四次回原位。作用：使杯中洗杯水，能在左手的辅助下缓缓流出，充分达到清洗和温杯。并双手向前划圈，使杯口向下杯底朝上，循环三次。作用：控干残留水分，为冲泡作好准备）。犹如养在深闺的待嫁新娘，娇艳欲滴，绝色诱人。（从左至右完成三个玻璃杯的温杯洁具，）当代茶界泰斗，浙大著名茶学教育家庄晚芳先生曾赋诗赞曰：

雪芽芳香都匀生，不亚龙井碧螺春。

饮罢浮花清爽味，心旷神怡攻关灵！

3. 冲 泡

（音乐、解说）都匀毛尖的冲泡，讲究的是"玻璃杯、蟹眼睛、上投茶"（图10-9）。

玻璃杯：晶莹剔透，其轻盈符合了都匀毛尖清雅的茶性，并有利于观赏美丽的"茶舞"。（主泡以侧身注水，与洗杯方式相同的姿势分别往三个玻璃杯里注入七分满的水。）"天工造就水晶殿，任凭茶仙舞翩跹"。

图10-9 冲泡

春风已得山中英，秋月又结水中灵。

洗心捧瓯为君待，满杯甚是真情在。

蟹眼水：70~80℃，似开非开，不会烫熟茶叶，更能诱发毛尖茶清香鲜醇的滋味。

飞流直下三千尺，高山流水酬嘉宾。

天泉九转空山出，涓涓春意多灵秀。

金斗玉盏不堪承，人间又得第几泉？

上投茶：毛尖茶太细嫩、娇贵，即便是蟹眼水，还需用上投法，才能确保茶叶不被汤烫熟，并且形成更为优美的"茶舞"。（主泡左手拿起左上角的赏茶盒、以兰花指横握开口向右的赏茶盒；右手拿起右上角的茶拨，起手从左至右平行展示手中茶拨，以划半圆缓缓落下于胸前赏茶盒口。作用：便于投茶。站定。上身略微前倾，以每杯拨三次，投茶入杯。）

"羞羞答答慢入杯，个中滋味谁来尝？"（两队助泡分别以两人一组走到主泡茶桌两边等待，主泡右手用拇指与食指、中指卡住杯底较厚部分，作用：避免烫伤。左手以兰花指方式轻扶杯身上段，茶汤与杯口之间。作用：干净卫生。侧身点头微笑的方式，分茶到助泡的奉茶盘上。作用：示意助泡用奉茶盘交接茶杯。）

"仙子临风轻展裙，舞似春来风更暖。（助泡以扇形队列的先后顺序，每人以奉茶盘托起一杯七分满的茶，踏着轻盈的步伐到台下奉茶给观众。）（图10-10）

春兰舞衣几回旋，余香空影水晶樽。"

图10-10 奉茶

"云遮雾罩夜郎境，谁人识得草中英？千山凝得翡翠绿，万壑只藏春兰香。"

图10-11 观茶汤、品茶味

4. 品 茶

（解说）毛尖茶的品饮，包括"观汤色、闻茶香、品茶味"：（主泡有技巧地端起玻璃杯于胸前两拳距离，双臂成三角形外推。作用：示意大家。）（图10-11）

① 观汤色：汤色清澈，绿中透黄。只有制作精良的好茶，才有如此的汤色。（主泡从左往右缓缓平移。作用：展示冲泡好的茶汤。）

② 闻茶香：香气清新，嫩香持久。这是明前毛尖茶特有的品质特征。（主泡引领大家嗅闻茶香）

③ 品茶味：（主泡带领大家品尝茶的滋味）尝滋味鲜浓，回味甘甜。说明产地生态环境好，肥培管理水平高。毛尖茶内含物质丰富，其"色、香、味"俱全，能喝上一杯，是缘分，也是福分！

5. 谢 茶

（主泡戴上绶带站在台前，助泡按顺序放回奉茶盘、戴上绶带，互助整理、以组为单位、一字排开、听解说口令，鞠躬行礼。）（图10-12）

图10-12 敬茶

（解说）各位领导，各位嘉宾：林城贵阳山灵水秀，黔中大地物华天宝。感谢大家光临贵阳。欢迎您再到黔中，黔山之中蕴藏着更多更好的瑞茶灵芽，在等待着各位的细品慢尝！（图10-13）

注：主泡侧身注水，需要长期练习；水流大小的掌握，必须注意到一壶水正好是三杯，其中包括烫洗杯具和冲泡用水；还要考虑到器具的大小搭配。助泡也需长期练习。第一是相互间的默契；第二是奉茶时托盘的稳健和轻盈步伐。

图10-13 谢幕

《乌撒烤茶》（脚本）——大型舞台茶艺表演

1. 节目概要

威宁，古称乌撒，地处贵州西北海拔2000多米、素有"贵州屋脊"之称的乌蒙山区。这里是彝族先民祖居地，风光秀丽、物产丰富、人民勤劳，有着悠久的历史沉淀和深厚的茶文化底蕴。一日三餐不可或缺的"威宁罐罐茶"与高原明珠"威宁草海"，是这块土地上璀璨的两颗明珠，使这块土地充满了神秘与魅力。该节目以乌撒民族文化为背景、彝族家居为场景、"威宁罐罐茶"为载体，辅以多民族舞蹈、音乐，全镜展现了原汁原味的"威宁罐罐茶"的神韵，从一个侧面具象表现了丰富多彩的黔西北民族民间茶文化。

人物：彝族老人1人（主泡），彝、回、苗族少女分3组共9人伴舞，其中助泡2人（回族小女孩、彝族女孩各1人），均着民族服饰。

茶及茶具：火盆架、火盆、木炭、铁链、土陶罐、烤茶罐、茶叶、茶杯、小桌子。

道具：簸箕、小背篓、竹篮、砂锅、木瓢、吹火筒、竹扇、月琴、烟杆、土豆、草墩等。

场景：大背景（彝族家居）、舞台右前部为彝族老人烤茶位，置炉具、茶具；中至左后部为伴舞位。

场次安排：见表10-1。

表 10-1 场次安排表

序号	场次	茶艺程序	场上动作	解说词	音乐	灯光	时间/min
1	序幕	场起	幕起 一口冒着热气的黑色砂锅，由铁链悬挂在三角形的铜架上；由三根拳头般粗的树枝捆扎而成，上面挂了一把木瓢；地上是古朴的炭火盆，燃着明时暗的木炭，火盆边缘支立着一个黑砂烧水壶，冒着"嗦、嗦"声，小桌子放在火盆右边，桌上的黑砂壶放着一个竹茶叶罐和19个陶杯子；桌子叠放着5个簸箕，簸箕里有7个烤茶罐，桌子旁是两个陶罐，簸箕下左边桌脚靠着一根烧火筒并挂着一把灯笼；火盆后方放置了一个草墩（图10-14）	（朗诵）"在那远古时，乌撒水西地，东西群山隔，南北众水流……" （旁白）在贵州西部边陲海拔2000多米的乌蒙山区，有一个叫作威宁的地方，古称"乌撒"，素有"贵州屋脊""贵州的西大门"，"夜郎旁小邑"之雅称。"贵州高原泽国""乌江源""高原草海"——这里有著名的高原湿地——威宁草海；这里低纬度、高海拔，自然生态环境独特；这里居住着彝、回、苗等18个少数民族，历史悠久、物产丰富、文化厚重，民族和睦，曾经参与武王伐纣，创造了"夜郎国"，等辉煌，是乌撒这块土地上最古老的民族，过"南方丝绸之路"	无	无	1.5
2	入场		彝族老人（主泡），头戴狈角帽，身披彝族黑披风，穿浅色粗布上衣和布扣心，足蹬一双草鞋；1号回族着长烟杆）带着青着短麻布背篓、2号彝族女孩背装满土豆的竹篮子）进场	彝族人民勤劳勇敢，能歌善舞，民族文化丰富多彩。饮茶是他们重要的生活内容，也是他们最神圣的一件事情；彝族人民一日三餐不可无茶，这里以茶敬台祭祀是他们的民族传统，罐罐茶是这里最古老最典型的饮茶方式	乐起（古朴空旷）	一束光（照在舞台右边烤茶区）	
2	艺茶	备具	彝族老人撩起黑色披风，坐在火盆后的草墩上；抬手取下挂在三脚架上的砂水壶加水，从黑砂锅里，边立着烟杆；随后细看着，分别放到火盆上烘烤，把黑土烟杆直接放在火盆一边，抽了几口，放在桌上的烤茶罐仔细查看后，1号回族小女孩起几竹扇下小哥窗，把土豆放到火盆边缘去玩耍；2号彝族小女孩地上拿起几竹扇乱扇了几下，加炭；从簸箕里烤茶罐加了一些水到黑色砂锅里烧水，把簸箕里的茶叶筒递到近彝族老人的桌角，准备烤茶	威宁罐罐茶烤制方式独特，堪称茶艺一绝。首先是它的用具，烤多罐茶的用具主要有：火盆、火、烤茶罐、水壶、炭等。特别是烤茶罐，这是用海拔2890多米的百草坪局土，经高温烧结而成，能耐高温，保存气，透不透水。其次是烤制方式，它分为备具、烘罐、炙茶、冲水、沸沫、煨茶、出茶，敬茶等八大步骤	无	灯光转亮	0.5
		烘罐	彝族老人（边抽烟边打烘罐，时不时拍打罐身，清洁罐体） 1号回族小女孩—扔扔竹扇子在旁边，起身到彝族老人身边，又蹲在彝族老人的腿下：讨好地挨了几下，蹲着我挑出去玩嘛。"彝族老人（扮不耐烦状）挥挥手，说："去吧，去吧。"1号小女孩蹦蹦跳跳地离开此场景（接转，舞台左边场景） 2号彝族女孩继续帮彝族老人加炭、烧火、烤土豆（时不时用吹火筒和竹扇助燃）	烘罐是将茶罐置于烧旺的炭火上慢慢烘烤，它特别讲究火功，要求茶罐通体受热均匀，彻底排净湿气，其罐温最高可达800℃以上	月琴伴奏眼随（轻缓）	（轻缓）射灯	2

第十章 茶文

续表

序号	场次	茶艺程序	场上动作	解说词	音乐	灯光	时间/min
		炙茶	彝族老人打开茶叶罐，用手将茶叶放入罐中，轻轻上下抖动（表现得十分熟练，胸有成竹），时不时拿起嗅闻一下，一个接一个地（辨别烤炙的火候）	炙茶是将茶叶放入烘好的罐中烤炙，使茶不停地抖动茶罐，要不停地抖动茶罐，茶叶在罐中不停地翻滚，在茶罐的高温作用下，均匀受热，干而不焦，脆而不煳，直至透出浓豆香，茶才算是烤好了			
		冲水	彝族老人（依次向烤茶罐中冲入沸水）	这时，趁热冲入沸水，茶叶随泡沫泛起一层厚厚的白色泡沫，茶罐口会泛起一层厚厚的白色泡沫，糊沫随泡沫泛起			
		沸沫	彝族老人（用口接个吹去浮沫）	沸沫（这时就可以品饮了）			
		煨茶	彝族老人（分别将烤茶罐再次放入火盆中重新煨开，使茶汤更浓醇）	威宁是少数民族杂居地，多以牛羊肉及土豆为主食，将烤茶罐反复置于炭火上重新煨开，使茶汤更浓醇。喝了能消食解腻，提神醒脑			
3		出茶、分茶	2号彝族女孩站起来（作呼唤状），并为敬茶做准备（从小桌子下拿出簸箕装上1个烤茶罐、2个茶杯和用小竹器装烤茶土豆、等待跳舞的小伙伴们来取敬茶器具。接转：舞台左场，1号回族小女孩出去与邻居（彝、回）小伙伴一起玩耍（表现多民族杂居、和谐相处的民族大团结风貌）；三个苗族女孩提起精绣、三个苗族女孩拉起面纱跳起各具民族风格的舞蹈	无	月琴弹奏（欢快）	根据场景需要追光、闪烁等	1.5
		敬茶	众女孩闻"喝茶啰"，舞蹈正好结束，按舞蹈时一组的队列，从前至后，略带舞台步伐，依次到2号彝族女孩处接茶（其中：两人分别从各端至一个人空手以奉茶），踏着欢快的步伐，以S形动线顺序下台敬茶；2号彝族女孩从小桌子里拿出准备好的绶带，此时舞台上只剩下主泡，摆出彝族老人抽烟的经典造型	品饮威宁罐罐茶，通常还佐以洋芋、荞酥、荞饼干、玉米花等地方特色茶点。茶与茶点自然天成，相得益彰，令人唇齿留香，回味无穷。灯光随音乐逐步变暗	乐曲（欢快、激昂）	再追光移至彝族老人处，最后熄	1
	谢幕		敬茶毕，众女顺序上台放回簸箕，互相整理，由彝族老人（主泡）带领至台前过绶带（主泡立于前台中央）列队站立，带领全体演职员向观众敬礼谢幕	依次退场入后台。威宁罐罐茶汤色绿润、豆香馥郁、滋味甘醇，是古今散发着厚重历史、古朴民风、蒸厚人格的具象体现。热忱欢迎各位宾朋莅临威宁，热忱地感受我们乌撒人的好客情怀，再品威宁罐罐茶的甘醇。谢谢大家	音乐（渐缓、结束）	舞蹈灯光（亮）	1

图10-14 演示场景

2. 节目现场图解（图10-15~图10-27）

图10-15 主泡

图10-16 助泡

图10-17 伴舞

图10-18 茶具及道具

图 10-19 备具

图 10-20 烘罐

图 10-21 炙茶

图 10-22 冲水

图 10-23 拂沫

图 10-24 煴茶

图 10-25 出茶、分茶

图 10-26 敬茶

图 10-27 谢幕

二、《感恩》婚礼茶仪

1. 入　场

随着《婚礼进行曲》的响起，三位茶艺师分别端起冲泡器具、红蜡烛、结婚戒指随着一对新人入场。

男主持人：幸福的乐章从这里翻开，欢乐的音符绽放着无限的甜美。此刻，随着音乐的响起，我们迎来了今天的主人公，一对情侣走进了幸福的婚姻殿堂。祝福××和××新婚愉快，让我们共同锁定时间：××年××月××日，空气里弥漫着了醉人的甜蜜，幸福的乐章将传递到世界的每一个角落，让我们共同见证这一幸福时刻；用心聆听此刻幸福的音乐。在这里，我谨祝愿新郎××新娘××新婚快乐。

主持人带领一对新人站在台前，三位茶艺师在舞台上摆放器具就位后，一起向各位来宾鞠躬行礼。

2. 泡　茶

解说词：在今天这个大喜的日子里，作为新一代茶人的我们，也是茶的传人，我们唯有以一杯香茶奉予双亲，才足以表达，我们此时此刻的感恩之情。

十月怀胎，冒险分娩，精心养育，呕心沥血，望子成龙，极尽财力与精力，儿行千里母担忧，冷暖成败均在父母的惦记之中。

（备具展示）

父亲的爱，为我们撑起了这个家，犹如这茶叶罐，挡风遮雨，庇护着我们的成长；母亲，就像这赏茶盒，承载着对儿女深深的爱怜，她不仅包容，还用她的智慧，影响、教诲着我。

滋滋作响的沸水与铜壶的关系，犹如我们新一代茶人肩上承担的社会责任。在利益与茶艺正道的传播上，给我们新一代茶人以警醒与督促。

烫洗器具：好似一年又一年，你牵着我，走过的四季，陪我成长；洗涤是奉献，是对知识的过滤，同时也使大家能更好地品饮用到茶，原本的清香与醇厚。

盖碗：就像父母的包容、教育；不仅鞭策着我、也更多地激励着我。使我懂得了做人的原则，处事的圆融，以及天、地、人、和的道理。更像母亲用她的爱，轻轻将我拥抱。

拨茶：小小的茶拨，犹如严父手中的棍棒，一次次地鞭策，使我懂得了遵守规矩，依方圆行事。

冲泡：主泡用盖碗八个节拍的方式演绎冲泡。

初涉世事的我，有稚气，还有傲气；正如手中的这泡茶，细嫩的芽头，在盖碗里，并不听话；时而挺立、时而旋转、皆浮在水面上；不肯沉落。加盖，又犹如母亲的教诲，用她睿智的爱，给了我成长的力量。

周而复始，我这颗小茶芽，饱含水分，方能渐渐沉于杯底，在沸水的激励下，时而起浮、时而翻滚、每一次冲泡，都是人生的一次洗礼；每一次出茶汤，都是崭新生活的开始；每一次注水冲泡，滴水穿石般的毅力，使我懂得不懈地努力，方能收获甜美与甘醇。

公道杯：海纳百川般的大度，能容得下不同的茶类，不同的门派，不同的冲泡方式。既能调节温度与浓度，又便于分茶汤均匀，始终保持着一颗谦容之心。

我要感谢父母，你们教会了我如何面对困难，并把生活的磨砺化作前进的动力，不经历风雨，怎能见得了彩虹，相信终有一天，毛毛虫的我，必将化茧成蝶，犹如这泡红茶，只有在制作过程中经历了千锤百炼，才有冲泡时的香甜，才能在盖碗中凤凰涅槃一般，展现生命的升华。

3. 敬茶行大礼

水有源，树有根，儿女不忘养育恩，今朝结婚成家业，尊老敬贤谢双亲。

伴郎上台，摆放四张靠背椅、等待双方父母上台；伴娘为这对新人点燃蜡烛。

让我们共同感受这份炽热,请两位新人共同点燃你们的爱情圣火。

伴郎伴娘依次站于两侧;双方父母接受一对新人的跪拜、敬茶大礼。

父母的爱,上善若水般,其避高趋下的态度,教会我做茶人的谦逊,奔流到海的精神,督促我不懈地努力、追求,冲泡时的刚柔并济,是对知茶性顺茶理的最好诠释。

父母的爱,犹如奔流至海的江水,乐善好施,不图回报,造福万物。

音乐:感恩的心。

奉茶:生活需要一颗感恩的心来创造,感恩的心需要生活来滋养,常怀感恩之心,一生无憾事,翻开日历,一页页崭新的生活,会因我们的感恩而变得更加璀璨,感恩父母不求回报的无限付出。

图10-28 婚礼敬茶

新郎牵着新娘的手,来到父母面前,跪下接过助泡手里茶杯(图10-28),改口叫爹、妈。父母拿出改口钱嘱咐儿女。

一拜父母养我身——一鞠躬;

二拜爹娘教我心——二鞠躬;

尊老爱幼当铭记,和睦黄土变成金——三鞠躬。

礼成:全场一起唱感恩的心,双方父母退场。

4. 证婚宣誓

新郎××站在台上等待,新娘挽起父亲的手臂缓缓再次上台,新娘的父亲××郑重地把女儿××交到新郎××手中,并予以嘱托(图10-29)。

男主持人:永结同心在今日,共结连理在今朝,华堂锦屋证佳偶,一生一世共白头。红线牵住过往的你们,月老为你们写下传说,种下美丽的种子,如今绽放出花朵。在此刻,我谨祝愿这对新人新婚愉快,百年好合。满心的喜悦跳动在心间层层叠叠,全是缠绵,祝愿你们新婚快乐,永结同心。心与心的交换,爱与爱的交融,交织出一份美好的誓言。接下来,请两位新人为自己的亲密爱人送去他(她)一生的承诺。

婚礼是一种命名,苍天之下命名永远,要求的是一生一世的相依相伴,没有终生相爱的决心,不可妄称夫妻,一旦结为夫妻,就不能伤害对方,××先生××小姐,如果你们愿意将你们的一生交给对方的话,就请你们相互面对,用你们真诚的信念,来回答婚礼誓言。

新郎:你是否愿意和你眼前的××结为合法的夫妻,新郎请你记住,在新娘的心中,你是一座高大的山,是她值得一生依靠的山,在以后的日子你要好好的呵护她,如同呵护自己的眼睛,好好地珍惜她,如同珍惜自己的生命,从今天起不能让她受到一点点的伤害和委屈,用你所有的爱,给××一个美好的明天,你能够做到吗?

新娘:你是否愿意和你眼前的××先生结为合法的夫妻,那么也请

图10-29 婚礼

新娘记住,在新郎的心中,你是一朵娇艳的玫瑰,是他值得用一生滋养的鲜花,未来的人生旅程,有可能经历风风雨雨,你是否能够做到永远是××的后盾,在生活中、在事业上照顾他、帮助他、关怀他,用你所有的爱,给××一个温暖的家,你能够做到吗?

5. 交换戒指

由两位伴娘,端上戒指交与一对新人,双方交换戒指,深情相拥,背景画面:滚动播放一张张、新人从相恋到结婚的照片。

海誓山盟,永不分离。携手走进新生活,相亲相爱到白头。执子之手,与子偕老。岁月如歌,绽放美丽精彩,梦的音符,演绎人生极致,聆听此时此刻最为柔情的旋律。是爱把你们紧紧相连。

再由二位助泡分别用托盘端上刚泡出来的一杯红茶茶汤、一杯牛奶;主泡托着一个空的大公道杯;让一对新人分别用茶汤和牛奶调和茶饮,象征着他俩今后的生活幸福甜蜜。

6. 双方父母代表讲话

7. 来宾共庆

让我们共同锁定××年××月××日,这个美好而又难忘的时刻,在步步高的音乐声中留下这最为完美的回忆,岁月如歌,绽放着那诱人的色彩。让我们祝愿新郎××新娘××恩恩爱爱、白头偕老、幸福一生、快乐永相随。

请大家共同举杯,让我们一起分享,见证新郎××新娘××的幸福美好新生活。

8. 甜蜜分享

新人喝调饮红茶,分茶、台下共同举杯,新娘抛花球(需提前准备接花球的人,不宜太少,伴郎伴娘全上),退场。

第六节 黔茶文化影视作品

一、《茶旅天下·贵州篇》纪录片

《茶旅天下》是目前国内唯一一档以茶旅为主题,关注中国茶产业的健康发展、服务"三农"、关注农民切身利益、展示地方风采、宣传地方茶及旅游经济、推动地方茶旅产业发展的专题栏目,集中了全国各地优秀名茶精品,是沟通国际、推广中国茶文化、打造茶旅产业、实施"茶为国饮"战略的重要窗口,旨在构建中国茶业界、茶品牌专属的展示平台。栏目通过阳光卫视及地方媒体的广泛传播,以省为单位,并以各地宣传月的形式,集中时间分卷展示各地茶产业的发展和独具风韵的地方茶文化。

由中国茶叶流通协会、贵州省茶叶协会与香港阳光卫视联合拍摄的《茶旅天下·贵州篇》纪录片,共14集,于2006年1月7日在湄潭举行开拍仪式,之后前往余庆、务川、正安、道真、凤冈、遵义、贵阳、石阡、印江、安顺、平坝、贵定、平塘、晴隆等地摄制,同年11月11日起在阳光卫视中文台陆续向全球播放(图10-30)。

《茶旅天下·贵州篇》纪录片的拍摄,首次将贵州悠久深厚的茶文化、蓬勃发展的茶产业及丰富多彩的民族民间茶饮、茶俗、茶风情、茶旅游资源,系统地挖掘、收集,进行整理,形成"国茶寻踪""夜郎茶话""中国西部茶海""茶乡往事""有凤来仪""苦丁茶香""印江茶漾""水润茶乡""三山半落青天外""翠蔼茗烟话平塘""山国的茶乡"等14集系列专题纪录片。

《茶旅天下·贵州篇》纪录片集宣传性、史料性、观赏性、娱乐性、信息性为一体,立意新颖灵活、内容深刻系统、见解独到精彩,向全世界展示了贵州悠久的茶文化、独特的茶叶生长环境、丰富的茶叶资源、贵州茶产业亮点和独具风韵的地方民族民间茶文化,突出展现了贵州茶文化的本源性、丰富性、民族性和国际性;为提升贵州茶文化、做大做强贵州茶产业、积极引导茶叶健康消费、促进黔茶经济发展,起到了积极推进作用。

图10-30《茶旅天下·贵州篇》纪录片光碟

二、《贵州茶香》MV

2014年8月的贵阳国际农产品交易会暨绿茶博览会上,《贵州茶香》MV首发并唱响。2015年2月1日,《贵州茶香》MV开始在中央电视台综艺频道(CCTV-3)播出,让人惊艳(图10-31)。"有一个神奇的地方,高山青,绿水长,云滔滔,雾茫茫,酿了茅台,酿茶香……",

图10-31 《贵州茶香》MV

深情的歌声伴随清新的画面,将人们带到了贵州高山云雾出好茶的美丽茶园,仿佛闻到幽幽茶香,让人陶醉。《贵州茶香》MV时长3分多钟,由时任贵州省委副书记李军作词,国家一级作曲家孟庆云谱曲,伴随着凭借《父亲》《儿行千里》等歌曲走红的青年歌手刘和刚豪放自然、宽广嘹亮、朴实动人的嗓音跟演唱风格,画面中出现了贵州秀美山川、云雾飞瀑、高山茶园、苗寨、古镇、采茶制茶品茶的场景。《贵州茶香》MV以穿越的方式,讲述了一对青年男女前世茶乡邂逅,今生再续前缘的故事;并以此为主线,在MV拍摄中串起了贵州苗寨、茶区、孔学堂、青岩古镇、贵州大学等具有贵州符号的景点和建筑,把贵州多彩的茶文化和民族文化用现代的手法表现出来,充分展示了贵州茶叶生长的优良生态环境。

三、《寻访中国最美茶乡》(贵州篇)电视纪录片

系列电视纪录片《寻访中国最美茶乡》是目前国内首档以关注中国茶产业的健康发展、服务"三农"、关注农民切身利益、展示地方茶俗风采、宣传地方茶企茶品、推动地方茶旅经济发展、记录以茶乡为特色的中国新农村发展变迁的文化旅游纪实节目,已成为国际沟通、推广中国茶文化、展示名茶名企、打造茶旅产业、实施"茶为国饮"战略的一个重要窗口。

由贵州省茶叶协会、中国国际茶文化研究会民族民间茶文化研究中心,联合大型电视系列片《寻访中国最美茶乡》摄制组共同拍摄的《寻访中国最美茶乡》(贵州篇),以推广贵州茶文化及茶旅游、集中展示贵州茶叶及旅游品牌和当地独特的茶俗风情、宣传和推动贵州茶产业的健康发展、促进茶文化交流为主旨,于2017年月先后分别在毕节市威宁、大方、纳雍、黔西、金沙等县;黔南州都匀市、贵定、独山、龙里等县进行为期30多天的拍摄。《寻访中国最美茶乡》(贵州篇——毕节专集和黔南专集)电视纪录片每

集播出时长15min，以纪录片的载体形式，展示贵州茶叶及旅游品牌、宣传贵州茶旅路线、推动贵州茶产业及旅游经济发展。多元的风格，原生态纪录贵州各地的茶产业发展现状、历史文化、自然生态、民俗风情、产业发展、旅游发展等内容，将古老的中国茶文化与贵州别具风韵的地域人文特色交相辉映，展示各地独特民俗风情，打造全新的休闲概念。播出载体：阳光卫视、中国搜索纪录频道、央视微电影频道、网络主流媒体，后续通过发行百家县市台播出。

四、《多彩贵州·精品黔货——遵义茶》广告宣传片

由中央电视台、贵州省委宣传部主办，多彩贵州网有限责任公司承办的"广告精准扶贫"项目《多彩贵州·精品黔货》系列广告宣传片之一，《多彩贵州·精品黔货——遵义茶》宣传片于2017年5月1日起在中央电视台CCTV-1综合频道、CCTV-2财经频道、CCTV-4中文国际频道、CCTV-7军事·农业频道、CCTV-13新闻频道高频次播出。该片采用"无缝转场"核心制作技术，结合4K画质，将遵义红、正安白茶、湄潭翠芽、凤冈锌硒茶等贵州遵义名茶各自的特色、品相完美呈现于屏幕，充分展现贵州遵义茶叶的品质和质感。

五、《发现贵州古茶树》电视纪录片

该纪录片经贵州省发改委立项，由贵州省茶叶协会组织贵州省古茶树资源普查，与中国国际茶文化研究会民族民间茶文化研究中心、阳光卫视联合大型电视系列片《发现贵州古茶树》摄制组共同拍摄，旨在发掘探寻贵州古茶树资源、宣传贵州丰富多彩的民族茶文化，于2017年先后赴毕节市七星关区太极村、大方县果瓦乡、纳雍水东镇姑箐村、金沙县清池镇大坝村、源村镇石刘村、石场乡构皮村，毕节金海湖新区竹园乡海马宫村，织金县绮陌街道中坝村杨家湾组、以那镇五星村，威宁香炉山茶园的乌撒烤茶等古茶树茶区；黔南州都匀市毛尖镇、小围寨团山村、沙包堡斗篷山村，平塘县大塘镇、甲茶镇、掌布镇，惠水县岗度镇、断杉镇，贵定县云雾镇、昌明镇，三都县都江镇、九阡镇，长顺县广顺镇，龙里县谷脚镇，独山县影山镇，瓮安县建中镇，福泉市龙昌镇等县古茶树茶区，进行为期30多天的拍摄。《发现贵州古茶树》（毕节部分）及（黔南部分）电视纪录片，每集播出时长15min，以纪录片的载体形式，展示贵州古茶树的发现、发掘与发展、保护和利用，多元的风格，原生态纪录贵州各地古茶树资源自然历史、发展现状、生态文化等内容。播出载体：阳光卫视、中国搜索纪录频道、央视微电影频道、网络主流媒体，后续通过发行百家县市台多渠道、多平台、多屏化播出。

六、《贵州民族民间茶文化探寻》电视纪录片

经贵州省发改委立项,由贵州省茶叶协会组织,与中国国际茶文化研究会民族民间茶文化研究中心联合中央电视台所属中央新闻纪录电影制片厂(集团)发现之旅频道《美丽家园》栏目组拍摄制作的电视纪录片,于2018年12月起,先后赴贵定云雾,黔南都匀,黔东南雷山、西江,黎平肇兴,遵义湄潭、核桃坝、务川、威宁等地,对贵州省丰富的苗、布依、侗、水、彝、回、仡佬等少数民族原生态的茶俗茶文化进行了探寻整理和拍摄。

图10-32《贵州民族民间茶文化探寻》电视纪录片

《贵州民族民间茶文化探寻》电视纪录片,于2019年5月7至8日在CCTV发现之旅频道《美丽家园》栏目播出(图10-32),时长30min。地处中国西南腹地的贵州,由于低纬度、高海拔、寡日照,而成为产茶的绝佳之地。在这片广袤的土地上,聚居着众多历史悠久的古老民族,千百年来他们有着相同的劳作与收获,那就是依山种茶。贵州地处云贵高原破碎区,地块分割严重,地质资源复杂,土质构成多样,在境内广布不同的条状和环状气候带,加上不同的民族风情与习俗,演绎出各自独特的制茶技艺和各民族的茶文化。

七、《茶旅贵州》——"北纬27°·最美茶乡"电视栏目

图10-33《茶旅贵州》——"北纬27°·最美茶乡"电视栏目拍摄花絮

在贵州省农委和贵州省旅发委的支持下,贵州省茶文化研究会与贵州广播电视台联合拍摄《茶旅贵州》——"北纬27°·最美茶乡"电视栏目(图10-33)。《茶旅贵州》栏目以"文化、自然"为主题,是一档集历史性、知识性、趣味性、观赏性、信息性于一

体的茶文化旅游纪录片,并以专题、记录、采访等多种形式摄制。"北纬27°·最美茶乡"系列是以最美茶乡为主线,通过栏目记者现场了解当地茶历史、茶文化,体验茶俗、茶品、饮食、旅游等茶文化和自然环境,让观众全面了解贵州各产茶地的茶园风光、民族风情等,于2017年7月15日在贵州广播电视台第五频道首播。

八、《黔茶》系列纪录片

由贵州省农村产业革命茶产业发展领导小组、中共贵州省委宣传部策划组织拍摄的三集纪录片《黔茶》于2019年4月18至20日在中央电视台科教频道首播(每晚播出一集)。

《黔茶》是一部全景展示贵州茶的系列纪录片,以贵州茶为切入点,通过贵州人在茶叶生产、民风民俗、社会礼仪等方面的生活图景和历史文化传承作为视觉原点,讲述了贵州茶与地理、茶与人文、茶与历史、茶与风物等故事,并以贵州茶为媒介在这片土地上生生不息的生命轮回(图10-34)。纪录片制作精美、内容鲜活、格调清新,从历史到现状,从品质到冲泡,对贵州茶进行了全方位综合宣传。系列片共三集,具体介绍如下:

① 第一集《天地造化》:通过采茶女工吴莲春与时间赛跑抢收茶青,返乡创业的骆地刚带领乡亲们种茶致富,都匀毛尖传承人张子全"火中取宝"为茶叶提毫,雷山银球茶传人毛娟和莫应英巧手揉制茶球等茶人故事,讲述了贵州为什么出好茶,贵州制茶的工艺特色,贵州冲泡的独特方法。《天地造化》还回溯了第一个国家级茶叶科研机构——中央实验茶场在湄潭建立的历史,反映了茶叶已经成为贵州43个县的主导产业,有近50万贫困人口依靠茶叶实现了增收,贵州茶香更加醇厚绵长。

② 第二集《茶事沧桑》:通过讲述贵州茶人的生动故事,展示了贵州源远流长的茶文化和丰富多彩的饮茶习俗。贵州是茶的发源地之一。《茶事沧桑》专门介绍20世纪80年代,在贵州西南部的晴隆县,人们发现了一颗距今100万年以上的四球茶籽化石,这也是世界上迄今为止,发现的最古老的茶籽化石。唐代典籍《茶经》就记载当时的贵州,不但产茶制茶,而且质量极佳,声名远扬。

③ 第三集《云雾梦想》:通过讲述贵州茶人故事,展现了贵州茶的传承和创新,介绍贵州茶人做一杯干净茶的积极努力,阐述了茶叶助推脱贫攻坚的作用。众多茶人的辛劳和收获,孕育贵州茶云雾腾飞的梦想。

2020年3月18至20日,纪录片《黔茶》重磅回归,以《黔茶密码》为名再次在CCTV10央视科教频道《探索·发现》栏目播出,贵州广播电视台同时段同步播出,还对接凤凰卫视"凤凰专区"挂播一年,节目覆盖全球。国内、省内观众通过广电网络"凤凰专区"收看。

图 10-34 《黔茶》系列纪录片

九、《香遇普安红》微电影

由中共普安县委宣传部出品,贵州新媒中心策划、大唐影剧-易拍联合摄制,普安县五特农业投资有限责任公司执行的微电影《香遇普安红》,系普安县专门为"一县一业"茶产业打造的产业文化宣传片,以电影艺术的形式发现、宣传、推介、展示普安。影片主要讲述了著名香港歌手黄耀华陷入创作低谷,机缘巧合来到普安,偶遇茶女云妹,为福娘茶的传说所迷,与质朴的普安人生活一段美好时光后,在普安寻找到了创作的灵感,其所作新歌《福娘》热卖让他声名鹊起……故事穿越了1000余年,扣人心弦,剧情细腻如丝、跌宕起伏,把世界茶源地、世界唯一的四球古茶和普安红,还有夜郎故地普安深厚的历史底蕴、浓郁的民族风情、秀美的自然山川、朴质的民风百姓,演绎得美轮美奂。微电影虽只有24分21秒,却浓缩了普安的文化精华,集历史文化、茶文化、民族文化、产业发展等为一体的佳作(图10-35)。《香遇普安红》微电影播出以来不仅陆续斩获不少业内大奖,在贵州乃至中国的微电影界也引起强烈反响。2019年9月19至21日,《相遇普安红》就在第七届中国(威海)国际微电影展中荣获"金桂花奖";同年12月7日,首届中国区域农业品牌微电影盛典颁奖典礼在内蒙古巴彦淖尔市文博中心剧院举行,贵州微电影《相遇普安红》一路过关斩将,成功拿下该届中国区域农业品牌微电影盛典主题单元第一名。

图 10-35 微电影《香遇普安红》剧照

第七节　黔茶书画

图10-36　作品:《春秋茶》
作者：方小石

图10-37　作品:《兰、菊、茶》
作者：方小石

图10-38 作品:《怀素书蕉图》作者:陈争

图10-39 作品:《茶圣陆羽》
作者:陈争

图10-40 作品:《品茗观画图》
作者:龙渊泉(字)夏培明(画)

图10-41 作品：《苗胞古法制茶》《苗寨有茗香》 作者：熊师提

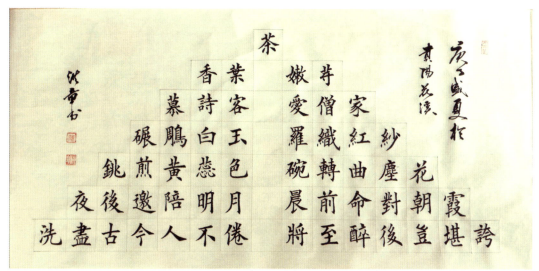

图10-42 作品：《宝塔诗》 作者：陈洪章

图10-43 作品:《知音》 作者:骞人毅

图10-44 作品:《茶花》《吃茶去》《无相禅意》 作者:李历(雅号:慧潭)

第十一章 科研教育与茶行业组织

中国近现代茶叶科技启蒙于20世纪初，奠基于20世纪30年代末抗战开始前后，民国中央实验茶场落户贵州省湄潭，中央实验茶场的创始人张天福、李连标等专家，是中国近现代茶叶科技的奠基人。

第一节　贵州茶叶科研机构

一、贵州省农业科学院茶叶研究所

始建于1939年9月，原址位于贵州省遵义市湄潭县湄江镇。1940年春，正式成立湄潭实验茶场，隶属中央农业实验所。1949年11月，民国中央实验茶场由湄潭县人民政府接管，同年12月，由遵义地区行署建设科接管；1950年春，由贵州省人民政府军管会农林处接管，更名为"贵州省湄潭桐茶实验场"；1953年10月改名为"贵州省湄潭实验茶场"，隶属关系未变；1955年1月，按照全国农业科技工作会议精神，贵州省农林厅将贵州省湄潭实验茶场更名为"贵州省湄潭茶叶试验站"；1962年，扩建为"贵州省湄潭茶叶研究所"和"贵州省湄潭茶场"，两块牌子一套人马。在"四清运动""文化大革命"期间，茶叶科学研究所体制几经上下、多头管理，1968年，所内大多科技人员下放，科研工作处于瘫痪状态。1973年9月，贵州省湄潭茶叶研究所单独建制，隶属贵州省农业厅。1979—2005年称贵州省茶叶研究所；所内设栽培、育种、植绿、制茶4个专业研究室和1个情况资料室。1983年6月机构改革，贵州省湄潭茶叶研究所更名为"贵州省茶叶研究所"。2005年，贵州省茶叶研究所整体建制划归贵州省农业科学院统一管理，更名为"贵州省茶叶研究所"至今。2006年划归贵州省农业科学院主管，更名为贵州省茶叶研究所（简称"茶研所"）。2009年，该所主体部分迁至贵阳市花溪区贵州省农业科学院，属国家公益类一类科研事业单位，基地仍在湄潭（图11-1）。

目前，贵州省农业科学院茶叶研究所在编职工85人，专业技术人员51人，其中正高7人，副高18人，中级18人；博士学位7人，硕士学位22人，在读博士5人。现有国家现代农业产业技术体系岗位科学家、综合试验站站长各1人；农业农村部"国家现代农业产业技术体系"后备人才1人；享受国务院津

图11-1　贵州省茶叶研究所办公大楼旧址

贴、省政府津贴专家各1人，贵州省优秀青年科技人才2人，省"百层次"人才1人，"千层次"人才7人，遵义市市管专家1人。

贵州省农业科学院茶叶研究所是"贵州省第139国家职业技能鉴定所""贵州省茶叶学会"挂靠单位，国家茶叶产业技术体系遵义综合试验站和贵州省茶叶技术创新中心依托单位，贵州省茶叶产业技术体系首席专家依托单位，国家和贵州省茶产业技术创新战略联盟理事单位。

建所以来，获科研成果137项。其中，省部级科技成果奖励48项，地厅级科技成果奖励40项。选育茶树新品（株）系20余种，申请新品种权保护20余份；国审品种7个（1984年湄潭苔茶；1987年黔湄419、黔湄502；1994年黔湄601、黔湄701；2002年黔湄809；2014年黔茶8号），省审品种2个（2014年贵定鸟王种、石阡苔茶）；发现的"红药红山茶"和"红瘤果茶"为山茶属的两个新种。

"茶树害虫病毒资源调查及利用研究"新发现的22个新纪录，为国内外首次报道。所内现保存茶树病虫害及其自然天敌标本2万号，已整理、鉴定的茶树害虫230种，天敌昆虫324科。

"茶树密植免耕快速高产"技术成果推广到全国16个省（区）。"茶树组合密植研究"于1993年获联合国科技信息促进系统的"发明创新科技之星"奖，并被《世界优秀专利技术精品》收录。

红碎茶初制"揉切分"连续化生产工艺技术研究和名优高档茶生产机械化技术研究在国内茶学界产生了较大影响。自主研发的"夜郎牌"遵义毛峰茶被评为贵州省名牌产品，"贵州天然富晒茶""贵州苦丁茶""夜郎翠片"和"黔江银钩"为名优茶新产品。

茶叶研究所被授权专利41项，制修订贵州省茶叶地方标准30余项；公开发表论文1300余篇，出版专著15部，成果资料汇编13部，科普读物10余本；现有馆藏资料2万余册（份）。连续39年发行《贵州茶叶》（内部期刊）。

依托国家茶叶产业技术体系遵义综合试验站、贵州省茶叶产业技术体系，结合"12316三农服务热线"、贵州省茶叶标准化技术委员会、贵州省茶叶学会和贵州省第139国家职业技能鉴定所，面向全省开展茶叶科技培训、科技扶贫与技术服务，服务范围覆盖全省9个市州重点产茶县，为贵州茶产业的后发赶超和可持续发展提供科技支撑。

二、贵州省社会科学院茶产业研究院

由省委宣传部批准，贵州省社会科学院茶产业研究院于2019年6月诞生，是一个由社会科学院直属的二级研究院，也是全国第一家以社会科学方位来研究茶产业的科研机构。院长由贵州省社会科学院院长、博士生导师、我国著名法学家吴大华兼任。研究院的宗旨为：对贵州茶产业的发展、茶技术的提高、茶经济的增长、茶人才的造就以及茶文化的发掘与提升方面，从社会科学的视觉进行探讨和研究。

第二节 贵州茶叶教育

贵州最早的茶学专业教育始于1943年。1943年秋，中央实验茶场场长刘淦芝、浙大农学院院长蔡邦华等倡议创办了"实用职业学校"。是年，贵州省政府批转教育厅文，8月31日中央教育部批复备案，拨付开办费5万元，湄潭县分担部分款项。初建校于城南塔坪，借民房作校舍，共有教职工22人，为贵州省第六职业学校，由省教育厅和浙江大学农学院联合管理，教学业务由浙大农学院负责，聘请浙大农学系和中央茶场教授做专业教师，下设初蚕、初茶2个科目。1944年10月，学校迁入新校舍，增设农科的蚕、农、茶3个科目，其中茶叶为主要专业，同时扩大实验基地、新建教学楼，设萎凋室、炒茶室、揉捻室、发酵室、检验室、化验室。抗战胜利后，浙大回迁杭州，省立湄潭实用职业学校迁入原浙大男生宿舍（今湄潭中学校址），职校教师逐渐减少。1949年11月19日，中国人民解放军进驻湄潭；12月5日，湄潭县人民政府接管各类学校，职校维持现状。1950年3月，职校与湄潭中学、永兴民生中学合并，创立贵州省立湄潭中学。

贵州省立湄潭实用职业学校的开办，带动黔北乃至贵州茶学教育的发展，刘淦芝、李联标、张天福、朱源林等影响了中国茶叶进程的大师人物都是这个学校的老师，配置的很多老师都是专家。职校以配合贵州省农业建设，计划培养从事农、桑、茶专业技术人才为目标，为贵州省培养100余名茶叶专业技术人才。职业学校办学历时8年，学生有成就者不少，茶叶专科学生刘其志（茶树育种专家）、王正容（制茶专家）、牟应书（茶叶专家）、纪德禄（育种专家）等皆为贵州省茶界著名专家，当年的浙大西迁造就了他们的"茶味人生"。

一、贵州大学茶学院

1. 历史沿革

贵州大学茶学教育最早可追溯到1953年，贵州大学农艺系（即贵州农学院前身）开设《茶树栽培与制茶学》选修课，开始进行茶学教育。1989年，贵州农学院两年制的茶学成人大专班正式成立，开始为贵州本土培养茶学专业人才。1993年，贵州农学院茶叶经济贸易专业（三年制）应运而生。但由于各种历史原因，1998年，贵州农学院茶叶经济贸易专业停止招生，贵州大学茶学教学的步伐也戛然而止。2007年，在贵州大学农学院园艺专业下增设茶学方向；2008年，招收第一批茶学（方向）本科生。2012年，茶学方向升级为茶学专业，开始独立招生。2016年11月，贵州大学茶学院成立。

2. 专业现状

贵州大学茶学院现有茶生物学系、茶叶工程系和茶文化系3个系；下设茶生物教研室和茶叶加工教研室，同时拥有茶学本科实验教学中心、茶文化传播中心和茶叶审评与检测中心等3个中心。现有1个茶学本科专业，1个学术型硕士学位授权点（茶学专业），2个专业学位硕士授权点（农艺与种业、生物工程）。目前，学院共有在校本科和硕士研究生200余人。

3. 科研平台

贵州大学茶学院现有贵州省茶资源保护与高效利用工程研究中心、贵州省茶产业创新发展中心、贵州省植物分子育种中心等省级工程研究中心3个。与贵州大学农业生物工程研究院共建教育部"山地植物资源保护与种质创新"重点实验室和"喀斯特山区植物资源利用与育种（贵州）"国家地方联合工程研究中心等科研平台。

4. 师资队伍

学院现有教职工34人，其中专业教师24人，实验室专职人员4人，行政人员6人。专业教师以中青年为主，教师中具有博士学位的比例为79%，具有高级职称教师比例为75%。同时学院长期聘请中国农业科学院茶叶研究所、贵州省茶叶研究所等相关单位茶学专家作为学院兼职教师。目前学院已形成了一支结构合理、教学经验丰富、学术造诣高的师资队伍。

5. 培养学生数量

贵州大学自2008年恢复招收茶学方向（2012年后以茶学专业招生）本科生以来共计招收8届学生，累计毕业291人（2012届26人，2013届14人，2014届19人，2015届24人，2016届74人，2017届67人，2018届29人，2019届38人）。毕业学生中，在行政事业单位就业人数154人，占到52.92%；考取研究生62人，占21.31%；在企业就业学生46人，占15.81%；自主创业毕业生15人，占5.15%。在291名毕业生中，目前仍然在基层农业局或茶办工作的学生共有43人，占到毕业人数的14.78%。

6. 学生代表

贵州大学茶学毕业生在自己平凡的工作岗位上踏实努力，兢兢业业，为贵州茶产业的发展做出积极贡献。2008级学生张铖毕业后进入安顺职业技术学院任教，在认真完成教学和实训工作之余，先后于2014年、2016年创办了安顺样珂茶舍及贵州拾拙茶文化传播有限公司，主要从事茶文化传播和茶叶技术推广工作。同时作为安顺市关工委科技服务团成员，长期致力于包括茶园栽培管理技术、茶叶加工技术等相关培训，累计培训人数达1000人次。自工作以来先后获得安顺市首届"瀑布毛峰"杯手工制茶技能大赛手工红条茶三等奖、贵州省第四届手工制茶技能大赛红条茶二等奖；全国手工绿茶制作技能大赛优秀奖；2016年首届"全国茶学专业青年教师教学能力"大赛优秀奖；2016年中国国际茶叶品鉴大赛优秀选手奖；"遵义绿杯"全国手工绿茶制作技能大赛三等奖；全国茉莉花茶制作大赛二等奖；"太极古茶杯"贵州省首届古树茶加工技能大赛一等奖（红茶）、全国手工绿茶制作技能大赛一等奖（针形绿茶）；贵州省第八届手工茶制作技能大赛二等奖（乌龙茶）等多项荣誉。2017年和2018年分别获得"西秀区五四青年奖章"和安顺市"五一劳动奖章"。

2010级学生赵渊毕业后先后在贵州省内贸学校、贵州贵茶公司等单位工作。2017年自主在贵阳青岩古镇创立贵州贡品黔茶茶业有限公司，进行茶叶制作及销售。其参加各类制茶大赛，先后获得贵州省手工卷曲型绿茶二等奖，全国手工绿茶卷曲型三等奖等，被授予"贵州省制茶技术能手"称号。

2011级学生欧承菊毕业后回到家乡镇远开始了与茶有关的自主创业。2015年9月注册贵州茶酒科技有限公司试制茶酒，生产的茶酒在2016年第六届中国（贵阳）国际酒类博览会上受到广泛好评。目前，除了继续进行茶酒生产工艺和配方单改良研发外，还在进行茶叶的销售工作。

2012级学生肖笙笙毕业后在贵州省福泉市农村工作局茶产业办工作，曾被黔南州党委组织部推荐为黔南州2018年度"优才访学计划"访问学者，赴中国农业科学院茶叶研究所学习茶产业经济、茶叶加工、茶叶审评。访学期间协助筹备全国茶产业经济研讨会。2019年4月抽调至贵州省农业农村厅茶产业办公室工作，先后参与组织筹备了第11届中国贵州国际茶文化节暨茶产业博览会，前往南京、上海、广州、青岛等地推介贵州茶产业活动。2013级学生雷世蛟毕业后，就职于贵阳市百花湖生态农业开发有限公司，主要负责百花湖镇现代高效茶叶基地的建设。从基地的规划、前期土建、茶苗的调运到茶树栽培、管护，作为主要技术负责人的雷世蛟都亲力亲为，将自己的专业知识应用到工作中。目前已完成精品茶园种植8000余亩，茶苗长势良好。

7. 专业服务社会情况

贵州大学茶学院在做好教学工作，为全省输送高质量茶学专业人才的同时外，还积极发挥科研支撑作用，服务地方茶产业。目前，学院在湄潭、凤冈、务川、瓮安、贞丰、六盘水、镇远等多地建有教学实践基地，将理论教学与实践教学结合，大大提升了学生的专业技能和综合素质。同时学院长期与省内多家茶企、茶叶合作社等在茶园管护、茶叶加工、茶叶茶品开发、茶文化传播、茶业技能提升等方面开展产学研合作。学院教师每年参与地方茶叶培训及技术指导达上千人次，为助推贵州茶产业发展做出了积极贡献。

二、贵州省茶技术茶文化中等专业学校

图11-2 贵州省机构编制委员会批复和省人民政府批复

2007年7月，为贯彻落实贵州省委、省政府《关于加快贵州茶产业发展的意见》精神，为贵州茶产业发展培养专门人才，贵州省经济学校、贵州省茶叶协会、中国国际茶文化研究会民族民间茶文化研究中心、贵州省茶叶公司联合申报成立"贵州省茶技术茶文化中等专业学校"，学校的建立符合党中央、国务院、省委、省政府关于大力发展中等职业教育的精神；符合省委、省政府关于大力发展贵州茶产业的精神；符合全国供销合作总社关于供销合作社要开放办社，引进人才，动员社会各界广泛参与的原则；符合贵州省供销社系统茶产业发展的实际情况；这是个可行的好项目，是一项开拓进取、利社利民的举措。经2007年3月9日贵州省供销社联合社批复，2007年3月9日贵州省机构编制委员会批复，2007年7月17日省人民政府批复：同意成立贵州省茶技术茶文化中等专业学校，同年秋季开始招生（图11-2）。

贵州省茶技术茶文化中等专业学校与贵州省经济学校"一个机构、两块牌子"。学校位于贵阳市云岩区白云大道229号，占地面积201亩，建筑面积77600m²，校园环境十分优美，绿树成荫，幽静宜人，绿化面积达42000m²，绿化覆盖率31%。省编委核定贵州省茶技术茶文化中等专业学校人员编制50名。专业科室设有茶文化教研室、茶艺教研室、茶叶理化分析室、茶叶评审检验室、茶叶基础课教研室等。学校建有茶艺训练室、茶艺表演室、茶叶检评审室、茶叶加工车间、炒茶室、茶叶包装室、茶叶冷藏室等实训室。

学校开设茶叶栽培与加工、茶艺与茶文化、茶叶市场营销等专业。主要招收初中毕业生，学制三年（一、二年级在校学习，第三学年在单位顶岗实习）。第一届中等学历教育毕业生230人，现有在校生828人。学校还承担供销系统在职干部职工的培训以及与茶叶生产加工、经营、茶艺和茶叶评审等相关人员培训工作；评茶员、茶艺师、茶叶加工工等工种职业技能培训工作。

学校认真贯彻实施国务院《关于大力发展职业教育的决定》，贵州省委、省政府《关于加快茶产业发展的意见》精神，贯彻落实教育部和省委、省政府关于发展职业教育的各项政策和规定，坚持以服务贵州经济社会发展为宗旨，加快一线实用人才的培养；坚持以就业为导向，不断深化教育教学改革，突出学生技能培养，推行工学结合、实训结合、校企合作、顶岗实习的培养模式；积极推进学校办学体制改革与创新，深化内部管理体制改革，调动教职工积极性；坚持"育人为本、德育为先"，突出以诚信、敬业为重点的职业道德教育，为学生健康成长创造良好环境，为推动贵州茶产业发展培养了大量人才。贵州省茶技术茶文化学校办学10多年来，已有10届学生毕业，毕业生人数达1500多人。由于人才培养目标定位明确，培养规格符合市场需求，在教学中强化实践教学环节，突出学生技能训练，注重培养学生实际操作能力，培养学生吃苦耐劳精神、团队精神、创新能力和职业素养，茶专业毕业生就业率和就业质量位居学校前列，受到贵州茶叶生产经营企业欢迎，部分毕业生成为湄潭、凤冈、正安等重点产茶县乡镇茶叶种植的技术能手，成为贵州茶叶生产经营企业的骨干力量。用人单位、学生家长和社会各界对茶专业的办学质量和毕业生质量给予了肯定和好评。

三、贵州经贸职业技术学院茶学系（贵州都匀毛尖茶学院）

2017年2月，在原贵州省经济学校、贵州省茶技术茶文化中等专业学校、贵州省内贸学校的基础上，经贵州省人民政府批准，组建为贵州经贸职业技术学院，同时也批准建立贵州都匀毛尖茶学院，形成了以贵州都匀毛尖茶学院引领，原两种职校区相呼应的茶专业中高职院校集群。经12年时间的打造，贵州都匀毛尖茶学院以为贵州茶产业发展培养茶生产销售技术技能型人才和茶企业经营管理者为办学定位和培养目标，先后共为贵州茶叶生产经营企业输送了九届毕业生，共计3000多人，面向全省茶产业和茶农开展技术服务和培训，完成茶叶加工工、茶艺师、评茶员职业资格培训和技能鉴定超8000人次。

目前开设专业有高职茶艺与茶叶营销、茶树栽培与茶叶加工专业，中职茶艺与茶文化、茶叶生产与加工专业，以高职教学为主。目前有在校生508人，覆盖中职和高职，学校坚持以"项目教学为导向，理实一体化"的教学特色，广泛推行"现代学徒制"，"企业名师+在校教师"的"双师"教学法。茶学院现有专职教师22人，100%本科以上，100%"双师型"教师，在课程设置上体现良好的专业培养目标和理实相结合的鲜明特色。学院紧贴贵州茶产业实际，立足企业需求、产业需求和社会需求，为贵州茶产业发展提供人才和智力支撑，助力脱贫攻坚。

茶学院建设有三个教学点两个实训基地。三个教学点分别是贵州经贸职业技术学院本部高职教学点和贵州经贸职业技术学院贵阳校区及贵州经贸职业技术学院中专部两个中职教学点；两个实训基地：一是位于都匀毛尖茶核心产区螺丝壳茶叶实训基地，配套有102亩茶园、加工车间、茶艺室、宿舍等；二是位于贵定云雾湖畔的茶专业产教融合实训基地，建设投资超4000万元，占地200余亩，配套有加工车间、教室、实训室等。

茶学院本部拥有茶叶生产与加工实训室、茶艺实训室、茶叶审评实训室、茶叶电子商务创兴创业实训室等多个校内实训室。其中位于贵州经贸职业技术学院贵阳校区的茶样实训室收集了1953年至今的3000多份标准茶样，曾在2019年4月被中央电视台和贵州电视台公开采访，并收录在《黔茶》纪录片中。茶学院先后承办多次全国手工制茶大赛、全国评茶师大赛贵州选拔赛、黔南州斗茶赛、特色茶会等活动，并与省内外多家茶产品生产、销售企业合作，建设学生实习实训基地。

学院还设有培训技能鉴定所，可开展评茶员、茶艺师、茶园管理员、茶会组织员等工种的培训与技能等级鉴定。每年为社会培养获得职业技能证书的茶叶技术人员1000人以上。同时，茶学院是全国茶艺与茶叶营销专业教学资源库承建单位之一，也是全国高职茶艺与茶叶营销专业教学标准制订单位之一，拥有丰富的教学资源平台。

四、其他开设茶叶专业的教育机构

1. 遵义职业技术学院茶叶专业

遵义职业技术学院是由原遵义农业学校、遵义财贸学校、遵义农业机械化学校、遵义商业技工学校和遵义市农业机械研究所"四校一所"合并组建，教育部备案的全日制普通高等职业院校。2002年4月18日正式挂牌成立。

贵州省农业厅1955年成立遵义农业学校筹建组，选址于遵义市汇川坝，1956年正式招生，是年9月24日正式开学，学校首批招生专业为茶叶、蚕桑。经贵州省人民政府批准，教育部批准，遵义农业学校于1958年升格为遵义农专（高等专科学校），面向贵州、广东、四川省、广西壮族自治区、招收茶叶等专业学生，茶叶大专两个班90余名学生，教学地点在湄潭，由省茶试站主要科技人员承担茶叶基础课和专业课的教学与实习。

1960年茶业学校停办，茶叶等专业的学生合并到贵州农学院。1963年恢复遵义农业学校，1965年遵义农业学校隶属关系划转遵义行署，1980年遵义农业学校被列入全国重点中等学校。根据当时遵义地区茶产业发展的需要和贵州省农业厅专业调整意见，遵义农业学校1988年重新开设茶叶专业（中专）并于是年9月开始面向遵义地区招收茶叶专业学生，其中不包分配学生88级、89级2届，之后统招统分93级、94级学生2届，共4届近200名学生。2002年"四校一所"合并组建"遵义职业技术学院"后，2003年正式以学院名义招生。

建院后，因面临市场人才需求情况和学生毕业就业需求面广等因素的影响，学院停办原中专学业的茶叶专业，将茶叶专业的"茶树栽培技术""茶叶生产与加工"等加入到院农学系的作物生产技术、园艺技术等高职专业和现代农艺技术中职专业作为专业课程。2008年在校内建立制茶车间，并经搬迁改建补充制茶设备，可同时容纳30人进行茶叶加工操作。

2013年贵州省遵义市出台的"十二五"规划中提出大力发展茶产业，学院按照"立足黔北，服务城乡，强农兴工，助推三宜"的办学定位，结合师资等优势，向贵州省教育厅申报开设茶叶生产与加工技术高职专业，获批并于同年9月开始招生。

2015—2016年，学院先后与贵州省湄潭县鑫辉茶业有限公司、贵州省凤冈县朝阳茶业有限公司、遵义惠泽源农业发展有限公司签订校企合作协议，建立了校外实习实训基地；2016年申报并建成省级刘小华制茶技能大师工作室，牵头开展茶叶专业相关职业技能培训鉴定，开展学徒制教学；2017年根据"茶艺""茶文化""茶叶审评"等课程的实践教学需要在校内建立茶艺茶评实训室；2017年5月，现代农业系成立了茶叶专业社团，命名为遵义职业技术学院茶文化协会，为全院师生搭建了一个弘扬茶文化，学习茶叶知识和以茶会友的平台。

从2015年起学院每年承办"遵义市中等职业学校技能大赛手工制茶项目"比赛，并开展师生职业技能培训、高级评茶员培训、高级茶艺师培训，促进教师专业知识和技能水平的提高，使茶叶专业学生能够持高级评茶员、高级茶艺师职业资格证书进入顶岗实习和踏入社会就业。

学院重视教师队伍建设，注重引进和培养人才，在专业和学识方面加大师资队伍的建设力度，"双师素质"（高校教师和茶叶专业职称）占专任教师比例为45%。现有教授9人、副教授74人、讲师76人、助教95人，其中博士5人、硕士108人，能在茶叶领域中的育苗、栽培、病虫害防治、各类茶叶加工、销售、检验以至茶业人员培养方面承担教学任务。教师先后在《中国野生植物资源》《园艺与种苗》《中文信息》等刊物上发表了

《苦丁茶的扦插育苗》《遵义市茶树设施扦插育苗技术探讨》《精细化管理在茶叶种植加工中的应用与推广》等专业论文。

合并建院前原遵义农业学校为遵义市和贵州省其他地区共培养茶叶专业及茶叶方向的学生近600多人，建院后自2013年开设茶叶高职专业以来，共培养了茶叶方向的毕业生1000余人。遵义农业学校培养的茶叶专业学生和专业结构调整改变模式后培养的毕业生，在省内外茶叶领域的各个方向做出自己应有的贡献；现在有的是茶业公司总经理；有的是高级茶艺师；有的成立了规模较大的茶叶企业，其产品还成了贵州名气较大的知名品牌；有的在参加茶艺表演赛中击败参赛的省内外各名高校毕业参赛的专业人才斩获第一名。

学院注重理论联系实际，强调教师要下基层、下企业锻炼，还注重服务城乡、服务周边、服务三农。每年除招收全日制学生之外，还面向各产茶县（区、市）培训茶叶个体户和基层农业技术人员，并组织教师深入基层进行茶叶生产与加工的技术指导。如：2008年以来，学院为各县（区、市）培训茶叶个体户近1000人，使他们从传统的栽培和加工模式中走了出来，有相当大一部分创出了自己的品牌，成立了自己的茶叶公司；2009年以来，学院每年在各县（区、市）开办基层农技人员培训班，共培训基层农技人员1000多人，其中特别是针对茶叶产业大县，如湄潭、凤冈县、播州区，将茶叶作为新型大产业的正安县、余庆县、道真县、务川县等，对他们的基层农技人员和干部，开设茶叶班5期共400余人。在课程开设方面除校内专家讲授，还聘请校外茶叶行业的专家学者授课；2009年7—8月，组织茶叶专职教师到务川自治县分水乡等六乡镇进行近400人的茶叶生产与加工培训指导，教师们深入田间地头，最大限度解决了农民迫切需要的先进理念和实惠技术，深受当地老百姓的欢迎和喜欢；2011年2月，湄潭县隋阳山村出现近万亩的新栽茶树出现地面部分干死现象，学院专业人员对村民们带到学院的数十捆幼茶树标本进行分析的同时，专门组织人员到实地进行分析研究，为老百姓解决了难题；2018年7月14—28日、7月24日—8月7日，学院省级刘小华技能大师工作室与遵义师范学院合作开展"贵州省非物质文化遗产传承人手工茶技艺培训"两期，来自茶叶行业企业的人员96人参加了培训，培训效果得到合作单位的肯定，获得学员们的广泛好评。

总之，学院茶叶专业秉承学院"授就业之能，育创业之才"的办学理念，"践学践行，尚德尚能"的校训，以学历证书与职业资格证书相融通的人才培养模式，注重学生职业能力培养，坚持"懂理论、高技能、会管理"人才培养目标，继续为遵义市乃至省内外茶产业发展做出贡献。

2. 遵义职业技术学院湄潭分院

为更好地依托地方产业办好职业教育，办好职业教育服务地方产业发展。在遵义市委市政府的支持和指导下，遵义职业技术学院与湄潭县政府决定联合办学，为遵义茶叶产业培养更多的高技能人才。2013年6月13日，遵义职业技术学院湄潭教学点挂牌仪式在湄潭职业高级中学举行。该教学点设置后，遵义职院与湄潭县委、县政府及湄潭高级职业中学密切合作，优势互补，共谋发展，重点培养茶专业人才。根据湄潭县与遵义职业技术学院协议，该教学点命名"遵义职业技术学院湄潭分院"，于2013年开始招收"茶叶生产与加工技术"大专生。2013—2017年，遵义职业技术学院湄潭教学点共招收大专班学生190人。遵义职业技术学院湄潭分院实施"工学结合"人才培养模式，结合茶叶行业企业，根据职业技能标准构建课程体系，在教学中践行知行合一教学理念，探索"产业园区＋标准厂房＋职业教育"的校企合作办学模式。充分利用学校办在园区的地域优势和湄潭厚重的茶文化及茶产业优势，深化教育教学改革，以技能大赛为载体和平台，强化师生实践能力。教学点设置以来，茶叶生产与加工专业大专班学生在各级大赛中取得优异成绩，毕业生受到用人单位一致好评。

3. 遵义县茶叶学校

在"大跃进"的浪潮中，1958年创办遵义县茶叶学校，校址设在枫香茶场内。是年在全县范围招生40名，学习茶叶栽培加工等基础知识。1960年6月毕业，大部分学生留场当工人，成为茶场茶叶生产管理的骨干。1960年在鸭溪、枫香、泮水招收第二期学生100名，开学一个月后亦因国家经济困难而停办。1966年恢复，秋季在枫香区招收学生50名，后因"文化大革命"的影响，年底解散。

4. 贵州省湄潭茶业学校

1960—1962年，经省教委和农业厅批准，利用省茶试站技术力量，在省茶试站内挂牌成立贵州省湄潭茶业学校，重点在湄潭及遵义地区招收学员，先后毕业2个班200余人，被分配到省内各茶区工作。后大多数成为贵州省茶叶生产战线上的骨干，其中有的成长为高级科研人员和高级农业管理人才。茶叶科学研究所茶树栽培及土壤化肥专家孙继海、茶树品种专家安永政、茶叶专家赵顺碧、周仁明等均系贵州省湄潭茶叶学校毕业学生。

5. 贵州省凤冈县中等职业技术学校

学校位于凤冈县龙泉镇县府路，创建于1985年。省级重点职校，中央职业教育计算机应用培训基地。学校有教学楼、综合大楼、行政办公楼、艺术楼等设施和教学设备，建有包括茶艺实训室在内的各类实训室18个。

1992年3月，经县教育局同意，学校与龙泉镇柏梓乡人民政府签订承包柏梓茶场的协议。柏梓茶场20hm²茶园由凤冈职业高级中学经营管理，柏梓茶场作为校办农场，为职中农学专业学生提供实习实训场所，培养茶叶生产加工、经营管理等人才。1997年校办农场生产出当时凤冈唯一高档茶——凤凰绿雪。

2004年开设茶艺专业。办学方式是经过一年的通识教育后，从幼师班分流出"茶艺"专业班，经过2年的专业培训后，再送到相关单位就业。茶艺教学班课程设置包含茶文化学、茶艺表演、茶冲泡，茶史及茶叶营销等专业课。2004—2010年先后开办6届茶艺专业，共培养茶艺专业学生153人。2008年9月，茶艺班有6名学生在"中国西部茶海·凤冈锌硒茶'绿宝石'品茗大赛"中获"优秀茶人"称号。2010年茶艺班停办，学校开设茶叶生产与加工专业，课程设置包含茶叶栽培、茶叶加工、茶叶审评、茶病虫病害防识和茶文化学等。该专业当年招生2个班160人，后继三年依次为3、4、5个班。到2017年，该专业有在校生813人。

6. 贵州省湄潭县中等职业学校

国家级重点职业高级中学、省重点职业高级中学，位于湄潭县湄江镇茶乡北路2号。前身是"贵州省立湄潭实用职业学校"，由民国中央实验茶场与浙江大学联合创建于1943年。抗战胜利后，学校与当时的湄潭中学合并，新中国成立后职校维持现状。20世纪60年代后期，因历史原因办学曾一度中止。改革开放后，为顺应职业教育发展的需要，1986年8月恢复办学，校名为"湄潭县职业高级中学"，2013年8月，更名为"湄潭县中等职业学校"；现有在编在岗教职工112人，高级职称31人，中级职称45人，专业教师74人，双师型教师27人，外聘教师45人，并成立了湄潭县茶产业高技能人才培养基地，聘请专家及能工巧匠参与基地工作；设置刘小华评茶技能大师工作室，开展职业技能鉴定人才培养。自2004年开始，学校作为"阳光工程、雨露计划"的培训基地，将茶叶生产知识送教下乡，先后培训茶农4000余人。

学校于2008年开办茶叶生产与加工专业，主要立足贵州，面向全国，服务茶叶生产、加工、管理、营销、茶馆、综合利用，培养能够从事茶园生产管理、茶叶加工、茶叶品质检测、涉茶商贸文化领域产品开发及经营管理工作的高素质技能型专门人才。

学校主动服务区域经济发展，以学生就业为导向，按照"企中校""校中企""资源共享""生产型实训"要求，加强茶叶专业实训基地硬件建设和软件建设，高标准建设茶叶生产与加工专业产教融合实训基地。基地建筑面积4000余平方米，能容纳1000人以上培训，是一个集教学、实训、生产、科研于一体，具有示范作用的、服务于茶叶行业的企业，服务于兄弟学校开放的、公共的茶叶实训基地。其已成为遵义市职业院校茶叶专项技能大赛指定举办地。

学校茶叶生产与加工专业实训基地，内涵丰富，功能完善，集理论实践一体化教学、技能培训鉴定、企业生产、科研技术服务为一体。基地的建立，成为立足湄潭，服务周边县份，具有先进技术支撑和区域特色的茶叶专业人才培养基地；成为特色鲜明，服务地方经济明显，引领、示范全省茶叶生产与加工专业发展，是在贵州省乃至全国具有影响力的品牌专业。

学校茶叶生产与加工专业现有学生608人，其中大专班学生120余人。该专业开办以来，教学成效显著。学生在各级手工扁形绿茶、卷曲绿茶、工夫红茶、条红茶制作大赛和插花艺术、茶艺技能、茶王大赛中累累获奖，授课教师也有多人获奖。

2008年春，学校与北京民族文化艺术学校、贵州省经济学校联合办学，同时与"兰馨""栗香""盛兴"等湄潭县茶叶企业签订学生就业合同，采取订单式培养方式，首次招收3年制茶叶班学生40余人。2009年12月，贵州省农业委员会授予该校为"贵州省农业广播电视学校茶叶专业师资培训基地"。

2018年9月，遵义市人民政府正式批准同意湄潭县中等职业学校挂牌"遵义茶业学校"，重点发展茶叶职业教育，为全市茶产业培养更多茶叶技能型人才，促进茶产业健康发展。

五、贵州省茶业技术培训中心

培训中心位于遵义市凤凰山文化广场政务中心4楼。2000年1月由贵州省茶叶研究所与遵义市海威职业培训学校共同组建。该中心以为湄潭县茶产业发展培养适用型人才、加快新农村建设步伐为宗旨，开设茶学、电子商务等专业，有数百亩茶园教学实践基地、茶叶品种达400余种的试验基地和设施完备的大型名优茶加工制作车间。

1. 贵州省农业广播电视学校凤冈茶叶中专班

2009年6月开办，位于凤冈县，主要服务于凤冈茶产业。该中专班学制两年，主要培养茶叶生产技术、茶叶加工、经营管理技能为一体的应用型、复合型茶叶专业人才。开设公共课程和茶树栽培、茶树病虫害防治、茶叶加工、茶文化概论、茶叶商品与市场、茶叶审评与检测等专业课。招收对象主要为年龄为16~40周岁，文化程度为初中以上的茶叶重点乡（镇）村、组的干部、返乡农民工、茶叶种植大户成员、茶叶企业员工、复员退伍军人、回乡学生和农技推广人员。

2. 贵州大学茶学院湄潭校区

为适应贵州省茶产业发展需求，落实"贵州大学要把科研论文写在大地上"的要求，2016年11月23日，贵州大学茶学院湄潭校区在湄潭县揭牌成立。

贵州大学茶学院湄潭校区是由贵州大学与湄潭县共同办学，秉承创新、协调、绿色、开放、共享的发展理念，通过校地合作，依托湄潭茶产业，努力将茶学院建成全国茶叶专门人才培训基地、茶学科学研究高地和茶产业人才培训基地，为贵州茶产业发展培养专业人才。

湄潭校区以完成学生实践性教学课程为主。2016年茶学院挂牌湄潭中职校，次年派2014级茶学专业学生29人赴湄潭校区实习，经与湄潭中职校联合办学，发挥了产地优势和技术优势，在当年湄潭实习生中选派3人参加全国手工绿茶比赛，两人获国家级赛事二等奖，取得了初步成效。

继1943年在湄潭创办贵州省立湄潭实用职业学校后，从20世纪50年代到90年代，湄潭县又先后在永兴镇、抄乐镇群丰村、马山镇、核桃坝村等创办以茶叶为主的职业学校，在不同时期为当地培养一大批茶叶专业技术人才，对当地茶叶种植加工技术提升和茶业发展发挥了重要作用。

3. 永兴群力茶业中学

1956年，永兴断石桥一带汇聚大量来自各地开垦茶园的工人，其中有部分在校学生。为解决工农子弟的入学，永兴区与茶试站联合在断石桥开办茶业学校。校址几经搬迁，最后落脚于永兴文昌阁。学校为初中，除开设普通初中的基础课外，每周6节茶业专业课。每月中旬及月末放假两天，实行两年制毕业。学校属于经济核算单位，结算亏盈，不足部分由区站补贴。学校的任务为培养有社会主义觉悟、有文化的茶业生产劳动者，采取半工半读的方式，学生的劳动收入60%由学生领取，对经济困难的学生进行补贴。1958年学校有3个初中班，学生146名。1958年6月，学校改为永兴茶业中学。

4. 抄乐镇群丰茶叶中学

抄乐镇群丰村是湄潭县最早发展茶产业乡村之一，1954年村民即开始开辟茶园，群丰茶场是湄潭县最早发展的乡村茶场。1958年，群丰茶场为提高当地村民种茶技术，第一次建立以茶为主导内容的中学，命名"群丰茶中"。学校由茶场主办，区完小兼管，面向全区招生，教师5人，3个班。1960年，因闹饥荒，在校学生严重减员，学校停办。

1963年，群丰村第二次举办茶中，命名"抄乐茶中"。由区办、公社兼管，面向全区招生。共3个班，3个教师。茶叶专业课教师长期由省外贸局常住群丰茶场工作队队员和县外贸站技术员担任。1969年，抄乐茶中与观音堂小学合并为初级戴帽中学，抄乐茶中有成片茶园 $11hm^2$，有简易工厂和制茶作坊，茶叶专业课由国家正规茶叶专家任教。学生能理论联系实际，有文化又有专业技术，毕业后多为当地茶叶种植和加工技术骨干。

5. 马山镇初级职业中学

始建于1985年，位于清江村，原名清江中学，后改为清江职业中学。学校开设有茶叶教学班。1989年，修建清江职中制茶厂，学生可理论联系实际，既学习茶叶理论知识，又可到职中制茶厂实践。学生毕业后，有的为当地茶叶种植和加工技术骨干，有的还成为当地茶产业发展带头人。1992年，经县政府批准，改建为湄潭县马山镇初级职业中学，占地面积41598m^2，有教学楼一栋，108m^2的现代多功能阶梯教室和计算机室各1间，物理、化学、生物实验室俱全。

6. 核桃坝农民文化技术学校

村级农民文化技术学校，位于湄县湄江镇核桃坝村。1982年创建，与核桃坝小学，两块牌子一套班子。主要工作：扫除文盲，推广农村实用技术。1992年，扫除文盲工作完成后，对村民进行农业生产、茶园管理、茶叶生产、加工等方面的技术培训，为核桃坝村实现"茶叶专业村""小康村"培养实用型人才。1989年获遵义地区扫盲先进集体称号，1991年7月被评为省级先进学校，是年11月被评为全国农村成人教育先进学校。

7. 铜仁职业技术学院

2002年6月经贵州省人民政府批准成立的一所公办全日制普通高等职业学校，是国家骨干高职院校、国家民委与贵州省人民政府"省部共建"高校。

铜仁职院农学院2007年率先在贵州省高职院校开设茶叶生产加工技术专业，2009年成为贵州省示范性高等职业院校重点建设专业，2010年被列为国家骨干高职院校省级财政资助的重点建设专业。2016年茶叶生产加工技术专业更名为茶树栽培与茶叶加工专业，同年，获批贵州省职业教育茶树栽培与茶叶加工现代学徒制试点专业、铜仁职院首批重点建设专业。该专业自2011年以来主持国家级现代农业产业体系铜仁茶叶综合试验站"十二五""十三五"科研推广工作。

铜仁职院茶树栽培与茶叶加工专业现有专任教师11人，其中教授2人、副教授5人、讲师1人、助理实验师1人，具有博士学位的2人，硕士学位的7人，双师素质教师占比达100%；有企业外聘教师40余人。现有省级精品课程1门，院级精品课程4门，公开出版教材4部，编制校本教材7部。主持省级毛世红技能大师工作室（茶艺方向）、国家级侯彦双技能大师工作室（评茶方向）等国家、省、市、院级课题10余项，发表科研论文30余篇，其中中文核心期刊10余篇。建有茶树种质资源科技示范园、茶艺技能实训室、茶叶感官审评实训室、茶叶加工仿真实训室、茶叶农残及重金属检测实训室等，集"教、学、做、研、推、训"于一体的多功能校内教学实训基地（实训室）8个，实验设备328台（套），价值300多万元；该专业长期与贵州贵茶公司、梵锦茶业有限公司、凤岗仙人岭锌硒有机茶业有限公司等企业合作育人，共建校外实训基地46个。2012年和2013年连续两年与政府实行订单办学，为铜仁市定向培养乡镇基层茶叶专业人才100人次。2016年与贵州贵茶有限公司联合招生招工，组建"贵茶绿宝石班"；专业从2008年招生以来，为行业、企事业单位培养了500多名茶叶专业人才。

8. 石阡县中等职业技术学校

前身是石阡县农业职业高级中学，创办于1984年秋，1998年被列为省级7所骨干职业学校之一，是教育部认定的"国家职业技术项目学校"；2003年，贵州省教育厅批准为第一批13所合格中等职业学校。

茶叶生产与加工技术专业建设情况：2007年，石阡县中等职业学校结合县情，开办了茶叶生产与加工技术专业，有专业教师8人，在校生103人，自开办茶叶生产与加工技术专业以来，为石阡县及周边县市茶产业培养输送了786名合格专业技术人才。

人才培养模式：开设"茶叶加工技术""茶树栽培技术""茶文化与茶艺""茶叶市场营销学"等专业课程，采取"学员制+学徒制"的"校企合作，工学交替，课证融合，逐轮递进"的人才培养模式。毕业后，该专业的学生有进入高职院校继续深造的机会，或者推荐进入石阡县茶叶生产加工厂就业或自主创业。特别优秀的学生选聘为学校该专业校办工厂的实训指导教师。

9. 印江县中等职业技术学校

创办于1986年10月，前身为印江师范、印江县小学教师进修学校、印江县中等职业技术学校、印江县民族职业技术学校，2008年正式更名为印江自治县中等职业学校，是一所集中等职业教育、技能培训、教师培训、成人电大教育为一体的综合性人才培养、培训学校。学校遵循"立足产业办专业，办好专业为产业"的办学思想。2012年，借铜仁职业教育集团学校成立并挂牌"铜仁职业技术学院印江茶业学校"之机，开设了茶叶生产与加工专业，并与印江县茶业管理局开展联合招生，首批招生人数为100人。从2012年秋季学期起，该专业正式开设并圆满完成招生任务，学籍注册在铜仁职院；自2013起，该专业转为学校自办专业至今；2019年，该专业共有专任教师16人，其中专职教师14人、外聘教师3人、双师型专业教师3人、省市级骨干教师3人；现有4个教学班，在籍学生人数共200人。该校茶叶生产与加工专业专业开设以来，先后制定了《茶叶生产与加工专业人才培养方案》和《茶叶生产与加工专业课程实施性计划》，并与县内大型茶叶生产企业签订校企合作协议；积极组建以茶叶生产与加工专业教师、合作企业及茶叶生产与加工专家为主的专业建设委员会，结合学校培养和企业需求，每年召开1次专业论证会，及时修订《人才培养方案》和调整《课程实施性计划》，最大限度地让学校教学切合企业岗位需求。近三年来，学校投入近50万元对茶叶生产与加工专业的教学实训和信息化教学的建设工作，已建成了手工制茶加工实训室、机械制茶实训室、茶叶审评室、茶艺表演室，计算机房拥有48台计算机，同时积极向县教育局争取政策，将新寨农业中学近40亩茶园划归该校，作为该专业的校外实训基地。现有实训工位56个，生均设备2500余元。

10. 印江县新寨农业中学

位于印江县新寨镇，创办于1971年3月。办学之初，先是向印江县新寨完小借用几间房屋作教室，然后贷1500元购买茶种、化肥，学生自带劳动工具，在坚持学习的同时，开山凿石，平坑挖基，自烧砖瓦，伐运木料，自力更生修建起教学用房、厨房、牲畜圈、烤烟房，开荒辟地平整篮球场，自制50套课桌凳；到1972年，学校已初具规模。此后印江自治县人民政府划拨10亩茶园作为教学基地，拨款新建了6间教室，4间寝室，添置了1台茶叶杀青机，2台茶叶烘干机，3台揉茶机，购买了榨梗、筛选机，完善了制茶机械设备。1992年10月，印江茶叶专业中专班在新寨农中开班，首次招生56人。2012年，印江县中等职业技术学校开设了茶叶生产与加工专业，印江县新寨农业中学停止茶叶专业招生。

11. 贵州工程职业学院（德江工程学院）

2017年，贵州工程职业学院（德江学院）在其二级学院交通工程学院的高速铁路客运乘务专业中开设了"茶艺"课程，分配30学时，采用茶艺理论与实践的教学方式。理论课堂重在讲解主要介绍茶的起源与传播、中国茶文化与茶道艺术发展的基本内容以及茶与健康的关系。实践课堂主要是认识茶艺道具，掌握操作流程。课外开展茶艺实践比赛，包括识别茶叶种类、考查不同品种的茶叶冲泡方式、清洗茶具等项目。旨在提升学生运用茶艺与乘客进行沟通的能力，为高速铁路客运乘务专业学生的就业提供新的契机，将茶文化教育与贵州工程职业学院的文化教育相结合，设立为综合型机构，负责全校茶文化教育的日常运作，实施茶文化教育。

12. 德江县中等职业学校

始建于1984年，是一所集职业教育、劳动力技能培训、农民工转移培训、教师继续教育、成人学历教育服务为一体的综合性职业学校，现有教职工207人，在校学生3218人。2013年9月，德江县中等职业学校为更好地服务地方经济社会发展，开设茶叶生产与加工专业，学校有茶叶生产与加工专业有茶学专业教师2人、"双师型"茶叶加工技术中级教师2人、高级茶艺师2人、市场营销专业中级教师1人，合作实习实训加工厂30家，首批招收学生38人。专业课程设置有：茶叶加工、茶树栽培、茶与茶文化、茶叶审评、茶树病虫害、茶艺礼仪、茶叶经营与管理、茶树育种学共8门，至2018年共招收和培养学生243人，其中：在校生126人、毕业生117人，为德江县茶产业发展做出了应有的贡献。

13. 思南县中等职业学校

成立于1991年，是一所集职业教育与培训、成人教育为一体的综合性学校；2008年被认定为"省级重点中等职业学校"，2009年被认定为"国家级重点中等职业学校"；2013年认定为"贵州省省级示范职业学校"，是贵州省"五一劳动奖状"获得单位，全国德育教育先进集体。学校专业特色突出，紧紧围绕贵州省"两加一推"主基调和黔东地区"两带两圈"产业发展体系，为"三农"和农村中小型企业提供技术服务。该校从2009年起，开设茶叶栽培管理与加工专业，积极探索"职校+茶叶+农户（贫困户）"产教结合道路，共招收学生500人，为茶产业助推脱贫攻坚培养了一大批技能型人才。

14. 江口县中等职业技术学校

位于江口县城回龙路，是江口县人民政府管辖下的一所兼容中等职业教有和长短期培训为一体的技能与文化并重的中等职业学校，占地60余亩，建筑面积16000m^2。学校办学模式灵活，专业设置完全以市场为向导来开设专业，以满足社会人才的需要。为了发挥职业学校服务地方经济发展，2009年9月学校开设了茶叶加工专业，招收学生25名，学校为办好茶叶专业派出3名教师到湄潭、凤岗茶厂跟班学习3个月，并带领学生前往湄潭实习，为江口县培养茶产业人才。同时充分利用学校省扶贫办和市就业局定点培训机构的资质，开展茶产业从业人员社会培训，截至2012年，共计培训茶业人员1000余人次，2010年同江口电大站开办了茶叶生产与加工专业"一村一大"大专班共62人，为江口县茶产业发展做出了贡献。

15. 贵州盛华职业技术学院

该校是华人商界领袖、中国台湾爱国企业家王雪红、陈文琦夫妇捐赠举办的一所公益性慈善大学。学校经贵州省人民政府批准成立、教育部备案的全日制普通高等职业院校，计划内统一招生，教育部颁发高职（专科）文凭。

学校地处贵州省惠水县百鸟河数字小镇，距贵阳市区和龙洞堡国际机场约40min车程。全校园免费无线网络覆盖，设施设备齐全，常年有来自欧美等地区30余名志愿者外籍教师，是贵州省国际化、信息化程度最高的花园式高校。2015年2月获得贵州省唯一的"现代职业教育改革创新试点院校"，成为贵州省政府重点支持的职业学院。

学院占地面积近300亩，总建筑面积约6万m^2；设有6个院系，其中茶学院开设了"茶树栽培""茶叶加工""茶艺表演""茶叶营销"专业。茶学院注重学生实践能力的培养，实施了"校企深度合作"，与多彩贵州农业生态公司合作，专业课由企业派出专业技术人员担任教师，学校派出学生到企业实习并对实习合格学生100%就业推荐。

16. 黔东南民族职业技术学院

该校是2001年8月贵州省人民政府批准、教育部备案由黔东南苗族侗族自治州卫生学校、黔东南苗族侗族自治州民族林业学校、黔东南民族农业学校、黔东南苗族侗族自治州财贸学校合并组建的公办全日制高等职业技术院校。学院设有"七茶（二院）"，其中旅游与茶产业茶（都匀毛尖茶学院）为当地的茶产业发展培养了一批茶叶和旅游融合的专业人才，促进了黔南州的茶产业发展。学院坚持以服务为宗旨、以市场为导向，注重学生的技能培养，积极参加各类茶叶专业的技能大赛，近年来，学生在国家技能大赛中获奖29项，省技能大赛获奖224项，其中在全国职业院校制茶大赛和全省手工制茶大赛中获奖。毕业生"双证率"达到100%；初次就业率达98%以上，专业对口就业率达85%以上，用人单位满意率均在90%以上。学员的影响力和美誉度得到广泛认可。

17. 安顺职业技术学院

该校是2001年经贵州省人民政府批准、教育部备案，由安顺农业学校、安顺财政学校、安顺卫生学校、安顺工业学校合并成立的一所公办全日制普通高等职业院校。建校以来，办学条件不断改善，办学实力不断增强，办学水平不断提高，为安顺乃至贵州省经济社会发展培养了一大批高素质技术技能人才，学院现有教授和副教授、工程师和技能大师、博士和硕士等专兼结合的近500人优秀教师队伍。

该学院设立的茶专业始于1981年，属贵州省最早开设该专业的学校，先后培养茶叶专业学生达2000多人，大部分至今仍活跃在贵州省茶业界，同时，学院通过"产教融合、校企合作、工学结合、知行合一"建立了139个校外实训基地，每年为以教学、培训、科研等形式，培养了包括茶叶种植及加工在内的全域旅游、军民融合、大健康医药产业、山地现代特色农业等1万多名高素质技术技能人才，服务地方经济发展。

第三节　贵州茶业技能

一、茶叶职业技能技能等级认定

除了学校全日制学历教育培养茶产业相关人才之外，短期培训也是提高茶产业从业人员业务素质的重要渠道。从形式上主要分为常规技术培训和专题培训两类，常规培训主要以课堂教学加上基地实践为主，也可通过比赛的形式促进学习；专题培训通常是以会代训，或者针对具体问题现场培训。

为贯彻落实党中央、国务院和省关于推进技能人才评价制度改革部署要求，加快政府职能转变，健全完善技能人才评价体系，形成科学化、社会化、多元化的技能人才评价机制,全面推行技能等级认定工作。根据贵州省人力资源和社会保障厅《关于全面开展职业技能等级认定工作的通知》的要求,在经过遴选征集和严格的专家审查评估后,贵州省茶叶协会、贵州省茶叶学会、贵州省茶文化研究会成为贵州省首批茶叶行业职业技能等级认定评价机构。

二、茶叶职业技能大赛

(一)全国手工制茶技能大赛

1. 2014年"都匀毛尖杯"全国首届手工制茶技能大赛

2014年6月6—7日,"都匀毛尖杯"全国手工制茶技能大赛在贵州省都匀市举办(图11-3)。本次大赛是贵州省茶叶协会发起,由中国茶叶流通协会,中共黔南州委、黔南州人民政府,贵州省供销合作社主办;贵州省茶叶协会,中共都匀市委、都匀市人民政府,贵州省内贸学校,黔南州供销社承办;中国国际茶文化研究会民族民间茶文化研究中心,贵州省经济学校、茶技术茶文化学校承办,都匀市供销社协办。

图11-3 都匀毛尖茶文化节开幕式暨全国手工制茶技能大赛颁奖现场

大赛依据参赛内容设有手工扁形绿茶、手工卷曲形绿茶、手工青茶(乌龙茶)、手工红条茶共4个分项,均为个人赛。共有来自10个省、直辖市、自治区的27支代表队、92名选手参赛,选手分别来自贵州、浙江、福建、湖南、江西、四川、江苏、河南、山东、广东等全国主要产茶省(直辖市、自治区)。

2. 2016年全国手工绿茶制作大赛

2016年4月18日,全国手工绿茶制作大赛在湄潭县中国茶城举行。大赛由中国茶叶流通协会与贵州省人民政府共同举办,遵义市政府和贵州省农委承办,旨在有效保护和传承中国手工茶加工制作技艺非物质文化遗产,弘扬中国茶文化和制茶工匠精神,促进大众就业、万众创新,推动中国茶加工技能水平的提高与精进。来自安徽、浙江、江西、福建等茶叶主产区共20支队伍93名选手，现场制作手工扁形绿茶、卷曲形绿茶、直条形或针形绿茶，评委组根据制作绿茶的外形、汤色、香气、滋味、叶底五个方面进行综合评分。

3. 2017年"遵义绿杯"全国手工绿茶制作技能大赛

作为2017贵州茶"一节一会"重头戏之一的中国技能大赛——茶叶加工职业技能竞赛（"遵义绿杯"全国手工绿茶制作技能大赛），于2017年4月24日在湄潭县中国茶城开赛（图11-4），来自浙江、湖南、重庆、甘肃等15个省（自治区、直辖市），以及贵州省各地市（州、区）的102支代表队、241名参赛选手同场竞技。选手分别进行笔试（理论考试）和实际操作考试，理论部分主要围绕中国制茶工业发展、茶叶基础知识、茶叶加工知识、茶叶质量安全等方面进行考试，实际操作以现场手工绿茶加工制作为内容，根据参赛选手报名选项制作扁片形、卷曲形、直条（针）线成品茶叶。

本次大赛由中国茶叶流通协会、中国就业培训技术指导中心、中华全国供销合作总社职业技能鉴定指导中心、中国财贸轻纺烟草工会主办；遵义市人民政府、贵州省农业委员会、中国茶叶流通协会名茶专业委员会承办。

图11-4 2017年"遵义绿杯"全国手工绿茶制作技能大赛开幕式现场

4. 2019年全国茶叶（绿茶）加工技能竞赛暨"遵义红"杯全国手工绿茶制作技能大赛

2019年4月15—17日，全国茶叶（绿茶）加工技能竞赛暨"遵义红"杯全国手工绿茶制作技能大赛在贵州遵义湄潭举办，大赛作为我国茶叶行业组织的全国茶专业赛事，云集了来自福建、广东、浙江、四川、江苏、湖南、湖北、云南、陕西、海南、甘肃、贵州等19个省（自治区、直辖市）的120支代表队283名选手同场竞技。

大赛包括理论知识竞赛和技能操作竞赛。理论知识竞赛由组委会在比赛期间统一组织进行闭卷考试；技能操作竞赛现场进行手工绿茶加工制作，具体包括：扁形、卷曲形、针形（含直条形）3个分项，参赛选手自行选择其中的1项报名参赛。

（二）全国职业院校手工制茶大赛

1. 2012年全国职业院校手工制茶大赛

本次大赛于2012年5月26—27日在贵州省黔南州贵定县开赛，由中华全国供销合作总社负责主办、贵州省茶叶协会、贵州省茶技术茶文化学校承办。手工制茶赛项是唯一一个在西部省区举办的赛项。

本次比赛为个人赛，共设四个小项，包括手工卷曲形绿茶、手工扁形绿茶、手工青茶（乌龙茶）、手工红条茶，现场考察手工制茶技艺。来自全国18个省、直辖

图11-5 "2012年全国职业院校手工制茶技能大赛"中职组现场

市、自治区各职业院校的28支队伍103名选手参赛。这次全国大赛充分展现了全国中等职业学校茶叶加工专业的办学水平和教学质量，促进了手工制茶技艺这项传统文化的传承和发扬（图11-5）。

2. 2013年全国职业院校手工制茶大赛

本次大赛于2013年5月25—27日在贵州省贵定县云雾镇贵州经典云雾茶业有限责任公司举办（图11-6）。以"传承弘扬茶技能、挖掘培育茶人才、跨越繁荣茶经济、加快振兴茶产业"为主题，由教育部、贵州省人民政府、民政部、人力资源和社会保障部、中华全国供销合作总社等32个部门主办，教育部职业教育与成人教育司、中华全国供销

图11-6 2013年全国职业院校技能大赛（中职组）

合作总社科技教育部、贵州省供销合作社联合社、贵州省教育厅承办，由中共贵定县委、贵定县人民政府、贵州省茶叶协会、贵州省经济学校、贵州省茶技术茶文化中等专业学校执办。本次全国职业院校技能大赛为个人赛，共设四个小项，包括手工卷曲形绿茶、手工扁形绿茶、手工青茶（乌龙茶）、手工红条茶现场制作（图11-7）。

图11-7 "贵定云雾贡茶杯"手工制茶大赛现场

2013年5月26日，正在贵州省贵阳市参加第15次中国科协年会的"两院"院士及有关专家在得知"全国职业院校手工制茶大赛"在贵定举办的消息后，100多位专家学者在全国政协常委、安徽大学副校长夏涛教授、浙江大学茶叶研究所所长梁月荣教授、中国茶叶研究所副所长、中国茶叶学会理事长江用文教授等的带领下，来到贵定茶区参观，并亲临大赛现场观看"手工制茶大赛"。

3. 2015年全国职业院校手工制茶大赛

图11-8 2015年全国职业院校技能大赛"都匀毛尖杯"

本次大赛于2015年6月27—28日在都匀市贵州省内贸学校举行（图11-8），由教育部、中华全国供销合作总社主办，教育部职业教育与成人教育司、中国全国供销合作总社科技教育部、贵州教育厅、贵州省供销社、贵州省总工会、黔南州人民政府承办，贵州省茶叶协会协办。大赛包括手工扁形绿茶、手工卷曲形绿茶、手工青茶（乌龙茶）和手工红条茶四个分项。比赛用茶来自都匀螺丝壳地区的芽茶，根据制成品考核茶叶制率和茶叶品质。来自全国19个省（直辖市、自治区），36支参赛队共122名参赛选手参赛（图11-9）。

图11-9 手工制茶大赛开幕式及大赛现场

（三）中国技能大赛·全国茶艺职业技能竞赛

1. 2016年中国技能大赛·"绿宝石杯"第三届全国茶艺职业技能竞赛总决赛

本次大赛于2016年9月22日在贵阳举行，来自全国26个省（直辖市、自治区）的268名选手参赛，其中个人赛69人、团体赛33队、茶席设计赛45席（图11-10）。个人赛与团体赛分别分理论考试和技能操作两个模块，其中，个人赛的技能操作模块包括规定茶艺竞赛、自创茶艺竞赛、茶汤质量比拼3个环节，分别占技能操作模块的30%、30%、

图11-10 2016年中国技能大赛·"绿宝石杯"第三届全国茶艺职业技能竞赛总决赛现场

40%。茶汤质量比拼为当年新设的项目，着重于对茶汤品质的呈现，以日常生活中，让亲友轻松、舒适地喝上一杯高质量的茶汤为目的，考量选手冲泡茶汤的水平、对茶叶品质的表达能力以及接待礼仪水平。

2. 2018年中国技能大赛·全国评茶员职业技能竞赛贵州选拔赛

该大赛包含职工组和学生组，分两个时段举行。

贵州省成为全国分赛场，于2018、2019年连续两年分别在贵州经贸职业技术学院（都匀市）、威宁县、水城县举行选拔赛，分为学生组和职工组，按大赛规定，省级大赛职工组获第一名的选手由贵州省总工会授予"贵州省五一劳动奖章"、获前三名的选手由贵州省人力资源和社会保障厅授予"贵州省技术能手"称号；学生组与职工组的获奖选手依据贵州省职业鉴定相关文件规定进行评茶员职业资格等级证书往上晋升一级。

该比赛分为两个赛段。第一赛段："乌撒烤茶杯"贵州省首届评茶师（职工组）职业技能大赛（图11-11），于2018年6月11日在威宁县会展中心举行，大赛经各市（州）工会选拔茶行业评茶技能人员组成参赛队12支、共39名选手进入决赛。

图11-11 "乌撒烤茶杯"贵州省首届评茶师（职工组）职业技能大赛现场

图11-12 "都匀毛尖杯"贵州省首届评茶师（学生组）职业技能大赛开幕式

第二赛段："都匀毛尖杯"贵州省首届评茶师（学生组）职业技能大赛，于2019年12月9日在贵州经贸职业学院体育馆举行，有来自贵州省涉茶高职院校11支代表队、共33名选手参赛（图11-12）。

3.2019年中国技能大赛·全国评茶员职业技能竞赛贵州选拔赛暨"水城春杯"贵州省第二届评茶师职业技能大赛

2019年5月21日在水城县融媒体中心举行（图11-13），大赛经各市（州）工会选拔茶行业评茶技能人员组成参赛队13支、共37名选手进入决赛。参赛选手通过理论考试和实操技能，进行现场茶形辨认、香味排序和品质审定三个模块比拼。

图11-13 2019年中国技能大赛·全国评茶员职业技能竞赛贵州选拔赛暨
"水城春杯"贵州省第二届评茶师职业技能大赛现场

（四）贵州省手工制茶技能大赛

1.2012年"贵定云雾贡茶杯"贵州省首届手工制茶技能大赛

2012年，是开启贵州省手工制茶大赛之年。是年5月22—28日，全国职业院校手工制茶技能大赛首次在贵州省举行，同时还迎来了来自贵州省内28个县（市）112名选手。赛项分别为：手工卷曲形绿茶、手工扁形绿茶、手工青茶（乌龙茶）、手工红条茶。

2. 2014年"贵定云雾贡茶杯"贵州省第二届手工制茶技能大赛暨全国职业院校技能大赛贵州（区）手工制茶选拔赛

2014年5月30—31日在贵州经典云雾茶叶生产基地举行（图11-14），来自贵州省各州市的140多名选手参加比赛。比赛分成4组进行，分别是卷曲形绿茶、扁形绿茶、红茶组以及乌龙茶组。通过这次大赛的举办，传承弘扬茶技艺，挖掘培育茶艺人，加快推进贵州省茶产业又好又快地发展，共同唱响黔茶产业加速发展的最美篇章。

图11-14 2014年"贵定云雾贡茶杯"贵州省第三届手工制茶技能赛暨全国手工制茶大赛贵州选拔赛开幕式现场

图11-15 2015年"梵净山茶·石阡苔茶杯"贵州省第四届手工制茶技能大赛现场

3. 2015年"梵净山茶·石阡苔茶杯"贵州省第四届手工制茶技能大赛

2015年4月19—21日在贵州省龙塘高效生态苔茶示范园（石阡县）举行（图11-15）。该大赛由贵州省总工会、省人社厅、省供销社主办、省茶叶协会主办；贵州省财贸金融工会、中国国际茶文化研究会民族民间茶文化研究中心、多彩贵州网、铜仁市农业委员会、铜仁市茶叶行业协会、中共石阡县委、县人民政府承办；石阡县茶业协会、石阡县茶叶管理局、贵州苔茶集团、贵州夷州贡茶公司、贵州祥华生态农业发展有限公司、贵州正岩苔茶有限公司协办。

4. 2016年贵州省第五届手工制茶技能大赛

该大赛分为两个赛段。第一赛段：2016年"都匀毛尖·贵定云雾贡茶杯"贵州省第五届手工制茶技能大赛于5月8—9日在贵州经典云雾茶业有限责任公司举行（图11-16）；大赛由各市、州工会牵头组织选拔推荐，共13支参赛队，有来自贵州省各市、州茶协、茶企（厂、场）等茶专业加工制作技能人员近200人参赛。

图11-16 2016年"都匀毛尖·贵定云雾贡茶杯"贵州省第五届手工制茶技能大赛

第二赛段：2016年"凤冈锌硒茶杯"贵州省第五届手工制茶技能大赛"手工青茶、手工红条茶制茶技能赛"于2016年9月28—29日在凤冈县仙人岭陆羽茶坊举行，由贵州省各市州总工会组织选拔11支参赛队共73名选手参赛（图11-17）。

图11-17 2016年"凤冈锌硒茶杯"贵州省第五届手工制茶技能大赛

5. 2017年"安顺瀑布毛峰·朵贝贡茶杯"贵州省第六届手工制茶技能大赛

该大赛分为两个赛段（图11-18）。第一赛段："手工卷曲形绿茶、手工扁形绿茶炒制赛"于2017年5月5—6日在西秀区苗岭屯堡古镇西南黔秀国际茶城举行；第二赛段："手工青茶、手工红条茶制茶技能赛"于9月7—9日在普定秀水生态园举行。来自贵州省各市、州、县、乡镇茶叶社团组织、茶业企业（厂、场）、学校等共194名选手参加比赛，其中：参加手工绿茶（卷曲形）现场制作的有选手72人、绿茶（扁形）28人、红条茶61人、青茶（乌龙茶）33人。

图11-18 2017年"安顺瀑布毛峰·朵贝贡茶杯"贵州省第六届手工制茶技能大赛

6. 2018年"乌撒烤茶杯"贵州省第七届手工制茶技能大赛

该赛事于2018年6月9—11日在威宁县会展中心举行，由各市（州）工会组织选拔11支参赛队，来自贵州省茶叶企业、茶叶加工厂共95名选手参赛，其中：参加卷曲形绿茶现场制作的选手有35人、扁形绿茶选手23人、红条茶选手37人，青茶（乌龙茶）选手人（图11-19）。

图11-19 2018年"乌撒烤茶杯"贵州省第七届手工制茶技能大赛开幕式

7. 2019年"雷公山高山绿·银球茶杯"贵州省第八届手工制茶技能大赛

2019年5月27—29日在雷公山茶城羊排易地扶贫搬迁安置点举行（图11-20）。由各市（州）工会组织选拔13支参赛队，来自全省茶叶企业、茶叶加工厂的127名参赛选手，其中：参加现场制作卷曲形绿茶的选手有39人、扁形绿茶选手30人、红条茶选手34人、青茶（乌龙茶）选手24人。

图11-20 2019年"雷公山高山绿·银球茶杯"贵州省第八届手工制茶技能大赛现场

（五）贵州省古树茶加工技能大赛

为进一步助推贵州省茶产业的可持续发展、宣传贵州古茶树资源、提高古树茶加工技术水平、传承古树茶加工工艺和弘扬工匠精神，为培育大国工匠提供古树茶加工交流学习平台，2018、2019年连续两年分别在毕节七星关、水城举行贵州省古树茶加工技能大赛，赛项有手工红条茶、手工绿茶（条形），第二届赛项第一名由贵州省总工会授予"贵州省五一劳动奖章"，各赛项前三名由贵州省人力资源社会保障厅授予"贵州省技术能手"称号。

1. 2018年"太极古茶杯"贵州省首届古树茶加工技能大赛

大赛于2018年5月12日在毕节市七星关区亮岩镇太极村太极茶叶专业合作社厂区举行（图11-21），来自全省各市（州）茶叶企业加工人员组成12支参赛队，共计101名选手，其中：古树绿茶（毛峰）参赛选手有53人、古树红茶（条形）38人。参赛选手报名参赛的项目在规定比赛时限内制作出名实相符的茶样，裁判组按GB/T 23776—2009茶叶感官审评方法对茶样进行评审、打分，并按GB/T 8304—2013后的制率评分进行综合评审：安顺职业技术学院茶专业教师张铖和关岭自治县焕荣茶业种植农民专业合作社郑昕杰分别摘取红茶和绿茶加工桂冠。

图11-21 2018年"太极古茶杯"贵州省首届古树茶加工技能大赛现场

2. 2019年"水城春杯"贵州省第二届古树茶加工技能大赛

大赛于2019年5月20—21日在水城县融媒体中心举行，由各市（州）工会选拔组织13支参赛队，共计75名选手（图11-22），其中：古树红茶（条形）加工参赛选手有36

人、古树绿茶（毛峰）39人。经大赛专家裁判综合评审：湄潭县中等职业学校教师陈本果、普定长青公司杨韩分别获各赛项第一名。

图11-22 2019年"水城春杯"贵州省第二届古树茶加工技能大赛现场

贵州省历届茶叶品质评审委员会名单见下表（表11-1）。

表11-1 贵州省历届茶叶品质评审委员会名单

届期		主任委员	副主任委员	委员
第一届		李保贤	王正容 牟应书 张寿南	王正容、甘榆才、田必胜、牟应书、李保贤、李俊烈、吴贤才、吴辉尘、张琰、罗春耘、姚书秀、晏素恒、徐全福、游锡惠
第二届		娄逢宽	王正容 牟应书 何裕才	王正容、甘榆才、田必胜、牟应书、吴贤才、吴辉尘、何裕才、张琰、罗春耘、娄逢宽、姚书秀、晏素恒、徐全福、唐子湘、游锡惠
第三届	前期	时惠芳	王正容 牟应书 何裕才	王正容、尹明昊、甘榆才、田必胜、朱志业、牟应书、时惠芳、吴贤才、吴辉尘、何裕才、张琰、罗春耘、徐全福、徐红、管家骝、樊英寿
第三届	后期	张佩良	王正容 牟应书 陈安壁	王正容、尹明昊、甘榆才、田必胜、牟应书、朱志业、吴贤才、吴辉尘、陈安壁、罗春耘、张佩良、张琰、徐全福、徐红、管家骝、樊英寿
第四届		周恩培	张琰 赵玉平 高登祥	甘榆才、田必胜、朱志业、李明、杨定河、吴子明、吴贤才、汪恒武、张琰、罗春耘、周恩培、赵玉平、徐天娥、徐全福、徐红、高登祥、管家骝、樊英寿、戴洪黔

注：名单以姓氏笔画为序。

第四节 贵州茶产业管理机构

2009年贵州省委出台《关于建立省茶产业发展联席会议制度的通知》，建立省茶产业发展联席会议制度。省委政策研究室、省政府办公厅、省农业厅、省供销社、省扶贫办等27个成员单位28位相关领导为成员。2014年，由时任省委副书记李军和时任副省长刘远坤作为召集人，强化了茶产业发展联席会议制度，组建贵州省茶产业发展联席会议办公室，从省农委、省农科院、省扶贫办等单位临时抽调人员集中办公，下设4个工作小组。省政府分管副秘书长兼任办公室主任、省农委分管副主任兼任办公室常务副主任负责日常工作，省发改委、省工信委、省财政厅、省扶贫办、省商务厅、省供销社、省农科院等7个单位的分管领导兼任办公室副主任。2019年成立省委、省政府领衔推进农村产业革命联席会议制度，确定由12位省委常委或省政府主要领导领衔推进12个农村产业，其中茶产业由省委常委、省委宣传部部长慕德贵领衔。同时成立了省农村产业革命茶产业发展领导小组，由省委常委、省委宣传部部长慕德贵任组长、省委宣传部副部长柳盛明、省农业农村厅副厅长胡继承任副组长，省发改委、省教育厅、省科技厅、省财政厅等14家省直单位为成员单位。领导小组在茶产业发展联席会议办公室的基础上，组建省农村产业革命茶产业发展领导小组办公室（茶叶专班），主要职能：贯彻落实省委、省政府有关茶产业发展的安排部署，完成茶产业发展领导小组议定的各项工作；跟进领导小组成员单位有关发展茶产业的工作推进情况；指导各茶区开展茶叶基地建设、茶叶加工、市场拓展、品牌宣传等。

第五节 贵州茶业行业组织

一、贵州省茶叶协会

1. 成立背景

贵州省茶叶协会（以下简称"协会"），前身系1994年成立的贵州省食品工业协会茶叶分会，后经贵州省民政厅批准，于2006年10月18日正式成立为贵州省茶叶协会，是由全省茶行业的企事业单位、茶农、茶业工作者及省内外茶商自愿参加组建成立的社团组织，现有会员369个：其中团体会员178个，个人会员191名。

2. 组织机构

协会为中国茶叶流通协会副会长单位，与中国国际茶文化研究会民族民间茶文化研究中心合署办公。中国茶叶流通协会会长刘环祥、常务副会长王庆是协会特邀顾问；中华供销合作总社杭州茶叶研究院培训中心主任赵玉香为协会专家委员会特邀顾问。设有贵州省茶叶协会理事会、贵州省茶叶协会专家委员会、贵州省茶叶品质评审专家委员会、贵州省古茶树保护与利用专业委员会、贵州省佛茶专业委员会、贵州省茶具专业委员会、少儿茶艺专业委员会等（图11-23）；建立了"联合党支部"；开设有"贵州茶协网"网站。

3. 健全制度

为使协会管理工作制度化、规范化、科学化，在加强自身组织建设的同时，协会制定有完整的《人事管理制度》《财务管理制度》等十多个规章制度，确保了协会工作的有序开展和规范管理。

图11-23 贵州省茶叶协会少儿茶艺专业委员会授牌现场

4. 工作情况

① 在各级政府的领导和支持下，协会坚持"为茶农、茶企、会员服务"的宗旨，当好政府的参谋助手、维护行业权益、反映会员诉求、发挥桥梁纽带作用。

② 立足本行业、加强调研、开展交流、宣传推介、学术研讨、人才培训等。

③ 承担了省委、省政府的2009年"贵州省十大名茶"，2010年"贵州省五大名茶"的评选工作。

④ 组织参与中茶协每年开展的全国"重点产茶县""生态产茶县"及"中茶杯""中绿杯""华茗杯"等的调查组织推荐评选工作。

⑤ 已连续举办了8届"全省手工制茶大赛"、2届"全省古树茶技能加工赛"、3届"全省斗茶赛"、2届"评茶师技能大赛"和"中国技能大赛·全国评茶员职业技能竞赛贵州选拔赛"等大型茶业赛事活动，极大提高了全省茶叶加工技能水平，为黔茶发展增添活力。

⑥ 经贵州省发改委立项，组织贵州省古茶树资源普查和贵州民族民间茶文化调研，联合CCTV发现之旅频道拍摄《贵州民族民间茶文化探寻》纪录片，并编纂出版发行了《贵州古茶树》和《贵州民族民间舞茶文化探寻》图书。

5. 行业认可

在贵州茶产业发展方面做了大量工作、得到社会和新闻媒体的关注，《贵州日报》《贵阳晚报》《中华合作时报》《贵阳日报》《贵州电视台》《新华网》《经济与法制网》《中国时报网》等数十家新闻媒体对协会有关活动进行了刊载报道，得到了肯定和好评。

6. 奖励殊荣

2009年被全国供销合作总社评为"优秀行业协会"；2012年获人力资源和社会保障部、全国供销合作总社联合授予的"先进集体"荣誉；2018年在贵州省民政厅的全省社会组织等级评估中获4A级称号（图11-24）。

图11-24 贵州省茶叶协会获授奖牌

二、中国国际茶文化研究会民族民间茶文化研究中心

中国国际茶文化研究会是经民政部批准，农业农村部主管的国家一级社团组织，坐落在美丽的杭州西子湖畔，研究会秉承"弘扬茶文化、促进茶经济、造福种茶人和饮茶人"的宗旨，倡导"茶为国饮"，推进茶经济与茶文化的双驱发展，努力为社会主义物质文明、精神文明与和谐社会建设服务，在海内外有着良好的声誉和很大的影响力。

贵州是茶树的核心原产地，也是中国茶文化的主要发源地，同时又是一个多民族省份，常住民族49个，少数民族人口达1460万（2006年普查数据）。千百年以来，各民族在贵州这块土地上共同繁衍生息，创造了底蕴深厚、历史悠久、绚丽灿烂的民族民间茶文化。鉴于此，中国国际茶文化研究会经过多方考察、比较、筛选，最后决定把"民族民间茶文化研究中心"落户在贵州（图11-25），并任命时任贵州省供销社副主任、贵州省茶叶协会会长张达伟为该中心主任，王亚兰为该中心秘书长。

图11-25 中国国际茶文化研究会民族民间茶文化研究中心牌匾（刘枫题）

该中心与贵州省茶叶协会联合，共同承办、协办了各级各类茶文化若干活动；共同承办了贵州省八届手工制茶大赛。该中心拥有培训基地1个，10余年来，先后培训了茶文化工作者600余人。

为了发掘贵州丰富的古茶树资源、发掘源远流长的民族民间茶文化历史，中心2017年与贵州省茶叶协会合作，共同调研、编写了《贵州古茶树》一书，已于2018年6月由中国农业出版社出版发行。

该中心与贵州省茶协共同承担了"贵州民族民间茶文化探寻"课题，与中央电视台美丽家园栏目组共同摄制了反映贵州省世居少数民族丰富多彩的民族民间茶文化专题片（上下集），已由中央电视台于2019年5月正式播出，同年6月，以图文并茂的方式，由中国农业出版社出版了《贵州民族民间茶文化探寻》一书，向全国发行。

三、吴觉农茶学思想研究会贵州联络处

为了纪念当代茶圣吴觉农先生对中国近代茶业的卓越贡献，由吴觉农家乡浙江上虞市政协、茶协，上海吴觉农纪念馆发起成立"吴觉农茶学思想研究会"，该研究会是一个以吴觉农茶思想、茶贡献为研究对象的全国性学术研究机构，由原中国茶叶流通协会会长梅峰担任研究会主任。有介于吴觉农先生生前对贵州茶叶发展的关心与帮助，该研究会在贵州设立了联络处，指定贵州省茶叶协会常务副会长张达伟任吴觉农茶学思想研究会贵州联络处处长，省茶叶协会副会长兼秘书长赵玉平任副处长。经联络处向研究会推荐参加"觉农勋章""觉农贡献"奖评选，贵州省牟应书等5人荣获"觉农勋章"、莫从信等5人荣获"觉农贡献奖"，并与省茶协共同评选出黄天俊等15人获"贵州吴觉农贡献奖"。

四、贵州省茶叶学会

该学会成立于1978年12月，为贵州省农学会下的一个分科学会。会员来自农业、外贸、科研、教学、供销、公安、民政、企业等各条战线上的茶叶科技工作者和少数热心茶叶科技事业的行政领导干部。会员由最初的23人发展到目前的227人，其中高级职称55人、中级职称133人，占会员总数的82.82%。学会每2年举行1次年会，主要针对茶业中存在问题和发展进行研讨；参与政府对茶业的管理和指导，为政府的茶叶的决策提供依据和参考，为茶叶企业和政府之间的联系起到搭桥引线的作用。

学会与贵州省茶叶研究所合办内部发行的《贵州茶叶》季刊，为全体会员提供了一个学习、交流的平台和桥梁。到目前为止，合办期刊39卷146期，发行近10万份，订户遍及全国各地25个省（直辖市、自治区），颇受国内读者的欢迎。该刊2002年经中国科技部西南信息中心评审，获得中文科技期刊（全文版）收录证书，成为西部地区唯一被收录的茶叶专业期刊；2005年获得清华大学中国学术期刊电子版杂志社认同的优秀内部期刊，并入选其电子公开发行版，且该刊被许多大学指定收录期刊：浙江大学农学院、北京大学图书馆、西南大学食品科学学院等。《贵州茶叶》现已列入《中国学术期刊（光盘版）》全文收录期刊、"华艺线上图书馆全文收录"期刊。

五、贵州省茶文化研究会

该研究会于2005年8月通过贵州省民政厅批准成立的非营利性社会团体组织,主管单位是贵州省农业农村厅,是中国国际茶文化研究会的团体会员单位,是由贵州省范围内热心及爱好茶文化的专家及学者、茶叶生产者及企业家、有关团体及个人自愿组成的茶文化交流的平台与纽带。

自成立以来,致力于挖掘、整理和宣传贵州茶文化,协助省有关职能部门整合贵州茶资源,促进贵州茶生产、贸易、消费和茶文化艺术,并积极与省内外各相关行业组织进行交流、学习,尤其在上级行业组织中国国际茶文化研究会的指导与支持下,业务水平不断提升,为贵州茶文化、茶产业发展,为贵州各级政府及企事业单位做出了大量的服务和贡献。

目前,该研究会共有200余名省内单位会员及个人会员,其中包括都匀、贵定、湄潭、印江、雷山和安顺市茶叶协会、石阡县茶业协会等团体会员,以及贵茶、贵天下茶业、国品黔茶、太升茶叶市场、聚福轩茶业、栗香茶业、兰馨茶业、贵台红茶业、阳春白雪茶业、琦福苑茶业等单位会员。

该研究会编辑出版《贵州茶》《饮茶与文化》《文化力量与黔茶发展》《小茶方喝出大健康》《贵州绿茶品鉴》《贵州茶百科》《贵阳茶读本》及《黔茶微掌故》等茶文化图书,以及内部资料《茶韵》会刊,并与贵茶杂志社联合主办《贵茶·贵州茶文化特刊》杂志,同时,与贵州广播电视台联合拍摄《茶旅贵州》纪录片并在贵州广播电视台五频道播出。

2006年,研究会作为主要发起单位组建成立《关于加快贵州茶产业发展的建议》课题,并全程参与课题的调研与起草工作;2007年3月30日,贵州省委、省政府出台《关于加快茶产业发展的意见》;2013—2014年,全面参与《贵州省茶产业三年行动提升计划(2014—2016年)》文件的起草事宜;2017年11月,根据省政府办公厅要求,省委、省政府参与制定《关于加快建设茶产业强省的意见》的文件,并负责编撰文件的附件《贵州省茶叶公用品牌包装标识基本规范》。

为加快贵州茶叶销售渠道的建设,大力支持与协助国品黔茶公司与茅台集团的合作,并于2009年在上海成立了首个茶与酒行业结合的全国连锁销售店"国酒茅台&国品黔茶",此后,于北京、乌鲁木齐等地开设了分店。2012年7月,与浙江省茶叶产业协会共同签订了"黔浙茶产业战略合作协议",为贵州茶产业招商引资、茶叶技术、人才引进、茶业发展起到了重大的推动作用。2015年,研究会向省委、省政府提交举办"丝绸之路·黔茶飘香"推介活动的报告,并于2016年和2017年连续在重庆、成都、西安、兰州、西宁、太原等丝绸之路沿线城市举办黔茶推介活动，获得省委、省政府及社会的一致认可。

自2010年来，研究会与省内茶叶行业协会共同举办贵州省茶业经济年会，并联合开展"贵州十大名茶、贵州五大名茶、贵州茶叶经济人物、贵州茶叶贡献奖"等评选活动。与中国国际茶文化研究会协调，为遵义市获得2014年"第十三届国际茶文化研讨会"的承办权，并承办了系列活动"茶与酒行业高端对话"。2015年、2016年连续两年承办全省春季（秋季）斗茶大赛三次。2016年，联合贵阳市政府向中国茶叶学会成功申办了"第三届全国茶艺技能大赛"的贵阳承办权，并于2017—2019年连续三年举办"多彩贵州·黔茶飘香"茶艺大赛，为贵州培养了大批的优秀茶艺师人才。近年来，一直积极配合遵义市、黔南州开展茶博会、茶人会等国际性茶事活动。

研究会积极与中国国际茶文化研究会与省外行业组织学习与交流，参与国际茶文化研讨会等活动，并获得论文奖。2016年，向中国国际茶文化研究会为贵州省申报全国"兴文强茶"贡献奖，贵州省获得"杰出茶人"奖1名，为贵茶公司申报获得"优秀茶企"奖。2017年，携会员单位贵茶公司、兰馨茶业两家企业代表参加中国国际茶文化研究会主办的中国当代茶文化发展论坛，兰馨茶业获得"六茶共舞、三产融合"示范企业评选奖。近年来，积极在省内外开展茶文化交流会，为贵州茶文化建设和宣传，取得了良好成绩。

六、贵州省绿茶品牌发展促进会

贵州省绿茶品牌发展促进会于2010年8月成立，是由贵州省农业委员会、贵州省茶产业发展联席会议办公室主管，贵州省民政厅批准成立的面向全省茶行业社团组织。成立以来，在主管部门省农委的领导下，在贵州省民政厅、中国茶叶流通协会的指导下，各会员单位的支持下，促进会根据《章程》积极开展工作，不断加强自身建设，充分发挥了社团的桥梁纽带作用。凭借高质量的服务，促进会在不断成长和发展，已成为贵州茶行业最具活力和组织能力最强的民间社团组织。2013年促进会获得国家3A级社团组织称号，中国茶叶流通协会常务理事单位。该促进会以科学发展观为指导指针，依照国家有关法律法规和政策，坚持以"企业商标为主体、省级品牌为目标、区域地理标识为基础"的品牌发展理念，协助有关部门和地方政府调整茶产业结构，联合全省茶企统一打造"贵州绿茶"证明标识，为贵州绿茶开拓国内外市场，搭建推广平台、服务平台、策划平台；加速推进贵州茶产业朝着规模大省、品牌名省、产业强省的目标迈进。

业务范围：负责贵州省绿茶品牌发展促进会的工作协调和管理，制定贵州省绿茶品牌发展促进会《规章制度》，保证促进会的健康可持续发展，贯彻执行国家的有关方针、政策，协助和承担政府主管部门委托的服务职能；促进贵州茶叶品牌理论研究，提升茶叶品牌经营者的品牌经营理论水平和品牌实践能力；促进品牌产、学、研的互动，推动贵州茶叶品牌提升具体化；促进茶叶品牌抱团出山，提升贵州茶品牌在中国和世界影响力；建设与完善安全保障体系，引导产业规范发展和持续发展等方面开展工作。树立品牌战略意识，拓展服务市场，举办或组织参加各类展览会、投资论坛、经贸洽谈会、产业推介会，加强与国内外相关经济组织之间的联系与交流，为促进企业的国际化发展搭建良好平台。为会员提供培训，并组织国内外商务考察，以学习国内外先进企业的生产管理经验，提高自身品牌发展意识，促进企业向高层次发展。办好会刊、微信、微博及网站，及时为会员提供产业政策、收集与发布市场信息。进行会内外的统计、调查，为企业和政府经济决策提供咨询和策划。积极引进外来资本到贵州投资茶产业，加强与省内外同行业组织的交流合作和推介。承办政府及有关部门授权与委托事项。开展符合本会宗旨的其他活动。贵州省绿茶品牌发展促进会团体会员促进会有百余家团体会员，促进会工作负责人有5人具有工商管理硕士文凭，中层工作人员都具备大专以上文化素质。

贵州省绿茶品牌发展促进会将遵循"优质、精品、名牌"和"上规模、创品牌、强龙头、拓市场"的发展战略。以营销名优茶、优质大宗绿茶为重点，培育品牌、强化营销，做大做强一批具有国际国内竞争力的茶叶龙头企业和茶叶品牌，构建现代化茶叶产业体系。促进会将认真贯彻执行国家有关方针、政策，协助和承担政府主管部门委托的管理职能，如茶叶的产销协调、渠道建设、市场拓展、品牌包装、宣传策划等。根据贵州省农委安排，积极组织企业参加国内外各类茶事活动。以市场为导向，以科技为依托，以效益为中心，以合作为纽带，积极推进茶产业的联合与发展。贵州省绿茶品牌发展促进会充分发挥其在茶产业发展中的协调和服务、企业与政府之间的桥梁纽带作用，以组织开展贵州茶业经济年会为主要抓手，广泛凝聚社会力量，为推进贵州茶产业发展，引领黔茶出山做出了积极贡献。

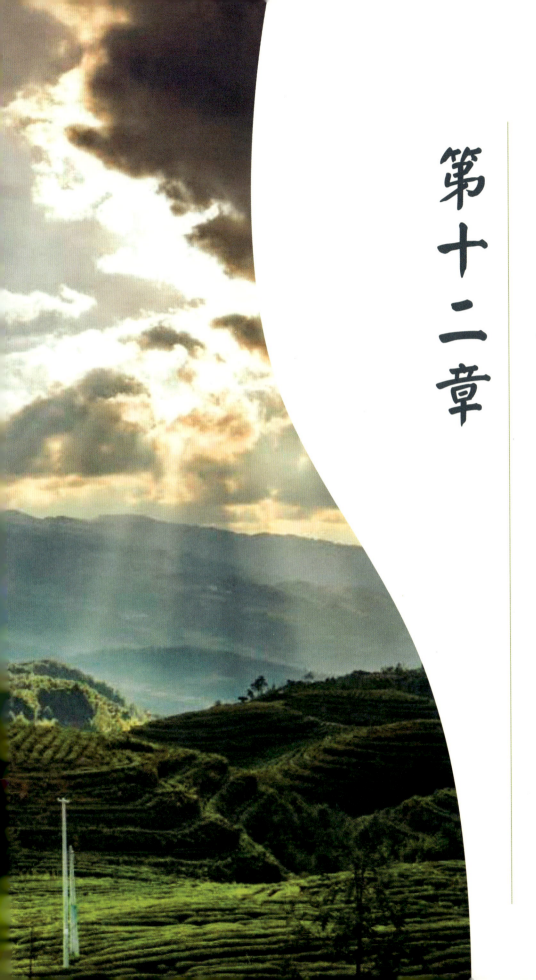

第十二章 贵州茶叶质量标准体系

第一节　贵州茶叶分类

贵州茶叶按通用原则分为贵州绿茶、贵州红茶、贵州白茶三类。

贵州绿茶按加工工艺分为炒青绿茶、烘青绿茶、蒸青绿茶；按产品基本外形分为卷曲形茶、扁形茶、颗粒形茶、直条形茶；按种类分为都匀毛尖、遵义毛峰、湄潭雀舌、湄潭翠芽、梵净翠峰、羊艾毛峰、贵州银毫、贵定云雾、东坡毛尖、凤冈富硒茶、石阡苔茶、绿宝石等。

贵州红茶按产品基本外形分为条形红茶、珠形红茶、红碎茶；按种类分为遵义红、红宝石、兰馨红茶、四品君、红碎茶等。

贵州白茶按种类分为正安白茶、黎平白茶。

第二节　贵州茶叶鲜叶分级

贵州绿茶的名优绿茶鲜叶分为1级、2级、3级、单芽4个等级，以贵州省地方标准规定了各等级的质量，4个等级的质量要求见表12-1。

贵州红茶的名优工夫红茶鲜叶分为1级、单芽2个等级，以贵州省地方标准规定了各等级的质量，2个等级的质量要求见表12-2。

大宗茶鲜叶分为1级、2级、3级、4级4个等级，以贵州省地方标准规定了各等级的质量，4个等级质量要求见表12-3。

表12-1　贵州名优绿茶鲜叶各等级质量要求表

级别	项目			
	嫩度	匀度	新鲜度	净度
1级	1芽1叶初展 长度≤2.0cm	尚匀齐	鲜活 无机械损伤和红变芽叶	无夹杂物
2级	1芽1叶 长度≤2.5cm	尚匀齐	新鲜 无红变芽叶	茶类夹杂物＜1%， 无非茶类夹杂物
3级	1芽2叶初展 长度≤3.0cm	欠匀齐	新鲜 无红变芽叶	茶类夹杂物＜1.5%， 无非茶类夹杂物
单芽	长度≤1.5cm	匀齐	新鲜、有活力 无机械损伤和红变芽	无夹杂物

表12-2　贵州名优功夫红茶鲜叶各等级质量要求表

级别	项目			
	嫩度	匀度	新鲜度	净度
1级	1芽1叶初展 长度≤2.5cm	尚匀齐	鲜活 无机械损伤和红变芽叶	无夹杂物
单芽	长度≤2.0cm	匀齐	新鲜、有活力 无机械损伤和红变芽	无夹杂物

表12-3 大宗茶鲜叶各等级质量要求表

级别	项目			
	嫩度	匀度	新鲜度	净度
1级	1芽1~2叶，单片叶≤8%，叶质柔软	均匀	鲜活，无机械损伤和红变芽叶	茶类夹杂物≤1%，无非茶类夹杂物
2级	1芽2~3叶，对夹叶及单片叶≤10%，嫩度相当于同批芽叶第三片叶	尚匀	鲜活，机械损伤叶≤3%，无红变芽叶	茶类夹杂物≤3%，无非茶类夹杂物
3级	1芽2~3叶，对夹叶及单片叶≤15%	尚匀	新鲜，机械损伤芽叶≤5%，无红变芽叶	茶类夹杂物＜5%，无非茶类夹杂物
4级	1芽2~3叶、对夹叶及单片叶≤20%	欠匀	尚新鲜，机械损伤芽叶≤7%，无红变芽叶	茶类夹杂物≤7%，无非茶类夹杂物

第三节 贵州绿茶分级及品质等级

贵州绿茶分为特级、一级、二级3个等级，各等级以感官品质和主要理化指标划分品质等级，按绿茶基本外形卷曲形茶（DB 52/T 442.1—2010）、扁形茶（DB 52/T 442.3—2010）、颗粒形茶（DB 52/T 442.4—2010）、直条形茶（DB 52/T 442.2—2010）分类进行等级划分，各等级绿茶的食品安全指标要求相一致，统一符合强制性国家食品安全标准的规定。贵州绿茶品质等级的感官品质和主要理化品质（指标）等级见表12-4~表12-7。

表12-4 贵州绿茶（卷曲形茶）的品质等级

级别	外形	内质			
		香气	汤色	滋味	叶底
特级	卷曲紧结、绿润	嫩香持久	嫩绿明亮	鲜醇回甘	嫩绿、匀明亮
一级	卷曲紧实、尚绿润	香高	黄绿亮	醇尚鲜	绿黄明亮
二级	卷曲较紧实、黄绿润	纯正	黄绿较亮	醇尚厚	绿黄明亮

表12-5 贵州绿茶（扁形茶）的品质等级

级别	外形	内质			
		香气	汤色	滋味	叶底
特级	扁直、匀整、绿润	香高持久	黄绿明亮	鲜爽	黄绿亮、匀整
一级	扁直、较匀整、绿润	香气较持久	黄绿较亮	鲜醇	黄绿、较匀整
二级	扁直、尚匀整、黄绿尚润	纯正	黄绿	醇正	黄绿、尚匀整

表 12-6 贵州绿茶（颗粒形茶）的品质等级

级别	外形	内质			
		香气	汤色	滋味	叶底
特级	颗粒状、匀整重实、绿润	香气浓郁	黄绿明亮	鲜浓	黄绿明亮、芽叶匀整
一级	颗粒状、较匀整、绿较润	香气较浓	黄绿亮	醇厚	黄绿亮、芽叶较匀整
二级	颗粒状、较匀整、较绿尚润	纯正	黄绿	醇正	黄绿、芽叶尚匀整
粗纤维（质量分数）/（%）≤			15.0	15.0	16.0

表 12-7 贵州绿茶（直条形茶）的品质等级

级别	外形	内质			
		香气	汤色	滋味	叶底
特级	条索紧直、匀整、绿润	香高持久	黄绿明亮	鲜爽	绿明亮、匀整
一级	条索较紧直、较匀整、较绿润	尚持久	黄绿较亮	醇厚	黄绿较亮、较匀整
二级	条索尚直、尚匀整、尚绿润	纯正	黄绿	醇正	黄绿尚亮、尚匀整

第四节 贵州红茶分级及品质等级

贵州红茶分为特级、一级、二级3个等级，各等级以感官品质和主要理化指标划分品质等级，按红茶基本外形条形红茶、珠形红茶、红碎茶分类进行等级划分。各等级红茶的食品安全指标要求相一致，统一符合强制性国家食品安全标准的规定。贵州红茶品质等级的感官品质和主要理化品质（指标）等级见表12-8~表12-10。

表 12-8 贵州红茶（条形红茶）的品质等级

级别	外形	内质			
		香气	汤色	滋味	叶底
特级	条索紧细、褐润、匀整	甜香高、持久	红亮	醇爽	红匀
一级	条索紧结、褐较润、较匀整	甜香高、尚持久	较红亮	较醇爽	较红匀
二级	条索紧实、黄褐尚润、尚匀整	香高	尚红亮	尚醇	尚红亮

表 12-9 贵州红茶（珠形红茶）的品质等级

级别	外形	内质			
		香气	汤色	滋味	叶底
特级	颗粒紧结重实、润、匀	甜香高、持久	红亮	醇爽	红匀
一级	颗粒较紧结重实、较润、较匀	甜香高、尚持久	较红亮	较醇爽	较红匀
二级	颗粒尚紧结重实、尚润、尚匀	香高	尚红亮	尚醇	尚红匀

表 12-10　贵州红茶（红碎茶）的品质等级

项目	指标		
	特级	一级	二级
感官品质	应符合 GB/T 13738.1 的规定		

第五节　贵州茶叶主要品牌的品质等级

贵州茶叶主要品牌以都匀毛尖、湄潭翠芽、绿宝石、遵义红为代表，制定了贵州省地方标准规范了茶叶的品质等级，都匀毛尖的品质等级见表12-11，湄潭翠芽的品质等级见表12-12，绿宝石的品质等级见表12-13，遵义红的品质等级见表12-14。

表 12-11　都匀毛尖的品质等级

等级	外形	内质			
		香气	滋味	汤色	叶底
尊品	紧细卷曲、满披白毫、匀整、嫩绿、净	嫩香、栗香	鲜醇	嫩黄绿明亮	嫩绿、鲜活匀整
珍品	紧细较卷、白毫显露、匀整、绿润、净	嫩香、栗香、清香	鲜爽回甘	嫩（浅）黄绿明亮	嫩匀、鲜活黄绿明亮
特级	较紧细、弯曲露毫、匀整、绿润、净	清香、栗香	醇厚	黄绿较亮	黄绿较亮
一级	紧结、较弯曲、匀整、深绿、尚净	纯正	醇和	黄绿尚亮	黄绿较亮
二级	较紧、尚弯曲、尚匀整、墨绿、尚净	纯正	醇和	较黄绿尚亮	黄绿尚亮

表 12-12　湄潭翠芽的品质等级

等级	外形	内质			
		汤色	香气	滋味	叶底
特级	扁平直、匀整、黄绿润	嫩绿明亮	清香、嫩香、栗香持久	鲜爽、鲜醇	黄绿明亮、嫩匀
一级	扁平直、匀整、黄绿润	绿明亮	清香、嫩香、栗香尚持久	鲜醇	黄绿亮、嫩尚匀
二级	扁直、尚匀整、黄绿尚润	黄绿亮	清香、嫩香、栗香欠持久	醇尚鲜	黄绿、尚匀亮

表 12-13　绿宝石的品质等级

等级	外形	内质			
		汤色	香气	滋味	叶底
珍品	盘花状颗粒、匀整、绿润、有毫	黄绿、明亮	香浓郁、有栗香	浓厚鲜爽	柔软、黄绿明亮、芽叶匀整
特级	盘花状颗粒、较匀整、绿较润、带毫	黄绿、亮	香尚浓郁、带栗香	醇厚	柔软、绿亮、芽叶匀整
一级	盘花状颗粒、较匀整、较绿尚润	黄绿、较亮	纯正	醇正	较柔软、绿明、较匀整

表12-14 遵义红的品质等级

级别	外形	内质			
		香气	汤色	滋味	叶底
1. 卷曲形					
特级	条索紧细、褐色油润、显金毫、匀净	甜香高、持久	红艳明亮	鲜爽醇厚	嫩匀红亮
一级	条索紧结、褐色较油润、金毫尚显、匀净	甜香高、尚持久	红亮	浓醇	红亮尚匀
二级	条索紧实、黄褐尚润、有金毫、尚匀净	香高	红尚亮	尚浓醇	红尚匀亮
2. 颗粒形					
特级	颗粒细圆重实、乌褐油润、有毫、匀整	甜香高、持久	红艳明亮	鲜爽醇厚	红亮、匀整
一级	颗粒圆结尚重实、乌褐尚油润、尚匀整	甜香高、尚持久	红亮	浓醇	红亮、尚匀整
二级	颗粒圆整尚紧实、乌褐较油润、较匀整	香高	红尚亮	尚浓醇	红尚亮、尚匀整
3. 直条形					
特级	紧结挺直、黄褐、显金毫、匀净	甜香高、持久	红艳明亮	鲜爽醇厚	嫩匀红亮
一级	紧结尚挺直、黄褐、金毫尚显、匀净	甜香高、尚持久	红亮	浓醇	红亮尚匀
二级	尚紧直、乌褐、尚匀净	香高	红尚亮	尚浓醇	红尚匀亮

第六节 贵州茶叶实物标准样品

茶叶实物标准样品，是茶叶生产和销售的实物质量依据，承载着茶叶质量的重要判定功能，贵州茶叶至20世纪50年代初供销部门就开始制作各种茶叶和等级的茶叶实物标准样品，作为茶叶收购和销售的标准。如今，贵州经贸职业技术学院（贵州都匀毛尖茶学院）的茶样品陈列室，陈列了3000多个大大小小的铁盒、纸袋和玻璃瓶，里面保存着从1953—1997年44年间全国和贵州各地茶园出产茶叶成品的样本（图12-1）。这些茶叶样本为贵州茶产业的生产提供了科学化、标准化的依据，也凝聚着贵州茶叶先辈们为之付出的心血和汗水。这3000多种茶样品主要来源于两个阶段。

图12-1 保存的茶叶标准样

第一个阶段（1953—1985年）：以实物标准样为主要等级依据，按照实物标准样定级、定价、统一购销，实物标准样成为茶产品进城流通的桥梁，成为广大茶农联系政府的信息纽带，该学院茶样品陈列室的茶样主要集中在此阶段，主要品种有：黔红毛茶标准样、黔青毛茶标准样、黔炒青毛茶标准样、黔烘青毛茶标准样、都匀毛尖标准样、红碎茶标准样、边销茶标准样等。实物标准样见图12-2。

1953年黔毛红标准样

1957年福建花茶标准样

1958年青毛茶标准样

1982年黔绿标准样

图12-2 1953—1985年保存的茶叶实物标准样

1986年红碎茶标准样

1992年东坡毛尖标准样

1992年都匀毛尖标准样

1992年名茶标准样

图12-3 1986—1997年保存的茶叶实物标准样

第二个阶段（1985—1997年）：实物标准样继续发挥市场指导作用，标准样逐渐丰富，向名优茶发展，制订标准也更加灵活，企业自主性更强。此阶段该学院茶样品陈列室的茶样主要有：都匀毛尖标准样和各级收购销售标准样，也包括珍藏的一些全国十大名茶标准样（如：安徽的黄山毛峰、太平猴魁，江苏的碧螺春，浙江的龙井等），共500余种。实物标准样见图12-3。

第七节　贵州茶叶地理标志产品

一、国家地理标志保护产品

贵州茶叶获得地理标志产品保护的有21项，主要分布在贵阳、遵义、黔南、黔西南、安顺、铜仁等地（表12-15）。国家地理标志产品专用标志见图12-4。

图12-4 地理标志保护产品专用标志

表12-15　贵州茶叶国家地理标志产品

序号	产品名称	批准保护公告号	产地保护范围	质量特色
1	都匀毛尖茶	2010年第133号	贵州省黔南布依族苗族自治州都匀市、福泉市、瓮安县、龙里县、惠水县、长顺县、独山县、三都县、荔波县、平塘县、罗甸县、都匀经济开发区现辖行政区域	①感官特色：条索紧细卷曲、汤色黄绿明亮、滋味鲜醇、叶底嫩绿明亮 ②理化指标：水分≤6.4%，总灰度≤5.1%，粉末≤0.7%，水浸出物≥43.2%，铜含量≤4.1mg/kg，铅含量≤0.6mg/kg
2	梵净山翠峰茶	2005年第175号	贵州省印江土家族苗族自治县洋溪镇、杨柳乡、缠溪镇、罗场乡、朗溪镇、合水镇、永义乡、木黄镇、新业乡、天堂镇、刀坝乡、杉树乡、板溪镇、沙子坡镇、中坝乡、新寨乡、峨岭镇等17个乡镇现辖行政区域	①感观品质：外形，扁平直滑尖削、色泽嫩绿鲜润、匀整、洁净；香气，清香持久，栗香显露；滋味，鲜醇爽口；汤色，嫩绿、清澈；叶底，芽叶完整细嫩、匀齐、嫩绿明亮 ②理化指标：水分≤7%，总灰分≤6%，粗纤维≤14.5%，水浸出物≥36%，粉末茶≤1%，氨基酸（3.5~4.5）%，茶多酚（20~30）%
3	凤冈富锌富硒茶	2006年第10号	贵州省凤冈县现辖行政区域	①感观特色：芽叶完整、条索匀整、色泽嫩绿、香高味浓、浓而不苦、青而不涩、鲜而不淡、醇厚回甘、耐冲泡 ②理化指标：锌（40~100）mg/kg，硒（0.25~3.5）mg/kg，水分≤7%，总灰分≤7%，粗纤维≤16%，碎末≤5%，水浸出物≥36%，茶多酚≥13%，氨基酸≥3.1%

续表

序号	产品名称	批准保护公告号	产地保护范围	质量特色
4	石阡苔茶	2009年第88号	贵州省石阡县现辖行政区域	① 感官特色：芽叶色泽绿润、叶肉肥厚，外形扁平尚直有毫，耐冲泡、冲泡时叶芽竖立，茶汤黄绿明亮，滋味醇厚爽口，栗香显露，叶底嫩绿明亮 ② 理化指标：茶多酚（18.63~23.9）%，氨基酸≥3%，水浸出物≥40%，硒（以Se计）（0.199~4）mg/kg，锌（以Zn计）（41.7~65）mg/kg
5	正安白茶	2011年第69号	贵州省正安县凤仪镇、安场镇、瑞溪镇、新州镇、小雅镇、庙塘镇、和溪镇、土坪镇、流渡镇、格林镇、中观镇、乐俭乡、谢坝乡、市坪乡、班竹乡、桴焉乡、碧峰乡、杨兴乡、俭坪乡19个乡镇现辖行政区域	① 感官特色：索条肥壮、挺直、色泽嫩白、雪亮，香气高香、浓郁，滋味甘醇、清爽，汤色绿润，叶底柔软、明亮 ② 理化指标：氨基酸≥7%，水浸出物≥38%
6	黄果树毛峰	2012年第37号	贵州省安顺市西秀区、平坝县、普定县、镇宁自治县、关岭自治县、紫云自治县、经济技术开发区、黄果树风景名胜区8个县、区现辖行政区域	① 感官特色：条索卷曲，紧细，显毫；色泽绿润；茶汤黄绿，明亮；带有板栗香；味浓醇；叶底嫩匀成朵，黄绿，明亮 ② 理化指标：水浸出物≥36%，粗纤维≤12%
7	朵贝茶	2013年第26号	贵州省普定县城关镇、化处镇、马官镇、白岩镇、马场镇、龙场乡、猫洞乡、补郎乡、坪上乡、鸡场坡乡、猴场乡11个乡镇现辖行政区域	① 感官特色：a.扁形茶：外形扁直、光滑、匀整；色泽绿润；嫩香持久；汤色嫩绿明亮；滋味醇厚鲜爽。b.卷曲形茶：外形条索紧实、匀整；色泽灰绿光润；香气高长；汤色黄绿清澈；滋味醇厚鲜爽 ② 理化指标：水浸出物≥36%，茶多酚≥10.5%，粗纤维≤12%
8	开阳富硒茶	2013年第167号	贵州省开阳县现辖行政区域	① 感官特色：外形匀齐，色泽绿润，香气纯正，滋味鲜醇，汤色绿亮，叶底匀整 ② 理化指标：硒（0.25~4）mg/kg，水浸出物≥36%，总灰分≤7%
9	雷山银球茶	2014年第96号	贵州省雷山县西江镇、望丰乡、丹江镇、大塘乡、方祥乡、达地乡、永乐镇、郎德镇、桃江乡共9个乡镇现辖行政区域	① 感官特色：球形，18~20mm，色泽绿润，光亮露毫，显银灰色，香气清香，浓醇回甜，耐冲泡 ② 理化指标：水浸出物≥40%

续表

序号	产品名称	批准保护公告号	产地保护范围	质量特色
10	水城春茶	2015年第44号	贵州省水城县共龙场乡、顺场乡、杨梅乡、纸厂乡、保华镇、蟠龙镇、比德镇、果布戛乡、南开乡、米箩乡、红岩乡、木果镇、营盘乡、玉舍镇、勺米镇、鸡场镇、金盆乡、化乐镇、新街乡、都格镇、平寨乡共21个乡镇现辖行政区域	①感官特色：a.扁形茶外形扁平光滑、匀整，隐毫，形似雀舌；色泽绿翠；汤色嫩绿明亮；滋味鲜爽，嫩香持久。b.卷曲形茶外形条索紧实，色泽灰绿光润；汤色黄绿明亮；栗香高长，滋味醇厚 ②理化指标：水浸出物≥38%
11	道真绿茶（道真硒锶茶）		贵州省道真仡佬族苗族自治县现辖行政区域	①感官特色：香气清香，浓郁，滋味醇厚，耐泡 ②理化指标：浸出物≥38%
12	普安四球茶		贵州省普安县楼下镇、青山镇、新店镇、罗汉镇、地瓜镇、江西坡镇、高棉乡、龙吟镇、兴中镇、白沙乡、南湖街道、盘水街道等12个乡镇街道现辖行政区域	①感官特色：外形重实，绿润，无毫；汤色淡绿明亮，耐泡；香气浓香，馥郁高长；滋味鲜醇、爽口，回味悠长；叶底芽叶嫩匀，绿亮、鲜活 ②理化指标：水分≤7%，浸出物≥38%，儿茶素类≥6.5%
13	普安红茶	2016年第63号	贵州省普安县楼下镇、青山镇、新店镇、罗汉镇、地瓜镇、江西坡镇、高棉乡、龙吟镇、兴中镇、白沙乡、南湖街道、盘水街道等12个乡镇街道现辖行政区域	①感官特色：a.工夫红茶：外形条索细紧多锋苗，匀齐、净，色泽红润，明亮；香气鲜嫩持久；汤色红艳浓亮；滋味醇滑；叶底嫩匀红亮。b.红碎茶：外形颗粒紧实、金毫显露、匀齐、色润；香气嫩香、强烈持久；滋味浓强鲜爽；汤色红艳明亮；叶底嫩匀红亮 ②理化指标：水分≤6.5%，水浸出物≥36%，粉末≤0.8%（工夫红茶）、≤1.8%（红碎茶），粗纤维≤15%（红碎茶）
14	保基茶叶	2016年第63号	贵州省盘县保基乡、羊场乡、淤泥乡、鸡场坪乡、旧营乡、盘江镇、板桥镇、水塘镇、民主镇、老厂镇、玛依镇、大山镇、滑石镇、坪地乡、平关镇、忠义乡、保田镇、普田乡、新民镇、响水镇、乐民镇、火铺镇等22个乡镇现辖行政区域	①感官特色：a.扁形茶：外形扁平挺直，绿润整齐，露毫，嫩香持久；b.卷曲形茶：外形条索紧实、匀整，色泽灰绿光润，香气清香，浓郁，风味独特，栗香高长，汤色黄绿明亮，滋味鲜醇，回味甘长，叶底嫩绿明亮 ②理化指标：水分≤8%，总灰分≤6.5%，水浸出物≥38%，茶多酚≥18%，粗纤维≤8%

续表

序号	产品名称	批准保护公告号	产地保护范围	质量特色
15	遵义红茶（遵义红）		贵州省遵义市湄潭县、凤冈县、余庆县、道真自治县、正安县、务川自治县和习水县现辖行政区域	① 感官特色：汤色红亮透明；香气馥郁，甜香高，持久；滋味鲜爽醇厚 ② 理化指标：水分≤6%，水浸出物≥34%
16	湄潭翠芽	2017年第39号	贵州省遵义市湄潭县、凤冈县、余庆县、正安县、道真县、务川县现辖行政区域	① 感官特色：外形扁平、匀整，色泽黄绿；汤色黄绿明亮；香气栗香持久；滋味鲜醇；叶底黄绿明亮 ② 理化指标：水浸出物≥39%，水分≤6%
17	习水红茶		贵州省遵义市习水县现辖行政区域	① 感官特色：外形细紧、微卷、有锋苗，色泽乌黑油润；汤色红亮；香气浓郁，带花果香或花蜜香；滋味醇厚回甘耐泡；叶底红均、明亮、完整 ② 理化指标：水浸出物≥35%，水分≤6.5%
18	七舍茶		贵州省兴义市七舍镇、捧乍镇、敬南镇、猪场坪乡4个乡（镇）现辖行政区域	① 感官特色：条索紧实、匀整、显毫；色泽褐绿；香气持久；汤色清澈明亮；滋味甘怡鲜爽，口感清香；叶底黄绿匀整 ② 理化指标：水分≤7%，水浸出物≥38%，总灰分≤6.5%，粗纤维≤14%
19	九层山茶	2017年第108号	贵州省六盘水市六枝特区现辖行政区域	① 感官特色：a.扁形茶：外形扁平翠绿、匀整；汤色嫩绿明亮；滋味鲜爽，嫩香持久；叶底绿润明亮。b.卷曲形茶：外形条索紧实、匀整；色泽绿润；汤色黄绿明亮；香高持久，滋味醇厚 ② 理化指标：水分≤7%，总灰分≤6.5%，水浸出物≥38%，茶多酚≥13%，粗纤维≤14%
20	晴隆绿茶		贵州省黔西南布依族苗族自治州晴隆县莲城街道、东观街道、长流乡、中营镇、花贡镇、茶马镇、光照镇、鸡场镇、三宝彝族乡、沙子镇、碧痕镇、大厂镇、安谷乡、紫马乡等14个乡（镇、街道）现辖行政区域	① 感官特色：a.卷曲形茶外形紧细卷曲；色泽匀整润绿；香气浓郁、持久；汤色黄绿明亮；滋味醇厚、鲜浓。b.扁平茶外形扁平光滑，显毫、匀整；色泽润绿；香气纯正；汤色黄亮透明；滋味鲜醇、味甘、浓厚 ② 理化指标：水分≤7%，总灰分≤7%，水浸出物≥38%，茶多酚≥13%
21	清池茶	2017年第117号	贵州省毕节市金沙县清池镇行政区域	① 感官特色：a.扁形茶：外形扁、平、直、光滑匀整；色泽翠绿油润；香气高爽持久；汤色黄绿、明亮；滋味鲜爽；叶底嫩绿、鲜明、匀齐完整。b.卷曲形茶：外形紧结、绿润、显毫卷曲；汤色黄绿明亮；香气纯正；滋味醇和；叶底黄绿。c.颗粒形茶：外形颗粒匀整重实、绿润、露毫；香气馥郁高长；汤色碧绿明亮；滋味鲜醇、爽口；叶底嫩匀、明亮、鲜活。 ② 理化指标：水分≤7%，水浸出物≥38%，总灰分≤6.5%，粗纤维≤15%

二、国家农产品地理标志产品

贵州茶叶获得国家农产品地理标志（图12-5）登记认定的有7项，见表12-16。

图12-5 农产品地理标志登记证书和标志图

表12-16 国家农产品地理标志登记认定信息（贵州茶叶）

序号	产品名称	产地	产品编号	证书持有者	登记年份
1	凤冈锌硒茶	贵州省遵义市	AGI01570	凤冈县茶叶协会	2014年
2	湄潭翠芽	贵州省遵义市	AGI01571	贵州省湄潭县茶业协会	2014年
3	金沙贡茶	贵州省毕节市	AGI01572	金沙县农业技术推广站	2014年
4	石阡苔茶	贵州省铜仁市	AGI01644	石阡县茶业协会	2015年
5	梵净山茶	贵州省铜仁市	AGI01979	铜仁市茶叶行业协会	2016年
6	贵州绿茶	贵州省	AGI02055	贵州省绿茶品牌发展促进会	2017年
7	都匀毛尖茶	贵州省黔南布依族苗族自治州	AGI02056	黔南州茶叶产业化发展管理办公室	2017年

三、地理标志商标

贵州茶叶商品获得地理标志商标注册的有8项（图12-6），注册机构9家（表12-17）。

图12-6 地理标志商标标志图

表 12-17 贵州茶叶地理标志商标注册统计

序号	商标	注册机构	注册号	商品
1	贵定云雾贡茶	贵定县茶叶协会	11794609	茶
2	梵净山翠峰茶	印江土家族苗族自治县茶业管理局	9571612	茶
3	晴隆绿茶	晴隆县茶叶产业协会	8685710	茶
4	石阡苔茶	石阡县茶业协会	7921997	茶
5	凤冈锌硒茶	凤冈县茶叶协会	8585068	茶
6	正安白茶	贵州省正安县茶业协会	7620458	白茶；茶
7	遵义红	贵州省湄潭县茶业协会	7989698	茶
8	湄潭翠芽	贵州省湄潭县茶业协会	4928703	茶
9	都匀毛尖	贵州都匀毛尖茶集团有限公司	8872040	茶
			3214853	茶

第八节 贵州茶叶标准化示范区

为了推动贵州茶叶的标准化种植，规模化发展，2010年在中央财政支持现代农业生产发展资金的支持下，开展了都匀、湄潭、凤岗、晴隆、纳雍、水城、石阡、雷山、贵定、平坝、西秀、开阳、余庆、正安、道真、普安、黎平、丹寨、松桃、印江等18个重点县茶叶标准化示范区建设，每个标准化示范区开展了标准化培训和宣传，增强了标准化意识；结合自身的生态环境和土壤气候条件、品种特点、种植技术、防控技术等要求制定了茶叶种植标准体系，以及管理标准和工作标准体系，按照标准组织生产和管理，加强投入品的控制，提高茶叶的质量和安全，扩大了种植面积，平均亩产增加25%，平均每公斤价格提高4倍，增加茶农的收入，起到精准扶贫的效果。通过18个县茶叶标准化示范区的示范推广，辐射带动贵州45个县茶叶标准化生产，促进茶园规模迅速扩大，规模化、标准化、专业化水平提升，新建茶园全部按照标准化生产，在45个县新建茶园72.7万亩，茶园集中度不断提升，茶园总面积500万亩，占全国茶园总面积12%，并按照建立贵州茶叶标准体系组织实施，创立"三绿一红"品牌，产生经济效益100亿，带动100万农民增收，促进贵州茶产业的发展。

第十三章 茶旅

贵州的自然山水茶园风光、民族村寨文化风情，好似一幅幅山水泼墨画，美不胜收。

茶园随山峦起伏、层层叠叠、云遮雾绕，或随岗原延伸，绿波无际、阡陌相连，人在其中，心旷神怡、如痴如醉，如世外桃源、人间仙境。

北纬27°、高海拔而又低纬度，寡日照而又多雨水，冬无严寒、夏无酷暑，成熟的喀斯特地貌，世居的少数民族，各种自然与人文的因素，造就了神奇而独特的贵州。

美丽的贵州，好山好水孕育了好茶，山美水美成就了茶美，80余个县700余万亩茶园面积与星罗棋布的旅游景点相结合，给人带来流连忘返的精神大餐。

远处，连绵不断的翠绿茶山上，小青瓦、雕花窗、乳白墙的黔北风格民居点缀其间……这便是贵州遵义地区茶旅融合发展的典型样本，远远望去，宛若一幅多彩的山水画卷（图13-1）。

图13-1 凤冈茶海之心景区

近年来，贵州茶产业发展迅速，茶园种植面积突破700万亩，已经连续6年成为全国茶园种植面积最大的省份。同时，贵州茶产业正慢慢从"贵州原料"到"贵州制造"转变，向"贵州品牌"演进，在贵州品牌演进的过程中，"以茶促旅，以旅兴茶，茶旅融合"是贵州茶品牌形象提升以及贵州茶产业转型升级发展的重要战略。

贵州融入"绿水青山就是金山银山"的绿色发展理念，推进茶产业和旅游业融合，以茶产业发展为基础，融合贵州独特的民族民俗文化、原始森林植被、山水生态等自然人文资源，将旅游目的地"茶旅品牌"与"茶叶品牌"合力打造，着力开发涵盖观光、休闲、养生、度假、研修、节事体验、购物等茶旅一体化生态旅游产品，形成"茶产业—茶文化—旅游"相结合的茶旅产业链。

茶文化旅游是一种新型的旅游模式，是以茶和茶文化为主题，涵盖茶园观光、茶叶品鉴、茶古迹探访、茶事劳作、茶修康养等一系列与茶与关的旅游活动。炎炎夏日，饮一杯贵州绿茶，都匀毛尖让游客倍感清新，湄潭翠芽给游客带去清凉。贵州的产茶区皆处在青山绿水之间、人文风情浓郁之地，其中以世界自然遗产地梵净山、荔波小七孔和全国5A级旅游景区黄果树大瀑布、百里杜鹃、西江千户苗寨等为代表的旅游景区所产的梵净山毛峰、瀑布毛峰、雷山银球茶等闻名于世，优美的自然、人文环境为茶文化旅游奠定了坚实的基础，也提供了广阔的发展空间。

贵州旅游业作为中国的"旅游新贵"，近十年后发赶超的势头异常强劲，自2015年开始，连续三年实现旅游"井喷式"发展。截至2019年年末，贵州省A级景区总量达348家，5A级景区7家，4A级及以上景区数量达百余家，世界自然和文化遗产地5个，其中世界自然遗产4个，世界文化遗产1个，世界自然遗产地数冠全国。不仅如此，贵州避暑旅游营销、乡村旅游标准、体制机制改革等成效突出，一大批旅游项目、服务设施达到国家级水准，贵州已跃升成为全国重要的旅游目的地。

"南方有嘉木，黔地出好茶"。"要喝没有污染的茶就到贵州来"，这不仅是原贵州省委书记孙志刚为贵州茶所作的代言，也是贵州茶对全国乃至世界的承诺。

本章依据贵州茶文化与旅游发展融合特点，以贵州各地、州、市具有代表性茶文化旅游资源与旅游要素为依托，推出贵州最具代表的茶文化旅游线路。

第一节　贵州有机茶园避暑之旅

贵州不仅是一个绝佳茶叶产区，而且气温适宜、凉爽舒适，夏季平均气温23.6℃、空气相对湿度75.1%~84.9%，让夏季的贵州成为同纬度最凉爽的地区之一。被誉为"中国当代茶圣"的茶叶专家吴觉农先生在《茶经述评》中曾提道："高山出名茶，主要是由于高山云雾多，漫射光多，湿度大，昼夜温差大等因素，有利于茶叶有效物质的积累，特别是芳香物质的积累较多，成就了茶叶优良的品质。"

2017年起，贵州连续为全国夏季高温城市所在省（自治区、直辖市）居民送出清凉大礼包，2019年，贵州推出了优惠范围最广、优惠时间最长的优惠政策，从2019年6月15日—2019年9月22日，针对贵州省以外的全国其他省市和港澳台地区的居民，凭本人有效身份证件，可享受贵州各收费旅游景区门票挂牌价5折优惠。对贵州以外的全国其他省（自治区、直辖市）7座及以下小型客车在贵州境内高速公路行使实施5折通行优惠的政策。

早在2005年，中国气象学会授予贵州六盘水市"中国凉都"的称号；2007年，中国气象学会为贵阳颁发了"中国避暑之都"的牌匾，这些荣誉现已唱响神州，也让贵州"避暑游"的名片越发靓丽。

一、中国避暑之都——贵阳生态茶园避暑之旅

贵阳是贵州省的省会，其境内茶旅资源丰富多彩，有开阳十里画廊"云山茶海"现代茶园观光、花溪久安乡古茶园的茶文化旅游点，青岩古镇、孔学堂、天河潭等自然历史旅游景点，贵州大学茶文化研究院、中国农业科学院茶叶研究所、贵州茶叶协会等各类茶行业组织，甲秀楼旁翠微园茶馆、南明河畔熙苑茶馆为代表的茶馆文化（详见本书茶馆篇），太升茶城等茶商贸区，形成了以观光、商贸、研究、茶馆文化为代表的茶文化旅游。

（一）线路推荐

1. 各地抵达贵阳的交通

a.乘坐高铁到贵阳北站或乘坐普通火车到贵阳火车站。

b.乘飞机到贵阳龙洞堡机场。

c.自驾车。

2. 推荐行程天数

4d，详见表13-1，游客可根据自身情况酌情增减。

表13-1 中国避暑之都——贵阳生态茶园避暑之旅行程安排

	第一天：贵阳城区—开阳十里画廊云山茶海景区
行程交通（约50km）	1.乘坐贵阳—开阳城际铁路到开阳县南江站，乘车到达景区 2.自驾路线：车从高速贵遵复线十里画廊出口，直接到达景区，或者从贵阳经新添寨沿贵开二级公路到南江大峡谷，进入十里画廊景区 3.金阳客车站乘客车到达禾丰乡，即进入景区
行程游览	上午：抵达十里画廊景区，参观十里画廊布衣十三坊、玉水金盆（春天赏油菜花、秋天赏金黄的稻浪）、全国重点文物保护单位——马头寨古建筑群等旅游点 下午：游国家4A级景区南江大峡谷，后驱车前往云山茶海景区 晚上：云山茶海就餐，感受当地原生态农家饭，云山茶海茶楼品"清和"翠芽和百花富硒茶、赏茶艺表演，或举办篝火晚会
住宿	云山茶海、十里画廊景区
美食推荐	打糍粑、烤全羊、富硒蔬菜瓜果
	第二天：云山茶海景区—青岩古镇—贵安禅茶园—花溪
行程交通（约100km）	1.云山茶海景区—青岩古镇：开阳县南江站乘坐城际铁路到贵阳北站，乘坐公交车前往青岩古镇 2.驾车从贵遵复线十里画廊收费站进入到贵阳南环高速花溪收费站驶出，沿田园南路到达青岩古镇，驾车前往贵安禅茶园
行程游览	上午：云山茶海晨起看云海，沿着茶海观赏步道观赏高山有机茶园，呼吸清晨的茶园新鲜空气，出发前往青岩古镇，游览国家5A级景区青岩古镇，游览状元赵以炯府第、周恩来的父亲、邓颖超的母亲、李克农等革命前辈居住地旧址等景点，探寻茶马古道 下午：从青岩古镇驾车前往贵安禅茶园，贵安禅茶园的前身是建于1952年的羊艾茶场，其主打拳头产品——羊艾毛峰在1984年被评为贵州省地方四大名茶之一，1986年被商业部评为全国名茶，1990年获商业部"优质产品"称号，是贵州名茶中一颗璀璨的明珠
住宿	宿贵阳市花溪区
特色美食	青岩猪脚、糍粑稀饭、青岩豆腐、花溪王记牛肉粉

续表

第三天：花溪—久安古茶园—天河潭风景名胜区—返程	
行程交通 （约40km）	自驾车： 1.花溪到久安古茶园（约22km）：沿花石路—106县道—康打路—012乡道到达花溪久安乡久安茶园 2.久安古茶园到天河潭（约19km）：沿012乡道—康打路—贵安大道到达天河潭景区
行程游览	上午：游览久安古茶园参观久安千年古茶树，参观茫父书院，在茫父书院体验久安古树茶 下午：国家4A级景区游览天河潭、体验乘船穿越地下溶洞，空中溜索等游乐项目，逛天河潭民国风情街 晚上：欣赏天河潭灯光水秀
住宿	住宿贵阳或花溪

第四天：贵阳茶城、茶马古道之旅	
行程交通	乘坐市内公交车或者出租车
行程游览	1.逛太升茶城 2.游甲秀楼、文昌阁、黔灵山、阳明祠，体验贵阳茶馆文化，如黔灵山弘福寺旁的灵山名苑、文昌街文昌阁内九品功夫茶楼、阳明祠内翰林茶院、甲秀楼旁翠微阁内翠微茶楼、南明河旁熙苑茶馆等 3.探寻贵阳茶马古道
特色美食	丝娃娃、贵阳肠旺面、洋芋粑粑、雷家豆腐圆子

（二）代表性茶旅资源

1.十里画廊云山茶海景区

十里画廊景区位于贵阳市开阳县禾丰、南江乡境内，由沿清龙河畔的10余个自然村寨组成，距贵阳市46km，开阳县城18km。

开阳十里画廊的主要游览点是"十里画廊"八景，其中包括"古风河韵"——河湾平寨、"玉水金盆"——底窝八寨田园风光、"土司古寨"——马头寨、"云山茶海"——百花富硒有机茶园、"书香门第"——王车书法村等，民风淳朴、依山傍水。其中云山茶海富硒有机茶园为"八景"中的一个重要景点（图13-2）。

图13-2 云山茶海景区

图13-3 云山茶海茶楼

云山茶海位于百花山顶,由于海拔较高而长年云雾缭绕,加之酸性土壤适宜优质茶叶生长。所以其所产的高山有机绿茶富含抗癌和抗衰老的硒元素,外形美观、口感清冽,已获得国家有机茶认证。

"云山茶海"是一个集休闲度假、茶园体验、休闲养生于一体的生态避暑胜地,吸引了很多海外游客前来体验采茶、品茶、赏茶等(图13-3)。游人于百花山顶坐看云起,品味这里的古香古色的茶事建筑、古典优雅的茶艺表演,徜徉茶海,闻淡淡花香、品幽幽茶香,仿佛置身于"云上仙境"。

2. 花溪久安生态茶园

贵阳市花溪区久安乡民间产茶历史悠久,自古就是茶乡,其森林覆盖率高达70%。久安古茶树资源丰富,2011年5月21日中国农业科学院茶叶研究所专家组对久安乡古茶树进行鉴定并得出结论:久安古茶树是目前国内已发现的最古老、最大的栽培型灌木中小叶种茶树。久安目前保存完好的古茶树平均树龄大约在600年左右,约54000多株。其中有5000株以上古茶树的干径和冠径均超过同为灌木型茶树的龙井18棵御树。

2011年,久安乡建成古茶园(图13-4),园内树龄最大的一丛古茶树树龄超过2000年,被当地人誉为"茶王"(图13-5)。据统计,古茶园有树龄2000年以上古茶树19株(丛),50%以上的古茶树树龄在1000~1500年,是目前国内最大的灌木型古茶树居群。依托独特的古茶树资源,久安乡建立了古茶树综合开发示范园区、精品茶园等,打造集古茶科考、文化休闲、田园观光等为一体的现代高效农业茶叶示范区。目前,全乡标准化茶园建设总面积达到2万亩,久安古茶树也已经连续3次通过权威机构的农药残留和重金属含量标准检测,达到欧盟准入标准,其中"久安千年红"等古树茶已成功进入欧洲市场。

图13-4 久安古茶园入口

图13-5 久安"茶王"

3. 甲秀楼

甲秀楼之于贵阳，就像黄鹤楼之于武汉，滕王阁之于南昌一样，是贵阳符号（图13-6）。在贵阳，甲秀楼可谓是无人不知，无人不晓，城中流传着这样的说法："来贵阳如果未到甲秀楼，就等于没到贵阳。"

甲秀楼位于贵阳市中心南明河上，明朝万历年间由贵州巡抚江东之所建，当时南明河上有一巨石，名曰"鳌矶石"，巡抚江东芝在此修堤筑坝，觉得贵阳城南山清水秀，如果点缀一些人文内涵于其中其风景更是绝佳，遂命人修建一座培育风水的建筑，名"甲秀楼"，取"科甲挺秀"之意。甲秀楼建成以后，后人修建了白色的石桥、凉亭、牌坊，镶嵌在自然的山水之间，成为贵阳一处游赏的风景名胜。历经400年，甲秀楼饱经沧桑但仍旧屹立在贵阳的母亲河——南明河的中央，看尽贵阳的发展兴衰历程，是贵阳城市发展的见证。

在甲秀楼旁，有一座比甲秀楼更古老的建筑——翠微园，这也是贵阳仅存的一座始建于明宣德年间的明代建筑（图13-7）。明代著名的哲学家王阳明在他的《南庵次韵二首》诗中写道："松林晚映千峰雨，渔人收网舟初集"，其中的"南庵"便指的是现在的"翠微园"。

翠微园与茶有着不解之缘，贵阳知名的茶楼"翠微园茶楼"便置身于此，内建筑古朴雅致，为饮茶增添了别样的古风，滋味也更加醇厚。几百年来，甲秀楼与翠微园交相辉映，共同构成了贵阳独一无二的明代古建筑群，也共同担当着贵阳文脉的传承。

图13-6 甲秀楼

图13-7 翠微园一角

4. 黔灵山公园

黔灵山公园为国家4A级旅游景区，位于贵阳市城区西北部。公园始建于1957年，由"黔南第一山"而得名"黔灵山"。园内古树参天，清泉出石，登上黔灵山顶"瞰筑亭"

可观赏贵阳全景，公园以奇山、清泉、幽林、碧湖、古寺、灵猴而闻名于世。黔灵山猕猴被游客亲切地称为"灵猴"，黔灵山上有上千只猕猴，这些成群的"灵猴"为公园一绝，漫步在公园幽静的步道上，欣赏道路两边的猴子或玩耍、或讨食、或母亲照料出生不久的小猴子，别有一番风味（图13-8）。长期以来，公园内的"灵猴"已经学会了与人和谐相处，只要游客不要故意招惹它，它便不会来冒犯游客，如此这般，成就了黔灵山公园内最迷人的一道风景线。

图13-8 黔灵山公园及灵猴群

黔灵山公园是一个融自然风光与人文内涵于一体的游览胜地，沿公园"九曲径"，经二十四拐登顶可达有贵州首刹之称的"弘福寺"（图13-9）。该寺于清康熙十一年由赤松和尚创建，"弘福"二字取自"弘佛大愿，救人救世；福我众生，善始善终"。宏福寺是全国重点开放寺庙之一，省级重点文物保护单位。寺院殿宇雄伟，规模宏大，佛像庄严，亭台遍布，古木参天，清幽古朴，终年香火不断，前来朝拜的善男信女络绎不绝。寺旁有一座贵阳知名茶馆"灵山茗苑"，茶馆拥有得天独厚的地理环境，地处黔灵山深处，古树环绕，隔绝了俗世的喧嚣与尘杂，坐拥贵州首刹，品茗之余，听梵音冥想，如此，便是心灵的归处。

图13-9 黔灵山弘福寺一角

5. 青岩古镇与赵司贡茶

青岩古镇位于贵阳市花溪区，是国家5A级旅游景区，为贵州四大古镇之首。青岩古镇建于明洪武十年（1378年），原为军事重镇，是古代贵阳去往云南、广西等地的咽喉重镇。古镇城门左右两边的城墙全部用方块巨石筑就，上筑敌楼、垛口、炮台等军用设施，青石仓黑，古意盎然。古镇内放眼皆是明清的古建筑，镇内有古老的寺庙、庄严的基督教教堂和天主教堂、道观等古老景观，佛教、道教、基督教与天主教"四教并存"，在国内实属罕见。古镇的建筑依山就势，交通基本依靠一条条青石板路和曲折狭长的小巷连通四方，古镇内有一条小巷，名为"背街"，皆是青石板铺成的路和青石板垒砌的墙，走入其中，仿佛进入一条青石筑成的时空隧道（图13-10）。古镇民居极富地方特色，很多屋子都建有腰门，即正门内还有一道门，有的居民把门把手设计成葫芦造型，寓意"多子多福"，有的门把手是吉祥云彩状。民居的房檐也与普通房屋不同，贵州"天无三日晴"，为了抵御雨水侵入屋内，古镇的多数民居都是双重房檐，这些看似不起眼的细节彰显了古镇人民的生活智慧。

图13-10 青岩古城城墙及小巷

同时，古镇还有贵州历史上第一位状元赵以炯的故居，清代著名学者、诗人周渔璜的故居，周恩来、李克农家属抗战时期的曾居地等，由此可见，青岩古镇在历史上不仅是一座军事要塞，更是一处卧虎藏龙之地。

曾几何时，赵司贡茶享誉京城，令康熙皇帝赞不绝口。然而，赵司贡茶从诞生之日起，就与青岩古镇、周渔璜结下了不解之缘。周渔璜是青岩骑龙镇人，著《桐野诗集》传世，是《康熙字典》的主要编撰者之一。周渔璜30岁时金榜题名，中三甲进士入翰林院，后任"詹事府詹事"，是康熙皇帝近臣。康熙四十年（1701年），时任翰林院侍读学士的周渔璜将产于家乡的赵司茶献于康熙皇帝，康熙品后大赞曰："品尝周公赵司茶，皇宫内外十里香"，赵司茶从此成为贡品，享誉四方。

二、中国凉都——六盘水有机茶园避暑之旅

（一）线路推荐

1. 贵阳到六盘水的交通（约200km）

a. 从贵阳北站乘坐高铁到盘州高铁站或从贵阳火车站乘坐普通火车到六盘水火车站。

b. 贵阳龙洞堡机场乘飞机到六盘水月照机场。

c. 从金阳客车站乘坐客车到水城汽车站。

d. 自驾车。

2. 推荐行程天数

2d行程，详见表13-2，游客可根据自身情况酌情增减。

表13-2　中国凉都——六盘水有机茶园避暑之旅行程安排

第一天：盘县—娘娘山国家湿地公园—水城县茶文化产业园	
行程交通（约100km）	自驾路线： 1. 盘县到娘娘山景区（约90km）：盘县出发，沿320国道转板威高速于营盘出口下高速，148乡道抵达娘娘山景区 2. 娘娘山景区到水城县茶文化产业园（约8km）：沿148乡道到达目的地
行程游览	上午：抵达娘娘山国家湿地公园，参观娘娘山国家湿地公园白雨洞、万峰岭、天山飞瀑等景点 下午：在产业园观万亩茶海、"水城春"茶生产工艺，品"天下第一春" 晚上：娘娘山温泉小镇泡温泉或逛白族文化风情街，赏白族歌舞
住宿	宿娘娘山国家湿地公园、茶文化产业园
美食推荐	盘州卷粉、荷叶糯米鸡、刺梨
第二天：娘娘山国家湿地公园—野玉海山地旅游度假区—返程	
行程交通（约88km）	1. 自驾路线：148乡道转246县道，进入威板高速转杭瑞高速，转入212省道至玉舍森林公园 2. 水城县汽车站可乘坐玉舍森林公园旅游大巴可达景区，回城亦是
行程游览	上午：抵玉舍国家森林公园，为国家4A级旅游景区，为野玉海山地旅游度假区的重要组成部分。玉舍森林公园是高海拔天然氧吧，夏天可避暑登山，欣赏湖泊、草地、森林，冬天可以滑雪 下午：体验世界首座三层螺旋盘跨式单轨桥观光小火车，游览专线轨道全长约11km，全程高差为220m，为海坪彝族文化园到玉舍国家级森林公园，为环线，全程需40min左右
住宿	六盘水市区
美食推荐	水城羊肉粉、鸡丝香菇洋芋粑

（二）代表性茶旅资源

六盘水有机茶园代表性茶旅资源为水城县茶文化产业园（水城县南部园区）。

"水城春茶，喝着喝着，春天就来了"，这应该是对水城县茶文化产业园最好的诠释。水城县茶文化产业园，位于水城县南部，地跨水城县龙场乡、顺场乡等10个乡镇，是六盘水市凉都三宝——"水城春"茶的主产区。产业园与北盘江旅游景区、国家娘娘山湿地公园相毗邻，在水城春湖的衬映下，形成了"山、水、茶"遥相呼应茶旅格局，也为茶文化产业园树立了"登娘娘山、游北盘江、逛白族街、吃茶叶宴、饮龙场酒、品水城春"的旅游形象。

水城县茶文化产业园位于北纬26°，处于这条纬线上的水城有着不可复制的峻奇风光，得天独厚的自然资源，为优质茶叶的生长提供了一个独特的气候环境，是一个最适宜种茶的风水宝地。

2014年,在贵州省、六盘水市农业特色产业发展战略的指引下,水城县委、县政府高瞻远瞩,因地制宜,在北盘江南畔娘娘山国家湿地公园中段规划建设水城县茶文化产业园区,管理机构为水城县南部农业产业园区管委会,属县政府派出机构,"水城春"茶叶公司为水城县茶文化产业园平台公司;六盘水市委常委、水城县委书记张志祥同志做出了"举全县之力做大做强茶产业"的明确指示;茶产业在水城这片土地上迎来"春天"。

国家级安全出口示范区、贵州省级现代高效农业示范园区的创建,园区茶叶面积达10.02万亩,核心区4万余亩。围绕"中国凉都、生态水城",园区成功承办了四届白族文化节、六盘水市2017年旅游发展大会,贵州省2018年项目建设观摩会、贵州省2019年春耕生产现场会、贵州省2019年第三届古茶树斗茶大赛,并在全省第三届古茶树斗茶大赛中,"水城春"品牌荣获红茶"茶王"称号。在2019年第十一届中国国际茶博览会上,"水城春"明前翠芽荣获俄罗斯、印度、斯里兰卡等十余个国家评审的亚太金奖。2020年根据省农业厅统计,水城县茶叶园区"水城春"早春茶在2020年1月11日上市,为全省最早上市的早春茶;这充分印证了古人"茶制于早春、为最上品"的赞誉。

水城县茶文化产业园以"产业、文化、旅游、健康、生态"为核心理念,以茶文化、白族文化、养生文化为主体发展脉络,总投资10亿余元。茶旅一体化观光园与易扶安置点依山傍水、相辅相成,是贵州省示范性农业园区、全省100个旅游示范园区核心区;是市委市政府十四五旅游规划重点景点;也是县委县政府"十四五"规划的中心城镇。园区下辖茶园、大山2个社区居委会,建有高标准南部园区中学、小学、幼儿园、医院基础教育和医疗设施,派出所、消防队、应急管理站、中心校等单位配备齐全。

园区内建设有贵州省茶文化博物馆水城馆,是贵州省第一家以茶文化命名的博物馆(图13-11)。该馆是在水城县白族文化馆的基础上,由贵州省茶叶协会与水城县人民政府合作共同建设。馆舍面积3000m²,展馆包含茶样、茶具、茶书画、茶文化体验(白族茶艺及表演)、茶叶加工器具、水城春产品展示等区域及办公区和展品库房,茶博馆第一批藏品主要来源于社会民间收集和省内外各界爱茶人士捐赠,藏品有涉及茶具、茶样、茶书画等文物共1000余件,茶样藏品有光绪时期的"亿兆丰"普洱砖茶、自1954—1992年新中国成立后的茶样400余件,茶具有自五代到清代的历代茶具100余件和近现代茶具200余件,茶书画有现代书画名家题写的字画作品100余件(图13-12)。

图13-11 贵州省茶文化博物馆水城馆外景

图13-12 贵州省茶文化博物馆水城馆内景

为支持茶叶园区教育事业发展,2019年时任产业园党工委主要负责同志将自己办公室"让"于南部园区中学教师办公;园区还自筹资金,实施了茶叶园区易扶搬迁幼儿园建设项目;正是因为对教育事业的支持,县教育局积极向县委政府汇报,为方便易扶搬迁群众就学,县委政府投资约1.8亿多元新建茶叶园区中学、小学、幼儿园。2019年水城县茶文化产业园区被水城县委政府评为全县"尊师重教先进集体"。2020年贵州省徐鸿雁名校长工作室全省第一家落户水城县茶叶园区中学。因教育等事业的兴起,水城县茶叶园区迎来了发展的全新局面。

茶文化产业园内龙场乡有机茶加工厂"水城春"茶生产加工过程的游客通道已经建设完毕,5000m观光步道在万亩茶海间蜿蜒盘旋,750m扶贫搬迁安置点白族风情商业街也正以崭新面貌喜迎八方来客,行走在白族文化小镇,赏白族歌舞,观万亩茶海,宿茶文化主题酒店,品味"天下第一春"的别样风情。

放眼北盘江畔,乌蒙磅礴,群山俊秀,云蒸霞蔚,身处青砖白墙黑瓦白族民居以及碧波荡漾的山涧湖泊。蓝天白云下的富硒茶场内,水城春茶吐翠披绿,层层叠叠,展现了新时代绿水青山就是金山银山的多彩水城画卷(图13-13)。

图13-13 水城县茶文化产业园

第二节 遵义茶园休闲之旅

遵义产茶区是贵州茶叶种植面积最大、茶文化历史最为厚重的地区,也是贵州重点打造的"三绿一红"茶叶公共品牌中的湄潭翠芽和遵义红的产地。产茶区土壤富含硒、锌、锶等人体必需的微量元素，以生态茶园建设为重心，结合区域内的仡佬族等少数民族文化，发展生态茶园生态观光、休闲度假、民族文化体验、茶文化节事为主题。遵义茶文化具备深厚的历史积淀，1939年民国政府中央实验茶场在遵义湄潭建立，是我国近现代历史上第一个国家级的茶叶科研机构。遵义市茶文化旅游资源丰富，其中茶旅景区有3个为国家4A级景区，是茶行业重要的节事活动"中国·贵州国际茶文化节暨茶产业博览会"的举办地，在贵州乃至全国的茶行业中扮演着重要角色。

一、线路推荐

1. 总体线路

贵阳—遵义—遵义会议会址—湄潭（天下第一壶茶文化公园、中国茶海、翠芽27°景区、贵州茶文化生态博物馆群、浙大西迁旧址）—凤冈（茶海之心）。

2. 贵阳到遵义的交通（约140km）

a. 从贵阳北站/东站乘坐高铁/动车到遵义高铁站。

a. 贵阳龙洞堡机场乘飞机到遵义新舟机场。

c. 从贵阳龙洞堡汽车客运站乘坐客车到遵义汽车站。

d. 自驾车：沿贵遵高速公路或者贵遵复线高速公路抵遵义。

3. 推荐行程天数

4d行程，具体行程见表13-3，游客可根据自身情况酌情增减。

表13-3 湄潭凤冈茶园休闲养生之旅行程安排

	第一天：遵义会议会址—湄潭—天下第一壶茶文化公园
行程交通（约60km）	1. 在遵义汽车站乘客车到达湄潭车站。下车后，沿塔坪路步行即可到达景区，景区位于市中心 2. 自驾路线：遵义出发经遵义绕城高速、杭瑞高速到达湄潭县后，沿塔坪路行驶即可到达景区
行程游览	上午：游览遵义会议会址，参观遵义会议会议室，周恩来办公室兼起居室、遵义会议纪念馆等 下午：抵湄潭，游览天下第一壶茶文化公园，参观天下第一壶、天壶茶廊及茶文化古道等，欣赏特色茶艺表演，享受美丽的湄江风景，全身心地感受茶文化的历史渊源
住宿	遵义市区
美食	遵义豆花面、遵义羊肉粉、红油米皮、洋芋粑、鸡蛋糕
	第二天：湄潭县城—翠芽27°景区—中国茶海—湄潭县城
行程交通（约40km）	自驾路线： 1. 湄潭县城到翠芽27°景（约11km）：沿象山路转324国道，到达翠芽27°景区 2. 翠芽27°景区到中国茶海（约28km）：234国道转银百高速转杭瑞高速永兴出口出，沿326国道到达中国茶海

续表

行程游览	上午：游览翠芽27°景区，参观"中国西部茶叶第一村"核桃坝村茶海生态园、游七彩部落、田家沟等茶旅一体乡村旅游示范点 下午：参观中国茶海景区，登观海楼，欣赏世界最大连片茶园的波澜壮阔，茶室品茶，后沿着观景道走入茶海，融入绿色的海洋中，感受茶香四溢和远离城市喧嚣的宁静
住宿	湄潭县城
美食	永兴板鸭、湄潭红豆腐、金家豆腐丸
第三天：中国茶城—贵州茶文化生态博物馆群—浙大西迁历史陈列馆	
行程交通	茶城、博物馆、陈列馆皆在湄潭县城，可选择公交或者出租车前往
行程游览	上午：游览中国茶城、茶文化生态博博物馆群，感受贵州现代茶产业的快速发展和湄潭深厚的茶文化底蕴 下午：参观浙大西迁历史博物馆，感受浙大与贵州湄潭的深厚的历史渊源和情谊，了解浙大在民族危亡的时刻西迁贵州遵义，对其在社会经济社会文化发展产生的深远影响
住宿	湄潭县城
美食推荐	抄手、湄潭马山灰豆腐、豌豆粉
第四天：湄潭县城—凤岗茶海之心—返程	
交通行程（约40km）	1.湄潭客车站乘客车到凤冈县城，后换乘"黔北机动车检测站至鄢家桥"或"三坝工业园区至南天河"公交车，可到达景区所在村镇 2.自驾路线：沿杭瑞高速公路凤岗出口出即可到达景区
行程游览	上午：登仙人岭、游茶经山、寻幽访古，感受最美茶乡的魅力 下午：在景区茶庄体验采茶、制茶、学茶、品茶，观看土家油茶茶艺表演、生态养生绿茶茶艺表演，品茗赏艺。凤岗"茶海之心"景区遍布茶庄。每个茶庄都拥有属于本庄的茶园，提供茶园观光，也为游客在茶园中的采茶、制茶、学茶、品茶等旅游活动提供专业指导。景区内，茶园山林的清风拂面而来，人们可以在茶园牧歌的步道上流连；伴着晨曦茶林鸟鸣，人们可以在浩瀚茶海中闻茶香花香；可以参观最清洁化的有机茶叶生产线；还可以享受现代的信息便捷，带走生态有机产品与家人、朋友共同分享
美食推荐	峰岩黄饺、峰岩麻、凤岗绿豆粉、茶香鸡、茶叶炒鸡蛋

二、代表性茶旅资源

（一）翠芽27°景区

北纬27°是地球上著名的产茶带，湄潭即位于这个绝佳的地理位置。湄潭茶海生态园，于2015年经公开征名正式更名为翠芽27°景区。景区跨越湄潭县湄江镇和金龙镇，是全国4A级景区，为全景域开放式景区，主要包括核桃坝茶海生态园、七彩部落、"十谢共产党发祥地"——田家沟等核心景点，占地面积约37km²。

1. 核桃坝茶海生态园

核桃坝茶海生态园位于湄潭县城东北

图13-14 核桃坝村

角，于2009年评为全国农业旅游示范点，2014年被评定为国家4A级旅游景区，是翠芽27°景区的核心。其所在地核桃坝村被喻为"中国西部生态茶叶第一村"，该村打造的"茶海生态园"是湄潭县新农村建设示范点（图13-14）。在雕花窗上，家家户户都刻有精致的小茶壶图案，是一个集茶事体验、休闲避暑、特色餐饮、水上娱乐等为一体的乡村旅游区。

2. 七彩部落

湄潭有个地方，像极了童话世界里的靓丽新村，她有一个好听的名字，叫七彩部落（图13-15）。七彩部落位于湄江镇金花村大清沟，距县城约10km。在那里，翠色欲流的茶园间坐落着七彩的房子，蝴蝶也飞上了院墙，村民们脸上幸福洋溢，正如毛泽东主席诗词中"赤橙黄绿青蓝紫，谁持彩练当空舞"描写的美丽场景。

图13-15 七彩部落

3. 田家沟景区

田家沟位于湄潭县兴隆镇龙凤村，距湄潭县城约10km，是湄潭县第一个"全国农业旅游示范点"，是花灯戏"十谢共产党"的发源地。整个村子正好位于凤凰山脚下，村前有一口水质清澈的山塘，四周青山与茶园自然相拥，门前竹园与湖水唇齿辉映，再加上那一片青瓦白墙、红柱花窗的黔北民居，一切都非常美丽和谐。"山上茶园翠绿、山下田园飘香、黔北民居连片、靓丽现代农庄"是田家沟的现实写照，景区开辟了新时代红色文化旅游的新模式。

（二）中国茶海（永兴万亩茶海）

中国茶海位于湄潭县永兴镇、复兴镇，又名万亩茶海，茶海平均长约25km，平均宽约4km，总面积约6万亩，是现今国内最大的连片茶园（图13-16）。远眺茶海，是一幅真正的山水画，茶海的边上是郁郁葱葱的森林，一幢幢极富特色的黔北民居点缀其间，呈现的就是一派幸福、恬静的田园风光。茶海以茶景观、茶文化为

图13-16 中国茶海景区

发展主线，大力发展茶文化旅游、生态旅游，打造以亲身体验采茶、制茶工艺参观、茶艺表演观赏、品味茶叶茶道为主要方式的旅游体验，让旅客在茶的世界中品味人生。

万亩茶海前身是1939年民国政府中央实验茶场,这是中国现代历史上第一个国家级的茶叶科研机构,20世纪50年代成为贵州省农业厅直属国营湄潭茶场,2010年完成产权转移后由湄潭县人民政府管辖。这里丘陵起伏跌宕,身临其中,满目葱绿,清新的空气,伴着浓浓的茶香,沁人心脾,犹如置身于绿色的海洋。

(三)"天下第一壶"茶文化公园

"天下第一壶"茶文化公园是国家4A级景区,位于贵州省遵义市湄潭县城中心火焰山山顶(图13-17),是湄潭标志性独特的景观,高73.8m、最大直径24m,总建筑面积约5000m²;壶

图13-17 "天下第一壶"茶文化公园

旁相配的茶杯,也是天下第一,高16.8m,体积300多立方米。2006年,"天下第一壶"获上海大世界基尼斯总部授予(中国之最)——最大实物造型,因此被称为"天下第一壶"。2014年11月,"天下第一壶"茶文化公园正式更名为"天下第一壶中华茶文化博览园",并被中华茶文化研究会授予"中华茶文化研究基地"称号。

至今,天下第一壶荣获了"大世界基尼斯之最""中国十大外形奇特建筑之一""2011—2012年度全国百佳茶馆"等荣誉,是体验贵州茶事建筑的最佳选择。

(四)中国茶城与贵州茶文化生态博物馆群

1. 中国茶城

图13-18 中国茶城

中国茶城位于湄潭县湄江新区，是按4A级标准打造的贵州省100个城市旅游综合体之一（图13-18）。中国茶城立足贵州，面向全国打造集茶叶交易、茶博物展览、茶业机具、茶文化旅游、科研培训等内容的国内一流茶城。目前已完成茶叶交易市场、茶博物馆中心馆建设，于2013年9月正式对外营业。截至2018年，茶叶交易市场现已有来自浙江、福建、云南等省外茶企及茶叶经销商近800家预约登记，省内近1000家预约登记。

2. 贵州茶文化生态博物馆中心馆

贵州茶文化生态博物馆中心馆，位于湄潭县"中国茶城"内（图13-19），展馆占地面积2000多平方米。陈列内容主要包括序厅及"前言""茶的起源""古代茶事""历史名茶""民国中央实验茶场"等10部分组成。其主要结合贵州地方建筑元素，采用实物、图片、多媒体等现代展陈形式对贵州全省茶叶发展历史和茶文化资

图13-19 贵州茶文化生态博物馆中心馆

源进行概要性介绍。其中展陈各种图片500多张，各类实物560多件。2018年9月，中国博物馆协会批准贵州茶文化生态博物馆为第三批国家三级博物馆。

3. 民国中央实验茶场纪念馆

民国中央实验茶场是原"中央农业实验所湄潭实验茶场"的简称，是抗战时期（1939年秋）由著名茶业专家张天福、李联标等率队在西南4省12个产茶区考察后，选址在贵州省湄潭县创建，是我国近代第一个国家级茶叶科研生产机构。"民国中央实验茶场纪念馆"设在民国中央实验茶场场部旧址、具有300多年历史的湄潭县义泉万寿宫内，于2014年11月23日开馆对外开放。纪念馆占地面积1200余平方米，属"贵州茶文化生态博物馆"的核心分馆之一。

其陈列布展内容包括抗战时的中国经济、中国茶叶第一提案、推开中国现代茶业大门（包括建立实验茶场、开辟茶树品种园、茶叶科研成果、茶叶工业化生产等）、刘淦芝寓所、李联标寓所、实验茶场与浙江大学等6部分，以丰富的文字、图表、大量的文献和实物资料再现了民国中央实验茶场在湄潭10年的历史。

民国中央实验茶场在湄潭县10年，也是创造生产科研成果的10年。当年在中央实验茶场试制的工夫红茶"湄红"，在经历了"黔红""中国红"出口的演进与改良之后，成为当今能与信阳红、武夷红齐名的——"遵义红"，奠定了湄潭县在中国现代茶业历史性和基础性地位，也为贵州茶叶的发展奠定了坚实的科研基础和深厚的人文底蕴。

4. 中国茶工业博物馆

2018年5月，中国国际茶文化研究会授予湄潭县贵州茶工业博物馆"中国茶工业博物馆"牌匾，馆名亦由"贵州茶工业博物馆"改为"中国茶工业博物馆"（图13-20）。博物馆位于湄潭县城白果湾桂花湖畔，是贵州茶文化生态博物馆馆群中以展示贵州茶工业历史、各个时期各类机具和湄潭茶场制茶工厂历史面貌为主的重要专馆，系贵州省重点文物保护单位。

图13-20 中国茶工业博物馆

图13-21 20世纪40年代的红茶生产线

茶工业博物馆占地面积约3hm²，馆区分为综合陈列室、贵州茶工业机具馆、湄潭茶场制茶工厂红茶精制车间、湄潭茶场制茶工厂绿茶精制车间等。陈列展示内容主要以茶工业机具实物、场景复原为主，辅以文字、图片。全馆展陈实物300余件（套），图片200余幅，原貌保存了民国中央实验茶场当时的红茶初制、精制、萎凋、名茶体验等车间场景，其中茶场20世纪40年代研制的2套当时最先进的茶叶生产线——全木制红茶生产线保存完整，极其珍贵，为博物馆镇馆之宝（图13-21）。

（五）浙大西迁历史陈列馆——湄潭文庙

图13-22 湄潭县浙大西迁历史陈列馆
（湄潭文庙）外景

图13-23 湄潭县浙大西迁历史陈列馆
（湄潭文庙）内景

浙大西迁历史陈列馆——湄潭文庙（图13-22、图13-23），位于湄潭县湄江镇浙大东路浙大西迁文化广场后，始建于明万历四十八年（1620年），明天启二年（1622年）

被焚,天启五年(1625年)复建。浙江大学西迁湄潭办学期间,将这里作为分部办公室、图书馆、公共课教室、医务室及竺可桢居室和印度留学生住居。文庙因浙江大学曾在此办学而备受人们敬仰。

1990年7月,湄潭县人民政府与浙江大学合作在此建成的"浙江大学西迁历史陈列馆"开馆,使具有多种文物价值的湄潭文庙得以保护和利用。展厅面积1500m², 是全国唯一以抗日战争时期大学西迁流亡办学为主题的专题陈列馆。自1990年7月开馆以来,累计接待来自20多个国家和地区的参观者达300多万人次。

浙江大学西迁湄潭,对黔北乃至贵州的经济社会发展产生了深远影响,带来现代科技文明,推动科学知识的普及。浙江大学注意科研与当地实际相结合,特别关注贵州和黔北的地方经济、文化建设,科研活动范围涉及自然科学、社会科学等多个门类。浙江大学农学院与中央实验茶场合作,利用学校人才和设备,对湄潭茶叶土壤农化及茶叶生化的分析做了大量的科学研究。1940—1946年,结合湄潭实际进行研究的有《湄潭之气候》《湄潭茶树土壤的化学研究》《湄潭茶树病害之研究》等,为湄潭今日成为贵州第一产茶大县奠定了坚实的基础。

(六)茶海之心景区

图13-24 茶海之心景区

茶海之心景区,也称仙人岭生态休闲观光旅游示范区,为国家4A级景区,也是"全国农业旅游示范点"(图13-24)。景区位于遵义市凤冈县永安镇田坝村,被誉为西部"茶海之心"，是富锌富硒有机茶的核心产地。景区环境优美，主要构成元素为森林、茶园，森林覆盖率80%以上，因土壤富含锌硒元素，其出产的中国锌硒有机茶极具养生功效。

景区生态环境良好，云蒸雾绕，茶海流碧，林中有茶，茶中有林。山洼处人工修造的仙人湖碧波荡漾，夕阳映照，树木、日月倒映在湖面上，水天一派，变幻无穷，为凤冈生态养生茶海旅游胜地。仙人岭茶山上，矗立着一座"茶圣"陆羽的雕像，还有摩崖石刻《茶经》，凤岗一年一度的祭茶大典和春茶开采节在此举行。

景区以生态、精致茶庄和茶园为主打旅游产品，以有机田园文化为灵魂，是海内外游客一观、二闻、三采、四炒、五品、六膳、七娱、八购、九住、十学的理想选择。

第三节　观天眼、品毛尖、享世遗名茶探访之旅

黔南布依族苗族自治州（以下简称黔南州）是中国十大名茶——都匀毛尖产地。都匀毛尖茶于1915年与茅台酒一起荣获巴拿马万国博览会金奖，是贵州唯一具有世界影响力的名茶，在长期的历史积淀与发展中，黔南州形成了贵州深厚独有的"名茶文化"。

黔南州有螺丝壳、云雾山等知名产茶地，都匀茶博园、世界遗产地——荔波大小七孔等旅游胜地，500m口径球面射电望远镜（FAST）等国家重大科技基础设施。黔南州古茶树资源富集，发现了贵州境内目前最大面积约2万株古茶树居群，同时，黔南州还具备浓郁的布依族、苗族、水族等少数民族风情。黔南各地利用其得天独厚的自然环境，借助都匀毛尖的优势品牌形象，已建成省级茶叶园区5个、万亩茶园乡镇41个，逐步实现了茶园变公园、茶区变景区，拓宽了当地群众增收致富的途径。

"观中国天眼，品都匀毛尖"已成为黔南旅游品牌推介的主题，未来将与国之重器FAST一起共同擦亮"都匀毛尖"这一高端绿茶的金字招牌。

一、线路推荐

1. 总体线路

贵阳—贵定云雾茶乡旅游区—都匀茶文化影视小镇—螺丝壳生态茶园景区—净心谷茶天堂景区—平塘"中国天眼"（FAST）—荔波小七孔景区。

2. 推荐行程天数

4d，具体行程见表13-4，游客可根据自身情况酌情增减。

表13-4　观天眼、品毛尖、享世遗名茶探访之旅行程安排

	第一天：贵阳—贵定云雾茶乡旅游区—都匀茶文化影视小镇
行程交通 （约160km）	1.贵阳到贵定云雾茶乡旅游区（约90km）自驾路线：途经贵阳绕城高速、沪昆高速转309省道到达云雾镇东坪村 2.贵定云雾茶乡旅游区—都匀茶文化影视小镇（约70km）自驾路线：途经309省道、都织高速转绿茵湖大道、青云湖大道到达都匀茶文化影视小镇
行程游览	上午：游览贵定云雾茶香旅游区，探寻著名的明清贡茶——原生态地方茶种鸟王茶（云雾茶）的产地，云雾贡茶是贵州省唯一的既有史志记载又有碑文记载的贡茶，乾隆五十五年所立的云雾贡茶碑即在云雾山山腰。感受云雾茶乡旅游区舒适恬淡的田园"漫"生活，每年开春3—4月份，漫山遍野开满姹紫嫣红的映山红，登甲子屯观光亭一览茶海壮阔美景，云雾万亩大坝风光尽收眼底 下午：游览都匀茶文化影视小镇，以中国茶文化博览园为中心，建有毛尖小镇。参观中国茶文化博览园，感受都匀毛尖博大精深的名茶文化，欣赏100年前太平洋万国博览会大气磅礴中国馆建筑群的风采，仿佛置身其中。"穿越时空"游览具有民国风情的影视拍摄基地"毛尖小镇"
住宿	都匀市区
美食	都匀太师饼、都匀豆花粉、都匀风味四酸
	第二天：都匀—螺丝壳生态茶园景区—静心谷茶天堂景区
行程交通 （约60km）	1.都匀到螺丝壳景区（约15km）： ①在都匀平桥客车站乘坐到摆忙的客车，可在螺丝壳观景台下车 ②自驾路线：沿绿茵湖大道西段转922县道到达 2.都匀到静心谷茶天堂景区（约45km）：经兰海高速转210国道经有之路即到达景区
行程游览	上午：寻访中国十大名茶——都匀毛尖主产地螺丝壳生态茶园景区，观茶山采茶，夏可观瀑布戏水，感受名茶气候温和，雨量充沛，云雾缭绕的得天独厚的名茶生长环境。打卡电视剧《陈情令》的取景地螺丝壳瀑布 下午、晚上：独山静心谷，享片刻的闲适与安宁。打卡"天下第一水司楼"，水司楼是按照水族依山畔水的传统居住习俗和建筑特征修建，是水族人民的文化符号和智慧的象征。轻盈地走在生态茶园之间，白天饮茶一壶，诸子为伴，弈棋而语，感受"茶园天堂，安宁修心"，品味儒、佛、道同一而处，水、苗、布依欢愉而歌的别样风情
住宿	静心谷
美食	独山盐酸、香藤粑
	第三天：静心谷茶天堂景区—中国天眼
行程交通 （约145km）	沿210国道，经兰海高速、余安高速转312省道即可到达景区，约3h
行程游览	游览世界最大单口径射电望远镜——"中国天眼"，聆听宇宙之音，天眼景区客服中心深邃的海洋天花板美得让人感觉置身浩瀚的海洋之中，FAST大锅更是让人震撼和感动，据说，如果用这口"锅"来炒饭，世界上每人可以分4碗。参观"平塘国际天文体验馆"，体验观游很多好玩、科幻的小场景，寓教于乐，让人在娱乐中接受天文科普，并身临其境体会现代科技魅力
住宿	克度镇
美食	青椒剔骨鸡、农家土鸡肉饼
	第四天：中国天眼——世界自然遗产地荔波小七孔
行程交通 （约195km）	沿312省道，经余安高速、兰海高速、麻驾高速即可到达景区，约3h

续表

行程游览	游览世界自然遗产地、全国5A级旅游景区,全国最大的喀斯特原始森林保存地——荔波小七孔景区。小七孔景区融山、水、林、洞、湖泊和瀑布为一体,秀美幽静,加上浓郁的土家和瑶族风情,景区更是别有一番风味。七孔桥桥身有七个圆拱,属于中国石拱桥中的联拱桥,古朴美观,桥下有含大量硫酸铜矿物质的响水河,河水如灵魂般纯净的蓝,自然透亮而又不加雕琢。此外,景区还有铜鼓桥、涵碧潭、拉雅瀑布、68级叠水瀑布、龟背山、野猪林、水上森林等景点,奇幽俊秀、僻静清幽,如一幅清净高雅的山水画待游客慢慢去游赏
住宿	荔波县或返程
美食	布依族五色花米饭,荔波臭酸,樟江蜜柚

二、代表性茶旅资源

(一)都匀茶文化影视小镇景区

茶文化影视小镇位于都匀经济开发区匀东镇,为国家4A级旅游景区。都匀茶文化影视小镇是集休闲度假、观光旅游、会议和影视拍摄于一体的旅游景点,以中国茶文化博览园为中心,建有毛尖小镇,民清风情的"云雾街"和"民国街",军工厂老厂房,未央宫、御马场等古建筑为主题的影视基地等。

1. 中国茶文化博览园

中国茶文化博览园是以2015年正值都匀毛尖茶荣获1915年巴拿马太平洋万国博览会金奖100周年为契机,在原883兵工厂选址建设,其建筑风格是仿100年前太平洋万国博览会中国馆古建筑群1:1.8而建(图13-25)。

图13-25 中国茶文化博览园

茶博园内亭台楼阁,厅堂轩院,雕梁画栋,主要游览景点包括:嘉南坊、长秀阁、熙春阁、仰望塔、鱼钩亭、晚芳楼、云和楼、鹤楼轩、三昧轩、勤辛堂10处。嘉南坊，取名源自茶圣陆羽《茶经》中的开篇首句："茶者，南方之嘉木也"，寓意好茶就产自此地。长秀阁，取名源自清乾隆年间，都匀府官办贡茶园所在地长秀堡。熙春阁，取名源自都匀地区汉族的民间贡茶传说《熙春和茶》的故事。仰望塔，一座6层高的塔，取名源自贵定县云雾贡茶产地仰望村，是整个茶博园的观景台。鱼钩亭，一座3层高的亭子，取名源自明代崇祯皇帝赐名都匀毛尖为鱼钩茶的故事，主要供游客在茶博园内游览时临时小憩。晚芳楼，取名源自当代茶学泰斗庄晚芳与都匀毛尖的故事。云和楼，取名源自乾隆皇帝赐名都匀毛尖"云和春"茶的故事。鹤楼轩，取名源自明代被贬到都匀的官员张翀与都匀毛尖的故事。三昧轩，取名源自梵语的音译，意思是止息杂念，使心神平静。勤辛堂，取名源自西南大儒莫友芝的《题茶户壁》诗："摘捲玉丝丝，含锋颖似锥。辛勤火前作，休放子规啼。"勤辛堂拥有各类文物藏品数千件，是园内的主要展陈楼，也是整个茶博园的精华所在。

2. 毛尖小镇

影视拍摄是毛尖小镇的主要功能之一，小镇建筑充满明清风格主基调，小镇里不时有身着民国军装的"军人"擦肩而过，让游客有穿越时空之感。小镇中的老厂房纪念区是对原有的军工厂老厂房进行了升级利用，使"老厂房"摇身一变成了包罗万象的"影视拍摄基地"。小镇有两条主街道，"云雾街"以及"民国街"，街道两旁的建筑呈条带状分布，并设计有邮政局、派出所等作为拍摄影视作品的场景。

（二）螺丝壳生态茶园景区与都匀毛尖

螺丝壳是中国十大名茶都匀毛尖茶的主产地，距离黔南州都匀市区西部约20km，以山地、丘陵为主，因山形酷似巨大的螺丝而得名，景区常年雨水充沛，云雾缭绕，地理环境非常适合茶叶的生长。

螺丝壳生态茶园景区面积约6.5万亩，因地势高旷，当晴天丽日突然变换漫天浓雾时，高耸的山峰会瞬间变为漂浮的岛屿。景区内茶树多生长在峡谷溪涧两旁，周边有丰茂的植被做其天然屏障，形成湿润与多漫射光的优良环境，因此生长在此地的茶多表现出芽叶茸毛多、肥厚柔嫩、发芽早、持嫩性强的特性，为都匀毛尖的生产奠定了原料基础。此外，螺丝壳瀑布还是电视剧《陈情令》的取景地。

景区内有8km环湖自行车赛道、茶文化风情园接待中心、河头红绿茶标准化茶叶加工线、国家级非物质文化传承人张子全手工制茶参观点等旅游设施，是螺丝壳高原上的一道靓丽风景（图13-26）。同时，黔南州茶旅融合青少年综合实践教育基地落户螺丝壳景区，可同时承载700人的研学活动。

图13-26 螺丝壳生态茶园景区

（三）中国天眼与克度春茶第一壶

500m口径球面射电望远镜（FAST），位于贵州省黔南州平塘县克度镇的大窝凼洼地中，是世界上最大单口径、灵敏度最高的球面射电望远镜，被称为"中国天眼"（图13-27）。中国天眼是我国具有自主知识产权的"国之重器"，是人类直接观测遥远星系行星、探索宇宙之谜的重要设施，在航空航天领域也有广泛运用。

图13-27 中国天眼——500m口径球面射电望远镜

中国天眼景区在2017年被国家文化和旅游局及中国科学院授予"中国科技旅游基地"称号，景区客服中心的深邃海洋天花板美得让人感觉置身于浩瀚的海洋之中，FAST大锅更是让人震撼和感动。据说，如果用这口"锅"来炒饭，世界上每人可以分4碗。参观

"平塘国际天文体验馆",体验馆有很多好玩、科幻的小场景,寓教于乐,让人在娱乐中接受天文科普,并身临其境体会现代科技魅力。

平塘县克度镇除了占据全国科技旅游的制高点,其茶产业发展也独具特色。因为独特的气候因素,克度镇每年春茶采摘比省内其他地区早15~20d,有"贵州春茶第一壶"的美誉。青青茶园中,身着传统民族服装的当地布依族、苗族茶农们哼着小曲、唱着山歌,来回穿梭在茶园中,构成了早春茶园一道靓丽的风景(图13-28)。

图13-28 布依族姑娘唱着山歌把春茶采

(四)静心谷茶天堂景区

静心谷茶天堂景区位于黔南州独山县影山镇,景区内有世界上最大最壮观的水族建筑——"天下第一水司楼",水司楼是按照水族依山畔水的传统居住习俗和建筑特征修建(图13-29),是水族的文化符号,更是水族人民智慧的象征。静心谷景区所在地人文底蕴深厚,有贵州知名的儒学圣地——儒学文化园,园内有展示西南巨儒莫有芝先生成长生活及其一生成就的有芝书院,院内建筑造型美观,保留了清代雕镂艺术的特色。

景区空气清新、空旷幽静,蔚蓝天空下有满山的茶园,那一眼望不到边的青绿着实令人着迷,朵朵白云在天边缓缓移动与茶海相接,让人不觉陷入一种"人在画中游"的意境,因此景区的凡间茶园也被喻为"茶天堂"。轻盈地走在茶天堂生态茶园之间,白天饮茶一壶,诸子为伴,弈棋而语,感受"茶园天堂"与水、苗、布依族人民欢愉而歌的交响(图13-30)。

图13-29 静心谷天下第一水司楼

图13-30 静心谷凡间茶园

（五）贵定云雾茶乡旅游区

在贵定南部，有一座苗岭叫云雾山，是苗岭主体山脉，远离污染，以盛产茶叶而出名，著名的明清贡茶——原生态地方茶种鸟王茶（云雾茶）的原产地。贵定云雾茶乡旅游区位于贵定县云雾镇，为国家3A级景区。乾隆《贵州通志》（1714年）记述："茶，产龙里苗坡及贵定翁粟冲、五柯树、摆耳诸处。"乾隆五十五年所立的云雾贡茶碑在云雾山山腰，碑文228字，是乾隆年间清政府对地处西南地区以"贡茶"代交"皇粮"的云雾山区苗民实行"怀柔政策""准行停止"贡茶，减轻苗民负担，利其休养生息，深得苗民欢迎，遂将官府文告刻石勒碑，贡茶碑于1982年被贵州省人民政府列为省级重点文物保护单位（图13-31、图13-32）。

图13-31 云雾山茶区

图13-32 云雾贡茶碑亭

贵定云雾茶乡旅游景区以舒适恬淡的田园"漫"生活为主题，气候宜人、环境优美、民族文化浓厚（图13-33）。景区四季有花，河中四季有鱼，每年开春3—4月，漫山遍野开满姹紫嫣红的映山红，美不胜收。甲子屯茶海观光区是旅游区重要组成部分，有茶园近1200余亩，山顶草原近5000亩，并设有观光平台与观光亭，此外，游客还可以从登山步道穿茶园而过登上甲子屯，一览茶海壮阔美景，站在甲子屯最高点，云雾万亩大坝风光尽收眼底，妙不可言。

图13-33 贵定县云雾镇海葩苗

第四节 黄果树观瀑品茗双5A之旅

安顺市地处黔中，大山环抱，素有"黔之腹，滇之喉，蜀粤之唇齿"之称，自古就是"商贾聚集之地"。安顺市依托世界著名旅游景点黄果树大瀑布的资源优势，将安顺独具特色的旅游品牌"黄果树大瀑布"与茶品牌"黄果树毛峰"双品牌联袂打造。同时，安顺茶的发展与安顺本土的屯堡文化以及其他少数民族文化密不可分，屯堡人是明初"调北征南"入黔的江南人，屯堡人来到黔中一带，保留了许多当年的生活习俗，在与当地自然与人文的长期融合下形成了独特的"屯堡文化"。在这次中国历史上鲜有的汉族大迁徙中,入黔大军不但带来了军队,还带来了当时先进的农业技术和生活方式,同时也带来了江南的茶叶和茶叶生产、品饮方式。因此,"观世界名瀑,品屯堡文化,享瀑布毛峰"成了安顺茶旅的别样主题。

一、线路推荐

1. 总体线路

贵阳—黄果树大瀑布—龙宫风景名胜区—安顺云峰屯堡—普定化处镇。

2. 推荐行程天数

3d,具体行程见表13-5,游客可根据自身情况酌情增减。

表13-5 黄果树观瀑品茗双5A之旅行程安排

第一天:贵阳—黄果树大瀑布—龙宫风景名胜区—安顺	
行程交通 (约200km)	1.贵阳—黄果树大瀑布(约140km) ①金阳客车站乘汽车直达黄果树大瀑布景区 ②自驾路线:途经贵阳绕城高速、贵黄公路转沪昆高速从黄果树出口出,转迎宾大道即到达景区 2.黄果树大瀑布—龙宫(约40km) ①黄果树大瀑布景区乘坐直达龙宫景区的班车到达目的地 ②自驾路线:经贵黄、沪昆高速从龙宫出口出,转007县道即到达景区 3.龙宫风景名胜区—安顺(约20km) ①龙宫风景名胜区乘坐直达安顺市区的班车 ②自驾路线:经龙宫大道、紫云路、汉邑路转007县道即到达安顺市区
行程游览	上午:游览全国5A级旅游景区,亚洲第一大瀑布——黄果树大瀑布。从前后左右里外上下观赏瀑布的美,水帘洞自然贯通,以最为独特的方式从洞内向外聆听、观赏瀑布。感受水从巨大瀑崖上轰然坠入17m深的犀牛滩中,声如巨雷,山鸣谷应,摄人心魄的震撼。游览之余,泡上一杯吸取了天地灵气的黄果树毛峰茶,为旅途增添一份闲适与惬意 下午:游览全国5A级旅游景区——龙宫风景名胜区。感受龙宫景区的三项"世界之最",龙宫是世界天然辐射率最低的地方,拥有世界最大的水旱溶洞群和世界最大的单体"龙"字田,此外,龙宫还拥有三项中国之最:国内最长的地下水溶洞、国内最大洞内佛堂、国内最大的洞内岩溶瀑布。龙宫景区还有以布依、苗族为主的浓郁深厚的少数民族文化,以其丰富的喀斯特地质景观,独特的少数民族风情与清新的田园风光相交相融,共同谱绘了一幅人间仙境画卷
住宿	安顺市区
美食	安顺裹卷、油炸鸡蛋糕、安顺剪粉
第二天:安顺—云峰屯堡	
行程交通 (约18km)	1.安顺市区乘坐出租车前往 2.自驾路线:沿贵阳公路、102省道、屯堡大道转云峰路即到达目的地
行程游览	游览云峰屯堡景区,穿越时空隧道,在石板盖顶的房子和高耸的碉堡组成的石头村寨中感受历时600年的大明朝遗风
住宿	安顺市区或返程
美食	安顺麻饼、安顺荞凉粉

续表

第三天：安顺—普定县化处镇—安顺市	
行程交通 （约38km）	1.安顺市区乘坐汽车前往普定县，从县城乘到化处镇的汽车 2.自驾路线：经西航路、安普城市大道、216县道即达
行程游览	探寻贵州名茶朵贝贡茶原产地——化处镇，化处镇现存百年以上的原生古茶树余两千株，品味当地深厚的贡茶文化和丰富的古茶树资源
住宿	安顺市区或返程
美食	化处荞凉粉皮、普定带皮牛肉

二、代表性茶旅资源

（一）黄果树风景名胜区及其茶文化

提到贵州，很多人都会联想到著名的风景名胜区、全国5A级旅游景区、亚洲第一大瀑布——黄果树大瀑布（图13-34、图13-35）。黄果树瀑布高77.8m，宽101.0m，主瀑顶宽83.3m，与其周围的十八道瀑布共同形成一个庞大的瀑布家族，为"瀑布群"中最为壮观的瀑布。这是全世界唯一可以从前后左右里外上下都能观赏的瀑布，也是世界上唯一有水帘洞自然贯通且能从洞内向外听、观、触的瀑布。水从巨大瀑崖上轰然坠入17m深的犀牛滩中，声如巨雷，山鸣谷应，摄人心魄。

图13-34 黄果树大瀑布

安顺市依托世界著名旅游景点黄果树大瀑布的资源优势，将闻名于世的旅游品牌"黄果树大瀑布"与茶品牌"黄果树毛峰"联袂打造，使之成为贵州重要的茶旅产品（图13-36）。如

图13-35 黄果树水帘洞

果说黄果树大瀑布是喀斯特地质运动的浑然天成，那么，"黄果树毛峰"便是安顺市人文和自然生态叠加而成的产物。黄果树毛峰于2012年获批国家地理标志产品保护，是在安顺特定的自然生态环境下，选用安顺地方原生态小叶种和福鼎大白等品种的芽叶，经传统工艺与现代

图13-36 黄果树毛峰茶种植基地

科学技术结合而成的绿茶产品,具有"耐冲泡、滋味鲜"的品质特征,是依托"黄果树大瀑布"品牌优势和地理气候资源优势形成的"茶旅融合"的产物。

(二)安顺屯堡与茶文化

安顺屯堡文化系明代从江南随军或经商到滇、黔的汉族军士、商人等生活方式的遗存。明洪武年间,朱元璋大军征南,军队在征服南方后为了加强中央统治,稳定边陲地区,便在统治区实行"屯田制",命军队就地驻扎屯田,还从中原、江南一带把一些工匠、平民和犯官等强行迁至今安顺一带,这些人在亦兵亦民的生活中不断繁衍,随着岁月的变迁,形成了今天我们看到的这种独特的汉族文化现象,被称为"屯堡文化"。今天的屯堡人既执着地保留了汉族先民们的特点,从语言、服饰、娱乐方式、民居建筑等都沿袭着明代的习俗特点,这些"屯堡人"在长期的耕战耕读生活中,经历了几番血雨腥风,又演化出了具有居住地特点的地域文明(图13-37、图13-38)。

图13-37 屯堡人　　　　　　　　　　　　图13-38 屯堡百姓采茶忙

中原的制茶、饮茶文化也在那时被随之引入,江南先进的人工种茶制茶技艺极大地提升了安顺传统制茶水平和茶叶的种植面积。随着茶产量的上升,安顺茶叶逐渐成为安顺贸易的大宗货,几度繁荣,穿越明、清几百载,至今仍遗存有当初供茶叶贸易茶马驿站、茶馆遗址等。

图13-39 云峰八寨之　　　图13-40 云峰八寨之本寨　　图13-41 屯堡碉楼
　　　云山屯

安顺共有300多个屯堡村寨,目前屯堡文化保存较完整的点主要是安顺市西秀区大西桥镇的九溪村，七眼桥镇"云峰八寨"中的云山屯、本寨和平坝县的天龙镇（图13-39~图13-41）。600年的屯堡演绎着600年的故事，时光幽幽，明清的中原文明早已成为历史，但所有的一切却在这里定格，江南的茶叶生产种植技艺也在这片土地扎下了深深的烙印。

（三）普定朵贝古茶原产地化处

化处镇位于安顺市普定县，是贵州名茶朵贝贡茶的原产地。《安顺府志》记载："朵贝茶于明崇祯年间（1628年）进贡朝廷。"1960年，周恩来总理途经贵阳，普定县人民向总理敬献了朵贝贡茶，周总理当即赞其"色清味甘，芳香浓郁"。化处镇也因此被称为"贡茶之乡"，深厚的贡茶文化形成的同时，也留下了丰富的古茶树资源。

安顺市位于世界茶树原产地核心区域，据考证，化处镇现存百年以上的原生古茶树2000余株。据测算，北宋时期古茶树2株（近千年）；元朝古茶树约有20株；明代古茶树约60株；清朝古茶树约为240株。其中，张家村贡茶山上的最粗、最老的一棵灌木型古茶树，经专家现场勘测茶龄已逾千年，堪称"贡茶之祖"，历经千年风霜却依然枝繁叶茂、郁郁葱葱，见证了朵贝茶的发展历史（图13-42、图13-43）。

图13-42 朵贝姑娘采春茶

图13-43 化处镇千年古茶树

第五节 梵净山石阡名山温泉寻茶之旅

铜仁市具有得天独厚的生态优势，拥有世界自然遗产地、联合国人与生物圈保护网成员、全国5A级景区——梵净山，获得"中国十佳绿色城市"的荣誉称号。梵净山处于印江、松桃、江口三县交界处，森林茂密，山高壑深，流水淙淙，常年云雾萦绕，其境内形成了以三县融合的梵净山旅游观光茶区。作为贵州省的第二大产茶区，铜仁市境内形成了沿河、德江、思南乌江沿线的特色茶区以及石阡苔茶产茶区等茶产业带。近年，铜仁市提出"打造世界抹茶之都"的发展目标，依托其得天独厚的自然与历史人文资源，形成了其独有的"茶文化与名山温泉"结合的产业发展模式。

一、线路推荐

1. 总体线路

贵阳—石阡万亩苔茶示范园—石阡温泉—梵净山—乌江百里画廊茶产业带—苗王城正大茶园。

2. 推荐行程天数

4d，具体行程见表13-6，游客可根据自身情况酌情增减。

表13-6 梵净山石阡名山温泉寻茶之旅行程安排

第一天：贵阳—石阡万亩苔茶示范园—石阡温泉	
行程交通（约160km）	1.贵阳—石阡万亩苔茶示范园（约200km） ①贵阳龙洞堡汽车站坐客车到石阡县，乘坐石阡县到龙塘镇的汽车或者出租汽车到达苔茶示范园 ②自驾路线：途经银百高速、江都高速和沿榕高速、305省道转520县道到达目的地。 2.石阡万亩苔茶示范园—石阡温泉（约15km） ①乘坐龙塘镇到石阡县的汽车或者出租汽车 ②自驾路线：途经520县道、305省道到达石阡温泉景区
行程游览	上午：参观全省现代高效农业示范园区中的重点农业园区、石阡苔茶主产区—石阡苔茶万亩苔茶示范园，参观苔茶的生产工艺和制作特点，感受万亩苔茶园的浩瀚 下午、晚上：体验"中国温泉之乡"石阡的天然温泉景区，国家4A级旅游景区。石阡温泉富含锶、氡、锂、锌、硒等微量元素，对人体有很好的养身保健作用。石阡温泉矿泉水清澈透明、口味纯正，盐类含量不高，热矿泉水中硒、锶含量适中，具有防癌、抑制肿瘤生长、增强视力和身体免疫力等功效，就石阡温泉水，泡石阡苔紫茶，体验别具一格的温泉文化和苔茶文化
住宿	石阡县城
美食	石阡皮蛋、石阡绿豆粉、石阡红心李
第二天：石阡—团龙村—梵净山	
行程交通（约85km）	自驾路线： 1.石阡—团龙村（约100km）：经江都高速、杭瑞高速转585县道即可到达团龙村 2.团龙村—梵净山（约70km）： ①往北沿585县道即可到达 ②往南沿585县道、303省道转508县道到达梵净山景区 ③往南沿585县道经杭瑞高速转508县道即可到达
行程游览	上午：游览梵净山翠峰茶原产地——团龙村。团龙村位于印江县永义乡，是从梵净山环山公路西线上梵净山的必经之地，在这里看薄雾回环，呼吸可生产"空气罐头"的梵净山的新鲜空气，赏被誉为"中国茶树王"的团龙古茶树，在茶园探寻梵净山翠峰的独特奥秘，是感受梵净山茶文化的上佳之地 下午：游览世界自然遗产地、全国5A级景区——梵净山。梵净山是同纬度唯一保存完好的原始绿洲，不仅可以感受原始森林的茂密，欣赏群山环绕，层峦叠嶂独特的地理环境形成的"云瀑、禅雾、幻影、佛光"四大天象奇观，还能体悟第五大佛教名山、全国著名的弥勒菩萨道场的神秘与庄严。梵净山常年云雾缭绕，红云金顶耸立在云海之中仿佛一座天空之城，如果幸运，偶遇佛光更让人感觉身于仙境之中，冬季银装素裹的梵净山更是别有一番风味

续表

住宿	梵净山脚、江口县或铜仁市
美食	江口米豆腐、铜仁社饭、铜仁油粑粑
第三天：江口—乌江百里画廊茶产业带	
行程交通（约94km）	自驾路线：经杭瑞高速即达
行程游览：	游览有"千里乌江·百里画廊"的美誉，由此命名"乌江百里画廊"、国家4A级旅游景区——沿河乌江山峡风景名胜区，领略人在画中游"的美妙意境 探寻乌江沿岸的茶文化资源富集地，其中沿河县被授予"中国古茶树之乡"称号，思南县被列为"贵州省重点产茶县"，考察入围2016"全国茶乡之旅特色路线"的思南张家寨茶旅一体化景区
住宿	思南县或沿河县
美食	思南绿豆粉、沿河糯米包子
第四天：沿河—苗王城—铜仁城区	
行程交通（约170km）	1.沿河县汽车站乘车到达铜仁汽车站或松桃县汽车站，乘坐出租车到达 2.自驾路线：经杭沿榕高速、酉沿高速、松从高速转242国道即达
行程游览	游览国家4A级旅游景区——苗王城和紧挨苗王城景区的正大茶园。感受600多年历史的腊尔山区南长城外围的"王者之城"。苗王城融苗族原始村寨、军事巷道与自然景观山、水、泉、瀑、古树等为一体，有"千里苗疆第一寨"之称。正大现代高效茶叶示范园区与苗王城景区紧密相连，是梵净山旅游观光茶区的重要组成部分，享有"中国第一生态观景茶园"美誉
住宿	铜仁城区、松桃县城或返程
美食	铜仁锅巴、卷粉、铜仁社饭、铜仁锅巴粉、铜仁卤盘

二、代表性茶旅资源

（一）梵净山及其产茶区

山之极致，茶之极品。梵净山位于贵州省铜仁市江口县，其得名源于"梵天净土"，1986年，国务院将其确定为国家级自然保护区（图13-44、图13-45）。梵净山乃"武陵正源，名山之宗"，是与五台山、普陀山、峨眉山、九华山齐名的中国第五大佛教名山，是全国著名的弥勒菩萨道场，具有重要的佛教地位。梵净山是联合国人与自然保护圈成员单位之一，2018年7月，梵净山在第42届世界遗产大会上获准列入世界自然遗产名录，成为中国第53处世界遗产。梵净山山脉庞大深邃，终年云雾缭绕，峰峦巍峨雄奇，沟壑幽深险峻，瀑布跌水湍急，古木浓密参天。就在这一片远离工业硝烟的纯净地带上，默默酝酿着梵净茶文化的精神和精髓的传承，孕育的梵净山翠峰茶是贵州省十大名茶之一。

梵净山翠峰茶原产地——团龙村位于印江县永义乡，距离梵净山护国寺仅5km，是西上梵净山必经之地。团龙村常年薄雾回环，依托梵净山深处得天独厚的自然环境，其负氧离子浓度高，是名副其实的"长寿村"，团龙所产绿茶在明清时期即为朝廷指派贡品。此外，团龙村至今仍保存有15世纪种植的老茶树30多棵，其中最大的一棵被誉为"中国茶树王"。

图13-44 梵净山金顶

图13-45 梵净蘑菇石

（二）松桃苗王城——正大万亩茶园景区

苗王城景区位于铜仁市松桃县正大乡，地处黔、湘两省结合部，为国家4A级旅游景区。苗王城始建于明洪武初年，距今已有600多年历史，是腊尔山区南长城外围的"王者之城"。苗王城核心景区约10km^2，是融苗族原始村寨、军事巷道与自然景观山、水、泉、瀑、古树等为一体的苗族风情休闲旅游度假区，有"千里苗疆第一寨"之称。试想，一排身着盛装的苗族姑娘，笑容甜蜜，热情大方，对你的到来表示热烈欢迎，运气好的话，还有和她们共进晚餐的机会（图13-46、图13-47）。

图13-46 苗王城

图13-47 苗族婚礼

正大现代高效茶叶示范园区与苗王城景区紧密相连，是梵净山旅游观光茶区的重要组成部分，享有"中国第一生态观景茶园"美誉。茶区现有茶园2.6万亩，其中投产茶园1.5万亩（图13-48）。

茶园规划建设了茶园观光主干道和一批茶园观光台、观景亭、茶园婚纱摄影基地等茶园景观景点，并完善了茶园游客服务中心、观光步道、标识标牌等旅游基础设施。在茶区内远眺，微风拂面，连片的茶园恰似一片无边无际的绿色海洋，令人沉醉，迎面而来的清新空气以及弥漫着的淡淡茶香定令游客心旷神怡。

图13-48 正大万亩茶园

（三）乌江百里画廊特色茶产业带

乌江是长江上游右岸的最大支流，是贵州融入长江经济带的重要支点。乌江发源于贵州威宁县的乌蒙山麓，其中重庆彭水县、酉阳县龚滩古镇至贵州铜仁沿河段长100余千米流域，有"千里乌江·百里画廊"的美誉，由此命名"乌江百里画廊"，其中位于百里画廊流域内的沿河乌江山峡风景名胜区为国家4A级旅游景区。乌江百里画廊风景区以"奇、险"著称于世，"奇山、怪石、绿水、青山、险滩、古镇、纤道"构筑了乌江画廊的独特景观。百里画廊的峡谷奇观堪比长江三峡（图13-49），其在沿河县境内的130km，就有约90km的流域是峡谷，乘船而下，两岸峰峦叠嶂，或古树参天，或百鸟争鸣，山穷水复，峰回路转，让人充分领略"船在水上行，人在画中游"的美妙意境。

乌江在铜仁境内思南、沿河土家族自治县（沿河县）等茶文化资源丰富的地区穿城而过，其中沿河县被授予"中国古茶树之乡"称号，思南县被列为贵州省重点产茶县。两县依托乌江的天然生态地理优势于品牌知名度，在铜仁境内形成了以思南、沿河为主体的乌江特色茶产业带，其中沿河县依托该县发现的5万多株古茶树资源，按照"茶区变景区、茶园变公园"的发展思路，大力推进旅游基础设施建设，在古茶树分布区塘坝、新景等地开展了古茶春采、古茶树观光、茶艺欣赏等系列茶旅活动，极大地提升了"沿河古茶"的品牌知名度；思南张家寨茶旅一体化景区在2015年被评定为三星级茶旅一体化景区，2016年成功入围"全国茶乡之旅特色路线"（图13-50）。

图13-49 乌江百里画廊的峡谷奇观　　　　图13-50 思南张家寨茶园

（四）石阡万亩现代高效生态苔茶示范园区

石阡的茶，新长出来的嫩梢木质化速度比较慢，像菜苔一样鲜嫩，因此有个别致的名字叫"苔茶"，又因新长的嫩叶会随着气温升高而变红发紫，富含抗氧化的花青素，又名"苔紫茶"。

石阡县位于铜仁市西南部，被中国茶叶流通协会授予"中国苔茶之乡"称号。其境内气候温润，周边皆无大规模工业污染源，保留了少有的亚热带原生态系统，石阡地热水资源分布广，出露密度高，地热水总量大，平均水温较高，水质优良，普遍含有对人体有益的多种元素，当地民间流行这么一句话："石阡茶，温泉水，天天呷，九十八。"

石阡县龙塘现代高效生态苔茶示范园区位于石阡县龙塘镇（图13-51、图13-52），是全省现代高效农业示范园区中的重点农业园区之一。园区在规划区统一种植国家地理标志产品保护的"石阡苔茶"，建成高标准茶园2万余亩，是铜仁市绿色、生态苔茶产品的重要基地之一。

图13-51 石阡城南温泉　　　　图13-52 石阡龙塘现代高效生态苔茶示范园

第六节 茶文化探源之旅

黔西南布依族苗族自治州（以下简称黔西南州）是茶树的故乡，悠久的种茶历史，丰富的茶资源，造就了丰富多彩的茶文化。明清以来，茶产业便是黔西南州的一大支柱产业。长期以来，少数民族与茶结下了深厚的情谊，在黔西南州这片土地上，民族茶文化史与贵州文明史相依相生、共同繁荣。迄今为止，世界上发现的唯一茶种化石——晴隆古茶籽化石，标志着黔西南州的茶树历史至少在100万年以上。古老高原、古老民族、古老茶树，都充分说明黔西南州不仅是人类繁衍摇篮，也是茶树原生地，乃为名副其实的"古茶之乡"。

一、线路推荐

1. 总体线路

贵阳—二十四道拐—笋家箐—兴义万峰林—贞丰双乳峰。

2. 推荐行程天数

3d，具体行程见表13-7，游客可根据自身情况酌情增减。

表13-7 茶文化探源之旅行程安排

	第一天：贵阳—晴隆二十四道拐
行程交通（约200km）	自驾路线： 沿沪昆高速晴隆出口驶出经黄庄达到转320国道即可到达目的地。约3h
行程游览	游览国家4A级景区二十四道拐景区，景区由晴隆古城、二十四道拐公路、观景台及史迪威小镇构成。二十四道拐堪称世界公路设计史上的里程碑，是抗战时期由美国驻守晴隆的史迪威将军修建的被称为"抗日生命线"的史迪威公路的其中一部分。公路修建于1935年，全长4km，有效路面宽约6m，山脚第1道拐与山顶第24道拐间的直线距离仅350m，垂直高度约250m，坡的倾角约60°，对自驾爱好者是极佳驾驶体验。同时，可以参观史迪威小镇的美式乡村教堂、乡村酒吧、老镇商业街、射击场、跑马场、美军指挥部、乡村俱乐部、乡村剧院、生态酒店、直升机场等，体现美国军人在此驻军生活娱乐的点点滴滴及他们与晴隆人民一起肩并肩的为前线做贡献的场景
住宿	晴隆县城
美食	七色粉、晴隆豆沙粑
	第二天：晴隆—笋家箐—万峰林
行程交通（约200km）	自驾路线： 1. 晴隆—笋家箐（约80km）：经沪昆高速转632县道、508乡道可到达 2. 笋家箐—万峰林（约120km）：沿508乡道转638县道经纳兴高速、汕昆高速转万峰大道、景峰大道到达景区

行程游览	上午：寻访茶籽化石发现地——晴隆县笋家箐。古茶籽化石是经中国科学院南京地质古生物研究所古生物学方面权威专家做的权威鉴定，鉴定得出了"这块化石形成年代，不止百万年，而是在更加久远的2400万年前"。不管是百万年还是千万年，茶籽化石的发现，是贵州晴隆是世界茶叶原生地之一的坚实佐证，它向世人宣告：百万年前，人类尚未出现时，在晴隆的土地上就已经有茶类的生长了 下午：游览全国4A级景区——万峰林。由近两万座奇峰翠峦组成，峰林密集奇特，明代著名旅游家徐霞客曾称赞万峰林"天下山峰何其多，唯有此处峰成林"。景区内有军峰、睡美人、锦绣田园、八卦田、大顺峰等景观，放眼望去，在宽阔平坦的岩溶盆地中，孤峰遍布，锥峰林立。除了秀美的峰林，这里还有纳灰、乐立等布依村寨，散落在村寨中的万峰林民宿是万峰林的另一大特色，更是领略原生态布依风情和布依文化的绝佳方式
住宿	万峰林、兴义市区
美食	鸡肉汤圆、刷把头、杠子面
第三天：万峰林—贞丰双乳峰	
行程交通（约130km）	自驾路线： 经汕昆高速、纳兴高速、都兴高速转210省道即可到达景区
行程游览	游览被旅行家们誉为"天下奇观"，堪称"地质绝品"的双乳峰。双乳峰之名来源于贞丰县喀斯特地貌上两座凸立的石峰酷似一对风韵圆润的双乳，被当地布依族人称为"圣母峰"，在国内外绝无仅有。景区内，可以感受不同角度双乳峰的不同态势，如果从观峰亭的角度看，像是20岁左右的双乳，顺着公路往前500m角度观看像是40来岁年龄的双乳峰，再往前500m，像是60岁年龄的双乳峰，充分领略大自然的奇幻。还可以借此机会在"大地母亲"的脚下，求子、求福，许下最真切的愿望
住宿	双乳峰、贞丰县城或返程
美食	贞丰糯米饭、玉米蛋角

二、代表性茶旅资源

（一）古茶籽化石发现地——晴隆

1980年7月，在晴隆县笋家箐发现的茶籽化石，经中国科学院南京地质古生物研究所、中国科学院贵州地球化学研究所以及贵州省茶叶科学研究所等多位权威茶学专家、考古学专家现场勘查，认为是新生代第三世纪四球茶的茶籽化石，是迄今为止全世界发现的唯一的茶籽化石（图13-53、图13-54）。

图13-53 茶籽化石纪念碑与其发现者卢琪明　　图13-54 珍藏于湄潭博物馆的茶籽化石

晴隆茶籽化石的出土，向世界证实了贵州茶树存在的历史至少100万年，更是晴隆是世界茶叶原生地之一的坚实佐证，它向世人宣告：早在千百万年前，人类甚至许多物种还没出现时，贵州晴隆这片土地上，就有茶类植物生长。

（二）黔西南古茶树

黔西南州是茶叶的原生地之一，古茶树资源不仅丰富，而且古老。1963年，国家农业部专家在普安县发现了古茶树群，专家根据茶树的特点将其定名为四球古茶树，发现共有茶树2万余株，分布面积余千亩，树龄上千年的有百余株。1982年，贵州省茶叶科学研究所在晴隆、普安、贞丰、等地发现各种不同种类的野生茶树约10万余株。普安县在2011年被中国茶叶流通协会授予"中国古茶树之乡"的称誉。

（三）贞丰双乳峰与坡柳娘娘茶

双乳峰景区位于黔西南州贞丰县，距离贞丰县城约10km，被旅行家们誉为"天下奇观"，堪称地质学届的"绝品"，是贞丰县的标志。双乳峰是贵州喀斯特地质条件下的峰林佳作，两座凸立的石峰酷似一对风韵圆润的双乳，被当地布依族人称为"圣母峰"，国内外绝无仅有。更为奇妙的是从不同的角度观看，双乳峰呈现的态势也不一样，如果从观峰亭的角度看，像是20岁左右的双乳，顺着公路往前500m角度观看像是40来岁年龄的双乳峰，再往前500m，像是60岁年龄的双乳峰（图13-55），正可谓"横看成岭侧成峰，远近高低各不同"，让人不得不感叹大自然的奇幻。双乳峰下连绵肥沃的田土养育了这里勤劳的布依族人，他们一直把双乳峰作为"大地母亲"和"生命之源"来崇拜，吸引了很多善男信女到山下去烧香磕头，求子、求福。

图13-55 双乳峰

在贞丰，除了欣赏绝无仅有的喀斯特地质景观外，贞丰独特的茶文化不容错过。贞丰坡柳"娘娘茶",曾是贵州历史上著名的贡茶之一,因坡柳当地姑娘出嫁,都要事先采制几把"茶"带到婆家,故称"娘娘茶"。相传两百多年前,娘娘茶以百芽一枝,16枝为1束(1束约16两),用红绸包裹列为贡品。

坡柳村大山中生长的茶树多分布在海拔1100~1300m的中山地带,是贵州境内历史久远的古茶种之一,古茶树基本都生长在距今约2.1亿年的岩石土壤之上(图13-56)。当地茶品种属中叶型,叶肉厚而柔软,茸毛多,持嫩性较强,是适制绿茶的优良品种。茶园土壤肥沃,结构疏松,pH值偏酸性,且有高山为屏,绿荫蔽郁,常年云雾缭绕,溪涧环流,气候、土壤、良种,占据了野生古茶树生长的天时地利,故孕育出历史悠久、声名远播的高山古茶。

图13-56 坡柳村古茶树

(四)晴隆二十四道拐

晴隆县是中国古茶籽化石发源地,是中国的古茶树之乡,也是全省新茶采摘最早的一个县。

二十四道拐是国家4A级旅游景区,景区由晴隆古城、二十四道拐公路、观景台及史迪威小镇构成。二十四道拐堪称世界公路设计史上的里程碑,是抗战时期由美国驻守晴隆的史迪威将军修建的是被称为"抗日生命线"的史迪威公路的其中一部分。公路修建于1935年,全长4km,有效路面宽约6m,山脚第1道拐与山顶第24道拐间的直线距离仅350m,垂直高度约250m,坡的倾角约60°,有"一夫当关,万夫莫开"的气势。二十四道拐观景台位于晴隆山,从观景台看过去,二十四道拐就像一条腾空而起的白龙牢牢盘于山上,极其壮观(图13-57、图13-58)。

图13-57 抗战生命线——二十四道拐公路

图13-58 二十四道拐公路夜景

除了二十四道拐公路，史迪威小镇是二十四道拐景区的另外一个内核。"史迪威"一名来源于美国陆军中将、时任美军中缅印战区总司令兼中国战区总参谋长的约瑟夫·史迪威。1942年太平洋战争爆发后，为进一步打击日本法西斯侵略进攻，增强滇缅公路的运输补给效能，美国派出工兵对24道拐公路进行修缮，工兵团就驻扎在沙子岭3km处，至1945年日本投降后才撤离。美军撤走后，留下了他们在此驻军生活娱乐的点点滴滴及他们与晴隆人民一起并肩支援前线的幕幕场景，美式乡村教堂、酒吧、射击场、跑马场、美军指挥部、乡村俱乐部、美军加油站，等等。但所有的建筑因年久失修已经渐渐废弃。近些年，随着城镇化建设的推进，晴隆县遵从昔日的风貌对小镇进行了翻修，遂形成了今天我们看到的"史迪威小镇"（图13-59~图13-61）。

图13-59 史迪威小镇美军加油站油罐　　图13-60 军用卡车旅馆　　图13-61 仿真体验蜡像

第七节　民族茶文化体验之旅

一、苗疆圣地茶文化体验之旅

黔东南苗族侗族自治州（以下简称黔东南州）位于贵州省东南部，境内少数民族人口占总户籍人口的81.1%，其中苗族人口占43.0%，侗族人口占30.4%，民族风情浓郁。茶树与黔东南少数民族居民在生产生活中有着不解之缘，少数民族先民很早就留下了种茶、制茶、饮茶、用茶的习俗，茶叶成为当地老百姓们不可或缺的生活品，形成了"本寨风水林或自家山林留养茶树""田边地角种茶""一日四餐油茶""以茶祭祖敬神"等别具一格的少数民族茶习。

（一）线路推荐

1. 总体线路

贵阳—西江千户苗寨—雷公山国家森林公园—黎平。

2. 推荐行程天数

3d，具体行程见表13-8，游客可根据自身情况酌情增减。

表13-8 苗疆圣地茶文化体验之旅行程安排

第一天：贵阳—西江千户苗寨	
行程交通 （约210km）	1.乘车路线： ①省体育馆停车场北门（"贵州旅游景区直达车乘车点"）乘坐直达西江千户苗寨的班车 ②在贵阳东客运站乘车前往雷山，到雷山后转乘到西江千户苗寨 2.自驾路线：贵阳出发经沪昆高速、凯雷高速转朗西路到达西江千户苗寨景区
行程游览	游国家5A级景区、中国最大、世界无双的天下第一大苗寨——西江千户苗寨。西江千户苗寨由十余个依山而建的苗族自然村寨相连成片，是一个苗族原生态博物馆，是领略和认识苗族漫长发展历史的宝库。赏西江苗族传统民居建筑——吊脚楼，一栋栋的吊脚楼沿山坡依次第上，上千栋吊脚楼相连成片，让人视觉震撼，吊脚楼与周围青山绿水的田园风光相融一体，让其具备了极高的美学价值。西江有远近闻名的银匠村，苗族银饰全为手工制作，其工艺具有极高艺术价值。到西江苗寨，在大广场上欣赏苗族的姑娘小伙们的载歌载舞是游览西江的一个重要环节，现今，"游西江千户苗寨·品雷公山银球茶"已经成为黔东南州旅游的一张名片，苗家姑娘和小伙子身着精美的苗族服饰，以一曲悠扬的《请喝一杯银球茶》欢迎游客的到来
住宿	西江千户苗寨或雷山县
美食	酸汤鱼、竹筒糯米饭、苗王鱼
第二天：西江千户苗寨—雷公山国家森林公园—黎平	
行程交通 （约270km）	西江千户苗寨到雷公山国家森林公园： ①包车前往 ②自驾路线：经凯雷高速转803县道到达目的地 雷公山国家森林公园到黎平： ①雷山县汽车站坐直达黎平的汽车 ②自驾路线：经803县道、凯雷高速、沪昆高速、天黄高速、松从高速、黎洛高速从黎平出口出即到达黎平县
行程游览	游雷山银球茶主产地——雷公山国家森林公园，位于贵州省黔东南州雷山县，是以保护秃杉等珍稀生物为主的亚热带山地森林生态公园，是镶嵌在贵州高原上一颗璀璨的绿色明珠，其森林覆盖率达88%，游客可登雷公山顶峰欣赏云起云落，赏响水岩多级瀑布和高岩大峡谷景观。雷公山里有茶园，贵州名茶雷公山银球茶原料皆采用雷公山区海拔1000m以上的"清明茶"的1芽2叶初展茶青，经高温炒制产生的果胶汁黏合，手王搓揉成球体经烘干而成，处在雷公山深处的脚尧村、陡寨村等，是雷公山茶叶的优良产地
住宿	黎平县
美食推荐	五彩糯米饭、鼓藏肉
第三天：黎平翘街—肇兴侗寨	
行程交通 （约49km）	西江千户苗寨到雷公山国家森林公园： ①包车前往 ②自驾路线：经凯雷高速转803县道到达目的地 雷公山国家森林公园到黎平： ①雷山县汽车站坐直达黎平的汽车 ②自驾路线：经803县道、凯雷高速、沪昆高速、天黄高速、松从高速、黎洛高速从黎平出口出即到达黎平县
行程游览	上午：游黎平翘街，感受黎平举世闻名的红色文化。黎平，是1934年红军长征由湖南进入贵州的第一城，参观是全国青少年爱国主义教育基地和全国100个红色旅游经典旅游景区之一——黎平会议会址，参观毛泽东同志旧居、中央红军干部休养连、李德博古凯丰住址、红军群众大会旧址等重要的红色遗址 下午：游览全国最大、侗族历史文化渊源最为深厚的侗寨——肇兴侗寨，感受最具侗族风情的民居及生活设施建筑群。欣赏著名侗族大歌、采堂歌、祝酒歌、传情歌等，旋律优美，声调悠扬
住宿	肇兴侗寨或返程
美食推荐	侗家油茶、侗家烧鱼

(二)代表性茶旅资源

1. 雷公山——西江千户苗寨及其产茶区

雷山县,雷公山银球茶产地,素有"苗疆圣地"之称,这里有出茶的生态名山——雷公山,被誉为"中国茶文化之乡"。雷山县80%的县域面积处在雷公山国家级自然保护区内,雷公山是苗族的圣山,其所产的"雷公山银球茶"为贵州省十大名茶之一(图13-62、图13-63),现在雷山县已列入了"中国茶叶出口基地示范区"和"国家有机农产品认证示范区"。

图13-62 雷公山腹地茶园

图13-63 雷公山银球茶

图13-64 西江千户苗寨

茶实嘉木英,其香乃天育。雷山银球茶主产地——雷公山国家森林公园,是以保护秃杉等珍稀生物为主的亚热带山地森林生态公园,是国家级自然保护区。雷山茶园就是坐落在雷公山腹地的海拔900~1400m山地。雷公山"雨洗青山四季春"的气候环境,"高山云雾出好茶"的独特地形,孕育了众多优质名茶,茶叶富含的氨基酸、茶多酚、儿茶素以及微量元素锌、硒等优于国家标准,绿茶品质超出欧盟产品标准。贵州名茶雷公山银球茶原料皆采用雷公山区海拔1000m以上的"清明茶"的1芽2叶初展茶青,经高温炒制产生的果胶汁黏合,手工搓揉成球体经烘干而成。雷公山国家森林公园是镶嵌在贵州高原上的一颗绿色明珠,其森林覆盖率达88%,游客可登雷公山顶峰看云起云落,欣赏响水岩多级瀑布和高岩大峡谷景观。

西江千户苗寨,为国家5A级旅游景区(图13-64),位于贵州省黔东南州雷山县,是由十余个依山而建的自然村寨相连成片,是目前中国乃至世界最大的苗族聚居村寨,是苗族"原始生态"文化保存最完整的地方之一,是一座露天的苗族文化博物馆,展览着苗族发展史诗。"游西江千户苗寨·品雷公山银球茶"已成为黔东南州旅游的金字招牌,苗家姑娘和小伙子正身着精美的苗族服饰,以一曲悠扬的《请喝一杯银球茶》迎接贵宾的到来。

2. 中国侗乡茶城——黎平

黎平县是中国侗族人口最多的一个县,位于黔东南州南部,其侗族人口占全县人口的71%。在这里,鼓楼、花桥、侗族大歌等典型的侗族元素举世闻名。在黎平的民间流传着这样的说法:"三天不吃酸,走路打颤颤,一天不吃茶(油茶),走路没劲跨""宁可三日无食,不能一日无茶",这些街头巷尾、田间地头朗朗上口的谚语,不仅可以看出当地侗族人民的生活与茶息息相关,更可以看到"油茶"在侗族人民生活中举足轻重的地位。

"打油茶"是侗族的日常生活习惯之一。侗家油茶制作通常由家中主妇操持,将晒干的糯米粒倒入油中炸成金黄的"米花",将米花捞起晾干,后往铁锅中放入适茶叶拌炒,炒香后加水烧开即制成味浓的油茶水。需要食用时,往米花中冲入油茶水,并佐以油炸花生或黄豆,一碗香浓可口的油茶即成。侗族人热情好客,如遇客人到家,随到随以"油茶"相敬,客来待茶(油茶)是侗族的一种重要礼俗。

图13-65 世界非物质文化遗产——侗族大歌

图13-66 世界上最大的侗寨——肇兴侗寨

"茶(油茶)养身,歌养心"亦是侗家人重要的生活哲学。在黎平,侗族大歌已经传唱了上千年,并于2009年成功申报列入联合国《人类非物质文化遗产名录》(图13-65、图13-66)。侗族大歌是在侗族地区由民间歌队演唱的一种古老的多声部、无指挥、无伴奏的音乐,主要以模拟虫鸣鸟叫、高山流水等大自然之音见长,往往在重大节庆、重大集体活动或者迎接远方尊贵宾客时演唱。在侗乡,侗族大歌不仅是一种音乐表演艺术,更是侗家人的精神和灵魂，以其别具一格的表演方式和独特的组织形式传承并演绎着侗族的历史和文化。1986年，侗族大歌在法国演出引起国内外音乐界轰动，被音乐家们誉为"来自天堂的和声"。

黎平不仅是中国侗族人口最多的县城，更有全国最大、侗族历史文化渊源最为深厚的侗寨——肇兴侗寨，有"侗乡第一寨"的美誉，曾作为央视2018年春节联欢晚会的分会场之一。肇兴侗寨历史悠久，是侗族民族文化的中心，拥有最具侗族风情的民居及生活设施建筑群，寨中建筑以鼓楼著称于世，被载入吉尼斯世界纪录。鼓楼是侗族地区的一种独特的公共建筑，是侗族村寨的标志，不仅可作为人们休闲社交的场所，更是集会议事、祭祀祖先的要地。肇兴侗寨还是知名的"歌舞之乡"，尤其以歌为最，有著名侗族大歌、采堂歌、祝酒歌、传情歌等，声调悠扬，扣人心弦。

图13-67 黎平翘街

图13-68 黎平会议纪念馆

图13-69 黎平桂花台茶园

黎平的红色文化举世闻名。黎平，是1934年12月红军长征由湖南进入贵州的第一城，红军入黎平县城后进驻翘街（图13-67），司令部设立位于翘街二郎坡52号的"胡荣顺"商号，12月18日，中央政治局在商号召开了长征途中的第一次政治局会议，即揭开长征伟大历史转折序幕的"黎平会议"。现今,黎平会议会址已是全国青少年爱国主义教育基地和全国100个红色旅游经典旅游景区之一(图13-68)。

现今,黎平以桂花台茶园、锁口山茶园等茶园为主体,推出"游肇兴侗寨,品原生态侗乡油茶文化"为主题的内容丰富、特色鲜明的少数民族茶文化旅游活动,侗家人的油茶已备好,欢迎远处贵宾的到来(图13-69)。

二、古彝之都茶文化体验之旅

毕节市位于贵州省西北部,是贵州"离天最近、离地最远"的产茶地,冷凉的气候特点使茶树新梢持嫩性强,且病虫害发生少,适宜生产高山生态有机茶,因其独特的地理环境、气候和土壤条件,被中国茶叶流通协会授予"中国高山生态有机茶之乡"荣誉称号。毕节茶旅资源丰富,有"花海毕节"的称誉,境内拥有全国5A级景区——百里杜鹃景区茶旅一体观光产业带、世界面积最大的野生韭菜花带——阿西里西·韭菜坪景区、世界最高海拔(2277m)茶园——香炉山茶园、贵州屋脊——小韭菜坪等。毕节少数民族茶文化丰富多彩,彝族作为毕节的世居民族,其3000多年历史的乌撒烤茶文化源远流长,是这座"古彝之都"千年兴衰最有力的见证。

(一)线路推荐

1. 总体线路

贵阳—百里杜鹃景区—慕俄格古城(贵州宣慰府)—赫章韭菜坪—威宁草海—香炉山高山茶园。

2. 推荐行程天数

4d,具体行程见表13-9,游客可根据自身情况酌情增减。

表13-9 古彝之都茶文化体验之旅行程安排

第一天:贵阳—百里杜鹃景区	
行程交通 (约100km)	1.从金阳客车站乘坐贵阳直达百里杜鹃景区的大巴,车程约100min 2.自驾路线:经贵黔高速转38县道到达百里杜鹃金坡景区
行程游览	参观全国5A级旅游景区,全国面积最大的天然杜鹃林带——百里杜鹃,是春赏花、夏乘凉、秋休闲、冬观雪的生态旅游胜地。百里杜鹃享有"地球彩带、杜鹃王国"之美誉总面积余600km²,是世界上最大的天然杜鹃花园。百里杜鹃不仅有杜鹃,还有19℃的清凉夏天,实际上,百里杜鹃是没有真正的夏天的,这里夏天的平均气温才19℃。百里杜鹃不仅是杜鹃公园,还有奢香军营,奢香军营有很多可以户外拓展项目可供游客体验……百里杜鹃不仅有杜鹃,还有延绵无尽的茶海,2019年,百里杜鹃已完成茶叶连片种植4.5万余亩,建成群山环绕、茶树成林的"百里杜鹃万亩茶园观光带",形成"以茶为载体,以花为媒,以旅带茶"的百里杜鹃旅游新格局
住宿	百里杜鹃或大方县城
美食	大方豆腐、大方阁丫黄粑、大方豆豉粑

续表

	第二天：慕俄格古城（贵州宣慰府）—赫章
行程交通 （110km）	慕俄格古城、贵州宣慰府位于大方县城北郊，可乘坐出租车或者自驾前往 大方—赫章（约110km）：①在大方县汽车站乘坐汽车前往赫章县 ②自驾线路：326国道经杭瑞高速、毕威高速转212省道可到达赫章县城
行程游览	探寻世界首个古彝王国诞生地、国家4A级旅游景区、电视剧《奢香夫人》的拍摄地——慕俄格古城，感受古代彝族九重衙院（一场八院九层）建筑之恢宏，领略明代杰出彝族女政治家奢香夫人的历史风采。景区由奢香墓、奢香博物馆、慕俄格城堡遗址、贵州宣慰府、彝族风情街等景点组成。现今已成为中国知名的彝族历史文化古城、中国古彝文化交流和研究基地、中国西南地区重要的影视拍摄基地
住宿	赫章县城
美食	奢香御簪（油炸犀牛角）、可乐猪
	第三天：赫章阿西里西·韭菜坪景区—威宁
行程交通 （约280km）	1.赫章县到阿西里西·韭菜坪景区（约30km） ①从赫章汽车站乘坐去往兴发乡的班车，到达兴发乡包车到达景区 ②自驾路线：经杭瑞高速、毕威高速转212省道可到达景区 2.阿西里西·韭菜坪景区到威宁县（约90km） ①赫章县汽车站乘坐直达威宁县的班车到达 ②自驾路线：经212省道转毕威高速即可到达威宁县
行程游览	游览全国4A级旅游景区，欣赏世界最大的连片高原野生韭菜花带，"花海毕节"的另外一个内核——阿西里西·韭菜坪。欣赏万余亩野生韭菜花海，感受硕大的风能发电机在高原屋脊的花海中悠闲自由的旋转的浪漫与大山深处的苗族、彝族、回族共同奏响的浓郁热烈的少数民族风情
住宿	威宁县城
美食	威宁洋芋、威宁荞酥、威宁荞粑粑
	第四天：威宁草海—香炉山茶园
行程交通 （约240km）	1.百里杜鹃景区—威宁（约210km） ①百里杜鹃景区乘车到大方，在大方汽车站乘坐汽车到威宁县城 ②自驾路线：沿738县道、黄坪路经杭瑞高速、毕威高速到达威宁县 2.威宁草海—香炉山茶园（约30km）：沿102省道转777县道即可到达
行程游览	上午：游览国家级自然保护区、国家4A级旅游景区——威宁草海。草海保护区面积120km^2，其中水域面积46.5km^2，是我国特有的高原鹤类、国家一级保护动物——黑颈鹤等228种鸟类的重要迁徙中转站和越冬地之一，被誉为"世界十大最佳湖泊观鸟区之一"。草海冬暖夏凉，乘船草海之上，不仅可以呼吸清新的空气，欣赏草海开阔的湖面，丰茂的水草，在冬季大量珍禽迁徙来此之时，体验与黑颈鹤等鸟儿的近距离接触，也是别有一番风味 下午：游览世界最高海拔茶园——香炉山茶园，探寻3000年久远的乌撒烤茶文化。茶园顶端，一轮红日正缓缓落下，夕阳的余晖洒在一块写着"世界最高海拔茶园，海拔2277m"的石碑上。乌撒，即威宁的古称，古乌撒人吃茶要用特制的烤茶罐不停地抖动并高温加热后饮用，经年累月即形成了高原彝家独特的"烤茶文化"。乌撒烤茶核心产区在香炉山茶园，曾为华国锋同志的指定用茶。在香炉山茶园探古老的乌撒烤茶文化，闻浓郁高原醇香，触乌蒙的厚重文化，品民族的悠久历史
住宿	威宁县城或返程
美食	威宁小粑粑、威宁火腿、威宁荞酥

（二）古彝之都茶文化体验之旅代表性茶旅资源

1. 百里杜鹃茶旅观光基地

百里杜鹃景区位于毕节市中部，南与黔西县相邻，东西北与大方县接壤，为国家5A级旅游景区。每年阳春三月，百十种杜鹃花竞相怒放，铺山盖岭，延绵百里，堪称世界奇观，有着"地球彩带、世界花园"的美誉（图13-70、图13-71）。

图13-70 百里杜鹃景区

图13-71 古彝花都

好山好水出好茶，杜鹃花美茶浓香。百里杜鹃管理区冬无严寒、夏无酷暑，森林覆盖率达63%，空气负氧离子含量每立方厘米2万多个，土壤pH值在4.5~7，其独特的气候条件和土壤资源，不仅孕育了绵延百里灿若织锦的杜鹃花海，也为百里杜鹃茶产业的发展提供了得天独厚的条件。置一所望庐，挨一抹花红，就一曲琴瑟，于檀雾迷香中，呷一口清茶，任时光的影从窗棂的不经意间洒落在身上，是多少人的向往。

近年来，百里杜鹃景区依托百里杜鹃旅游产业优势，借助百里杜鹃5A级景区的金字招牌，推进茶旅融合发展，2019年，全区已完成茶叶连片种植4.5万余亩，建成群山环绕、茶树成林的"百里杜鹃万亩茶园观光带"，依托百里杜鹃旅游设施，形成"以茶为载体，以花为媒，以旅带茶"的百里杜鹃旅游新格局。

2. 世界最高海拔茶园——香炉山茶园

香炉山茶园位于贵州省威宁县炉山镇，茶树种植基地的平均海拔在2200m左右，最高海拔达2279m，比"西藏易贡茶场"的2240m还高近40m，是名副其实的"世界最高海拔茶园"。茶园顶端，一轮红日正缓缓落下，夕阳的余晖洒在一块写着"世界最高海拔茶园，海拔2277m"的石碑上，石碑岿然屹立在茶园之巅。

乌撒，即威宁的古称，古乌撒人吃茶要用特制的烤茶罐不停地抖动并高温加热后饮用，经年累月即形成了高原彝家独特的"烤茶文化"。乌撒烤茶属绿茶类，是香炉山茶园挖掘数千年的民族传统，依据古乌撒人的吃茶方式，融合现代制茶工艺加工而成，加工原料必须选用海拔2200m以上小叶种茶。

香炉山茶园是乌撒烤茶核心产区。由于其海拔高，日照时间长，昼夜温差大，茶叶生长周期长，有机物积累多，所生产的乌撒烤茶豆香馥郁、滋味甘醇，茶氨酸、茶多酚等内含物丰富，是原生态、纯天然有机茶（图13-72）。乌撒烤茶之所以豆香馥郁，

图13-72 俯瞰香炉山茶园

其精髓很大程度上也在于"乌撒烤茶罐"的运用，因此在威宁本地也称"罐罐茶"。"乌撒烤茶罐"为"2005年中国十大考古发现"之一，源于古夜郎时代，距今已有3000多年的使用历史，早已根植在了每一个彝家人的心中。

游览世界最高海拔茶园——香炉山茶园，探寻3000年久远的乌撒烤茶文化（图13-73、图13-74）。高原茶山上，一个烤茶罐，一小撮茶叶，拾柴生火，罐在火上烧，叶在罐中烤，焦香、豆香、茶香溢出茶罐，延绵百米，一杯又一杯的烤茶入喉，额头冒起了汗，酣畅淋漓之余更是回味无穷。

图13-73 香炉山茶园石碑

图13-74 乌撒烤茶文化

3. 慕俄格古城

慕俄格古城位于大方县城东北郊，占地约4.5km²，是国家4A级旅游景区。景区由奢香墓、奢香博物馆、慕俄格城堡遗址、贵州宣慰府、彝族风情街等景点组成。"慕俄格"为彝语，意为君王处理政务、居住的地方。史料记载，大方慕俄格古城曾为古罗甸王国

的首府、明代"贵州宣慰府"驻地。现今已成为中国知名的彝族历史文化古城、中国古彝文化交流和研究基地、中国西南地区重要的影视拍摄基地。

贵州宣慰府是"慕俄格古城"展现水西古彝文化的核心，是按古代彝族九重衙院（一场八院九层）

图13-75 贵州宣慰府"九重宫殿"

建制恢复重建的，是2011年11月10日在央视综合频道黄金档播放的电视剧《奢香夫人》的拍摄地。"贵州宣慰府"是明初时任贵州宣慰使霭翠和其夫人奢香及其后历代贵州宣慰使处理政务的府邸（图13-75）。明代杰出彝族女政治家奢香夫人将贵州宣慰府作为执政官邸，其任内实施的励耕织、修九驿、纳汉儒等政策，为民族团结和水西地区繁荣稳定立下了不朽功勋。1988年，慕俄格古城内"奢香墓"被国务院列为全国重点文物保护单位。

4. 威宁草海国家级自然保护区

威宁草海国家级自然保护区，位于贵州省威宁县城西南面，因其水草繁茂而得名"草海"，是国家4A级旅游景区。草海保护区海拔2170m，面积120km^2，其中水域面积46.5km^2，是贵州境内最大高原的天然淡水湖泊，也是中国著名的三大淡水湖（青海湖、滇池、草海）之一。

草海保护区是我国特有的高原鹤类、国家一级保护动物——黑颈鹤等228种鸟类的重要迁徙中转站和越冬地之一，有"鸟的王国"之称。草海保护区除了其主要的保护鸟类黑颈鹤，还有丹顶鹤、黄斑苇鳽、草鹭等珍惜鸟种，还有大量的大雁和野鸭，是人禽和谐共生的生态旅游体验地，被评为"世界十大最佳湖泊观鸟区之一"。

乘船草海之上，不仅可以呼吸清新的空气，欣赏草海开阔的湖面，蔚蓝的天空下，海菜花等国家重点保护植物开出一朵朵、一片片的白花、黄花，在波光粼粼水中漂浮荡漾，似入人间仙境。冬季，大量珍禽迁徙来此之时，体验与黑颈鹤等鸟儿的近距离接触，别有一番风味。草海冬暖夏凉，气候宜人，是冬春观鸟，夏秋避暑的上佳之地（图13-76）。

图13-76 草海碧湖与飞鸟

参考文献

[1]（晋）常璩.华阳国志[M].济南：齐鲁书社，2010.

[2]（唐）陆羽.茶经[M].刻本.北京：国家图书馆出版社，2019.

[3] 张延玉.明史[M].北京：中华书局，1974.

[4] 李治亭.清史[M].上海：上海人民出版社，2002.

[5] 湄潭县志编纂委员会.湄潭县志[M].贵阳：贵州人民出版社，1993.

[6] 贵州省贵定县史志编纂委员会.贵定县志[M].贵阳：贵州人民出版社，1995.

[7] 贵州省茶叶协会，中国国际茶文化研究会民族民间茶文化研究中心，贵州省茶叶研究所.贵州古茶树[M].北京：中国农业出版社，2018.

[8] 贵州省茶叶协会，中国国际茶文化研究会，民族民间茶文化研究中心.贵州民族民间茶文化探寻[M].北京：中国农业出版社，2019.

[9] 贵州茶百科全书编辑委员会.贵州茶百科全书[M].贵阳：贵州人民出版社，2012.

后记

《中国茶全书》是近年来第一套以茶为主题的大型出版著作，也是近年来在全国范围内针对茶产业、茶科技、茶文化等大规模的出版著作。全书的编纂出版紧紧围绕国家出版基金"体现国家意志，传承优秀文化，推动繁荣发展，增强文化软实力"的二十五字方针，传承和宣传中国茶及中国茶文化，将中国优秀传统文化发扬光大，向世界展示独具特色的优秀中国文化。

贵州有史以来没有专门的茶全书，有关茶方面的知识，只是散见于古书，或是口口相传的信息。新中国成立以后，特别是近十年，贵州茶产业有了翻天覆地的变化，全省十个市（州、新区）都有茶园，各种有关茶方面的书籍和文化作品也层出不穷，但是，作为贵州茶方面的全书仍是空白。《中国茶全书·贵州卷》是《中国茶全书》的重要组成部分，同时也填补了贵州省茶全书的空白。

为了确保《中国茶全书》的历史性、规范性、可读性和对比性，全书对我国的茶叶、茶水、茶器、茶史、茶文化、茶产业进行了系统的阐述，全书图文并茂，内容丰富全面，体量庞大，对中国茶文化进行了最全面系统的阐述和展示。中国林业出版社确定了编纂大纲，贵州卷依照编纂大纲目录，结合本省的具体情况编写，力求全面反映和展示贵州茶叶的历史及现状。

中国是世界茶的故乡，贵州是茶的核心原产地，世界上唯一茶籽化石发现地就在贵州。古茶树是贵州的特有资源，其分布之广、资源之多其他省无可比，因此在编写中编委会把贵州古茶树编入茶区章节，单独成节。

茶产业的发展需要政策法规的保障，也需要质量体系建设的支撑，这两项内容是贵州茶产业快速发展和快速提升的重要因素，在这两方面贵州走在全国的前列。因此，"贵州茶叶质量标准体系"单独成章；"现代茶政法规"编入贵州茶史章节，单独成节。

水为茶之母，器为茶之父。陆羽茶经中有"水"与"器"的记载和论述，以往有关贵州茶方面的书籍，少有对贵州"水"和"器"的介绍。本书将水、器集合在一起，第一次系统地介绍贵州的茶"器"和"水"，增加了本书的可读性。

全书中独立成章的茶旅，在历史上是"茶山游""茶山行"概念。现今，茶旅已经成为一种以茶为主题，以茶为媒介的旅游文化活动，贵州好山好水出好茶，本书第一次全面系统介绍全省茶旅资源。茶旅的推出，将会促进贵州茶与旅游的融合，推动这一产业的发展。

贵州是多民族的省份，千百年来各民族人民共生共荣，在劳动生产生活中，共同发现和开发利用茶资源，形成了丰富多彩、灿烂绚丽的民族民间茶俗，在茶俗章节中着重介绍苗、布衣、侗、彝、土家、仡佬族等茶俗。

本书的部分资料还来源于全省9个市（州）分卷。为了使编纂资料尽可能做到全面性、真实性、准确性、系统性、知识性，本书在成稿前也与各市（州）分卷主编做了沟通并听取意见。

在此，编委会对本书在编纂过程中给予帮助的有关单位、领导、专家以及茶企表示衷心感谢！

由于时间紧，史料不全，挂一漏万，内容有所欠缺，水平有限，敬请读者指正。

赵玉平

2020年4月